JN345254

민법

천 영 법학박사 / 감정평가사 / 건국대 부동산대학원 교수
조천조 법학전공 / 서울법대 / 한국지식재단연수원 교수
조재영 법학박사 / 한양대학교 교수
박준석 변호사 / 건국대 / 수원지방법원 판사
이기우 법학박사 / 부동산학 / 건국대 / 호남대학교 교수 / 대학원장역임
정재근 법학전공 / 서울법대 / 부동산학 / 감정평가법인대표
조정환 법학박사 / 건국대 / 대진대학교 교수 / 법무대학원장역임
윤황지 법학박사 / 건국대 / 강남대학교 부동산학과 교수
박기원 법무사 / 건대행정대학원 / 한국부동산학회이사
조형래 변호사 / 한국부동산학회학술위원
주영민 감정평가사 / 부동산학전공 / 경일감정평가법인
김성은 법학박사 / 고려대법학연구원연구위원
이춘호 공학박사 / 강남대학교 이공대학 교수
윤준선 건축학박사 / 강남대학교 건축공학과 교수
이면극 공학박사(건축) / 여주대학교 교수
김영렬 한국지식재단 건축공학 전공 · 교수 외

주택관리관계법규

김용민 법학박사 / 강남대학교 부동산학과 교수
성연동 행정학박사 / 부동산학 / 목포대학교 사회과학대학 교수
조정환 법학박사 / 건국대 / 대진대학교 교수 / 법무대학원장 역임
임호정 감정평가사 / 국토교통부 전토지과장 / 감정평가법인대표
백연기 부동산공법전문 / 한국부동산학회 연구위원
김필두 행정학박사 / 한국지방행정연구원 수석연구원
김상현 법학박사 / 신한대학교 교수
김갑열 행정학박사 / 강원대학교 사회과학대학장 / 부동산학과 교수
정상철 경제학박사 / 창신대학교 지식융합대학 부동산대학원장 교수
홍길성 경영학박사 / 감정평가사 / 성균관대학교 경영행정대학원 부동산학담당교수
김 준 주택관리연구원 교수 / 국토교통부공무원연수강사
오현진 법학박사 / 부동산학 / 청주대학교 사회과학대학장
우 경 행정학박사 / 김포대학교 부동산경영과 교수
홍성지 행정학박사 / 백석대학교 부동산전공 교수 외

공동주택관리실무

정상철 경제학박사 / 창신대학교 지식융합대학 부동산대학원장 교수
홍길성 경영학박사 / 감정평가사 / 성균관대학교 경영행정대학원 부동산학담당교수
김 준 주택관리연구원 교수 / 국토교통부공무원연수강사
오현진 법학박사 / 부동산학 / 청주대학교 사회과학대학장
우 경 행정학박사 / 김포대학교 부동산경영과 교수
김갑열 행정학박사 / 강원대학교 사회과학대학장 / 부동산학과 교수
홍성지 행정학박사 / 백석대학교 부동산전공 교수
김용민 법학박사 / 강남대학교 부동산학과 교수
성연동 행정학박사 / 부동산학 / 목포대학교 사회과학대학 교수
조정환 법학박사 / 건국대 / 대진대학교 교수 / 법무대학원장 역임
임호정 감정평가사 / 국토교통부 전토지과장 / 감정평가법인대표
백연기 부동산공법전문 / 한국부동산학회 연구위원
김필두 행정학박사 / 한국지방행정연구원 수석연구원
김상현 법학박사 / 신한대학교 교수
정신교 법학박사 / 목포해양대학교 교수 외

그 밖에 시험출제위원 활동중인 교수그룹 등은 참여생략

알고 보니
경록이다

우리나라 부동산전문교육의 본산 경록 1957

한방에 합격은
경록이다

제1회 시험부터 수많은 합격자를 배출한 전문성 - 경록

별☆이☆일☆곱☆개

★★★★★★★

경록 부동산학·부동산교육 최초 독자개척 고객과 함께, 68주년 기념

1957

2025 100% PASS PROJECT
2025
경록 주택관리사 1차
적중실전모의고사
역대 시험을 리드하는 전국최대 대학교수그룹 제작 | 원전
SINCE1957
우리나라 최초 부동산학을 개척하고 교육한 정통 부동산전문교육본산
K 경록

적중 실전모의고사는 이렇게 출제되었습니다

경록의 문제는 시험출제기관의 프로세스와 전문성을 능가하는 경록만의 출제시스템과 한국 최고·최대 중진출제위원급 저자그룹이 엄선출제한 문제입니다.

경록의 부동산전문교육 66년의 전통과 그 동안 축적된 전문성, 대한민국 최고·최대 중진출제위원급 명교수진의 긴 세월의 참여는 실전을 방불케 합니다.

〉〉 주안점

- 실제 시험에서 5배수 1,000제에서 출제되지만, 경록은 10배수 중 엄선 2,000제 문제를 출제, 더 이상 빠져나갈 문제가 없다.
- '시험장까지 들고 가는 엄선 핵심카드'를 수록하였다. 실제 시험장에 1분에 1문제를 완벽한 훈련이 되도록 하는 난이도와 풍부한 해설을 한다.

〉〉 저자 특징

- 한국부동산학계를 이끌어가고 있는 대한민국 최고·최대 중진출제위원급 저자교수그룹이 참여한 가장 규모있는 기획교재이다.
- 오랜 출제 경력의 중진출제위원급의 출제, 풍부한 집필경력 그리고 섬세한 학술지도와 수험지도의 전문성의 결정체이다.

〉〉 대상독자

- 시험의도에 따른 가장 적중도 있는 학습을 원하시는 분
- 쏙 뽑은 모의문제를 통해 완벽하게 공부하시려는 분
- 시험준비를 마무리 하시려는 분
- 지금까지 다른 교재로 공부하신 분

"경록" 주택관리사보시험 출제프로세스

〉〉 출제과정　시험출제기관의 프로세스와 전문성을 능가하는 경록만의 출제시스템!!

**경록
모의문제 출제위원회
경록 모의고사출제 프로세스*)**

▼

**저자·출제위원
(한국부동산학계의 중진)**

20배수 4,000제 출제

⬇

경록 문제선정위원회

200제 × 10회 재구성

⬇

전문가집단의 의견수렴(6인)

통계기법에 의한 난이도 조절

⬇

적중실전모의고사 완성

10배수 중 4,000제 출제

⬇

실전 적중목표

99% 적중!!

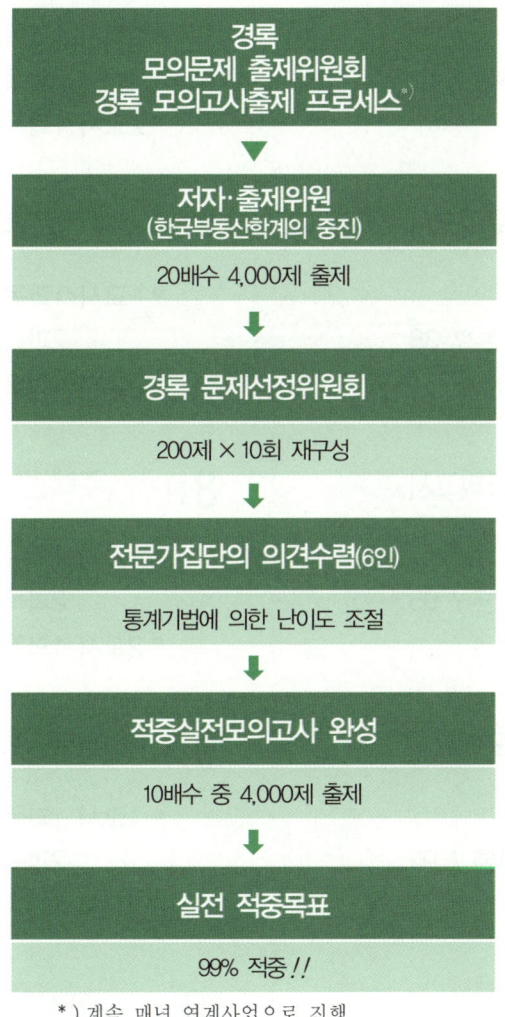

*) 계속 매년 연계사업으로 진행
*) 매년 연1회 시험

이 문제는 곧 합격의 길로 인도할 것입니다. 감사합니다.

차 례

K 경록 핵심카드 시험장까지 들고 가세요.

01 회계원리

점선에 따라 오리시면 손안의 카드가 됩니다.
시험장에 꼭 들고 가셔서 여백시간에 반드시 참고하세요.
※ 반드시 절취하여 사용하십시오.

01 회계이론의 기초

✔ 재무제표의 종류

- 기말 재무상태표 • 기간 포괄손익계산서 • 기간 자본변동표
- 기간 현금흐름표 • 주석

✔ 재무상태표

- 재무상태표 등식 : 자산 = 부채 + 자본
- 자본등식 : 자산(적극적 재산) − 부채(소극적 재산) = 자본(순재산)

✔ 손익계산서

- 손익계산서 등식
  - ▸총수익 = 총비용 + 순이익 ▸총비용 = 총수익 + 순손실
- 손익계산서 양식 : 보고식만 인정
  - ▸손익계산서 : 보고식만 인정 ▸재무상태표 : 계정식, 보고식 모두 인정

1

✔ 재무제표 정보의 질적 특성

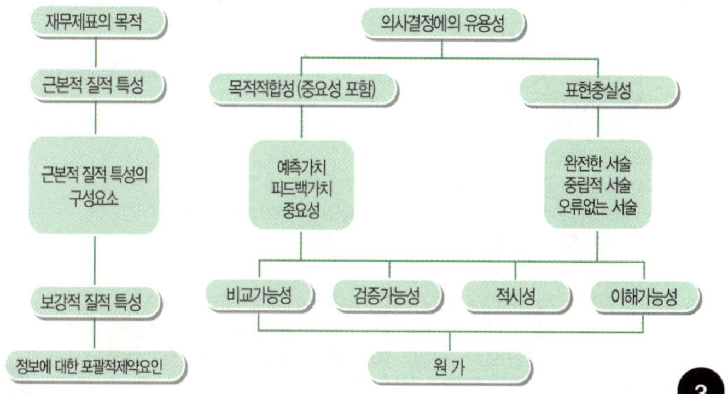

3

✔ FV-PL금융자산

- 금융자산(유가증권)의 분류

구 분	지분상품	채무상품
FV-PL	원칙	FV-OCI, AC로 분류되지 않는 경우
FV-OCI	선택	사업모형(현금흐름수취,금융자산매도 둘다) 현금흐름(원리금지급)
AC	×	사업모형(현금흐름수취), 현금흐름(원리금지급)

03 채권·채무

✔ 매출(매입)할인과 회계처리(기업회계기준) : 매출(매입)할인에 대한 회계처리방법으로 총액법을 인정하고 있으며, 총액법적용시 발생하는 매출할인과 매입할인을 에누리와 환입(환출)처럼 매출, 매입액에서 차감하도록 규정하고 있다.

5

04 재고자산

☑ 3분법과 5분법의 비교

거 래	3분법	5분법
매입시	(차) 매 입 ××× (대) 매입채무 ×××	(차) 매 입 ××× (대) 매입채무 ×××
환출 에누리시	(차) 매입채무 ××× (대) 매 입×××	(차) 매입채무 ××× (대) 매입에누리와 환출 ×××
매출시	(차) 매출채권 ××× (대) 매출 ×××	(차) 매출채권 ××× (대) 매 출 ×××
환입 에누리시	(차) 매 출 ××× (대) 매출채권 ×××	(차) 매출에누리와 환입 ××× (대) 매출채권 ×××

- 매출에누리와 환입, 매출할인 → 매출의 차감
- 매입에누리와 환출, 매입할인 → 매입의 차감

7

- 계속기록법
  - 기말재고수량 = 기초재고수량 + 당기매입수량 − 판매된 수량
  - 기말재고액 = 기초재고액 + 매입액 − 매출원가(계속기록)
  - (기초재고액 + 매입액 : 판매가능액)

✔ 재고자산의 단가결정방법(원가흐름에 대한 가정)

- 기업회계기준상 재고자산평가방법 : 개별법, 선입선출법, 총평균법, 이동평균법, 소매재고법
- 후입선출법의 장·단점(한국채택국제회계기준에서는 불인정)

장 점	단 점
• 수익·비용의 적절한 대응이 이루어진다. • 법인세 이연효과가 있다. • 물가상승시에 가공이익이 발생하지 않는다(보수주의). • 매출원가가 가장 최근의 가액으로 표시된다.	• 재무상태가 왜곡된다. • 후입선출법의 청산문제발생시 이익이 과대계상될 수 있다. • 후입선출법의 청산문제를 피하기 위해 비경제적 의사결정을 할 수 있다. • 정상적 물량흐름과 일치하지 않는다.

9

- 기말재고↑ → 매출원가↓ → 당기순이익↑
- 기말재고↓ → 매출원가↑ → 당기순이익↓

✔ 소매재고법

원칙적으로 많은 종류의 상품을 취급하여 일반적인 단가결정방법의 사용이 곤란한 유통업종에 한하여 사용할 수 있다(백화점, 편의점, 슈퍼마켓 등).

05 유형자산

✔ 자본적 지출과 수익적 지출(취득 이후 후속 원가)

- 수익적 지출 − 일상적인 수선·유지관련원가 − 당기손익
- 자본적 지출 − 정기적 교체, 종합검사 등에서 발생하는 자산성 있는 원가 − 장부금액

11

02 현금, 단기금융상품, 당기손익-공정가치측정(FV-PL) 금융자산

✔ 현금 및 현금성자산

- 현금이란 ① 통화 및 ② 현금으로 취급할 수 있는 통화대용증권과 ③ 요구불예금도 포함한다.
- 현금성자산이란 다음 세 가지 조건을 만족시키는 유동성이 큰 단기성투자자산이다.
  - ▸ 거래비용없이 현금으로 전환이 용이하고
  - ▸ 이자율 변동에 따른 가치변동의 위험이 중요하지 않으며
  - ▸ 취득당시에 만기(상환일)가 3개월 이내
- 현금성자산의 예
  - ▸ 취득당시 만기(기한)가 3개월 이내 도래하는 국공채와 사채
  - ▸ 취득당시 상환일이 3개월 이내에 도래하는 상환우선주
  - ▸ 취득당시 만기가 3개월 이내에 도래하는 양도성예금증서
  - ▸ 3개월 이내의 환매조건을 가진 환매체

4

✔ 순손익의 측정방법

- 재산법
  - ▸ 기말자본 − 기초자본 = 순이익
  - ▸ 기초자본 − 기말자본 = 순손실
- 손익법
  - ▸ 총수익 − 총비용 = 순이익
  - ▸ 총비용 − 총수익 = 순손실
- 정 리
  - ▸ 기말자본 − 기초자본 = 순이익 = 총수익 − 총비용
  - ▸ 기초자본 − 기말자본 = 순손실 = 총비용 − 총수익

✔ 손익의 구분계산

- 매출액 − 매출원가 = 매출총손익
- 매출총손익 − 판매비와관리비 = 영업손익
- 영업손익 + 기타수익 − 기타비용 = 법인세비용차감전순손익
- 법인세비용차감전순손익 − 법인세비용 = 당기순손익

2

✔ 재고자산가액의 평가방법

기말재고자산액 = 기말재고수량 × 기말재고단가

기말재고수량	기말재고단가	
• 계속기록법	• 개별법	• 선입선출법
• 실제재고조사법(실사법)	• 총평균법	• 이동평균법
	• 소매재고법	

✔ 재고자산 수량결정방법(재고시스템)

- 실지재고조사법

> - 판매된 수량 = 기초재고수량 + 당기매입수량 − 기말재고수량
> - 매출원가 = 기초재고액 + 매입액 − 기말재고액(재고실사)
>
> (기초재고액 + 매입액: 판매가능액)

8

✔ 어음거래의 계정분류

- 일반적 상거래에서 발생한 어음 —— 매출채권계정, 매입채무계정
- 자금융통거래에서 발생한 어음 —— 대여금계정, 차입금계정
- 기타 거래에서 발생한 어음 —— 미수금계정, 미지급금계정
  - 일반적 상거래에서 생긴 채권·채무 : 매출채권, 매입채무
  - 일반적 상거래 이외에서 생긴 채권채무 : 미수금, 미지급금

✔ 기업회계기준의 대손비용처리

- 대손상각비로 하여 당기비용으로 보고

✔ 매출채권처분의 회계처리

- 제거조건을 충족시키는 경우
  채권의 소유에 따른 위험과 보상의 대부분을 이전한 경우에는 실질적 이전으로 처리
- 제거조건을 충족시키지 못하는 경우
  채권의 소유에 따른 위험과 보상의 대부분을 보유한 경우에는 담보제공을 통한 차입으로 처리

6

✔ 자본적 지출과 수익적 지출의 오류와 회계상 영향

- 자본적 지출을 수익적 지출로 처리 → 순자산 과소평가 → 비밀적립금
- 수익적 지출을 자본적 지출로 처리 → 순자산 과대평가 → 혼수자본

✔ 정액법

$$연감가상각비 = (취득원가 - 잔존가치) \times \frac{1}{내용연수}$$

✔ 정률법

연감가상각비 = 장부금액(취득원가 − 감가상각누계액) × 정률*

$$* 정률 = 1 - \sqrt[n]{\frac{잔존가치}{취득원가}}$$

12

- 재고자산평가시 수량결정방법과 단가결정방법의 관계

원가흐름가정방법	실사법(재고조사법)	계속기록법
개별법	○ (적용가능)	○
선입선출법	○	○
후입선출법	○	○
이동평균법	× (적용 불가능)	○
총평균법	○	×

✔ 재고자산평가방법의 비교

- 인플레이션하의 기말재고자산의 크기
  선입선출법 > 이동평균법 > 총평균법 > 후입선출법
- 인플레이션하의 매출원가의 크기
  선입선출법 < 이동평균법 < 총평균법 < 후입선출법
- 인플레이션하의 매출총이익의 크기
  선입선출법 > 이동평균법 > 총평균법 > 후입선출법

10

✔ 이중체감법

연감가상각비 = 장부금액(취득원가 − 감가상각누계액) × 상각률*
* 상각률 = 1/내용연수 × 2

✔ 연수합계법

$$\text{연감가상각비} = (\text{취득원가} - \text{잔존가치}) \times \frac{\text{잔존내용연수}}{\text{내용연수합계*}}$$

$$\text{* 내용연수합계} = \frac{n(n+1)}{2} \qquad n : \text{내용연수}$$

✔ 생산량비례법

$$\text{연감가상각비} = (\text{취득원가} - \text{잔존가치}) \times \frac{\text{실제생산량}}{\text{추정총생산량}}$$

13

06 무형자산

✔ 무형자산의 특징

- 물적 실체가 없는 자산이다.
- 미래의 경제적 효익에 대하여 고도의 불확실성이 존재한다.
- 대체적인 용도에 사용할 수 없다.
- 대부분의 무형자산은 기업 또는 기업의 물적 재화와 분리할 수 없다.

✔ 무형자산의 종류

무형자산은 영업활동에서 유사한 성격과 용도를 가진 자산끼리 묶어서 분류한다. 무형자산의 종류의 예는 다음과 같다.

- 브랜드명
- 제호와 출판표제
- 컴퓨터소프트웨어
- 라이선스와 프랜차이즈
- 저작권, 특허권, 기타 산업재산권, 용역운영권
- 기법, 방식, 모형, 설계 및 시제품
- 개발 중인 무형자산

15

✔ **사채의 발행** : 사채의 발행형태는 할인발행, 액면발행, 할증발행의 3가지 형태가 있다. 이는 유효이자율과 액면이자율과의 차이 때문이다.

발행형태	금액관계	이자율관계	사채발행차금
할인발행	액면가액 > 발행가액	액면이자율 < 유효이자율	사채할인발행차금
액면발행	액면가액 = 발행가액	액면이자율 = 유효이자율	−
할증발행	액면가액 < 발행가액	액면이자율 > 유효이자율	사채할증발행차금

✔ 액법과 유효이자율법의 비교

구 분	할인발행		할증발행	
	정액법	유효이자율법	정액법	유효이자율법
이자비용	일 정	증 가	일 정	감 소
사채발행차금상각액	일 정	증 가	일 정	증 가
현금지급액	일 정	일 정	일 정	일 정
사채장부가액	증 가	증 가	감 소	감 소

17

✔ 금융자산(유가증권)의 평가와 평가손익의 처리

구 분	지분상품	채무상품
FV-PL	공정가치(당기손익)	공정가치(당기손익)
FV-OCI	공정가치(기타포괄손익)	공정가치(기타포괄손익)
AC	×	상각후원가

19

09 자 본

✔ **자본금** : 자본금 = 발행주식수 × 액면단가

✔ **증자**(자본금의 증가)

- 실질적 증자(유상증자) — 자산증가를 수반하는 증자(주식발행, 신주인수권부사채의 행사)
- 형식적 증자(무상증자) — 자산증가를 수반하지 않는 증자(잉여금의 자본전입, 전환사채전환, 주식배당 등)

✔ **감자**(자본금의 감소)

- 실질적 감자(유상감자) — 자산감소를 수반하는 감자(주식의 매입소각, 주금액의 환급)
- 형식적 감자(무상감자) — 자산감소를 수반하지 않는 감자(주식의 무상소각, 주금액의 절사, 주식의 병합 등)

21

- 계속영업손익 ± 중단영업손익 = 당기순손익

✔ 이익보고의 접근방법

구 분	포괄주의	당기업적주의
개 념	경상적 수익·비용항목 뿐 아니라 비경상적, 비반복적인 특별항목도 손익계산서에 포함	경상적인 수익, 비용 항목만 손익계산서에 반영하고 특별항목은 이익잉여금 처분항목으로 처리
근 거	• 특별항목도 당기이익을 구성한다. • 경상항목, 특별항목의 구분이 모호하여 당기업적주의에 의할 경우 손익조작가능성이 있다. • 장기적으로 볼 때 포괄주의에 의한 이익개념이 미래수익창출능력평가에 유리하다.	• 특별항목은 정상적인 미래수익창출능력을 나타내지 못한다. • 미래수익력 예측 및 경영능력 평가에 보다 유용하다. • 기간별 비교가능성이 높아진다.

* 한국채택국제회계기준은 당기순이익에 기타포괄손익을 가감한 총포괄손익으로 이익을 보고하도록 하고 있다.

23

07 부 채

✔ 사채와 주식의 비교

사 채	주 식
사채는 회사의 채무이며, 사채를 소유한 사람은 회사의 채권자로서 회사의 외부인이다.	주식은 회사의 채무가 아니며, 주식을 소유한 사람은 주주로서 회사의 구성원이다.
사채는 만기에 원금을 상환해야 하고 회사청산의 경우 주식에 우선하여 변제한다.	원칙적으로 상환할 의무가 없고 회사청산시 사채의 변제 후 잔여재산이 있으면 분배받는다.
회사의 이익과 관계없이 일정한 이자를 지급한다.	회사의 경영성과에 따라 불확정적인 이익을 배당한다.
사채권자는 경영에 참가할 권리가 없다.	주식을 보유한 주주는 주주총회에 참여하여 의결권을 행사함으로써 경영에 참여한다.

16

✔ 감가상각방법에 대한 기업회계기준

- 감가상각의 기장방법 : 간접법
- 감가상각비 ┬ 제조부문에 발생 —— 제조원가에 포함
  ├ 판매 및 관리부문에서 발생 —— 당기 비용에 포함
  └ 개발활동에서 발생 —— 해당 무형자산의 원가에 포함

✔ 유형자산의 처분

- 처분가액 – 장부금액(취득원가 – 감가상각누계액) > 0 : 유형자산처분이익
- 처분가액 – 장부금액(취득원가 – 감가상각누계액) < 0 : 유형자산처분손실

✔ 재평가모형

- 인식시점 이후의 측정 – 원가모형이나 재평가모형 중 하나를 회계정책으로 선택
- 재평가모형의 장부금액 = 재평가일의 공정가치 – 감가상각누계액 – 손상차손누계액
- 재평가손익의 처리 – 재평가이익(기타포괄손익누계액), 재평가손실(당기비용)

14

✔ 공정가치의 분류

구 분		비 고
시장성이 있는 경우		재무상태표일 현재의 종가를 공정가치로 보며 재무상태표일 현재의 종가가 없는 경우에는 직전 거래일의 종가로 함
시장성이 없는 경우	채무증권	미래현금흐름의 현재가치(단, 할인율을 적절히 산정할 수 없는 경우에는 일반적으로 합리적이라고 인정되는 평가모형을 이용하여 산정)
	지분증권	관련 법규에 따라 자산을 공정가치로 평가하여 공시하는 금액과 합리적인 평가모형 및 적절한 추정치를 사용하여 신뢰성 있게 평가한 금액

20

✔ 충당부채와 우발부채의 회계처리

자원유출가능성 \ 금액추정가능성	신뢰성 있게 추정가능	추정불가능
가능성이 높음(50%초과)	충당부채로 인식	우발부채로 주석공시
가능성이 높지 않음	우발부채로 주석공시	우발부채로 주석공시
가능성이 희박함	공시하지 않음	공시하지 않음

08 투자자산

✔ 금융자산(유가증권)의 분류

구 분	지분상품	채무상품
FV-PL	원칙	FV-OCI, AC로 분류되지 않는 경우
FV-OCI	선택	사업모형(현금흐름수취,금융자산매도 둘다), 현금흐름(원리금지급)
AC	×	사업모형(현금흐름수취), 현금흐름(원리금지급)

18

11 회계변경과 오류수정

✔ 회계변경의 유형

- 회계정책의 변경 : 재고자산평가방법의 변경, 유형자산 평가모형의 변경
- 회계추정의 변경 : 대손상각률의 변경, 감가상각 내용연수 또는 감가상각 방법의 변경

✔ 회계변경의 처리방법

방 법	소급법	당기일괄처리	전진법
의 의	회계변경의 누적효과를 전기재무제표에 반영하는 방법	회계변경의 누적효과를 당기재무제표에 반영하는 방법	회계변경의 누적효과를 계산않고 미래로 이연시키는 방법
변경효과반영	이익잉여금을 수정	당기손익으로 처리	미래로 이연
장 점	비교가능성 유지	신뢰성 유지	신뢰성 유지
단 점	신뢰성 저하	•이익조작가능성 •비교가능성 저하	•변경효과파악 곤란 •비교가능성 저하

24

✔ 이월결손금의 처분순서

"임의적립금 → 기타법정적립금 → 이익준비금 → 자본잉여금" 의 순서

✔ 주당순이익

$$주당순이익(손실) = \frac{보통주당기순이익(손실)(당기순이익 - 우선주배당금)}{유통보통주식(가중평균)수}$$

10 수익과 비용

✔ 포괄손익계산서의 순이익 계산과정

- 매출액 – 매출원가 – 판매비와 관리비 = 영업이익(비용을 기능별로 구분시)
- 영업수익 – 영업비용 = 영업이익(비용을 성격별로 구분시)
- 영업이익 + 기타수익 – 기타비용 = 법인세비용차감전순이익
- 법인세비용차감전순이익 – 법인세비용 = 당기순이익
- 당기순이익 ± 기타포괄손익 = 총포괄이익

22

✔ **기업회계기준의 규정**

- 회계정책의 변경 → 소급법, 단 누적효과를 합리적으로 결정하기 어려운 경우에는 전진법
- 회계추정의 변경 → 전진법

✔ **오류의 유형**

- 재무상태표 오류
- 손익계산서 오류

─ 단순한 계정분류상의 오류로 당기순이익에 영향을 미치지 않는다.

- 재무상태표 및 손익계산서 오류 : 당기순이익에 영향을 미치는 오류
  - ▸ 자동조정오류(상계적 오류) : 재고자산에 대한 오류, 선급비용, 선수수익의 오류, 미수수익, 미지급비용의 오류 등
  - ▸ 비자동조정오류(비상계적 오류) : 감가상각비 관련 오류, 대손상각 관련 오류 등

✔ **결손금처리순서**

임의적립금 → 기타법정적립금 → 이익준비금 → 자본잉여금

13 원가회계의 기초개념

K 경 록

✔ **원가, 자산, 비용의 관계**

원 가
- 미소멸원가 → 자산
- 소멸원가
  - 수익에 공헌하면서 소멸된 원가 → 비용
  - 수익에 공헌하지 못하면서 소멸된 원가 → 손실

✔ **재료원가의 계산 :** 기초재료재고액 + 당기매입액 – 기말재료재고액

✔ **노무원가의 계산 :** 당기현금지급액 + 당기미지급액 – 당기선급액+전기선급액 – 전기미지급액

✔ **경비의 계산 :** 당기현금지급액 + 당기미지급액 = 당기선급액 + 전기선급액–전기미지급액

✔ **당기제조원가 :** 재료원가 + 노무원가 + 경비

✔ **당기제품제조원가 :** 기초재공품원가 + 당기제조원가 – 기말재공품원가

✔ **매출원가 :** 기초제품재고액 + 당기제품제조원가 – 기말제품재고액

15 개별원가계산

K 경 록

✔ **제조간접원가의 배부**(실제)

- 배부율 = $\frac{\text{제조간접원가 총액}}{\text{배부기준}}$

✔ **원가흐름의 가정에 따른 완성품환산량당원가 및 기말재공품의 평가**

- 선입선출법에서의 평가 : 완성품환산량당원가 = $\frac{\text{당기발생원가}}{\text{당기완성품환산량}}$

  $= \frac{\text{당기투입원가}}{\text{완성품수량} + \text{기말재공품환산량} - \text{기초재공품환산량}}$
- 완성품원가와 기말재공품원가의 계산
  - ▸ 기말재공품원가 = 재료원가의 완성품환산량 × 재료원가 단위원가 + 가공원가의 완성품환산량 × 가공원가 단위원가
  - ▸ 완성품원가 = 총원가(=기초재공품원가+당기투입원가) – 기말재공품원가
- 평균법에서의 평가
  - ▸ 완성품환산량당원가 = $\frac{\text{총원가}}{\text{총완성품환산량}} = \frac{\text{기초재공품원가} + \text{당기투입원가}}{\text{완성품수량} + \text{기말재공품환산량}}$
- 완성품원가와 기말재공품원가의 계산
  - ▸ 기말재공품원가 = 재료원가의 완성품환산량 × 재료원가 단위원가 + 가공원가의 완성품환산량 × 가공원가 단위원가
  - ▸ 완성품원가 = 총원가(=기초재공품원가 + 당기투입원가) – 기말재공품원가 = 완성수량 × (재료원가 단위원가 + 가공원가 단위원가)

18 변동(직접)원가계산과 전부원가계산

K 경 록

구 분	변동원가계산	전부원가계산
주요목적	내부적 계획과 통제	외부보고(GAAP)
제품원가	변동제조원가	변동 및 고정제조원가
손익계산서양식	매 출 – 변 동 원 가 공헌이익 – 고 정 원 가 순 이 익	매 출 – 매 출 원 가 매출총이익 – 판매관리비 순 이 익
고정제조간접원가	기간비용	제품원가
순이익비교 : 생산량 > 판매량 생산량 = 판매량 생산량 < 판매량	변동원가계산의 순이익 < 전부원가계산의 순이익 변동원가계산의 순이익 = 전부원가계산의 순이익 변동원가계산의 순이익 > 전부원가계산의 순이익	
순이익의 조정	변동원가계산의 순이익 + 기말에 이연된 고정원가 – 기초에 이연된 고정원가 = 전부원가계산의 순이익	전부원가계산의 순이익 + 기초에 이연된 고정원가 – 기말에 이연된 고정원가 = 변동원가계산의 순이익

✔ **손익분기점 분석관련공식**

- 손익분기점 수량 = $\frac{\text{고정원가}}{\text{단위당 공헌이익}}$
- 손익분기점 매출액 = $\frac{\text{고정원가}}{\text{공헌이익률}}$
- 현금흐름 손익분기점 매출액 = $\frac{\text{고정원가} - \text{감가상각비}}{\text{공헌이익률}}$
- 목표이익을 위한 매출액 = $\frac{\text{고정원가} + \text{목표이익}}{\text{공헌이익률}}$

  세전이익(= 목표이익)

  세전순이익 = $\frac{\text{세후순이익}}{1 - \text{세율}}$
- 안전 한계율 = $\frac{\text{매출액} - \text{손익분기점 매출액}}{\text{매출액}}$

✔ 원가의 구성

			판매이익	
		판매비와 일반관리비	총원가 (제3원가)	판매가격
	제조간접원가	제조원가 (제2원가)		
직접재료원가	직접원가 (제1원가)			
직접노무원가				

* 가공원가 = 직접노무원가 + 제조간접원가

14 원가계산의 흐름

✔ 원가계산의 흐름

(1단계) 요소별 원가계산 → (2단계) 부문별 원가계산 → (3단계) 제품별 원가계산

12 재무보고 및 현금흐름표의 작성

✔ 재무제표의 작성과 표시(재무제표 작성시 고려할 일반적인 사항)

- 공정한 표시와 한국채택국제회계기준의 준수
- 계속기업의 전제
- 발생기준 회계
- 중요성과 통합표시
- 상계 : 자산과 부채, 수익과 비용은 원칙적으로 상계금지
- 보고빈도 : 최소한 1년마다 작성
- 비교정보
- 표시의 계속성

17 표준원가계산

✔ 직접재료원가 차이분석

- 가격차이 = (표준단가 − 실제단가) × 실제수량 = 표준단가 × 실제수량 − 실제발생액
- 수량차이 = (표준수량 − 실제수량) × 표준가격

✔ 직접노무원가 차이분석

- 임률차이 = (표준임률 − 실제임률) × 실제시간 = 표준임률 × 실제시간 − 실제발생액
- 수량차이 = (표준시간 − 실제시간) × 표준임률

✔ 제조간접원가 차이분석(4분법)

- 변동제조간접원가 차이분석
  - 소비차이 = 실제조업도 × 표준배부율 − 실제발생액
  - 능률차이 = 변동예산 − 실제조업도 × 표준배부율
- 고정제조간접원가차이
  - 예산차이 = 고정제조간접원가예산 − 실제발생액
  - 조업도차이 = 배부액 − 고정제조간접원가예산

16 종합원가계산

✔ 개별원가계산과 종합원가계산의 비교

	개별원가계산	종합원가계산
적 용	다품종 소량주문생산 → 건설, 조선, 항공기, 인쇄 등	동종제품 대량생산 → 화학, 정유, 제분 등
원가의 분류	원가대상의 추적가능성에 따라 • 직접재료원가 • 직접노무원가 • 제조간접원가	원가의 변형 및 진행에 따라 • 재료원가 • 가공원가(직접노무원가+제조간접원가)
원가의 집계	제조지령서(작업지시서)를 통한 개별적 원가집계 → 제품원가	기간별, 공정별 평균화과정 공정별 집계 → 평균화 → 제품원가
중심과제	제조간접원가의 배부	• 완성품환산량당원가계산 • 기말재공품 평가
기말재공품	미완성인 제조지령서상의 원가를 집계	기말재공품환산량 × 환산량당원가
장 점	정확한 원가계산	간편, 경제적 원가계산
단 점	상대적으로 과대한 노력·비용	상대적으로 부정확

✔ 영업레버리지도

$$영업레버리지도 = \frac{공헌이익}{영업이익}$$

✔ 민감도 분석

변화 / 미치는 영향	판매가격 증가	단위당 변동원가 증가	고정원가 증가
공헌이익	증가	감소	불변
공헌이익률	증가	감소	불변
손익분기점	하락	상승	상승

19 원가추정 및 원가-조업도-이익분석

✔ 원가함수의 추정 – 고저점법

- $변동원가율 = \frac{최고비용 - 최저비용}{최고비용의\ 독립변수값 - 최저비용의\ 독립변수값}$
- 고정원가 = 최고비용 − 변동원가율 × 최고비용의 독립변수값

✔ 공헌이익의 개념

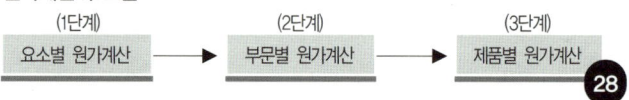

- (총)공헌이익 = 매출액 − 총변동원가
- 단위당 공헌이익 = 판매단가 − 단위당 변동원가
- 공헌이익률 = 단위당 공헌이익 ÷ 판매단가

02 공동주택시설개론

점선에 따라 오리시면 손안의 카드가 됩니다.
시험장에 꼭 들고 가셔서 여백시간에 반드시 참고하세요.
※ 반드시 절취하여 사용하십시오.

01 건축총론 및 기초구조

- ✔ 조적식구조는 횡력에 약하고 균열이 가기 쉬우며 습기에 취약하여 이중벽으로 쌓아야 하므로 실내유효면적이 감소한다.
- ✔ 철골구조는 비내화적이므로 내화 피복을 해야 한다.
- ✔ 조립식구조는 건식, 습식 모두 처리가 가능한 구조로 획일적인 건물에 유리하나 접합부 일체화가 곤란하다.
- ✔ 복합기초는 두 개 이상의 기둥을 하나의 기초판으로 지지하는 기초로 기둥이 서로 근접해 있어서 독립기초를 각각 만들 수 없는 경우에 많이 사용한다.
- ✔ 연속(줄)기초는 벽 또는 일렬의 기둥을 대형의 기초(footing)로 받치게 하는 기초로 조적조나 저층의 공동주택 등에 사용한다.
- ✔ 고정하중(사하중)과 적재하중(활하중)은 장기하중에 속하고 지진하중, 충격하중, 풍하중 등 횡(수평)하중과 일반 지역에서 적설하중은 단기하중에 속한다.

1

- ✔ 말뚝박기시험에서 최종침하량은 5~10회 타격한 평균값으로 한다.
- ✔ 직접지내력시험(하중시험, 재하시험)은 기초저면에서 실시하는 것으로 총침하량이 2cm에 도달시 단기허용지내력으로 한다(2/3를 장기허용지내력)
- ✔ 잡석지정은 잡석을 한켜로 세워서 큰 빈틈이 없게 깔고 잡석 틈새에는 사춤자갈을 채워 다진다.
- ✔ 히빙파괴(팽상)현상은 하부지반이 연약한 점토질에서 흙막이나 흙파기를 할 때 흙막이벽 바깥쪽의 흙이 안으로 밀려 들어와 굴착 바닥면이 불룩하게 솟아올라 흙막이가 파괴되는 현상으로 흙파기시 가장 주의를 요한다.
- ✔ 언더피닝공법은 터파기공사시 기존건물 보강공법이고 역구축공법은 지상과 지하 구조물을 동시에 구축해가는 공법으로 공기가 단축되나 접합부 일체화가 곤란하다.
- ✔ 아일랜드 공법은 중앙부 기초를 축조한 후 주변기초를 완성하는 흙파기공법이고 트랜치컷 트 공법은 주변 기초 축조한 후 중앙부 기초를 완성하는 공법이다.
- ✔ 웰포인트 공법은 사질 등 투수성이 좋은 지반 탈수공법이고 샌드드레인 공법은 점토층 수분을 배제하는 지반 개량공법이다.

3

- ✔ 아치쌓기는 개구부 하부에 생기는 인장력을 직압력(압축력)으로 전환하는 것으로 개구부 넓이가 1m 이하이면 평아치로 할 수 있으나 1.8m 초과 또는 집중하중시에는 철근콘크리트 인방보를 설치(벽에 최소 20cm 이상 물리게)하여야 한다.
- ✔ 테두리보는 분산된 벽을 일체로 연결하여 하중을 균등히 분포시켜 부동침하를 방지하고 수직균열을 방지하는 것으로 최상층을 철근콘크리트 바닥으로 할 때를 제외하고는 모든층에 설치하여야 하며 너비는 내력벽두께 이상으로 하고 춤은 내력벽두께의 1.5배(30cm) 이상으로 한다.
- ✔ 조적조 벽체의 길이는 10m 이하, 높이는 4m 이하, 내력벽으로 둘러쌓인 바닥면적은 80m² 이하로 하여야 하고 두께는 15cm 이상으로 하여야 한다.
- ✔ 벽량은 내력벽 총길이 합(cm)을 그 층 바닥면적(m²)으로 나눈 것으로 최소 15cm/m² 이상이어야 한다.
- ✔ 기초보(지중보)는 부동침하를 막는 역할을 한다. 보강블록조는 통줄눈으로 쌓는다.
- ✔ 앵커긴결공법에서 석재 하부의 파스너는 지지용, 상부의 파스너는 고정용으로 사용한다.
- ✔ 석재가공은 메다듬(메) – 정다듬(정) – 도드락다듬(도드락망치) – 잔다듬(날망치) – 물갈기(금강사, 숫돌) – 광내기(왁스) 순으로 하며 품이 가장 많이 드는 공정은 물갈기이다.
- ✔ 대리석은 빛깔과 광택이 양호하나 산 및 화열에 약해 내부에 사용(외부 사용 부적합)하며 사괴석 쌓기는 한식건물에서 방화를 목적으로 사용한다.

5

- ✔ 중용열시멘트는 건조수축균열이 적어 장기강도에 유리(댐, 터널 등 대규모 공사 적합)하고 조강포틀랜트 시멘트는 분말이 가장 미세하여 조기에 경화되나 건조수축균열이 많이 발생된다(알루미나시멘트는 내화성 및 급결성이 가장 강한 시멘트로 혼합하여 사용하지 않는다).
- ✔ 시멘트의 분말도가 크면 시공연도가 좋아지고 조기강도가 커지며 블리딩현상이 감소하여 수밀성 및 내구성이 향상되나 풍화되기 쉽고 균열발생이 많아진다.
- ✔ AE제를 사용하면 연행공기의 볼베어링 현상으로 시공연도는 향상되나 부착강도가 다소 저하된다.
- ✔ 한중콘크리트는 하루평균기온이 4℃ 이하에서 시공하는 콘크리트로 물 – 모래 – 자갈 순으로 가열하여 사용할 수 있으나 골재는 직접 불에 닿지 않게 하고 시멘트는 절대 가열하지 않으며 급열, 단열, 피복양생 중 1가지 이상을 선택한다.
- ✔ 거푸집 부속재료에서 긴장재는 거푸집의 벌어짐을 방지하고 격리재는 거푸집 상호간격을 유지하며 간격재는 피복두께를 유지하는 목적으로 사용된다.
- ✔ 콘크리트는 전단력이 최소인 곳에서 이어치는 것이 원칙으로 수평재(보, 바닥 등)는 경간의 중앙에서 수직으로, 수직재(기둥, 벽 등)는 바닥에서 수평으로 이어치고 아치는 축에 직각으로, 작은보가 접속되는 큰보는 작은보 너비의 2배 떨어진 곳에서 이어친다.

7

- ✔ 블리딩은 콘크리트 타설 후 물과 미세한 물질(석고, 불순물 등) 등은 상승하고 무거운 골재나 시멘트 등은 침하하게 되는 현상으로 물시멘트비가 클 때 발생한다.
- ✔ 사인장력에 의한 사인장균열을 방지하려면 늑근을 보강하여야 한다.
- ✔ 물시멘트비나 슬럼프값이 커지면 시공연도는 좋아지나 강도가 작아지고 균열 및 재료분리, 블리딩현상이 발생된다.
- ✔ 크리프는 콘크리트에 하중이 증가하지 않아도 시간의 경과에 따라 변형이 증가하는 현상으로 물시멘트비가 클수록, 재하응력이 클수록, 재령이 적은 콘크리트에 재하시기가 빠를수록 발생하는 것으로 초기 변형률은 크나 재하시간 경과에 따라 점차 감소한다.
- ✔ 콘크리트 중성화란 콘크리트가 공기 중의 탄산가스와 반응하여 알카리성을 상실해가는 현상이다.
- ✔ 주근은 띠기둥 4개이상, 원형기둥 6개이상으로 하고 보나 슬래브의 주근은 단부에서는 상부에, 중앙부에서는 하부에 많이 배근한다.
- ✔ 소성수축균은 빠른 수분증발로, 침하균열은 블리딩에 의한 경화전 균열이다.

9

- ✔ 고력볼트 접합은 모재를 강하게 조여 모재와의 마찰 저항력을 일으켜 전단력을 전달하는 접합방법이다.
- ✔ 맞댄용접시 접합하는 두 부재 사이에 만든 홈에 용착금속을 채워 넣는 홈을 글로우브(groove)라 하고 트임새 끝의 최소간격을 루트(Root)라 한다.
- ✔ 용접결함에서 언더컷은 모재가 녹아 용착금속이 채워지지 않고 홈으로 남는 것이고 오버랩은 용착금속과 모재가 융합되지 않고 겹쳐지는 것이다.
- ✔ 피트, 슬래그섞임, 크레이터, 오버랩, 언더컷, 은점, 크랙, 블로우홀 등은 용접결함이다.
- ✔ 보의 플랜지는 상하에 날개처럼 내민 부분으로 휨모멘트를 받으며 보강은 커버플레이트(4장 이하, 플랜지 단면적의 70% 이하)로 한다.
- ✔ 웨브(web)는 보의 중앙부재로서 전단력에 저항하는 것으로 보강은 스티프너로 한다.
- ✔ 기둥은 수직압축재로서 좌굴(bucking) 현상이 일어나기 쉽고 압축재의 세장비는 작을수록 좌굴에 대해 안전하며, 최대세장비는 1/250 이하로 한다.
- ✔ 시어커넥터는 보와 콘크리트 바닥과를 일체와 시키기 위한 전단 연결재이고 데크플레이트는 철근콘크리트 바닥과 철골보 접합시 바닥판 대용 골철판이다. 턴버클은 인장재의 접합에 이용된다.
- ✔ 내화피복 공법에는 습식공법(타설공법, 뿜칠공법, 미장공법, 조적공법)과 도장공법, 건식공법(성형판붙임), 합성공법(이종재료적층, 이질재료접합)이 있다.

11

02 조적식 구조

- **막힌줄눈은 응력을 분산**하므로 **조적조의 내력벽에 사용**하는 것이 원칙이며 통줄눈은 응력이 집중되므로 비내력벽, 보강블럭조에 사용한다.
- 조적벽체에서 내쌓기를 할 때에는 1켜 1/8B, 2켜 1/4B씩 내쌓고 2.0B를 한도로 하며 마구리 쌓기로 하는 것이 유리하다.
- 영식쌓기는 마구리켜에 **반절이나 이오토막**을 사용하는 **가장 튼튼한 쌓기법**이고 **화란식(네덜란드식)쌓기는 길이켜에 칠오토막**을 사용하는 **쌓기법으로 모서리가 튼튼하여 가장 많이 사용한다.**
- 불식(플레밍고식)쌓기는 통줄눈이 생겨 비내력벽이나 의장적효과를 요구하는 벽에 사용한다. 이중벽쌓기의 주목적은 방습이며 특별히 정한바가 없으면 바깥벽을 주벽체로 한다.
- 내화벽돌은 물축임을 하지 않으며 시멘트벽돌은 쌓기 직전에 물을 축이지 않는다.
- 조적조 쌓기 높이는 1.2m 정도로 하고 1.5m를 넘지 않도록 하고 시방서에 정한 바가 없으면 영식이나 화란식 쌓기로 한다.
- 기초쌓기에서 넓히는 각도는 60° 이상으로 하고 기초판두께는 너비의 1/3 이상으로 하며 벽 맨밑의 너비는 벽체두께의 2배 이상으로 한다.

4

- 공동주택의 공용실 기본등분포 활하중은 거실의 활하중보다 큰 값을 적용하고 지붕 활하중을 제외한 등분포활하중은 부재의 영향면적이 36m² 이상인 경우 저감할 수 있다.
- **마찰말뚝은** 주로 말뚝과 흙의 마찰력으로 하중을 지지하는 말뚝으로 **연약한 지반**에 사용하기 적합한 것으로 저항은 말뚝 끝에서 1/3지점이 가장 크다.
- **표준관입시험은 신뢰할 수 있는 사질층 지반조사**(높이 76cm, 무게 63.5kg, 30cm관입 N값)로 N값이 클수록 경질(다져진)지반이다.
- **베인테스트는 신뢰할 수 있는 점토지반의 조사방법**으로 점토의 점착력 및 전단강도의 평가가 가능한 조사방법이다.
- **보링(시추)은 시료채취 및 주상도작성**이 가능하고 신뢰할 수 있는 지반조사방법으로 보링 방법 중에서는 회전식보링이 가장 정확하다.
- 사질지반은 지진발생시 입도 및 밀도에 따라 액상화되어 유동화현상을 일으키므로 지중구조물과 기초를 일체화시키는 것이 좋다.
- 탄성체에 가까운 **경질점토에 하중을 가하면 압력은 주변에서 최대이고 중앙에서 최소**이며 모래와 같은 입상토에 하중을 가하면, 그 압력은 주변에서 최소이고, 중앙에서 최대로 된다.

2

- **대근(띠철근)의 사용 목적은 주근의 좌굴방지(주목적)**, 전단력 보강 및 주근위치보존, 피복두께유지이며 간격은 16d(주근), 48d(띠철근), 기둥최소치, 30cm 이하 중 가장 작은 값으로 한다.
- **늑근의 사용 목적은 사인장력 및 전단력에 의한 균열방지(주목적)**, 주근위치보존, 피복두께유지이며 보춤의 3/4이하, 45cm 이하(단부는 중앙부의 1/2) 간격으로 배근한다.
- **전단력을 보강해주는 철근의 범위는 축방향 철근과 45° 또는 그 이상의 각을 가진 철근**(늑근)과 **축방향 철근을 30°이상 구부린 절곡철근**이다.
- **슬래브는 단변방향으로 주근을 배근**하고 장변방향으로 온도철근(1방향슬래브)이나 배력근(2방향슬래브)을 배근하며 **4변 고정 슬래브에서 철근을 가장 많이 배근해야 하는 부분은 단변방향 주열대**이다.
- 플랫슬라브구조(무량판구조)는 구조가 간단하고 층높이가 낮아 실내이용률이 높으나 바닥판이 두꺼워져 고정하중이 증대되고 뼈대의 강성을 기대하기 곤란하다.
- **평형(균형)철근비를 적용하면 경제적인 단면**을 얻을 수 있다. 보는 너비보다 춤을 크게 하는 것이 경제적이다.

8

03 철근콘크리트 구조

- **철근콘크리트구조는 인장력은 철근이 부담하고 압축력은 콘크리트**(알칼리성)가 부담하는 구조로 내구적, 내화적이고 선팽창계수가 거의 동일한 특징을 갖고 있다.
- 철근은 상온에서 가공하는 것이 원칙으로 25mm 이하 철근은 상온에서 가공하며 주근의 표준 갈고리는 90° 와 180° 로 한다.
- 철근콘크리트 보에서 철근의 콘크리트에 대한 부착력이 부족할 때 콘크리트 단면을 변경시키지 않고 부착력을 증가시키기 위해서는 **인장철근의 주장을 증가**시킨다.
- **철근의 이음은 인장력이 최소인 곳**에서 잇되 **이음 및 정착길이는 압축력 또는 작은 인장력을 받는 곳은 25d(경량콘크리트 30d)이상으로 하고 큰 인장력을 받는 곳은 40d**(경량콘크리트 50d)이상으로 하나 서로 다른 철근을 겹침이음하는 경우 이음길이는 큰철근의 정착길이와 작은철근의 겹침이음길이 중 큰값 이상으로 한다.
- **피복두께는 늑근이나 대근 표면으로부터 콘크리트 표면까지의 최단거리**(밑창콘크리트 포함 안함)이다.

6

05 지붕 및 방수공사

- **물매를 결정하는 것은 누수와** 관련이 깊은 것으로 누수가능성이 크면 물매를 크게 한다.
- 지붕재료의 크기가 크고, 내수성이 클수록 지붕의 물매를 완만하게(뜬물매) 한다.
- 지붕면적이 크고, 강우량이나 적설량이 많을수록 급한 물매(된물매)로 한다.
- 되물매는 밑변과 높이가 1:1로 동일한 경사도 45도인 물매이다.
- 지붕물매는 설계도면에 지정한 바에 따르되 별도로 지정한 바가 없으면 1/50 이상으로 한다.
- 지붕물매 : 1/3이상(기와지붕,아스팔트싱글), 1/4이상(금속기와,금속판, 금속절판), 1/20이상(평잇기 금속지붕), 1/50 이상(합성고분자시트, 아스팔트, 폼스프레이 지붕)
- 침투성방수는 내후성이 양호하고 공기가 단축되며 방수층 분리가 없어 높은 수압에도 유리하나 신뢰성이 떨어지고 **자체균열에 취약**하다.
- 금속판 지붕잇기에서 **온도에 따른 신축, 팽창에 대비하기 위해 거멀접기**를 한다.
- 아스팔트 침입도는 15~25 정도로 한냉지에서는 온난지보다 값이 큰 것을 사용하며 아스팔트는 침입도가 큰 것이 양질의 제품이다.
- 시멘트 액체방수공법에서 겹침폭은 100mm 정도로 하고 면적이 넓을 때는 균열방지의 목적으로 신축줄눈을 설치한다.

12

04 철골구조

- 철골구조는 철근콘크리트구조보다 자체중량이 가볍고 큰 간사이(span)의 구조물이 가능한 구조로 인성이 커서 상당한 변위에도 잘 견디고 해체, 수리, 보강, 시공이 용이하다.
- 철골구조는 비내화적이며 용접이외에는 일체화가 곤란하고 부재가 세장하므로 좌굴이 발생하기 쉽다.
- 부재 축방향의 리벳 중심선을 게이지 라인(gauge line)이라 한다.
- 리벳의 최소연단거리는 리벳지름의 2.5배 이상으로 한다.
- 리벳의 최소 피치(pitch)는 2.5d(리벳지름) 이상이고 표준은 4d(리벳지름) 정도이다.
- **리벳가열온도는 800~1,000℃**(최소 600℃, 최대 1,100℃)가 적당하다.
- **고력볼트접합은 마찰력으로 응력을 전달하는 것**으로 전단 및 지압응력이 발생하지 않고 피로강도 높다.
- 원칙적으로 용접과 볼트를 병용해서는 안 되지만, 불가피하게 병용할 경우 용접 후 볼트를 조이는 것이 원칙이다.
- 용접자세는 회전지그를 이용하여 아래보기나 수평자세로 하고 용접부에는 코킹을 허용하지 않으며 아크발생은 **용접부내에서만 일어나도록 하고** 용접부 전길이에 대하여 육안검사를 실시한다.

10

- ✔ **옥상에 사용하는 아스팔트는 침입도 크고 연화점이 높은 것**을 사용해야 하며 용융온도는 접착력 저하 방지를 위하여 200℃ 이하가 되지 않도록 한다.
- ✔ 아스팔트방수 일반 평면부의 루핑붙임은 **흘려붙임으로 하고 지붕에는 물흐름을 고려하여 아래쪽으로부터 위를 향해 붙이며** 루핑의 겹침은 길이 및 너비방향 **100mm 정도로 한다.**
- ✔ 루핑은 원칙적으로 아래에서 위를 향해 붙이고 상하층의 겹침위치가 동일하지 않도록 하며 어쩔수 없이 위에서 아래로 붙일때는 겹침을 150mm로 한다.
- ✔ **시트방수는 시트 1장**을 붙여 방수효과를 기대하는 것으로 접착방법에는 온통접착, 줄접착, 갓접착, 점접착이 있으며 **시트 상호겹침**은 **100mm 이상**으로 한다.
- ✔ 시트접합부는 물매위쪽 시트가 아래쪽시트의 위로 오도록 하고 신축줄눈은 파라펫, 옥탑 등의 모서리로부터 06~1m 정도 떨어진 위치에 설치한다.
- ✔ 지하실방수에서 **외방수는 수압이 큰 깊은 지하실**에 유리한 방수법으로 일반적으로 본공사에 선행하여 시공하며 **보호누름은 하지 않아도 무방**하다.
- ✔ 지하실 안방수는 수압이 작은 얇은 지하실에 사용하는 방수법으로, 공사시기가 자유롭고 보호누름이 필요하다.
- ✔ 드라이 에리어(dry-area)는 지하실의 채광, 통풍이 주목적이나 간접방수 역할도 한다.
- ✔ 아스팔트방수, 도막방수, 시트방수, 개량아스팔트 방수 등은 멤브레인(막)방수공법에 속하고 냉공법은 상온에서 시공하는 것이다.

13

07 미장 및 타일공사

K 경 록

- ✔ 미장공사에서 바탕면은 거칠게 하고 마감면은 평활하게 하며, 모르타르는 초벌바름 후 2주 이상 충분히 양생시킨 후 재벌 및 정벌바름을 한다.
- ✔ 기경성재료는 석회성(석회, 진흙, 돌로마이터 플라스터 등)으로 건조수축이 느리고 강도가 작으나 작업성은 우수하다
- ✔ 수경성재료는 석고성(석고플라스터, 시멘트모르타르, 킨즈시멘트 등)으로 강도가 크고, 경화가 빠르나 작업성이 나쁘다.
- ✔ 시멘트모르타르는 균열을 방지하기 위하여 **초벌, 재벌은 굵은 모래**를 사용하고 정벌은 고운 모래를 사용하며 바닥을 제외하고는 1회바름 두께를 6mm 정도로 하여 총 20mm내외로 바른다(바닥 및 외벽 24mm, 내벽 18mm, 반자 및 차양 15mm).
- ✔ 돌로마이터플라스터는 기건성 재료로 **건조수축률이 커서** 균열을 방지하기 위하여 재벌에는 소정량의 시멘트를 혼합하여 사용하기도 한다.
- ✔ 미장 순서는 초벌→고름질→재벌→정벌 순으로 한다(고름질 바름횟수 포함 안함).

17

09 건축 적산

K 경 록

- ✔ **적산은 공사에 필요한 물량을 산출**하는 기술행위이다.
- ✔ 견적은 산출된 수량에 단가를 곱하여 **공사비를 산출**하는 기술행위이다.
- ✔ **개산견적은 개략적인 공사비를 산출**하나 명세견적은 정확한 공사비 산출이 가능하다.
- ✔ 적산에서 수량 산출시 C.G.S 단위를 사용하며 정미수량은 할증율을 적용하지 않은 것으로 노임단가 적용에 사용된다.
- ✔ **직접공사비(재료비, 노무비, 외주비, 경비)**에 간접공사비를 합하여 공사원가가 되고 공사원가에 일반관리비(임직원급여 등)를 합하여 총원가가 되며 부가이윤을 합하여 총공사비가 된다.
- ✔ 품셈은 공사에 소요되는 재료비나 노무비를 수량으로 표시한 것이고 일위대가는 품셈기준에 의해 수량에 단가를 곱하여 산출한 단위당 공사비이다.
- ✔ 재료의 할증률은 도료 2%, 치장벽돌, 이형철근은 3%이며 시멘트벽돌은 5%이다.
- ✔ 콘크리트 $1m^3$ 당 시멘트량은 배합비 1:2:4일 때 320kg(8포)이고 무게는 2.4톤이다.
- ✔ 공사속도를 빠르게 하면 **직접공사비는 증가하고 간접공사비는 감소**한다.
- ✔ 옥상방수면적은 바닥면적의 **1.2~1.5배**로 하고 아스팔트 사용량은 4~10kg/m^2 이다.
- ✔ 표준형벽돌의 $1m^2$ 당 정미량은 0.5B쌓기 75매, 1.0B쌓기 149매이다.

21

- ✔ 미닫이 창호는 문짝을 상 · 하 문틀에 홈을 파서 끼우고 옆 벽에 몰아붙이는 문이다.
- ✔ 회전문은 방풍과 출입인원을 통제하기 위하여 사용한다.
- ✔ 목재창호는 주문할 때 마무리를 고려하여 **도면보다 3mm 정도 크게 주문한다.** 미세기창호는 **방풍을 목적으로 풍소란**을 설치한다.
- ✔ **멀리온**이란 철재창 면적이 클 때 진동에 의한 유리파손을 방지하고 미관 및 보강을 위해 강판을 중공형으로 접어 댄 것이다.
- ✔ 알루미늄새시는 가볍고 내구연한이 길며 여닫음이 경쾌하고 외관이 좋으나 화재에 약하고 강도가 작으며 **알칼리(콘크리트, 회반죽 등)에 약해 시공시 방식피복**을 해야 한다.
- ✔ 스프링힌지(자유경첩)는 경량의 자재문에, 플로어힌지(바닥지도리)는 중량의 자재문에 사용하는 지지철물이다.
- ✔ 도어행거(door hanger)는 접문의 이동장치에 쓰이는 지지철물이다.
- ✔ 창개폐조정기(sash adjuster)는 여닫이창을 열어 젖혔을 때 문짝이 바람에 의하여 움직이지 않게 조정하는 장치이다.

15

08 도장공사

K 경 록

- ✔ 카세인수성페인트는 **알칼리에 강해 콘크리트, 모르타르면 사용하나 내수성이 작아** 외부사용이 어려우므로 외부에는 에멀션수성페인트를 사용한다.
- ✔ 시방서에서 특별히 정한바가 없으면 콘크리트에 묻히는 철재면, 도금한 면, 스텐레스강, 동, 주석 등과 움직이는 라벨, 운전부품은 도장을 하지 않으며 볼트는 도장전에 방식대책을 수립하여야 한다.
- ✔ 목재의 무늬나 바탕의 특징을 잘 나타내는 도료는 바니시(니스)로 내부에 사용한다.
- ✔ 뿜칠은 도장면과의 거리를 30cm정도 이격시키고 도장면과 직각을 이루게 하며 칠너비의 1/3정도를 겹쳐지게 하여 **전회의 방향에 직각(직교)**이 되게 시공한다.
- ✔ 에나멜은 안료를 기름바니쉬에 반죽한 것으로 광택이 잘나고 강인하여 주로 금속면에 사용한다.
- ✔ 락카(lacker)는 속건성용으로 건조가 너무 빨라 반드시 뿜칠로 칠해야한다.
- ✔ 유성페인트는 안료+건성유+건조제+희석제로 구성되어 있으며 건조제를 지나치게 많이 넣으면 균열이 생긴다.

19

- ✔ 마찰손실수두는 **마찰계수, 길이, 유속제곱에 비례**하고 **관경, 중력가속도에 반비례**한다.
- ✔ 보어홀 펌프 및 수중모터펌프는 깊은 우물의 양수에 사용하는 펌프이다.
- ✔ 저양정 펌프로서 급탕 설비용으로 사용되는 펌프는 라인펌프이다.
- ✔ 급수설비 방식 중 수도직결방식은 오염가능성이 적고 정전시에도 급수가 가능하다.
- ✔ 옥상탱크식 급수설비에서 탱크의 안전수위를 유지하기 위하여 꼭 필요한 안전장치는 넘침관으로 관경은 양수관경의 2배 이상으로 한다.
- ✔ 고가수조용량은 1시간최대사용수량의 1~3배로 하며 양수펌프 용량은(Q) = 2V/h(30분에 양수)로 한다.
- ✔ 부스터식(가압펌프식)은 최상층의 수압조절이 가능한 급수방식으로 대수를 제어하는 정속방식과 회전수를 제어하는 변속방식이 있다.
- ✔ 압력탱크 방식은 급수압변동이 가장 심한 급수방식으로 국부적으로 고압을 필요로 하는 곳에 적합하나 탱크를 정밀하게 제작하여야 하고 유지비가 많이 든다.
- ✔ 상향식(수도직결식, 압력탱크식, 부스터식)급수방식은 보수에 유리하나 **상층으로 갈수록 관경을 크게** 하지 않으면 상층에서 물이 잘 나오지 않을 수 있다.

23

- 피봇힌지(지도리)는 중량의 여닫이문에 사용하는 지지철물이고 레버터리힌지는 공중용 문(공중전화, 공중화장실)에 사용하는 지지철물이다.
- 도어체크(도어클로저)는 여닫이문을 자동으로 닫히게 하고, 도어스톱은 여닫이문에서 벽을 보호하는 철물이며 크레센트는 오르내리창 및 미세기창호의 잠금장치이다.
- **망입유리는 방범, 방화용**으로 사용하고 프리즘(포도)유리는 지하실 채광용, 에칭유리는 장식용으로 사용한다.
- **복층유리(페어유리)는 단열, 방음용**으로 사용(방화용 사용 못함)하고 로이유리는 시선차단 효과와 복층유리 역할로 난방과 보온 성능이 우수한 난방보온 유지의 기능을 갖는다.
- 복층유리는 20매 이상 적치하지 않고 판유리 사이에 완충재를 넣어 보관한다.
- 유리끼움용 부자재인 세팅블록은 유리폭의 1/4지점에 각각 1개씩 설치하여 유리의 하단부가 프레임에 닿지 않도록 하고 상대습도가 90% 이상이면 유리공사 작업을 중지한다.

16

06 수장 및 창호공사

K 경 록

- 구성반자는 장식겸 음향효과, 조명장치를 위해 중앙부분을 층단으로 구성하는 반자이다.
- 목재반자는 달대받이-달대-반자틀받이-반자틀-반자돌림대 순으로 구성된다.
- 석고보드판은 주택의 내벽, 천장마감공사에서 단열 및 방화용으로 사용한다.
- 고막이란 외벽 밑부분의 지면에 닿는 부분에서 벽면보다 약간 나오게 하거나 들어가게 한 벽체로 더러워지는 것을 방지하고 의장적인 안정감을 주기 위해 설치한다.
- 코펜하겐리브(목재루버)는 음향 및 의장효과를 내기 위해 방송국이나 극장, 강당 등의 벽에 사용(바닥에 사용 안함)하는 것으로 곡면처리도 가능하다.
- 직접충격 소음은 1분간 등가소음도(Leq) 및 최고소음도(Lmax)로 평가하고, 공기전달 소음은 5분간 등가소음도(Leq)로 평가한다.
- 도배지는 일사광선을 피하고 습기가 많은 장소나 콘크리트 위에 직접 놓지 않으며 두루마리 종, 천은 세워서 보관한다.
- 외벽의 소음방지를 위하여 재료는 흡음률이 작고 비중이 커서 무거우며 투과손실률이 큰 것을 사용한다.

14

- 초벌, 재벌, 정벌순으로 칠하되 횟수구분을 위하여 **연한색에서 진한색순**으로 시공한다.
- 도료의 배합비율 및 신너의 희석비율은 중량비로 한다.
- 바탕만들기의 목재면은 바탕연마와 도막마무리 연마 2단계로 하고 철재면은 가공장소에서 바탕재 조립전에 하며 아연도금면은 인산염 피막처리를 하고 건축물 바탕면은 충분히 건조시킨다.
- 녹막이도장의 첫 번째 녹막이칠은 공장에서 조립 전에 도장함을 원칙으로 한다.
- 롤러도장은 붓도장 같이 일정한 도막 두께를 유지하기가 매우 어렵다.
- 아연도금면 바탕만들기에서 인산염 피막처리를 하면 밀착이 우수하다.
- 징크로메이트는 크롬산아연과 알키드수지로 구성된 도료로 알루미늄판의 초벌용으로 사용한다.
- 도료가 묻은 헝겊 등은 도료창고안에 두지 말고 반드시 소각시켜야 한다.
- 주위의 기온이 5 ℃ 미만이거나 상대습도가 85%를 초과할 때에는 도장작업을 중지한다.

20

- 미장의 바름순서는 천장, 벽, 바닥순으로 상부에서 하부로 한다.
- 타일을 붙이는 모르타르에 시멘트 가루를 뿌리지 않으며 타일을 붙인후 3시간후 줄눈파기를 하고 24시간 경과후 치장줄눈(배합비 1:1)을 한다.
- 동파방지를 위하여 외부에는 흡수율이 작은 **자기질타일**을 사용한다. 흡수율이 큰 도기질 타일은 시공전에 충분한 물축임을 하여야 한다.
- 개량 압착공법이란 바탕면에 붙임 모르타르를 바르고 타일 뒷면에도 붙임 모르타르를 발라 눌러 붙이는 타일 벽 붙임공법이다.
- 압착붙이기, 개량압착붙이기, 동시줄눈붙이기 공법은 외장타일공법이고 낱장붙이기, 접착제붙이기 공법은 내장타일공법이다.
- 외벽타일의 붙임은 상부에서 하부(바닥)로, 내벽타일은 하부에서 상부로 한다.
- 접착제 공법은 내수성이 떨어져 실내에만 사용한다.
- 떠붙이기, 낱장붙이기, 판형붙이기, 접착제 붙이기는 내장타일공사이고 떠붙이기, 개량압착붙이기, 판형붙이기, 동시줄눈붙이기는 외장타일 공법이다.

18

- 초고층건물에 있어서 최상층과 최하층 배관 내는 수압차가 크므로 저층부의 수압을 줄이고 이울러 건물 내 수압의 균등화를 위하여 일정한 급수 계통의 **조닝**이 필요하다.
- 수격작용을 방지하기 위해서는 기구류 가까이에 공기실이나 수격방지기를 설치하고 밸브를 서서히 조작하며 관경을 크게 하고 길이를 짧게 하여 유속을 감소시킨다.
- 크로스커넥션은 오수가 역류하여 급수를 오염시키는 현상으로 고가수조방식에서 세정 밸브 사용시 많이 발생하므로 세정밸브에는 **진공방지기(역류방지기)를 설치**한다.
- 펌프의 흡입양정은 대기압이 낮을수록, 해발고도 및 수온이 높을수록 낮아진다. 흡입양정에 토출양정을 합한 것이 **실양정**이고 실양정에 마찰손실수두를 합한 것이 **전양정**이다.
- 펌프의 토출량은 회전수에 비례하고 양정은 회전수의 자승에 비례하며 축동력은 회전수의 3승에 비례한다.
- **공동현상(캐비테이션현상)은 일종의 흡입저하 또는 흡입불능현상으로** 방지하기 위해서는 흡입양정과 흡입수온을 낮게 하고 흡입마찰손실을 줄여야 한다.

24

10 급수설비

K 경 록

- 유효온도는 온도, 습도, 기류이고 **수정유효온도(실내환경 4요소)는 온도, 습도, 기류, 복사열**이며 효과(작용)온도는 온도, 기류, 복사열이다.
- 결로는 실내·외 온도차에 의해 발생하는 것으로 구조체 표면온도가 **노점온도보다 낮을 때**, 실내공기에 **수증기 함유로 습도가 높을 때** 발생하므로 결로를 방지하기 위해서는 표면온도를 노점온도보다 높여주고(단열강화)실내 수증기 발생을 억제 및 제거(환기)하며 **실내(고온측)에 방습층**을 설치한다.
- **외단열은 단열효과가 커서** 한냉지에 적합한 단열공법으로 지속난방에 유리하나 시공 및 보수가 까다롭고 보호층이 필요하며 비용이 고가이다.
- 도일은 온도차에 일수를 곱한 것으로 도일값은 **실내온도가 같더라도 지역마다 다르다.** 난방도일이 크면 연료소비량이 늘어 사용량 추정이 가능하나 설비용량은 알 수 없다.
- 물의 경도를 나타내는 환산지표가 되는 것은 탄산칼슘으로 음료수의 총경도는 **300ppm을 초과하지 않아야** 한다.
- 경수를 보일러에 사용하면 스케일이 발생하여 전열효율이 저하되고 과열의 원인이 되어 수명이 단축된다.

22

11 급탕설비

K 경 록

- ✔ 저탕형 탕비기에는 온도를 일정하게 유지하기 위하여 서모스탯을 사용한다.
- ✔ 간접가열식 급탕설비는 고압용보일러가 필요 없고 난방용보일러가 있으면 보일러 1대로 급탕겸용이 가능하여 대규모설비에 적합하다.
- ✔ 개별식급탕방법 중 기수혼합식은 열효율은 100%이지만 고압증기를 사용하므로 소음이 커서 스팀사일렌서를 사용하여야 한다.
- ✔ 복관식(순환식)배관방식은 항시 온수 사용이 가능하고 역환수식(리버스리턴)배관방식은 유량(온수)을 고르게 분배하고 탕의 순환을 촉진하나 배관이 길어져 설비비가 많이 든다.
- ✔ 하향식급탕법은 각층에 지관이 많은 경우 저층부에 온수가 식기 쉽다.
- ✔ 급탕관의 최소구경은 급수관경보다 한 치수 큰 20mm 이상을 사용한다. 반탕관은 급탕관보다 한 치수 작은 것을 사용한다.
- ✔ 신축곡관은 고압에 잘 견디어 건물의 옥외배관 신축이음에 가장 좋다.

25

12 배수·통기 및 오수정화설비

K 경 록

- ✔ 분류식 하수관로는 오수와 하수도로 유입되는 빗물·지하수가 각각 구분되어 흐르도록 하기 위한 하수관로를 말한다.
- ✔ 배수트랩의 설치 목적은 하수관으로부터의 **악취나 유독가스의 역류방지**이며 봉수깊이는 **50~100mm**가 적당하고 절대로 이중트랩을 설치하지 않는다.
- ✔ S트랩은 주로 대변기에서 사용하고, P트랩은 S트랩보다 봉수가 안전하여 세면기에서 사용한다.
- ✔ 그리스트랩은 배수 중에 혼입된 여러가지 유해물질이나 기름 불순물을 분리하며 동시에 트랩 기능을 가지고 있다.
- ✔ 배수트랩의 봉수파괴 원인은 자기사이펀작용, 흡인(흡입)작용, 토출(분출)작용, 모세관현상, 증발, 자기운동량에 의한 관성작용 등으로 흡인작용과 토출작용에 의한 봉수파괴현상은 저층부의 기구에서 발생한다.
- ✔ **통기관의 사용목적은 봉수보호**(사이펀작용으로 인한 봉수파괴 방지) 및 배수흐름 원활, 환기에 의한 청결유지 등이다.

27

- ✔ **부패조는 혐기성균이 생육**하므로 공기를 차단하고 오수 저유깊이는 1m~3m정도로 하며 용량은 2일분(48시간) 이상으로 한다.
- ✔ **산화조는 호기성균이 생육**하는 곳으로 공기(산소)를 공급하며 용량은 부패조용량의 1/2 이상으로 하고 통기설비(송기구 및 배기관)를 하고 살수홈통을 설치한다.
- ✔ 오수처리시설은 1년에 1회 이상 내부청소를 하여야 한다.
- ✔ SS는 입경 2mm이하의 불용성(不溶性)의 뜨는 물질을 ppm으로 표시한 것으로 탁도의 정도이다.

29

- ✔ 세정(플러시)밸브식 대변기는 시스턴식(탱크식)에 비하여 연속사용이 가능하나 소음이 크고 관경이 커야 하며(25mm 이상) 급수압이 커야 한다(100kPa 이상)
- ✔ 스트레이너는(strainer)는 배관 계통내의 이물질을 거르는 역할을 하는 것이다.
- ✔ 크로스커넥션을 방지하기 위하여 세정(플러시)밸브에는 토수구 공간을 두거나 역류(진공)방지기를 설치해야 한다.
- ✔ 콕은 원추상의 수전을 90° 로 회전시켜 차단 · 조절 하는 것으로 급속히 유로를 개폐하는 경우에 사용된다.
- ✔ 플랜지나 유니온은 관 교체 및 고장 · 수리 시 편리한 접합이다.
- ✔ 절수기기는 물사용량을 줄이기 위하여 수도꼭지나 변기에 추가로 장착하는 부속 이나 기기로 절수형 샤워헤드를 포함한다.

31

- ✔ 소방설비 최소방수압력은 옥내소화전 0.17MPa (최대 0.7MPa), 옥외소화전 0.25MPa(최대 0.7MPa), 스프링클러설비 및 드렌처설비 0.1MPa(최대 1.2MPa), 연결송수관설비 0.35MPa 이상으로 한다.
- ✔ 소화설비 방수량은 옥내소화전 130ℓ /min 이상, 옥외소화전 350ℓ /min 이상, 스프링클러 80ℓ /min 이상, 연결송수관 800ℓ /min 이상이다.
- ✔ 30층 미만 옥내외소화전 및 스프링클러설비의 유효저수량은 표준방수량에 20분에 N(가장 많은 층의 최대개수로 옥내소화전 2개, 옥외소화전 2개, 스프링클러 30개)을 곱하여 계산한다.
- ✔ 스프링클러헤드는 디플렉터(물을 세분), 가용편, 프레임으로 구성된 것으로 상향식설치가 원칙이나 부득이 하향식으로 할 때는 찌꺼기유입을 방지하기 위해 **회향식배관**으로 하여야 한다.
- ✔ 드렌처설비는 수막작용으로 인접건물로부터의 연소를 방지하는 설비이고 연결송수관설비는 화재시 소방차로부터 건물내의 소화전에 송수하기 위한 소화활동설비이다.
- ✔ **LPG(액화석유가스)는 비중이 커서** 감지기를 바닥에서 30cm 이내에 설치하고 유량은 무게(kg/h)로 표시하며 연소시 많은 공기(산소)를 소모한다.

33

15 난방설비

K 경 록

- ✔ 보통의 착의 상태에서 안정된 생활조건으로 가장 쾌적한 실내의 온도 20℃, 습도65%, 기류 0.5m/sec 이다.
- ✔ 온도는 변하지 않고 상태만 변하는 기화잠열은 증기난방에 이용하고 상태는 변하지 않고 온도변화에 출입한 현열은 온수난방에 이용한다.
- ✔ 고위발열량(총발열량)은 연소시 발생되는 수증기의 응축열(잠열)을 포함한 발열량이다.
- ✔ 배관 도중에 관경이 서로 다른 증기관을 접속하는 경우에는 응축수의 고임이 생기지 않도록 편심이경티를 사용한다.
- ✔ 공기빼기밸브는 증기난방용 부속기기와 온수난방용 부속기기에 공통으로 사용된다.
- ✔ 상당증발량은 100℃의 온수에서 100℃의 증기로 만들 수 있는 증발량이다.
- ✔ 관 내에서 분리된 공기 등을 배출하고 물의 팽창에 따른 위험을 방지하기 위하여 팽창관과 팽창탱크를 설치한다.

35

- ✔ 통기관은 기구의 **넘침면 150mm 위에서 수직통기관에 연결**한다.
- ✔ 회로(환상, 루프)통기관은 배수수평지관의 최상류에 있는 기구와 연결된 직후 하류측에서 입상하여 통기수직관에 연결한 통기관으로 1개가 기구수 8개이하, 길이 7.5m 이하로 담당한다.
- ✔ 부하단위가 큰 **대변기는 수직관에서 가까운 곳에 접속**하며 **접속 구경은** DN 80(보통 100mm) **이상**으로 한다.
- ✔ 섹스티아방식은 배수 입상관의 끝부분을 연장하여 대기 중에 개방하는 신정통기의 변형으로 배수 수류에 선회력을 준 특수방식이다.
- ✔ 배수관 **표준구배는 1/50~1/100**(65mm 이하는 1/50 이상)로 **관경의 역수보다 작게 해서는 안되며** 배수능력이 저하되지 않는 한도내에서 가능한 크게 한다.
- ✔ 오수처리시설에서 사용되는 BOD란 오수 중에서 오염원이 되는 유기물이 이것과 공존하는 미생물에 의해 분해하여 안정화하는 과정에서 소비되는 수중에 녹아 있는 산소의 감소량을 온도 20℃에서 5일간 시료를 방치해서 측정한 수중 물질의 지표이다.
- ✔ 오수정화시설의 폭기장치는 산기식 폭기장치와 기계식 폭기장치가 있다.
- ✔ 오수정화시설의 처리순서는 부패조 – 여과조 – 산화조 – 소독조 – 방류조순이다.

28

- ✔ **동관 20m, 강관 30m,** 수직관 10~20m 마다 신축이음을 설치하며 누수크기는 스위블조인트>슬리브이음>벨로즈이음>신축곡관순이다.
- ✔ 급탕설비에서 팽창관은 배관내의 이상압력을 흡수하는 도피구로 안전밸브(safety valve)의 역할을 하며 도중에 절대로 밸브를 설치하지 않는다.
- ✔ 급탕배관의 수압시험은 최고사용압력의 2배로 10분간 하고 수압시험이 끝나면 열손실 방지를 위해서 보온재로 피복한다.
- ✔ 팽창관은 **급탕수직주관 끝을 연장**하여 팽창탱크에 자유개방하는 것으로 개방형팽창탱크(중력탱크)는 최상층 급탕전보다 5m 이상 높은 곳에 설치하여야 한다.

26

14 소방 및 가스 설비

- ✔ 소방설비 중 가압송수장치(펌프)의 흡입측에는 연성계 또는 진공계를, 토출측에는 압력계를 설치한다.
- ✔ 정온식(금속팽창형) 감지기는 **일정온도 이상시 작동**하는 것으로 보일러실, 주방 등 화기를 취급하는 곳에 사용한다.
- ✔ 차동식(공기팽창형)감지기는 일정온도 상승률 이상시 작동하는 것으로서 스포트형은 사무실의 거실 등에, 열누적형인 분포형은 창고 등에 사용한다.
- ✔ 연기감지기는 복도, 계단, 천장높이가 15m 이상 되는 무대나 강당 등에 사용한다.
- ✔ 자동화재 탐지설비용 차동식 감지기의 리크밸브(leak valve, 리크공)가 막히게 되면 실내의 온도나 기압이 적게 변화해도 비화재경보를 발한다.
- ✔ 소화기는 소방 대상물 각 부분에서 보행거리 20m 이내마다 바닥에서 1.5m 이내에 설치하여야 하고 30층 이상 오피스텔 및 아파트 세대별 주방의 전기 또는 가스차단장치는 상시 확인 및 점검이 가능하도록 설치하고 탐지부는 수신부와 분리하여 설치한다.

32

13 배관 및 위생설비

- ✔ 배관의 교체나 수리를 쉽게 하기 위해 배관 관경이 50mm 이상은 플랜지, 50mm 이하는 유니온을 사용한다.
- ✔ 연관은 알칼리에 취약하므로 콘크리트에 직접 매설할 경우 보호조치를 해야 한다.
- ✔ 체크밸브(check valve)는 역지형밸브로 스윙형은 수직 및 수평배관 사용이 가능하나 리프트형은 수평배관에만 사용이 가능하다.
- ✔ 게이트(Gate)밸브는 슬루스밸브라고도 하며 유체의 흐름에 대하여 마찰저항손실이 가장 작기 때문에 급수 및 급탕배관에 가장 적합한 밸브이다.
- ✔ **동관의 두께는 K(가장 두껍다), L, M(가장 얇다)타입**이 있고 **강관의 두께는 스케줄번호로 결정**(클수록 두껍다)한다.
- ✔ 블로우 아웃식 대변기세정방식은 수압 0.1 MPa 이상으로 소음이 심하여 학교·공장 등의 공공건물에 사용한다.
- ✔ 로우탱크식(시스턴식) 대변기는 소음이 작고 수리가 용이하나 면적을 많이 차지한다.

30

- ✔ 난방설비의 배관에서 역환수(리버스리턴)배관 방식은 배관의 길이는 길어지나 온수의 유량은 일정하게 배분된다.
- ✔ 방열기는 **대류작용**을 이용하기 위해 열손실이 가장 큰 개구부 아래 벽에서 **5~6cm** 이격하여 설치한다.
- ✔ 실내온도 18.5℃ 기준 증기난방의 표준방열량은 **0.756kW/㎡ · h**(열매온도 102℃)이고 **온수난방의 표준방열량은 0.523kW/㎡ · h**(열매온도 80℃)이다.
- ✔ 증기난방은 **잠열을 이용한 난방방식**으로 온수난방(현열이용)에 비해 예열시간이 빠르고 시설비가 저렴하나 제어성 측면에서 불리하다.
- ✔ 하트포드배관법(증기난방)은 보일러 안전수위를 확보하기 위한 안전장치로 빈불때기를 방지하고 증기압과 환수압의 균형을 유지하며 환수관으로부터의 찌꺼기유입을 방지한다.
- ✔ 냉각레그(cooling leg)는 증기주관과 트랩 사이에 설치하여 완전한 응축수를 트랩에 보내는 역할을 하는 것으로는 **노출배관**(피복않음)하고 **길이는 1.5m 이상**으로 하며 관경은 증기주관보다 한 치수 작게 사용한다.
- ✔ 리프트 이음은 응축수 탱크가 보일러보다 낮은 곳에 있을 때 환수하는 것으로 길이는 **1.5m 이하**(저압)로 하고 리프트관은 환수주관보다 한 치수 작게 사용한다.

36

- ✔ 저압공급방식의 도시가스 공급압력은 0.1MPa 미만이고 중압은 0.1MPa 이상~1MPa미만이며, 고압은 1MPa 이상이다.
- ✔ 도시가스공급은 원료→제조→압송(압축기)→저장(홀더)→압력조정(정압기)→공급순이다.
- ✔ 가스계량기는 절연조치 하지 않은 전선과 15cm, 전기접속기 또는 단열조치하지 않은 굴뚝과는 30cm, 전기개폐기, 전기계량기와는 60cm, 화기와는 2m 이상 이격시킨다.
- ✔ 수평관은 응축수의 유입을 방지하기 위해 1/100~1/200의 **선하향구배**를 두어 배관하고 콕과 물빼기 장치를 한다.
- ✔ 건물에서의 가스배관은 노출배관하고 부득이 주요구조부를 관통할 때는 슬리브를 하며 배관색은 황색으로 하나 지하매설관은 저압은 황색, 중압 이상은 적색으로 한다.
- ✔ 가스배관을 지중에 매설할 때는 60cm이상(간선도로 120cm)으로 하고 콘크리트에 매설하지 않는다.

34

- ✔ 증기난방(잠열이용)은 온수난방(현열이용)에 비해 예열시간이 짧고 순환이 빠르며 시설비가 작게 드나 쾌감도가 나쁘고 방열량 조절이 곤란하다.
- ✔ 복사난방은 **동일방열량에 비해 손실열량이 작고** 온도분포가 균등하여 쾌감도가 좋으나 예열시간이 길고 시공 및 수리가 어려우며 단열층이 필요하고 방열량 조절이 어렵다.
- ✔ 팽창탱크는 물의 팽창을 흡수하는 안전장치로 배관계통 중 가장 높은 곳에 설치하며 저온수식은 개방형, 고온수식은 밀폐형을 사용한다.
- ✔ 정격출력은 **상용출력(난방부하+배관부하+급탕부하)**에 예열부하를 합한 것이다.
- ✔ **노통연관식보일러**는 보유수량이 많아 부하변동에 안전하고 수관식 보일러는 증기발생이 빨라 지역난방 등 대규모 건물에 사용하나 고도의 수처리가 필요하다.
- ✔ 보일러실은 정온식 감지기와 제1종 환기설비를 갖춰야 한다.
- ✔ 기계환기설비를 사용하여야 하는 지하주차장의 환기용 팬은 대수제어 또는 풍량조절(가변익, 가변속도), 일산화탄소(CO)의 농도에 의한 자동(on-off)제어 등의 에너지절약적 제어방식을 도입한다.

37

- ✔ 송풍기 상사법칙에 의하여 풍량은 회전수에 비례하고, 정압은 회전수의 자승에 비례하며 축동력은 회전수의 3승에 비례한다.
- ✔ 이코노마이저시스템" 이라 함은 중간기 또는 동계에 발생하는 냉방부하를 실내기준온도보다 낮은 도입 외기에 의하여 제거 또는 감소시키는 시스템을 말한다.
- ✔ 냉동톤(RT)은 **24시간에 0℃ 물 1톤을 0℃얼음으로 만들 수 있는 능력**으로 열량으로 3.86kW(3,320kcal/h)이다(USRT 3.516kW : 3,024kcal/h)이다.
- ✔ 냉각탑은 **응축기의 냉각수를 냉각**시키는 것으로 밀폐식은 전산실 등에서 사계절용으로 사용한다.
- ✔ 히트펌프는 냉방운전시 응축기의 방열을 난방에 이용하는 것으로 냉난방을 겸할 수 있어 설비비와 에너지를 절감할 수 있다.
- ✔ 흡수식냉동기는 소음진동이 적고 전력소비가 적으나 열원장치가 필요하므로 하절기에도 보일러를 가동해야 하는 단점이 있다.
- ✔ 압축식냉동기의 냉동사이클은 압축기, 응축기, 팽창밸브, 증발기순이며 흡수식냉동기의 냉동사이클은 흡수기, 발생기(재생기), 응축기, 증발기순이다. 실제 **냉동이 이루어지는 곳은 증발기**이다.
- ✔ 냉동기의 성적계수(COP)는 값이 클수록 효율이 좋은 것으로 히트펌프의 성적계수는 냉동기의 성적계수에 1을 더한 값으로 냉방시보다 **난방시가 높다.**

39

- ✔ 분전반은 층마다 1개 이상 설치하고 용량은 200A 이하로 하며 **분기회로는 30m 이하, 회선수는 20회선(예비포함 40회선) 이내**로 하며 전동기는 1대에 1회로로 한다.
- ✔ 금속관공사의 전선수는 10본 이하로 하고 4본 이상 삽입시 전선의 단면적은 관의 단면적의 **40% 이하(덕트 20% 이하)**로 한다.
- ✔ 소방법에 규정하고 있는 옥내 소방시설의 감지제어 전선은 HIV전선을 사용한다.
- ✔ 분전함, 금속관에는 제3종 접지 공사를 한다.
- ✔ 타임스위치는 주택, 아파트, 호텔 등의 현관에 사용하고 리미트(제한)스위치는 인양기, 승강기에 사용하며 플로트 스위치는 고가수조, 저수조의 자동수위 조절용으로, 마그네트 스위치는 전동기 제어용으로 사용한다.
- ✔ 3로스위치는 긴 복도나 계단실의 상·하에서 자유롭게 점등할 수 있는 스위치이다.
- ✔ 노퓨즈 브레이커(NFB, 서킷 브레이커)는 과전류(정격 전류의 120% 이상)가 흐르면 자동적으로 회로를 차단하고 원상회복이 가능한 스위치이다.
- ✔ 조도는 광도(칸델라)에 비례하고 거리의 제곱에 반비례한다.
- ✔ 공청안테나는 풍속 40m/s에 견디도록 고정하고 강전류선으로부터 3m 이상 띄워서 설치한다.

41

18 승강설비

- ✔ 완충기는 로프가 끊어졌을 때 카나 균형추의 충격을 완화시켜주는 기계적 안전장치이다.
- ✔ 균형추는 권상기의 부하를 감소시키기 위한 장치로 카중량에 최대적재량의 40~60%를 더하여 구한다.
- ✔ 승강기 정원산정시 사용되는 1인당 하중은 75kg을 기준으로 한다.
- ✔ 승강기 구동방식 중 에너지 절약형에 가장 좋은 방식은 AC inverter 방식이다.
- ✔ 연면적 2,000m² 이상으로서 6층 이상인 건축물에는 승용 승강기를 설치하여야 하며 10층이상의 공동주택은 화물용 승강기를 설치하여야 한다.
- ✔ 높이가 31m를 초과하는 건축물에는 비상용승강기를 설치해야 하며 10층 이상의 공동주택은 승용 승강기를 비상용 승강기의 구조로 하여야한다.
- ✔ 비상용 승강기는 승강장바닥면적은 6m² 이상으로 하고 피난층 승강장 출입구로부터 도로나 공지에 이르는 거리는 30m 이하이어야 하며 각층으로부터 피난층까지 이르는 승강로를 단일구조로 한다.
- ✔ 직류엘리베이터는 **승차감과 효율이 양호**(60~80%)하고 속도조정이 가능하며 착상오차가 작아(1mm 이하) 고층건물의 고속엘리베이터에 사용한다.

43

19 홈네트워크

- ✔ 홈네트워크망은 홈네트워크 장비 및 홈네트워크 설비를 연결하는 것으로 단지망과 세대망이 있다.
- ✔ 홈네트워크장비란 홈네트워크망을 통해 접속하는 장치로 홈게이트웨이, 세대단말기, 단지네트워크장비, 단지서버가 있다.
- ✔ 세대단말기는 세대 및 공용부의 성능 및 기능을 제어하고 확인할 수 있는 기기이다.
- ✔ 통신배관실(TPS실)은 통신용 파이프 샤프트 및 통신단자함을 설치하기 위한 공간이고 집중구내통신실(MDF실)은 국선국선단자함 또는 국선배선반과 초고속통신망장비 등 각종 구내통신용 설비를 설치하기 위한 공간이다.
- ✔ 세대단자함이란 인터넷과 홈네트워크 서비스를 위한 구내배선의 접속단자로서 공동주택의 전유부분에 설치하는 공간을 말한다.
- ✔ 홈게이트웨이는 홈네트워크 사용기기들을 유무선으로 연결하고 단지망과 세대망 혹은 단지망과 기간망을 상호 접속하는 장치로 세대단자함에 설치하거나 세대단말기에 포함하여 설치할 수 있다.

45

✔ 하중의 종류

1) 장기하중 (시하중)	① 고정하중(움직임이 없는 하중, 사하중) : 건물의 자중
	② 적재하중(움직일 수 있는 하중, 활하중, 동하중) : 사람, 설비, 물건 등의 무게
2) 단기하중 (활하중)	① 적설하중 : 최대적설량(cm) – 다설지역에서는 장기하중
	② 풍하중 : 바람력
	③ 지진하중 : 지진력
	④ 충격하중 : 각종 충격력

✔ 지반의 성질

비 교	사질토	점토	비교	사질토	점토
투수계수	크 다	작 다	압밀속도	빠르다	늦 다
불교란시료	곤 란	가 능	전단강도	크 다	작 다
내부마찰각	크 다	작 다	동결피해	작 다	크 다
압밀성(압밀침하량)	작 다	크 다	예민비 (자연시료강도/이긴시료강도)	작 다	크 다

47

17 전기설비

- ✔ 전선의 저항은 길이에 비례하고 굵기에 반비례한다.
- ✔ **옴의 법칙(I=V/R)은 전류는 전압에 비례하고 저항에 반비례**한다.
- ✔ 저압은 교류 1,000V 이하(직류 1,500V 이하)이고 고압은 7,000V 이하이다. 전력손실량은 전력손실율에 부하용량을 곱한 값이 된다.
- ✔ **쿨롱은 전기량의 실용단위**로 1초간동안 1암페어의 전류가 운반하는 전기량이다.
- ✔ 역률은 유효전력을 피상전력으로 나눈 값으로 클수록 좋으며 역률을 개선하기 위하여 콘덴서를 사용한다.
- ✔ **수용율(수요율)**은 최대수용전력을 부하설비용량으로 나눈 값으로 항상 1보다 작다.
- ✔ 배전반은 각종 계기류, 계전기류 및 개폐기류를 1개소에 집중시켜 놓은 곳이다.
- ✔ 간선이란 인입 개폐기로부터 분전반의 분기개폐기까지의 배선을 말한다.
- ✔ **간선의 설계순서**는 부하용량결정-전기방식 및 배선방식결정-배선방법 결정-전선굵기 결정순이다.
- ✔ 전선의 굵기 결정은 허용전류(가장중요), 전압강하(2% 이하), 기계적강도(단선 1.6~3.2mm 이상, 연선 5.5mm^2 이상)를 고려해야 한다.

16 공기조화 및 냉동설비

- ✔ 제1종 환기방식은 강제급기(급기구)와 강제배기(배기구)에 의한 환기방식이다.
- ✔ 환기횟수는 시간당 환기량을 실의 체적으로 나눈 값으로 공동주택은 0.5회 이상이다.
- ✔ 가이드베인은 덕트내부 굴곡부의 기류의 안정을 위해 설치한다.
- ✔ 공기를 가열하면 건구온도는 높아지고 상대습도는 낮아지나 **절대습도는 변하지 않는다.**
- ✔ 상당외기온도는 외기온도에 일사량을 합한 온도로 냉방부하에 적용한다.
- ✔ 공기조화에서 조닝(Zoning)을 상세하게 할수록 **설비비는 증가하나 에너지는 절약**된다.
- ✔ 에너지를 절약하기 위해서는 거실층고는 낮추고 연면적에 대한 외피면적의 비는 작게 한다.
- ✔ 복사패널덕트방식은 **쾌감도가 가장 좋은 방식**이나 고온다습한 지역에 사용하기 어렵다.
- ✔ 이중덕트방식은 1대의 공조기로 냉·온풍을 만들어 각각의 덕트로 보내고 말단의 혼합상자에서 혼합하여 송풍하는 방식으로 **에너지 과소비형**이다.
- ✔ 가변풍량 단일덕트방식(VAV)은 송풍온도는 일정하게 하고 송풍량을 변화시키는 방식으로 개별제어가 용이한 **에너지 절약형**이다.
- ✔ 팬코일유닛공조방식은 개별제어가 용이하여 호텔이나 여관의 객실에 사용한다.

- ✔ 조속기(Governor)는 **정격속도의 120% 이상시 자동으로 전원을 차단**하여 안전을 도모하며 조속기 고장으로 정격속도의 130~140%시 비상정지장치가 작동된다.
- ✔ **제한(리미트)스위치**는 종점스위치 고장시 전동기를 정지시키고 전자브레이크를 작동시켜 케이지를 급정지시키는 안전장치로 파이널리미트스위치는 작동 후 복귀는 자동으로 이루어지지 않아야 한다.
- ✔ 에스컬레이터의 수송능력은 승강기의 10배 정도(4,000명/h 정도)로 속도는 **경사도가 30° 초과 35° 이하일 때는 30m/min 이하**(30° 이하일때는 45m/min 이하)로 하고 경사도는 **30° 이하**(단, 높이 6m 이하, 속도 30m/min 이하인 경우 35° 이하)로 한다.
- ✔ 주접촉기, 과부하 계전기, 전자 브레이크, 종점스위치, 제한스위치, 역결상릴레이, 슬로다운스위치는 전기적 안전장치이고 조속기, 리타이어링 캠, 완충기 등은 기계적 안전장치이다.

- ✔ **피뢰설비는 20m 이상** 또는 낙뢰의 우려가 있는 건물에 설치하는 것으로 돌침은 25cm 이상 돌출하여야 하고 측면의 낙뢰를 방지하기 위하여 **60m 초과시 건축물 4/5지점**부터 상단부까지, **150m 초과시 120m부터 상단부까지 수뢰부**를 설치하여야 한다.
- ✔ 피뢰설비 피복이 없는 동선의 최소단면적은 수뢰부, 인하도선, 접지극 모두 50mm^2 이상이어야 한다.
- ✔ 간접조명은 90% 이상 대부분을 상향조명하는 것으로 **균일한 조도**를 얻을 수 있으나 조명효율이 낮다.
- ✔ 전반국부혼용조명은 정밀도를 요구하는 공장, 수술실 등에 사용하며 전반조명은 국부조명의 **1/10 이상**으로 한다.

✔ 아스팔트 방수와 시멘트 액체 방수 비교

내 용	아스팔트 방수	시멘트 액체방수
바탕처리	완전건조	반건조
방수수명(성능)	길다(신뢰도 大)	짧다(신뢰도 小)
외기 영향	적다	직감적
방수층의 신축성	크다	거의 없다
균열발생	비교적 안 생긴다	잘 생긴다
시공도	복잡	간단
공사기간	길다	짧다
경제성	비싸다	싸다
보호 누름	절대로 필요	안해도 무방
중량	무겁다	가볍다
모체	모체가 나빠도 시공 용이	모체가 나쁘면 시공 곤란
결함부 발견	용이하지 않다	용이하다
보수범위	광범위하고 보호누름도 재시공	국부적으로 보수 가능

- ✔ 무인택배함의 설치수량은 소형주택의 경우 세대수의 약 10~15%, 중형주택 이상은 세대수의 15~20%로 정도 설치할 것을 권장한다.
- ✔ 가스감지기는 사용하는 가스가 LNG인 경우에는 천장 쪽에, LPG인 경우에는 바닥 쪽에 설치하여야 한다.
- ✔ 통신배관실내의 트레이(tray) 설치용 개구부는 화재시 층간 확대를 방지하도록 방화처리제를 사용하여야 한다.
- ✔ 전자출입시스템은 화재발생 등 비상시, 소방시스템과 연동되어 주동현관과 지하주차장의 출입문을 수동으로 여닫을 수 있게 하여야 한다.
- ✔ 원격검침시스템은 각 세대별 원격검침장치가 정전 등 운용시스템의 동작 불능 시에도 계량이 가능해야하며 데이터 값을 보존할 수 있도록 구성하여야 한다.
- ✔ 단지서버는 집중구내통신실 또는 방재실에 설치할 수 있다.
- ✔ 예비부품은 내구연한을 고려하여야 하고 5% 이상 5년간 확보할 것을 권장한다.

✔ 가스비교

가스 종류	LPG(액화 석유가스)	LNG(액화 천연가스)
유량표시	무게(kg/h)	부피(m^3 /h)
비 중	大	小
감지기 위치	바닥면 30cm 이내	천장에서 30cm 이내
주성분	프로판, 부탄	메탄
액화온도	-42.1℃	-162℃
액화부피	1/250	1/600

✔ 중앙급탕식 설비

구 분	직접가열식	간접가열식
보일러 효율	좋다	좋지 않다
난방보일러 증기 사용시	난방용, 급탕용 별도로 필요	난방용으로 급탕까지 가능
보일러 내의 스케일	많이 발생	거의 발생하지 않는다.
고층건물 사용시	고압보일러 필요	고압보일러 불필요
저탕조 내 가열코일	불필요	필요
적용 건축물	소규모 건물	대규모 건물

✔ 설비 중요 공식

760mmHg	1atm=1.0332kg/cm^2 =10.332mAq=1.01325bar=0.1MPa
마찰손실수두	$\frac{flv^2}{d2g}$ = $\frac{\text{계수} \times \text{길이} \times \text{유속}^2}{\text{관경} \times \text{중력가속도}}$
1kcal, 1KW	1kcal=4.186(약 4.2)KJ, 1KW=3,600kJ/h
유량(Q), 관경(d)	Q=AV, d=1.13$\sqrt{\frac{Q}{V}}$ (A 단면적, V 유속, Q 유량)
수도본관 최저압력(kg/㎠)P	≧ $P_1+P_2+P_3$(수두+기구 압력 + 마찰손실수두)
고가수조 용량	1시간 최대사용수량의 1~3배
고가수조 넘침관(일수관)	양수관경의 2배
고가수조 펌프 용량	Q=2V/h(V : 고가수조 용량) : 30분에 양수
축동력(kW), 축마력(HP)	kW=$\frac{WQH}{6,120E}$, $\frac{WQH}{4,500E}$(W:1,000, Q:유량(m^3 /min), H:양정)

온수순환량(Q):kg/h	$\frac{\text{방열기 방열량}}{\text{온수입구 온도} - \text{출구온도}}$
보일러 효율(%)	$\frac{\text{정격출력}}{\text{연료소비량} \times \text{연료발열량} \times \text{비중}}$
혼합공기(물) 계산법	혼 합 공 기 온 도 (t_3) = $\frac{Q_1 \times t_1 + Q_2 \times t_2}{Q_1 + Q_2}$ • Q_1, Q_2 : 혼합전 공기량 • t_1, t_2 : 혼합전 공기온도
환기량	환기량(Q)=$\frac{\text{총 } CO_2 \text{ 배출량}}{\text{실내 } CO_2 \text{ 허용농도} - \text{실외 } CO_2 \text{ 허용농도}}$ 환기량(Q)=$\frac{\text{발열량}}{\text{비중량} \times \text{공기비열(실내온도} - \text{실외온도)}}$ 환기량(Q)=$\frac{\text{열원발열량}}{\text{단위환산계수 0.34(실내온도} - \text{실외온도)}}$
환기횟수	환기횟수(n)=$\frac{Q(\text{환기량})}{V(\text{실체적})}$(회/h), 공동주택 환기횟수 : 0.5회/h

온수난방과 증기난방의 비교

내 용	온수난방	증기난방	내 용	온수난방	증기난방
1) 예열시간	길 다	짧 다	9) 방열기면적	크 다	작 다
2) 난방 지속시간	길 다	짧 다	10) 설비유지비	크 다	작 다
3) 열운반 능력	작 다	크 다	11) 소 음	작 다	크 다
4) 열용량	크 다	작 다	12) 관의 부식	작 다	크 다
5) 방열량 조절	용이하다.	곤란하다.	13) 보일러 취급	용이하다.	용이하지 않다
6) 난방 부하 조정·조절·제어	용이하다.	곤란하다.	14) 열 방식	현 열	잠 열
7) 스팀해머(소음)	발생하지 않는다.	발생한다.	15) 쾌감도	쾌적하다.	불쾌하다.
8) 관 경	크 다	작 다			

소화시설비교

구 분		옥내 소화전	옥외 소화전	스프링쿨러	드렌처설비
노즐방수압력		0.17–0.7MPa	0.25–0.7MPa	0.1–1.2MPa	0.1–1.2MPa
표준방수량		130ℓ /min	350ℓ /min	80ℓ /min	
수원 저수량	29층 이하	$2.6m^3$ ×N(최대2)	$7m^3$ ×N(최대2)	$1.6m^3$ ×N(최대30)	
	30~49층	$5.2m^3$ ×N(최대2)		$3.2m^3$ ×N(최대30)	
	50층 이상	$7.8m^3$ ×N(최대2)		$4.8m^3$ ×N(최대30)	
유효반경(설치간격)		25m 이하	40m 이하	$10m^2$ /헤드1개 (공동주택 $20m^2$)	수평 2.5m, 수직 4m
호스 구경		40mm	65mm		
동시 사용 개수		2개	2개	30개	

송풍기 소용동력	kW = $\frac{Q(풍량) \times P_i(전압)}{60 \times 1,000 \times E(효율)}$, 풍량($m^3$/min), 전압(정압+동압)
변전실 면적(m^2)	$3.3\sqrt{kW}$
수용율(%)	$\frac{최대수용전력}{부하설비용량} \times 100$
조도(lux)	$\frac{광도(cd)}{거리2(l2)}$
조명계산	EAD=FNU(평균조도 × 면적 × 감광보상률 = 광속 × 개수 × 조명률)

NPSH(유효흡입 양정)	대기압 해당수두 – 유체온도 포화증기압 해당 수두 – 흡입관 마찰손실 수두 ± 흡입양정(압입+, 흡상–)
BOD 제거율(%)	$\frac{유입수\ BOD - 유출수\ BOD}{유입수\ BOD} \times 100$
정화조 부패조 용량	5인 이하 – $1.5m^3$ 이상 5~500인 – n × 0.1 + $1m^3$ 이상 500인 이상 – (n – 500) × 0.075 + $51m^3$ 이상
산화조 용량	부패조 용량(2일분)의 1/2 이상
온수 체적팽창률	$\frac{1}{P_2(가열후)} - \frac{1}{P_1(가열전)}$
응축수량	$\frac{표준방열량}{기화잠열(539kcal)}$
상당방열면적(EDR) 방열기절수	EDR(m^2) = $\frac{전체방열량}{표준방열량}$, 절수 = $\frac{상당방열면적}{1절당\ 방열면적}$

03 민 법

점선에 따라 오리시면 손안의 카드가 됩니다.
시험장에 꼭 들고 가셔서 여백시간에 반드시 참고하세요.
※ 반드시 절취하여 사용하십시오.

01 서 론

- 법원은 법의 존재형식 내지 그 형태, 즉 법이 법으로서 존재하는 형식 내지 형태를 의미한다.
- 민법 제1조는 법원의 종류와 그 효력순위에 관하여 「민사에 관하여 법률에 규정이 없으면 관습법에 의하고 관습법이 없으면 조리에 의한다」고 규정한다.
- 일반 사회인이 보통 인정한다고 생각되는 객관적인 원리 또는 법칙을 조리(條理)라 한다.
- 근대 민법의 기본원리는 사유재산권존중의 원칙, 사적 자치의 원칙, 과실책임의 원칙이다.
- 준용은 입법기술상의 한 방법이며, 유추는 법해석의 한 방법이므로 양자는 같지 않다.
- 법률은 그 효력이 발생한 후, 즉 시행일 이후에 발생한 사항에 관하여서만 적용되는 것이 원칙이다. 이를 법률불소급의 원칙이라고 한다.

1

02 법률관계와 권리·의무

- 권리(權利)는 일정한 이익을 누리게 하기 위하여 법이 인정하는 힘을 말한다.
- 권한(權限)은 타인을 위하여 그 자에 대하여 일정한 법률효과(法律效果)를 발생케 하는 행위를 할 수 있는 법률상의 자격을 말한다.
- 항변권(抗辯權)은 청구권의 행사에 대하여 그 작용을 저지할 수 있는 효력을 가지는 권리를 말한다.
- 절대권은 특정의 상대방이라는 것이 없고 일반인을 의무자로 하여 모든 사람에게 주장할 수 있는 권리이며, 대세권(對世權)이라고도 한다.
- 동일한 목적과 결과를 가져오는 수개의 권리가 동일인에게 동시에 존재하는 상태를 권리의 경합이라 한다.
- 권리의 충돌이란 한 개의 객체에 수개의 권리가 존재하는 상태를 말한다.

3

- 공법관계에도 실효의 원칙이 적용된다.
- 권리남용이 되기 위해서는 주관적 요건을 갖추어야 하나 상계권의 행사의 경우 주관적 요건이 구비되지 않아도 권리남용이 될 수 있다.
- 상계라 함은 채무자가 채권자에 대하여 동종의 채권을 가지는 경우에 채무자가 그 대등액에 한하여 서로 채무가 없었던 것으로 하는 의사표시를 말한다.
- 간접의무는 특정인이 일정한 행위를 할 지위에 있지만 그 행위를 하지 않아도 이에 대한 불이익을 받을 뿐 상대방이 적극적으로 그 행위를 청구할 수는 없는 것이다.
- 청구권이란 특정인에게 일정한 작위부작위를 요구할 수 있는 권리이나 채권과는 구별된다.
- 형성권이란 권리자의 일방적인 의사표시에 의하여 새로운 법률관계를 형성시킬 수 있는 권리이다.
- 공유물분할청구권, 지상권자의 지상물매수청구권·지료증감청구권, 전세권자의 부속물매수청구권, 임차인과 전차인의 지상물매수청구권은 형성권이다.

5

03 권리의 주체

- 권리능력이란 권리의 주체가 될 수 있는 지위 또는 자격을 말하는데, 인격이라고도 한다.
- 우리 민법에서 사람은 출생 시부터 권리능력을 가지므로 태아는 원칙적으로 권리능력이 인정되지 않는다.
- 해제조건설이란 태아인 동안에도 민법이 규정한 개별적 사항의 범위 내에서 제한된 권리능력을 가지나, 사산한 때에는 그 권리능력의 취득효과가 과거 문제의 사건 시까지 소급하여 소멸한다는 설이다.
- 태아는 증여의 수증능력(증여받을 수 있는 능력)이 없다.
- 인정사망은 시체의 발견 등 사망의 확증은 없으나 그 개연성이 높은 경우에 그를 조사한 관공서의 사망보고에 의하여 사망으로 인정하는 제도이다.

7

- 피성년후견인은 타인의 대리인이 될 수 있으나, 대리인이 된 후 성년후견개시의 심판을 받으면 대리권은 소멸한다.
- 미성년자에 대하여서도 성년후견개시의 심판을 할 수 있다.
- 피성년후견인이 법정대리인의 동의서를 위조하여 법률행위를 한 경우라도 법정대리인은 그 행위를 취소할 수 있다.
- 제한능력자의 상대방은 법정대리인(또는 능력자가 된 행위자)에 대하여 1월 이상의 기간을 정하여 최고할 수 있다.
- 제한능력자의 상대방은 악의이더라도 거절권을 행사할 수 있다.
- 단순히 행위능력자(성년자)라고 칭한 것(군대에 갔다 왔다 또는 학교를 졸업했다)만으로는 사술이라고 할 수 없다.
- 한정후견인의 동의가 필요한 법률행위를 피한정후견인이 한정후견인의 동의없이 하였을 때에는 그 법률행위를 취소할 수 있다.

9

- 재산관리인 선임의 취소 결정은 장래효만 있으므로 취소 전에 한 행위에 영향을 미치지 않는다.
- 실종기간은 보통의 경우에는 부재자의 생존을 증명할 수 있는 최후의 시기부터 5년이고, 특별한 경우(전쟁실종, 선박실종, 항공기실종, 기타 위난실종)에는 1년이다.
- 공시최고란 이해관계인이 존부나 소재가 불명인 경우에 일정한 기간을 정하여 권리의 신고를 시키기 위하여 하는 최고로서 법원의 게시판이나 관보에 공고하여 일정 기간 이내에 신고가 없으면 그 권리를 없는 것으로 보는 것(의제)을 말한다.
- 법원은 실종선고를 하기 전에 반드시 공시최고의 절차를 거쳐야 하는데 이 공시최고는 6월 이상이라야 하며, 이 기간 내에 신고가 없는 경우에 비로소 실종선고를 할 수 있다.
- 실종선고의 관할법원은 부재자의 주소지를 관할하는 가정법원이다.
- 실종선고를 받은 자는 실종선고 시가 아니라 실종기간이 만료한 때에 사망한 것으로 본다.
- 실종선고의 취소에는 소급효가 있다.

11

- ✔ 신의성실의 원칙(신의칙)이란 법률관계에 참여한 모든 자는 사회공동생활의 일원으로서 상대방의 신뢰를 고려하여 성실하게 행동하여야 한다는 원칙을 말한다.
- ✔ 신의성실의 원칙(신의칙)은 권리의 한계를 명시하는 기능을 하며, 조리의 한가지 내용으로서 법원이 되고(제1조) 법률행위의 해석기준이 되기도 한다.
- ✔ 신의성실의 원칙의 파생원칙으로는 사정변경원칙, 실효의 원칙, 금반언의 원칙 등이 있다.
- ✔ 모순행위금지(금반언)의 원칙(矛盾行爲禁止 : 禁反言)은 자신의 일정한 선행행위에 기초하여 상대방이 이를 신뢰하고 일정한 법적 지위를 형성한 경우에는 그 후에 자기의 선행행위와 모순되는 후행행위를 하는 것은 허용되지 않는다는 원칙을 말한다.
- ✔ 회사의 임직원이 회사의 요구로 회사와 제3자 사이의 계속적 거래로 인한 회사채무를 보증했다면 그 후 퇴사한 때에는 사정변경에 의한 보증계약의 해지가 인정된다.
- ✔ 근로관계와 같이 신속하게 종료되어야 할 법률관계에 대하여는 실효의 원칙이 적극적으로 적용된다.

4

- ✔ 개개의 행위를 함에 있어서 자기 행위의 의미와 결과를 합리적으로 판단할 수 있는 정신적 능력 내지 지능을 의사능력이라 한다.
- ✔ 의사능력이 없는 자의 행위는 절대적·확정적 무효이다.
- ✔ 법정대리인이 범위를 정하여 처분을 허락한 재산은 미성년자가 임의로 처분할 수 있다.
- ✔ 미성년자가 법정대리인으로부터 허락을 얻은 특정한 영업에 관하여는 성년자와 동일한 행위능력이 있다.
- ✔ 후견인과 달리 미성년자의 친권자는 미성년자의 법률행위를 동의하는 데 있어서 후견감독인의 동의를 얻어야 하는 제한이 없다.
- ✔ 유언은 미성년자라도 만 17세가 되면 단독으로 유효하게 할 수 있다.
- ✔ 후견인은 ①친권자의 유언에 의하여 후견인으로 지정된 자, ②미성년자의 직계혈족(直系血族), ③3촌 이내의 방계혈족(傍系血族), ④법원(法院)의 선임후견인의 순서로 된다.
- ✔ 법정대리인은 미성년자가 법정대리인의 동의 없이 행한 법률행위를 취소할 수 있다.

8

- ✔ 실종선고를 직접원인으로 하여 선의로 재산을 취득한 자는 현존이익만 반환하면 족하다.
- ✔ 실종선고 후 그 취소 전에 선의로 한 행위는 그 효력에 변함이 없다.
- ✔ 상사회사와 민사회사는 영리법인이다.
- ✔ 사단법인은 일정한 목적을 위하여 결합한 사람의 단체를 그 실체로 하는 법인이고, 재단법인은 일정한 목적에 바쳐진 재산이 그 실체를 이루고 있는 법인이다.
- ✔ 법인격 없는 사단은 등기능력(등기권리능력과 등기의무능력)이 「부동산등기법」에 의하여 인정되므로 그 단체의 명의로 등기할 수 있고, 「민사소송법」에 의하여 당사자능력이 인정되므로 그 단체의 명의로 소송행위를 할 수 있다.
- ✔ 법인격 없는 사단은 그 구성원 전원이 필수적 공동소송의 형태로 소를 제기할 수 있다.
- ✔ 민법은 법인의 설립에 관하여 허가주의를 취하고 있다.
- ✔ 법인의 권리능력은 법률·목적·성질에 의하여 제한된다.
- ✔ 사단법인은 총회의 결의로 활동방법 등을 결정할 수 있는 자율성이 인정되나 재단법인은 사원총회가 없고 설립자의 의사에 구속되는 타율적 법인이다.

12

- ✔ 재산권의 행사는 공공복리에 적합하도록 하여야 한다.
- ✔ 성문법주의를 취하면 법률 내용이 명확하게 되는 장점이 있으나 변화하는 사회에 적응하기 어렵운 단점이 있으며, 불문법주의를 취하면 이와 반대가 된다.
- ✔ 관습법이 성립하기 위해서는 사회적 관행이 존재하고, 이러한 관행이 사회질서와 선량한 풍속에 반하지 않고, 사회일반의 법적 확신을 획득해야 한다.
- ✔ 기존의 관습법이라 하더라도 사회구성원들이 그러한 관행의 법적 구속력에 대하여 확신을 갖지 않게 되었다거나, 사회질서의 변화로 그러한 관습법을 적용하여야 할 시점에 있어서 전체 법질서에 부합하지 않게 되었다면 법적 규범으로서의 효력이 부정된다.
- ✔ 성인 남성만이 종중의 구성원이 된다는 기존의 관습법은 더 이상 그 효력이 유지될 수 없다.
- ✔ 관습법이 성문법을 개폐하는 변경적 효력을 인정할 수 있는가와 관련하여 판례는 보충적 효력을 인정하는 입장이다.

2

- ✔ 영구적 항변권으로는 상속인의 한정승인의 항변권이 있다.
- ✔ 귀속상의 일신전속권은 타인에게 양도·상속될 수 없으며, 행사상의 일신전속권은 권리주체 이외의 제3자에 의해 대위행사될 수 없다.
- ✔ 국가가 권리를 보호하는 제도로서는 재판제도와 조정제도가 있다.
- ✔ 민법은 긴급한 사정으로 뒷날에 국가의 보호를 요구하는 것이 불가능하거나, 또는 곤란하게 될 경우를 위하여 사력(私力)에 의한 구제를 예외적으로 허용하고 있는데, 이에는 정당방위·긴급피난·자력구제(자조, 사력구제) 세 가지가 민법에 있다.
- ✔ 물건을 직접 지배하지는 않지만, 물건을 전속적으로 취득할 수 있는 권리를 준물권이라 한다. 이에는 광업권·어업권이 있다.
- ✔ 물권과 채권이 충돌하면 물권이 원칙적으로 우선한다.
- ✔ 동일 토지(목적물) 위에 동일한 지상권(전세권)이 두 개 또는 지상권과 전세권이 동시에 존재할 수 없는 것이 원칙이다.

6

- ✔ 주민등록지는 주소로 사실상 추정되나 반드시 주소와 일치하는 것은 아니다.
- ✔ 주소의 법적 효과로는 부재와 실종의 표준, 변제의 장소, 상속개시지, 재판관할의 표준 등이 있다.
- ✔ 국내에 주소를 둔 자도 가주소를 둘 수 있다.
- ✔ 거소(居所)란 다소 계속하여 거주하는 장소이나 주소의 정도에 이르지 못하는 장소를 말한다.
- ✔ 부재자(不在者)라 함은 종래의 주소나 거소를 떠나서 당분간 돌아올 가망성이 없는 자를 말한다.
- ✔ 재산관리인은 재산관리 중에 스스로의 과실 없이 받은 손해의 배상을 청구할 수 있다.
- ✔ 부재자 재산관리인이 허가를 얻어 처분행위를 한 후 그 허가결정이 취소되더라도 그 취소결정은 소급효가 없으므로 이미 한 처분행위는 유효하다.
- ✔ 부재자의 사망이 확인되었다 하더라도 재산관리인 선임결정이 취소되지 않는 한 여전히 부재자의 재산관리인의 지위는 유지된다.

10

- ✔ 정관의 변경, 임의해산은 총회의 전권사항이며 정관에 의해서도 이 권한을 박탈할 수 없다.
- ✔ 종중은 법인 아닌 사단(비법인사단, 권리능력 없는 사단)으로 그 소유형태는 총유이다.
- ✔ 생전행위에 의한 재단법인 설립행위를 하면 출연재산은 재단법인의 설립등기 시에 재단법인에게 귀속한다.
- ✔ 법인은 이사 기타 대표자가 그 직무에 관하여 타인에게 가한 손해를 배상할 책임이 있다.
- ✔ 대표자의 행위에 그 직무에 관한 것인지 여부는 실질적으로 판단하는 것이 아니라 그 외형에 의해 판단하여야 한다.
- ✔ 법인의 불법행위책임은 사용자책임과 달리 선임·감독에 주의를 다하였음(과실없음)을 이유로 면책되지 않는다.
- ✔ 법인의 불법행위책임이 성립하는 경우라도 그 대표자의 책임이 면제되는 것은 아니다.
- ✔ 이사는 대외적으로 법인을 대표하고 대내적으로는 법인의 업무를 집행하는 모든 법인의 필수적 상설기관이다.

13

- ✔ 사원권 중 공익권으로 결의권·소수사원권·업무집행권·감독권 등이 있다.
- ✔ 총 사원 1/5 이상의 총회소집청구권을 소수사원권이라 하는데 그 정수는 정관으로 증감할 수 있지만 그 권리를 박탈할 수는 없다.
- ✔ 총회는 정관에 다른 규정이 있으면 총회를 소집할 때에 미리 통지한 사항이 아니더라도 결의할 수 있다.
- ✔ 결의의 성립에 필요한 정수는 정관변경이나 임의해산의 경우를 제외하고는 원칙적으로 사원 과반수의 출석과 출석사원의 결의권의 과반수이다.
- ✔ 정관변경에는 적어도 총사원의 3분의2 이상의 찬성이 있어야 한다.
- ✔ 사단법인의 목적변경은 주무관청의 허가를 얻어서 변경할 수 있다.
- ✔ 종중의 일부 종원에 대하여 그 지위를 박탈하는 정관의 개정은 종중의 본질에 벗어나는 것으로 무효이다.
- ✔ 해산이란 법인이 그 본래의 적극적 목적활동을 정지하고 청산에 들어가는 것을 말한다.
- ✔ 임의해산을 하기 위해서는 사원총회에서 총 사원 4분의 3 이상의 동의를 얻어야 한다.

15

- ✔ 업무감독은 설립허가를 준 주무 관청이, 해산과 청산은 법원이 각각 담당한다.

04 권리의 객체

K 경 록

- ✔ 물권의 객체는 원칙적으로 하나의 독립성 있는 물건이어야 하며 물건의 일부나 구성부분 또는 물건의 집단은 원칙적으로 그 객체가 될 수 없다는 원칙을 일물일권주의라 한다.
- ✔ 무체재산권은 저작·발명 등의 정신적 창작물을 그 객체로 한다.
- ✔ 물건이라 함은 유체물 및 전기, 기타 관리할 수 있는 자연력을 말한다.
- ✔ 관리가능성이 없는 해와 달 등은 물건이 아니다.
- ✔ 합성물은 수개의 물건이 결합해서 단일한 형태를 이루고 있으나 그 구성부분이 개성을 잃지 않은 물건이다.
- ✔ 다른 물건과 구별될 수 있도록 그 종류, 장소 또는 수량지정 등의 방법에 의하여 특정되어 있으면 그 전부를 하나의 재산권으로 볼 수 있고 이를 집합물이라고 한다.

17

- ✔ 일반적으로 토석은 토석 그 자체의 굴취·채취를 목적으로 하는 경우를 제외하고는 토지와 분리하여 별도로 권리 또는 거래의 객체로 되지 못한다.
- ✔ 임야에 있는 자연석을 조각하여 제작한 석불이라도 그 임야의 일부분을 구성하는 것이라고는 할 수 없고 임야와 독립된 소유권의 대상이 된다.
- ✔ 가치러서의 금전에 대하여는 물권적 반환청구권이 인정되지 않고 선의취득의 대상이 되지 않으며 간접점유도 인정되지 않는다.
- ✔ 주물의 상용에 이바지하는 물건이더라도 그 소유자가 다르면 종물이 될 수 없다.
- ✔ 종물은 주물로부터 독립한 물건이어야 하므로 주물에 부합한 물건은 종물이 될 수 없다.
- ✔ 종물이 되기 위해서는 동일한 소유자, 독립한 물건, 상용에 이바지, 장소적 밀접성이 인정되어야 한다.
- ✔ 종물은 주물의 처분에 따르지만 이는 임의규정이므로 이와 다른 특약이 가능하다.
- ✔ 주물과 종물의 이론은 권리 상호간에도 성립할 수 있으며 이때에는 제100조의 규정이 유추적용된다.

19

- ✔ 상속으로 인한 권리의 취득은 이른바 승계취득 중 포괄승계에 해당한다.
- ✔ 권리의 절대적 소멸이란 권리 자체가 종국적·객관적으로 소멸하는 것이다.
- ✔ 시효이익의 포기는 소멸시효의 완성으로 생기는 법률상의 이익을 받지 않겠다는 일방적 의사표시이다.
- ✔ 일정한 법률효과를 발생케 하는 사실을 총괄해서 법률요건이라 한다.
- ✔ 청약, 승낙은 법률사실이고, 매매는 법률요건이며, 매매대금지급청구권과 소유권이전청구권은 법률효과이다.
- ✔ 법률행위란 의사표시를 필수적 요소로 하는 법률요건이다.
- ✔ 준법률행위는 일정한 정신작용을 요소로 하는 행위이지만 그 정신작용에 기한 법률 효과가 아니라 법률의 규정에 따른 법률효과가 발생하는 행위이다.
- ✔ 채권양도계약는 채권이 그 동일성을 유지하면서 귀속주체를 이전하는 것을 직접 목적으로 하는 준물권계약이다.
- ✔ 법률적 처분행위는 직접 재산권의 설정·변경·소멸의 법률효과를 가져오는 법률행위 또는 준법률행위를 가리킨다.

21

- ✔ 법률행위의 일부불능은 원칙적으로 법률행위의 전부를 무효로 한다.
- ✔ 반사회질서행위는 불법원인급여의 원인이 되는 행위이므로 이러한 행위를 한 자는 급여한 재산이나 제공한 노무로 인한 이익의 반환을 청구하지 못한다.
- ✔ 강행규정은 당사자의 의사 여하를 묻지 않고 무조건 적용되는 규정으로서 당사자의 합의에 의하여 그 적용을 배제하거나 이에 반하는 특약을 할 수 없는 것을 말한다.
- ✔ 일임매매의 제한에 위배된 사법상의 행위는 유효하지만, 투자수익보장약정은 무효이다.
- ✔ 「부동산등기특별조치법」상의 전매금지행위를 위반한 경우라도 순차매도한 당사자 사이의 중간생략등기합의에 관한 사법상의 효과가 무효가 되는 것은 아니다.
- ✔ 이중매매행위 자체로 무효가 되는 것은 아니지만 제2매수인이 매도인의 배임행위에 적극 가담한 경우에는 사회상규에 위반하여 무효이다.
- ✔ 법률행위의 동기가 불법적인 경우 그 동기가 표시되거나 상대방에게 알려진 때에 한하여 무효가 된다.

23

- ✔ 청산이라 함은 해산한 법인이 완전히 소멸할 때까지 잔무를 처리하고 재산관계를 정리하는 절차를 말한다.
- ✔ 파산관재인이란 법인이 파산한 경우에 법인의 재산을 관리하는 자를 말한다.
- ✔ 청산이 종결한 때에는 청산인은 3주간 내에 등기하고, 주무 관청에 신고하여야 한다.
- ✔ 설립등기는 주무 관청의 허가가 도착한 날로부터 3주 내에 주된 사무소의 소재지를 관할하는 법원에 하여야 한다.
- ✔ 청산절차에 관한 규정은 강행규정이므로 정관에서 이와 다른 규정을 두더라도 그것은 효력이 없다.
- ✔ 청산인의 권한을 제한하는 정관은 무효이다.
- ✔ 해산한 법인의 잔여 재산은 우선 정관에 정한 자에게 귀속하고, 다음으로 이사 또는 청산인이 주무 관청의 허가를 얻어 그 법인의 목적과 유사한 목적을 위하여 처분할 수 있고, 이상의 방법으로 처분되지 아니한 재산은 국고로 귀속된다.
- ✔ 법인이 설립허가의 조건에 위반한 때에 주무 관청은 그 허가를 취소할 수 있다.

16

- ✔ 이사는 그 본질상 자연인에 한한다는 것이 통설이며 자격상실 또는 자격정지의 형을 받은 자는 이사가 될 수 없다.
- ✔ 이사의 권한은 대외적인 법인대표권과 대내적인 업무집행권으로 나눌 수 있다.
- ✔ 법인과 이사의 이익이 상반하는 사항에 관하여는 당해 이사에게 대표권이 없으며, 이때에는 다른 이사 또는 법원이 선임하는 특별대리인이 법인을 대표한다.
- ✔ 이사에게 직무집행정지 가처분의 결정이 있을 때에는 직무대행자를 선임한다.
- ✔ 이사의 결원이 생긴 때에는 임시이사를 선임한다.
- ✔ 이사의 대표권의 제한을 등기하지 아니하면 악의의 제3자에게도 대항할 수 없다.
- ✔ 이사들의 의결기관으로 이사회가 있으나 임의기관에 불과하다.
- ✔ 형식적으로는 이사의 대표권 범위 내의 행위이나 실질적으로는 그 대표행위를 하는 이사 또는 제3자의 이익을 꾀하기 위한 행위는 상대방이 이러한 사정을 알았거나 알 수 있었다면 법인에게 효력이 없다.
- ✔ 감사는 이사의 직무집행을 감독하는 법인의 감독기관이지만 임의기관에 불과하다.

14

- ✔ 물건에서 생기는 수익이 과실(果實)이고, 그러한 수익을 생기게 하는 물건이 원물(元物)이다.
- ✔ 물건의 사용대가로 받는 금전, 기타의 물건이 법정과실이며, 건물의 임대료·지료(地料)·금전대차에 있어서의 이자 등이 이에 해당한다.
- ✔ 천연과실은 그 원물로부터 분리하는 때에 이를 수취할 권리자에게 속하나, 법정과실은 수취할 권리의 존속일수의 비율로 취득한다.
- ✔ 건물을 사용함으로써 얻은 이득은 그 건물의 과실에 준한다.

05 권리변동

K 경 록

- ✔ 원시취득의 예로는 건물의 신축, 선의취득, 시효취득, 무주물선점, 유실물습득, 매장물발견 등이 있다.
- ✔ 구권리자가 자기의 권리를 그대로 보유하면서 그 권리에 기초한 새로운 권리를 창설하여 신권리자에게 취득시키는 것을 설정적 승계라 한다.

20

- ✔ 집합물로 인정한 것으로 양만장 내의 뱀장어 전부, 양돈장 내의 돼지 등이 있다.
- ✔ 사법상 거래의 객체가 될 수 있는 물건이 융통물이고, 거래의 객체가 될 수 없는 물건이 불융통물(不融通物)이다.
- ✔ 특정물과 불특정물의 구분은 당사자의 의사에 의한 것이다.
- ✔ 토지의 개수는 지적공부상의 필지의 수로 계산한다.
- ✔ 도로나 교량은 토지의 일부분으로 취급될 뿐 독립한 소유권의 객체가 아니다.
- ✔ 건물은 독립한 부동산으로 취급된다.
- ✔ 건물의 각 부분을 분리하여 소유권의 객체로 할 수 있으며 이러한 건물을 구분건물이라고 한다.
- ✔ 명인방법(明認方法)은 수목의 집단 또는 미분리의 과실의 소유권이 누구에게 귀속하는지를 제3자가 명백하게 인식할 수 있도록 하는 관습법상의 공시방법이다.
- ✔ 명인방법으로 인정되기 위해서는 목적물과 권리자가 특정되고 그 내용이 외부에서 명백하게 인식될 수 있어야 한다.

18

- ✔ 정당한 대가를 지급하고 목적물을 매수한 것이라면 그 후 목적물이 범죄행위로 취득되었다는 것을 알게 되었다고 하더라도 그 매수행위를 사회질서에 반하는 법률행위라고 단정할 수 없다.
- ✔ 대리인에 의한 법률행위의 경우에 궁박은 본인을 기준으로, 경솔과 무경험은 대리인을 기준으로 하여 판단하여야 한다.
- ✔ 불공정한 법률행위에서 상대방의 궁박·경솔·무경험의 요건은 모두 구비하여야 하는 것은 아니고, 그 가운데 하나만 갖추어도 충분하다.
- ✔ 단독행위도 불공정한 법률행위가 될 수 있으나, 부담 없는 증여행위는 불공정한 행위가 될 수 없다.
- ✔ 불공정한 법률행위는 절대적 무효로서 제3자 보호규정이 없다.
- ✔ 법률행위가 현저하게 공정을 잃었다고 하여 곧 그것이 경솔하게 이루어졌다고 추정하거나 궁박한 사정이 인정되는 것은 아니다.
- ✔ 해석의 대상은 법률행위를 구성하는 의사표시이다.

24

- ✔ 출연행위라 함은 자기의 재산을 감소시키고 타인의 재산을 증가시키는 효과를 가져오는 행위를 말한다.
- ✔ 비출연행위는 타인의 재산을 증가케 함이 없이 행위자만의 재산의 감소효과를 가져오거나 또는 직접 재산의 증감을 가져오지 않는 행위이다.
- ✔ 경개는 채무의 요소를 변경함으로써 신채무를 성립시키는 동시에 구채무를 소멸케 하는 계약이다.
- ✔ 보조행위란 직접으로 법률관계의 변동을 일으키는 것이 아니라 다른 법률행위의 효과를 보충·확정하는 것을 목적으로 하는 행위로서 동의·추인·허가·대리권 수여행위 등이 그것이다.
- ✔ 신탁행위는 상대방에게 특정한 행위를 하게 함에 있어 그 경제적 목적을 넘는 권리를 주고 상대방으로 하여금 그 범위 내에서 권리를 행사하도록 하는 행위이다.
- ✔ 법률행위의 목적이 물리적으로 가능하더라도 사회통념상 불능이라고 볼 수 있으면 불능이 된다.

22

- 규범적 해석은 표시행위를 상대방의 입장에서 이른바 표시상의 효과의사가 무엇인가를 확정하는 것이다.
- 법률행위의 해석은 의사표시의 유무 및 계약의 성립 여부의 판단, 법률행위의 내용의 확정을 위하여 필요하다.
- 사실인 관습은 임의법규에 우선하여 법률행위 해석의 표준이 된다.
- 규범적 해석은 상대방 보호에 유리하며, 보충적 해석은 간극이 있는 계약관계에 유용하다.
- 법률행위의 해석에 관한 문제는 대법원의 심사대상이 된다.
- 법률행위의 해석에서 당사자의 목적, 관습, 임의법규, 신의성실의 원칙이 순서대로 기준이 된다.
- 의사주의는 내심적 효과의사를 의사표시의 핵심으로 파악하므로 진정한 권리자의 보호에 유리하다.
- 표시주의는 표시된 행위에 초점을 두어 거래의 동적 안전을 보장하는 데 유리하다.
- 의사표시는 표의자가 진의 아님을 알고 한 것이라도 그 효력이 있다. 그러나 상대방이 표의자의 진의 아님을 알았거나 알 수 있었을 경우에는 무효로 한다.

25

- 착오로 인한 의사표시의 취소는 선의의 제3자에게 대항하지 못한다.
- 위화(僞畵)를 대가(大家)의 진화(眞畵)로 알고 사는 것은 동기의 착오이다.
- 동기의 착오에 해당하더라도 상대방이 이를 알았거나, 상대방에 의하여 유발된 경우에는 취소할 수 있다.
- 근저당권설정계약에서 채무자의 동일성에 관한 물상보증인의 착오는 중요한 부분의 착오에 해당한다.
- 동기의 착오를 이유로 의사표시를 취소하기 위해서는 그 동기가 상대방에게 표시되고 의사표시 내용의 중요부분의 착오로 인정되는 경우이어야 한다.
- 착오를 이유로 취소하더라도 위법한 것은 아니다.
- 화해계약은 당사자의 자격 또는 화해의 목적인 분쟁 이외의 사항에 착오가 있는 때를 제외하고는 취소할 수 없다.
- 매매계약이 적법하게 해제된 후라도 착오를 이유로 취소할 수 있다.
- 사기나 강박에 의한 의사표시는 취소할 수 있다.

27

- 무능력자가 의사표시를 수령하더라도 효력이 없으나 법정대리인이 의사표시의 도달을 안 후에는 표의자가 의사표시의 도달을 주장할 수 있다.
- 공시송달에 의한 의사표시의 효력은 게시한 날로부터 2주일이 경과한 때에 발생한다.
- 효력주의의 이론은 의사와 표시의 이원적 구별을 배척하고 일체로서 파악한다.
- 승낙은 청약의 상대방이 청약자가 행한 청약내용을 모두 수령하고 계약을 성립시킬 목적으로 청약자에게 대하여 행하는 의사표시이다.
- 격지자 간의 계약은 승낙의 통지를 발송한 때 성립한다.
- 민법상 도달주의원칙은 특별한 규정이나 행위의 성질에 반하지 않는 한 상대방 있는 공법행위에도 적용된다.
- 공동대리규정에 위반한 대리행위는 권한을 넘은 무권대리행위가 된다.
- 자기계약이나 쌍방대리행위는 무권대리행위이므로 유동적 무효상태가 된다.
- 수동대리는 대리인이 상대방으로부터 본인을 위하여 의사표시를 수령하는 것이다.

29

- 협의의 무권대리가 성립하는 경우 무권대리인은 상대방의 선택에 따라 손해배상 또는 계약의 이행의무가 있다.
- 법률행위의 효력이 현재 발생하지 못하지만 추후로 허가 또는 추인 등을 받으며 유효하게 되는 법적 상태를 유동적 무효라 한다.
- 유동적 무효인 상태에서는 채무불이행이 성립할 수 없다.
- 유동적 무효이더라도 당사자는 이를 유효한 행위로 협력하여야 할 의무를 부담한다.
- 무권대리행위는 본인의 추인을 받으면 소급해서 유효하게 되는 유동적 무효이다.
- 허위표시는 당사자 간에 있어서는 언제나 무효이지만, 그 무효는 선의의 제3자에게 대항하지 못한다.
- 무효는 그것을 주장하는 데 특별한 절차나 형식이 필요 없는 당연무효인 것이 원칙이다.
- 무효행위의 추인은 원칙적으로 소급효가 없으나, 무권대리행위나 무권한자의 처분행위에 대한 추인은 소급효가 인정된다.
- 무효인 등기를 유용한 경우 소급효가 인정되지 않는다.

31

- 법정추인이 되기 위하여 취소권자가 취소사유를 알고 있어야 할 필요가 없다.
- 취소권은 추인할 수 있는 날로부터 3년 내에, 법률행위를 한 날로부터 10년이 경과되면 소멸된다.

06 조건과 기한

K경록

- 조건이란 법률행위 효력의 발생 또는 소멸을 장래의 불확실한 사실의 성취에 의존하게 하는 법률행위의 부관이다.
- 정지조건이란 법률행위의 효력의 발생을 장래의 불확실한 사실에 의존케 하는 조건이다.
- 해제조건이란 그 성취로 이미 발생한 법률행위의 효력이 소멸하게 되는 것을 말한다.
- 기한의 이익은 기한이 도래하지 않음으로 인하여 법률관계의 당사자가 받는 이익을 의미한다.
- 기한의 이익은 채무자의 이익으로 추정한다.

33

- 기간의 말일이 공휴일인 경우 기간의 만료점은 공휴일 다음 날이다.
- 내일(1월 1일)부터 5일간이라 하면 1월 5일까지이다.
- 소멸시효는 법률행위에 의하여 이를 배제, 연장 또는 가중할 수 없으나, 이를 단축 또는 경감할 수 있다. 소멸시효가 완성되면 기산일에 소급하여 권리소멸의 효과가 발생하나, 제척기간의 완성은 장래에 향하여만 효력이 있다.
- 형성권의 존속기간은 소멸시효기간이 아니라 제척기간이다. 지역권은 물권으로서 20년이 소멸시효기간이다.
- 이자·부양료·급료·사용료 기타 1년 이내의 기간으로 정한 금전 또는 물건의 지급을 목적으로 하는 채권의 시효는 3년이다.
- 시효중단은 당사자 및 그 승계인에 있어서만 효력이 있다. 여기서 당사자란 시효중단행위에 관여한 자만을 말하고, 시효의 대상인 권리의 당사자를 의미하지 않는다.
- 시효이익의 포기를 상대적 소멸설에서는 원용권의 포기라고 한다.
- 원래는 3년의 단기소멸시효에 걸리는 채권이라도 판결에 의하여 그 존재가 확정되면 그 소멸시효기간은 10년으로 연장된다.

35

- ✔ 상대방 있는 의사표시에 관하여 제3자가 사기나 강박을 행한 경우에는 상대방이 그 사실을 알았거나 알 수 있었을 경우에 한하여 그 의사표시를 취소할 수 있다.
- ✔ 사기나 강박에 의한 의사표시의 취소는 선의의 제3자에게 대항하지 못한다.
- ✔ 기망행위란 표의자에게 그릇된 관념을 가지게 하거나 이를 강화 또는 유지하려는 모든 용태를 말한다.
- ✔ 간통으로 고소하지 않기로 하는 등의 대가로 금 일억칠천만원을 지급받기로 하는 합의에 대하여 이를 상간자의 배우자가 부정한 이익을 목적으로 위법한 강박행위를 한 것으로 볼 수 없다.
- ✔ 사기에 의한 의사표시는 단지 의사의 형성과정 즉 의사표시의 동기에 착오가 있는 것에 불과하므로 신원보증서류에 서명날인한다는 착각에 빠진 상태로 연대보증의 서면에 서명날인한 경우 이는 표시상의 착오에 해당한다.
- ✔ 민법은 상대방이 있는 의사표시에 관하여 도달주의를 원칙으로 하고 있다.
- ✔ 우편물이 등기취급의 방법으로 발송된 경우 반송되는 등의 특별한 사정이 없는 한 그 무렵 수취인에게 배달되었다고 보아야 한다.

28

- ✔ 비진의표시의 무효는 선의의 제3자에게 대항하지 못한다.
- ✔ 진의란 특정한 내용의 의사표시를 하고자 하는 표의자의 생각을 말하는 것이지 표의자가 진정으로 마음속에서 바라는 사항을 뜻하는 것이 아니다.
- ✔ 상대방 없는 단독행위는 비진의표시임에도 불구하고 언제나 유효하다.
- ✔ 비진의표시에 관한 규정은 공법상의 행위에는 적용되지 않는다.
- ✔ 상대방과 통정한 허위의 의사표시는 무효로 한다.
- ✔ 통정허위표시의 무효는 선의의 제3자에게 대항하지 못한다.
- ✔ 가장매매에 기한 대금채권의 양수인, 가장매매를 한 자의 파산관재인은 제108조 제2항의 제3자에 해당한다.
- ✔ 가장매매행위로 무효에 해당한다고 하더라도 채권자취소권 행사의 대상이 된다.
- ✔ 의사표시는 법률행위의 내용의 중요부분에 착오가 있는 때에는 취소할 수 있다. 그러나 그 착오가 표의자의 중대한 과실로 인한 때에는 취소하지 못한다.

26

- ✔ 혼인신고가 무효인 경우에도 그 후 양쪽 당사자가 그 혼인에 만족하고 그대로 부부생활을 계속한 경우에는 그 혼인을 무효로 할 것이 아니다.
- ✔ 법률행위가 불성립한 경우에는 무효행위의 전환이 인정될 수 없다.
- ✔ 재판상 무효의 경우는 원고적격이나 제소기간의 제한이 있는 점에서 실질적 효력은 취소와 다를 바 없다.
- ✔ 전환되는 다른 법률행위에 대한 당사자의 의사는 법률행위의 보충적 해석에 의하여 인정되는 가정적 의사이다.
- ✔ 임의대리인은 취소에 관한 대리권이 있어야 취소할 수 있다.
- ✔ 법률행위의 취소권자로서는 무능력자, 하자있는 의사표시를 한 자, 그 대리인 또는 승계인에 한하여 취소할 수 있다.
- ✔ 무능력자도 무능력을 이유로 법률행위를 취소하는 경우에는 법정대리인의 동의 없이 단독으로 취소할 수 있다.
- ✔ 취소할 수 있는 법률행위의 상대방이 이행의 청구를 한 경우에는 법정추인사유가 아니다.

32

- ✔ 임의대리에서 대리권의 범위는 수권행위에 의하여 정해진다.
- ✔ 복대리인은 대리인이 본인의 명의로 선임한 본인의 대리인이다.
- ✔ 법정대리인은 복임권이 있지만 임의대리인은 원칙적으로 복임권이 없다.
- ✔ 임의대리는 주로 사적 자치를 확장하는 기능을 하고, 법정대리는 사적 자치를 보충하는 기능을 한다.
- ✔ 법정대리는 법률행위에 의한 대리권의 수여가 아닌 법률의 규정에 의한 대리권의 발생이다.
- ✔ 대리권 수여표시에 의한 표현대리는 임의대리에만 인정된다.
- ✔ 부부간에 있어서는 일정한 행위에 관하여 대리권 수여가 행해지지 않았을지라도 표현대리가 성립할 수 있다.
- ✔ 기본대리권은 임의대리권·법정대리권을 불문하며, 공법상의 대리권도 기본대리권이 될 수 있으나 사실행위의 위임을 받은 경우에는 기본대리권이 될 수 없다.
- ✔ 제126조의 표현대리에서 정당한 이유의 유무는 대리행위 시를 기준으로 하여 판정하며, 그 이후의 사정을 고려해서는 안 된다.

30

08 물권법 총설과 물권의 변동

K 경 특

- ✔ 물권법정주의란 당사자 간의 계약으로서 법률 또는 관습법이 인정하지 않는 새로운 종류의 물권을 창설하지 못하는 것은 물론, 법률 또는 관습법에 의하여 인정되는 물권에 변경을 가하여 다른 내용을 부여하는 것이 금지된다는 원칙을 말한다(종류·내용 강제).
- ✔ 농작물은 타인의 토지에 위법하게 경작, 재배하였다 하여도 토지에 부합되지 아니하고 경작자의 소유에 속한다. 즉, 농작물은 토지와는 독립한 물건으로 다루어진다.
- ✔ 부동산물권의 시효취득은 법률규정에 의한 물권변동임에도 불구하고 등기하여야 권리를 취득한다.
- ✔ 등기가 불법말소되더라도 물권은 소멸하지 않으며, 권리자는 회복등기를 할 수 있다.
- ✔ 유효한 등기였으나 후에 실체관계가 없어져 무효로 된 경우에도 유용하기 전에 새로운 이해관계를 가지게 된 제3자가 없는 한 유효성이 인정된다(무효등기의 유용).
- ✔ 부동산의 경우에는 등기의 추정력이 점유의 추정력에 우선한다.

36

- ✔ 「내가 스위스를 여행한다면 스와치 시계를 선물하겠다」는 것은 단순수의조건이다.
- ✔ 「죽으면 지급한다」는 계약은 불확정시기부계약이다.
- ✔ 계약당사자 일방이 이행지체에 빠진 상대방에 대하여 일정한 기간을 정하여 채무이행을 최고함과 동시에 그 기간 내에 이행이 없을 시에는 계약을 해제하겠다는 정지조건부 계약해제의 의사표시는 조건부법률행위이다.

07 기간과 소멸시효

K 경 특

- ✔ 甲은 5월 12일 오전 12시에 4개월 기한으로 乙로부터 5만원을 차용하였다면, 그 기간의 만료시점은 9월 12일 오후 12시이다.
- ✔ 민법은 대체로 단기간에 관해서는 자연적 계산법을, 장기간에 관해서는 역법적 계산법을 채용하고 있다.
- ✔ 사단법인의 정기총회를 6월 30일에 소집할 책무가 있는 이사가 1주일 전에 사원에게 통지하여야 하는 경우, 총회소집의 통지는 6월 22일 자정까지 발송하면 된다.

34

- ✔ 가등기에 기해 본등기를 하면 본등기의 순위는 가등기의 순위에 의하지만, 물권변동의 시기가 소급하는 것은 아니다.
- ✔ 점유개정에 의한 인도만으로는 선의취득이 인정되지 않는다.

09 점유권과 소유권

- ✔ 가사상·영업상 기타 유사한 관계에 의하여 타인의 지시를 받아 물건에 대한 사실상의 지배를 하는 때에는 그 타인만을 점유자로 한다.
- ✔ 간접점유자에게는 자력구제권이 인정되지 않는다.
- ✔ 점유의 이전에는 현실인도(제188조 제1항), 간이인도(제188조 제2항), 점유개정(제189조), 목적물반환청구권의 양도(제190조)가 있다.
- ✔ 민법 제203조 제1항, 제2항의 상환청구권은 점유자가 회복자로부터 점유물의 반환을 청구받은 때에 비로소 이를 행사할 수 있는 상태가 되고 이행기가 도래한다.

37

- ✔ 승역지의 소유자는 지역권에 필요한 부분의 토지소유권을 지역권자에게 위기할 수 있다.
- ✔ 전세권자는 전세목적물의 유지·수선의무가 있으므로 필요비의 상환은 청구할 수 없다. 다만 유익비는 반환청구할 수 있다.
- ✔ 전세권자의 유익비는 그 가액의 증가가 현존한 경우에 한하여 소유자의 선택에 좇아 그 지출액이나 증가액의 상환을 청구할 수 있다.
- ✔ 전세권자는 전세권설정자의 동의 없이도 전전세하거나 임대할 수 있다.

11 담보물권

- ✔ 유치권자는 필요비반환청구권을 가지며, 유익비를 지출한 때에는 그 가액의 증가가 현존한 경우에 한하여 소유자의 선택에 좇아 그 지출한 금액이나 증가액의 상환을 청구할 수 있다. 그러나 법원은 소유자의 청구로 상환기간을 허여할 수 있다.
- ✔ 건축자재대금채권은 매매계약에 따른 매매대금채권에 불과할 뿐 건물 자체에 관하여 생긴 채권이라고 할 수는 없으므로 건물에 관한 유치권의 피담보채권이 될 수 없다.

39

12 채권 총칙

- ✔ 특정물의 인도가 채권의 목적인 때에는 채무자는 그 물건을 인도하기까지 선량한 관리자의 주의로 보존하여야 한다.
- ✔ 금전으로 가액을 산정할 수 없는 것이라도 채권의 목적으로 할 수 있다.
- ✔ 선택권행사의 기간이 있는 경우에 선택권자가 그 기간 내에 선택권을 행사하지 아니하는 때에는 상대방은 상당한 기간을 정하여 그 선택을 최고할 수 있고 선택권자가 그 기간 내에 선택하지 아니하면 선택권은 상대방에게 있다.
- ✔ 채무자의 법정대리인이 채무자를 위하여 이행하거나 채무자가 타인을 사용하여 이행하는 경우에는 법정대리인 또는 피용자의 고의나 과실은 채무자의 고의나 과실로 본다.
- ✔ 위약금의 약정은 손해배상액의 예정으로 추정하며, 계약금은 해약금으로 추정된다.
- ✔ 금전채무불이행에 의한 손해배상에서 채권자는 손해를 증명할 필요가 없으며 채무자는 과실 없음을 항변하지 못한다.

41

- ✔ 보증채무의 채권자는 ㉠ 주채무자가 3개월 이상 주채무 등을 이행하지 않거나, ㉡ 이행기에 이행할 수 없음을 미리 안 경우, ㉢ 주채무자의 신용정보에 중대한 변화가 생겼음을 알게 된 경우 지체없이 보증인에게 그 사실을 알려야 한다.
- ✔ 수탁보증인의 사전구상권이 인정되는 경우로 ㉠ 보증인이 과실 없이 채권자에게 변제할 재판을 받은 때, ㉡ 주채무자가 파산선고를 받은 경우에 채권자가 파산재단에 가입하지 아니한 때, ㉢ 채무의 이행기가 확정되지 아니하고 그 최장기도 확정할 수 없는 경우에 보증계약 후 5년을 경과한 때, ㉣ 채무의 이행기가 도래한 때이다.
- ✔ 인수인은 전채무자의 항변할 수 있는 사유로 채권자에게 대항할 수 있으나, 전채무자의 채무에 대한 보증이나 제삼자가 제공한 담보는 채무인수로 인하여 소멸한다.
- ✔ 당사자는 변제기 전에 변제할 수 있으나 상대방의 손해는 배상하여야 한다.
- ✔ 채권의 준점유자나 영수증 소지자에 대한 변제는 변제수령자가 수령권한이 없더라도 이에 대하여 변제자가 선의·무과실인 경우 변제로서 효력이 있다.
- ✔ 변제와 영수증의 교부는 동시이행관계이나 채권증서반환은 이에 해당하지 않는다.
- ✔ 변제자가 채무의 일부를 변제할 경우 비용, 이자, 원본의 순서로 충당한다.

43

- ✔ 제3자의 권리가 생긴 후에는 당사자는 이를 변경 또는 소멸시키지 못한다.
- ✔ 정기행위이거나 이행불능의 경우 최고 없이도 해제할 수 있다.
- ✔ 해제는 소급효가 있다. 그러나 해제조건이 있는 법률행위는 조건이 성취한 때로부터 효력을 잃는 것이 원칙이다. 즉 소급효가 없다.
- ✔ 해제하면 각 당사자는 그 상대방에 대하여 원상회복의 의무가 있으며, 반환할 금전에는 그 받은 날로부터 이자를 가하여야 한다. 그러나 제3자의 권리를 해하지 못한다.
- ✔ 담보책임에 관한 규정은 임의규정으로서 이를 배제하거나 경감하는 특약도 유효하다.
- ✔ 경매에 있어서는 물건의 하자에 대하여 담보책임을 물을 수 없다.
- ✔ 담보책임을 면하는 특약을 한 경우에도 매도인이 알고 고지하지 아니한 사실 및 제삼자에게 권리를 설정 또는 양도한 행위에 대하여는 책임을 면하지 못한다.
- ✔ 건물의 소유를 목적으로 한 토지임대차는 이를 등기하지 아니한 경우에도 임차인이 그 지상건물을 등기한 때에는 제삼자에 대하여 임대차의 효력이 생긴다.

45

14 부당이득·불법행위

- ✔ 채무 없음을 알고 이를 변제한 때에는 그 반환을 청구하지 못하며, 변제기에 있지 아니한 채무를 변제한 때에는 그 반환을 청구하지 못한다.
- ✔ 채무자가 착오로 변제기 전에 변제한 경우에도 채권자는 반환할 필요가 없고 이로 인하여 얻은 이익(변제 시부터 변제기까지의 이자상당액)만 반환하면 된다.
- ✔ 불법원인급여에 해당하더라도 그 불법원인이 수익자에게만 있거나, 수익자의 불법이 현저히 큰 경우에는 급부한 자는 반환을 청구할 수 있다.
- ✔ 수익자가 이익을 받은 후 법률상 원인 없음을 안 때에는 그때부터 악의의 수익자가 되며, 선의의 수익자가 패소한 때에는 그 소를 제기한 때부터 악의의 수익자로 본다.
- ✔ 타인의 신체, 자유 또는 명예를 해하거나 기타 정신상고통을 가한 자는 재산 이외의 손해에 대하여도 배상할 책임이 있다.

47

- ✔ 질권설정은 질권자에게 목적물을 인도함으로써 그 효력이 생기는 요물계약이다.
- ✔ 질권은 원본, 이자, 위약금, 질권실행의 비용, 질물보존의 비용 및 채무불이행 또는 질물의 하자로 인한 손해배상의 채권을 담보한다. 그러나 다른 약정이 있는 때에는 그 약정에 의한다.
- ✔ 책임전질을 한 자는 불가항력으로 인한 손해에 대하여도 책임을 부담한다.
- ✔ 저당권의 효력은 저당부동산에 대한 압류가 있은 후에 저당권설정자가 그 부동산으로부터 수취한 과실 또는 수취할 수 있는 과실에 미친다.
- ✔ 저당권은 원본, 이자, 위약금, 채무불이행으로 인한 손해배상 및 저당권의 실행비용을 담보한다. 그러나 지연배상에 대하여는 원본의 이행기일을 경과한 후의 1년분에 한하여 저당권을 행사할 수 있다.
- ✔ 근저당에서 채무의 이자는 최고액 중에 산입한 것으로 본다.
- ✔ 저당권은 그 기초가 되는 거래관계와 함께 양도할 수 있다.
- ✔ 저당권은 피담보채권과 분리하여 타인에게 양도하거나 다른 채권의 담보로 할 수 없다.

40

- ✔ 채권의 일부에 대하여 대위변제가 있는 때에는 대위자는 그 변제한 가액에 비례하여 채권자와 함께 그 권리를 행사한다. 그러나 잔액에 대하여는 채권자가 우선한다.
- ✔ 소멸시효가 완성된 채권이 그 완성 전에 상계할 수 있었던 것이면 그 채권자는 상계할 수 있다. 그러나 수동채권이 고의의 불법행위로 인한 것인 때에는 상계할 수 없다.

13 계약법

K 경 록

- ✔ 격지자 간의 계약에서 승낙의 효력발생시기는 발신한 때이다.
- ✔ 목적이 불능한 계약을 체결할 때에 그 불능을 알았거나 알 수 있었을 자는 상대방이 그 계약의 유효를 믿었음으로 인하여 받은 손해를 배상하여야 한다. 그러나 그 배상액은 계약이 유효함으로 인하여 생길 이익액을 넘지 못한다.
- ✔ 쌍무계약의 당사자 일방의 채무가 채권자의 책임 있는 사유로 이행할 수 없게 된 때나 채권자의 수령지체 중에 당사자 쌍방의 책임 없는 사유로 이행할 수 없게 된 때에는 채무자가 상대방의 이행을 청구할 수 있다.

44

- ✔ 미성년자가 타인에게 손해를 가한 경우에 그 행위의 책임을 변식할 지능이 없는 때에는 배상의 책임이 없다. 따라서 법정감독의무자만이 배상할 책임이 있다.
- ✔ 사용자책임에서 사용자가 피용자의 선임 및 그 사무감독에 상당한 주의를 한 때 또는 상당한 주의를 하여도 손해가 있을 경우에는 사용자에게 책임을 물을 수 없다.
- ✔ 공작물의 설치 또는 보존의 하자로 인하여 타인에게 손해를 가한 때에는 공작물 점유자가 손해를 배상할 책임이 있으나 점유자가 손해의 방지에 필요한 주의를 해태하지 아니한 때에는 그 소유자가 손해배상한다. 즉 소유자는 무과실책임을 진다.
- ✔ 불법행위로 인한 손해배상에 있어서의 피해자의 과실이라는 것은 비록 엄격한 법률상 의무로 새길 것은 아니라고 하더라도 그것이 손해배상액 산정에 참작된다는 점에서 신의칙상 요구되는 결과발생회피의무로서 일반적으로 예견가능한 결과발생을 회피하여 피해자 자신의 불이익을 방지할 주의를 게을리함을 말한다.
- ✔ 불법행위의 배상의무자는 그 손해가 고의 또는 중대한 과실에 의한 것이 아니고 그 배상으로 인하여 배상자의 생계에 중대한 영향을 미치게 될 경우에는 법원에 그 배상액의 경감을 청구할 수 있다.

48

- ✔ 甲이 토지소유자 乙에게서 토지를 임차한 후 주유소 영업을 위하여 지하에 유류저장조를 설치한 사안에서 위 유류저장조는 설치자인 甲의 소유에 속한다.
- ✔ 경계표·담이나 구분건물의 공용부분은 분할청구할 수 없다.

10 용익물권

K 경 록

- ✔ 지상권은 지상권자가 2년 이상의 지료를 지급하지 아니한 때 소멸청구할 수 있다. 다만 임대차는 2기 이상의 임료를 지급하지 아니하면 해지할 수 있다.
- ✔ 특별한 사정이 없는 한 환매권의 행사에 따라 토지와 건물의 소유자가 달라진 경우 그 건물을 위한 관습상의 법정지상권은 애초부터 생기지 않는다.
- ✔ 분묘기지권은 무상인 것이 원칙이나, 유상인 분묘기지권의 시효취득도 인정된다.
- ✔ 지상권자는 지상권갱신청구권과 지상물매수청구권을 가진다.
- ✔ 지역권은 요역지와 분리하여 양도하거나 다른 권리의 목적으로 하지 못한다.

38

- ✔ 상계로 인한 채무소멸의 효력은 소멸한 채무 전액에 관하여 다른 부진정연대채무자에 대하여도 미친다.
- ✔ 채권자취소권의 행사는 채권자가 취소원인을 안 날로부터 1년, 법률행위가 있은 날로부터 5년 내에 소를 제기하는 방법으로 한다.
- ✔ 어느 연대채무자에 대한 이행청구는 다른 연대채무자에게도 효력이 있으나, 불가분채무는 그렇지 않다.
- ✔ 어느 연대채무자가 채권자에 대하여 채권이 있는 경우에 그 채무자가 상계한 때에는 채권은 모든 연대채무자의 이익을 위하여 소멸한다.
- ✔ 면제·혼동·소멸시효의 절대적 효력은 단지 그 채무자의 부담부분에 한하여 효력이 있을 뿐이다.
- ✔ 보증계약을 체결할 때에는 서면에 의하여야 하며, 보증의 의사가 전자적 형태로 표시된 경우에는 효력이 없다. 다만 보증채무를 이행한 경우에는 앞의 방식의 하자를 주장할 수 없다.

42

- ✔ 임대차기간이 만료한 후 임차인이 임차물의 사용, 수익을 계속하는 경우에 임대인이 상당한 기간 내에 이의를 하지 아니한 때에는 전임대차와 동일한 조건으로 다시 임대차한 것으로 본다. 그러나 당사자는 해지의 통고를 할 수 있다.
- ✔ 임차인의 과실이 없는 목적물이 멸실된 경우 임차인은 차임감액청구권을 가진다.
- ✔ 도급인이 완성된 목적물의 하자로 인하여 계약의 목적을 달성할 수 없는 때에는 계약을 해제할 수 있다. 그러나 건물 기타 토지의 공작물에 대하여는 그러하지 아니하다.
- ✔ 수급인이 일을 완성하기 전에는 도급인은 손해를 배상하고 계약을 해제할 수 있다.
- ✔ 무상의 위임계약도 선관주의의무가 인정되며, 수임인은 위임인의 승낙이나 부득이한 사유 없이 제3자로 하여금 자기에 가름하여 위임사무를 처리하게 하지 못한다.
- ✔ 수임인은 위임사무를 완료하기 전이라도 기간으로 보수를 정한 때에는 그 기간이 경과한 후에 보수를 청구할 수 있다.
- ✔ 위임계약은 불리한 시기에도 해지할 수 있다.

46

2025년도 제28회 주택관리사보 1차 국가자격시험 대비

적중 실전모의고사

교 시	문제형별	시 간	시험과목
1교시	A	100분	1 회계원리 2 공동주택시설개론
2교시		50분	3 민 법

수험번호		성 명	

【수험자 유의사항】

1. 시험문제지는 **단일 형별(A형)**이며, 답안카드 형별 기재란에 표시된 형별(A형)을 확인하시기 바랍니다. 시험문제지의 **총면수, 문제번호 일련순서, 인쇄상태** 등을 확인하시고, 문제지 표지에 수험번호와 성명을 기재하시기 바랍니다.
2. 답은 각 문제마다 요구하는 **가장 적합하거나 가까운 답 1개**만 선택하고, 답안카드 작성 시 시험문제지 **마킹착오**로 인한 불이익은 전적으로 **수험자에게 책임**이 있음을 알려 드립니다.
3. 답안카드는 국가전문자격 공통 표준형으로 문제번호가 1번부터 125번까지 인쇄되어 있습니다. 답안 마킹 시에는 반드시 **시험문제지의 문제번호와 동일한 번호**에 마킹하여야 합니다.
4. **감독위원의 지시에 불응하거나 시험시간 종료 후 답안카드를 제출하지 않을 경우** 불이익이 발생할 수 있음을 알려 드립니다.
5. 시험문제지는 시험 종료 후 가져가시기 바랍니다.

제1회 적중 실전모의고사

01 회계원리

01 회계거래의 기록과 관련된 설명으로 옳지 않은 것은?

① 분개장의 거래기록을 총계정원장의 각 계정에 옮겨 적는 것을 전기라고 한다.
② 분개란 복식부기의 원리를 이용하여 발생한 거래를 분개장에 기록하는 절차를 말한다.
③ 시산표는 총계정원장의 차변과 대변의 합계액 또는 잔액을 집계한 것이다.
④ 시산표의 차변합계액과 대변합계액이 일치하더라도 계정기록의 오류는 존재할 수 있다.
⑤ 보조 회계장부로는 분개장과 현금출납장이 있다.

02 다음 자료로 계산한 당기 총포괄이익은?

- 기초자산 ₩4,000,000
- 기말자산 ₩6,000,000
- 유상증자 ₩1,000,000
- 기초부채 ₩2,500,000
- 기말부채 ₩2,700,000

① ₩600,000 ② ₩800,000
③ ₩1,000,000 ④ ₩1,200,000
⑤ ₩1,500,000

03 다음은 수정전시산표의 일부이다. 결산일 현재 보유 중인 미사용 소모품이 ₩170,000인 경우 결산시 수정분개로 가장 적당한 것은?

- 보험료 ₩280,000
- 소모품비 ₩820,000
- 선납세금 ₩720,000

① (차) 소 모 품 820,000 (대) 소모품비 820,000
② (차) 소모품비 820,000 (대) 소 모 품 820,000
③ (차) 소 모 품 170,000 (대) 소모품비 170,000
④ (차) 소모품비 170,000 (대) 소 모 품 170,000
⑤ (차) 소 모 품 170,000 (대) 현 금 170,000

04 ㈜경록은 액면금액 ₩5,000,000, 표시이자율 연10%, 만기 1년인 약속어음을 수취하여 6개월간 보유한 후, 연12%의 할인율로 은행에서 할인하였다. 할인시 ㈜경록이 수취할 현금수령액은 얼마인가?

① ₩5,170,000 ② ₩5,190,000
③ ₩5,210,000 ④ ₩5,250,000
⑤ ₩5,280,000

05 ㈜경록은 소액현금을 ₩100,000로 하는 정액자금전도제도를 채택하고 있다. 당월에 소액현금 지출내역은 통신비 ₩32,000과 사무용품비 ₩48,000이었으나 소액현금실사잔액은 ₩16,000이었으며 부족분에 대한 원인은 밝혀지지 않았다. 월말 소액현금 보충시의 분개로 맞는 것은?

① (차) 통신비 32,000 (대) 당좌예금 84,000
(차) 사무용품비 48,000
(차) 잡손실 4,000
② (차) 현금 84,000 (대) 당좌예금 84,000
③ (차) 통신비 32,000 (대) 당좌예금 100,000
(차) 사무용품비 48,000
(차) 잡손실 20,000
④ (차) 현금 84,000 (대) 당좌예금 100,000
(차) 잡손실 16,000
⑤ (차) 현금 100,000 (대) 당좌예금 100,000

06 주택상회의 10월 31일 현재 당좌예금잔액은 ₩3,720,000인데, 은행의 당좌예금잔액증명서에는 ₩4,620,000이다. 그 원인을 조사해 보니 다음과 같은 사실이 판명되었다. 주택상회가 11월 1일에 이용가능한 당좌예금의 잔액은 얼마인가?

㉠ 10월 31일 발행한 수표 ₩820,000이 은행에서 아직 지급되지 않았다.
㉡ 거래처로부터 외상매출금 ₩750,000이 은행에 대체입금되었으나 은행으로부터 통지를 받지 못하여 주택상회의 장부에는 기장되지 않았다.
㉢ 10월 28일에 당좌입금한 수표 ₩650,000이 부도가 되어 은행에서는 인출처리되었으나 은행으로부터 통지가 없어 주택상회에서는 인출기장을 하지 못했다.
㉣ 10월 31일 당좌차월에 대한 이자 ₩20,000을 은행에서는 공제하였으나 주택상회에서는 아직 기장하지 않았다.

① ₩3,800,000 ② ₩2,820,000
③ ₩5,520,000 ④ ₩3,640,000
⑤ ₩5,440,000

07 ㈜경록은 본사 사옥건설을 위하여 기존건물이 있는 토지를 구입하여(토지대금 ₩1,000,000) 사옥을 건설하였다. 기존 건물의 철거를 위하여 ㈜경록은 ₩20,000을 지출하였다. 또한, 신축사옥 건설을 위한 설계 및 감리비는 ₩150,000을 지출하였으며, 이를 제외한 건설관련 비용이 총 ₩2,000,000 소요되었다. 이때 신규 건설한 본사 사옥의 취득원가는?

① ₩2,000,000 ② ₩2,150,000
③ ₩2,170,000 ④ ₩3,150,000
⑤ ₩3,170,000

08 회계기간이 1.1~12.31인 ㈜경록은 20X1년 1월 1일에 기계장치를 ₩50,000에 취득하였다. 기계장치의 내용연수는 5년, 잔존가치는 ₩5,000인 경우 연수합계법에 의한 20X3년 말 감가상각누계액은 얼마인가?

① ₩35,000 ② ₩36,000
③ ₩37,000 ④ ₩38,000
⑤ ₩39,000

09 유형자산과 관련하여 다음과 같은 원가가 발생한 경우 유형자산의 취득원가에 포함되는 금액은 얼마인가?

• 기업의 영업 일부를 재배치하는 과정에서 발생하는 원가 ₩3,000,000
• 유형자산의 매입과 직접적으로 관련되어 발생한 종업원급여 ₩2,000,000
• 새로운 고객층을 대상으로 영업을 하는 데 소요되는 원가 ₩4,000,000
• 유형자산의 정상적 작동여부를 시험하는 과정에서 발생한 원가 ₩1,000,000

① ₩3,000,000 ② ₩4,000,000
③ ₩5,000,000 ④ ₩6,000,000
⑤ ₩1,000,000

10 **액면금액 ₩10,000,000인 주식을 ₩9,000,000에 발행하고 신주발행비 ₩420,000을 제외한 금액을 현금으로 받았다면 이 거래가 자본총액에 미치는 영향으로 옳은 것은?**

① ₩10,000,000 증가 ② ₩9,000,000 증가
③ ₩8,580,000 증가 ④ ₩420,000 증가
⑤ 변동 없음

11 **㈜경록의 FV-PL금융자산과 관련된 거래는 다음과 같다. 20X1년에 인식할 당기손익은 얼마인가?**

- 20X1.10.11 : A사 주식 100주를 ₩500,000에 현금으로 취득하였다.
- 20X1.12.31 : A사 주식의 공정가치는 주당 ₩7,000이다.
- 20X2. 1.25 : A사 주식 100주를 주당 ₩6,000에 현금을 받고 처분하였다.

① 처분이익 ₩200,000
② 평가이익 ₩200,000
③ 처분이익 ₩100,000
④ 평가이익 ₩100,000
⑤ 처분이익 ₩150,000

12 **다음 중 비용을 수익과 대응시킬 때 그 대응방법이 가장 다른 것은 무엇인가?**

① 감가상각비 ② 매출원가 ③ 보험료
④ 광고선전비 ⑤ 접대비

13 **다음 중 주식배당에 대한 설명으로 가장 적당한 것은 무엇인가?**

	총발행주식수	자본금	자본총액	투자자취득원가
①	증가	증가	불변	불변
②	불변	증가	불변	증가
③	증가	증가	증가	증가
④	증가	증가	불변	증가
⑤	불변	불변	불변	불변

14 **당사는 회계담당자의 실수로 인하여 20X1년도에 다음과 같은 오류가 발생하였음을 20X3년도에 발견하였다. 다음의 오류가 20X2년도 이익잉여금에 미치는 효과는 얼마인가?**

- 기말재고자산 과대평가 오류 : ₩3,000,000
- 감가상각비 과대계상 오류 : ₩700,000

① ₩3,000,000 과대계상
② ₩700,000 과소계상
③ ₩2,300,000 과대계상
④ ₩3,000,000 과소계상
⑤ 영향 없음

15 ㈜대한의 20×1년 말 창고에 보관중인 재고자산 실사액은 ₩50,000이다. 다음 자료를 반영할 경우 20×1년 말 재고자산은?

- 도착지인도조건으로 현재 운송중인 미착 매입상품 ₩20,000이 있다.
- 적송품 ₩100,000 가운데 70%는 판매 완료되었다.
- 총 시송품 ₩100,000 가운데 고객이 매입의사 표시를 한 금액은 ₩90,000이다.
- 차입금에 대하여 담보로 제공되어 있고 기말재고자산 실사액에는 포함되어 있지 않은 저당상품이 ₩30,000이 있다.

① ₩70,000　② ₩90,000
③ ₩120,000　④ ₩130,000
⑤ ₩150,000

16 20X1년 초에 차량운반구를 ₩15,000,000에 취득하였다. 차량운반구의 잔존가치는 취득가액의 10%, 내용연수는 5년으로 추정된다. 이 차량운반구를 정률법에 의하여 상각하는 경우 20X3년도 감가상각비는 얼마인가? (단, 내용연수 5년, 잔존가치가 취득원가의 10%인 경우에 정률은 40%라고 가정한다)

① ₩2,160,000　② ₩2,700,000
③ ₩3,600,000　④ ₩6,000,000
⑤ ₩13,500,000

17 ㈜대한은 재고자산을 항목별 저가기준으로 평가하고 있다. 아래의 자료를 이용하여 재고자산평가손실을 구하면?

항목	재고수량	단위당 취득원가	단위당추정 판매가격	단위당추정 판매비용
A	150개	₩5,000	₩6,000	₩500
B	100개	4,000	4,500	700
C	120개	4,600	5,000	600
D	140개	5,500	6,000	1,000

① ₩39,000　② ₩74,000
③ ₩114,000　④ ₩134,000
⑤ ₩189,000

18 다음은 재고자산의 원가흐름 가정에 대한 설명이다. 틀린 것은?

① 이동평균법의 적용 시 같은 회계기간이라고 하더라도 계산시점에 따라 동일한 재고자산의 단가가 달라질 수 있다.
② 선입선출법을 계속기록법하에서 적용한 경우와 실지재고조사법 하에서 적용한 경우 계산된 매출원가는 동일하다.
③ 총평균법은 기말시점에서 회계기간의 가중평균단가(총평균단가)를 계산하기 때문에 기말시점 이전에는 매출원가를 알 수 없다.
④ 선입선출법에서 원가흐름의 가정은 일반적인 재고자산의 물적 흐름을 반영한다.
⑤ 재고자산의 가격이 지속적으로 상승하는 경우나 기초재고수량에 비해 기말재고수량이 증가할 경우 후입선출법에서는 오래된 재고층이 감소함으로써 낮은 원가가 현행 판매가격에 대응되므로 이익이 과대 계상될 수 있다.

1회

19 **'재무보고를 위한 개념체계' 상 재무제표 요소에 대한 설명으로 틀린 것은 무엇인가?**

① 비용은 자본의 감소를 가져오는 자산의 감소나 부채의 증가로서, 자본청구권 보유자에 대한 분배와 관련된 것은 제외한다.
② 부채란 과거사건의 결과로 기업의 경제적자원을 이전해야 하는 현재의무이다.
③ 자본이란 기업의 자산에서 모든 부채를 차감한 후의 잔여지분이다.
④ 수익은 자본의 증가를 가져오는 자산의 증가나 부채의 감소로서, 자본청구권 보유자의 출자와 관련된 것은 제외한다.
⑤ 자산은 과거사건의 결과로 기업이 통제하는 미래의 경제적자원이다.

20 **다음 중 유가증권의 재분류에 대한 설명으로 잘못된 것은?**

① 금융자산을 관리하는 사업모형을 변경하는 경우에만 영향 받는 모든 금융자산을 재분류한다.
② FV-OCI금융자산을 FV-PL금융자산으로 재분류하는 경우 기타포괄손익누계액은 재분류조정할 수 없다.
③ AC금융자산을 FV-PL금융자산으로 재분류하는 경우 상각후원가와 공정가치의 차이손익은 당기손익으로 처리한다.
④ FV-PL금융자산을 FV-OCI금융자산으로 재분류하는 경우 후속적인 공정가치 변동은 기타포괄손익으로 인식한다.
⑤ FV-OCI금융자산을 AC금융자산으로 재분류하는 경우 기타포괄손익누계액은 재분류일 공정가치에서 조정한다.

21 **다음 중 한국채택국제회계기준상 재무제표에 포함되지 않는 것은?**

① 기간 자본변동표　② 기말 재무상태표
③ 재무제표 주석　④ 기간 현금흐름표
⑤ 사업보고서

22 **다음 중 회계정보의 보강적 질적 특성에 대한 설명으로 틀린 것은?**

① 2가지 방법이 현상을 동일하게 목적적합하고 충실하게 표현하는 것이라면 그 중 어느 방법을 사용해야 할지를 결정하는 데에 도움을 준다.
② 보고기업에 대한 정보는 다른 기업에 대한 유사한 정보 및 해당 기업에 대한 다른 기간이나 다른 일자의 유사한 정보와 비교할 수 있다면 더욱 유용하게 된다.
③ 합리적인 판단력이 있고 독립적인 서로 다른 관찰자가 어떤 서술이 충실한 표현이라는데 비록 반드시 완전히 일치하지는 못하더라도 의견이 일치할 수 있어야 한다.
④ 때로는 하나의 보강적 질적 특성이 다른 질적 특성의 극대화를 위해 감소되어야 할 수도 있다.
⑤ 정보가 목적적합하지 않거나 충실하게 표현되지 않는 경우 보강적 질적 특성에 의하여 그 정보를 유용하게 할 수 있다.

23 **㈜경록의 당기 총포괄이익은 ₩5,200,000이다. 여기에 다음과 같은 항목들이 포함되어 있다면 ㈜경록의 당기순이익은 얼마인가?**

• 유형자산처분이익	₩830,000
• 재평가잉여금	910,000
• 외환차손	720,000
• FV-OCI금융자산처분이익	120,000

① ₩5,080,000　② ₩4,290,000
③ ₩4,480,000　④ ₩3,570,000
⑤ ₩4,170,000

24 ㈜경록은 20X1년 말에 ㈜서울과 건물신축 도급계약을 체결하였다. 도급금액은 ₩500,000,000이며 20X1년 투입된 공사원가는 ₩60,000,000이다. 총예정공사원가가 ₩400,000,000, 20X2년 공사진행률이 40%인 경우 20X2년 공사원가는 얼마인가?

① ₩60,000,000 ② ₩80,000,000
③ ₩100,000,000 ④ ₩110,000,000
⑤ ₩130,000,000

25 ㈜대한은 20×1년 1월 1일 유형자산(취득원가 ₩10,000, 잔존가치 ₩1,000, 내용연수 5년, 연수합계법)을 취득하였는데, 20×2년 12월 31일에 ₩4,000에 처분하였다. 유형자산의 감가상각비와 처분손익이 20×2년 당기순이익에 미치는 영향의 합계는?

① ₩2,400 손실 ② ₩1,800 손실
③ ₩1,800 이익 ④ ₩3,000 손실
⑤ ₩3,000 이익

26 다음은 (주)대한의 당기 재고자산 관련 자료이다. 가중평균 소매재고법에 따른 당기 매출원가와 기말재고를 계산하면?

구 분	원 가	매 가
기초재고	₩2,000	₩3,000
매입	7,000	9,000
매출	?	8,000
기말재고	?	4,000

	매출원가	기말재고
①	₩8,000	₩4,000
②	₩6,000	₩3,000
③	₩8,000	₩3,000
④	₩6,000	₩4,000
⑤	₩5,000	₩4,000

27 다음 자료를 이용하여 당기 총매출액을 계산하면 얼마인가?

- 매출총이익 ₩90,000, 총매입액 ₩430,000
- 매출환입액 ₩30,000, 매입환출액 ₩40,000
- 기초재고자산 ₩130,000, 기말재고자산 ₩140,000

① ₩470,000 ② ₩480,000
③ ₩490,000 ④ ₩500,000
⑤ ₩510,000

1회

28 ㈜경록은 20X1년 초에 유형자산인 토지를 ₩1,000,000에 취득한 후 매년 재평가모형을 적용하여 평가하고 있다. 20X1년 말과 20X2년 말 토지의 공정가치가 각각 ₩1,100,000과 ₩800,000이었다면, ㈜경록이 20X2년도 포괄손익계산서에 인식할 당기손익은 얼마인가?

① 손실 ₩300,000 ② 손실 ₩200,000
③ 손실 ₩100,000 ④ 손익 ₩0
⑤ 이익 ₩100,000

29 ㈜한국은 20×1년 7월 1일 액면금액 ₩1,000,000(표시이자율 연8%, 유효이자율 연10%, 만기 3년)의 사채를 ₩950,244에 발행하였다. 이자는 매년 6월 30일에 지급한다. 발행시부터 만기까지 ㈜한국이 인식할 총이자비용은?

① ₩263,217 ② ₩272,721 ③ ₩282,161
④ ₩289,756 ⑤ ₩295,729

30 **다음은 ㈜경록의 상품재고장의 일부이다. 이동평균법을 이용하여 재고액을 평가하는 경우에 8/9의 재고자산(잔고)단가가 ₩2,900으로 계산되었다면 8/9의 매입액은 얼마인가?**

일 자	수입수량	수입단가	불출수량	잔 고
8/1	400개	@₩2,700		400개
8/3	200개	@₩3,000		600개
8/7			50개	550개
8/9	400개			950개

① ₩1,417,000 ② ₩1,215,000
③ ₩1,328,000 ④ ₩1,119,000
⑤ ₩1,523,000

31 **㈜경록은 20X1년 초에 상품을 매년 말 ₩1,000,000씩 3년 동안 상환하는 조건으로 장기할부 판매하였다. 이 상품의 원가는 ₩2,000,000이며, 시장이자율 12%, 기간 3년인 때의 연금현가계수가 2.402인 경우 상품매출로 인한 20X1년도 ㈜경록의 매출이익과 이자수익으로 옳은 것은?**

① ₩486,850 - ₩288,240
② ₩402,000 - ₩288,240
③ ₩402,000 - ₩248,685
④ ₩248,680 - ₩226,200
⑤ ₩248,680 - ₩288,240

32 **다음 중 유가증권의 분류에 관한 설명으로 적절하지 않은 것은?**

① 채무상품은 상각후원가로 측정하거나 기타포괄손익-공정가치로 측정하는 경우가 아니라면 당기손익-공정가치로 측정한다.
② 지분상품은 상각후원가로 측정하거나 기타포괄손익-공정가치로 측정하는 경우가 아니라면 당기손익-공정가치로 측정한다.
③ 회계불일치를 제거하기 위하여 최초 인식시점에 금융자산을 당기손익-공정가치 측정 항목으로 지정할 수 있으나 한번 지정하면 이를 취소할 수 없다.
④ 당기손익-공정가치로 측정되는 지분상품의 후속적인 공정가치 변동을 기타포괄손익으로 표시하도록 최초 인식시점에 선택할 수 있으나 한번 선택하면 이를 취소할 수 없다.
⑤ 기타포괄손익-공정가치로 측정되는 채무상품은 계약상 '현금흐름의 수취'와 '금융자산의 매도' 둘 다를 통해 목적을 이루는 사업모형 하에서 금융자산을 보유한다.

33 **다음은 2개의 제조부문 A_1, A_2와 2개의 보조부문 S_1, S_2를 가지고 있는 ㈜경록의 보조부문 용역제공 비율(%)과 관련된 자료이다. ㈜경록이 보조부문원가 배부 시에 직접배부법을 사용하는 경우 보조부문원가 배부 후 제조부문 A_1의 원가는 총 얼마인가?** (단, 보조부문원가 배부 전 제조부문 A_1원가는 ₩72,000이고 A_2원가는 ₩80,000이다)

구 분	보조부문원가	A_1	A_2	S_1	S_2
보조부문 S_1	₩42,000	40	30	–	30
보조부문 S_2	₩45,000	60	30	10	–

① ₩117,000 ② ₩119,000
③ ₩126,000 ④ ₩128,000
⑤ ₩132,000

34 ㈜대한은 전환원가에 대하여 활동기준원가계산을 적용하고 있다. 회사의 활동 및 활동 별 배부기준, 전환원가 배부율은 아래와 같다.

활 동	배부기준	배부율
기계가동	가동시간	시간당 ₩100
화학처리	1LOT	LOT당 ₩100
제품조립	제품 개수	1개당 ₩5
검수	5LOT당 1회	1회 ₩300

1LOT는 10개의 제품으로 구성되어 있다. 당기에 완성된 제품은 100개이며, 1개의 제품을 만드는 데 원재료는 10개가 투입되며(개당 원가 ₩10), 기계는 30분 가동된다. 당기의 총제조원가는?

① ₩17,000 ② ₩17,100
③ ₩17,200 ④ ₩17,300
⑤ ₩17,400

35 완성품 1,000개, 기말재공품은 300개(완성도 60%)인 경우 평균법에 의한 종합원가계산에서 재료원가 및 가공원가의 완성품환산량은 각각 몇 개인가? (단, 원재료는 공정 55%시점에서 전량 투입되며, 가공원가는 공정 전반에 걸쳐 균등하게 투입된다)

	재료원가	가공원가
①	1,000개,	1,000개
②	1,300개,	1,000개
③	1,300개,	1,300개
④	1,000개,	1,180개
⑤	1,300개,	1,180개

36 당사의 제품단위당 판매가격은 ₩1,200이고, 단위당 변동원가는 ₩900이며, 총고정원가는 ₩405,000이다. 법인세율이 20%라면 법인세 차감 후 순이익 ₩300,000을 달성하기 위한 판매량은 몇 개인가?

① 2,200개 ② 2,300개 ③ 2,400개
④ 2,500개 ⑤ 2,600개

1회

37 ㈜대한은 제조간접원가를 직접노무시간을 기준으로 예정배부하고 있다. 당기의 제조간접원가 예산은 ₩400,000, 예정조업도는 200,000시간, 실제조업도는 220,000시간이다. 당기의 제조간접원가 배부차이가 ₩50,000(과대)일 때 제조간접원가 실제발생액은 얼마인가?

① ₩370,000 ② ₩390,000
③ ₩420,000 ④ ₩450,000
⑤ ₩460,000

38 다음 자료를 이용하여 변동제조간접원가 능률차이를 구하면 얼마인가?

- 제조간접원가 실제발생액 : ₩78,400
- 고정제조간접원가 실제발생액 : ₩3,200
- 단위당 표준직접노동시간 : 6시간
- 실제직접노동시간 : 2,450시간
- 생산량 : 400개
- 변동제조간접원가 표준배부율 : 직접노동시간당 ₩30

① ₩1,500(불리) ② ₩1,500(유리)
③ ₩1,700(불리) ④ ₩1,700(유리)
⑤ ₩1,900(불리)

39 ㈜경록은 결합제조공정에서 A제품과 B제품을 생산하고 있다. 당기에 A제품 500단위와 B제품 300단위를 생산하였으며, 분리점에서 A제품은 단위당 ₩1,500에 판매가능하나, B제품은 분리점에서 판매시장이 형성되지 않아 추가가공을 거쳐 단위당 ₩1,000에 판매가능하다. B제품의 추가가공에 소요되는 원가는 총 ₩50,000이다. 순실현가치법을 적용할 경우 B제품에 배분되는 결합원가가 ₩80,000이었다면 결합원가총액은 얼마인가?

① ₩310,000
② ₩320,000
③ ₩330,000
④ ₩340,000
⑤ ₩350,000

40 ㈜대한은 건물의 수선 및 유지에 필요한 소모품을 직접 자체생산하고 있다. 현재 필요한 수량은 연간 200단위이고, 단위당 생산변동원가는 ₩500이며, 고정원가는 연간 ₩20,000이다. 이 소모품을 외부에서 구입하는 경우 생산설비를 연간 ₩5,000에 임대할 수 있으며, 연 고정원가의 20%가 감소한다. 이 소모품을 외부에서 구입할 경우 지급할 수 있는 단위당 최대금액은?

① ₩605
② ₩575
③ ₩545
④ ₩510
⑤ ₩495

– 다음면에 계속 –

02 공동주택시설개론

41 **다음 중 건축구조의 특성으로 옳지 않은 것은?**

① 철골구조는 짜맞춘 가구식 구조로 비교적 화재에도 강한 특징을 갖고 있다.
② 벽돌구조는 유사한 조건시 철근콘크리트 구조에 비하여 실유효면적이 감소한다.
③ 철근콘크리트 라멘구조는 일체식구조로 내화적, 내구적, 내진적인 습식구조이다.
④ 블록구조는 벽체에 습기가 차기 쉽고 수평력에 약하여 대규모 건축물에는 부적합하다.
⑤ 목구조는 이음, 맞춤, 쪽매의 접합에 의한 가구식 구조로 외관이 아름답고 시공이 용이하나 내구성 및 내화성이 부족하다.

42 **다음 하중 및 응력에 대한 설명으로 옳지 않은 것은?**

① 가새(brace)는 가구식 구조에서 수평하중의 저항에 기여한다.
② 주로 수평력으로 작용하는 풍력, 충격력, 지진력 등은 장기하중에 속한다.
③ 적재하중인 활하중은 건축물의 사용 용도에 따라 변동 폭이 크다.
④ 단기응력은 장기응력을 포함한 수평하중에 대한 저항력이다.
⑤ 응력이란 하중 및 외력에 의하여 구조부재에 생기는 축방향력, 휨모멘트, 전단력, 비틀림 등의 단면력을 말한다.

43 **다음에서 설명하고 있는 흙파기 공사시 발생하는 현상으로 옳은 것은?**

> 연약한 점성토 지반에서 흙막이 외측의 흙이 중량으로 인하여 흙막이 안으로 밀려 흙파기 된 저면이 부풀어 오르는 현상으로 흙파기시 가장 주의를 요한다.

① 히빙(heaving) 현상
② 언더피닝(underpinning)현상
③ 파이핑(piping) 현상
④ 전단(shearing)파괴 현상
⑤ 보일링(boiling)현상

44 **콘크리트양생(보양)에 관한 기술 중 옳지 않은 것은?**

① 현장 타설 구조체 콘크리트는 양생온도가 높으면 강도 발현이 촉진된다.
② 초기양생에서 콘크리트의 어느 부분도 동절기에는 양생온도가 5℃ 이하로 내려가지 않도록 관리한다.
③ 기초옆, 보옆, 기둥, 벽 등에서 내구성이 중요한 구조물의 거푸집은 콘크리트 강도가 5MPa 이상 확보되면 조기에 제거할 수 있다.
④ 거푸집이 건조될 우려가 있는 경우에는 살수하여야 한다.
⑤ 양생은 기록과 강도시험에 의해 소요배합강도가 얻어질 때까지 계속 양생한다.

45 콘크리트 타설 후 물시멘트비가 너무 클 때 발생하는 현상으로 옳지 않은 것은?

① 블리딩(bleeding)현상이 발생한다.
② 콘크리트 강도가 저하된다.
③ 재료분리현상이 발생한다.
④ 일정부분 시공연도가 증가한다.
⑤ 양생기간이 단축된다.

46 철근콘크리트 구조에서 철근 가공시 표준 갈고리에 대한 설명으로 옳지 않은 것은?

① 대근 및 늑근의 90°표준갈고리의 경우 D16 이하의 철근은 구부린 끝에서 철근지름의 6배(6d) 이상 더 연장하여야 한다.
② 주철근의 표준갈고리는 135°표준갈고리와 180°표준갈고리로 분류된다.
③ 대근과 늑근의 표준갈고리는 90°표준갈고리와 135°표준갈고리가 있다.
④ 주철근의 90°표준갈고리는 구부린 끝에서 철근지름의 12배(12d) 이상 더 연장하여야 한다.
⑤ 대근 및 늑근의 135°표준갈고리의 경우 D25 이하의 철근은 구부린 끝에서 철근지름의 6배(6d) 이상 더 연장하여야 한다.

47 다음 중 철골구조에서 용접에 대한 설명으로 옳지 않은 것은?

① 모든 용접은 전 길이에 대해 육안검사를 수행한다.
② 모든 용접은 전 길이에 대해 육안검사를 수행하고 용접부에 대한 코킹은 허용되지 않는다.
③ 부재이음에는 용접과 볼트를 원칙적으로 병용해서는 안 되지만 불가피하게 병용할 경우에는 일체화를 위해 볼트를 조인후 용접하는 것을 원칙으로 한다.
④ 용접의 시작과 끝의 처리는 엔드탭 위에서 50mm 이상으로 하여 크레이터가 본 부재에 포함되지 않도록 해야 한다.
⑤ 용접부에서 수축에 대응하는 과도한 구속은 피하고 용접작업은 조립하는 날에 용접을 완료하여 도중에 중지하는 일이 없도록 한다.

48 다음 중 철골공사에 대한 설명으로 옳지 않은 것은?

① 기둥과 트러스 접합부의 강성을 높이기 위하여 니브레이스(knee brace)로 보강하기도 한다.
② 리벳접합에서 리벳은 800~1,000℃ 정도로 가열한 것을 사용하고 600℃ 이하로 냉각된 것은 사용할 수 없다.
③ 보와 콘크리트 바닥과를 일체와 시키기 위한 전단 연결재로 스티프너를 사용한다.
④ 플럭스(Flux)는 용접봉의 피복재 역할로 사용되는 분말상의 재료이다.
⑤ 철골내화피복공법은 타설공법, 뿜칠공법, 미장공법, 조적공법, 도장공법 등이 있다.

49 다음에서 설명하고 있는 석재로 옳은 것은?

대리석의 일종으로 다공질이고 요철부가 생겨 입체감이 있으나 흡수율이 높아 실내장식재로 사용한다.

① 트래버틴 ② 화강암 ③ 사암
④ 응회암 ⑤ 안산암

50 다음 중 조적구조에 관한 기술로 옳지 않은 것은?

① 블록쌓기후 치장줄눈을 할 때에는 흙손을 사용하여 줄눈 모르타르가 굳기 전에 줄눈파기를 한다.
② ALC 블록 하루 쌓기 높이는 1.8 m를 표준으로 하고 최대 2.4 m 이내로 한다.
③ 블록구조의 모르타르 또는 그라우트를 사춤하는 높이는 5켜 이내로 한다.
④ 화강암은 석영, 장석, 운모석으로 이루어져 강도가 크고 가공성이 우수하여 구조재나 장식재로 사용된다.
⑤ 내화벽돌의 줄눈너비는 도면 또는 공사시방서에 따르고, 그 지정이 없을 때에는 가로 세로 6mm를 표준으로 한다.

51 다음 지붕 방수공사에 관한 기술 중 옳지 않은 것은?

① 방수용 보호 모르타르의 균열은 코킹으로 보수 할 수 있다.
② 루프드레인의 막힘현상은 누수의 원인이 되기도 하므로 주의한다.
③ 시트방수의 결함은 국부적인 보수가 가능하다.
④ 아스팔트 방수층의 부분적 보수는 시멘트모르타르로 가능하다.
⑤ 지붕에 사용하는 아스팔트는 침입도가 크고 연화점이 높은 것을 사용한다.

52 다음 중 실링재방수공사의 재료에 관한 기술로 옳지 않은 것은?

① 가스켓은 건축물의 부재에 맞닿는 접합부, 틈이 있는 곳, 균열부위 등을 충전하기 위하여 사용하는 부정형재료이다.
② 본드브레이커는 실링재가 바탕재에 접착되지 않도록 줄눈 바닥에 붙이는 테이프형의 재료이다.
③ 백업재는 실링재의 줄눈깊이를 소정의 위치로 유지하기 위해 줄눈에 충전하는 성형 재료이다.
④ 마스킹 테이프는 시공 중 바탕재의 오염 방지와 줄눈의 선을 깨끗하게 마감하기 위해 사용하는 보호 테이프이다.
⑤ 실링(sealing)재는 건축물의 부재와 부재 접합부 줄눈에 충전하면 경화 후 양 부재에 접착하여 수밀성, 기밀성을 확보하는 재료이다.

53 공동주택의 층간소음의 범위와 기준에 관한 규칙상에 대한 설명으로 옳지 않은 것은?

① 욕실, 화장실 및 다용도실 등에서 급수·배수로 인하여 발생하는 소음은 제외한다.
② 바닥충격음에 대한 최소 성능기준은 49dB 이하이다.
③ 공기전달 소음은 1분간 등가소음도(Leq) 및 최고소음도(Lmax)로 평가한다.
④ 직접충격 소음은 뛰거나 걷는 동작 등으로 인하여 발생하는 소음이고 공기전달 소음은 텔레비전, 음향기기 등의 사용으로 인하여 발생하는 소음이다.
⑤ 층간소음의 기준 시간대는 주간은 06시부터 22시까지, 야간은 22시부터 06시까지로 구분한다.

1회

54 다음 중 유리공사에 관한 기술로 옳은 것은?

① 유리의 열파손현상은 주로 무더운 하절기 오후에 많이 발생한다.
② 모든 접합, 연결철물, 나사와 볼트, 리벳 등이 효과적으로 밀폐되도록 한다.
③ 실란트 작업의 경우 상대습도가 80% 이상이면 작업을 중지해야 한다.
④ 백업재는 줄눈폭에 비해 약간 작은 것을 사용한다.
⑤ 0℃보다 낮은 온도에서 시공해야 할 경우에는 담당원의 승인을 받아야 한다.

55 다음 중 회반죽 바름면의 균열을 방지하는 방법으로 옳은 것은?

① 실내온도를 높여 빨리 건조시킨다.
② 초벌바름 후 건조한 바탕에 재벌바름을 두껍게 한다.
③ 마감바름 후에 최대한 빨리 통풍하여 건조시킨다.
④ 반죽할 때 물대신 해초풀을 사용한다.
⑤ 재료에 좋은 여물을 적당량 혼합한다.

56 타일공사에 대한 설명으로 옳지 않은 것은?

① 떠붙임공법으로 벽타일을 붙이는 경우 압착붙이기보다 백화발생의 우려가 크다.
② 접착제공법에서 붙임바탕면은 여름에는 1주 이상 기타 계절에는 2주 이상 건조시킨다.
③ 모르타르는 건비빔한 후 3시간 이내에 사용하여야 하며, 물을 부어 반죽한 후 1시간 이내에 사용한다.
④ 바탕면은 건조상태에 따라 뿜칠 또는 솔을 사용하여 물을 골고루 뿌리고 흡수성이 큰 타일은 시방에 따라 물을 축여 사용한다.
⑤ 벽체 타일이 시공되는 경우 바닥 타일은 벽체 타일을 붙이기 전에 시공한다.

57 홈통공사에 관한 설명으로 옳지 않은 것은?

① 깔때기홈통은 15°기울이기를 유지하여 설치하고 하부는 지름의 1/2내외를 선홈통에 꽂아 넣는다.
② 누인홈통은 위층(상부) 선홈통의 빗물을 아래층의 처마홈통이나 선홈통에 연결하기 위하여 아래층 지붕 위를 따라 눕혀서 설치한 U자형 홈통이다.
③ 처마홈통의 경사는 선홈통 쪽으로 원활한 배수가 되도록 충분한 경사를 갖도록 제작한다.
④ 장식홈통은 처마홈통과 선홈통을 연결하는 홈통으로 장식을 겸하고 유수의 방향전환 및 넘쳐흐름을 방지한다.
⑤ 학각은 선홈통에 연결하지 않고 처마홈통에서 직접 밖으로 빗물을 배출하도록 된 학두루미형으로 장식을 겸한다.

58 다음 중 수장공사에 관한 기술로 옳지 않은 것은?

① 걸레받이는 벽밑과 마루 부분이 접하는 부분의 오염을 방지하고 벽면을 보호해 주는 마감공사이다.
② 고막이는 오염되기 쉬운 내벽에 판벽을 한 것으로 충격으로부터 벽면을 보호하고 오염을 방지하기 위하여 사용한다.
③ 구성반자는 응접실, 다실 등의 천장을 층단으로 구성하여 장식 및 음향효과와 간접전기조명장치를 한 반자이다.
④ 목재마루널에서 못이 솟아오르지 않게 하기 위한 목적으로 이음은 제혀쪽매로 한다.
⑤ 코펜하겐 리브는 음향효과를 내기 위하여 오림목을 특수한 단면으로 쇠시리(moulding)한 것으로 벽에 사용한다.

59 다음 중 도장공사에서 바탕만들기에 대한 설명으로 옳지 않은 것은?

① 목재면 바탕만들기에서 목재의 연마는 바탕연마와 도막마무리 연마 2단계로 행한다.
② 철재면 바탕만들기는 일반적으로 가공장소에서 바탕재 조립 전에 한다.
③ 기타 건축물의 플라스터, 모르타르 및 콘크리트면은 도장하기 전 충분히 건조시켜야 한다.
④ 아연도금면의 바탕만들기는 인산염 피막처리(화학처리)를 하면 도막의 부착력이 저하되므로 주의한다.
⑤ 경금속 및 동합금부의 바탕만들기 정도는 철재면 바탕만들기에 준하고, 금속면을 손상하지 않도록 주의한다.

60 **건축적산에서 표준품셈에 의한 각 재료의 할증률로 옳은 것은?**

① 유리 2%
② 자기질 타일 5%
③ 시멘트벽돌 3%
④ 내화벽돌 4%
⑤ 단열재 10%

61 **건물외벽에서의 단열시공방법에 대한 설명으로 옳은 것은?**

① 외단열은 실내측에 축열체가 없으므로 실온변동이 크다.
② 외단열은 시공이 용이하고 간헐난방에 유리한 단열법이다.
③ 외단열은 지속난방에 유리하나 국부결로가 발생하기 쉬우므로 방습층을 설치해야 한다.
④ 암면, 유리면 등을 이용한 단열을 충진형 단열이라 하고 벽체의 축열성능을 이용하는 방법을 용량형 단열이라 한다.
⑤ 내단열은 주로 한냉지에 많이 사용하는 것으로 시공이 복잡하고 공사비가 비싸다.

62 **다음 중 고가수조방식 급수법에 관한 설명으로 옳은 것은?**

① 넘침관(overflow pipe)의 관경은 양수관경 이상으로 한다.
② 양수펌프의 용량은 고가수조용량을 60분에 양수할 수 있어야 한다.
③ 전동기 기동 정지에는 주로 오토매틱 스위치가 사용된다.
④ 다른 급수방식에 비하여 비교적 급수압이 일정하고 취급이 용이하나 급수가 오염되기 쉽다.
⑤ 하향배관의 수평주관은 선상향구배, 각층의 수평주관은 선하향구배로 한다.

63 **내경이 100mm인 관내로 시간당 6㎥의 물을 공급하고자 할 때의 유속으로 옳은 것은?**(배관 속의 물은 비압축성, 정상류로 가정하고 원주율은 3.14로 한다)

① 0.21m/s
② 0.32m/s
③ 0.43m/s
④ 0.02m/s
⑤ 0.05m/s

64 **배수설비에 관한 설명으로 옳지 않은 것은?**

① 배수관의 구배는 원칙적으로 mm로 호칭되는 관경의 역수보다 크게 하지 않는다.
② 종국유속이란 배수수직관내의 유하(流下) 충격압에 의해 일정해진 유속이다.
③ 일반배수관은 고온의 배수는 45 ℃ 미만으로 냉각한 후 배수한다.
④ 신정 통기관은 배수 수직관 상부를 연장하여 옥상에 개구시킨 통기관이다.
⑤ 우수 수직관은 배수 수직관 및 통기 수직관으로 겸용하지 않는다.

1회

65 **다음 중 물의 오염지표의 용어에 대한 설명으로 옳지 않은 것은?**

① BOD는 수질의 오염정도 측정치로 값이 클수록 물의 오염도가 큰 것이다.
② DO는 폭기조내 혼합액의 평균 부유물농도를 나타낸다.
③ SS는 불용성의 물질을 ppm으로 표시한 것으로 탁도의 정도이다.
④ COD는 용존유기물을 화학적으로 산화시키는데 필요한 산소량을 의미한다.
⑤ 스컴(scum)은 정화조내의 오수표면위로 떠오르는 오물찌꺼기이다.

66 다음 트랩과 사용장소의 조합으로 옳지 않은 것은?

① U트랩(U trap) — 공공하수 수평주관
② S트랩(S trap) — 대변기
③ P트랩(P trap) — 세면기
④ 벨트랩(bell trap) — 주방싱크
⑤ 그리스트랩(grease trap) —호텔주방

67 다음에서 설명하고 있는 밸브의 종류로 옳은 것은?

- 유체의 흐름에 대한 마찰저항손실이 가장 크다.
- 유량조절이나 유로를 폐쇄하는 경우에 적합하다.

① 게이트밸브(Gate valve)
② 글로우브 밸브(globe valve)
③ 콕(cock)밸브
④ 안전밸브(safety valve)
⑤ 체크밸브(check valve)

68 다음 중 가스 설비에 관한 설명으로 옳지 않은 것은?

① 가스계량기는 전기접속기, 전기계량기와 최소 30cm 이상 떨어지도록 한다.
② 도시가스배관의 기밀시험은 최고 사용압력의 1.1배 이상의 압력을 사용한다.
③ 도시가스관과 옥내 절연조치를 하지 않은 전선과는 15㎝ 이상 거리를 유지하도록 한다.
④ 용접이음을 제외한 배관의 이음매와 전기계량기나 전기개폐기와는 60cm 이상 띄워 설치한다.
⑤ 수직관의 밸브는 보호상자에 설치하지 않는 경우 바닥으로부터 1.6m 이상 2m 이내에 설치한다.

69 다음 소방시설 중 자동화재탐지설비의 음향장치에 대한 설명으로 옳지 않은 것은?

① 주음향장치는 수신기의 내부 또는 그 직근에 설치할 것
② 층수가 11층(공동주택의 경우에는 16층) 이상의 특정소방대상물은 발화층에 따라 경보하는 층을 달리하여 경보를 발할 수 있도록 할 것 .
③ 지구음향장치는 특정소방대상물의 층마다 설치하되, 해당 특정소방대상물의 각 부분으로부터 하나의 음향장치까지의 수평거리가 20미터 이하가 되도록 할 것
④ 감지기 및 발신기의 작동과 연동하여 작동할 수 있는 것으로 할 것
⑤ 음량은 부착된 음향장치의 중심으로부터 1미터 떨어진 위치에서 90데시벨 이상이 되는 것으로 할 것

70 다음 중 소방설비에 관한 설명으로 옳지 않은 것은?

① 연결송수관설비, 비상콘센트설비, 제연설비, 연결살수설비, 연소방지설비, 무선통신보조설비 등은 소화활동설비이다.
② 옥내소화전 펌프의 흡입측에는 압력계를 체크밸브 이전에 펌프토출측 플랜지에서 가까운곳에 설치하고, 토출측에는 진공계 또는 연성계를 설치한다.
③ 분말식자동소화장치란 열, 연기 또는 불꽃 등을 감지하여 분말의 소화약제를 방사하여 소화하는 소화장치를 말한다.
④ 스프링클러 설비의 가지배관 1개에 설치하는 헤드의 수는 8개 이하로 하고 헤드는 습식 및 부압식 외에는 상향식으로 설치하는 것을 원칙으로 한다.
⑤ 드렌처설비는 인접건물의 화재 발생시 수막작용에 의하여 화재를 방지하는 방화설비이다.

71 다음 중 급탕설비의 팽창탱크 및 팽창관에 관한 설명으로 옳지 않은 것은?

① 개방형 팽창관은 급탕수직주관 끝을 연장하여 팽창탱크에 자유 개방한다.
② 보일러나 배관중의 분리된 공기 등을 배출하고 이상 압력을 도피시키기 위한 안전장치이다.
③ 팽창관 도중에 자동밸브를 부착하여 불필요한 압력을 도피시킨다.
④ 개방형팽창탱크의 저면은 일반적으로 최고층 급탕전보다 5m 이상 높은 곳에 설치한다.
⑤ 개방형팽창탱크의 급수는 볼탭에 의하여 자동으로 급수한다.

72 다음 중 증기난방설비의 기술로 옳지 않은 것은?

① 진공환수식은 응축수 순환이 가장 빠른 방식으로 보일러나 방열기 설치 위치에 제한을 받지 않는다.
② 하트포드 접속법은 밸런스관을 연결하여 보일러 수면이 안전수면보다 높은 위치에 환수관을 접속하는 방법으로 안전장치의 일종이다.
③ 버킷트랩(burcket trap)은 버킷의 자중과 그 부력과의 차에 의해 밸브를 개폐하는 기계식트랩으로 주로 고압 증기의 관말트랩으로 사용된다.
④ 난방설비에서 바이패스 배관(Bypass pipe)은 밸브 등의 교체 수리에 대비하기 위하여 설치한다.
⑤ 방열기트랩은 한냉지에서 입상관내의 응축수가 동결하는 것을 방지하기 위하여 사용하는 장치이다.

73 다음 중 난방설비에 관한 설명으로 옳지 않은 것은?

① 증기난방의 건식환수방식은 보일러 수면보다 환수주관을 높게 배관하므로 트랩을 필요로 한다.
② 지역난방은 열효율이 좋아 연료비가 절약되나 시간적, 계절적변동이 커서 열의 이용률이 낮다.
③ 온풍난방은 온수난방에 비하여 시스템 전체의 열용량이 작으나 예열 소요시간이 짧다.
④ 복사난방은 대류난방에 비하여 시설비가 많이 들고 열손실을 막기 위한 단열층을 필요로 하는 난방방식이다.
⑤ 고온수난방은 방열기를 보일러보다 높은 곳에 설치하지 않으면 온수순환이 잘되지 않는다.

74 다음 중 공기조화방식에 대한 설명으로 옳지 않은 것은?

① 터미널패키지유닛 방식은 개별제어가 가능하여 소규모 건물에 적합하다.
② 복사패널덕트병용 방식은 쾌감도는 좋으나 설비비가 많이 든다.
③ 팬코일유닛방식은 소음이 크나 외기냉방이 용이하여 실내공기의 청정도가 높다.
④ 각층유닛방식은 외기처리용 공조기에서 1차로 처리된 외기를 각층의 유닛으로 보내어 부하에 따라 송풍하는 방식으로 각 실의 온도조절이 가능하다.
⑤ 단일덕트 가변풍량방식(VAV)은 에너지절약면에서 가장 유리하다.

75 다음 중 흡수식 냉동기에 대한 기술로 옳지 않은 것은?

① 흡수기는 증발기에서 넘어온 수증기를 수용액에 흡수되어 묽어지게 하여 재생기로 넘긴다.
② 냉매로 물을 사용하고 흡수액은 브롬화 리튬수용액(취화리튬, 리튬브로마이드)을 사용한다.
③ 발생기에서 넘어온 수증기는 응축기의 냉각수에 의해 냉각되어 응축된 후 증발기로 넘어간다.
④ 압축기는 흡수기에서 넘어온 묽은 수용액에 열을 가하여 물은 수증기로 만들어 응축기로 넘기고 나머지 진한 용액은 다시 흡수기로 내려가게 한다.
⑤ 증발기는 물이 증발하면서 냉수코일내의 물로부터 열을 빼앗아 냉수가 얻어지며 증발된 수증기는 흡수기로 넘어간다.

76 다음 중 기계부분 에너지 절약설계기준으로 옳지 않은 것은?

① "비례제어운전"이라 함은 기기의 출력값과 목표값의 편차에 비례하여 입력량을 조절하여 최적 운전상태를 유지할 수 있도록 운전하는 방식을 말한다.
② "대수분할운전"이라 함은 기기를 여러 대 설치하여 부하상태에 따라 최적 운전상태를 유지할 수 있도록 기기를 조합하여 운전하는 방식을 말한다.
③ 난방 및 냉방설비의 용량계산을 위한 설계기준 실내온도는 난방의 경우 18℃, 냉방의 경우 26℃를 기준으로 한다.
④ "효율"이라 함은 설비기기에 공급된 에너지에 대하여 출력된 유효에너지의 비를 말한다.
⑤ 기계환기설비를 사용하여야 하는 지하주차장의 환기용 팬은 대수제어 또는 풍량조절(가변익, 가변속도), 일산화탄소(CO)의 농도에 의한 자동(on-off)제어 등의 에너지절약적 제어방식을 도입한다.

77 다음 전기설비에 관한 기술로 옳지 않은 것은?

① 역률이 크면 어떤 양의 전류가 흐를 때 실제로 일을 하는 전류량이 작아져 동일전력을 보내는데 큰 전류가 필요하므로 설비용량이 증가되어야 한다.
② 1초간의 헤르츠 수를 주파수(frequency)라 하고 우리나라는 60헤르츠(HZ)를 사용한다.
③ 전선에 전류를 흘려보낼 때 전압강하가 크면 전압이 낮아져 전열기의 정상 작동이 어려울 수 있다.
④ 쿨롱(coulomb)은 전기량의 실용단위로 1암페어의 전류가 1초 동안 운반하는 전기량을 말한다.
⑤ 전선 자체가 갖고 있는 독특한 고유저항을 비저항이라 한다.

78 다음 중 조명설비에 관한 설명으로 옳지 않은 것은?

① 출력당 광속이 큰 조명 기구를 사용하면 전원용량을 증가시키지 않아도 실의 조도를 높일 수 있다.
② 간접조명방식보다 직접조명방식을 채택하면 균일한 조도를 얻을 수 있고 조명효율이 높아 경제적이다.
③ 정밀한 작업을 요하는 공장, 수술실 등에는 경제성과 안전성을 고려하여 전반국부혼용조명을 채택하는 것이 유리하다.
④ 같은 조명기구 사용시 천장 반사율을 높여주면 실의 조도를 높일 수 있다.
⑤ 건축화조명은 음영이 부드럽고 쾌적한 환경을 만들 수 있으나 초기시설 투자비가 많이 들고 조명효율이 낮다.

79 **다음 중 승강기 설치에 관한 설명으로 옳은 것은?**

① 높이 20m 이상 건축물에는 비상용승강기를 설치하여야 한다.
② 11층 이상 공동주택에는 승용승강기를 비상용승강기 구조로 하여야 한다.
③ 10층 이상의 공동주택에는 6인승 이상의 승용승강기를 설치해야 한다.
④ 6층 이상 공동주택에는 화물용 승강기를 설치하여야 한다.
⑤ 의료시설이나 판매시설이 업무시설보다 승용승강기를 더 많이 설치해야 한다.

80 **다음 중 홈네트워크설비의 설치기준에 관한 사항으로 옳지 <u>않은</u> 것은?**

① 홈네트워크 사용기기는 홈게이트웨이와 상호 연동할 수 있어야 하며, 각 기기 간 호환성을 고려하여 설치하여야 한다.
② 홈게이트웨이는 이상전원 발생시 제품을 보호할 수 있는 기능을 내장하여야 하며, 동작 상태와 케이블의 연결 상태를 쉽게 확인할 수 있는 구조로 설치하여야 한다.
③ 집중구내통신실은 적정온도의 유지를 위한 냉방시설 또는 흡배기용 환풍기를 설치하여야 한다.
④ 세대단말기는 세대 내의 홈네트워크사용기기들과 단지서버 간의 상호 연동이 가능한 기능을 갖추어 세대 및 공용부의 다양한 기기를 제어하고 확인할 수 있어야 한다.
⑤ 통신배관실의 출입문은 폭 0.9미터, 높이 2.1미터 이상(문틀의 내측치수)이어야 하며, 잠금장치를 설치하고, 관계자외 출입통제 표시를 부착하여야 한다.

– 다음면에 계속 –

제1회 적중 실전모의고사

03 민법

01 우리 민법에 관한 설명으로 타당한 것은?

① 국내 또는 외국에서 대한민국 국민이 관련된 모든 사법적 법률관계에 적용되는 것은 아니다.
② 관습법은 민사에 관한 것이든, 상사에 관한 것이든 민법에 대하여 보충적 효력만을 갖는다.
③ 민법시행일 전의 사항에 대하여는 원칙적으로 적용되지 않는다.
④ 총칙의 규정은 재산법 및 가족법의 영역에 예외없이 적용된다.
⑤ 대법원 판례에는 성문민법을 개폐할 수 있는 효력이 부여되어 있다.

02 태아의 권리능력에 관한 다음 설명 중 맞는 것은?

① 부친이 한 태아의 인지는 태아의 출생 전에 부친이 사망해도 효력이 있다.
② 태아가 교통사고의 충격으로 조산되었기 때문에 그로 인하여 출생 후 얼마 안 되어 사망한 경우 죽은 아이의 생명침해로 인한 산모(어머니)의 손해배상청구권은 인정되지 않는다.
③ 임신 중의 모체에 병균을 감염시킴으로써 태아의 정상적인 성장을 방해한 경우라도 출생한 장애자는 그 자에게 불법행위로 인한 손해배상을 청구할 수 없다.
④ 태아는 부모의 손해배상청구권을 상속받을 수는 없다.
⑤ 태아는 손해배상청구에 관하여 이미 출생한 것으로 보므로 사고 당시에 모체에 있던 태아는 사산에 관계없이 배상청구권을 대리인을 통하여 행사할 수 있다.

03 다음 중 형성권에 관한 설명으로 옳지 않은 것은? (다툼이 있으면 판례에 의함)

① 취소권은 형성권으로서 취소권자가 단독으로 행사할 수 있다.
② 계약의 해제권은 형성권이다.
③ 형성권의 행사로 법률관계를 변경시킬 수 있다.
④ 지상물매수청구권의 본질은 청구권이 아니라 형성권이다.
⑤ 민법상 규정된 형성권의 행사는 모두 당사자의 의사표시로 가능하다.

04 **금년 17세인 A는 유흥비를 마련하기 위하여 부모의 동의 없이 그 소유임야를 B에게 5천만원에 팔기로 하는 매매계약을 체결하고 계약금으로 1천만원을 수령한 후 이 중 5백만원은 유흥비로 탕진하고, 5백만원은 채무의 변제에 사용하여 현재 수중에는 한 푼도 없다. 다음 중 틀린 것을 모두 고른 것은?**(다툼이 있으면 판례에 의함)

> ㉠ B가 A측에 대하여 최고권을 가지며, A도 당연히 최고의 상대방이 될 수 있다.
> ㉡ 위 매매계약 당시 A가 성년자라고 칭하였더라도 A의 부모는 위 매매계약을 취소할 수 있다.
> ㉢ 한편 B는 위 매매계약 당시 A가 미성년자임을 알았더라도 추인이 있기 전에는 자기의 의사표시를 철회할 수 있다.
> ㉣ 미성년인 상태에서도 A는 단독으로 위 매매계약을 유효하게 취소할 수 있다.
> ㉤ 매매계약이 취소되면 A는 B에게 채무변제에 사용한 5백만원만 반환하면 된다.

① ㉠, ㉢ ② ㉡, ㉣ ③ ㉢, ㉤
④ ㉠, ㉣ ⑤ ㉣, ㉤

05 **부재자의 재산관리제도에 관한 설명으로 틀린 것은?** (다툼이 있으면 판례에 의함)

① 생사가 불분명한 자뿐만 아니라 생존 사실이 증명된 경우에도 부재자가 될 수 있다.
② 법원이 선임한 재산관리인이 부재자 재산에 대한 임대료를 청구하기 위해서는 법원의 허가가 필요하지 않다.
③ 재산관리인의 권한초과행위에 대한 법원의 허가는 사후적 추인의 형식으로도 가능하다.
④ 부재자의 사망이 확인되면 법원이 선임한 재산관리인의 권한은 선임결정의 취소 없이 소멸한다.
⑤ 법원이 선임한 재산관리인은 부재자와의 사이에 위임계약을 체결한 것은 아니지만 선량한 관리자의 주의의무를 부담한다.

06 **A교회는 총 1,200명의 교인이 있는데 甲장로를 주축으로 하는 200명의 교인과 乙목사를 주축으로 하는 1,000명의 교인 사이가 좋지 않아 甲은 200명의 교인을 데리고 집단으로 탈퇴하였다. 다음 설명 중 틀린 것은?** (다툼이 있으면 판례에 의함)

① A교회는 비법인 사단으로서 법률분쟁에 있어서 법인 아닌 사단에 관한 민법의 일반이론이 적용된다.
② 甲 및 그를 따르는 200명이 집단 탈퇴하더라도 교회가 분열되는 것은 아니다.
③ 甲을 비롯한 200명이 집단 탈퇴한 것이므로 여전히 그 교회재산에 대한 권리를 여전히 가지며 따라서 乙측은 甲측에게 건물의 명도나 퇴거를 주장할 수 없다.
④ 만약 乙목사와 그 교인 1,000명이 소속교단을 변경하기로 의결하는 경우 A교회에 대한 재산은 乙목사 및 그 교인들이 독립적으로 관리할 수 있다.
⑤ 만약 ④의 상황이 발생한 이후 甲장로가 세를 규합하여 교인 700명의 동의를 얻어 종래의 소속교단으로 복귀하기로 의결하더라도 이는 아무런 의미가 없다.

07 **실종선고에 관한 설명 중 가장 잘못된 것은?**

① 민법이 정하는 특별실종기간은 1년이다.
② 실종선고의 효과는 실종자를 사망한 것으로 간주하므로 실종자는 실종선고를 취소하지 않고는 공법상 선거권이나 피선거권을 가질 수 없다.
③ 실종선고의 취소청구권자는 본인, 이해관계인 또는 검사이다.
④ 실종선고의 취소가 있을 때에는 실종의 선고를 직접원인으로 하여 재산을 취득한 자가 선의인 경우에는 그 받은 이익이 현존하는 한도에서 반환할 의무가 있다.
⑤ 실종선고를 할 때에는 공시최고가 필요하나, 실종선고취소를 할 때에는 공시최고를 필요로 하지 않는다.

08 사단법인에 관한 다음 설명 중 틀린 것은?

① 이사가 수인인 경우 이사는 각자 법인을 대표하고 공동대표로 하는 것은 대표권의 제한에 해당한다.
② 일부 이사의 임기가 만료되었다 하더라도 아직 임기가 만료되지 않은 다른 이사들로서 정상적인 법인의 활동을 할 수 있는 경우에는 임기만료된 이사로 하여금 직무를 계속 수행하게 할 필요가 없다.
③ 사단법인과 어느 사원 간의 이해관계가 있는 사항을 결의하는 경우 특별한 사정이 없는 한 그 사원은 결의권이 없다.
④ 후임 이사가 유효히 선임되었는데도 그 선임의 효력을 둘러싼 다툼이 있다고 하여 그 다툼이 해결되기 전까지는 후임 이사에게는 직무수행권한이 없고 임기가 만료된 구 이사만이 직무수행권한을 가진다고 할 수 없다.
⑤ 사단법인의 총회는 소집통지에 의해 통지한 사항에 관하여서만 결의할 수 있으며 정관에 의해서도 이를 변경할 수 없다.

09 민법상 재단법인에 관한 설명으로 옳은 것은? (다툼이 있으면 판례에 의함)

① 유언으로 재단법인을 설립한 때에는 출연재산은 법인이 성립된 때로부터 법인에 귀속한 것으로 본다.
② 재단법인의 출연행위에 따른 물권의 변동은 법률규정에 의한 것이므로 등기 없이도 당연히 재단법인에 귀속하며 이를 제3자에게 주장할 수 있다.
③ 재단법인의 설립자가 재단법인의 목적을 정하지 아니하고 사망한 경우 이해관계인 또는 검사의 관여가 있더라도 유효한 재단법인으로 설립될 수 없다.
④ 재단법인의 목적을 달성할 수 없는 경우 이사는 설립자의 동의가 있으면 주무관청의 허가 없이 그 목적을 변경할 수 있다.
⑤ 재단법인은 영리사업을 목적으로 하여서만 설립할 수 있다.

10 과실(果實)에 관한 설명으로 옳은 것을 모두 고른 것은? (다툼이 있으면 판례에 의함)

> ㉠ 물건의 사용대가로 받은 물건도 법정과실이다.
> ㉡ 국립공원의 입장료는 토지의 사용대가로서 민법상 과실에 해당한다.
> ㉢ 천연과실은 그 원물로서 분리하는 때에 이를 수취할 권리자에게 속한다.
> ㉣ 법정과실은 수취할 권리의 존속기간일수의 비율로 취득한다.

① ㉠, ㉡　② ㉠, ㉣　③ ㉡, ㉢
④ ㉠, ㉢, ㉣　⑤ ㉡, ㉢, ㉣

11 민법 제103조 및 제746조와 관련한 대법원 판례의 태도라고 할 수 없는 것은?

① 금전 소비대차계약의 당사자 사이의 경제력 차이로 인하여 이율이 사회통념상 허용되는 한도를 초과하여 현저하게 고율로 정해진 경우 그 부분 이자 약정은 무효이며, 차주는 무효인 부분의 이자 약정을 원인으로 대주에게 임의로 지급한 이자의 반환을 청구할 수 있다.
② 국가기관이 헌법상 보장된 국민의 기본권을 침해하는 위헌적인 공권력을 행사한 결과 국민이 그 공권력의 행사에 외포되어 자유롭지 못한 의사표시를 한 경우 그 강박에 의한 의사표시는 항상 반사회성을 띠게 되어 당연 무효이다.
③ 윤락행위를 할 자를 고용·모집하거나 그 직업을 소개·알선한 자가 윤락행위를 할 자를 고용·모집함에 있어 성매매의 유인·강요의 수단으로 제공한 금품이나 그 밖의 재산상 이익 등은 불법원인급여에 해당하여 그 반환을 청구할 수 없다.
④ 당초부터 보험사고를 가장하여 보험금을 취득할 목적으로 생명보험계약을 체결한 경우 그 생명보험계약은 사회질서에 위배되는 법률행위로서 무효이다.

⑤ 매수인이 그 매수하고자 하는 부동산이 다른 사람에게 이미 매도된 것을 알면서도 매도인에게 매도를 요청하는 등 매도인의 이중매매행위에 적극 가담한 경우에는 위와 같은 부동산의 이중매매는 반사회적 법률행위로서 무효가 된다.

12 **다음 중 단독행위가 아닌 것은?** (다툼이 있으면 판례에 의함)

① 법정해제
② 의사표시의 취소
③ 수권행위의 철회
④ 매매의 일방예약
⑤ 임차권 양도의 동의

13 **甲과 乙은 X토지를 매매목적물로 하기로 약정하였으나 X토지의 지번에 관하여 착오를 일으켜서 계약서상 목적물로 Y토지의 지번을 표시하고 Y토지에 대해서 乙명의로 소유권이전등기가 경료되었다. 다음 설명 중 옳은 것은?** (다툼이 있으면 판례에 의함)

① 甲과 乙간에는 Y토지에 대하여 매매계약이 존재한다.
② 乙은 甲에 대하여 X토지에 대한 소유권이전등기를 청구할 수 있다.
③ 甲은 착오를 이유로 X토지에 대한 매매계약을 취소할 수 있다.
④ 甲은 乙에 대하여 Y토지에 대한 소유권이전등기의 말소를 청구할 수 없다.
⑤ 만일 丙이 선의로 乙로부터 Y토지에 대하여 소유권이전등기를 경료받았다면 丙은 Y토지의 소유권을 취득한다.

14 **착오로 인한 의사표시에 관한 설명으로 옳은 것은?** (다툼이 있으면 판례에 의함)

① 법률행위의 일부에 착오가 있는 경우 원칙적으로 그 일부만을 취소할 수 있다.
② 법률행위의 내용에 관한 표의자의 착오와 과실은 표의자의 상대방이 입증해야 한다.
③ 부동산 매매계약에서 시가에 관한 착오는 원칙적으로 법률행위의 중요부분에 관한 착오라 할 수 없다.
④ 표의자가 동기의 착오를 이유로 의사표시를 취소하려면 동기가 상대방에게 표시되어야 하고 표의자에게 과실이 없어야 한다.
⑤ 상대방이 표의자의 착오를 알고 이를 이용한 경우라도 착오가 표의자의 중대한 과실로 인한 것이라면, 표의자는 그 의사표시를 취소할 수 없다.

15 **통정허위표시의 무효는 선의의 제3자에 대항할 수 없다. 여기의 제3자에 해당하지 않는 자는?** (다툼이 있으면 판례에 의함)

① 허위표시의 당사자로부터 계약상의 지위를 상속받은 자
② 가장매매의 목적물에 대하여 가장매수인으로부터 저당권을 설정받은 자
③ 가장양수인으로부터 매매계약에 기한 소유권이전등기청구권 보전을 위한 가등기를 경료받은 자
④ 가장근저당 설정계약이 유효하다고 믿고 그 피담보채권에 대하여 가압류한 자
⑤ 가장저당권 설정행위에 기한 저당권 실행에 의하여 부동산을 경락(매각)받은 자

1회

16 **다음 중 도달주의원칙의 예외에 해당하는 것을 모두 고른 것은?**

> ㉠ 의사표시가 상대방에게 도달하기 전에 그 의사표시를 철회하는 의사표시
> ㉡ 제한능력을 이유로 하는 취소의 의사표시
> ㉢ 대화자 간의 계약에 있어서 승낙의 의사표시
> ㉣ 무권대리인과 거래한 상대방의 추인여부 최고에 대한 본인의 확답
> ㉤ 사단법인 사원총회의 소집통지

① ㉠, ㉡　② ㉠, ㉣　③ ㉡, ㉢
④ ㉢, ㉤　⑤ ㉣, ㉤

17 **권한을 넘은 표현대리에 대한 설명 중 틀린 것은?** (다툼이 있으면 판례에 의함)

① 대리권이 소멸한 후에도 권한을 넘은 표현대리가 성립할 수 있다.
② 법정대리권을 기본대리권으로 하는 표현대리가 성립할 수 있다.
③ 부부 일방의 행위가 일상가사에 속하지 않더라도 그 행위에 특별수권이 주어졌다고 믿을 만한 정당한 이유가 있는 경우에는 표현대리가 성립한다.
④ 무권대리인에게 권한이 있다고 믿을 만한 정당한 이유가 있는가의 여부는 원칙적으로 대리행위 당시를 기준으로 결정한다.
⑤ 본인을 위한 것임을 현명하지 않은 경우에도 원칙적으로 표현대리는 성립한다.

18 **민법상 대리에 관한 설명으로 옳지 않은 것은?** (다툼이 있으면 판례에 의함)

① 불법행위, 사실행위, 소송상 행위에는 대리가 허용되지 않는다.
② 미성년자의 친권자가 대리행위를 한 경우에도 권한을 넘는 표현대리가 성립할 수 있다.
③ 수인의 대리인이 있는 경우에는 각자대리가 원칙이다.
④ 본인은 무권대리인의 행위를 추인할 수 있으며, 원칙적으로 소급효를 가진다.
⑤ 부동산의 소유자로부터 매매계약을 체결할 대리권을 수여받은 대리인은 특별한 사정이 없는 한 그 매매계약의 체결로 대리권은 소멸하므로 중도금이나 잔금을 수령할 권한은 없다.

19 **상대적 무효인 법률행위를 모두 고른 것은?**

> ㉠ 사회질서에 반하는 법률행위
> ㉡ 착오에 의한 법률행위가 취소된 경우
> ㉢ 사기에 의한 법률행위가 취소된 경우
> ㉣ 불공정한 법률행위
> ㉤ 의사무능력자의 법률행위

① ㉠, ㉣　② ㉡, ㉢　③ ㉢, ㉤
④ ㉠, ㉡, ㉤　⑤ ㉡, ㉢, ㉣

20 **법률행위의 효력에 관한 설명으로 옳지 않은 것은?** (다툼이 있으면 판례에 의함)

① 매도인이 이미 제3자에게 부동산을 매각한 사실을 매수인이 알면서 매수하였더라도 그것만으로는 그 매매계약을 사회질서에 반하는 법률행위라고 단정할 수 없다.

② 의사능력이 없는 미성년자의 법률행위는 무효인 동시에 취소할 수 있다.

③ 하나의 법률행위가 가분적(可分的)인 경우 일부 취소도 가능하다.

④ 조세를 면탈하기 위하여 허위의 계약서를 작성하여 부동산을 매매한 행위는 사회질서에 반하여 무효이므로 추인할 수 없다.

⑤ 소송에서 사실대로 증언해 줄 것을 조건으로 어떤 급부를 하는 것을 약정한 경우라도 통상적인 수준을 넘는 급부를 약속한 때에는 사회질서에 반한다.

21 **법률행위의 무효와 취소에 관한 설명 중 가장 옳은 것은?**

① 법률행위의 일부분이 무효인 때에는 그 부분만을 무효로 하는 것이 원칙이다.

② 무효인 법률행위는 당사자가 그 무효임을 알고 추인한 때에는 새로운 법률행위로 본다.

③ 당사자 사이에 양친자관계를 창설하려는 명백한 의사가 있고 입양의 실질적 성립요건이 모두 구비되었다고 하더라도 입양신고 대신 친행자 출생신고만 있다면 입양의 효력을 인정할 수 없다.

④ 제한능력자는 자신이 행한 취소할 수 있는 행위를 단독으로 취소할 수 없다.

⑤ 취소권은 법률행위를 한 날로부터 3년내에 행사하여야 한다.

22 **소멸시효에 관한 설명 중 옳지 않은 것은?** (다툼이 있는 경우 판례에 의함)

① 이행기일이 도래한 후에 채권자가 채무자에 대하여 기한을 유예한 경우 유예한 이행기일로부터 채권의 소멸시효가 다시 진행된다.

② 지급명령에서 확정된 채권은 단기의 소멸시효에 해당하는 것이라도 그 소멸시효기간이 10년으로 연장된다.

③ 주채무에 관한 판결이 확정되어 10년으로 된 경우에도 보증채무의 시효기간은 여전히 종전의 소멸시효기간에 따른다.

④ 원래는 3년의 단기소멸시효에 걸리는 채권이라도 판결에 의하여 그 존재가 확정되면 그 소멸시효기간은 10년으로 연장된다.

⑤ 주채무자에 대하여 이행청구소송을 제기하더라도 보증인에 대하여는 시효중단의 효력이 없다.

23 **다음 중 채무자가 기한의 이익을 상실하는 경우가 아닌 것은?**

① 채무자가 파산선고를 받은 때

② 채무자가 담보물을 손상시킨 때

③ 채무자가 담보제공의무를 이행하지 않은 때

④ 채무자가 다른 채권자로부터 강제집행을 받은 때

⑤ 채무자가 연대보증인을 외국으로 도피시킨 때

24 **법률행위의 조건에 관한 설명으로 옳은 것은?** (다툼이 있으면 판례에 의함)

① 기성조건을 정지조건으로 한 법률행위는 무효이다.

② 사회질서에 반한 조건이 해제조건이면 조건 없는 법률행위가 된다.

③ 조건의 성취가 미정인 권리·의무는 일반규정에 의하여 처분할 수 없다.

④ 해제조건부 법률행위에서 조건이 성취되지 않으면 법률행위의 효력은 소멸하지 않는다.

⑤ 정지조건부 법률행위는 조건이 성취되면 소급하여 효력이 생기는 것이 원칙이다.

1회

25 **다음 중 물권의 소멸원인이 아닌 것은?**

① 목적물의 멸실 ② 공 탁
③ 공용징수 ④ 혼 동
⑤ 물권의 포기

26 **물권에 관한 설명으로 옳지 않은 것은?** (다툼이 있으면 판례에 의함)

① 권리도 물권의 객체가 될 수 있다.
② 甲의 부동산에 乙의 저당권이 설정된 경우 특별한 사정이 없는 한 乙이 그 부동산 소유권을 취득하면 그 저당권은 소멸한다.
③ 토지의 미등기매수인은 직접 토지의 불법점유자를 상대로 소유물반환청구를 할 수 없다.
④ 甲 소유 토지 전부에 乙이 지상권을 가지는 경우 甲은 乙의 동의 없이도 丙에게 그 지하 공간의 일부에 대해 지상권을 설정할 수 있다.
⑤ 물건의 소유자 甲이 乙에게 그 처분권한을 부여한 경우 乙이 이를 행사하지 않고 있는 동안에 甲은 그 물건을 유효하게 처분할 수 있다.

27 **선의 또는 악의점유를 구별할 실익이 없는 것은?**

① 부동산소유권의 등기부시효취득
② 점유침탈자의 특별승계인에 대한 점유자의 반환청구권
③ 점유자의 회복자에 대한 유익비상환청구권
④ 점유물의 멸실·훼손에 따른 점유자의 회복자에 대한 책임
⑤ 점유자의 과실수취권

28 **부동산에의 부합에 관한 설명으로 옳은 것은?** (다툼이 있으면 판례에 의함)

① 건물 임차인이 권원에 기하여 증축한 부분에 구조상·이용상 독립성이 없더라도 임대차종료시 임차인은 증축 부분의 소유권을 주장할 수 있다.
② 위의 ①에서와 같이 독립성이 없더라도, 임차인은 부속물매수청구권을 행사할 수 있다.
③ 저당권설정 이후에 부합한 물건에 대하여 저당권의 효력이 미칠 수 없음을 약정할 수 있다.
④ 자연적인 원인에 의한 부합이 인정되는 경우는 없다.
⑤ 시가 1억원 상당의 부동산에 시가 2억원 상당의 동산이 부합하면, 특약이 없는 한 동산의 소유자가 그 부동산의 소유권을 취득한다.

29 **중고노트북 판매상인 乙은 甲의 노트북을 훔쳐서, 자신의 가게에서 丙에게 50만원에 팔고 넘겨주었다. 이에 관한 설명으로 옳지 않은 것은?** (다툼이 있으면 판례에 의함)

① 丙이 훔친 노트북이라는 사실을 몰랐지만 과실이 있었던 경우 丙은 선의취득하지 못한다.
② 丙이 선의취득의 요건을 갖추었더라도, 甲은 도난된 날로부터 2년 내에 丙에 대하여 노트북의 반환을 청구할 수 있다.
③ 도품, 유실물에 관한 특례(민법 제251조)에 따라 丙은 甲에게 대가변상을 청구하지 못한다.
④ 선의취득이 인정된다면 丙은 인도를 받는 즉시 소유권을 취득한다.
⑤ 만약 중고노트북이 아니라 등록의 대상이 되는 자동차라면 丙은 소유권을 취득할 수 없다.

30 **민법상 유치권에 관한 설명으로 옳지 않은 것은?**

① 법정담보물권임에도 불구하고 유치권의 발생을 배제하는 특약을 하면 유치권은 성립하지 않으며, 피담보채권이 변제기에 있지 않으면, 유치권은 성립하지 않는다.
② 타인의 부동산뿐만 아니라 동산도 유치권의 객체가 될 수 있다.
③ 유치권자가 유치물에 관하여 필요비를 지출한 때에는 그 가액이 현존하지 않는 경우에도 상환을 청구할 수 있다.
④ 불법행위로 취득한 점유에 기해서는 유치권이 성립하지 않는다.
⑤ 저당권 등 담보물권이 설정된 후 목적물에 관한 점유를 취득한 채권자는 민사유치권을 저당권자 등에게 주장할 수 없다.

31 **전세권에 관한 설명 중 틀린 것은?** (다툼이 있으면 판례에 의함)

① 법정지상권이 성립한 후에도 대지소유자는 타인에게 그 대지 전부를 목적으로 한 전세권을 설정할 수 있다.
② 전세금의 지급은 현실적으로 수수되어야 하는 것은 아니고, 기존의 채권으로 전세금의 지급에 갈음할 수 있다.
③ 전세권이 법정갱신된 경우 전세권자는 갱신의 등기 없이도 전세목적물을 취득한 제3자에 대하여 전세권을 주장할 수 있다.
④ 건물의 일부에 대하여 전세권이 설정되어 있는 경우 그 전세권자는 건물 전부에 대하여 후순위권리자 기타 채권자보다 전세금의 우선변제를 받을 권리가 있다.
⑤ 장래 전세권이 소멸하는 경우에 전세금반환채권이 발생하는 것을 조건으로 전세권과 분리하여 그 조건부 채권을 전세권 존속 중에도 양도할 수 있다.

32 **근저당권에 관한 설명으로 틀린 것은?**

① 근저당권의 피담보채권이 확정되기 전이라도 그 채권의 일부가 양도되면 그 부분의 근저당권은 양수인에게 승계된다.
② 채권최고액이란 우선변제를 받는 한도액을 의미하고, 책임한도액을 의미하는 것은 아니다.
③ 피담보채권이 확정되기 전에는 채무원인의 변경에 관하여 후순위권리자의 승낙을 요하지 않는다.
④ 피담보채권이 확정되면 그 후에 발생하는 채권은 채권최고액에 미치지 못하더라도 그 이상 근저당권에 의하여 담보되지 않는다.
⑤ 피담보채권이 확정되기 전이라도 당사자의 약정으로 근저당권을 소멸시킬 수 있다.

33 **다음 중 금전채권과 외화채권에 관한 설명으로 틀린 것은?**

① 채권의 목적이 어느 종류의 통화로 지급할 것인 경우에 그 통화가 변제기에 강제통용력을 잃은 때에는 채무자는 다른 통화로 변제하여야만 한다.
② 채권의 목적이 다른 나라 통화로 지급할 것인 경우에는 채권자는 자기가 선택한 그 나라의 각 종류의 통화로 변제할 것을 요구할 수 있다.
③ 채권액이 다른 나라 통화로 지정된 때에는 채무자는 지급할 때에 있어서 이행지의 환금시가에 의하여 우리나라 통화로 변제할 수 있다.
④ ③의 경우 "지급할 때에 있어서"란 실제로 이행의 제공에 있는 때 즉 "지급시"를 말한다.
⑤ 민법상의 법정이율은 1년에 5푼으로 한다.

34 **채권자취소권에 관한 다음의 설명 중 가장 옳은 것은?**

① 채권자의 채권 발생원인을 묻지 않으나 사해행위 당시에 취소채권자의 채권이 이행기에 있어야 한다.
② 사해행위취소의 소는 채권자가 취소원인을 안 날로부터3년 그 법률행위가 있은 날부터 10년 이내에 제기하여야 한다.
③ 사해행위취소의 소에 있어서 원고는 채권자 피고는 채무자와 악의의 수익자 또는 전득자이다.
④ 사해행위가 취소된 경우 수익자 또는 전득자는 취소채권자에 대하여 원상회복의무를 부담하나 구체적으로 원물반환은 채무자에게 하는 것이 원칙이고 가액배상은 취소채권자에게 하여야 한다.
⑤ 매도행위가 사해행위에 해당하는 경우 제3자가 목적물에 관하여 저당권등의 권리를 취득한 때에는 수익자를 상대로 가액배상만을 구할 수 있을 뿐 원물반환을 구할 수는 없다.

35 **甲이 동료교사 乙에게 이자 없이 5백만원을 빌려 주었고, 동료교사 丙은 乙의 채무를 보증하였다. 이 경우 소멸시효에 관한 설명으로 옳지 않은 것은?** (다툼이 있으면 판례에 의함)

① 甲의 乙에 대한 채권은 10년의 소멸시효에 걸린다.
② 乙이 甲에게 3월 후에 갚기로 약정하였다면, 甲의 乙에 대한 채권의 소멸시효는 3월이 경과한 때부터 진행한다.
③ 乙이 甲에게 甲의 부(父) 丁이 사망하면 갚기로 약정하였다면, 甲의 乙에 대한 채권의 소멸시효는 乙이 丁의 사망을 안 때부터 진행한다.
④ 甲은 乙과의 합의로 미리 그 채권의 소멸시효를 연장 또는 가중할 수 없다.
⑤ 丙이 보증채무를 이행한 경우 丙의 乙에 대한 구상권은 보증채무를 이행한 때부터 소멸시효가 진행한다.

36 **甲의 건물에 대한 甲과 乙 사이의 매매계약 해제에 관한 설명으로 옳은 것은?** (다툼이 있으면 판례에 의함)

① 계약 성립 후 건물에 가압류가 되었다는 사유만으로도 乙은 甲의 계약위반을 이유로 계약을 해제할 수 있다.
② 甲의 소유권이전등기의무의 이행불능을 이유로 계약을 해제하기 위해서는 乙은 그와 동시이행관계에 있는 잔대금을 제공하여야 한다.
③ 甲의 귀책사유로 인한 이행지체를 이유로 계약을 해제한 乙이 계약이 존속함을 전제로 甲에게 계약상 의무이행을 구하는 경우 甲은 그 이행을 거절할 수 있다.
④ 乙의 중도금 지급 채무불이행을 이유로 매매계약이 적법하게 해제된 경우 乙은 착오를 이유로 계약을 취소할 수 없다.
⑤ 甲이 소의 제기로써 계약해제권을 행사한 후 그 소를 취하하면 해제의 효력도 소멸한다.

37 **다음은 도급계약에 관한 설명이다. 틀린 것은?**

① 토지, 건물 기타 공작물의 수급인은 목적물 또는 지반공사의 하자에 대하여 인도 후 10년간 담보의 책임이 있다.
② 목적물이 석조, 석회조, 연와조, 금속 기타 이와 유사한 재료로 조성된 것인 때에는 담보책임 기간을 10년으로 한다.
③ 하자로 인하여 목적물이 멸실 또는 훼손된 때에는 도급인은 그 멸실 또는 훼손된 날로부터 1년 내에 권리를 행사하여야 한다.
④ 담보책임의 면책을 약정하였더라도 알고 고지하지 아니한 사실에 대하여는 그 책임을 면하지 못한다.
⑤ 수급인이 일을 완성하기 전에는 도급인은 손해를 배상하고 계약을 해제할 수 있다.

38 다음은 위임계약의 종료에 관한 것이다. 틀린 것은?

> ㉠ 위임계약은 당사자의 신뢰를 기초로 하므로 상대방에게 중대한 귀책사유가 없으면 해지할 수 없다.
> ㉡ 부득이한 사유가 없으면, 상대방의 불리한 시기에 계약을 해지할 수 없다.
> ㉢ 위임은 당사자 한쪽의 사망이나 파산으로 종료된다. 수임인이 성년후견개시의 심판을 받은 경우에도 이와 같다.
> ㉣ 위임종료의 경우에 급박한 사정이 있는 때에는 수임인, 그 상속인이나 법정대리인은 위임인, 그 상속인이나 법정대리인이 위임사무를 처리할 수 있을 때까지 그 사무의 처리를 계속하여야 한다
> ㉤ 위임종료의 사유는 이를 상대방에게 통지하거나 상대방이 이를 안 때가 아니면 이로써 상대방에게 대항하지 못한다.

① ㉠, ㉡　② ㉡, ㉢　③ ㉢, ㉣
④ ㉢, ㉤　⑤ ㉢, ㉣

39 매수인의 선의·무과실을 요건으로 하는 매도인의 담보책임은?

① 저당권(抵當權)의 실행으로 소유권을 잃은 경우
② 제한물권(制限物權)이 있는 경우
③ 일부가 타인의 권리에 속하는 경우
④ 물건에 하자가 있는 경우
⑤ 수량이 부족한 경우

40 다음은 불법행위로 인한 손해배상과 채무불이행으로 인한 손해배상을 비교한 것이다. 틀린 것은?

① 채권자가 그 채권의 목적인 물건 또는 권리의 가액 전부를 손해배상으로 받은 때에는 채무자는 그 물건 또는 권리에 관하여 당연히 채권자를 대위할 수 있다는 점은 양자 모두 동일하다.
② 양자 모두 다른 의사표시가 없으면 손해는 금전으로 배상한다.
③ 채무자의 법정대리인이 채무자를 위하여 이행하거나 채무자가 타인을 사용하여 이행하는 경우에는 법정대리인 또는 피용자의 고의나 과실은 채무자의 고의나 과실로 보며, 이는 불법행위에서도 동일하다.
④ 채무불이행으로 인한 손해배상은 통상의 손해를 한도로 하며, 이는 불법행위의 경우에도 동일하다.
⑤ 채무불이행에 관하여 채권자에게 과실이 있는 때에는 법원은 손해배상의 책임 및 그 금액을 정함에 있어 이를 참작하여야만 하며 이는 불법행위의 경우에도 동일하다.

– 본 회차 시험 종료 –

1회

제2회 적중 실전모의고사

01 회계원리

01 **다음 중 기업회계기준상 수익의 인식에 대한 설명으로 틀린 것은?**

① 수강료 : 강의기간 동안 발생기준 적용
② 잡지구독 : 잡지를 고객에게 발송한 날
③ 광고제작사의 광고수익 : 진행기준으로 인식
④ 상품권 : 상품 등을 고객에게 제공한 날
⑤ 부동산판매 : 소유권이전일, 잔금청산일, 실제사용가능일 중 빠른 날

02 **다음 자료를 이용하여 계산한 당기 수익총액은?**

기초자산	₩500,000	기말자산	₩700,000
기초부채	₩350,000	기말부채	₩440,000

• 유상증자 ₩100,000
• 현금배당 ₩200,000
• 비용총액 ₩120,000

① ₩260,000 ② ₩300,000 ③ ₩330,000
④ ₩350,000 ⑤ ₩390,000

03 **다음 중 금융상품에 대한 설명으로 옳지 않은 것은?**

① FV-PL금융자산의 경우 공정가치 변동을 손익계산서 계정으로 인식한다.
② FV-OCI금융자산은 공정가치로 측정한다.
③ 현금흐름수취목적 사업모형 하에서 원리금지급 현금흐름특성의 채무상품은 AC금융자산으로 분류한다.
④ AC금융자산의 경우에도 매년 공정가치로 측정하여 평가손익을 인식한다.
⑤ 금융자산을 관리하는 사업모형을 변경하는 경우(지분상품은 제외된다)에만 영향 받는 모든 금융자산을 재분류한다.

04 **20×1년 12월 31일 ㈜대한의 경리직원이 잠적하였다. 20×1년 12월 31일 현재 ㈜대한의 총계정원장상 당좌예금 잔액은 ₩920,000이고, 거래은행에서 수령한 예금잔액증명서상 당좌예금 잔액은 ₩1,300,000이다. 발견된 차이의 원인은 다음과 같을 때, 경리직원이 횡령한 것으로 추정되는 금액은?**

• (주)대한이 입금한 ₩50,000이 예금잔액증명서에 반영되지 않았다.
• (주)대한이 발행한 수표 ₩200,000이 인출되지 않았다.
• 거래처가 은행에 직접 입금한 매출채권 ₩30,000이 회사에 통지되지 않았다.

① ₩100,000 ② ₩150,000 ③ ₩180,000
④ ₩200,000 ⑤ ₩250,000

05 **선적지 인도조건으로 매입하여 수송중인 미착품(상품)을 누락시켰을 경우 예상되는 당기의 재무상태표 및 포괄손익계산서에 미치는 영향이 아닌 것은?**

① 재무상태표상 재고자산의 과소계상
② 재무상태표상 매입채무의 과소계상
③ 포괄손익계산서상 당기매입액의 과소계상
④ 포괄손익계산서상 당기순이익의 과대계상
⑤ 포괄손익계산서상 매출원가의 불변

06 **다음 중 회계상의 거래에 해당하지 않는 것은?**

① 은행에서 현금 ₩2,000,000을 차입하였다.
② 거래처와 2년간 원재료를 구입하기로 계약을 체결하였다.
③ 화재로 인하여 제품이 소실되었다.
④ 진열된 상품을 도난당하였다.
⑤ 거래처의 파산으로 인하여 매출채권 회수가 불가능하게 되었다.

07 다음은 20X1년도에 사업을 개시한 ㈜경록의 재고자산평가와 관련된 자료이다. 자료에 의하여 20X1년도 재고자산평가손실을 계산하면 얼마인가?

구 분	취득원가	현행대체원가	순실현가능가액
원재료	₩320,000	₩330,000	₩310,000
재공품	₩150,000	₩140,000	₩170,000
반제품	₩7,200,000	₩7,100,000	₩7,000,000
제 품	₩5,700,000	₩5,800,000	₩5,600,000

① ₩0　② ₩10,000
③ ₩100,000　④ ₩200,000
⑤ ₩300,000

08 **㈜경록은 제조용 기계장치를 20X1년 1월 1일에 취득하고 대금은 20X1년부터 매년 말에 ₩1,000,000씩 3년간 분할하여 지급하기로 하였다. 유효이자율은 10%이며, 이에 대한 3년 연금현가계수는 2.8231인 경우 기계장치의 취득원가는 얼마인가?** (단, 기계장치 취득에 대한 취득세 등 ₩210,000은 취득일에 전액 현금으로 지급하였다)

① ₩3,000,000　② ₩2,823,100
③ ₩3,210,000　④ ₩3,033,100
⑤ ₩3,176,900

09 **다음 자료를 토대로 계산한 ㈜대한의 20X1년 당기순이익은?** (매출은 전액 신용매출이다)

- 매출채권회전율 : 10
- 매출액순이익률 : 2%
- 매출채권평균 : ₩100,000

① ₩2,000　② ₩5,000
③ ₩10,000　④ ₩15,000
⑤ ₩20,000

10 **㈜경록은 20X1년 초에 총 도급금액 ₩5,000,000의 장기 도급계약을 체결하여 공사를 시작하였다. 공사는 20X3년 말까지 진행될 것으로 예상되며 20X1년, 20X2년, 20X3년의 누적계약원가는 각각 ₩1,800,000, ₩3,700,000, ₩4,650,000이며, 총예정계약원가는 각각 ₩4,500,000, ₩4,625,000, ₩4,650,000이라면 ㈜경록의 20X2년도 계약이익은 얼마인가?**

① ₩50,000　② ₩100,000
③ ₩150,000　④ ₩200,000
⑤ ₩250,000

11 **㈜경록의 기초자본은 자본금 ₩10,000,000**(액면가액 주당 ₩5,000)**과 감자차손 ₩30,000이었다. ㈜경록이 당기 중에 자기주식 100주를 주당 ₩4,000에 현금으로 취득한 후 이 중 40주를 소각하여 감자한 경우 ㈜경록의 기말 감자차익 또는 감자차손 잔액은 얼마인가?**

① 감자차익 ₩40,000 ② 감자차손 ₩40,000
③ 감자차익 ₩10,000 ④ 감자차손 ₩10,000
⑤ 감자차익 ₩30,000

12 **㈜대한은 20×1년 초 다음과 같은 조건의 사채를 발행하였다. 다음 중 옳지 않은 것은?**

- 액면금액 : ₩100,000
- 표시이자율 : 8%(매년 말 이자지급)
- 유효이자율 : 10%
- 만기 : 3년(만기 일시상환)
- 10% 3년 현가계수 : 0.7513, 10% 3년 연금현가계수 : 2.4868

① 20×1년 이자비용은 ₩9,502이다.
② 20×2년 이자비용은 ₩9,653이다.
③ 20×3년 이자비용은 ₩10,000이다.
④ 20×1년 사채할인발행차금 상각액은 ₩1,502이다.
⑤ 20×2년 사채할인발행차금 상각액은 ₩1,653이다.

13 **다음 중 유형자산의 취득원가에 대한 설명으로 틀린 것은?**

① 건물을 신축하기 위하여 기존건물을 철거하는 경우 기존건물의 철거비용은 신축건물의 취득원가로 처리한다.
② 유형자산을 일괄 구입하는 경우 취득원가는 항목별 공정가치에 비례하여 배분한다.
③ 유형자산을 장기후불조건으로 구입하는 경우 취득원가는 취득시점의 현금가격상당액으로 한다.
④ 유형자산 취득 시 불가피하게 매입하는 국공채의 매입가액과 공정가치와의 차액은 취득원가로 처리한다.
⑤ 토지를 취득하여 건물을 신축하는 경우 측량비와 정지비는 토지의 취득원가로 처리하고 건물 기초공사를 위한 굴착비는 신축건물의 취득원가로 처리한다.

14 **유형자산의 측정, 평가 및 손상에 관한 설명으로 옳지 않은 것은?**

① 유형자산의 감가상각은 자산을 사용한 때가 아닌 자산이 사용가능한 때부터 개시한다.
② 현물출자받은 유형자산의 취득원가는 장부가액을 기준으로 결정한다.
③ 유형자산은 매 보고기간말마다 자산손상 징후가 있는지 검토하고, 징후가 있다면 당해 자산의 회수가능액을 추정한다.
④ 최초 재평가로 인하여, 평가이익이 발생하면 기타포괄손익에 반영하고 평가손실이 발생하는 경우에는 당기손익에 반영한다.
⑤ 손상차손을 인식할 때 회수가능액은 순공정가치와 사용가치 중 큰 금액으로 결정한다.

15 **㈜경록문고는 고객에게 도서를 판매하고 판매대금**(할인액 제외)**의 1%를 마일리지로 적립하여 주고 이후에 고객의 도서구매시 마일리지 금액을 판매대금에서 할인하여 주기로 하고 이에 대한 마일리지충당부채를 설정하기로 하였다. 제1기인 20X1년 매출액이 ₩180,000,000이고 제2기인 20X2년 매출액이 ₩240,000,000이라면 제2기 말 마일리지충당부채 잔액은 얼마인가?** (단, 고객은 마일리지를 적립한 다음 연도에 모두 사용한다고 가정한다)

① ₩4,182,000 ② ₩2,400,000
③ ₩2,382,000 ④ ₩1,800,000
⑤ ₩0

16 ㈜경록은 재고자산에 대한 실지재고조사를 통하여 감모손실 ₩520,000과 평가손실 ₩300,000을 적용한 후 기말재고자산을 ₩4,500,000로 평가하였다. 재고자산의 단위당 장부금액이 ₩1,000이었다면 기말재고자산의 장부상 수량은 몇 단위인가?

① 4,600단위　② 4,930단위
③ 5,040단위　④ 5,210단위
⑤ 5,320단위

17 다음 자료에 의하여 포괄손익계산서에 계상될 영업이익을 계산하면 얼마인가?

• 매출총이익	₩10,000,000
• 급　　여	₩100,000
• 감가상각비	₩100,000
• 기 부 금	₩80,000
• 연 구 비	₩50,000
• 이 자 비 용	₩40,000
• 접 대 비	₩50,000
• 복리후생비	₩100,000
• 배당금수익	₩50,000

① ₩9,490,000　② ₩9,520,000
③ ₩9,570,000　④ ₩9,600,000
⑤ ₩9,720,000

18 다음 중 현금흐름표상 영업활동에 포함되지 <u>않는</u> 거래는?

① 제품의 판매　② 상품의 구매
③ 기계장치의 처분　④ 법인세의 지급
⑤ 원재료의 구매

19 12월 31일에 보유 중이던 주식에 대하여 배당금을 수령하였다. 주식에 대한 자료가 다음과 같은 경우에 배당금 수령이 당기손익에 미치는 영향으로 옳은 것은?

구분	주식수/총발행주식수	분 류	주당 시가	주당 취득원가	주당 배당금
A	10주/100주	FV-PL 금융자산	₩70	₩73	₩10
B	15주/50주	관계기업 투자주식	₩80	₩78	₩8
C	5주/200주	FV-OCI 금융자산	₩65	₩62	₩6

① ₩100 증가　② ₩220 증가
③ ₩130 증가　④ ₩250 증가
⑤ 영향 없음

2회

20 다음 중 기업회계기준상 재무제표에 대한 설명으로 <u>틀린</u> 것은?

① 재무제표는 재무상태표, 포괄손익계산서, 자본변동표, 현금흐름표로 구성되며, 주석을 포함한다.
② 한국채택국제회계기준에서 요구하거나 허용하지 않는 한 자산과 부채 그리고 수익과 비용은 서로 상계하지 아니한다.
③ 재무상태표상 자산을 유동성/비유동성 구분법에 따라 표시하는 경우 자산은 유동자산, 비유동자산의 순서로 구분하여 표시하여야 한다.
④ 포괄손익계산서는 하나의 포괄손익계산서로 작성하거나 기존의 손익계산서와 포괄손익계산서의 2개의 보고서로 작성하는 방법 중 선택할 수 있다.
⑤ 자본변동표는 기초와 기말자본을 표시하여 재무상태표와 연결되고 자본의 변동내역을 포괄손익계산서, 현금흐름표와 연결하여 재무제표 간의 관계를 파악하는 데 도움을 준다.

21 **회계기간이 매년 1월 1일부터 12월 31일까지인 ㈜경록은 20X1년 12월 3일에 ₩13,000,000에 취득한 기계장치를 내용연수 10년, 잔존가치 ₩1,000,000, 정액법으로 월할상각하다가 20X2년 3월 22일에 ₩9,200,000에 처분하였다. 처분손익은 얼마인가?**

① ₩200,000 손실
② ₩100,000 손실
③ ₩3,400,000 손실
④ ₩3,400,000 이익
⑤ ₩400,000 이익

22 **다음에서 설명하고 있는 재무제표 요소의 측정기준은 무엇인가?**

> 기업이 자산의 사용과 궁극적인 처분으로 얻을 것으로 기대하는 현금흐름 또는 그 밖의 경제적 효익의 현재가치

① 역사적원가
② 공정가치
③ 사용가치
④ 이행가치
⑤ 현행원가

23 **회계변경 및 오류수정에 관한 설명으로 옳지 않은 것은?**

① 과거의 합리적 추정 이후에 새로운 정보추가로 수정되는 것은 오류수정이다.
② 측정기준의 변경은 회계추정의 변경이 아닌 회계정책의 변경이다.
③ 투자부동산에 대한 측정기준을 원가모형에서 공정가치모형으로 변경하는 것은 회계정책변경에 해당한다.
④ 유형자산에 대한 측정기준을 원가모형에서 재평가모형으로 변경하는 것은 회계정책변경에 해당한다.
⑤ 재고자산평가방법에 대한 원가흐름가정을 선입선출법에서 이동평균법으로 변경하는 것은 회계정책의 변경에 해당한다.

24 **다음 중 부채에 관한 설명으로 옳지 않은 것은?**

① 우발부채는 재무상태표에 보고하지 않는다.
② 선수수익은 금융부채에 해당하지 않는다.
③ 금융부채는 거래상대방에게 현금 등 금융자산을 인도하기로 한 계약상 의무를 의미한다.
④ 사채의 유효이자율은 사채소유자에게 현금으로 지급해야 할 이자계산에 사용된다.
⑤ 사채발행시 사채의 유효이자율이 액면이자율보다 높은 경우 사채는 할인발행된다.

25 **다음 중 개발활동으로 분류해야 할 금액은 얼마인가?**

> • 새로운 지식을 얻고자 하는 활동 : ₩2,000,000
> • 생산이나 사용 전의 시제품과 모형을 제작하는 활동 : ₩3,000,000
> • 연구결과나 기타 지식을 응용하는 활동 : ₩4,000,000
> • 상업생산목적으로 실현가능한 경제적 규모가 아닌 시험공장 건설 활동 : ₩5,000,000

① ₩6,000,000
② ₩8,000,000
③ ₩14,000,000
④ ₩12,000,000
⑤ ₩5,000,000

26 **20X1년 초에 정부보조금 ₩500,000을 받아 기계장치를 ₩1,500,000**(내용연수 5년, 잔존가치 없음)**에 취득하여 정액법으로 상각하다가 20X3년 초에 ₩700,000에 매각하였다면 유형자산처분손익은 얼마인가?**

① 손실 ₩200,000
② 손실 ₩100,000
③ ₩0
④ 이익 ₩100,000
⑤ 이익 ₩200,000

27 다음 자료에 의하여 당기 매출원가를 계산하면 얼마인가?

• 기초상품재고액	₩130,000
• 기말상품재고액	₩90,000
• 당기매입환출액	₩40,000
• 당기매출에누리	₩70,000
• 당기현금매입상품	₩450,000
• 당기외상매입상품	₩670,000

① ₩970,000 ② ₩1,040,000
③ ₩1,070,000 ④ ₩1,120,000
⑤ ₩1,170,000

28 20X1년 1월 1일에 정부로부터 국고보조금 ₩10,000,000을 지원받아 기계장치(취득가 ₩20,000,000, 내용연수 5년, 잔존가치 없음)를 취득하였다. 기계장치를 정액법으로 상각할 경우 20X1년 12월 31일 인식할 감가상각비는 얼마인가? (단, 국고보조금은 관련자산차감법을 사용하고 있다)

① ₩2,000,000 ② ₩3,000,000
③ ₩4,000,000 ④ ₩5,000,000
⑤ ₩6,000,000

29 다음 자료를 통해 재무상태표에 표시되는 자본총계는 얼마인가?

• 자본금 : ₩10,000,000
• 주식발행초과금 : ₩5,000,000
• FV–OCI금융자산 평가이익 : ₩1,000,000
• 자기주식 : ₩1,000,000
• 미처분이익잉여금 : ₩4,000,000
• FV–PL금융자산 평가이익 : ₩500,000

① ₩16,000,000 ② ₩17,500,000
③ ₩18,000,000 ④ ₩19,000,000
⑤ ₩20,000,000

30 ㈜경록은 1월 1일에 액면금액 ₩3,000,000, 표시이자율 7%, 이자지급일 12월 31일, 만기 5년의 사채를 발행하고자 한다. 발행 당시 유효이자율이 9%인 경우 사채의 발행금액은 얼마인가? (단, 기간 5년인 경우 ₩1에 대한 현가계수는 7%에 대하여 0.7129, 9%에 대하여 0.6499이고 ₩1에 대한 연금 현가계수는 7%에 대하여 4.1001, 9%에 대하여 3.8896이다)

① ₩2,766,516 ② ₩2,810,721
③ ₩2,955,516 ④ ₩2,999,721
⑤ ₩3,000,000

31 비용은 수익을 획득하기 위하여 희생된 유출액이므로 수익과 대응하여 인식하여야 한다는 원칙을 '수익비용대응의 원칙'이라고 한다. 어떤 비용은 개별수익과 직접 대응시키기도 하고 어떤 비용은 당기 비용으로 즉시 인식하기도 하지만 어떤 비용은 체계적이고 합리적으로 대응시키는데, 다음 중 수익과 체계적이고 합리적으로 대응시켜야 하는 비용은 무엇인가?

① 매출원가 ② 판매원 판매수당
③ 보험료 ④ 복리후생비
⑤ 소모품비

32 당기에 상품을 매입하면서 매입처에 지급한 현금이 ₩480,000이라면 다음 자료를 이용하여 손익계산서에 계상될 발생주의 매출원가를 산출하면 얼마인가?

	기초	기말
재고자산	₩100,000	₩190,000
선 급 금	₩20,000	₩50,000
매입채무	₩90,000	₩130,000

① ₩370,000 ② ₩400,000
③ ₩430,000 ④ ₩480,000
⑤ ₩510,000

2회

33 **다음 그림에 대한 설명 중 틀린 것은?**

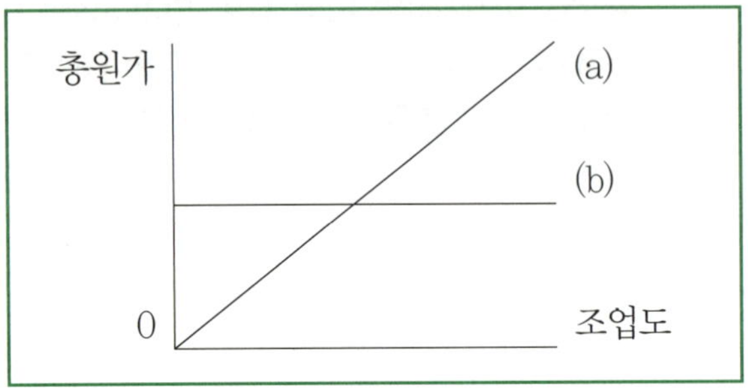

① (a)는 조업도에 따라 비례적으로 변하는 변동원가 그래프이다.
② (b)는 조업도의 변화와 상관없이 총원가가 일정한 고정원가 그래프이다.
③ (b)에 해당하는 원가로는 대표적으로 공장에 대한 임차료와 같은 원가가 있다.
④ 위 그래프는 조업도와 원가 사이에 선형관계를 전제하고 있다.
⑤ 세로축 기준인 총원가가 단위당 원가로 바뀐다면 (b)는 단위당 고정원가 그래프가 된다.

34 **다음은 20X1년에 영업을 시작한 ㈜경록의 원가자료이다. ㈜경록은 20X1년 1월부터 12월까지 제품 5,000개를 생산하여 그 중 4,000개를 판매하였다. 제품의 단위당 판매가격은 ₩800이며, 20X1년 말 기말재공품은 없다. 전부원가계산과 변동원가계산에 의한 영업이익은 각각 얼마인가?**

	고정원가	단위당 변동원가
직접재료원가	–	₩200
직접노무원가	–	₩120
제조간접원가	₩600,000	₩80
판매비와관리비	₩300,000	₩100
합 계	₩900,000	₩500

	전부원가계산	변동원가계산
①	₩230,000	₩100,000
②	₩320,000	₩200,000
③	₩420,000	₩300,000
④	₩480,000	₩300,000
⑤	₩510,000	₩300,000

35 **다음 중 활동기준원가(ABC)계산에 대한 설명으로 틀린 것은?**

① 생산량과 관계없는 제조간접원가배분의 문제점을 해결하기 위한 계산방식이다.
② 제조간접원가의 배부기준 수가 전통적인 원가계산에 비해 많다.
③ 표준원가계산제도와 같은 사전원가계산제도이다.
④ 활동의 정의 및 구분기준이 명확하지 않다는 단점도 가지고 있다.
⑤ 활동이 자원을 소비하고 제품이 활동을 소비한다는 가정에 그 근거가 있다.

36 **㈜대한은 어묵을 판매하는 회사로, 완제품을 ₩1,000에 판매하고 있다. 제조할 수 있는 어묵의 최대량은 연간 100개이다. 완제품 1개를 완성하는데 직접재료원가 ₩200, 직접노무원가 ₩100, 변동제조간접원가는 ₩100이 소요되며, 고정제조간접원가는 ₩10,000이 발생한다. 판매과정에서 단위당 변동판매관리비는 ₩50이며, 고정판매관리비는 판매량 50개까지는 ₩5,000, 판매량 51개부터 100개까지는 ₩20,000이 발생할 때, 이익을 최대화할 수 있는 판매량과 최대화된 영업이익은?**

	판매량	영업이익		판매량	영업이익
①	50개	₩12,500	②	50개	₩25,000
③	50개	₩30,000	④	100개	₩12,500
⑤	100개	₩25,000			

37 다음은 종합원가계산제도를 적용하고 있는 ㈜경록의 8월 원가자료 중 일부이다. 평균법과 선입선출법에 의한 기말재공품 원가는 똑같은 것으로 계산되었다면 기초재공품의 완성도는 얼마인가?

- 기초재공품 : 100개, ₩200,000
- 당기총제조비용 : ₩800,000
- 완성품수량 : 300개
- 기말재공품 : 200개(완성도 50%)

① 10% ② 30% ③ 60%
④ 80% ⑤ 95%

38 ㈜대한은 표준원가계산제도를 채택하고 있다. 20×1년도 7월에 제품 1,600단위를 생산했으며, 직접노무원가는 ₩3,040,000이 발생하였다. 시간당 실제임률은 ₩800이며, 시간당 표준임률은 ₩750이고, 제품 단위당 표준직접노무시간은 2.5시간이다. 7월의 직접노무원가 능률차이(유리)는 얼마인가? (단, 재공품은 없다.)

① ₩150,000 ② ₩160,000
③ ₩170,000 ④ ₩180,000
⑤ ₩190,000

39 다음 자료를 이용하여 세후목표이익 ₩3,000,000을 달성하기 위한 판매량을 계산하면 얼마인가?

- 대당 판매가격 : ₩800,000
- 대당 변동원가 : ₩300,000
- 고정원가 : ₩20,000,000
- 법인세율 : 25%

① 48 ② 40 ③ 38
④ 30 ⑤ 27

40 당사는 2개의 제조부문 A, B와 2개의 보조부문 X, Y를 두고 있다. 각 부문에서 당기 중에 발생한 원가와 보조부문에서 제공된 용역비율은 다음과 같다. X부문의 변동원가는 ₩23,000, Y부문의 변동원가는 ₩26,000이라면 상호배부법에 의하여 보조부문의 변동원가를 배분할 경우 제조부문 B에 배분될 보조부문의 변동원가는 얼마인가?

사용부문 / 제공부문	제조부문		보조부문	
	A	B	X	Y
X	0.2	0.4	0	0.4
Y	0.4	0.3	0.3	0

① ₩23,000 ② ₩26,000
③ ₩35,000 ④ ₩40,000
⑤ ₩42,000

- 다음면에 계속 -

2회

02 공동주택시설개론

41 **건축구조의 구성양식에 의한 분류 내용에 대한 설명으로 옳지 않은 것은?**

① 가구식 구조는 짜맞춘 구조로 부재의 배치와 절점의 접합방법에 따라 강도가 결정된다.
② 일체식 구조는 전 구조체를 일체로 만든 강력한 구조로 철근콘크리트구조, 철골·철근콘크리트 구조가 있다.
③ 조적식 구조는 벽돌, 블록 등의 재료를 모르타르와 같은 접착재료로 쌓아 올린 구조이다.
④ 라멘구조는 벽체와 슬래브에 의해 하중이 전달되는 일체식 구조이다.
⑤ 입체식구조는 모든 부재가 동일면내에 있지 않도록 구성하여 입체적으로 외력이나 하중을 지지하여 평형이 되도록 한 구조이다.

42 **다음 중 지반의 지내력에 관한 기술로 옳지 않은 것은?**

① 지내력이란 지반이 하중을 지지하는 능력인 지지력에 지지력과 침하에 대한 능력인 내력을 합한 것으로 지반이 건축물의 하중에 대하여 견디는 힘이다.
② 허용지내력이란 단위면적의 지반이 부담할 수 있는 최대하중에 안전율을 합한 것이다.
③ 단기응력에 대한 허용지내력은 장기응력에 대한 허용지내력 각각의 값의 1.5배로 한다.
④ 장기응력에 대한 점토층의 허용지내력은 롬토의 허용지내력보다 크다.
⑤ 지내력시험을 하는 주된 목적은 기초의 적당한 크기 결정을 위해서이다.

43 **다음 중 말뚝박기 공사에 대한 설명으로 옳지 않은 것은?**

① 기성콘크리트 말뚝은 말뚝박기가 완료되면 설계도면에 따라 말뚝머리를 정리하여야 한다.
② 제자리 콘크리트 말뚝은 말뚝이 필요한 장소에 땅을 파서 콘크리트를 타설하여 말뚝을 제작하는 방법으로 상수면을 고려할 필요가 없다.
③ 현장타설 제자리콘크리트 말뚝의 철근의 세워넣기 중에는 연직도와 위치를 정확히 유지하여야 하고, RCD공법이나 어스드릴공법에서는 공벽에 접촉하여 토사의 붕괴를 일으키지 않도록 주의하여 굴착공 내에 강하시켜야 한다.
④ 현장타설콘크리트 말뚝의 콘크리트는 될 수 있는 대로 건조한 조건에서 쳐야한다.
⑤ 강관말뚝의 경우 절단하여 발생되는 스크랩(scrap)은 말뚝 잔여길이가 10m 이상일 경우에만 가공하여 말뚝이음 시 재사용 할 수 있다.

44 **철근콘크리트 구조 및 공사에 대한 설명으로 옳지 않은 것은?**

① PC구조는 RC구조에 비하여 공사기간을 단축할 수 있으며 화재시 위험도가 크게 감소한다.
② 중성화는 강알칼리성인 콘크리트가 공기중의 탄산가스와 결합하여 콘크리트가 알칼리성을 상실해가는 과정이다.
③ 콘크리트 분리타설VH(Vertical Horizontal) 공법은 수직부재를 먼저 타설하고 수평부재를 나중에 타설하는 공법이다.
④ 콘크리트에 포함된 염화물량은 염소이온량으로서 0.30 kg/m³이하로 한다.
⑤ 블리딩, 들뜬 골재, 콘크리트의 부분침하 등의 결함은 콘크리트 응결 전에 수정 처리를 완료하여야 한다.

45 **다음 중 철근콘크리트 구조의 철근공사에 대한 설명으로 옳지 않은 것은?**

① 2방향슬래브는 단변방향으로 주근을 배치하고 장변방향으로 배력근을 배치한다.
② 주근에 갈고리를 두는 경우 인장철근보다 압축철근의 정착길이 확보에 더 효과적이다.
③ 독립기초판의 배근은 가로, 세로로 주근을 휨인장력을 받는 하부에 배치하고 대각선으로 보강근을 배치하며 기초가 클 경우에는 상부에도 보조 배근한다.
④ 보의 늑근은 사인장 및 전단력에 의한 균열을 방지하는 것으로 중앙부보다 단부에 더 많이 배근한다.
⑤ 대근(hoop bar)은 주근의 좌굴을 방지하여 콘크리트의 횡방향 벌어짐을 구속하는 효과가 있고 피복두께를 유지하며 전단력을 보강한다.

46 **다음 중 콘크리트 공사에 대한 설명으로 옳지 않은 것은?**

① 물·시멘트비 값이 클수록 시공연도가 좋아 콘크리트 강도가 증가한다.
② 블리딩(Bleeding)이란 콘트리트 타설 후 표면에 물이 떠오르는 현상으로 레이턴스의 원인이 되기도 한다.
③ 골재의 함수량은 표면건조 내부포수 상태를 유지하여야 한다.
④ AE제를 사용하면 콘크리트의 시공연도를 개선하고 내구력을 증진시키나 철근과의 부착강도가 다소 감소한다.
⑤ 중용열포틀랜드 시멘트는 수화작용에 따르는 발열이 작아 매스콘크리트 등에 적합하다.

47 **철골구조의 접합 중 용접접합의 특징에 대한 설명으로 옳지 않은 것은?**

① 각 부분의 접합부에 대한 강력한 설계 및 시공이 용이하여 응력전달이 확실하다.
② 단면에 구멍을 뚫지 않아도 되므로 단면결손이 없어 강재량을 절감할 수 있다.
③ 굴곡면의 접합까지도 자유로이 할 수 있고 시공시 소음이나 진동이 적다.
④ 접합부에 덧판이나 보조판을 댈 필요가 없고 용접부에 대한 검사가 용이하다.
⑤ 용접시 열에 의한 변형발생이 우려되고 모재의 재질에 따라 응력상 영향이 작용한다.

48 다음 중 철골구조의 보에 대한 설명으로 옳지 않은 것은?

① 플랜지(Flange)는 H형강보에서 상・하에 날개처럼 내민 부분으로 휨응력에 저항하는 부재이다.
② 보는 소요휨강도, 소요전단강도, 처짐의 사용성 등에 대하여 검토하여야 한다.
③ 스티프너는 플랜지의 휨응력에 대응하기 위하여 보강부재로 사용한다.
④ 커버플레이트(cover plate)는 보의 단면계수를 크게 하여 휨모멘트에 저항한다.
⑤ 스티프너의 이음은 전단력을 가장 작게 받는 스팬의 1/2 지점에서 한다.

49 보강 콘크리트블록조에 대한 설명으로 옳지 않은 것은?

① 벽의 끝부분과 모서리 부분에는 12㎜ 이상의 철근을 수직(세로)으로 배근하고 철근 지름의 40배 이상을 기초나 테두리보에 정착시켜야 한다.
② 세로철근은 층높이의 2/3 이하에서 이어 사용하는 것을 원칙으로 한다.
③ 보강철근은 모르타르 또는 그라우트를 사춤하기 전에 배근하고 움직이지 않게 고정한다.
④ 벽의 두께를 증가시키는 것보다 유효한 내력벽을 많이 배치하여 벽량을 증가시키는 것이 구조상 유리하다.
⑤ 블록보강용 철망은 #8-#10 철선을 가스압접 또는 용접한 것을 사용한다.

50 각종 벽돌벽 쌓기에 관한 설명으로 옳지 않은 것은?

① 영식쌓기는 구조내력상 가장 튼튼한 쌓기법으로 통줄눈이 생기지 않게 칠오토막을 사용한다.
② 화란식쌓기에서 길이쌓기의 모서리에는 칠오토막을 사용하여 통줄눈을 피한다.
③ 미식쌓기는 치장벽돌을 길이쌓기로 하고 5~6켜에 한 켜씩 마구리쌓기로 한다.
④ 프랑스식쌓기를 외부에서 보았을 때는 같은 켜에서 벽돌의 길이면과 마구리면이 번갈아 나타나고 막힌줄눈처럼 보인다.
⑤ 설계도서에서 특별히 정한 바가 없으면 영식쌓기나 화란식 쌓기로 한다.

51 도막방수 공사의 시공법에 대한 설명으로 옳지 않은 것은?

① 겹쳐 바르기 또는 이어바르기의 폭은 100mm 내외로 한다.
② 보강포 붙이기는 치켜올림 부위, 오목모서리, 볼록모서리, 드레인 주변 및 돌출부 주위에서부터 시작하고 보강포의 겹침폭은 100mm 정도로 한다.
③ 방수재는 핀홀이 생기지 않도록 솔, 고무주걱 및 뿜칠기구 등으로 균일하게 치켜올림 부위를 도포한 다음, 평면 부위의 순서로 도포한다.
④ 방수재를 보강포 위에 도포할 경우에는 침투하지 않은 부분이 생기지 않도록 주의하면서 도포한다.
⑤ 방수재의 겹쳐 바르기는 원칙적으로 앞 공정에서의 겹쳐 바르기 위치와 동일한 위치에서 하지 않으며, 도포방향은 앞 공정에서의 도포방향과 직교하여 실시한다.

52 다음 중 도배공사에 관한 설명으로 옳지 않은 것은?

① 도배지는 일사광선을 피하고 습기가 많은 장소나 콘크리트 위에 직접 놓지 않으며 두루마리 형태의 도배지는 눕혀서 보관한다.
② 도배지를 완전하게 접착시키기 위하여 접착과 동시에 롤링을 하거나 솔질을 해야 한다.
③ 도배지의 초배지 온통붙임 줄눈은 10mm 이상 겹쳐지게 잇고 정배지는 초배지가 완전히 건조한 후에 바른다.
④ 얇은 창호지를 겹으로 여러 장 이어 온장붙임을 할 때는 밑종이에 풀칠을 하고, 윗종이를 한 편에서부터 귀얄로 눌러 붙인다.
⑤ 창호지는 한 면을 온통 묽은 풀칠하여 창문에 댄 다음 손으로 갓둘레에 당겨 내는 듯이 붙이고, 귀얄로 살 또는 울거미에 눌러 밀착시킨다.

53 다음 중 유리공사에 대한 설명으로 옳지 않은 것은?

① 세팅 블록은 유리폭의 1/4 지점에 각각 1개씩 설치하여 유리의 하단부가 하부 프레임에 닿지 않도록 해야 한다.
② 나사, 볼트, 리벳, 용접시의 요철 등으로 유리의 면 클리어런스 및 단부 클리어런스는 최솟값 이하가 되지 않도록 한다.
③ 실란트 충전시 심층부까지 충전되도록 하고 기포가 발생되지 않도록 주의하며 상대습도가 80% 이상이면 작업을 중지한다.
④ 배수구멍은 일반적으로 5mm 이상의 지름으로 2개 있어야 하며 색유리, 반사유리, 접합유리, 망유리 등의 경우 단부가 물에 닿지 않도록 한다.
⑤ 4℃ 이상의 기온에서 시공하여야 하고 이보다 낮은 온도에서 시공해야 할 경우에는 담당원의 승인을 받아야 한다.

54 다음 중 미장공사에서 균열을 방지하기 위한 방법으로 옳은 것은?

① 정벌바름에는 초벌바름보다 부배합으로 한다.
② 바닥을 제외하고는 1회 바름두께를 얇게 하여 초벌, 재벌, 정벌 순으로 바른다.
③ 강도를 증가시키기 위하여 바름면은 가급적 빨리 건조시킨다.
④ 초벌이나 재벌에는 작은 모래를 사용한다.
⑤ 초벌바름 후 반정도 건조되면 재벌바름을 한다.

55 다음 중 타일공사에 대한 설명으로 옳지 않은 것은?

① 유약을 바르지 않은 타일은 담당원의 승인을 받은 경우 산성용해제로 청소할 수 있다.
② 흡수성이 있는 타일은 제조업자의 시방에 따라 물을 축여 사용하고 가급적 외부에는 사용하지 않는다.
③ 타일시공후 3일 동안은 진동을 주거나 타일 위를 보행하지 않도록 주의한다.
④ 치장줄눈의 너비가 5mm 이상일 때는 고무흙손으로 충분히 눌러 빈틈이 생기지 않도록 한다.
⑤ 타일을 붙인 후 24시간이 경과하면 줄눈파기를 하고 치장줄눈을 한다.

56 **다음 중 도장공사시 주의사항에 관한 기술로 옳은 것은?**

① 롤러도장은 붓도장 보다 작업속도가 느리지만 일정한 도막두께를 유지할 수 있는 장점이 있다.
② 도료의 견본품 제출시 철재바탕의 경우 100×200mm 크기로 제출한다.
③ 철재면 바탕만들기는 일반적으로 가공장소에서 바탕재 조립후에 한다.
④ 용제처리나 도료의 도장은 반드시 표면에 열을 가한 후 실시한다.
⑤ 정류기 형태의 전기모터 옆에서는 도장작업을 하지 않고 표면처리와 도장기를 사용할 때는 반드시 방폭장치를 사용한다.

57 **다음 중 지붕종류에 대한 설명으로 옳지 않은 것은?**

① 지붕의 경사는 지붕구조에서 수평 방향에 대한 높이의 비이다.
② 평지붕은 지붕의 경사가 1/6 이하인 지붕이다.
③ 완경사 지붕은 지붕의 경사가 1/6에서 1/4 미만인 지붕이다.
④ 일반경사 지붕은 지붕의 경사가 1/4에서 3/4 미만인 지붕이다.
⑤ 급경사 지붕은 지붕의 경사가 2/3 이상인 지붕이다.

58 **수장공사의 반자의 종류에 관한 설명으로 옳지 않은 것은?**

① 반자틀을 격자 모양으로 짜고 널을 반자틀위에 덮어 대거나 턱솔 또는 주먹장이음으로 한 것을 우물반자라 한다.
② 널을 반자틀에 못박아 댄 반자를 널반자라 한다.
③ 섬유보드판, 합판, 석면시멘트판, 금속판 등을 반자틀에 넓게 댄 반자를 건축판반자라 한다.
④ 격자로 반자틀을 짜고 반자틀에 석고판을 못박아 댄 반자를 구성반자라 한다.
⑤ 반자틀 밑에 6~9mm 널이나 합판을 대고 그 밑에 45cm 간격으로 살대를 박아 구성한 반자를 살대반자라 한다.

59 **다음 중 거푸집의 적산방법으로 옳지 않은 것은?**

① 개구부 1㎡ 이하의 것은 거푸집 면적에서 공제하지 않고 산출한다.
② 볼트 및 리벳의 구멍은 구조물의 수량에서 공제하지 아니한다.
③ 벽은(벽 면적-개구부 면적)×2로 하고 기둥과 보의 면적이 산입된 것이다.
④ 바닥판은 외벽의 두께를 뺀 내벽간 바닥면적으로 하되 각층 연면적에서 계단실 기둥 및 기타 개구부 면적을 공제한다.
⑤ 기초는 측면의 면적만 산출하고 상부가 급경사(30~45°이상)일 때에는 경사면의 면적도 산출한다.

60 **길이가 10m이고 높이가 3m인 벽돌벽체를 2.0B**(시멘트벽돌 1.5B, 붉은벽돌 0.5B)**로 쌓고자 할 때의 소요수량으로 적합한 것은?**(단, 사용벽돌은 모두 표준형 190×90×57mm로 하고, 줄눈은 10mm로 하며, 소수점 이하는 무조건 올림한다)

① 시멘트 벽돌 : 4,694매, 붉은 벽돌 : 2,318매
② 시멘트 벽돌 : 6,720매, 붉은 벽돌 : 2,250매
③ 시멘트 벽돌 : 7,056매, 붉은 벽돌 : 2,318매
④ 시멘트 벽돌 : 8,940매, 붉은 벽돌 : 4,470매
⑤ 시멘트 벽돌 : 9,387매, 붉은 벽돌 : 4,605매

61 **다음 중 건축설비의 기초이론에 대한 설명으로 옳지 않은 것은?**

① 일정량의 기체 체적과 압력의 곱은 기체의 절대 온도에 비례한다.
② 승화란 물체가 액체상태를 거치지 않고 기체에서 고체 또는 고체에서 기체가 되는 현상이다.
③ 열전도율이 클수록 보온재 및 단열재의 두께는 얇아도 된다.
④ 잠열은 온도는 변하지 않고 상태만 변하는 것으로 증기난방에 이용한다.
⑤ 순수한 물의 비열은 약 4.2kJ/kg이고 공기의 정압비열은 1.01kJ/kg·k이다.

62 **다음 중 초고층 건물에서 급수설비를 조닝하는 목적으로 옳지 않은 것은?**

① 기구 및 부속품을 보호하기 위하여
② 배관 및 부속품의 수리를 용이하게 하기 위하여
③ 수격작용을 방지하기 위하여
④ 배관 내의 적정한 수압을 유지하기 위하여
⑤ 소음 및 진동을 방지하기 위하여

63 **다음 중 급수배관의 시공상 주의사항으로 옳지 않은 것은?**

① 상향식 급수법은 상층으로 올라갈수록 관경을 크게 하지 않으면 상층에서 물이 잘 나오지 않을수 있다.
② 수격작용(water hammer)을 방지하기 위하여 배관 내의 유속은 2m/s 이내로 하는 것이 바람직하다.
③ 국부적 단수로 수량 및 수압을 조절하기 위하여 지수밸브를 설치한다.
④ 급수의 오염을 방지하기 위하여 크로스커넥션이 일어나지 않도록 배관한다.
⑤ 고가수조식 급수법에서 하향배관의 수평주관은 선상향구배로 하고 각층의 수평주관은 선하향구배로 한다.

64 **다음 중 배수설비의 트랩에 관한 기술로 옳지 않은 것은?**

① 배수트랩은 배수관에서 발생한 악취나 유해가스가 실내로 침입하는 것을 방지하기 위해 사용한다.
② 트랩의 봉수깊이는 악취를 방지하기 위하여 100mm 이상으로 한다.
③ U트랩은 일명 가옥트랩 또는 메인트랩이라고도 하며 공공하수관에 사용한다.
④ 용적형 트랩은 사이펀 트랩에 비하여 비교적 봉수가 안전하다.
⑤ 그리스트랩(grease trap)는 주로 호텔 주방 등에 사용된다.

65 **어느 사무소 건물에서 다음과 같이 위생기구를 배치하였을 때 이들 위생기구 전체로부터 배수를 받아들이는 배수수평지관의 관경결정으로 옳은 것은?**(단, 동시사용률은 70%로 한다)

기구종류	세탁싱크	세면기	소변기	대변기
배수부하단위(f·u)	2	1	4	8
기구수(개)	2	5	9	3

관경(mm)	배수 수평지관의 배수 부하단위(f·u)
80	14
100	96
125	216
150	372

① 50mm ② 80mm ③ 100mm
④ 125mm ⑤ 150mm

66 **다음 오수정화조 구성에서 송기구, 살수홈통, 배기관 등을 설치해야 하는 곳은?**

① 부패조 ② 여과조 ③ 산화조
④ 소독조 ⑤ 침전조

67 배관 부속의 용도에 관한 설명으로 옳지 않은 것은?

① 방향을 바꿀 때 : 니플, 엘보
② 말단부를 막을 때 : 플러그, 캡
③ 도중에 분기관을 낼 때 : 티, 크로스, 와이
④ 서로 다른 지름의 관을 접합할 때 : 부싱, 리듀서, 이경소켓
⑤ 동일관경의 관을 직선으로 접합할 때 : 유니언, 플랜지

68 다음 중 도시가스 설비에 관한 설명으로 옳지 않은 것은?

① 수평주관은 응축수의 유입을 방지하기 위하여 앞내림구배를 두어 배관하여야 한다.
② 부득이 배관이 벽이나 바닥 등의 구조체를 관통하는 경우에는 슬리브를 설치한다.
③ 건축물에서의 배관은 노출배관을 원칙으로 하고 콘크리트에 매립하지 않는다.
④ 초고층건물의 상층으로 가스를 공급할 때는 비중이 큰 가스는 압력이 상승하므로 충분히 고려하여야 한다.
⑤ 고압공급 방식은 가스압력 0.1MPa 이상인 방식으로 원거리에 다량의 가스를 공급하는데 적합하다.

69 다음 중 소방설비에 관한 설명으로 옳지 않은 것은?

① 소화기 설치는 소방 대상물 각 부분에서 보행거리 20m 이내가 되도록 한다.
② 비상콘센트 설비는 화재를 진압하거나 인명구조 활동을 위하여 사용하는 소화활동설비이다.
③ 가스식자동소화장치란 열, 연기 또는 불꽃 등을 감지하여 가스계 소화약제를 방사하여 소화하는 소화장치를 말한다.
④ 대형소화기란 A급 10단위 이상, B급 20단위 이상인 소화기를 말한다.
⑤ C급 화재는 주방에서 동식물유를 취급하는 조리기구에서 일어나는 화재이다.

70 배관부식 방지대책에 관한 설명으로 옳지 않은 것은?

① 물의 pH값에 의한 부식을 방지하기 위하여 pH값이 작은 용수를 사용한다.
② 물의 염류 및 용존산소(DO)에 의한 부식을 방지하기 위하여 보급수를 탈기처리한다.
③ 이질재와의 관연결을 피하고 이온화 경향차가 큰 배관과의 연결을 피한다.
④ 인산염이나 규산염 등 부식억제제를 첨가하여 배관의 부식을 방지한다.
⑤ 배관을 금속막으로 피복하거나 방식도료를 칠하며 절연층을 만들어 전식방지를 한다.

71 급탕설비의 가스보일러로 20℃의 물 3㎥을 60℃ 온수로 공급하기 위해 필요한 도시가스량(㎥)은? (단, LNG 도시가스발열량은 43,540 kJ/㎥, 보일러 효율은 90%로 가정하고, 물의 비열은 4.2 kJ/kg·K로 한다.)

① 12.86㎥　② 15.05㎥　③ 18.50㎥
④ 21.25㎥　⑤ 26.70㎥

72 다음 바닥 복사난방에 관한 설명으로 옳지 않은 것은?

① 밴드코일 방식은 유량이 균일하게 유지되나 온도 분포가 균일하지 못하다.
② 코일의 배치 간격이 넓을수록 방열면의 온도분포가 좋으므로 열손실이 많은 측에서는 넓게 배치한다.
③ 방열패널의 코일은 열전도와 부식을 고려한다면 강관보다 동관을 사용하는 것이 효과적이다.
④ MRT는 실내 표면을 포함한 실내의 평균 온도로 복사열에 대한 쾌감의 지표로 삼으며 일반적으로 17~21℃이다.
⑤ 난방배관을 매설할 때 관 위에서 표면까지의 두께는 관경의 1.5~2.0배 이상으로 한다.

73 다음 중 방열기에 대한 설명으로 옳지 않은 것은?

① 주철제 방열기는 니플(Nipple)을 이용해 필요한 절수를 조립하여 만든 조합방열기로 내구성이 좋으나 고압에는 부적당하여 저압에 사용한다.
② 대류방열기(Convector)는 핀(fin)이 붙은 튜브(tube)형 가열기를 강판형의 박스(Box) 내에 넣고 최하부의 입구에서 들어간 공기를 가열해서 상부의 출구로 유출하여 자연대류에 의하여 실내를 순환하는 구조이다.
③ 증기의 표준상태에서의 방열량은 열매온도 102℃, 실내온도 18.5℃를 기준으로 7.56kW/㎡h이다.
④ 방열기는 벽면과는 50~60mm 정도 띄우고 상단부에는 공기빼기 밸브를 설치한다.
⑤ 방열기 1개가 담당할 수 있는 면적은 10㎡ 이하가 되게 한다.

74 다음 냉동설비 중 열에너지에 의해 냉동효과를 얻는 냉동기는?

① 스크류식 냉동기 ② 터보식 냉동기
③ 원심식 냉동기 ④ 흡수식 냉동기
⑤ 왕복식 냉동기

75 풍량 1,800m^3/h, 전압 300Pa, 회전수 500Rpm, 전압효율 50%인 송풍기의 회전수를 1,000Rpm으로 변경할 경우 송풍기 소요동력(kW)은?

① 0.3kW ② 1.4kW ③ 1.8kW
④ 2.4kW ⑤ 3.2kW

76 다음 중 환기설비에 대한 설명으로 옳은 것은?

① 환기횟수는 1시간 동안의 환기량을 그 실의 용적으로 나눈 값으로 기계환기설비의 필요 환기량은 신축공동주택의 경우 0.7회/h 이상이어야 한다.
② 필요환기량은 실내의 체적과 관계 없으며 탄산가스에 의한 방법과 발열량에 의한 방법으로 구할 수 있다.
③ 환기에 유효한 개구부의 면적은 그 실 바닥면적의 1/10 이상으로 한다.
④ 서한도란 환기설비계획에서 실내에 필요한 최소 환기 비율로 %로 나타낸다.
⑤ 신축공동주택의 기계환기설비에서 외부에 면하는 공기흡입구와 배기구는 교차오염을 방지할 수 있도록 1.2m 이상의 이격거리를 확보하여야 한다.

2회

77 다음 중 전기설비에 대한 설명으로 옳지 않은 것은?

① 평행식 간선방식은 각 분전반마다 배전반에서 단독으로 배선되어 전압강하가 균등화되나 설비비가 많이 소요된다.
② 3상 4선식은 동력과 전등부하를 동시에 공급할 수 있어 대규모 건물에서 시설비 절감을 위해 사용할 수 있다.
③ 전등 및 콘센트의 분기회로는 보통 15A 분기회로로 한다.
④ 과부하보호기가 설치되어 있는 2대 이상의 전동기는 1개의 분기회로로 할 수 있다.
⑤ UPS는 낙뢰 등으로 인한 과전압으로부터 전기설비 등을 보호하기 위하여 설치하는 기기이다.

78 광원에서의 발산 광속 중 60~90%는 상향으로 반사되고 나머지는 하향으로 향하여 비교적 음영이 생기지 않고 균등한 조도가 얻어지는 조명방식은?

① 반간접조명 ② 반직접조명
③ 간접조명 ④ 직접조명
⑤ 전반확산조명

79 다음 엘리베이터의 안전장치 중에서 과속도를 제어하는 기계적 안전장치는?

① 리미트 스위치(limit switch)
② 도어인터록(Door interlock) 장치
③ 리타리어링캠(Retiring cam)
④ 조속기(Governor)
⑤ 종점스위치(stoping switch)

80 다음 중 홈네트워크 설비의 설치에 관한 사항으로 옳지 <u>않은</u> 것은?

① 홈게이트웨이는 세대단자함에 설치하거나 세대단말기에 포함하여 설치할 수 있다.
② 차량출입시스템은 관리자와 통화할 수 있도록 영상정보처리기기와 인터폰 등을 설치하여야 한다.
③ 세대단자함은 별도의 구획된 장소나 노출된 장소로서 침수 및 결로 발생의 우려가 없는 장소에 설치하여야 한다.
④ 단지서버는 홈네트워크 설비를 총괄적으로 관리하며, 이로부터 발생하는 각종 데이터의 저장·관리·서비스를 제공하는 장비로 반드시 단지서버실에 설치하여야 한다
⑤ 단지네트워크 장비는 홈게이트웨이와 단지서버간 통신 및 보안을 수행할 수 있도록 설치하여야 한다.

– 다음면에 계속 –

제2회 적중 실전모의고사

03 민법

01 **민법총칙의 다음 사항 중 재산관계, 신분관계의 전체에 적용되는 것은?**

① 시효제도 ② 행위능력
③ 대리제도 ④ 주 소
⑤ 무효·취소에 관한 제도

02 **태아의 권리능력에 관한 설명 중 틀린 것은?**

① 사람은 생존하는 동안 권리와 의무의 주체가 되므로 태아에게 일반적인 권리·의무는 인정되지 않는다.
② 정지조건설은 태아가 살아서 출생한 경우에 소급하여 권리능력을 인정하는 견해이다.
③ 해제조건설은 태아는 이미 출생한 것으로 보지만 후일에 사산(死産)인 경우에는 소급하여 권리능력을 상실한 것으로 보는 견해이다.
④ 해제조건설은 태아에게 법정대리인제도를 인정해야 한다고 주장한다.
⑤ 태아에게는 재산상속권이 인정되지 않지만 인지청구권이 인정된다.

03 **다음 중 판례의 태도로 잘못된 것은?**

① 신의성실의 원칙에 반하는 것은 강행규정에 위배되는 것으로서 당사자의 주장이 없더라도 법원이 직권으로 판단할 수 있다.
② 아파트 분양자는 아파트단지 인근에 공동묘지가 조성되어 있는 사실을 수분양자에게 고지할 신의칙상의 의무를 부담한다.
③ 사용자가 피용자로 하여금 노무 제공과정에서 생명·신체·건강을 해치지 않도록 필요한 조치를 강구하여야 할 의무가 있다.
④ 기계의 매도인은 매수인에게 기계의 사용방법을 알려주어야 한다.
⑤ 피보험자의 서면동의 없이 체결된 타인의 사망을 보험사고로 하는 생명보험계약의 보험자가 수년간 보험료를 수령하거나 종전에 그 생명보험계약에 따라 입원급여금을 지급한 경우라면 그 이후에 위 생명보험계약의 무효를 주장하는 것은 신의칙에 반한다.

04 **미성년자의 법정대리인의 권한**(동의권과 대리권)**제한에 관한 설명 중 틀린 것은?**

① 법정대리인은 미성년자의 모든 법률행위를 대리할 수 있는 법정의 자격을 가진 자를 말한다.
② 법정대리인은 임의대리인과 달리 본인의 의사와 직접적인 관련이 없이 법률의 규정에 의해 정해지는 것이 원칙이다.
③ 미성년양자(養子)의 부동산을 양모(養母)가 매도한 행위에 대하여 후견감독인의 동의를 받을 필요가 없다.
④ 친권자가 자신의 채무에 대하여 미성년자의 재산으로 병존적 채무관계를 설정하는 것은 무효이다.
⑤ 피성년후견인의 법정대리인과 달리 미성년자의 법정대리인은 미성년자의 재산상의 법률행위에 대한 동의권을 가진다.

05 **부재자제도에 관한 설명으로 틀린 것은?** (다툼이 있으면 판례에 의함)

① 생존이 확실한 자도 부재자가 될 수 있다.
② 부재자의 母가 대리권 없이 부재자 소유의 부동산을 매도한 경우(표현대리는 불성립한다고 가정함), 그 후에 선임된 부재자 재산관리인이 법원의 허가없이 母의 매도행위를 추인하더라도 추인의 효력이 발생하지 않는다.
③ 부재자에게 재산관리인이 없는 경우에 법원은 법률상 이해관계인 또는 검사의 청구에 의하여 재산관리에 필요한 처분을 명할 수 있다.
④ 부재자가 재산관리인을 선임하면서 처분권까지 부여하였더라도, 이후 부재자의 생사가 분명하지 않게 되었다면 위 부재자 재산관리인의 처분행위는 법원의 허가를 받아야 한다.
⑤ 재산관리인에 대한 선임결정이 취소되기 전에 재산관리인의 처분행위에 기하여 경료된 등기는 법원의 처분허가 등 모든 절차를 거쳐 적법하게 경료된 것으로 추정된다.

06 **법인의 불법행위능력에 관한 설명으로 틀린 것은?** (다툼이 있으면 판례에 의함)

① 대표기관으로는 이사 외에 임시이사, 특별대리인, 직무대행자, 청산인 등이 있다.
② 대표기관의 행위가 효력규정에 위반하여 그 효과가 법인에게 귀속하지 못하는 경우에도 법인의 불법행위가 성립할 수 있다.
③ 직무에 관한 행위란 외형상 직무수행이라고 볼 수 있는 행위뿐만 아니라 직무행위와 사회관념상 견련성을 가지는 행위를 포함한다.
④ 법인의 불법행위책임이 성립하면 대표기관의 불법행위책임은 성립하지 않는다.
⑤ 법인의 목적범위외의 행위로 인하여 타인에게 손해를 가한 때에는 그 사항의 의결에 찬성하거나 그 의결을 집행한 사원, 이사 및 기타 대표자가 연대하여 배상하여야 한다.

07 **사망과 관련된 설명 중 틀린 것은?** (다툼이 있으면 판례에 의함)

① 실종선고를 받은 사람의 공법상의 권리는 소멸하지 않는다.
② 2인 이상이 동일한 위난으로 사망한 경우에는 동시에 사망한 것으로 추정한다.
③ 자연인은 사망신고로 권리능력을 상실하는 것은 아니다.
④ 동시사망추정에 대한 반증이 없어 동시에 사망한 것으로 인정된 자 사이에도 상속이 이루어진다.
⑤ 탑승한 항공기가 2004년 2월 15일에 추락하여 생사불명이 된 자가 2008년 3월 5일에 실종선고를 받았다면, 2005년 2월 15일 24시에 사망한 것으로 본다.

08 **민법상 법인의 이사에 관한 설명으로 옳은 것은?** (다툼이 있으면 판례에 의함)

① 이사가 여럿 있는 경우 정관에 다른 규정이 없으면 이사의 과반수로써 대표행위를 한다.
② 대표권제한을 등기하지 않았더라도 그 사실을 상대방이 알았더라면 법인은 대표권제한으로써 그 상대방에게 대항할 수 있다.
③ 이사는 그 대표권의 행사를 포괄적으로 타인에게 위임할 수 있다.
④ 법인과 이사의 이익이 상반하는 사항이 있는 경우에 법원은 이해관계인이나 검사의 청구에 의하여 임시이사를 선임하여야 한다.
⑤ 파산 이외의 사유로 법인이 해산한 경우 정관 또는 총회의 결의로 달리 정한 바가 없다면 이사가 청산인이 된다.

09 **물건에 관한 설명으로 옳은 것을 모두 고른 것은?** (다툼이 있으면 판례에 의함)

> ㉠ 저당권의 효력은 저당목적물의 종물에도 미친다.
> ㉡ 집합물에 대해서도 양도담보권을 설정할 수 있다.
> ㉢ 무주(無主)의 부동산에도 선점이 인정된다.
> ㉣ 하천·공원은 공용물이다.
> ㉤ 1필의 토지의 일부에 대하여는 저당권을 설정할 수 없다.

① ㉠, ㉢ ② ㉢, ㉣
③ ㉣, ㉤ ④ ㉠, ㉡, ㉤
⑤ ㉡, ㉣, ㉤

10 **법률행위를 그 특징에 따라 분류한 것이다. 잘못된 것은?**

① 유언행위 : 요식행위
② 저당권설정계약 : 물권행위
③ 채무면제 : 준물권행위
④ 어음행위 : 요식행위
⑤ 물권의 포기 : 상대방 없는 단독행위

11 **주물과 종물에 관한 설명으로 옳지 않은 것은?**

① 주물과 종물 사이에는 밀접한 장소적 관련성이 있어야 한다.
② 주물의 소유자와 다른 사람의 소유에 속하는 물건은 종물이 될 수 없는 것이 원칙이다.
③ 주물만 처분하기로 하고 종물은 처분하지 않기로 하는 특약은 유효하다.
④ '종물은 주물의 처분에 따른다'는 규정은 사법관계에만 적용될 뿐 공법상의 처분에는 적용되지 않는다.
⑤ 주물의 소유자나 이용자의 상용에 공여되고 있더라도 주물 자체의 효용과 직접 관계되지 않는 물건은 종물이 될 수 없다.

12 **불공정한 법률행위에 관한 설명으로 옳지 않은 것은?** (다툼이 있으면 판례에 의함)

① 불공정한 법률행위에 대한 증명책임은 이를 주장하는 자가 부담한다.
② 급부 사이의 불균형 여부는 급부의 거래상 객관적 가치에 의하여 판단한다.
③ 어업권 소멸로 인한 손실보상금의 분배에 관한 어촌계 총회의 결의는 합동행위에 해당하므로 불공정할 경우라도 제104조가 적용될 수 없다.
④ 아무런 대가관계없이 당사자 일방이 상대방에게 일방적인 급부를 하는 법률행위는 불공정행위가 될 수 없다.
⑤ 어떠한 법률행위가 불공정한 법률행위에 해당하는지는 법률행위시를 기준으로 판단하여야 한다.

2회

13 **법률행위의 해석에 관한 다음 설명 중 잘못된 것은?**

① 당사자가 거래의 관행과 다른 의사표시를 한 경우에는 그 의사에 따른다.
② 계약당사자가 누구인지를 확정하는 것은 법률행위의 해석문제이다.
③ 의사표시의 해석은 서면에 사용된 문구에 구애받는 것이므로, 당사자가 그 표시행위에 부여한 의미를 논리칙과 경험칙에 따라 객관적으로 해석하는 것은 허용되지 않는다.
④ 판례는 부당한 내용의 계약조항은 예문이라고 하여 무효화하는 이른바 예문해석(例文解釋)을 인정하고 있다.
⑤ 판례는 법률행위의 해석기준인 사실인 관습과 관습법을 엄격히 구별한다.

14 **착오로 인한 의사표시에 관한 다음의 설명 중 가장 잘못된 것은?** (다툼이 있으면 판례에 의함)

① 착오를 이유로 의사표시를 취소하는 자는 착오의 존재뿐만 아니라 그 착오가 의사표시에 결정적인 영향을 미쳤다는 점을 입증하여야 한다.
② 동기의 착오에 해당한다면 동기가 표시되고 상대방이 알고 있는 경우에는 그것이 중요한 부분에 관한 것이 아니라도 착오를 이유로 취소할 수 있다.
③ 쌍방이 동일한 동기의 착오에 빠진 경우 판례는 보충적 해석을 인정한 바 있다.
④ 착오로 인한 법률행위를 취소하는 경우에는 소급효가 인정된다.
⑤ 표시자에게 경과실이 있는 경우에도 착오로 인한 의사표시를 당사자 사이의 합의로 취소할 수 없는 것으로 할 수 있다.

15 **대리에 관한 다음 설명 중 잘못된 것은?** (다툼이 있으면 판례에 의함)

① 부동산 입찰절차에서 동일물건에 관하여 이해관계가 다른 2인 이상의 대리인이 된 경우에는 그 대리인이 한 입찰은 무효이다.
② 한정후견인이 후견감독인(구 친족회)의 동의를 얻지 않고 피후견인의 부동산을 처분하는 행위를 한 경우에도 상대방이 후견감독인의 동의가 있다고 믿은 데에 정당한 사유가 있는 때에는 본인인 피한정후견인에게 그 효력이 미친다.
③ 종중으로부터 임야의 매각과 관련한 권한을 부여받은 甲이 임야의 일부를 실질적으로 자기가 매수하여 그 처분권한이 있다고 하면서 乙로부터 금전을 차용하고 그 담보를 위하여 위 임야의 양도담보를 설정한 경우에 표현대리가 성립한다.
④ 부동산 매도의 위임을 받은 대리인이 본인이 지시한 금액보다 저렴한 가격으로 부동산을 매도한 경우에 거래 상대방은 위 대리인이 저렴한 가격에 매도할 수 있는 권한이 있는 것으로 믿을만한 정당한 사유가 있다.
⑤ 무권대리인이 차용한 금전의 변제기일에 채권자가 본인에게 그 변제를 독촉하자 본인이 그 유예를 요청하였다면 무권대리인의 행위를 추인하였다고 볼 것이다.

16 **하자 있는 의사표시에 관한 설명 중 틀린 것을 모두 고른 것은?** (다툼이 있으면 판례에 의함)

> ㉠ 착오가 타인의 기망행위에 의하여 발생한 경우 표의자는 그 요건을 입증하여 착오 또는 사기를 이유로 의사표시를 취소할 수 있다.
> ㉡ 부정한 이익의 취득을 목적으로 하더라도 정당한 권리행사로서의 고소·고발은 위법성이 부정되어 강박행위에 해당하지 않는다.
> ㉢ 기망에 의하여 하자 있는 물건을 매수한 경우 매수인은 담보책임만을 주장할 수 있고 사기를 이유로 한 취소권을 행사할 수 없다.
> ㉣ 사기를 이유로 의사표시를 취소한 자는 사기에 의한 의사표시를 기초로 하여 새로운 법률원인으로써 이해관계를 맺은 선의의 제3자에 대하여 대항하지 못한다.

① ㉠ ② ㉡, ㉢
③ ㉡, ㉢, ㉣ ④ ㉠, ㉣
⑤ ㉢, ㉣

17 **현명주의(顯名主義)에 관한 설명으로 틀린 것은?**

① 본인을 위한 것임을 표시한다는 의미는 본인의 이익을 위하여 행위한다는 의미이다.
② 대리인이 직접 본인의 이름으로 의사표시를 한 경우에도 상대방이 이러한 사정을 알았거나 알 수 있었을 때에는 유효한 대리행위가 된다.
③ 수동대리에 있어서는 상대방이 본인에 대한 의사표시임을 표시하여야 한다.
④ 조합대리에 있어서 그 법률행위가 조합에게 상행위가 되는 경우에는 조합을 위한 것임을 표시하지 않았다고 하더라도 그 법률행위의 효력은 본인인 조합원 전원에게 미친다.
⑤ 현명주의의 규정은 법인의 대표의 법률행위에도 준용된다.

18 **표현대리에 관한 다음 설명 중 가장 옳지 않은 것은?** (다툼이 있는 경우 판례에 의함)

① 공정증서가 집행권원으로서 집행력을 가질 수 있도록 하는 집행인낙 표시에 대하여 민법상의 표현대리 규정이 적용 또는 준용될 수 없다.
② 비법인사단인 교회의 대표자가 교인 총회의 결의를 거치지 아니하고 교회재산을 처분한 경우에도 그 거래의 상대방이 교회의 대표자에게 처분권한이 있음을 믿었고 그와 같이 믿은데 정당한 사유가 있었다면 민법 제126조의 표현대리가 성립한다.
③ 대리인이 대리권 소멸 후 복대리인을 선임하여 복대리인으로 하여금 상대방과 사이에 대리행위를 하도록 한 경우에도 상대방이 대리권 소멸 사실을 알지 못하여 복대리인에게 적법한 대리권이 있는 것으로 믿었고 그와 같이 믿은데 과실이 없다면 민법 제129조에 의한 표현대리가 성립할 수 있다.
④ 표현대리행위가 성립하는 경우에 상대방에게 과실이 있다고 하더라도 과실상계의 법리를 유추적용하여 본인의 책임을 감경할 수 없다.
⑤ 권한을 넘은 표현대리의 경우 일상가사대리권은 기본대리권이 될 수 있다.

2회

19 **법률행위의 무효와 선의의 제3자 보호에 관한 다음 설명 중 틀린 것은?**

① 비진의 의사표시가 상대방의 악의로 무효로 되는 경우에 그 무효로써 선의의 제3자에게 대항하지 못한다.
② 법률행위가 내용의 중요부분의 착오로 취소가 된 때에도 선의의 제3자에게 대항하지 못한다.
③ 상대방의 기망으로 인해 의사표시를 취소한 경우 그 무효로써 악의의 제3자에게 대항할 수 있다.
④ 사회상규에 위반한 법률행위의 무효는 선의의 제3자에 대하여도 주장할 수 있다.
⑤ 강행법규에 위반한 법률행위의 무효는 선의의 제3자에게 대항하지 못한다.

20 **다음 설명 중 틀린 것은?**

① 무효행위의 추인에는 소급효가 없으나 무권대리인의 행위에 대한 본인의 추인은 소급효가 인정된다.
② 무효인 가등기를 유효한 것으로 전용하기로 약정하였다 하더라도 그 가등기는 소급하여 유효한 등기가 되는 것은 아니다.
③ 추인을 할 당시에도 무효원인이 소멸하지 않는 한 그 추인을 하더라도 무효이다.
④ 무권한자의 처분행위에 대한 추인은 소급효가 인정된다는 것이 판례의 입장이다.
⑤ 입양신고에 대신하여 자신의 자로 출생신고를 한 경우에는 무효행위의 추인에 해당하므로 소급효가 인정되지 않는다.

21 **조건과 기한에 관한 설명으로 옳지 않은 것은?** (다툼이 있으면 판례의 의함)

① 법률행위가 정지조건부 법률행위에 해당한다는 사실은 그 효과발생을 다투려는 자에게 주장·입증책임이 있다.
② 조건이 법률행위 당시 이미 성취된 것인 때에는 그 조건이 해제조건이면 조건 없는 법률행위로 한다.
③ 조건의 성취가 미정인 권리라도 일반규정에 의하여 보존·처분·상속뿐만 아니라 담보로 할 수 있다.
④ 기한이익상실의 특약은 명백히 정지조건부 기한이익상실의 특약이라고 볼 만한 특별한 사정이 없는 한, 형성권적 기한이익상실의 특약으로 추정된다.
⑤ 기한은 채무자의 이익을 위한 것으로 추정한다.

22 **법률행위의 취소에 관한 설명으로 틀린 것은?** (다툼이 있으면 판례에 의함)

① 상대방이 취소권자에게 이행을 청구하면 추인한 것으로 본다.
② 취소권자가 취소권을 포기하면 그 법률행위는 유효한 것으로 확정된다.
③ 법률행위 취소권의 행사기간에는 시효중단에 관한 규정이 적용되지 않는다.
④ 제한능력자는 제한능력을 이유로 취소할 수 있는 법률행위를 법정대리인의 동의 없이 단독으로 취소할 수 있다.
⑤ 매매계약 체결시 토지의 일정 부분을 매매 대상에서 제외시키는 특약을 한 경우 그 특약만을 사기에 의한 법률행위로서 취소할 수 없다.

23 **부동산 소유권이전등기청구권에 관한 설명으로 옳지 않은 것은?** (다툼이 있으면 판례에 의함)

① 매매로 인한 매수인의 등기청구권은 채권적 청구권으로서 10년의 소멸시효에 걸린다.
② 매매목적 부동산을 인도받아 사용하고 있는 매수인의 등기청구권은 소멸시효에 걸리지 않는다.
③ 매매로 인한 등기청구권을 매수인으로부터 양도받은 양수인은 매도인이 그 양도에 대하여 동의나 승낙이 없으면 특별한 사정이 없는 한 매도인에 대하여 채권양도를 원인으로 이전등기를 청구할 수 없다.
④ 점유취득시효의 완성으로 인한 소유권이전등기청구는 시효완성 당시의 소유자를 상대로 하여야 한다.
⑤ 매수인이 매매목적 부동산을 인도받아 사용하다가 제3자에게 이를 처분하고 그 점유를 승계하여 준 경우 매수인의 등기청구권의 소멸시효가 진행한다.

24 **기한에 관한 다음 설명 중 옳은 것은?**

① 취소할 수 있는 행위에 대한 추인은 시기를 붙일 수 있다.
② 기한의 이익을 포기하면 소급하여 기한이 도래한 것이 된다.
③ 기한의 이익이 상대방에도 있는 경우에는 기한의 이익을 포기하지 못한다.
④ "甲이 사망하면 위로금을 지급하겠다"는 계약은 정지조건부 계약이다.
⑤ 종기가 붙어있는 경우에 기한이 도래하면 그 법률행위는 기한이 도래한 때로부터 효력을 잃는다.

25 **물권의 소멸에 관한 설명으로 틀린 것은?**

① 소유권은 소멸시효에 의하여 소멸하지 않는다.
② 점유권은 본권(本權)과의 혼동으로 소멸한다.
③ 혼동은 물권과 채권 공통의 소멸원인이다.
④ 목적물이 멸실하면 물권은 당연히 소멸한다.
⑤ 점유권과 유치권은 성질상 소멸시효로 인하여 소멸하지 않는다.

26 **일물일권주의에 관한 다음 설명 중 틀린 것은?** (다툼이 있으면 판례에 의함)

① 1동의 건물이라 하더라도 수 개의 물건이 될 수 있다.
② 일물일권주의의 원칙에도 불구하고 지상권과 저당권은 1개의 물건에 동시에 성립할 수 있다.
③ 수목이 명인방법이라는 공시방법을 갖춘 때에는 독립한 부동산으로서 거래의 목적으로 할 수 있다.
④ 파종 후 수 개월만에 수확할 수 있는 농작물은 토지에 부합하지 않는다는 것이 판례의 입장이다.
⑤ 특정 양만장 내의 뱀장어 등 어류 전부에 대한 양도담보계약은 그 담보목적물이 특정되었더라도 일물일권주의의 원칙상 무효라는 것이 판례의 입장이다.

27 **상린관계에 관한 설명 중 옳지 않은 것은?**

① 상린관계는 별도의 등기를 요하지 않으나, 지역권은 등기를 요한다.
② 수목의 뿌리가 경계를 넘는 경우에는 그 소유자에게 제거를 청구한 다음 이에 응하지 않은 경우에야 비로소 청구자가 이를 제거할 수 있다.
③ 상린관계는 인접하고 있는 부동산소유자 상호간의 이용관계를 조절하기 위한 제도로서 부동산과 물(水)을 대상으로 한다.
④ 인접하여 토지를 소유한 자는 공동비용으로 통상의 경계표나 담을 설치할 수 있다.
⑤ 상린관계는 법률상 당연히 인정되는 것으로서 이에 기한 여러 권리는 시효로 인하여 소멸하지 않는다.

2회

28 **甲으로부터 겨우 기초공사만 한 건물을 매수한 乙은 건물을 완성하였는데, 미등기인 동안에 甲이 자기명의로 보존등기를 한 후 다시 丙에게 매도하여 丙에게 이전등기를 완료하여 주었다. 이 경우 甲, 乙, 丙의 다음 주장 중 가장 타당한 것은?**

① 乙은 정당한 소유자이므로 등기명의인인지 여부와 상관없이 丙의 선·악의와 상관없이 소유권자이다.
② 甲은 보존등기를 한 자이므로 乙은 甲에게 소유권을 주장할 수 없다.
③ 甲으로부터 소유권을 이전받은 丙은 선·악의에 관계없이 소유권을 취득한다.
④ 乙은 건물을 신축한 자로서 甲의 보존등기가 없었다면 소유권을 누구에게나 주장할 수 있지만, 이미 등기명의인이 있으므로 대외적으로는 소유권자가 아니다.
⑤ 丙이 선의인 경우 선의의 제3자로서 소유권을 취득한다.

29 **전세권에 관한 설명으로 옳은 것은?**

① 전세권은 물권이므로 전세권 설정행위로서 그 양도를 금지할 수 없다.
② 전세권자는 필요비상환청구는 할 수 있지만 유익비상환청구는 할 수 없다.
③ 전세권자의 과실로 목적물의 일부가 멸실되더라도 전세권자는 손해배상책임을 지지 않는다.
④ 전세권자를 보호하기 위하여 전세권의 최단기간을 규정하고 있지만 최장기간은 정하고 있지 않다.
⑤ 토지전세권의 존속기간 약정이 없는 경우 각 당사자는 언제든지 상대방에 대하여 전세권의 소멸을 통고할 수 있다.

30 **지상권의 존속기간에 관한 다음 설명 중 타당한 것은?**

① 당사자가 계약의 갱신을 하는 경우에 지상권의 존속기간은 갱신한 날로부터 제280조의 최단존속기간보다 단축할 수 있다.
② 지상권의 존속기간이 만료한 경우 당사자가 갱신계약을 체결하지 않은 경우에도 건물 등이 현존하는 경우에는 지상권자는 일방적으로 계약의 갱신을 청구할 수 있다.
③ 지상권의 설정 당시에 공작물의 종류와 구조를 정하지 아니한 때에는 지상권의 존속기간은 30년으로 한다.
④ 지상권의 존속기간은 민법상 최단존속기간은 규정이 없으며 최장존속기간만 규정하고 있다.
⑤ 지상권의 존속기간이 만료되면 지상권은 당연히 소멸하고 청산절차를 거쳐야 한다.

31 **유치권자에게 인정되지 않는 권리는?**

㉠ 경매권 ㉡ 비용상환청구권 ㉢ 간이변제충당권 ㉣ 유치권에 기한 반환청구권 ㉤ 타담보제공청구권 ㉥ 과실수취권 ㉦ 유치물의 보존에 필요한 경우 그 사용권

① ㉠, ㉣ ② ㉡, ㉤ ③ ㉢, ㉦
④ ㉣, ㉤ ⑤ ㉤, ㉦

32 **X건물에 대해 A가 1순위 근저당권, B가 2순위 근저당권을 가지고 있고, C가 유치권을 행사하고 있다. 다음 설명 중 옳은 것은?**

① B가 경매를 신청하여 D가 경락받아 새 소유자가 된 경우 A의 근저당권은 소멸하지 않음이 원칙이다.
② A가 경매신청을 하여 D가 경락받아 새 소유자가 된 경우 C가 D에게 X건물의 반환을 거부할 수 있다.
③ A가 확정된 피담보채권과 함께 근저당권을 K에게 양도하면, K는 B보다 후순위자가 된다.
④ B가 경매신청을 하여 D가 경락받아 새 소유자가 된 경우 C에게는 경매대금에서 우선변제권이 인정된다.
⑤ A의 채무가 일시적으로 영(0)이 되면, A의 근저당권은 소멸한다.

33 **다음은 종류채권이 특정되는 상황을 정리한 것이다. 이에 해당하지 않는 것을 모두 모은 것은?** (다툼이 있으면 판례에 의함)

> ㉠ 당사자의 합의로 목적물을 선정한 경우
> ㉡ 약정된 방법으로 채무자가 목적물을 지정한 경우
> ㉢ 지참채무의 채무자가 목적물을 분리하고 구두제공을 한 경우
> ㉣ 추심채무의 채무자가 목적물을 분리하여 채권자가 언제든지 수령할 수 있는 상태로 놓아두고 채권자에게 이를 통지한 경우
> ㉤ 송부채무의 채무자가 목적물을 목적지에 도달시키고 이를 통지한 경우

① ㉠ ② ㉡, ㉢ ③ ㉢
④ ㉢, ㉤ ⑤ ㉣, ㉤

34 **쌍무계약에 관한 판례의 태도와 부합하지 않는 것은?**

① 동시이행관계에 있는 쌍무계약에서는 최고하여야 이행지체로 해제할 수 있다.
② 부동산 매도인이 중도금의 수령을 거절하였을 뿐만 아니라 계약을 이행하지 아니할 의사를 명백히 표시한 경우 매수인은 신의성실의 원칙상 소유권이전등기의무 이행기일까지 기다릴 필요없이 이를 이유로 매매계약을 해제할 수 있다
③ 매매계약에서 목적물에 대하여 권리를 주장하는 제3자가 있는 경우 매수인은 자기의 의무이행을 거절할 수 있다.
④ 쌍무계약의 당사자 일방의 채무가 채권자의 책임 있는 사유로 이행할 수 없게 된 때에는 채무자는 자신의 채무를 면하나 상대방의 이행을 청구할 수 없다.
⑤ 계약해제로 인하여 발생하는 원상회복의무와 손해배상의무는 동시이행관계이다.

35 **채권양도와 채무인수에 대한 다음 설명 중 옳은 것은?**

① 지명채권의 양수인이 채권양도의 효력을 채무자 이외의 제3자에게 대항하려면 채무자에 대한 통지 또는 채무자의 승낙만 있으면 족하다.
② 양도인이 채무자에게 채권양도를 통지하였더라도 채무자의 동의를 얻으면 그 통지를 철회할 수 있다.
③ 제3자가 채무자와의 계약으로 면책적으로 채무를 인수한 경우에는 채권자의 승낙이 없더라도 그 효력이 생긴다.
④ 채무에 대하여 제3자가 제공한 담보는 제3자가 채무인수에 동의하더라도 채무인수로 인하여 소멸한다.
⑤ 판례에 의하면 부동산의 매매로 인한 소유권이전등기청구권을 매수인으로부터 양도받은 양수인은 매도인이 그 양도에 대하여 동의하지 않고 있을 경우 매도인에 대하여 채권양도를 원인으로 한 소유권이전등기절차의 이행을 청구할 수 없다.

36 **계약의 해제에 관한 다음 설명중 옳지 않은 것은?**

① 계약이 해제되면 계약당사자는 상대방에 대하여 원상회복의무와 손해배상의무를 부담하는데 이때 계약당사자가 부담하는 원상회복의무뿐만 아니라 손해배상의무도 함께 동시이행의 관계에 있다.
② 계약의 해제로 인한 원상회복은 부당이득반환의 성질을 가진다.
③ 당사자의 일방 또는 쌍방이 수인인 경우 해제의 권리가 당사자 1인에 대하여 소멸하더라도 다른 당사자에 대해서는 소멸하지 않는다.
④ 계약의 해제는 상대방에 대한 의사표시로 하고 해제의 의사표시는 철회하지 못한다.
⑤ 유동적 무효의 상태에 있는 토지거래계약에 있어서 채무불이행을 이유로 한 계약해제는 인정되지 않는다.

2회

37 **도급에 관한 설명으로 옳지 않은 것은?** (다툼이 있으면 판례에 의함)

① 도급인은 특별한 사정이 없는 한 그 완성된 목적물을 인도받은 후 보수를 지급하여야 한다.
② 도급인은 일의 완성 전이라도 성취된 부분에 하자가 있다면 수급인에게 하자보수를 청구할 수 있다.
③ 천재지변 등의 불가항력으로 인해 공사가 지연된 경우 지체상금에 대한 약정이 있어도 수급인은 지체상금을 지급할 의무가 없다.
④ 도급인이 파산선고를 받은 경우 수급인은 계약을 해제할 수 있지만 도급인을 상대로 계약해제로 인한 손해배상을 청구할 수 없다.
⑤ 수급인이 완공기한 내에 공사를 완성하지 못하고, 그 기한을 넘겨 도급계약이 해제된 경우 그 지체상금 발생의 시기(始期)는 완공기한 다음날부터이다.

38 **임대차에 있어서 다음 사유가 있으면 해지통고기간(解止通告期間)을 요하지 않는다. 틀린 것은?**

① 임차인의 파산선고(破産宣告)
② 2기분 이상의 차임연체(借賃延滯)
③ 임차물의 일부멸실(一部滅失)
④ 임차권의 무단양도(無斷讓渡)
⑤ 임차물의 무단전대(無斷轉貸)

39 **다음의 내용 중 틀린 것은?**

① 채무 없음을 알고 이를 변제한 때에는 그 반환을 청구하지 못한다.
② 변제기에 있지 아니한 채무를 변제한 때에는 그 반환을 청구하지 못하나, 채무자가 착오로 인하여 변제한 때에는 채권자는 이로 인하여 얻은 이익을 반환하여야 한다.
③ 채무 없는 자가 착오로 인하여 변제한 경우에 그 변제가 도의관념에 적합한 때에는 그 반환을 청구하지 못한다.
④ 채무자 아닌 자가 착오로 인하여 타인의 채무를 변제한 경우에 채권자가 선의로 증서를 훼손하거나 담보를 포기하거나 시효로 인하여 그 채권을 잃은 때에는 변제자는 그 반환을 청구하지 못 하고 채무자에 대하여 구상권을 행사할 수도 없다.
⑤ 불법의 원인으로 인하여 재산을 급여하거나 노무를 제공한 때에 그 불법원인이 수익자에게만 있는 경우에는 그 이익의 반환을 청구할 수 있다.

40 **다음은 불법행위에 관한 설명이다. 타당한 것으로 볼 수 없는 경우는?**

① 타인의 불법행위에 대하여 자기 또는 제3자의 이익을 방위하기 위하여 부득이 타인에게 손해를 가한 자는 배상할 책임이 없다. 그러나 피해자는 불법행위에 대하여 손해의 배상을 청구할 수 있다.
② 급박한 위난을 피하기 위하여 부득이 타인에게 손해를 가한 경우에는 배상할 책임이 없다.
③ 타인의 명예를 훼손한 자에 대하여는 법원은 피해자의 청구에 의하여 손해배상에 갈음하거나 손해배상과 함께 명예회복에 적당한 처분을 명하여야 한다.
④ 배상의무자는 그 손해가 고의 또는 중대한 과실에 의한 것이 아니고 그 배상으로 인하여 배상자의 생계에 중대한 영향을 미치게 될 경우에는 법원에 그 배상액의 경감을 청구할 수 있다.
⑤ 불법행위로 인한 손해배상의 청구권은 피해자나 그 법정대리인이 그 손해 및 가해자를 안 날로부터 3년간 이를 행사하지 아니하거나 불법행위를 한 날로부터 10년을 경과한 때에는 시효로 인하여 소멸한다.

– 본 회차 시험 종료 –

제3회 적중 실전모의고사

01 회계원리

01 **유형자산 및 투자부동산에 대한 설명으로 옳지 않은 것은?**

① 투자부동산은 임대수익이나 시세차익을 얻기 위하여 보유하는 부동산을 말하므로 본사 사옥으로 사용하고 있는 건물은 투자부동산이 아니다.
② 원가모형을 적용하는 투자부동산은 손상회계를 적용하지 아니한다.
③ 투자부동산에 대하여 공정가치모형을 적용할 경우 공정가치 변동으로 발생하는 손익은 발생한 기간의 당기손익에 반영한다.
④ 수익·비용 대응원칙에 따라 기업의 수익창출 활동에 기여한 기간동안 유형자산의 취득원가를 비용으로 인식하는 것이다.
⑤ 토지구획정리비, 등록세는 유형자산 취득원가에 포함되나, 재산세는 이에 포함되지 않는다.

02 **시산표에 관한 설명으로 옳지 않은 것은?**

① 시산표를 통해서도 거래의 누락, 이중기입 등은 발견할 수 없다.
② 미지급비용은 영구계정이나, 급여는 임시계정에 해당한다.
③ 매출, 매출원가 등은 집합손익 계정에 집합되나, 미수임대료는 집합손익계정에 집합되지 않는다.
④ 수정전시산표에는 선급비용과 선수수익의 계정과목이 나타날 수 있으며, 수익과 비용 계정과목이 나타날 수도 있다.
⑤ 시산표는 총계정원장 기록을 요약 및 검증하는 일람표의 기능을 하는데, 결산시 필수적으로 작성하여야 한다.

03 **㈜경록은 기계장치를 취득하는 조건으로 20X1년 7월 1일에 국고보조금 ₩800,000을 수령하여 20X1년 10월 1일에 기계장치 ₩8,000,000을 취득·설치하였다. 기계장치의 내용연수는 10년이고 잔존가치 없이 정액법에 의하여 월할상각하는 경우 20X1년말 기계장치의 장부금액은 얼마인가?** (단, 국고보조금은 자산에서 차감하여 처리한다)

① ₩7,000,000
② ₩7,020,000
③ ₩7,200,000
④ ₩7,800,000
⑤ ₩8,000,000

04 **다음 중 포괄손익계산서에 표시되는 계정과목이 아닌 것은?**

① 이자비용
② 법인세비용
③ 매출원가
④ 미지급비용
⑤ 사채상환이익

05 다음 자료를 이용하여 재무상태표에 표시될 현금 및 현금성자산을 구하면?

• 당좌예금	₩1,000
• 수입인지	500
• 우편환증서	500
• 배당금지급통지표	400
• 타인발행수표	300
• 차용증서	600
• 통화	700
• 만기도래국채이자표	300
• 선일자수표	200

① ₩4,500 ② ₩4,000
③ ₩3,500 ④ ₩3,200
⑤ ₩2,900

06 다음 중 수익의 인식기준에 대한 설명으로 틀린 것은?

① 시용판매 : 고객이 매입의사를 표시한 날
② 공연입장료 : 공연이 개최되는 시점
③ 위탁판매 : 수탁자가 제3자에게 판매하는 시점
④ 수출대행업 : 수출액을 수익으로 수수료를 비용으로 각각 인식
⑤ 잡지구독료 : 구독기간에 걸쳐 정액법으로 인식

07 다음 중 회계상 거래가 아닌 것을 모두 고르면?

ㄱ. 보유한 토지를 차입금에 대한 담보로 제공하였다.
ㄴ. 상가건물에 대한 임차계약을 체결하였다.
ㄷ. 본사건물 복도에 전시된 미술품을 도난당하였다.
ㄹ. 건물을 사용함에 따라 건물의 장부금액이 하락하였다.
ㅁ. 임차한 건물에 대한 월세를 지급하였다.

① ㄱ, ㄴ ② ㄴ, ㄷ ③ ㄱ, ㅁ
④ ㄱ, ㄷ, ㄹ ⑤ ㄹ, ㅁ

08 서울골프클럽은 20X1.12.15에 ₩900,000이 소요되는 배수설비를 설치했으나, 다음 달까지 이 공사대금 지급을 연기했기 때문에 12월 중에 이 거래를 장부에 기록하지 않았다. 이로 인해 20X1.12.31의 재무상태표 각 항목에 미치는 영향은?

	총자산	총부채	자본
①	과소계상	과소계상	과소계상
②	과대계상	과대계상	과대계상
③	과소계상	과소계상	영향없음
④	과대계상	과소계상	과대계상

⑤ 정당한 회계처리로서 각 항목은 적정하게 계상되어 있음

09 다음 자료를 기초로 하여 매출원가를 계산하면 얼마인가?

항 목	금 액	비 고
기초재고액	₩100,000	
당기매입액	₩500,000	도착지 인도조건의 미착상품 ₩30,000 포함
기말재고액	₩50,000	창고보유분
시 송 품	₩30,000	고객이 매입의사를 표시한 금액 ₩10,000
적 송 품	₩100,000	60% 판매완료

① ₩430,000 ② ₩440,000
③ ₩450,000 ④ ₩460,000
⑤ ₩470,000

10 다음 항목들을 이용하여 유동자산합계액을 산출하면 얼마인가?

• 현금과예금	₩180,000
• 이익잉여금	₩250,000
• FV-PL금융자산	₩120,000
• 매 입 채 무	₩79,000
• 장기금융상품	₩2,500
• 상 품	₩465,000
• 선 급 비 용	₩15,000
• 매 출 채 권	₩267,000
• 비 품	₩20,000

① ₩1,047,000 ② ₩1,044,500
③ ₩1,029,500 ④ ₩1,009,500
⑤ ₩1,005,500

11 **다음 중 금융자산에 관한 설명으로 옳지 않은 것은?**

① 당기손익-공정가치 측정(FVPL) 금융자산의 평가 및 처분에 따른 손익은 포괄손익계산서에 당기손익으로 인식한다.
② 금융자산은 해당 금융상품의 계약당사자가 되는 때에 재무상태표에 인식한다.
③ 공정가치란 시장참여자 사이의 정상거래에서 자산을 매도하면서 수취하거나 부채를 이전하면서 지급하게 될 가격을 말한다.
④ FVPL 금융자산은 재무상태표에 상각후원가로 표시한다.
⑤ FVPL 금융자산의 취득과 직접 관련되는 거래원가는 최초 인식하는 공정가치에 가산하지 않고 즉시 비용으로 인식한다.

12 **당사의 매출은 전액 신용매출이며 현금매출은 없다. 다음 자료를 이용하여 당기매입액을 계산하면 얼마인가?**

• 기초재고금액	₩120,000
• 기말재고금액	₩90,000
• 기초매출채권	₩60,000
• 기말매출채권	₩42,000
• 매출채권회수액	₩430,000(대손은 없다)
• 매출총이익률은 30%이다.	

① ₩230,000　② ₩258,400
③ ₩270,000　④ ₩298,400
⑤ ₩350,000

13 **기계장치를 액면금액 ₩1,000,000, 3년 만기, 무이자부어음을 발행하고 취득하였다. 기계장치의 공정가치와 어음의 현재가치는 ₩751,315으로 동일하다. 기계장치 취득 시의 분개로서 적절한 것은?**

①	(차) 기계장치	800,000
	현재가치할인차금	200,000
	(대) 장기성미지급금	1,000,000
②	(차) 기계장치	1,000,000
	(대) 장기성미지급금	1,000,000
③	(차) 기계장치	751,315
	현재가치할인차금	248,685
	(대) 장기성미지급금	1,000,000
④	(차) 기계장치	751,315
	(대) 장기성미지급금	751,315
⑤	(차) 기계장치	1,000,000
	현재가치할인차금	248,685
	(대) 장기성미지급금	1,000,000
	현재가치할인차금	248,685

14 **㈜경록은 영업개시 첫 연도이며, 수정전시산표의 소모품계정에는 ₩124,000으로 차변기입되어 있다. 기말의 소모품 재고액이 ₩36,000이라면, 소모품에 대해 적절한 수정분개를 했을 때의 영향으로 맞는 것은?**

① 순이익에는 영향이 없다.
② 비용은 ₩36,000만큼 증가한다.
③ 자산은 ₩124,000만큼 감소한다.
④ 비용은 ₩88,000만큼 증가한다.
⑤ 부채는 ₩88,000만큼 증가한다.

15 **㈜경록의 포괄손익계산서상 당기순이익은 ₩2,300,000이다. 이에 대한 외부회계감사 결과, 다음과 같은 오류가 발견된 경우 ㈜경록의 정확한 당기순이익은 얼마인가?**

• 자기주식처분이익 과대계상 : ₩270,000
• FV-OCI금융자산 처분이익 과소계상 : ₩70,000
• FV-OCI금융자산 평가이익 과대계상 : ₩20,000
• FV-PL금융자산 평가손실 과소계상 : ₩60,000

① ₩2,330,000　② ₩2,040,000
③ ₩2,370,000　④ ₩2,310,000
⑤ ₩2,110,000

3회

16 다음 현금과부족 계정내용에 대한 설명으로 틀린 것은 무엇인가?

현금과부족			
9/25 현금	100,000	10/ 5 접대비	70,000
		12/31 (　　)	30,000

① 9/25 현금 시재액이 장부상 현금보다 ₩100,000 적음을 발견하였다.
② 10/5 현금과부족 중 ₩70,000은 접대비 지출액으로 판명되었다.
③ 12/31 결산일 현재 현금과부족 중 원인불명 잔액은 ₩30,000이다.
④ 12/31 괄호 안에 들어갈 계정과목은 잡이익 계정이다.
⑤ 12/31 재무상태표에 계상될 현금과부족 금액은 없다.

17 20X1년 10월 1일에 FV-PL금융자산인 주식 300주를 @₩8,000에 취득하였다. 결산일인 20X1년 12월 31일 현재 주식의 공정가치가 @₩8,500인 경우 결산분개가 포괄손익계산서에 미치는 영향으로 맞는 것은?

① 영업이익이 증가한다.
② 기타포괄이익이 증가한다.
③ 매출총이익이 증가한다.
④ 당기순이익이 증가한다.
⑤ 총포괄이익에는 영향이 없다.

18 회계기간이 1.1~12.31인 ㈜경록은 20X1년 초에 ₩15,000,000(내용연수 5년, 잔존가치 없음)에 취득한 기계장치를 연수합계법으로 감가상각하다가 20X2년 말에 ₩6,200,000에 매각하였다. 매각시 유형자산처분손익은 얼마인가?

① 이익 ₩400,000　② 이익 ₩200,000
③ 손실 ₩200,000　④ 손실 ₩400,000
⑤ 손실 ₩600,000

19 ㈜경록은 액면금액이 @₩5,000인 주식 300주를 @₩5,600에 발행하고 주식발행에 관련된 비용 ₩60,000을 현금으로 지급하였다. 일련의 거래가 ㈜경록의 당기손익에 미치는 영향으로 옳은 것은?

① 증가 ₩1,500,000　② 증가 ₩1,620,000
③ 증가 ₩180,000　④ 증가 ₩120,000
⑤ 영향 없음

20 ㈜경록의 부분재무상태표가 다음과 같은 경우 10월 1일에 보통주 200주를 주당 ₩3,000에 할인발행하였다면 이 거래 후 주식할인발행차금은 재무상태표에 얼마로 표시되는가?

부분재무상태표(9월 30일 현재)	
보통주자본금(액면 ₩5,000)	₩1,000,000
주식발행초과금	₩200,000

① ₩200,000　② ₩400,000
③ ₩600,000　④ ₩800,000
⑤ ₩900,000

21 ㈜경록은 제품매출액의 2%에 해당하는 금액을 제품보증비용(보증기간 2년)으로 추정하고 있다. 20X1년 매출액은 ₩3,000,000이고 실제 제품보증비용 지출액은 20X1년 ₩32,000, 20X2년 ₩34,000이었다. 20X2년 매출액이 없다면 ㈜경록의 20X2년도 포괄손익계산서상 제품보증비용은 얼마인가?

① ₩2,000　② ₩3,000
③ ₩4,000　④ ₩5,000
⑤ ₩6,000

22 **20X1년 초 다음과 같은 조건의 사채를 ₩87,566에 발행하였다. 20X2년 말 이자지급 후, 동 사채 전부를 ₩93,000에 조기상환할 경우 사채상환이익은?** (금액은 소수점 첫째자리에서 반올림하며 단수차이가 있는 경우 가장 근사치를 선택한다)

- 액면금액 : ₩100,000
- 표시이자율 : 연 5%(매년 말 이자지급)
- 유효이자율 : 연 10%
- 사채의 만기 : 3년(만기 일시상환)

① ₩1,228 ② ₩2,455 ③ ₩5,000
④ ₩5,434 ⑤ ₩7,000

23 **재무제표 및 재무보고와 회계원칙에 대한 설명으로 옳지 않은 것은?**

① 재무제표는 기말 재무상태표, 기간 포괄손익계산서, 기간 현금흐름표, 기간 자본변동표, 주석으로 구성된다.
② 일반적으로 인정되는 회계원칙(GAAP)은 모든 국가가 동일하다.
③ 기업은 재무상태 및 경영성과는 발생주의에 의해 작성하고, 현금흐름정보는 현금주의에 의하여 작성하여야 한다.
④ 우리나라는 2011년부터 한국채택국제회계기준을 전면 도입하였다.
⑤ 일반적으로 인정된 회계원칙으로 재무제표를 작성하게 되면 비교가능성 및 이해가능성이 높아진다.

24 **재고자산의 평가방법 중 선입선출법이 가지는 특징으로 옳지 않은 것은?**

① 선입선출법은 재고의 실물 흐름에 관계없이 먼저 매입된 재고가 먼저 팔리는 것으로 본다.
② 선입선출법을 사용할 경우 재무상태표에 표시되는 재고자산 금액이 현행원가에 가깝게 되는 특징이 있다.
③ 선입선출법은 한국채택국제회계기준에서 허용하는 재고자산의 평가방법이다.
④ 선입선출법을 사용할 경우 매출원가가 현행원가에 가깝게 되는 특징이 있다.
⑤ 선입선출법은 장기간 보관하게 되면 품질이 저하되는 경향이 있는 식료품이나 의류 등의 재고관리에 적합한 재고자산 평가방법이다.

25 **㈜경록은 20X1.9.1.에 건물 화재보험료**(20X1.9.1 ~ 20X2.9.1)**를 지급하고 전액 보험료로 비용처리하였다. 결산일인 20X1.12.31에 월할계산하여 선급보험료 ₩1,800,000을 계상하였다면 20X1.9.1에 지급한 화재보험료는 얼마인가?**

① ₩1,500,000 ② ₩2,100,000
③ ₩2,300,000 ④ ₩2,500,000
⑤ ₩2,700,000

26 **건물의 취득원가로 기록해야 할 금액은 얼마인가?**

가게로 사용하기 위해 토지와 건물을 ₩800,000에 일괄 구입하였다. 구입 당시 건물의 공정가치는 ₩200,000이고, 토지의 공정가치는 ₩800,000이다.

① ₩0 ② ₩150,000
③ ₩160,000 ④ ₩200,000
⑤ ₩600,000

27 **㈜경록이 20X1년 초에 착공하여 20X2년 말에 완공한 건설계약에 대한 자료가 다음과 같을 때, 20X1년에 인식해야 할 공사이익은 얼마인가?** (수익은 진행기준으로 인식하며, 공사진행률은 발생한 누적계약원가를 추정총계약원가로 나누어 산정한다)

구 분	20X1년	20X2년
총 계약금액	₩100,000	₩100,000
연도별 발생원가	₩38,000	₩42,000
연도 말 추정 추가완성원가	₩42,000	₩0

① ₩4,000 ② ₩9,500 ③ ₩18,050
④ ₩38,000 ⑤ ₩47,500

28 **다음 자료를 이용하여 계산된 20×1년도 재무활동 순현금흐름은?** (단, 이자지급은 재무활동으로 분류하며, 납입자본의 변동은 현금 유상증자에 의한 것이다)

• 이자비용 : ₩5,000 • 재무상태표 자료

구 분	20×1년 초	20×1년 말
자본금	₩20,000	₩40,000
주식발행초과금	15,000	40,000
단기차입금	36,000	30,000
미지급이자	7,000	10,000

① ₩30,000 ② ₩32,000
③ ₩35,000 ④ ₩37,000
⑤ ₩40,000

29 **다음 중 내부적으로 창출한 무형자산의 원가에 해당하지 않는 것은 무엇인가?**

① 법적 권리를 등록하기 위한 수수료
② 무형자산을 운용하는 직원의 교육훈련과 관련된 지출
③ 무형자산의 창출에 사용되었거나 소비된 재료원가, 용역원가
④ 무형자산의 창출을 위하여 발생한 종업원급여
⑤ 무형자산의 창출에 사용된 특허권과 라이선스의 상각비

30 **다음 중 회계변경을 회계정책의 변경과 회계추정의 변경으로 구분하는 경우에 회계정책의 변경에 속하는 것은 무엇인가?**

① 감가상각자산에 대한 내용연수를 변경
② 품질보증충당부채에 대한 추정치를 변경
③ 감가상각자산에 대한 감가상각방법을 정률법에서 정액법으로 변경
④ 유형자산에 대한 평가모형을 원가모형에서 재평가모형으로 변경
⑤ 수취채권에 대한 대손추정률을 변경

31 **현금주의에 의한 당기순이익이 ₩720,000인 경우 다음 자료에 의하여 발생주의에 의한 당기순이익을 계산하면 얼마인가?**

• 당기감가상각비	₩80,000
• 매입채무 증가	₩60,000
• 미지급비용 감소	₩40,000
• 매출채권 증가	₩70,000
• 선수금 증가	₩30,000

① ₩660,000 ② ₩620,000
③ ₩690,000 ④ ₩740,000
⑤ ₩590,000

32 **甲은 방학 때마다 아르바이트를 하였으나 이번 방학 때에는 아르바이트를 하는 대신 남미배낭여행을 떠나기로 하였다. 甲이 배당여행을 위해 포기해야 하는 아르바이트 급여를 가장 잘 표현하는 개념은?**

① 매몰원가 ② 기회원가
③ 포기원가 ④ 투자원가
⑤ 차액원가

33 **다음 중 제조기업의 제조원가명세서에 나타나지 <u>않는</u> 항목은 무엇인가?**

① 기초원재료재고액 ② 당기총제조비용
③ 기말원재료재고액 ④ 기말재공품재고액
⑤ 기말제품재고액

34 **경록사의 12월 중 원가자료가 다음과 같을 때 기간원가는 얼마인가?**

• 직접재료원가	₩20,000
• 직접노무원가	₩30,000
• 공장감가상각비	₩5,000
• 사무용 소모품비	₩7,000
• 판매원의 급료	₩3,000
• 공장수도광열비	₩4,000
• 간접노무원가	₩6,000

① ₩3,000 ② ₩7,000
③ ₩10,000 ④ ₩16,000
⑤ ₩22,000

35 **2개의 제조부문과 2개의 보조부문으로 이루어진 ㈜경록의 부문간 용역제공에 관련된 다음 자료를 이용하여 제조부문 B에 배부되는 보조부문 원가의 총액을 계산하면 얼마인가?** (단, 상호배부법을 사용할 것)

용역 \ 용역사용	제조부분		보조부문	
	A	B	S_1	S_2
A	100%	—	—	—
B	—	100%	—	—
S_1	40%	30%	—	30%
S_2	50%	20%	30%	—
부문별 발생원가	₩600,000	₩450,000	₩201,000	₩240,000

① ₩150,000 ② ₩155,000
③ ₩156,000 ④ ₩162,000
⑤ ₩171,000

36 **다음 자료에 의하여 제조지시서 #1이 완성되었을 때의 완성품원가를 산출하면 얼마인가?** (단, 제조간접원가는 120,000이며 직접노무원가법으로 배부함)

	제조지시서#1	제조지시서#2
재료원가	₩400,000	₩125,000
노무원가	180,000	120,000
월초 재공품	20,000	10,000

① ₩625,000 ② ₩652,000
③ ₩672,000 ④ ₩695,000
⑤ ₩702,000

3회

37 **다음은 최근 5개월간의 제조간접원가 관련 원가자료이다. 고저점법을 이용하여 원가방정식을 추정하면?**

기간(월)	직접노동시간	제조원가
1	80,000시간	₩1,900,000
2	70,000시간	₩1,750,000
3	100,000시간	₩2,210,000
4	90,000시간	₩2,080,000
5	110,000시간	₩2,350,000

① y = 600,000 + 15x
② y = 600,000 + 20x
③ y = 600,000 + 25x
④ y = 700,000 + 15x
⑤ y = 700,000 + 20x

38 **㈜대한은 전환원가에 대하여 활동기준원가계산을 적용하고 있다. 회사의 생산활동, 활동별 배부기준, 전환원가 배부율은 다음과 같다.**

활동	기계작업	조립작업	품질검사작업
배부기준	기계작업시간	부품수	완성품단위
전환원가 배부율	₩40/기계 작업시간당	₩15/부품 1단위당	₩25/완성품 1단위당

당기에 완성된 제품은 총 100단위이고, 제품 단위당 직접재료원가는 ₩100이다. 제품 단위를 생산하기 위해서는 3시간의 기계작업시간이 소요되며, 제품 단위당 제조원가가 ₩305이라고 할 때, 당기에 생산된 제품의 1단위에 필요한 부품수를 구하면?

① 5단위 ② 4단위 ③ 3단위
④ 2단위 ⑤ 1단위

39 **당사는 평균법에 의한 종합원가계산을 적용하고 있다. 다음 자료에 의하여 직접재료원가와 가공원가의 완성품 환산량 차이를 계산하면 얼마인가?** (단, 직접재료원가는 공정 초에 모두 투입되고 나머지 원가는 공정 전체에 균등하게 투입된다)

• 기초재공품	700단위, 완성도 40%
• 당기투입	4,300단위
• 기말재공품	600단위, 완성도 30%

① 410단위 ② 420단위
③ 430단위 ④ 440단위
⑤ 450단위

40 **당사는 직접노무시간을 기준으로 제조간접원가를 예정배부하고 있다. 당기 제조간접원가 배부차이가 ₩42,000 과대배부인 것으로 나타난 경우 실제제조간접원가는 얼마인가?** (단, 당기 제조간접원가 예산은 ₩490,000, 예정조업도는 70,000시간, 실제조업도는 80,000시간이었다)

① ₩518,000 ② ₩527,000
③ ₩529,000 ④ ₩530,000
⑤ ₩532,000

– 다음면에 계속 –

02 공동주택시설개론

41 건축물의 구조에 관한 설명으로 옳지 <u>않은</u> 것은?

① 라멘(Rahmen)구조는 슬래브와 벽체만으로 하중을 지지하는 건식구조이다.
② 쉘(Shell)구조는 곡면판재(플래이트)의 역학적 특성을 이용한 것으로 하중을 면내응력으로 전달하는 구조이다.
③ 이중골조구조는 수평하중의 25% 이상을 부담하는 모멘트 연성골조가 전단벽이나 가새골조(braced frame)와 조합되어 있는 구조방식이다.
④ 트러스(Truss)구조는 선형부재들을 삼각형 형상 핀접합으로 조립하여 각 부재가 축방향력을 받게 하는 구조이다.
⑤ 골조·전단벽구조는 수평력을 전단벽과 휨응력을 골조가 합성하여 저항하는 구조이다.

42 다음에서 설명하고 있는 지반조사 방법으로 옳은 것은?

> 토질조사에 있어서 중요한 지중의 토질분포, 토층의 구성, 지하수위 위치 등의 정보를 제공할 수 있고 토질의 주상도를 작성할 수 있는 지반조사 방법이다.

① 표준관입시험(Standard Penetration Test)
② 시험파기(Test pit)
③ 베인테스트(Vane Test)
④ 보링(Boring)
⑤ 틴월샘플링(Thin wall Sampling)

43 다음 중 표준관입시험에 대한 기술로 옳지 <u>않은</u> 것은?

① 흙의 성질, 강도를 판정하는 토질시험의 일종으로 특히 점토질지반에서 신뢰할 수 있는 지반조사방법이다.
② 샘플러를 지중에 30㎝ 관입시킬 때의 타격횟수 N값에 따라 지반의 역학적 성질을 추정하는 지반조사 방법이다.
③ 추의 무게는 63.5㎏으로 하고 낙하고는 76㎝ 높이로 한다.
④ N값이 동일하더라도 점토질 지반과 모래지반의 지내력의 판정은 다르다.
⑤ N값이 클수록 견고한 잘 다져진 경질지반이고, 작을수록 다져지지 않은 무른 연질지반이다.

44 다음 중 거푸집에 대한 콘크리트의 측압에 대한 설명으로 옳지 <u>않은</u> 것은?

① 측압은 거푸집에 가해지는 콘크리트의 수평방향의 압력을 의미한다.
② 콘크리트 헤드(concrcete head)란 타설된 콘크리트의 윗면으로부터 최대 측압면까지의 거리를 말한다.
③ 측압은 콘크리트 물시멘트비가 크거나 배합이 부배합일수록 크다.
④ 온도가 높을수록 수분증발이 빨라져 측압은 크다.
⑤ 벽두께가 두꺼울수록, 콘크리트 붓기속도가 빠를수록 측압은 크다.

45 다음 중 유동화콘크리트에 대한 설명으로 옳지 않은 것은?

① 물의 사용량을 줄이면서도 시공연도를 향상시키기 위하여 베이스콘크리트에 유동화제를 첨가한 콘크리트이다.
② 보통 콘크리트보다 유동성은 크면서도 단위수량은 작게 사용하며 경화 후 건조수축이 작아 균열이 감소된다.
③ 동일한 단위시멘트량을 갖는 보통콘크리트에 비해 부착강도가 큰 장점이 있는 콘크리트이다.
④ 유동화콘크리트 제조시 유동화제를 첨가하기전의 기본배합의 콘크리트를 베이스콘크리트라 한다.
⑤ 슬럼프 증가량은 100mm 이하를 원칙으로 하며 50~80mm를 표준으로 한다.

46 콘크리트 크리프에 대한 설명으로 옳은 것은?

① 물시멘트비가 작을수록, 대기중의 습도가 낮을수록 증가한다.
② 초기변형값은 크나 재하시간의 경과에 따라 점차 감소한다.
③ 재령이 적은 콘크리트에 재하시기가 빠를수록 감소한다.
④ 압축철근 배치와는 관계가 없다.
⑤ 재하응력이 클수록 감소한다.

47 철골부재 접합 중 용접의 용어와 그 설명으로 옳지 않은 것은?

① 스캘럽(scallop)은 용접선이 교차할 경우 이를 피하기 위하여 오목하게 파놓은 것이다.
② 가우징은 용접 금속과 모재가 융합되지 않고 겹쳐지는 것이다.
③ 모살용접(Fillet welding)은 한쪽의 모재끝을 다른 모재면에 겹치거나 맞대어 그접촉부분의 모서리를 용접하는 것이다.
④ 언더컷(under cut)은 용접상부에 모재가 녹아 용착금속이 채워지지 않고 홈으로 남게 된 부분이다.
⑤ 슬래그(Slag) 혼입은 용접봉의 피복재 심선과 모재가 변하여 생긴 화분이 용착 금속내에 혼입된 것이다.

48 다음 철골공사에 대한 설명으로 옳지 않은 것은?

① 철골은 화재에 의한 강성저하가 우려되므로 반드시 내화피복을 하여야 한다.
② 리벳치기에서 리벳은 보통 800℃~1,000℃ 정도로 가열한 것을 사용한다.
③ 철골의 용접면이나 콘크리트에 묻히는 부분은 녹막이 칠을 하지 않는다.
④ 용접은 응력전달이 확실하고 단면결손이 없어 강재가 절약되며 결함에 대한 검사가 용이하다.
⑤ 고장력 볼트는 접합재 사이의 마찰력에 의해 응력을 전달하는 마찰접합으로 표준볼트장력은 설계볼트 장력을 10% 할증할 값으로 한다.

49 다음 중 블록쌓기에 대한 기술로 옳지 않은 것은?

① 블록은 깨끗한 건조상태로 저장되어야 하고, 담당원의 승인 없이는 물축임을 해서는 안 된다.
② 보강블록조와 라멘구조가 접하는 부분은 라멘구조를 먼저 시공한 후 보강블록조를 쌓는다.
③ 기온이 4℃ 이하일 때는 모르타르나 그라우트의 온도가 4℃ 이상 49℃ 이하가 되도록 골재 및 물을 가열한다.
④ 모르타르 또는 그라우트를 사춤하는 높이는 3켜 이내로 한다.
⑤ 모르타르나 그라우트의 비빔은 기계비빔을 원칙으로 하고 시간은 기계믹서를 사용하는 경우 최소 5분 동안 비벼야 하며, 원하는 시공연도가 되도록 한다.

50 **벽돌조 내쌓기에 관한 기술로 옳지 않은 것은?**

① 내쌓기는 벽돌을 벽면에서 부분적으로 내밀어 쌓는 방식이다.
② 맨 위는 2켜 내쌓기로 한다.
③ 내쌓기의 한도는 2B 이내로 한다.
④ 한 켜씩 내쌓기 할 때는 1/4B 정도 내쌓는다.
⑤ 마구리 쌓기로 쌓는 것이 구조적으로 유리하다.

51 **다음 타일공사에서 동해를 방지하기 위한 방법으로 옳지 않은 것은?**

① 타일은 가급적 소성온도가 높고 흡수성이 작은 타일을 사용한다.
② 모르타르의 부착력을 높여주기 위하여 외벽에는 도기질 타일을 사용한다.
③ 붙임용 모르타르 배합비는 1:2 정도의 부배합으로 하는 것이 효과적이다.
④ 줄눈 모르타르에 방수액을 섞어 시공하여 빗물이 침투하지 않도록 한다.
⑤ 줄눈 누름을 충분히 하여 물의 침투를 방지하고 타일 바름 밑바탕 시공을 밀실하게 한다.

52 **다음 중 시멘트 모르타르 미장공사에서 대한 설명으로 옳지 않은 것은?**

① 시멘트와 모래의 용적배합비는 1 : 3 정도로 하여 초벌, 재벌, 정벌 순으로 바르고 서서히 건조시킨다.
② 메탈라스(Metal lath)는 벽면적이 넓을 때 미장 바탕용으로 사용한다.
③ 시멘트 모르타르는 초벌바름 후 고름질 하고 가급적 빠른 시간내에 재벌바름을 한다.
④ 미장 바름은 위에서 아래로 하는 것을 원칙으로 하며 실내는 천장, 벽, 바닥순으로 한다.
⑤ 정벌바름에서 나무 흙손을 사용하면 바름면이 거칠고 흙손 자국이 나기 쉬우므로 쇠흙손을 사용한다.

53 **출입문에 사용하여 사용하지 않을 때는 조금 열려있게 하는 것으로 주로 공중화장실이나 공중전화실에 사용하는 창호철물은?**

① 도어체크(door check)
② 도어행거(door hanger)
③ 도어스톱(door stop)
④ 크레센트(crecent)
⑤ 레버토리힌지(lavatory hinge)

54 **방습공사에 관한 설명으로 옳지 않은 것은?**

① 방습재료의 품질기준을 정하는 항목에서 강도는 23℃에서 15N 이상이고 발화하지 않아야 한다.
② 신축성 시트계 방습공사에서 비닐필름 방습층은 접착제를 사용하여 완전하게 금속바닥판에 밀착되도록 시공한다.
③ 아스팔트 방습층 공사에서 아스팔트 펠트, 아스팔트 루핑 등의 너비는 벽체 등의 두께보다 15㎜ 내외로 좁게 하고 직선으로 잘라 쓴다.
④ 방수 모르타르방습층 공사에서 바름두께 및 횟수는 정한 바가 없을 때는 두께 10㎜ 내외의 2회 바름으로 한다.
⑤ 콘크리트 다짐바닥, 벽돌깔기 등의 바닥면에 방습층을 둘 때에 사용되는 아스팔트 펠트, 비닐지의 이음은 100㎜ 이상 겹친다.

55 **미장공사에서 대한 설명으로 옳지 않은 것은?**

① 석고플라스터는 경화, 건조 속도가 빨라 가장 빨리 페인트를 칠할 수 있다.
② 시멘트 뿜칠공사에서 초벌뿜칠 후 가능하면 최대한 빠른 시간 내에 재벌바름을 한다.
③ 돌로마이트 플라스터는 습기가 많은 지하실 등에는 사용하기 부적합하다.
④ 물기가 많은 바탕면은 통풍이나 기계건조 등에 의해 물기를 조정한 후 바름작업을 시작한다.
⑤ 바름면은 바람 또는 직사광선 등에 의한 급속한 건조를 피하고 서서히 건조시킨다.

3회

56 다음 중 도배공사의 표준시방서에 관한 설명으로 옳지 않은 것은?

① 도배공사를 시작하기 72시간 전부터 시공 후 48시간이 경과할 때까지는 시공 장소의 온도는 담당원과 협의하여 적정온도를 유지하도록 한다.
② 도배지를 종이에 풀칠하여 붙이는 방법은 직접붙임과 초배지 위 정배지 붙임의 2종류로 한다.
③ 도배지의 보관장소의 온도는 항상 5℃ 이상으로 유지되도록 하여야 한다.
④ 창호지의 중간 이음은 창살에 오게 하고 풀칠하여 늘어남을 고려하여 5㎜ 내외 짧게 마름질하고, 갓둘레는 도련질한다.
⑤ 정배지 이음은 공사시방에서 정한 바가 없을 때는 10㎜ 내외 겹치기로 하고 갓둘레 풀칠하여 붙인 후, 표면에서 솔 또는 헝겊으로 눌러 밀착시킨다.

57 다음 도장공사 중 뿜칠 시공에 관한 설명으로 옳은 것은?

① 건과 도장면과는 30cm 정도를 표준으로 하여 흘러내리지 않도록 약간 기울여서 이동한다.
② 뿜칠의 공기압이 너무 높으면 도장면이 거칠게 되고, 낮으면 칠의 유실이 많아지므로 유의한다.
③ 도막두께를 일정하게 유지하기 위하여 건은 도장면이 겹쳐지지 않게 순차적으로 이행한다.
④ 1회 도장에 두꺼운 도막을 얻을 수 있으나 초기 건조가 느리고 작업능률이 나쁘다.
⑤ 롤러칠보다 페인트가 많이 소요되며 2회분의 도막 두께를 한 번에 도장하지 아니하도록 한다.

58 다음 중 외벽의 소음방지대책에 관한 기술로 옳지 않은 것은?

① 가급적 흡음률이 작은 재료를 사용한다.
② 밀실하고 비중이 큰 재료를 사용한다.
③ 가능하면 이중벽쌓기로 한다.
④ 공기누출이 없도록 미장바름을 한다.
⑤ 음의 투과손실률이 작은 재료를 사용한다.

59 시멘트 320kg으로 콘크리트 1㎥를 생산하고자 할 때 필요한 물의 용적으로 옳은 것은?(물시멘트비는 60%로 한다)

① 0.192㎥ ② 0.242㎥ ③0.342㎥
④ 0.462㎥ ⑤ 0.555㎥

60 다음 중 표준품셈에 의한 할증률 적용에 대한 사항으로 옳지 않은 것은?

① 상시 일반적으로 사용하는 일반공구 및 시험용 계측기구류의 공구손료는 인력품의 3%까지 계상한다.
② 소음, 진동 등의 사유로 작업 능력저하가 현저할 때 품의 할증 시 50%까지 가산할 수 있다.
③ 건물 지하층의 할증률에서 지하 6층 이하는 상황에 따라 별도 계상한다.
④ 내화벽돌, 치장벽돌의 할증률은 시멘트벽돌, 시멘트블록의 할증률보다 크게 한다.
⑤ 지상 30층 건물의 경우 품의 할증률은 7%이다.

61 다음 중 열의 기본이론에 관한 설명으로 옳지 않은 것은?

① 대기압에 상당하는 표준 기압하에서 이론상의 물의 흡상높이는 10.332m이다.
② 비열은 어떤 물질 1kg을 1℃ 올리는데 필요한 열로 비열이 크면 열용량이 커지므로 열매로서 유리하다.
③ 순수한 물의 비열은 약 4.2kJ/kg·K 이고 공기의 정압비열은 1.01kJ/kg·K이다.
④ 0℃ 물이 100℃의 증기로 변하기 위해서는 현열 약 420kJ을 필요로 한다.
⑤ 난방도일은 그 지역의 추운정도를 나타내는 지표로 값이 클수록 연료 소비량이 증가한다.

62 급수설비에 관한 설명으로 옳은 것은?

① 절수설비는 별도의 부속이나 기기를 추가로 장착하지 아니하고도 일반 제품에 비하여 물을 적게 사용하도록 생산된 수도꼭지 및 변기를 말한다.
② 동일한 양의 물이 배관 내를 흐를 때 배관의 단면적이 2배가 되면 유속은 4배가 된다.
③ 물이 배관 내를 흐를 때 배관의 관지름이 1/2로 감소하면 유속은 2배가 된다.
④ 베르누이의 정리에 의하면 유속이 빠른 곳이 정압이 크다.
⑤ 수평주관에서의 각 수직관의 분기점, 각층 수평주관의 분기점에는 국부적 단수로 인한 급수계통의 수량 및 수압조정을 위하여 체크밸브를 설치한다.

63 급수설비에 관한 설명으로 옳지 않은 것은?

① 펌프의 성능곡선은 양수량, 전양정, 회전수, 동력, 효율 등의 관계를 나타낸 것이다.
② 초고층건물에서 급수계통을 적절하게 조닝하지 않으면 낮은 층일수록 수격작용이 발생하기 쉽다.
③ 공동현상(Cavitation)은 기구의 불비·불량 등의 결과로 인해 급수계통에 오수가 유입되어 급수가 오염되는 현상이다.
④ 수주분리(water column separation)란 관로에 관성력과 중력이 작용하여 물흐름이 끊기는 현상이다.
⑤ 서어징(surging) 현상은 송출압력과 송출유량 사이에 주기적인 변동이 일어나는 현상을 말한다.

64 배수 및 통기설비에 관한 설명으로 옳지 않은 것은?

① 통기수직관의 상부는 그 상단을 단독으로 대기 중에 노출시키거나 또는 가장 높은 위치에 있는 기구의 물넘침 수위에서 150mm 이상 높은 위치에서 신정통기관에 연결한다.
② 악취의 역류방지 능률을 높여주기 위하여 트랩은 가급적 이중으로 설치한다.
③ 배수부하 단위가 큰 대변기는 가능하면 수직관 가까이에 설치한다.
④ 오수정화조 배기관은 다른관과 연결하지 않고 단독으로 배관하여 배기한다.
⑤ 간접배수의 통기는 단독배관으로 한다.

3회

65 다음 중 오수정화조의 미생물 작용에 대한 설명에서 (   )안에 들어갈 내용으로 옳은 것은?

오수정화조의 (   )에는 호기성 미생물이 생육하므로 공기를 공급하여야 한다.

① 산화조 ② 소독조 ③ 부패조
④ 방류조 ⑤ 유량조절조

66 대변기 세정방식 중 시스턴식(탱크식)과 비교한 플러시밸브(세정밸브)식의 특징으로 옳지 않은 것은?

① 로우시스턴식보다 설치면적을 작게 차지한다.
② 시스턴식보다 급수관경이 작아도 된다.
③ 시스턴식보다 급수압이 높아야 한다.
④ 시스턴식보다 연속사용일 때 편리하다.
⑤ 시스턴식보다 급수관을 오염시킬 위험이 크다.

67 다음 중 도시가스설비에 대한 설명으로 옳지 않은 것은?

① 지하매설배관은 최고사용압력이 저압인 배관은 황색으로, 중압 이상인 배관은 붉은색으로 도색하여야 한다.
② 저압의 가스배관으로서 스테인리스강관, 금속제의 보호관이나 보호판으로 보호조치를 한 동관·가스용 금속플렉시블호스를 이음매(용접이음매 제외)없이 설치하는 경우에는 매설할 수 있다.
③ LPG는 발열량이 크고 비중이 작아 상대적으로 LNG보다 안전하여 도시가스에 사용한다.
④ 공동주택부지내에서 도시가스 배관을 지하에 매설하는 경우 지면으로부터 최소 0.6m 이상으로 한다.
⑤ 가스계량기는 전기계량기와 최소 60cm 이상 띄워서 설치하여야 한다.

68 스프링클러설비의 화재안전기준 중 (　　)안에 들어갈 내용으로 옳은 것은?

> 1. 가압송수장치의 정격토출압력은 하나의 헤드 선단에 (㉮) 메가파스칼 이상 (㉯) 메가파스칼 이하의 방수압력이 될 수 있게 하는 크기 일 것
> 2. 가압송수장치의 송수량은 0.1MPa 이상의 방수압력 기준으로 분당 (㉰) 리터 이상의 방수성능을 가진 기준개수의 모든 헤드로부터 방수량을 충족시킬 수 있는 양 이상으로 할 것.

① ㉮ 0.1　　㉯ 1.2　　㉰ 80
② ㉮ 0.17　　㉯ 1.2　　㉰ 130
③ ㉮ 0.25　　㉯ 0.7　　㉰ 250
④ ㉮ 0.35　　㉯ 0.7　　㉰ 350
⑤ ㉮ 0.35　　㉯ 1.0　　㉰ 450

69 다음 중 이산화탄소 소화설비의 용어에 관한 설명으로 옳지 않은 것은?

① "호스릴방식"이란 소화수 또는 소화약제 저장용기 등에 연결된 호스릴을 이용하여 사람이 직접 화점에 소화수 또는 소화약제를 방출하는 방식을 말한다.
② "충전비"란 소화약제 저장용기의 내부 용적과 소화약제의 중량과의 비(용적/중량)를 말한다.
③ "국소방출방식"이란 소화약제 공급장치에 배관 및 분사헤드를 설치하여 직접 화점에 소화약제를 방출하는 방식을 말한다.
④ "표면화재"란 목재 또는 섬유류와 같은 고체가연물에서 발생하는 화재형태로서 가연물 내부에서 연소하는 화재를 말한다.
⑤ "교차회로방식"이란 하나의 방호구역 내에 둘 이상의 화재감지기회로를 설치하고 인접한 둘 이상의 화재감지기에 화재가 감지되는 때에 소화설비가 작동하는 방식을 말한다.

70 어떤 건물에서 1일 최대 급탕량이 3,000(ℓ/d)이고, 가열기능력 비율이 20%일 때, 가열기 능력은?(단, 급탕온도 70℃, 급수온도 10℃, 물의 비열 4.2kJ/k)

① 16kW　　② 20kW　　③ 28kW
④ 42kW　　⑤ 210kW

71 다음 중 빙축열시스템에 대한 설명으로 옳지 않은 것은?

① 수축열시스템 방식에 비하여 초기투자비가 많이 들고 시스템이 복잡하다.
② 주야간의 전력불균형을 해소하고 심야전력 사용으로 전력비가 감소된다.
③ 축열로 열공급이 안정되어 냉동기를 고효율로 운전할 수 있으며 냉동기 및 열원설비 용량을 감소시킬 수 있다.
④ 얼음으로 축열하므로 설비의 점유면적을 감소시킬 수 있다.
⑤ 부하시간을 이동시켜 전기의 피크부하를 감소시킬 수 있는 시스템이다.

72 다음 중 난방용 보일러설비에 관한 특징으로 옳지 않은 것은?

① 보일러의 환산증발량이란 100℃의 물을 100℃의 증기로 증발시키는 것을 기준으로 하여 보일러의 실제 증발량을 환산한 것이다.
② 노통연관식 보일러는 보유수량이 많아 부하변동에는 안전하나 가격이 비싸고 수명이 짧다.
③ 관류형보일러는 증기발생이 빨라서 부하변동에 따른 추종성이 좋으나 수처리가 복잡하다.
④ 고위발열량은 연료 연소시 발생하는 수증기의 잠열을 포함한 것이다.
⑤ 수관식 보일러는 보유수량이 적어 부하변동에 안전하지 못하여 대규모건물에 사용하기 곤란하다.

73 온수난방과 비교한 증기난방의 특징으로 옳지 않은 것은?

① 잠열을 이용한 난방방식으로 온수난방보다 예열시간이 짧다.
② 온수난방에 비하여 유량제어가 어려워 실온조절이 곤란하다.
③ 온수난방에 비하여 소음이 많이 발생하나 쾌감도가 좋다.
④ 온수난방에 비하여 열순환 속도가 빠르다.
⑤ 온수난방에 비하여 방열기 면적을 작게 차지하고 시설비가 저렴하다.

74 다음 공기조화설비의 기본이론에 대한 설명으로 옳지 않은 것은?

① 건구온도가 일정할 때 상대습도가 높을수록 노점온도는 높아진다.
② 습공기선도에서 절대습도와 노점온도는 서로 평행하므로 상태점이 만들어지지 않는다.
③ 습공기 선도를 사용하면 수증기분압, 유효온도, 현열비, 잠열비 등을 알 수 있다.
④ 바이패스팩터(by pass factor)란 공조기에서 냉각코일이나 가열코일과 접촉하지 않고 통과하는 공기비율이다.
⑤ 엔탈피는 건조공기 1kg당의 습공기 속에 포함된 잠열형태의 열량이다.

3회

75 다음의 냉동기에 대한 설명 중 (　　)에 알맞은 용어는?

> 냉동기의 압축기에서 토출된 고온 고압의 냉매증기는 (㉠)에서 방열하고 액화한다. 이 때 방열되는 응축열로 물이나 공기를 가열하여 난방에 이용하는 장치를 (㉡)라 한다.

① ㉠ 흡수기 ㉡ 냉각탑
② ㉠ 팽창밸브 ㉡ 어프로치
③ ㉠ 증발기 ㉡ 어프로치
④ ㉠ 압축기 ㉡ 히트펌프
⑤ ㉠ 응축기 ㉡ 히트펌프

76 수변전 설비에 관한 내용으로 옳지 않은 것은?

① 부하설비용량은 부하밀도에 연면적을 곱하여 구한다.
② 부하율이 높을수록 전기설비가 효율적으로 사용되고 있음을 나타낸다.
③ 변압기 대수제어는 변압기를 여러 대 설치하여 부하상태에 따라 필요한 운전대수를 자동 또는 수동으로 제어하는 방식을 말한다.
④ 수용률이라 함은 부하설비 용량 합계에 대한 최대 수용전력의 백분율을 말한다.
⑤ 부등률은 값이 낮을수록 설비이용률이 높음을 나타낸다.

77 다음 중 전기설비의 옥내배선공사에 대한 기술로 옳지 않은 것은?

① 가요전선관(Flexible conduit)공사는 굴곡이 많아 금속관공사가 어려운 경우에 콘크리트 타설시 매입하여 사용한다.
② 라이팅덕트(lighting duct)공사는 광원을 이동시킬 필요가 있을 때 적합한 배선공사이다.
③ 버스덕트(Bus duct)공사는 대용량 공장의 간선에 적합한 배선공사방법이다.
④ 플로어덕트(floor duct)공사는 콘크리트 바닥에 덕트를 설치하고 전선을 매입하는 공사로 은행, 회사, 대규모 사무실, 백화점 등의 바닥공사에 사용한다.
⑤ 금속관(electric conduit)공사는 인입이나 교체는 용이하나 증설이 어려운 배선공사로 기계적 강도가 크고 화재에 대한 위험성이 적다.

78 엘리베이터의 안전장치에 대한 설명으로 옳은 것은?

① 균형추(counter weight)는 승강기의 과승강을 제어하는 기계적 안전장치이다.
② 종점스위치(stoping switch)는 최상층 및 최하층에서 승강기를 자동으로 정지시키는 전기적 안전장치이다.
③ 전자브레이크(magnet brake)는 전자석에 의해 엘리베이터를 정지시켜 주는 기계적 안전장치이다.
④ 조속기(governor)는 승강기가 과승강 했을 때 작동하여 카를 정지시키는 전기적 안전장치이다.
⑤ 완충기(buffer)는 기계실의 권상기 부하를 줄이고 전기의 절약을 위해서 사용하는 전기적 안전장치이다.

79 **건축물의 설비기준 중 피뢰설비에 관한 내용으로 옳지 않은 것은?**

① 피뢰설비의 재료는 최소 단면적이 피복이 없는 동선을 기준으로 수뢰부, 인하도선, 접지극은 50 ㎟ 이상의 성능을 갖추어야 한다.
② 위험물저장 및 처리시설에 설치하는 피뢰설비는 한국산업표준이 정하는 피뢰시스템레벨II 이상이어야 한다.
③ 돌침은 건축물의 맨 윗부분으로부터 20cm 이상 돌출시켜 설치하여야 한다.
④ 전기설비의 접지계통과 건축물의 피뢰설비 및 통신설비 등의 접지극을 공용하는 통합접지공사를 하는 경우에는 낙뢰 등으로 인한 과전압으로부터 전기설비 등을 보호하기 위하여 한국산업표준에 적합한 서지보호장치(SPD)를 설치하여야 한다.
⑤ 낙뢰의 우려가 있는 건축물 또는 높이 20m 이상의 건축물에는 한국산업표준이 정하는 피뢰레벨 등급 이상의 피뢰설비를 설치하여야 한다.

80 **다음 중 홈네트워크설비의 설치기준에 관한 사항으로 옳지 않은 것은?**

① 전자출입시스템은 화재발생 등 비상시, 소방시스템과 연동되어 주동현관과 지하주차장의 출입문을 수동으로 여닫을 수 있게 하여야 한다.
② 무인택배함의 설치수량은 소형주택 이상일 경우 세대수의 약 15~20%를 권장한다.
③ 원격제어기기는 전원공급, 통신 등 이상 상황에 대비하여 수동으로 조작할 수 있어야 한다.
④ 단지서버는 단지서버실에 설치할 것을 권장하나 집중구내통신실 또는 방재실에 설치할 수 있다.
⑤ 단지네트워크장비는 집중구내통신실 또는 통신배관실에 설치하여야 한다.

- 다음면에 계속 -

제3회 적중 실전모의고사

03 민법

01 **다음 중 甲의 의사표시만으로써 효과가 발생하는 경우가 아닌 것은?**

① 甲에게 1천만원의 차용채무를 지고 있는 乙이 그의 유일한 재산을 丙에게 증여한 경우 甲이 乙의 그 증여행위를 취소하는 경우
② 미성년자인 乙이 친권자 甲의 동의 없이 오토바이 매매계약을 체결하여 甲이 이를 취소하는 경우
③ 甲은 乙에게 자신의 땅을 1억원에 매도하는 계약을 체결하면서 계약금으로 1천만원을 받은 후, 며칠 뒤 계약금의 배액을 상환하며 해제하는 경우
④ 甲이 자신의 父인 乙의 재산에 대한 상속을 포기하는 경우
⑤ 후견인 甲이 피한정후견인 乙의 정수기 구입에 동의하는 경우

02 **제한능력자에 관한 설명으로 옳지 않은 것은?** (다툼이 있으면 판례에 의함)

① 한정후견개시심판의 청구권자에 지방자치단체의 장과 보건복지부장관도 포함된다.
② 특정후견이 개시된 경우 특정후견인은 피특정후견인이 단독으로 체결한 계약을 취소할 수 없다.
③ 피성년후견인이 일상생활에 필요하고 그 대가가 과도하지 않은 일용품을 구입한 경우 성년후견인은 그 법률행위를 취소할 수 없다.
④ 미성년자가 친권자로부터 허락받아 행하는 특정영업과 관련하여서는 그 친권자에게 법정대리권이 인정되지 않는다.
⑤ 경제적으로 미성년자에게 유리한 매매계약은 미성년자가 단독으로 체결했더라도 법정대리인이 취소할 수 있다.

03 **권리자의 일방적 의사표시로 법률관계의 변동을 일으키는 권리가 아닌 것은?** (다툼이 있으면 판례에 의함)

① 공유자의 공유물분할청구권
② 지상권자의 지료증감청구권
③ 지상권설정자의 지상물매수청구권
④ 건물임차인의 부속물매수청구권
⑤ 부동산공사수급인의 저당권설정청구권

04 **다음 중 특히 제한능력자와 거래한 상대방의 보호를 위한 고유한 제도라고 볼 수 없는 것은?**

① 철회권
② 속임수로 인한 취소권의 배제
③ 최고권
④ 취소권의 단기소멸
⑤ 거절권

05 **다음 중 법원이 선임한 부재자의 재산관리인에 관한 기술로서 맞는 것은?** (다툼이 있으면 판례에 의함)

① 재산관리인이 부재자를 위한 소송비용 때문에 타인으로부터 돈을 차용하고, 그 돈을 임대보증금으로 하여 부재자 소유의 임야를 골프장을 하는 채권자에게 임대하는 것은 법원의 허가를 요한다.
② 재산관리인이 무이자의 금전대여를 이자부로 하는 행위는 법원의 허가를 요한다.
③ 재산관리인은 일종의 임의대리인으로서 광범위한 권한을 갖는다.
④ 재산관리인이 법원의 허가를 얻어 부재자의 재산을 매도한 후 법원이 관리인 선임결정을 취소하면, 관리인의 그 처분행위는 무효로 된다.
⑤ 부재자의 사망이 확인된 경우라도 재산관리인의 권한이 당연히 소멸하는 것은 아니다.

06 **법인의 불법행위능력에 관한 설명으로 가장 타당한 것은?** (다툼이 있으면 판례에 의함)

① 법인의 불법행위능력에 관한 규정은 법인 아닌 사단에 유추적용되지 않는다.
② 법인이 대표자의 선임과 감독에 과실 없음을 증명한 때에는 법인의 불법행위(민법 제35조)가 성립하지 않는다.
③ 대표기관이 법인의 목적범위 외의 행위로 타인에게 손해를 가한 경우 사원이 단순히 그 사항의 의결에 찬성하였다고 하여 책임을 지는 것은 아니다.
④ 법인 아닌 사단 대표자의 행위가 직무에 해당하지 아니함을 피해자가 중대한 과실로 알지 못한 경우에는 법인 아닌 사단에 대하여 손해배상책임을 물을 수 없다.
⑤ 법인의 책임은 대표자의 사용자로서의 책임이다.

07 **법인 또는 비법인사단에 관한 설명이다 옳지 <u>않은</u> 것은?** (다툼이 있는 경우 판례에 의함)

① 이사의 대표권제한은 정관에 기재해야 효력이 있고, 나아가 그 사실을 등기해야 제3자에게 대항할 수 있다.
② 비법인사단의 대표자가 대표권제한에 위배하여 거래한 경우에는 상대방이 그 사실을 알았거나 알 수 있었을 경우가 아니라면 그 거래행위는 유효하다.
③ 대표권 없는 이사도 법인의 기관에 해당하므로 그가 불법행위를 한 경우에는 법인도 민법 제35조에 따른 불법행위책임을 부담한다.
④ 교회가 아직 실체를 갖추지 못하여 비법인사단으로서 성립되기 이전에 그 설립의 주체인 개인이 취득한 권리의무는 그것이 앞으로 성립될 교회를 위한 것이라고 하더라도 그에 관한 별도의 이전행위 없이 바로 비법인사단인 교회에 귀속될 수는 없다.
⑤ 법인은 법률의 규정에 의함이 아니면 성립하지 못한다.

08 **실종선고의 효과에 대하여 <u>틀린</u> 것은?**

① 실종선고를 받은 자가 생존하여 나타나면 실종선고의 효력은 당연히 상실된다.
② 생존의 입증만으로는 실종선고의 효과를 번복할 수 없고, 번복을 위해서는 실종선고의 취소가 있어야 한다.
③ 실종선고의 효과는 반증을 들어 다툴 수 없다.
④ 실종선고가 있기까지는 소송상 당사자능력이 없다고는 할 수 없고, 소송절차가 법률상 그 진행을 할 수 없게 된 때 즉 실종선고가 확정된 때에 소송절차가 중단된다.
⑤ 실종기간 만료시까지는 생존하는 것으로 보아야 한다.

3회

09 **주물과 종물에 관한 다음 설명 중 옳지 않은 것은?** (다툼이 있으면 판례에 의함)

① 피해자 소유의 축사 건물 및 그 부지를 임의경매절차에서 매수한 사람이 위 부지 밖에 설치된 피해자 소유 소독시설을 통로로 삼아 위 축사건물에 출입한 사안에서, 위 소독시설은 축사의 종물이 아니므로 위 출입행위는 건조물침입죄를 구성한다.

② 주물 위에 저당권이 설정된 경우 그 저당권의 효력은 저당권 설정 당시의 종물은 물론이고 설정 후의 종물에 대해서도 미친다.

③ 주물과 종물의 관계는 주된 권리·종된 권리에는 확대적용할 수 없다.

④ 종물은 주물의 처분에 따라야 하나 당사자 간의 반대특약도 가능하다.

⑤ 주물이 처분된 경우 동산인 종물에 대하여 상대방이 선의취득의 요건을 갖추면 종물이 타인소유라고 하더라도 종물의 소유권을 취득하게 되는 것이라고 볼 수 있다.

10 **법률사실과 법률요건에 관한 설명으로 틀린 것은?**

① 임대차계약은 청약과 승낙이라는 의사표시의 합치로 성립하는 법률요건이다.

② 어떤 사정을 알지 못한다는 의미에서의 선의도 법률사실이다.

③ 시간의 경과는 사람의 정신작용에 의하지 않는 법률사실이다.

④ 무권대리행위의 추인 여부에 관한 상대방의 최고는 의사의 통지이다.

⑤ 「민법」 제552조에 따라 상대방이 최고했음에도 해제권자의 통지가 없기 때문에 해제권이 소멸하는 효과는 당사자의 의사에 근거한다.

11 **甲은 대리인 乙을 통해 자신의 X부동산을 丙에게 매도하였고, 丙은 이를 다시 丁에게 전매하였다. 그런데 甲은 丙과의 매매계약이 불공정한 법률행위로서 무효임을 주장하고 있다. 다음 설명 중 옳지 않은 것은?** (다툼이 있으면 판례에 의함)

① 불공정한 법률행위인지의 여부를 판단하는 기준시기는 乙이 丙과 매매계약을 체결한 당시이다.

② 丙에게 궁박, 경솔 또는 무경험을 이용하고자 하는 의사가 없다면 불공정한 법률행위는 성립하지 않는다.

③ 경솔, 무경험은 乙을 기준으로, 궁박 상태에 있었는지 여부는 甲을 기준으로 판단한다.

④ 甲과 丙 사이의 매매계약이 불공정한 법률행위로서 무효가 되더라도 甲은 선의의 丁에게 대항할 수 없다.

⑤ 불공정한 법률행위로서 무효인 경우에는 그 후 甲이 추인하더라도 매매계약이 유효로 될 수 없다.

12 **다음 기술 중 틀린 것은?**

① 타인 소유의 부동산을 매매하는 계약은 법률적 불능에 해당하여 무효이다.

② 원시적 전부불능의 경우에 계약체결상의 과실책임이 문제된다.

③ 미등기 전매행위에 대하여 형사처벌을 규정한 「부동산등기특별조치법」의 입법취지를 고려해 볼 때 중간생략등기합의의 사법상 효력은 유효라고 보아야 한다.

④ 채무자에게 책임있는 사유로 인하여 급부가 불능으로 된 경우에 불능으로 인한 손해배상액수의 산정시기는 이행불능시를 표준으로 한다는 것이 판례의 태도이다.

⑤ 법률행위의 일부가 강행법규인 효력규정에 위반되어 무효가 되는 경우 나머지 부분의 유효 여부 판단은 개별법령에 일부무효의 효력에 관한 규정을 두고 있지 않는 한, 원칙적으로 일부무효의 법리에 관한 민법 제137조가 적용된다.

13 **매도인은 자기 소유의 X토지에 대하여 매수인과 매매계약을 체결하였으나 X토지의 지번 등에 착오를 일으켜 Y토지에 관하여 계약서를 작성한 후 매수인 명의로 이전등기를 해주었다. 다음 설명 중 맞는 것은?**

① 계약서상에 표시된 대로 Y토지에 관하여 매매계약이 성립한다.
② 착오가 발생하였으므로 매도인과 매수인은 모두 각각 취소할 수 있다.
③ Y토지가 매수인으로부터 제3자에게 적법하게 양도되었다면 제3자는 유효하게 소유권을 취득할 수 있다.
④ 매도인이 취소하기 전에는 Y토지에 대한 소유권이전등기의 말소를 청구할 수 없다.
⑤ 매수인은 X토지에 관하여 소유권이전등기를 청구할 수 있다.

14 **다음 중 착오에 의한 의사표시를 이유로 취소할 수 있는 것은?** (다툼이 있는 경우 판례에 의함)

① 토지매도인이 토지소유자가 아닌 경우
② 농지인 줄 알고 매수하였으나 실제로는 상당부분이 하천인 경우
③ 토지를 시가보다 비싸게 산 경우
④ 공장을 짓기 위하여 토지를 매수하였으나 이후 관할관청에 알아본 결과 공장설립허가가 허용되지 않는 토지인 경우
⑤ 상대방에 의하여 동기의 착오가 유발된 경우에는 그 의사표시를 취소할 수 있다.

15 **다음 중 의사표시의 효력에 관한 설명으로 옳은 것은?**

① 甲이 의사표시를 발송했는데 의사표시가 도달하기 전에 상대방 乙이 제한능력자가 된 경우 甲은 乙의 법정대리인이 그 도달을 알기 전이라도 그 의사표시의 효력을 주장할 수 있다.
② 의사표시자가 그 통지를 발송한 후 사망하거나 제한능력자가 되어도 의사표시의 효력에 영향을 미치지 않는다.
③ 착오에 의한 의사표시를 취소하는 것은 상대방의 신뢰에 어긋나는 것이므로 위법하다.
④ 부동산매매에 있어 매매목적물의 시가를 몰라 대금과 현실의 시가 간에 착오가 있는 경우는 동기의 착오에 불과한 것이 아니라 중요부분의 착오라고 볼 수 있다.
⑤ 본인의 과실로 상대방의 소재를 알지 못하는 표의자는 공시송달에 의하여 의사표시의 효력을 발생시킬 수 있다.

16 **자기계약 또는 쌍방대리에 관한 설명으로 잘못된 것은?**
(본인의 허락이 없는 것을 전제한다)

① 甲으로부터 그가 소유하는 토지를 매각하는 대리권을 수여받은 乙이 자신이 매수인이 되는 행위는 자기계약에 해당한다.
② 丙이 매도인인 甲의 대리인임과 동시에 매수인인 乙의 대리인이 되어 甲의 부동산매매계약을 체결하는 행위는 쌍방대리에 해당한다.
③ 채권자가 채무자의 대리인으로서 채무자의 재산으로 자기채권의 변제에 갈음하여 대물변제계약을 맺는 행위는 무권대리행위에 해당한다.
④ 당사자의 일방이 상대방의 대리인이 되어 등기를 신청하는 것은 무권대리행위에 해당하므로 추인이 없는 한 무효이다.
⑤ 채무자가 채권자의 대리인으로서 채무를 면제하는 행위는 무권대리행위로 무효이다.

3회

17 **복대리에 관한 설명으로 옳은 것은?** (다툼이 있으면 판례에 의함)

① 복대리인은 대리인의 대리인이다.
② 복대리인의 대리권 범위는 대리인의 대리권 범위를 넘지 못한다.
③ 임의대리인은 본인의 승낙이 있는 경우에 한하여 복대리인을 선임할 수 있다.
④ 법정대리인이 부득이한 사유로 복대리인을 선임한 경우 그 선임·감독에 관한 책임을 면한다.
⑤ 대리인의 대리권 소멸은 복대리인의 대리권 소멸에 전혀 영향을 미치지 않는다.

18 **무효행위의 전환과 추인에 관한 다음 설명 중 틀린 것은?**

① 무효인 행위가 다른 법률행위의 요건을 구비하여야 한다.
② 무효행위의 추인은 현실적 의사에 기초한 것이나, 무효행위의 전환은 가정적 의사에 바탕을 둔 것이다.
③ 무효행위의 전환에 관한 민법 제138조는 강행규정이라 할 수 없다.
④ 비밀증서에 의한 유언이 그 방식에 흠결이 있는 경우에 그 증서가 자필증서 방식에 적합한 때에는 자필증서로서 유효하다.
⑤ 불공정한 법률행위에 해당하는 경우라면 무효행위의 전환에 관한 민법규정은 적용될 수 없다.

19 **甲은 자신의 토지를 담보로 은행대출을 받기 위해 乙에게 대리권을 수여하고, 위임장·인감 및 저당권설정에 필요한 서류 일체를 교부하였다. 그러나 乙은 이를 악용하여 甲의 대리인으로서 그 토지를 丙에게 매도하였다. 다음 중 틀린 것은?** (다툼이 있으면 판례에 의함)

① 乙에게 수여된 대리권이 비록 저당권설정에 관한 것이지만 토지를 처분한 행위에 대하여 표현대리를 주장하는데 지장이 없다.
② 표현대리가 성립하지 않는다면, 丙은 甲에게 소유권이전등기를 청구할 수 없으나 손해의 배상을 청구할 수 있다.
③ 매매계약이 토지거래허가제를 위반하여 확정적으로 무효이면 표현대리법리가 적용될 여지가 없다.
④ 丙이 매수 당시 乙에게 대리권이 있다고 믿은 데 정당한 이유가 있었다면, 매매계약성립 후에 대리권 없음을 알았더라도 제126조의 표현대리가 성립한다.
⑤ 만약 乙이 자기 앞으로 소유권이전등기를 마친 후 자신을 매도인으로 하여 丙에게 토지를 매도하였다면, 丙은 甲에게 표현대리의 성립을 주장할 수 없다.

20 **법률행위의 추인에 관한 설명으로 옳지 않은 것은?** (다툼이 있으면 판례에 의함)

① 무권리자가 타인의 권리를 처분하는 것은 사적자치의 기본원칙에 반하는 행위이므로 처분권자가 사후에 추인하더라도 그 처분행위는 효력이 없다.
② 취소권자의 이행청구는 법정추인사유에 속한다.
③ 취소권자의 상대방이 한 이행의 제공만으로는 법정추인사유에 해당한다고 할 수 없다.
④ 취소권자가 취소할 수 있는 법률행위를 추인한 후에는 그 법률행위를 다시 취소하지 못한다.
⑤ 법정대리인의 동의 없이 법률행위를 한 미성년자가 성년이 되기 전에 이행청구를 한 경우 법정추인으로 볼 수 없다.

21 **다음 설명 중 맞는 것들만 골라 모두 모은 것은?**(다툼이 있으면 판례에 의함)

> ㉠ 기간의 말일이 토요일 또는 공휴일에 해당하는 때에는 기간은 그 익일로 만료한다.
> ㉡ 1990년 8월 20일 오전 10시에 출생한 자는 2009년 8월 20일 오후 0시에 민법상 성년으로 된다.
> ㉢ 2007년 8월 1일 선박 중에 있다가 그 선박침몰 사고로 생사불명인 자에 대해 2008년 8월 31일 실종선고가 내려졌다면 그 사람은 2008년 8월 1일 24시에 사망한 것으로 본다.
> ㉣ 기간의 초일이 공휴일이라 하더라도 기간은 초일부터 기산한다.
> ㉤ 무권리자 甲으로부터 부동산을 매수하여 1998년 8월 10일 소유권이전등기를 경료받고, 2000년 3월 20일 오전 11시경 점유를 이전받은 乙은 2008년 8월 10일이 만료하면 그 부동산의 등기부 시효취득에 필요한 10년의 기간이 경과한다.

① ㉠, ㉡, ㉢, ㉣, ㉤ ② ㉠, ㉣
③ ㉡, ㉢, ㉣ ④ ㉠, ㉢, ㉣
⑤ ㉡, ㉢, ㉣, ㉤

22 **민법 제146조가 규정하는 취소권의 행사기간에 관한 다음 설명 중 틀린 것은?**

① 판례에 의하면 취소권을 행사한 경우 그에 따른 부당이득반환청구권은 10년의 소멸시효에 걸린다.
② 소멸시효의 중단에 관한 규정은 유추적용되지 않는다.
③ 강박으로 인한 취소권의 행사기간은 강박상태를 벗어난 때부터 진행한다.
④ 취소권의 행사기간 도과 여부는 당사자가 주장하여야 한다.
⑤ 이 기간의 법적 성질은 제척기간이라고 보는 것이 통설과 판례의 태도이다.

23 **조건과 기한에 관한 다음 설명 중 틀린 것은?**

① 양자는 모두 법률행위의 효력의 발생이나 소멸에 관하여 이를 제한하기 위하여 법률행위의 내용으로서 부가되는 부관에 해당한다.
② 판례는 정지조건부 물권행위를 인정하지 않는다.
③ 정지조건부 법률행위에서 조건이 성취되었다는 사실에 대한 입증책임은 조건의 성취로 법률행위의 효력이 확정되었음을 주장하는 자가 부담한다.
④ 기한의 이익은 채무자를 위한 것으로 추정한다.
⑤ 조건을 붙이고자 하는 의사, 즉 조건의사가 있더라도 그것이 외부에 표시되지 않으면 법률행위의 부관으로서의 조건이 되는 것은 아니다.

24 **소멸시효의 중단에 관한 설명으로 옳지 않은 것은?** (다툼이 있으면 판례에 의함)

① 압류는 시효이익을 받은 자에 대하여 하지 아니한 때에는 이를 그에게 통지한 후가 아니면 시효중단의 효력이 없다.
② 시효중단의 효력이 있는 승인에는 관리권한으로 충분하고 상대방의 권리에 관한 처분의 능력이나 권한 있음을 요하지 않는다.
③ 채무자 소유의 부동산에 설정된 저당권의 실행은 피담보채무의 시효를 중단시킨다.
④ 주채무자에 대한 시효중단은 보증인에 대하여 그 효력이 있으나, 보증인에 대한 시효중단의 효력은 주채무자에게 효력이 없다.
⑤ 채권자가 피고로서 응소하여 그 소송에서 적극적인 권리를 주장하고 그것이 받아들여진 경우 시효중단의 효력은 그 판결이 확정된 때부터 발생한다.

3회

25 **특별한 사정이 없는 한 타주점유자인 경우를 모두 고른 것은?**

> ㉠ 타인의 토지 위에 분묘기지권을 취득한 점유자
> ㉡ 상대방에 대하여 소유의 의사를 밝힌 점유자
> ㉢ 소유의 권원이 불명(不明)한 점유자
> ㉣ 목적물의 인도의무를 지고 있는 매도인인 점유자
> ㉤ 타인 소유의 토지임을 모르면서 매수하여 점유한 자

① ㉠, ㉣
② ㉡, ㉣
③ ㉠, ㉡, ㉢
④ ㉢, ㉣, ㉤
⑤ ㉠, ㉢, ㉣, ㉤

26 **甲이 그 소유 토지를 乙에게 매도하여 인도하고, 乙이 다시 그 토지를 丙에게 매도하여 인도하였다. 乙과 丙 모두 매매대금을 전부 지급하였으나, 각 소유권이전등기를 마치지 않았다. 이 매매계약 사례에 관한 설명 중 옳은 것은?** (다툼이 있으면 판례에 의함)

① 乙은 甲에 대해 소유권이전등기청구권을 갖지 않는다.
② 甲·乙·丙 전원의 합의가 없더라도, 丙은 직접 甲을 상대로 이전등기를 청구할 수 있다.
③ 甲·乙·丙 전원의 합의 없이 甲에서 직접 丙 앞으로 이전등기가 되었다면, 甲은 丙의 등기의 말소를 청구할 수 있다.
④ 甲·乙·丙 전원이 중간생략등기에 합의했더라도, 丙은 乙을 대위하여 甲을 상대로 乙 앞으로의 소유권이전등기를 청구할 수 있다.
⑤ 乙이 甲에 대한 등기청구권을 丙에게 양도하고 이를 甲에게 통지하였다면, 그 양도에 관해 甲의 동의나 승낙이 없더라도 丙은 甲을 상대로 직접 소유권이전등기를 청구할 수 있다.

27 **상린관계에 관한 설명 중 틀린 것은?**

① 어느 토지와 공로 사이에 그 토지의 용도에 필요한 통로가 없는 경우에 그 토지소유자는 주위의 토지를 통행 또는 통로로 하지 아니하면 공로에 출입할 수 없거나 과다한 비용을 요하는 때에는 그 주위의 토지를 통행할 수 있고 필요한 경우에는 통로를 개설할 수 있다
② 주위토지통행권이 인정된다면 통행권자는 통행지 소유자의 손해를 보상하여야 한다.
③ 분할로 인하여 공로에 통하지 못하는 토지가 있는 때에는 그 토지소유자는 공로에 출입하기 위하여 다른 분할자의 토지를 통행할 수 있다. 이 경우에는 보상의 의무가 없다.
④ 인접하여 토지를 소유한 자는 공동비용으로 통상의 경계표나 담을 설치할 수 있다.
⑤ ④의 비용과 측량비용은 공평의 원칙상 쌍방이 절반하여 부담한다.

28 **공유에 대한 설명으로 틀린 것은?** (다툼이 있으면 판례에 의함)

① 구분소유적 공유관계에 있는 자가 자신의 특정 소유가 아닌 부분에 건물을 신축한 경우 그 건물 부분은 당초부터 건물과 토지의 소유자가 서로 다른 경우에 해당하여 그에 관하여는 관습법상의 법정지상권이 성립될 여지가 없다.
② 부동산 공유자는 자기 지분 위에 다른 공유자의 동의 없이 저당권을 설정할 수 있다.
③ 공유물분할을 할 때에는 공유자 전원이 분할에 참가해야 하며 일부를 제외하고 분할하면 그 분할은 무효가 된다.
④ 공유자가 그 지분을 포기하거나 상속인 없이 사망한 때에는 그 지분은 다른 공유자에게 각 지분의 비율로 귀속한다.
⑤ 재판에 의하여 공유물을 분할하는 경우에는 대금분할이 원칙이다.

29 **전세권에 대한 다음 설명 중 옳지 않은 것은?**

① 타인의 토지에 있는 건물에 전세권을 설정한 때에는 전세권의 효력은 그 건물의 소유를 목적으로 한 지상권 또는 임차권에 미치므로, 전세권설정자는 전세권자의 동의 없이 지상권 또는 임차권을 소멸하게 하는 행위를 하지 못한다.
② 전세권자가 목적물을 개량하기 위하여 지출한 금액 기타 유익비에 관하여는 그 가액의 증가가 현존한 경우에 한하여 소유자의 선택에 좇아 그 지출액이나 증가액의 상환을 청구할 수 있다.
③ 전세권의 존속기간을 약정하지 아니한 때에는 각 당사자는 언제든지 상대방에 대하여 전세권의 소멸을 통고할 수 있고 상대방이 이 통고를 받은 날로부터 6월이 경과하면 전세권은 소멸한다.
④ 전세권자는 전세권을 타인에게 양도 또는 담보로 제공하거나, 그 존속기간 내에서 그 목적물을 타인에게 전전세 또는 임대할 권리가 있으며, 이러한 전세권자의 권리는 설정행위로도 제한할 수 없다.
⑤ 전세권이 소멸한 때에는 전세권설정자는 전세권자로부터 그 목적물의 인도 및 전세권설정등기의 말소등기에 필요한 서류의 교부를 받는 동시에 전세금을 반환하여야 한다.

30 **대지와 건물을 동일인이 소유하고 있었으나 적법한 원인에 의하여 그 소유자를 달리한 경우 관습상 법정지상권이 성립한다. 다음 중 그 적법한 원인이라고 볼 수 있는 것을 모두 모은 것은?**

㉠ 증여	㉡ 매매	㉢ 공매
㉣ 환지처분	㉤ 대물변제	

① ㉠, ㉡, ㉤
② ㉢, ㉣, ㉤
③ ㉢, ㉣
④ ㉠, ㉡, ㉢, ㉤
⑤ ㉡, ㉢, ㉤

31 **유치권, 질권에 관한 설명으로 옳은 것을 모두 고른 것은?** (다툼이 있으면 판례에 의함)

㉠ 유치권에는 언제나 우선변제적 효력이 인정된다.
㉡ 유치권에는 원칙적으로 물상대위가 인정된다.
㉢ 유치권과 동시이행의 항변권은 동시에 함께 존재할 수 있다.
㉣ 양도할 수 없는 채권은 질권의 목적이 될 수 없다.
㉤ 물상보증인은 질권설정계약의 당사자가 될 수 없다.

① ㉠, ㉡
② ㉠, ㉤
③ ㉡, ㉢
④ ㉢, ㉣
⑤ ㉣, ㉤

32 **저당권에 관한 설명으로 옳지 않은 것은?** (다툼이 있으면 판례에 의함)

① 채권자와 저당권자가 다르다고 하여 항상 그 저당권설정등기가 무효인 것은 아니다.
② 저당권은 그 담보한 채권과 분리하여 타인에게 양도하거나 다른 채권의 담보로 하지 못하므로 저당권부 채권은 양도할 수 없다.
③ 부동산은 물론이고 등록된 자동차, 등기된 선박도 저당권의 객체가 될 수 있다.
④ 저당권설정합의가 있더라도 저당권설정등기가 되지 않으면 저당권은 성립하지 않는다.
⑤ 토지를 목적으로 저당권을 설정한 후 설정자가 그 토지에 건물을 축조한 때, 저당권자는 토지와 함께 그 건물의 경매를 청구할 수 있다.

3회

33 **계약체결상의 과실책임에 대한 설명으로 옳지 않은 것은?**

① 목적의 원시적 불능으로 계약이 무효이어야 한다.
② 급부의무자가 불능임을 알았어야만 한다.
③ 상대방은 선의·무과실이어야 한다.
④ 과실있는 당사자는 상대방이 그 계약의 유효를 믿었기 때문에 받은 손해를 배상하여야 한다.
⑤ 손실배상의 범위는 계약이 유효함으로 인하여 생겼을 이익을 넘지 못한다.

34 **채무불이행에 관한 다음의 설명 중 틀린 것은?** (다툼이 있으면 판례에 의함)

① 지시채권과 무기명채권의 경우에는 확정기한이 정하여져 있는 때에도 그 기한이 도래한 후 소지인이 증서를 제시하여 이행을 청구한 때로부터 지체책임이 있다.
② 이행불능은 채권이 성립한 이후 이행이 불가능하게 된 경우에 한해 성립할 수 있다.
③ 채무이행에 있어서 이행보조자의 과실은 채무자의 과실로 보므로 채무자는 자신의 책임 없는 사유를 증명하여 채무불이행책임을 면할 수 없다.
④ 확정기한부 채권의 이행기가 도래한 후라도 채권자가 채무의 일부를 수령하였다면 이행지체의 효과가 없어진다.
⑤ 불법행위로 인한 손해배상채무에 있어서는 그 채무의 성립과 동시에 지체로 된다.

35 **다음 중 변제에 관한 민법의 내용과 다른 것을 모두 고른 것은?**

㉠ 변제받을 권한 없는 자에 대한 변제는 특별한 사정이 없으면 채무자가 출연한 한도에서 효력이 있다.
㉡ 영수증을 소지한 자에 대한 변제는 그 소지자가 변제를 받을 권한이 없는 경우에도 효력이 있다. 그러나 변제자가 그 권한 없음을 알았거나 중대한 과실로 알 수 없었을 경우에는 그러하지 아니하다.
㉢ 채권의 준점유자에 대한 변제는 변제자가 선의이며 중대한 과실이 없는 때에 한하여 효력이 있다.

① ㉠　② ㉡　③ ㉠, ㉢
④ ㉡, ㉢　⑤ ㉠, ㉡, ㉢

36 **물건의 하자담보책임(瑕疵擔保責任)에 관한 기술로서 틀린 것은?**

① 하자가 있기 때문에 매매의 목적을 달성할 수 없을 때에는 매수인(買受人)은 계약을 해제하고 또 손해배상을 청구할 수 있다.
② 하자(瑕疵)가 계약의 목적을 달성할 수 없을 만큼 중대한 것이 아닌 경우에는 매수인은 손해배상을 청구할 수 있을 뿐이다.
③ 하자담보책임은 특정물매매에 관한 제도이므로 종류매매(種類賣買)에 있어서 불완전한 물건을 급부(給付)한 때에는 완전한 급부를 청구할 수 있을 뿐이고, 하자담보책임을 물을 수는 없다.
④ 매수인의 해제 또는 손해배상의 청구는 하자를 발견한 날로부터 6월 이내에 하여야 한다.
⑤ 매수인은 하자있음을 알지 못하고 또 알지 못하는 데 과실이 없어야 한다.

37 **토지임차인의 지상물매수청구권에 관한 설명으로 옳지 않은 것은?** (다툼이 있으면 판례에 의함)

① 토지임차인은 자신의 채무불이행으로 인해 계약이 해지된 경우 지상물매수청구권을 행사할 수 없다.
② 임차인의 지상물매수청구권에 관한 민법의 규정은 전세권자에 대하여는 적용될 수 없다.
③ 토지임차인이 지상물매수청구권을 행사하면 임대인의 승낙여부와 관계없이 매매계약이 성립한 경우와 같이 효력이 생긴다.
④ 대항력 있는 토지임차권의 경우 임차권 소멸 후 그 토지가 제3자에게 양도되더라도 토지임차인은 신소유자에 대하여 지상물매수청구권을 행사할 수 있다.
⑤ 건물 소유를 목적으로 한 기간약정 없는 토지임대차계약이 임대인의 해지통고로 종료한 경우 임차인은 계약갱신을 청구하지 않고 지상물매수청구권을 행사할 수 있다.

38 **다음 중 부당이득에 관한 설명으로 틀린 것은?**

① 채무 없음을 알고 이를 변제한 때에는 그 원물만의 반환을 청구할 수 있을 뿐 그에 대한 이자는 청구하지 못한다.
② 변제기에 있지 아니한 채무를 변제한 때에는 그 반환을 청구하지 못한다. 그러나 채무자가 착오로 인하여 변제한 때에는 채권자는 이로 인하여 얻은 이익을 반환하여야 한다.
③ 채무 없는 자가 착오로 인하여 변제한 경우에 그 변제가 도의관념에 적합한 때에는 그 반환을 청구하지 못한다.
④ 채무자 아닌 자가 착오로 인하여 타인의 채무를 변제한 경우에 채권자가 선의로 증서를 훼멸하거나 담보를 포기하거나 시효로 인하여 그 채권을 잃은 때에는 변제자는 그 반환을 청구하지 못한다.
⑤ 불법의 원인으로 인하여 재산을 급여하거나 노무를 제공한 때에는 그 이익의 반환을 청구하지 못한다. 그러나 그 불법원인이 수익자에게만 있는 때에는 그러하지 아니하다.

39 **도급에 관한 설명으로 옳은 것은?** (다툼이 있으면 판례에 의함)

① 공동이행방식의 공동수급체가 도급인에 대하여 가지는 채권은 별도의 약정이 없는 한 구성원 중 1인이 임의로 출자지분의 비율로 지급을 청구할 수 있다.
② 도급인이 완성된 건물의 하자로 인하여 계약의 목적을 달성할 수 없는 경우 특별한 사정이 없는 한 도급인은 계약을 해제할 수 없다.
③ 도급인이 완성된 목적물의 하자 보수에 갈음하는 손해배상청구권을 행사하는 경우 도급인이 지급할 보수액이 수급인의 손해배상액보다 많더라도 도급인은 그 보수액 전부에 대해 동시이행의 항변권을 행사할 수 있다.
④ 철근 콘크리트 공작물 건축의 수급인은 특약이 없는 한 그 공작물의 인도 후 5년이 경과하면 그 하자에 대하여 담보책임을 면한다.
⑤ 수급인의 담보책임을 면제하는 특약은 수급인이 알고 고지하지 아니한 사실에 대하여도 효력이 있다.

40 **다음은 사용자책임에 관한 것이다. 다음의 설명 중 틀린 것은?**

① 타인에게 어떤 사업에 관하여 자기의 명의를 사용할 것을 허용한 자는 명의사용을 허용받은 사람이 업무수행을 함에 있어 고의 또는 과실로 다른 사람에게 손해를 끼쳤다면 민법 제756조에 의하여 그 손해를 배상할 책임이 있다.
② 지입차량의 차주 또는 그가 고용한 운전자의 과실로 타인에게 손해를 가한 경우에는 지입회사는 이러한 불법행위에 대하여 사용자책임을 부담한다.
③ 도급인이 수급인에 대하여 특정한 행위를 지시하거나 특정한 사업을 도급시키는 경우와 같은 이른바 노무도급의 경우에 있어서는 도급인이라고 하더라도 민법 제756조가 적용될 수 있다.
④ 사용자책임에서 '사무집행에 관하여'라는 뜻은 피용자의 불법행위가 외형상 객관적으로 사용자의 사업 활동 내지 사무집행 행위 또는 그와 관련된 것이라고 보여질 때에는 행위자의 주관적 사정을 고려함이 없이 이를 사무집행에 관하여 한 행위로 본다는 것이다.
⑤ 사용자가 피용자의 불법행위에 대하여 손해를 배상한 경우 당연히 사용자는 피용자에게 배상한 손해액 전부를 구상할 수 있다.

– 본 회차 시험 종료 –

3회

제4회 적중 실전모의고사

01 회계원리

01 **다음 중 수익/비용 계정이 아닌 것은?**

① 선수수익 ② 보험료
③ 잡손실 ④ 매 출
⑤ 유형자산 재평가손실

02 **㈜대한은 토지**(장부금액 ₩50,000, 공정가치 ₩70,000)**를 ㈜민국의 건물**(장부금액 ₩40,000, 공정가치 ₩65,000)**과 교환하였다. ㈜대한이 동 교환거래에서 인식할 처분손익은?** (단, 동 교환거래는 상업적 실질이 있다고 판단되며, 토지의 공정가치가 건물의 공정가치보다 더 명백하다)

① ₩25,000 이익 ② ₩20,000 이익
③ ₩15,000 이익 ④ ₩10,000 이익
⑤ ₩0

03 **다음 중 계약원가에 대한 설명으로 잘못된 것은?**

① 이행하지 않은 수행의무와 관련된 원가인지 이미 이행한 수행의무와 관련된 원가인지 구별할 수 없는 원가는 발생시점에 자산으로 인식한 후 상각한다.
② 계약체결 증분원가는 고객과 계약을 체결하기 위해 들인 원가로서 계약을 체결하지 않았다면 들지 않았을 원가이다.
③ 계약체결 여부와 무관하게 드는 계약체결원가는 계약 체결 여부와 관계없이 고객에게 그 원가를 명백히 청구할 수 있는 경우가 아니라면 발생시점에 비용으로 인식한다.
④ 자산으로 인식한 계약원가는 그 자산과 관련된 재화나 용역을 고객에게 이전하는 방식(특정시점, 일정기간에 걸쳐)과 일치하는 체계적 기준으로 상각한다.
⑤ 고객과의 계약체결 증분원가가 회수될 것으로 예상된다면 이를 자산으로 인식한다. 그러나 상각기간이 1년 이하라면 발생시점에 비용으로 인식하는 실무적 간편법을 쓸 수 있다.

04 **다음 중 금융자산의 처분**(제거)**에 대한 설명으로 틀린 것은?**

① FV-PL금융자산을 처분하는 경우 처분손익은 당기손익으로 인식한다. 처분과 직접 관련된 거래원가는 처분금액에서 차감한다.
② 채무상품인 FV-PL금융자산을 처분하는 경우 직전이자지급일부터 처분일 사이의 이자(경과이자)는 이자수익으로 인식한다.
③ 지분상품 중 FV-OCI금융자산을 처분하는 경우 처분시의 공정가치(처분금액)로 평가하여 평가손익을 기타포괄손익으로 인식한다.
④ 채무상품 중 FV-OCI금융자산을 처분하는 경우 처분시의 공정가치(처분금액)으로 평가하여 평가손익을 기타포괄손익으로 인식한다.
⑤ 지분상품 중 FV-OCI금융자산을 처분하는 경우 기타포괄손익누계액은 재분류조정을 통하여 당기손익으로 인식한다.

05 다음 자료를 이용하여 산출된 기말 자산 총액은?

• 기말 부채총액	₩300,000
• 기초 자본총액	₩500,000
• 당기 총수익	₩240,000
• 당기 총비용	₩120,000
• 기중 배당금의 지급	₩160,000

① ₩820,000　② ₩800,000
③ ₩760,000　④ ₩700,000
⑤ ₩620,000

06 다음 자료에 의하여 기말재고액을 계산하면?

• 기초상품재고액	₩40,000
• 당기총매입액	₩270,000
• 매입할인액	₩5,000
• 매출총이익	₩70,000
• 당기순매출액	₩360,000
• 매출환입액	₩4,000

① ₩13,000　② ₩15,000
③ ₩16,000　④ ₩18,000
⑤ ₩20,000

07 당기 중에 사채를 ₩100,000에 취득하고 FV-OCI금융자산으로 분류하였다. 기말 공정가치가 ₩80,000이고 기대신용손실이 ₩5,000인 경우 기말 FV-OCI금융자산 평가손실(이익)은 얼마인가?

① FV-OCI금융자산 평가이익 ₩20,000
② FV-OCI금융자산 평가손실 ₩20,000
③ FV-OCI금융자산 평가손실 ₩15,000
④ FV-OCI금융자산 평가손실 ₩5,000
⑤ ₩0

08 ㈜경록은 20X2년 말 외부감사 중에 20X1년 말에 수선비 계정으로 처리하여야 할 수익적 지출 ₩3,000,000을 비품 계정으로 자본적 지출로 처리하고 내용연수 5년, 잔존가치 없이 정액법으로 20X2년에 감가상각비를 계상한 것을 발견하였다. 이러한 중요한 오류를 수정하는 경우에 나타나지 않는 계정과목은 무엇인가?

① 전기오류수정손실　② 감가상각누계액
③ 감가상각비　④ 비 품
⑤ 미처분이익잉여금

09 주당 액면금액이 ₩5,000인 보통주 500주를 주당 ₩7,000에 현금으로 발행한 경우 재무제표에 미치는 영향으로 옳지 않은 것은?

① 자본증가　② 이익잉여금불변
③ 수익불변　④ 자산증가
⑤ 부채감소

10 20X1년 1월 1일에 건물을 ₩5,000,000에 취득하여 내용연수 10년, 잔존가치 없이 정액법으로 상각하다가 20X7년 1월 1일 감가상각방법을 연수합계법으로 변경하고 잔존가치를 취득금액의 10%로 추정하였다면 20X7년 감가상각비는?

① ₩533,333　② ₩600,000
③ ₩633,333　④ ₩700,000
⑤ ₩733,333

11 상품매입은 전부 외상매입이다. 기초상품 ₩500,000, 기말상품 ₩700,000, 기중상품매출은 ₩1,500,000이고, 매출총이익률은 30%이다. 기초외상매입금 ₩400,000, 기중외상매입금지급은 ₩1,100,000이었다. 기말외상매입금잔액은?

① ₩1,250,000　② ₩700,000
③ ₩490,000　④ ₩800,000
⑤ ₩550,000

4회

12 **내부적으로 무형자산을 창출하는 과정에서 다음과 같은 지출이 발생하였다면 기업회계기준상 개발비로 계상할 금액은 얼마인가?** (단, 개발단계에서 지출한 비용은 모두 자산의 인식요건을 갖추었다)

- 새로운 기술과 관련된 금형의 설계비 ₩2,000,000
- 신제품에 대한 새로운 지식을 얻기 위한 활동비 ₩600,000
- 신제품에 대한 여러 가지 대체안을 탐색하기 위한 활동비 ₩500,000
- 개선된 제품에 대하여 최종적으로 선정된 안에 대한 시험비 ₩700,000
- 신제품을 생산하기 전에 발생한 시제품 제작비 ₩1,500,000

① ₩4,700,000　② ₩4,200,000
③ ₩3,700,000　④ ₩3,500,000
⑤ ₩5,000,000

13 **다음 중 결산절차의 순서가 올바른 것은?**

① 수정전시산표 작성 - 수정후시산표 작성 - 수정분개 - 포괄손익계산서 작성 - 재무상태표 작성 - 계정의 마감
② 수정분개 - 수정전시산표 작성 - 수정후시산표 작성 - 재무상태표 작성 - 포괄손익계산서 작성 - 계정의 마감
③ 수정분개 - 수정전시산표 작성 - 수정후시산표 작성 - 포괄손익계산서 작성 - 재무상태표 작성 - 계정의 마감
④ 수정전시산표 작성 - 수정분개 - 수정후시산표 작성 - 재무상태표 작성 - 포괄손익계산서 작성 - 계정의 마감
⑤ 수정전시산표 작성 - 수정분개 - 수정후시산표 작성 - 포괄손익계산서 작성 - 재무상태표 작성 - 계정의 마감

14 **결산일 현재 보유 중인 다음 내역을 이용하여 현금 및 현금성자산으로 보고될 금액을 계산하면 얼마인가?**

- 당좌개설보증금 : ₩100,000
- 종업원가불금 : ₩870,000
- 보통예금 : ₩710,000
- 한국은행 발행 통화 : ₩450,000
- 양도성예금증서(최초 취득일부터 60일 만기) : ₩300,000
- 당좌예금 : ₩720,000
- 만기 미도래 타인발행약속어음 : ₩320,000
- 타인발행수표 : ₩350,000
- 우편환증서 : ₩150,000
- 수입인지 : ₩20,000

① ₩2,530,000　② ₩2,680,000
③ ₩2,710,000　④ ₩2,830,000
⑤ ₩2,940,000

15 **㈜경록은 20X1년 10월 1일에 은행에서 ₩1,000,000을 연 12%의 이자율로 차입하였다. 이자는 매년 6월 30일에 지급하기로 하였다면 20X1년 12월 31일 결산 시 수정분개로 올바른 것은?** (단, 이자비용의 계산은 월할계산하기로 한다)

① (차) 이자비용 ₩30,000
　(대) 선급이자 ₩30,000
② (차) 이자비용 ₩120,000
　(대) 미지급이자 ₩120,000
③ (차) 이자비용 ₩120,000
　(대) 선급이자 ₩120,000
④ (차) 이자비용 ₩30,000
　(대) 미지급이자 ₩30,000
⑤ (차) 선급이자 ₩30,000
　(대) 이자비용 ₩30,000

16 **다음 중 기업회계기준상 회계변경에 대한 설명으로 틀린 것은?**

① 과거에 발생한 거래와 실질이 다른 거래에 대하여 다른 회계정책을 적용하는 경우에는 이를 회계변경으로 보지 아니한다.
② 회계정책 또는 추정은 계속적으로 적용되어야 하며 다른 정책이나 추정이 더 합리적이라고 입증될 때에 한하여 회계변경이 정당화된다.
③ 회계추정의 변경은 감가상각방법의 변경과 같이 기업환경의 변화, 새로운 정보의 획득 등에 따라서 회계적 추정치의 근거와 방법을 변경하는 것을 말한다.
④ 회계정책의 변경과 회계추정의 변경에는 각각 소급법과 전진법을 원칙적으로 적용하여 회계처리하여야 한다.
⑤ 감가상각방법을 정액법에서 정률법으로 변경하는 경우에 이를 당기일괄처리법으로 회계처리한다면 전기이전의 누적효과는 파악할 수 없다.

17 **㈜경록은 상품의 원가 30%를 이익으로 가산하여 전액 외상으로 판매하고 있다. 다음 자료에 의하여 기말매출채권 잔액을 계산하면 얼마인가?**

• 기초상품재고액	₩260,000
• 기말상품재고액	₩180,000
• 기초매출채권	₩370,000
• 당기상품매입액	₩820,000
• 당기매출채권회수액	₩910,000

① ₩480,000 ② ₩520,000
③ ₩590,000 ④ ₩630,000
⑤ ₩670,000

18 **다음 표를 보고 전기될 거래내용으로 가장 적당한 것은 무엇인가?**

매출채권			
전기이월	820,000	현 금	570,000
(	)		

① 유형자산인 집기를 ₩80,000(장부금액 ₩80,000)에 매각하고 대금은 10일 후에 받기로 하다.
② 매출채권 중 ₩140,000에 대하여 대손이 확정되다.
③ 상품 ₩240,000을 매입하기로 하고 계약금으로 ₩100,000을 지급하다.
④ 매출채권인 받을어음 ₩320,000을 만기 전에 은행에 할인하다.
⑤ 상품 ₩160,000을 매출하고 대금은 다음 달에 받기로 하다.

4회

19 **20X1년 12월 3일에 자기주식 100주(액면금액 @₩5,000)를 @₩4,500에 취득하였다가 20X2년 1월 7일에 모두 @₩4,800에 매각하였다. 20X1년 12월 31일 결산일 현재 주식 공정가치가 @₩4,300인 경우 자기주식처분손익은?**

① ₩50,000 손실 ② ₩30,000 손실
③ ₩10,000 손실 ④ ₩30,000 이익
⑤ ₩50,000 이익

20 **다음 중 회계정보의 질적 특성 중 근본적 질적 특성에 해당하는 것은 무엇인가?**

① 적시성 ② 표현충실성
③ 비교가능성 ④ 이해가능성
⑤ 검증가능성

21 **다음 중 기업회계기준상 사채에 대한 설명으로 틀린 것은?**

① 사채할인발행차금 및 사채할증발행차금은 사채 발행시부터 최종상환시까지의 기간에 유효이자율법을 적용하여 상각 또는 환입하고 상각 또는 환입액은 사채이자에 가감한다.
② 사채발행시 사채 액면금액은 사채발행수수료와 사채발행과 관련하여 직접 발생한 기타비용을 차감한 후의 가액을 말한다.
③ 사채도 기간이 경과하여 재무상태표일을 기준으로 1년 이내에 상환기간이 도래하는 부분은 유동성장기부채의 항목으로 분류한다.
④ 사채권자는 피투자회사의 경영에 참여할 권리가 없다는 점에서 경영에 참여할 권리를 보유한 주주와 구분된다.
⑤ 사채발행 시 사채의 표시이자율보다 시장이자율이 높은 경우에는 사채의 액면금액보다 사채의 발행금액이 낮아지는데 이를 할인발행이라고 한다.

22 **다음 자료에 의하여 ㈜구의상사의 기초상품재고액을 계산하면 얼마인가?**

• 기초매출채권	₩3,260,000
• 기말매출채권	₩5,810,000
• 매출채권회전율	2회
• 매출총이익	₩2,740,000
• 당기순매입액	₩6,000,000
• 기말상품재고액	₩870,000

① ₩1,000,000 ② ₩1,200,000
③ ₩1,400,000 ④ ₩1,600,000
⑤ ₩1,800,000

23 **재무제표의 표시에 관한 설명으로 옳지 않은 것은?**

① 재무상태표의 자산과 부채는 유동과 비유동으로 구분하여 표시하거나 유동성 순서에 따라 표시할 수 있다.
② 재고자산의 판매 또는 매출채권의 회수시점이 보고기간 후 12개월을 초과하는 경우 유동자산으로 분류할 수 없다.
③ 포괄손익계산서는 단일 포괄손익계산서로 작성되거나 2개의 보고서(당기손익 부분을 표시하는 별개의 손익계산서와 포괄손익을 표시하는 보고서)로 작성할 수 있다.
④ 당기손익의 계산에 포함된 비용항목에 대해 성격별 또는 기능별 분류방법 중에서 신뢰성 있고 더욱 목적적합한 정보를 제공할 수 있는 방법을 적용하여 표시한다.
⑤ 수익과 비용의 어떠한 항목도 당기손익과 기타포괄손익을 표시하는 보고서에 특별손익항목으로 표시할 수 없다.

24 **선급비용 ₩30,000, 미수수익 ₩20,000, 미지급비용 ₩50,000을 결산시 누락한 경우 당기순이익에 미치는 효과는?**

① ₩20,000 과소계상
② ₩30,000 과대계상
③ ₩50,000 과소계상
④ ₩50,000 과대계상
⑤ 영향없음

25 **㈜경록은 액면금액 ₩1,000,000, 액면이자율 연 12%, 만기 6개월인 약속어음을 4개월간 보유하다가 은행에 연 15%의 이자율로 할인하였다. 이 거래가 매출채권의 제거조건을 만족시킨다면 어음의 할인으로 인한 매출채권처분손실은 얼마인가?**

① ₩6,000 ② ₩6,250 ③ ₩6,500
④ ₩6,750 ⑤ ₩7,000

26 **다음 중 재무제표에 표시할 수 없는 계정은 무엇인가?**

① 매출채권 ② 사채
③ 재고자산평가충당금 ④ 가지급금
⑤ 주식할인발행차금

27 **재무제표 분석과 관련하여 옳지 않은 것은?**

① 재무비율이란 기업의 재무상태나 경영성과를 파악하는데 사용되는 비율이다.
② 유동비율이란 1년 이내에 현금화가 가능한 유동자산을 1년 이내에 만기가 도래하는 유동부채로 나눈 비율이다.
③ 부채비율은 부채를 총자산으로 나눈 비율이다.
④ 매출액이익률은 당기순이익을 매출액으로 나눈 비율이다.
⑤ 매출채권 회전율은 매출액을 평균매출채권으로 나눈 비율이다.

28 **다음 중 현금흐름표상 영업활동현금흐름에 해당하는 것은?**

① 다른 기업의 지분상품 및 채무상품의 취득에 따른 현금유출과 처분에 따른 현금유입
② 종업원급여 지급에 따른 현금유출 및 단기매매목적 보유 계약에서 발생하는 현금유입
③ 유형자산 취득에 따른 현금유출과 매각에 따른 현금유입
④ 주식 또는 지분상품의 발행에 따른 현금유입
⑤ 차입금의 상환으로 인한 현금유출

29 **사채할인발행차금의 상각은 다음 각 항목에 어떻게 영향을 미치는가?**

	당기순이익	사채의 장부금액
①	증가시킨다	증가시킨다
②	증가시킨다	감소시킨다
③	감소시킨다	감소시킨다
④	감소시킨다	증가시킨다
⑤	변화 없다	변화 없다

30 **㈜광진은 ₩200,000의 수익을 얻을 수 있는 A안과 ₩280,000의 수익을 얻을 수 있으나 ₩90,000의 추가비용이 지출되는 B안을 검토 중이다. 만약에 ㈜광진이 A안을 선택하는 경우에 기회비용은 얼마인가?**

① ₩200,000 ② ₩190,000
③ ₩280,000 ④ ₩90,000
⑤ ₩10,000

31 **20X1년 12월 31일 현재 삼성상사의 장부상 당좌예금 잔액은 ₩1,200,000이었으나, 20X2년 1월 4일에 거래은행으로부터 보내 온 은행계정명세서상의 삼성상사 예금잔액은 ₩1,450,000이었다. 차이의 원인은 다음과 같이 밝혀졌다.**

> ㉠ 20X1년도분 급여 ₩300,000을 수표로 발행하여 지급해 놓고, 부주의로 기장누락
> ㉡ 20X1년 12월 2일에 회수한 외상매출금 ₩100,000을 즉시 당좌예금해 놓고, 부주의로 기장누락
> ㉢ 20X1년 12월 30일에 예금한 ₩200,000이 은행계정명세서상에 아직 입금으로 표시되지 않았음
> ㉣ 20X1년 12월 30일에 은행 측에서 당좌거래 수수료로 ₩30,000을 부과
> ㉤ 거래처 역삼상사의 명의로 ₩500,000이 온라인 입금되어 있었음
> ㉥ 삼성상사가 발행한 ₩330,000의 수표가 아직 은행에서 인출되지 않았음
> ㉦ 20X1년 12월 22일에 예입시킨 ₩150,000의 거래처발행어음이 은행계정명세서상에 부도로 표시되어 있었음

삼성상사가 20X1년도 말의 재무상태표에 당좌예금으로 기록해야 하는 금액은 얼마인가?

① ₩1,320,000 ② ₩1,380,000
③ ₩1,470,000 ④ ₩1,620,000
⑤ ₩1,720,000

4회

32 **㈜대한은 20X1년 1월 1일에 도로건설계약**(공사기간 : 20X1.1.1~20X3.12.31)**을 체결하고 공사를 진행하였다. 총계약수익은 ₩600,000이며, 이 도로를 건설하는 데 필요한 총계약원가는 ₩300,000로 추정되었다. 당해 건설계약에서 실제로 발생한 누적계약원가가 다음과 같을 때, 이 건설계약에 대한 설명으로 옳지 않은 것은?** (단, 진행률은 실제 발생한 누적계약원가를 추정총계약원가로 나눈 비율로 계산한다)

연 도	20X1년	20X2년	20X3년
누적계약원가	₩100,000	₩250,000	₩300,000

① 20X1년 수익 인식액은 ₩200,000이다.
② 20X1년 진행률은 33.33%이다.
③ 20X2년 수익 인식액은 ₩300,000이다.
④ 20X3년 비용 인식액은 ₩50,000이다.
⑤ 20X2년 누적 진행률은 50%이다.

33 **경록사는 결합공정에 의해 제품 X와 Y를 제조한다. 총결합원가는 ₩60,000이고, 분리점에서의 판매가치는 제품 X의 경우 8,000단위에 ₩75,000, 제품 Y의 경우 2,000단위에 ₩25,000이다. 결합원가를 분리점에서의 상대적 판매가치를 사용하여 배분한다면, 제품 Y에 배분될 결합원가는?**

① ₩15,000 ② ₩30,000
③ ₩45,000 ④ ₩48,000
⑤ ₩54,000

34 **다음 자료에 의한 보조부문A가 제조부문Y에 배부해야 하는 금액을 계산하면 얼마인가?** (단, 보조부문B의 원가부터 단계배부법을 이용하여 배부한다)

비 고	보조부문		제조부문		합 계
	A	B	X	Y	
부문원가	₩6,000	₩7,000	₩12,000	₩15,000	₩40,000
A	–	30%	28%	42%	100%
B	25%	–	33%	42%	100%

① ₩4,270 ② ₩4,650 ③ ₩4,710
④ ₩4,830 ⑤ ₩4,940

35 **직접노동시간기준으로 제조간접원가를 배부할 때 7월의 제조간접원가 예정배부액은 얼마인가?**

- 1년간 제조간접원가 예산총액 : ₩30,000,000
- 1년간 예상직접노동시간 : 20,000시간
- 7월의 실제직접노동시간 : 3,000시간

① ₩4,000,000 ② ₩4,500,000
③ ₩5,000,000 ④ ₩5,500,000
⑤ ₩6,000,000

36 **㈜대한은 단위당 판매가격이 ₩500인 제품을 생산·판매하고 있다. 20×1년의 예산판매량은 5,000단위이며, 원가자료는 다음과 같다.**

1. 단위당 변동원가	2. 연간 고정원가
직접재료원가 ₩100	고정제조간접원가 ₩320,000
직접노무원가 120	고정판매관리비 200,000
변동제조간접원가 80	
변동판매관리비 50	

법인세율이 30%일 때, 20×1년의 예상 세후이익은 얼마인가?

① ₩89,000 ② ₩161,000
③ ₩280,000 ④ ₩361,000
⑤ ₩480,000

37 **㈜경록은 직접노무원가의 30%를 제조간접원가로 배부하고 있다. 당기총제조비용이 ₩7,200,000이고 이 중 10%가 제조간접원가이며 경비는 전액이 간접원가인 경우 ㈜경록의 직접재료원가는 얼마인가?**

① ₩4,080,000 ② ₩4,120,000
③ ₩3,710,000 ④ ₩3,920,000
⑤ ₩4,020,000

38 ㈜경록은 보유 중이던 기계장치가 고장나서 이를 수리하거나 교체할 것을 검토 중이다. 기계장치의 취득원가는 ₩2,000,000이고 수리하는 경우에는 수리비용 ₩80,000이 발생할 것으로 예상되고, 교체하는 경우에는 기존 기계장치 처분금액은 ₩400,000을 받을 수 있고, 새로운 기계장치의 구입비용은 구입대금 ₩700,000, 구입부대비용 ₩60,000이 발생할 것으로 보인다. ㈜경록의 의사결정 시 고려하지 않아도 되는 원가는 얼마인가?

① 기존 기계장치 취득원가 ₩2,000,000
② 기존 기계장치 수리비용 ₩80,000
③ 기존 기계장치 처분금액 ₩400,000
④ 새로운 기계장치 구입대금 ₩700,000
⑤ 새로운 기계장치 구입부대비용 ₩60,000

39 경록사는 제조간접원가를 직접노무시간을 이용하여 측정하고자 다음과 같이 조업도에 따른 과거의 간접원가를 조사하였다.

직접노무시간	9	19	11	20	23	12	12	22	8
제조간접원가 (단위 : 천 원)	9	20	15	26	25	16	18	21	10

고저점법(High-low Method)에 의한 제조간접원가의 함수식은?

① 2,000 + 1,000 × 노무시간
② 1,205 + 1,550 × 노무시간
③ 1,000 + 1,333.33 × 노무시간
④ 0 + 1,545.45 × 노무시간
⑤ 고정간접원가가 음수(-)로 확산되므로 고저점법은 적용될 수 없다.

40 ㈜대한은 20×1년 1,000단위의 제품을 생산하여 800단위의 제품을 판매하였다. 기초재고는 없었으며, 관련 원가자료는 다음과 같다.

• 직접재료원가	₩240,000
• 직접노무원가	₩80,000
• 변동제조간접원가	₩160,000
• 변동판매관리비	₩80,000
• 고정제조간접원가	₩1,200,000
• 고정판매관리비	₩800,000

변동원가계산에 의한 제품단위당 제조원가는?

① ₩450 ② ₩480 ③ ₩510
④ ₩540 ⑤ ₩560

– 다음면에 계속 –

4회

제4회 적중 실전모의고사

02 공동주택시설개론

41 건축구조기준의 설계하중에 대한 설명으로 옳지 않은 것은?

① 지진하중 계산을 위해 사용하는 밑면전단력은 구조물 유효중량에 비례한다.

② 지붕활하중을 제외한 등분포활하중은 부재의 영향면적이 36㎡ 이상인 경우 저감할 수 있다.

③ 적설하중은 적설의 단위중량에 따라 그 지방의 수직최다 적설량을 합해서 계산한다.

④ 풍하중은 주로 수평력으로 작용되며 건물의 높이가 높아짐에 따라 증가한다.

⑤ 지진하중 산정시 반응수정계수가 클수록 지진하중은 감소한다.

42 다음 중 기초의 종류에 관한 설명으로 옳지 않은 것은?

① 직접기초는 지지력이 확보되는 굳은 지반에서 기둥이나 벽체의 밑면을 기초판으로 확대하여 상부구조의 하중을 직접 지지하는 기초이다.

② 복합기초는 기초판 1개에 2개 이상의 기둥을 지지하는 구조로 기둥이 서로 근접해 있어 독립기초를 만들기 곤란한 경우 사용한다.

③ 온통기초는 지하실 바닥 전체를 기초로 한 것으로 지반이 연약한 도심지에 적합하다.

④ 연속기초(줄기초)는 벽 또는 벽의 기둥을 연속된 기초판으로 받치는 구조이다.

⑤ 독립기초는 벽으로부터 가해지는 하중을 확대 보호하기 위하여 사용하는 기초이다.

43 다음 중 예민비에 대한 설명으로 옳은 것은?

① 간극의 용적을 흙입자의 용적으로 나눈 값

② 불교란시료(자연상태) 강도를 교란시료(이긴상태) 강도로 나눈 값

③ 사질지반의 모래에 물이 흡수되어 체적이 팽창되는 현상

④ 모래 속에 포함된 물에 의한 상향수압

⑤ 포화된 점토층이 하중을 받음으로써 오랜 시간에 걸쳐 간극수가 빠져나감과 동시에 침하되는 현상

44 철근콘크리트 보에서 늑근(stirrup)을 사용하는 목적으로 옳지 않은 것은?

① 인장력에 의한 균열방지

② 사인장력에 의한 균열방지

③ 피복두께 확보

④ 주근 상호간의 위치보전

⑤ 전단력에 의한 균열방지

45 **다음 중 철근콘크리트 공사에 대한 설명으로 옳지 않은 것은?**

① 매스콘크리트는 수화열에 의한 균열을 방지하기 위하여 시멘트를 제외한 재료를 냉각하거나 타설한 콘크리트의 수화열을 낮추어야 한다.
② 철근콘크리트 구조에서 이음길이 및 정착길이를 결정하는 요인은 철근과 콘크리트와의 부착응력도에 따라 결정된다.
③ 유동화콘크리트란 미리 비빈 콘크리트에 유동성을 확보하기 위하여 유동화제를 넣어 친 콘크리트이다.
④ 폴리머함침 콘크리트는 시멘트 대신 폴리머(Polymer)를 사용하여 경화, 인장강도, 건조수축, 내약품성 등을 개선한 콘크리트이다.
⑤ 고강도 보통콘크리트는 설계기준강도가 30MPa 이상인 콘크리트로 공기연행제를 사용하는 것을 원칙으로 한다.

46 **다음 중 철근 콘크리트의 성질에 관한 설명으로 옳지 않은 것은?**

① 플라스틱시티(Plasticity)란 수량에 의해서 변화하는 콘크리트 유동성의 정도로 보통 슬럼프 값으로 표시한다.
② 피니시빌리티(Finishability)란 굵은 골재의 최대치수, 잔골재율, 잔골재입도, 반죽질기 등에 따라 마무리하기 쉬운 정도를 나타내는 성질이다.
③ 펌퍼빌리티(Pumpability)란 펌프용 콘크리트의 워커빌리티를 판단하는 하나의 척도이다.
④ 블리딩(Bleeding)이란 콘크리트를 타설한 후 표면에 물이 고이게 되는 현상으로 레이턴스(Laitance)의 원인이 되기도 한다.
⑤ 워커빌리티(Workability)란 반죽의 질기여하에 따른 작업의 난이도 및 재료분리에 저항하는 정도를 나타내는 시공연도이다.

47 **다음 철골구조의 용접시 유의사항에 대한 설명으로 옳지 않은 것은?**

① 스캘럽이나 각종 브래킷 등 재편의 모서리부에서 끝나는 필릿용접은 크레이터가 발생하지 않도록 모퉁이부를 돌려서 연속으로 용접해야 한다.
② 부재이음은 용접과 볼트를 병용하게 하고 일체화를 위해 볼트를 조인후에 용접을 하는 것을 원칙으로 한다.
③ 항상 용접열의 분포가 균등하도록 조치하고 일시에 다량의 열이 한 곳에 집중되지 않도록 한다.
④ 용접자세는 가능한 한 회전지그를 이용하여 아래보기 또는 수평자세로 한다.
⑤ 그루브 용접 및 거더의 플랜지와 웨브판 사이의 필릿용접 등의 시공에 있어서 부재와 동등한 홈을 가진 엔드탭을 붙여야 한다.

48 **다음 중 철골조 판보**(plate girder)**에 대한 설명으로 옳지 않은 것은?**

① 휨모멘트가 일정하지 않을때는 플랜지(Flange) 단면을 휨모멘트에 따라 다르게 설계한다.
② 웨브(Web)의 이음은 전단력을 가장 작게 받는 스팬의 1/2 지점에서 한다.
③ 전단력에 의한 좌굴을 방지하기 위하여 웨브플레이트의 보강재로 시어커넥터(shear connector)를 댄다.
④ 커버플레이트(Cover plate)는 플랜지(Flange) 단면적의 70%이하, 4장 이하로 하고 30cm 이상의 여장을 두는 것이 좋다.
⑤ 커버플레이트(Cover plate)는 플랜지(Flange) 단면을 크게 하여 휨응력에 의한 저항을 크게 한다.

4회

49 콘크리트 블록공사에 관한 설명으로 옳지 않은 것은?

① 기온이 4℃ 이하일 때는 모르타르나 그라우트의 온도가 4℃ 이상 49℃ 이하가 되도록 골재 및 물을 가열한다.
② 블록을 쌓을 때에는 하중분산을 위해 살 두께가 두꺼운 쪽이 위로 가게 하여 쌓는다.
③ 가로줄눈 모르타르는 블록의 중간살을 제외한 양면살 전체에 발라 수평되게 쌓는다.
④ 하루에 블록을 쌓는 높이는 1.5m 이내로 하고 블록이 교차하는 부분에는 철근이나 철망으로 보강한다.
⑤ 라멘구조와 접하는 보강블록조는 라멘구조를 먼저 시공한 후 보강블록조를 시공한다.

50 다음 중 ALC 벽공사에 대한 설명으로 옳지 않은 것은?

① 쌓기 직전의 블록이나 설치 직전의 패널은 부착력을 위하여 습윤상태를 유지한다.
② 외벽패널은 원칙적으로 물에 접하는 부분에는 사용을 금지하고 외벽, 지붕, 바닥에 사용하는 패널은 현장 절단을 하지 않는다.
③ 공간벽쌓기는 특별히 정한바가 없으면 바깥쪽벽을 주벽체로 한다.
④ 모서리 및 교차부 쌓기는 끼어쌓기를 원칙으로 하여 통줄눈이 생기지 않도록 한다.
⑤ 쌓기용 모르타르는 교반기를 사용하여 배합하고 1시간 이내에 사용해야 하며 가로 및 세로줄눈의 두께는 1mm~3mm 정도로 한다.

51 시멘트액체 방수공사에 대한 설명으로 옳지 않은 것은?

① 바탕이 건조할 경우에는 시멘트 액체방수층 내부의 수분이 과도하게 흡수되지 않도록 바탕을 물로 적신다.
② 방수층은 흙손 및 뿜칠기 등을 사용하여 최소 4mm 두께 이상을 표준으로 균일하게 바른다.
③ 치켜올림 부위에는 미리 방수 시멘트 페이스트를 바르고, 그 위를 100㎜ 이상의 겹침을 두고 평면부와 치켜올림부를 바른다.
④ 각 공정의 이어 바르기의 겹침은 50 mm 정도로 하여 소정의 두께로 조정한다.
⑤ 각 공정의 이어 바르기 또는 다음 공정이 미장공사일 경우에는 솔 또는 빗자루로 표면을 거칠게 마감한다.

52 다음 유리공사의 용어에 대한 설명으로 옳지 않은 것은?

① 셋팅블록은 새시 하단부의 유리 끼움용 부자재로 유리 하중을 지지하는 고임재이다.
② 클린 컷은 유리를 절단한 후 그 절단면에 구멍 흠집, 단면결손, 경사단면 등의 결함이 없이 깨끗이 절단된 상태를 말한다.
③ 알루미늄간봉은 복층유리의 간격을 유지하며 열전달을 차단하는 자재로 간봉의 취약한 단열문제를 해결하기 위한 간봉이다.
④ 핀 홀(pin hole)은 바탕 유리까지 도달하는 윤곽이 뚜렷한 얇은 막의 구멍을 말한다.
⑤ 지퍼(구조)가스켓은 클로로프렌 고무 등으로 압출성형에 의해 제조된 정형실링재로 유리끼움용 부자재이다.

53 다음 중 수장공사에 관한 설명으로 옳지 않은 것은?

① 계단은 디딤면, 챌면, 계단참, 고막이, 엔트텝, 달대 등으로 구성된다.
② 코펜하겐리브는 음향효과를 내기 위하여 벽에 붙이는 것으로 의장 겸용으로도 사용한다.
③ 장판지는 물을 축이거나, 풀칠하여 맞접어 두어 충분히 늘어난 다음, 다시 고르게 풀칠하고 붙인다.
④ 내부벽의 하부를 징두리 또는 굽도리라 하고 판벽을 한 것을 징두리 판벽이라 한다.
⑤ 인서트는 경량철골 반자에서 천장틀이나 배관 등을 매달기 위해 콘크리트에 미리 묻어놓은 행거볼트이다.

54 다음 중 스틸새시와 비교한 알루미늄 새시의 특징으로 옳지 않은 것은?

① 공작이 자유롭고 비중이 철의 1/3 정도로 작아 가볍다.
② 여닫음이 경쾌하고 외관이 미려하다.
③ 철보다 용접이 어렵고 강도가 작으며 내화성이 떨어진다.
④ 알칼리에 대한 내식성이 우수하여 콘크리트바탕면에 대한 시공이 용이하다.
⑤ 제작이 용이하고 내구적이며 수밀성 및 기밀성이 우수하다.

55 다음 중 단열모르타르 바름공사에 대한 기술로 옳지 않은 것은?

① 재료의 저장은 바닥과 벽에서 150 mm 이상 띄워서 흙 또는 불순물에 오염되지 않도록 하고 특히 수분에 젖지 않도록 한다.
② 지붕에 바탕단열층으로 바름할 경우는 신축줄눈을 설치하고 외기 기온이 5℃ 이하인 경우는 작업을 중지한다.
③ 바름이 완료된 후는 급격한 건조, 진동, 충격, 동결 등을 피하고 별도의 지정이 없는 경우 7일 이상으로 자연건조 되도록 한다.
④ 초벌바름은 10mm 이상의 두께로 가급적 빨리 압력을 주어 신속하게 바른다.
⑤ 단열모르타르 바름이 마감바름면이 될 경우는 수평면 작업과 질감을 내는 작업은 한 번에 연속으로 이루어져 질감에 차이가 나거나 얼룩이 생기지 않도록 한다.

56 공동주택의 지하실 방수에 대한 설명으로 옳지 않은 것은?

① 내방수법에는 시트방수나 아스팔트 방수보다 액체방수를 많이 사용한다.
② 외방수공사는 보호누름벽을 설치해야 하므로 실의 유효면적이 줄어드는 단점이 있다.
③ 지하실의 바닥 외방수공사는 반드시 구조체 전에 선행하여 실시하여야 한다.
④ 수압이 큰 깊은 지하실에는 외방수법을 채택하고 얕은 지하실에는 안방수법을 채택한다.
⑤ 외방수법은 보통 시트방수법, 아스팔트방수법, 벤토나이트방수법 등이 많이 사용된다.

57 다음 도장공사에 대한 설명으로 옳지 않은 것은?

① 볼트는 형상에 요철이 많고 부식이 쉬우므로 도장하기 전에 방식 대책을 철저하게 수립하여야 한다.
② 도료의 배합비율은 중량비로 표시하고 시너의 희석비율은 용적비로 표시한다.
③ 눈먹임이란 칠공사시 나무결을 평활하게 만들기 위해 토분, 퍼티 등을 발라 채우는 것이다.
④ 색올림이란 투명칠을 할 때 바탕면에 빛깔을 올리는 것이다.
⑤ 야간에는 색조를 구분하기 어려우므로 분별하기 어려운 색의 도장은 하지 않는 것이 원칙이다.

4회

58 **다음 중 단열과 흡음재료에 관한 설명으로 옳지 않은 것은?**

① 다공질 재료의 흡음률은 고음에서 크고 저음에서 작다.
② 보온재나 단열재는 열전도저항 값이 클수록 효과가 증가한다.
③ 재료는 습기가 차거나 함수량이 클수록 열전도율이 작아져 단열성능이 좋아진다.
④ 보통 알루미늄박은 복사열의 2/3 정도의 반사성을 가지고 있다.
⑤ 단열재는 일반적으로 다공질로서 비중이 작은 것이 열전도율이 작아 성능이 좋고 차음재는 비중이 큰 것이 우수한 제품이다.

59 **다음 중 건축적산에 관한 기술로 옳지 않은 것은?**

① 춤이 50cm이고 너비가 40cm이며 길이가 3m인 철근콘크리트 보의 중량은 14.4톤이다.
② 콘크리트 배합비가 1:2:4이고 물시멘트비가 60%인 콘크리트 1㎥를 만들 때 필요한 단위수량은 192kg이다.
③ 면적이 30㎡인 1.0B 벽체를 표준형 치장벽돌로 쌓을 경우 소요수량은 4,605매이다.
④ 300mm 각 자기질 타일을 줄눈 너비 6mm로 하여 외벽에 시공하고자 할 때 1㎡당 소요되는 타일 소요수량은 11장이다.
⑤ 작업인원 5명이 면적 1,000㎡인 벽체를 작업능률 ㎡당 0.02인의 능률로 미장할 경우 작업소요일수는 4일이다.

60 **다음 건축공사비에 대한 설명으로 옳지 않은 것은?**

① 직접공사비는 노무비, 자재비, 경비, 외주비로 구성된다.
② 비계, 거푸집 등 가설재는 간접재료비에 포함된다.
③ 총원가는 공사원가에 기업의 유지를 위한 관리활동에 필요한 비용인 일반관리비를 합한 것이다.
④ 공사속도를 빠르게 할수록 직접공사비는 감소하고 간접공사비는 증가한다.
⑤ 총공사비는 총원가에 부가이윤을 합한 것으로 이윤은 공사원가 중 노무비, 경비, 일반관리비 합계액의 15%를 초과 계상할 수 없다.

61 **다음 중 실내 벽체의 결로 방지대책으로 옳지 않은 것은?**

① 실내벽체의 표면온도를 실내공기의 노점온도보다 높게 유지한다.
② 가급적 각 실의 온도차가 작은 난방방식을 채택하고 냉교현상을 최소화 한다.
③ 공간에 열관류율이 작은 단열재를 넣고 이중벽쌓기를 하여 단열을 강화한다.
④ 실내에서 발생하는 수증기를 억제하고 환기를 자주하여 습한 공기를 줄인다.
⑤ 표면결로를 방지하기 위하여 실외측에 방습층을 설치한다.

62 **급수펌프로 옥상탱크에 시간당 24㎥의 물을 양수하고자 할 때 급수펌프에 대한 필요한 축동력은?** (단, 펌프의 흡입양정은 2m, 토출양정은 38m, 펌프 효율은 80%, 배관의 마찰손실은 펌프실 실양정의 10%로 하고 소숫점 둘째자리까지만 구한다)

① 1.45kW ② 2.61kW ③ 2.87kW
④ 3.59kW ⑤ 4.56kW

63 다음 중 펌프에 관한 사항으로 옳지 않은 것은?

① 펌프의 성능곡선은 양수량, 전양정 , 회전수, 동력, 효율 등의 관계를 나타낸 것이다.
② 펌프의 흡입양정은 대기압이 낮을수록, 해발고도가 높을수록, 수온이 높을수록 낮아진다.
③ 전양정이란 토출양정에 배관내의 마찰손실수두를 합한 것이다.
④ 펌프의 양수량은 회전수에 비례하여 변화하고 축동력은 회전수의 3승에 비례하여 변화한다..
⑤ 펌프의 효율은 수동력을 축동력으로 나눈 값으로 효율이 클수록 축동력은 작아진다.

64 다음 중 배수설비에서 배수관의 관경 결정에 관한 설명으로 옳지 않은 것은?

① 배수관경은 위생기구의 순간 최대사용수량을 기준으로 결정한다.
② 기구배수관의 관경은 이것과 접속하는 기구의 트랩구경 이상으로 한다.
③ 배수관의 관경은 최대한 크게 하여 배수의 흐름을 원활하게 한다.
④ 배수수직관의 관경은 이것과 접속하는 배수수평지관의 최대관경 이상으로 한다.
⑤ 배수수평지관의 관경은 이것과 접속하는 기구배수관의 관경보다 작게 하지 않는다.

65 다음 중 통기설비에 관한 설명으로 옳지 않은 것은?

① 도피통기관은 배수수직관과 배수수평지관이 접속되는 부위에 설치한다.
② 각개통기방식은 가장 이상적인 통기방식이나 시설비가 많이 든다.
③ 회로통기관은 배수수평주관의 최상류의 기구배수관이 접속한 직후의 하류 측의 위치에서 분기한다.
④ 결합통기관은 고층건물에서 배수수직관을 연장하여 옥상에 개구한 통기관으로 배수수직관내의 압력변동을 완화한다.
⑤ 습식통기관은 배수 횡지관 최상류 기구의 바로 아래에서 연결하여 배수와 통기를 겸하는 통기관이다.

66 공동주택의 오물처리시설에 대한 설명으로 옳은 것은?

① 산화조의 폭기장치는 접촉식 폭기장치와 화학식 폭기장치가 있다.
② SS량은 BOD와 함께 오수처리 정도의 척도로 사용된다.
③ 부패조는 호기성균의 활동을 증식시키기 위하여 공기를 공급해야 한다.
④ 소독조의 밑면은 산화조를 향하여 1/100 정도의 내림구배를 둔다.
⑤ 오수처리시설은 하수도법에 의해 2년에 1회 이상 내부청소를 실시하여야 한다.

4회

67 건축설비에 이용하는 각종 배관의 특성으로 옳지 않은 것은?

① 동관은 전기 및 열전도율이 좋고 전성 및 연성이 풍부하며 가공도 용이한 배관이다.
② 주철관은 내식성, 내구성, 내압성에는 뛰어나나 강관에 비하여 충격이나 인장강도가 약하다.
③ 스텐레스강관은 쉽게 부식되지 않아 내구성이 크고 동결이나 충격에 강하다.
④ 연관은 알칼리에는 강하나 내식성이 작아 배수용보다는 난방배관에 주로 사용한다.
⑤ 강관은 인장강도가 크고 충격에 강하나 부식이 잘되어 수명이 짧다.

68 다음 중 도시가스배관 시공에 관한 설명으로 옳지 않은 것은?

① 부득이 도시가스 배관이 벽이나 바닥 등의 구조체를 관통하는 경우에는 슬리브를 설치한다.
② 도시가스관은 노출배관일 경우 주로 강관이나 주철관을 사용하고 지하매립인 경우 폴리에틸렌 피복강관이나 폴리에틸렌관을 사용한다.
③ 배관을 공동주택 부지에 매설하는 경우에는 지면으로부터 0.5m 이상의 거리를 유지한다.
④ 가스공급 본관 관경은 최소 25mm이며 가스공급의 분기관 관경은 20mm 이상이다.
⑤ 배관의 곡절부에는 엘보를 사용하고 도중에는 신축흡수를 위한 신축이음을 둔다.

69 스프링클러 소화설비에 대한 설명으로 옳지 않은 것은?

① 폐쇄형의 준비작동식은 평상시 2차측 배관의 헤드까지 가압수가 충만되어 있어 화재시 즉시 소화가 가능하다.
② 가압송수장치의 송수량은 0.1메가파스칼의 방수압력 기준으로 분당 80리터 이상의 방수성능을 가진 기준개수의 모든 헤드로부터의 방수량을 충족시킬 수 있는 양 이상의 것으로 하여야 한다.
③ 화재발생 시 초기에 화재가 진압되는 자동소화설비로 경보기능도 있다.
④ 습식유수검지장치 또는 건식유수검지장치를 사용하는 설비에 있어서는 헤드가 개방되면 유수검지장치가 화재신호를 발신하고 그에 따라 음향장치가 경보되도록 하여야 한다.
⑤ 가압송수장치 펌프의 토출측에는 압력계를, 흡입측에는 연성계 또는 진공계를 설치하여야 한다.

70 옥내소화전의 화재안전기준 내용 중 ( )안에 들어갈 내용으로 옳은 것은?

> 옥내소화전설비의 수원은 그 저수량이 옥내소화전의 설치개수가 가장 많은 층의 설치개수(2개 이상 설치된 경우에는 2개)에 ( )m³ (호스릴옥내소화전설비를 포함)를 곱한 양 이상이 되도록 하여야 한다.

① 1.6 ② 2.6 ③ 3.5
④ 7 ⑤ 10

71 다음과 같은 조건에서 전기온수기를 이용하여 시간당 급탕량 1,000kg을 공급할 경우, 시간당 전력사용량(kW/h)으로 옳은 것은?

> ① 급수온도 10℃ ② 급탕온도 70℃ ③ 효율 80%
> ④ 물의 비열 4.2kJ/kg·K

① 약 32.8kW ② 약 37.5kW ③ 약 44.2kW
④ 약 67.5kW ⑤ 약 87.5kW

72 다음 중 난방방식의 특징에 관한 기술로 옳지 않은 것은?

① 복사난방은 예열시간이 길어 일시적인 간헐난방에는 효과가 적으나 먼지가 상승하지 않아 쾌감도가 높다.
② 온풍난방은 증기난방이나 온수난방에 비하여 시스템전체의 열용량이 작다.
③ 온수난방에는 3방밸브, 방열기밸브, 리턴콕 등의 부속기기가 사용된다.
④ 증기난방은 증기가 냉각될 때 방출하는 잠열을 이용하는 난방방식이다.
⑤ 복사난방은 대류난방에 비하여 방을 개방하였을 경우 열손실이 많고 층고가 높은 실은 난방효과가 적다.

73 **다음 공기조화설비에 대한 설명으로 옳지 않은 것은?**

① 창문을 통한 일사량이나 기기, 조명 또는 인체에서 발생하는 발열량, 상당외기온도 등은 냉방부하 계산시 적용한다.
② 상대습도가 100%이면 건구온도, 습구온도, 노점온도가 동일하다.
③ 공기조화설비에서 조닝을 세밀하게 할수록 에너지와 설비비가 감소한다.
④ 습구온도는 어떠한 경우에도 건구온도보다 높을 수 없으며 상대습도 100%일 때는 동일하다.
⑤ 벽체의 열관류율이 클수록 열손실이 증가하여 에너지가 많이 소비된다.

74 **송풍기에 대한 설명으로 옳지 않은 것은?**

① 송풍기의 정압은 회전수에 비례한다.
② 송풍기 전압은 출구측 전압과 입구측 전압의 차이이다.
③ 송풍기의 동력은 회전수의 3승에 비례한다.
④ 송풍기 동압은 출구측 풍속에 의해 결정된다.
⑤ 송풍기 전압은 입·출구측 덕트 마찰저항과 같다.

75 **다음 중 신축공동주택의 환기설비에 대한 설명으로 옳지 않은 것은?**

① 자연환기 및 기계환기설비로 인하여 발생하는 소음은 대표길이 1m(수직 또는 수평하단)에서 측정하여 40dB 이하가 되어야 한다.
② 기계환기설비는 세대의 환기량 조절을 위하여 환기설비의 정격풍량을 2단계 또는 그 이상으로 조절할 수 있는 체계를 갖추어야 한다.
③ 공기여과기는 한국산업표준(KS B 6141)에 따른 입자 포집률이 자연환기설비에서 는 질량법으로 측정하여 70% 이상이어야 하며 기계환기설비에서는 계수법으로 측정하여 60퍼센트 이상이어야 한다.
④ 자연환기설비는 실의 바닥에서 1.2m 이상의 높이에 설치하여야 하며 2개 이상의 자연환기설비를 상하로 설치하는 경우 1미터 이상의 수직간격을 확보하여야 한다.
⑤ 하나의 기계환기설비로 세대 2이상의 실에 바깥공기를 공급할 경우 필요환기량은 각실의 필요환기량의 합계 이상이어야 한다.

76 **다음에서 설명하고 있는 조명기구 배치에 따른 조명방식으로 옳은 것은?**

> 작업구역에는 전용의 국부조명으로 하고, 기타 주변 환경에는 간접조명과 같은 낮은 조도레벨로 조명하는 방식이다.

① TAL조명방식 ② 전반조명방식
③ 전반국부혼용조명방식 ④ 간접조명방식
⑤ 국부조명방식

4회

77 **다음 중 전기설비의 설계에 관한 설명으로 옳지 않은 것은?**

① 분전반은 층마다 설치하는 것이 원칙이며 1개 층에 1개 이상 설치한다.
② 분전반은 보수나 조작이 편리한 위치에 설치한다.
③ 과부하 보호기가 설치되어 있는 2대 이상의 전동기는 1개의 분기회로 설치가 가능하다.
④ 100세대 이상 아파트 및 기숙사의 소유자 또는 관리자는 친환경자동차법 시행령에 따라 전용주차구역 및 자동차 충전시설을 설치하여야 한다.
⑤ 분기회로 자동차단시 정격전류가 25A 이하일 때는 전동기 2대의 접속이 가능하다.

78 비상용승강기의 구조에 대한 설명으로 옳은 것은?

① 승강장은 각층의 내부와 연결될 수 있도록 하되, 그 출입구는 30분 방화문을 설치할 것
② 승강장 바닥면적은 옥외에 승강장을 설치하는 경우를 제외하고는 비상용승강기 1대에 대하여 3㎡ 이상으로 할 것
③ 벽 및 반자가 실내에 접하는 부분의 마감재료는 난연재료로 할 것.
④ 비상용승강기의 승강로 구조는 각층으로부터 피난층까지 이르는 승강로를 단일구조로 연결하여 설치할 것
⑤ 피난층이 있는 승강장의 출입구로부터 도로 또는 공지에 이르는 거리는 50m 이하일 것

79 건축물의 에너지절약설계기준에 대한 기술로 옳지 않은 것은?

① "역률개선용커패시터(콘덴서)"라 함은 역률을 개선하기 위하여 변압기 또는 전동기 등에 병렬로 설치하는 커패시터를 말한다.
② "수용률"이라 함은 수용가에서 피크전력의 억제, 전력 부하의 평준화 등을 위하여 최대수요전력을 자동제어할 수 있는 설비를 말한다.
③ 전용면적 60㎡를 넘는 공동주택에는 효율적인 조명에너지 관리를 위하여 세대별로 일괄적 소등이 가능한 일괄소등스위치를 설치하여야 한다.
④ 조명기구는 필요에 따라 부분조명이 가능하도록 점멸회로를 구분하여 설치하여야 하며, 일사광이 들어오는 창측의 전등군은 부분점멸이 가능하도록 설치한다.
⑤ 공동주택 각 세대내의 현관 및 숙박시설의 객실 내부입구, 계단실의 조명기구는 인체감지점멸형 또는 일정시간 후에 자동 소등되는 조도자동조절조명기구를 채택하여야 한다.

80 다음 중 지능형 홈네트워크설비의 홈네트워크 장비로 옳지 않은 것은?

① 원격제어기기
② 홈게이트웨이
③ 세대단말기
④ 단지네트워크장비
⑤ 단지서버

– 다음면에 계속 –

03 민법

01 **관습법에 관한 설명으로 옳지 않은 것은?** (다툼이 있으면 판례에 의함)

① 관습법은 법원의 판결에 의하여 그 존재가 확인되므로 관습법의 성립시기는 법원의 판결에서 관습법의 존재를 인정하는 때에 관습법으로 성립한다는 것이 통설이다.

② 관습법은 당사자의 주장·입증을 기다림이 없이 법원의 직권으로 이를 확정하여야 한다는 것이 판례의 태도이다.

③ 관습법의 효력에 대하여 성문법을 개폐 내지 변경하는 효력까지지도 인정할 것인가 또는 성문법이 없는 부분에 관하여 이를 보충하는 효력만을 인정할 것인가에 관하여 다툼이 있다.

④ 판례에 의하여 관습법으로 인정되는 것으로는 미분리 과실의 소유권귀속에 관한 명인방법, 분묘기지권, 관습법상의 법정지상권 등이 있다.

⑤ 판례에서 관습법은 법원으로서 법령과 같은 효력을 갖는 관습으로 법령에 저촉되지 않는 한 법칙으로서의 효력이 있으나, 사실인 관습은 법령으로서의 효력이 없는 단순한 관행으로서 법률행위의 당사자의 의사를 보충함에 그친다고 하여 양자를 개념상 구별하고 있다.

02 **권리의 충돌과 경합에 관한 설명으로 옳지 않은 것은?** (다툼이 있으면 판례에 의함)

① 전세목적물이 전세권자의 고의로 멸실된 경우에 소유자인 전세권설정자는 전세권자에게 채무불이행에 기한 손해배상청구권과 불법행위에 기한 손해배상청구권을 가지며, 양자는 청구권경합의 관계에 있다.

② 하나의 생활 사실이 여러 개의 법규의 요건을 충족하여 동일한 목적을 가지는 여러 개의 권리가 발생하는 경우는 권리의 경합이다.

③ 공무원의 직무상 불법행위책임에 대하여 국가배상법과 민법의 규정이 경합하는 경우 전자만 적용된다.

④ 임대차가 종료하면 임대인인 소유자는 임차인에게 소유권에 기하여 목적물의 반환을 청구할 수 있을 뿐이다.

⑤ 토지에 대하여 지상권과 사용대차권이 충돌하는 경우 권리 성립의 선후에 관계없이 지상권이 우선한다.

4회

03 신의원칙에 관한 설명으로 가장 옳은 것은?

① 신의칙상 보호의무는 불법행위에서만 문제될 뿐, 계약관계에서는 문제되지 않는다.
② 소멸시효는 시간의 경과라는 객관적 사실만을 요건으로 하므로, 그 완성의 효과를 주장하는 것은 신의칙에 반할 여지가 없다.
③ 사정변경의 원칙에서 말하는 '사정'에는 계약의 기초가 되었던 객관적 사정 외에 계약당사자의 주관적 사정도 포함된다.
④ 상계권 행사가 권리남용이 되기 위해서는 상계권자에게 아무런 이익이 없음에도 오직 상대방에게 고통을 주고 손해를 입히려는 주관적 요건이 충족되어야 한다.
⑤ 토지이용권이 없는 건물에 대한 토지소유자의 철거청구가 권리남용에 해당하여 허용되지 않더라도, 임료 상당의 부당이득반환청구권까지 배제되는 것은 아니다.

04 태아의 권리능력에 관한 설명으로 옳은 것은?

① 태아는 유류분권에 관하여 이미 출생한 것으로 본다.
② 태아인 동안에는 모(母)가 법정대리인으로서 법률행위를 할 수 있다.
③ 태아가 타인의 불법행위로 인하여 사산된 경우 태아의 손해배상청구권은 그 법정상속인에게 상속된다.
④ 태아를 피보험자로 하는 상해보험계약은 그 효력이 인정되지 않는다.
⑤ 태아에 대한 유증이 그 방식을 갖추지 못하여 무효이더라도 증여로서의 효력은 인정된다.

05 다음 중 미성년자가 법정대리인의 동의 없이 단독으로 할 수 있는 행위로서 가장 부적당한 것은?

① 미성년자의 채무를 이행하기 위한 변제행위
② 제3자를 위한 계약에서 부담 없는 수익의 의사표시
③ 부담이 없는 유증에 대한 수락
④ 의무만을 부담하는 계약에 대한 무조건 해약
⑤ 미성년자가 이미 받은 증여에 대하여 소유권 이전등기만을 신청하는 행위

06 법인의 능력에 관한 설명 중 옳지 않은 것은? (다툼이 있으면 판례에 의함)

① 법인의 대표자가 불법행위를 한 경우 행위의 외형상 대표자의 직무행위라고 인정할 수 있는 것이라면, 그것이 대표자 개인의 사리를 도모하기 위한 것이었다 하더라도 법인이 그 대표자의 불법행위로 인하여 손해배상의무를 질 수 있다.
② 법인의 대표자가 대표권을 남용하여 피해자에게 손해를 가한 경우, 피해자가 법인의 대표자의 위 행위가 직무에 관한 행위에 해당하지 아니함을 알고 있었던 경우에는 법인에게 손해배상책임을 물을 수 없으나, 피해자가 중대한 과실로 그러한 사정을 알지 못한 경우에는 법인에게 손해배상책임을 물을 수 있다.
③ 법인은 타인으로부터 상속을 받을 수는 없지만, 특정유증뿐만 아니라 포괄유증도 받을 수 있다.
④ 법인이 주택을 임차하여 인도받고 임대차계약서상에 확정일자를 구비한 후 그 직원이 주택의 주소지에 주민등록을 마쳤다 하더라도, 법인이 주택임대차보호법상의 주택 임차인에게 인정되는 우선변제권을 주장할 수는 없다.
⑤ 회사가 부채과다로 사실상 파산지경에 있어 업무도 수행하지 아니하고 대표이사나 그의 이사도 없는 상태에 있다고 하여도 적법한 해산절차를 거쳐 청산을 종결하기까지는 법인의 권리능력이 소멸한 것으로 볼 수 없다.

07 **甲이 등산을 갔다가 생사불명이 되어 실종선고가 내려졌다. 이후 처(妻) 乙은 甲소유의 부동산을 단독상속하였다. 이에 관한 설명으로 옳지 않은 것은?** (다툼이 있으면 판례에 의함)

① 甲은 최후의 소식이 있었던 때에 사망한 것으로 본다.
② 乙이 부동산을 丙에게 처분한 후 甲이 생환하여 실종선고가 취소된 경우, 乙과 丙이 모두 선의였다면 丙은 취득한 부동산을 甲에게 반환할 필요가 없다.
③ 甲이 생환하여 실종선고가 취소된 경우, 선의의 乙은 상속받은 부동산에 대하여 이익이 현존하는 한도에서 甲에게 반환하여야 한다.
④ 甲이 생환하여 실종선고가 취소된 경우, 실종선고는 소급하여 무효로 된다.
⑤ 甲에 대한 실종선고의 효력은 甲의 종래의 주소 또는 거소를 중심으로 하는 사법적(私法的) 법률관계에만 미친다.

08 **법인의 불법행위에 관한 다음 설명 중 가장 옳지 않은 것은?** (다수설과 판례에 의함)

① 대표기관의 불법행위가 외형상으로만 직무관련성을 보이는 경우, 실제 직무관련성에 대한 피해자의 악의·과실 유무와 상관없이 법인은 불법행위를 진다.
② 법인실재설에 의하면 법인은 당연히 불법행위능력을 가지므로 불법행위책임을 진다.
③ 법인의 불법행위가 성립하려면 대표기관의 행위가 불법행위의 일반적 요건을 갖추어야 한다.
④ 법인의 불법행위가 성립하지 않는 경우에도 그 사항의 의결에 찬성하거나 그 의결을 집행한 사원, 이사 기타 대표자는 연대하여 배상하여야 한다.
⑤ 직무행위에 해당하는지 여부는 행위의 외형을 기준으로 판단한다.

09 **민법상 법인의 이사와 관련된 사항으로 틀린 것은?**

① 이사가 정관상 금지된 사항에 대하여 타인으로 하여금 대리하게 한 경우 그 대리행위는 무권대리행위가 된다.
② 이사에 결원이 있는 경우에 이로 인하여 손해가 생길 염려가 있는 때에는 임시이사의 선임을 청구할 수 있다.
③ 이사는 그 대표권의 행사를 개별적으로 타인에게 위임할 수 있다.
④ 직무대행자도 이사의 사무를 처리하므로 사원총회결의무효 확인의 소에 대하여 항소취하를 할 수 있다.
⑤ 파산 이외의 사유로 법인이 해산한 경우 정관 또는 총회의 결의로 달리 정한 바가 없다면 이사가 청산인이 된다.

10 **甲과 乙은 X토지를 매매목적물로 하기로 약정하였으나 X토지의 지번에 관하여 착오를 일으켜서 계약서상 목적물로 Y토지의 지번을 표시하고 Y토지에 대해서 乙명의로 소유권이전등기가 경료되었다. 다음 설명 중 옳은 것은?** (다툼이 있으면 판례에 의함)

① 甲과 乙 간에는 Y토지에 대하여 매매계약이 존재한다.
② 乙은 甲에 대하여 X토지에 대한 소유권이전등기를 청구할 수 있다.
③ 甲은 착오를 이유로 X토지에 대한 매매계약을 취소할 수 있다.
④ 甲은 乙에 대하여 Y토지에 대한 소유권이전등기의 말소를 청구할 수 없다.
⑤ 만일 丙이 선의로 乙로부터 Y토지에 대하여 소유권이전등기를 경료받았다면 丙은 Y토지의 소유권을 취득한다.

11 **물건에 관한 설명으로 옳지 않은 것은?** (다툼이 있으면 판례에 의함)

① 부동산의 일부는 용익물권의 객체가 될 수 있다.
② 사람의 유체·유골은 매장·제사·공양의 대상이 될 수 있는 유체물이다.
③ 토지의 소유권은 정당한 이익이 있는 범위 내에서 토지의 상하에 미친다.
④ 최소한의 기둥과 지붕 그리고 주벽이 이루어지면 사회통념상 독립한 건물로 인정될 수 있다.
⑤ 건물의 신축공사를 도급받은 수급인이 사회통념상 독립한 건물이라고 볼 수 없는 정착물을 토지에 설치한 상태에서 공사가 중단된 경우 그 정착물은 토지의 종물이 된다.

12 **甲은 그 소유 부동산을 乙에게 증여하면서, 다만 증여세를 회피하기 위해 마치 乙에게 매도한 것처럼 꾸며 이전등기를 해 주었다. 그 후 乙은 그 부동산을 丙에게 매도하고 이전등기를 해 주었다. 다음 설명으로 옳은 것은?** (다툼이 있으면 판례에 의함)

① 甲과 乙 사이의 증여는 무효이다.
② 甲과 乙 사이, 乙과 丙 사이의 매매는 모두 무효이다.
③ 매매당사자인 甲이 乙과의 매매가 무효라고 주장하는 것은 신의칙에 반한다.
④ 甲의 채권자 丁은 乙과 丙 사이의 매매가 무효라고 주장할 수 있다.
⑤ 丙이 악의인 경우에도 甲은 丙 명의의 등기의 말소를 청구할 수 없다.

13 **甲은 고층아파트를 짓기 위해 乙 소유의 토지를 매입하기로 하는 계약을 체결하고 계약금을 주었으나, 그 부동산은 법령상의 제한으로 고층아파트를 건축할 수 없는 토지였다. 한편 甲·乙간의 계약서에 이 토지의 용도가 '주택건설용지'로 기재된 사실은 있지만 어떤 규모나 형태의 주택을 건설할지에 대한 언급은 없으며, 乙은 甲의 구체적인 건축계획을 모르는 상황이다. 다음 설명 중 옳은 것은?**

① 甲·乙간의 매매계약은 유효하다.
② 甲·乙간의 매매계약은 원시적 불능에 해당하여 하여 무효이다.
③ 甲은 표시상의 착오를 이유로 매매계약을 취소할 수 있다.
④ 甲은 사기에 의한 계약이라는 이유로 매매계약을 취소할 수 있다.
⑤ 甲이 중도금과 잔금을 지급하지 않았다고 하여 乙이 매매계약을 해제할 수는 없다.

14 **착오·사기·강박에 관한 설명 중 옳은 것은?** (다툼이 있으면 판례에 의함)

① 부동산매매에서 시가에 관한 착오는 일반적으로 법률행위의 중요부분에 관한 착오에 해당한다.
② 표의자가 착오를 이유로 의사표시를 취소하여 상대방이 손해를 입은 경우, 상대방은 불법행위를 이유로 손해배상을 청구할 수 있다.
③ 제3자의 사기로 인하여 매매계약을 체결하여 손해를 입은 자가 제3자에 대해 손해배상을 청구하기 위해서는 먼저 매매계약을 취소하여야 한다.
④ 매도인의 기망에 의해 매매계약 체결시 토지의 일정부분을 매매대상에서 제외시키는 특약을 한 경우, 특별한 사정이 없는 한 그 특약만을 취소할 수는 없다.
⑤ 강박에 의해 이루어진 소송행위는 원칙적으로 취소할 수 있다.

15 **다음 중 민법에 의하여 보호받는 제3자가 아닌 것은?**

① 허위표시의 외관을 신뢰한 제3자
② 비진의표시임을 알지 못한 제3자로부터 목적물을 인수한 악의의 제3자
③ 대리인이 통정허위표시를 한 경우의 본인
④ 착오에 의한 매매임을 알지 못하고 매수인으로부터 다시 목적물을 매수한 자
⑤ 매도인을 협박하여 목적물을 매수한 매수인으로부터 이를 알지 못하고 매수한자

16 **의사표시의 효력발생에 관한 설명으로 잘못된 것은?** (다툼이 있으면 판례에 의함)

① 의사표시의 효력발생시기에 관한 입법정책 중에서 표백주의가 표의자에게 가장 유리하다.
② 내용증명우편물로 의사표시가 발송되고 반송되지 아니하였다면 특별한 사정이 없는 한 이는 그 무렵 송달되었다고 볼 것이다.
③ 의사표시가 도달하였다면, 의사표시의 발신 후 표의자가 사망하더라도 의사표시의 효력에는 아무런 영향을 미치지 않는다.
④ 발신주의와 도달주의를 구별하는 실익은 입증책임의 부담과 취소에 있어서 나타난다.
⑤ 발신주의가 적용되는 예로는 제한능력자 상대방의 최고에 대한 확답, 사원총회소집통지, 격지자 간의 계약의 승낙통지 등이 있다.

17 **甲소유의 토지에 대하여 대리권 없는 乙이 상대방 丙에게 자신이 甲의 대리인이라고 하면서 매매계약을 체결하였다. 다음 설명 중 틀린 것은?**

① 乙의 대리행위는 원칙적으로 甲에 대해 아무런 효력을 발생하지 않는다.
② 丙은 상당한 기간을 정하여 甲에게 추인 여부를 최고할 수 있고, 甲이 그 기간 내에 확답을 발하지 아니한 때에는 추인을 거절한 것으로 본다.
③ 甲은 추인의 의사표시를 乙에게 할 수 있으나, 丙에게는 할 수 없다.
④ 乙이 대리권을 증명하지 못하고 甲의 추인을 얻지 못한 때에는 乙은 丙의 선택에 따라 丙에게 계약의 이행 또는 손해배상의 책임이 있다.
⑤ 甲을 상속하게 된 乙은 丙으로부터 토지를 매수하여 이전등기를 경료한 丁에 대하여 대리행위의 무효를 이유로 등기말소를 청구할 수 없다.

18 **무효인 법률행위와 취소할 수 있는 법률행위의 추인에 관한 설명으로 옳은 것은?** (다툼이 있으면 판례에 의함)

① 취소할 수 있는 법률행위를 추인한 후에도 다시 취소할 수 있다.
② 취소권자가 취소할 수 있음을 모르고 한 추인의 의사표시는 효력이 없다.
③ 무권대리행위의 추인의 의사표시는 대리행위의 상대방에 대하여만 할 수 있다.
④ 미성년자는 능력자가 되기 전에 법정대리인의 동의를 얻어 추인하더라도 추인의 효력이 없다.
⑤ 매매계약의 당사자가 무효인 줄 알고 계약을 추인한 때에는 계약은 특별한 사정이 없는 한 체결시에 소급하여 효력이 있다.

19 **대리에 관한 설명으로 옳지 않은 것은?** (다툼이 있으면 판례에 의함)

① 법정대리에도 대리권남용의 법리가 적용될 수 있다.
② 대리인에 대한 성년후견 개시가 있으면 대리권은 소멸한다.
③ 대리인은 대여금의 수령권한만을 위임받은 경우에도 본인의 특별수권 없이 그 대여금채무의 일부를 면제할 수 있다.
④ 의사표시의 효력이 의사의 흠결, 사기, 강박으로 인하여 영향을 받을 경우에 그 사실의 유무는 대리인을 표준으로 결정한다.
⑤ 물건을 매도하는 계약의 체결과 이행에 관하여 포괄적으로 대리권을 수여받은 대리인은 특별한 사정이 없는 한 상대방에 대하여 약정된 매매대금지급기일을 연기할 권한도 가진다.

20 **취소할 수 있는 법률행위의 법정추인 사유가 아닌 것은?**

① 취소권자가 취소할 수 있는 행위에 의하여 생긴 채무를 이행한 경우
② 취소권자의 상대방이 그 법률행위로 인해 취득한 권리를 양도한 경우
③ 취소권자가 상대방에게 이행을 청구한 경우
④ 취소권자가 상대방으로부터 담보를 제공받은 경우
⑤ 취소권자가 채권자로서 강제집행을 한 경우

21 **기한이익의 포기에 관한 것 중 틀린 것은?**

① 기한의 이익을 가지는 자는 그 이익을 포기할 수 있다.
② 기한이익의 포기는 상대방 있는 단독행위이다.
③ 기한이익의 포기는 상대방의 이익을 해하지 못한다.
④ 기한의 이익이 상대방을 위해서 존재하는 경우에는 포기할 수 없다.
⑤ 기한이 일정한 당사자의 이익을 위하여 존재하는 경우에는 그 당사자의 자유로 그것을 포기할 수 있다.

22 **甲은 자신의 X부동산을 2억원에 매도하는 계약을 乙과 체결한 후, 그 계약이 乙의 기망행위로 이루어진 것임을 알면서도 다음 사유에 대해 이의를 보류하지 않았다. 甲이 매매계약을 취소할 수 있는 경우는?**

① 甲이 乙로부터 이행청구를 받은 경우
② 甲이 乙로부터 담보를 제공받은 경우
③ 甲이 乙로부터 중도금 1억 원을 수령한 경우
④ 甲이 매매대금채권을 제3자에게 양도한 경우
⑤ 甲이 乙에게 X부동산에 대한 소유권이전등기를 해 준 경우

23 **3년의 단기소멸시효에 걸리는 채권을 모두 고른 것은?**

㉠ 매도인의 매수인에 대한 부동산매매대금채권 ㉡ 노역인, 연예인의 임금 및 그에 공급한 물건의 대금채권 ㉢ 생산자 및 상인이 판매한 생산물 및 상품의 대가 ㉣ 매매대금 상당액의 반환을 구하는 부당이득반환채권 ㉤ 도급받은 공사의 공사대금채권과 그 공사에 부수되는 채권

① ㉠, ㉢ ② ㉡, ㉣ ③ ㉢, ㉤
④ ㉠, ㉣, ㉤ ⑤ ㉡, ㉢, ㉤

24 **조건에 관한 설명 중 맞지 않는 것은?** (다툼이 있으면 판례에 의함)

① 법정조건은 조건이라고 할 수 없지만 조건의 규정을 유추적용할 수 있다.
② 어음보증에는 조건을 붙일 수 있으나 그 이외의 어음행위에 조건이나 시기 등의 기한을 붙이는 것은 허용되지 않는다.
③ 조건부 법률행위에 있어 조건의 내용 자체가 불법적인 것이어서 무효일 경우 또는 조건을 붙이는 것이 허용되지 아니하는 법률행위에 조건을 붙인 경우 그 조건만을 분리하여 무효로 할 수는 없고 그 법률행위 전부가 무효로 된다.
④ 부관이 붙은 법률행위에 있어서 부관에 표시된 사실이 발생하지 아니하더라도 채무를 이행하여야 하는 것으로 해석된다면 이는 정지조건으로 볼 수 없다.
⑤ 어떤 법률행위가 정지조건부 법률행위에 해당한다는 사실은 그 법률행위로 인한 법률효과의 발생을 저지하는 사유로서 그 법률효과의 발생을 다투려는 자가 주장·입증하여야 한다.

25 **소멸시효에 관한 다음 설명 중 옳지 않은 것은?** (다툼이 있는 경우 판례에 의함)

① 주채무자에 대한 시효의 중단은 보증인에 대하여 그 효력이 있다.
② 소유권에 기한 물권적 청구권은 소멸시효에 걸리지 않는다.
③ 소멸시효 중단사유의 하나인 재판상 청구는 민사소송의 제기만을 말하고 배상명령의 신청이나 과세처분의 취소 무효확인의 소는 여기에 포함되지 않는다.
④ 시효가 중단된 때에는 중단까지 경과한 시효기간은 이를 산입하지 아니하고 중단사유가 종료한 때부터 새로이 진행한다.
⑤ 가압류에 의한 시효중단의 효력은 가압류의 집행보전의 효력이 존속하는 동안은 계속된다.

26 **甲이 점유하고 있는 X물건을 乙이 침탈한 경우에 대한 설명으로 틀린 것은?** (다툼이 있으면 판례에 의함)

① 甲의 乙에 대한 점유물반환청구권은 침탈당한 날로부터 1년 내에 행사하여야 하는데, 이는 출소기간이다.
② 乙이 선의인 丙에게 X물건을 매도·인도한 경우 甲은 丙에 대하여 손해배상을 청구할 수 없다.
③ 乙이 선의의 丙에게 X물건을 매도·인도한 경우 甲은 丙에 대하여 점유물반환청구권을 행사할 수 있다.
④ 甲이 丁소유의 X물건을 임차하여 점유하였던 경우 丁도 乙에 대하여 점유물반환청구권을 행사할 수 있다.
⑤ 만일 甲이 乙의 사기로 인해 점유를 乙에게 이전한 경우 乙에 대하여 점유물반환을 청구할 수 없다.

4회

27 **물권적 청구권(物權的請求權)의 내용에 관한 다음 설명 중 옳지 못한 것은?**

① 특정인에 대하여 일정한 행위를 청구하는 것을 내용으로 한다.
② 물권적 반환청구권은 현재의 침탈자(侵奪者)에 대하여 그 반환(점유의 회복)을 청구하는 권리이다.
③ 물권적 방해예방청구권은 물권침해의 염려가 있는 경우에 그 예방이나 손해배상의 담보를 청구하는 권리이다.
④ 물건의 반환이나 방해의 제거 등 물권적 청구권 행사의 비용은 상대방이 부담하여야 한다는 것이 대법원판례이다.
⑤ 물권적 청구권은 직접점유자에게만 인정되며 간접점유자에게는 인정되지 않는다.

28 **부동산점유취득시효에 관한 설명으로 옳지 않은 것은?** (다툼이 있으면 판례에 의함)

① 행정재산은 공용폐지가 되지 않는 한 취득시효의 대상이 되지 못하나 토지의 일부는 시효취득의 대상이 될 수 있다.

② 미등기 부동산에 대하여 점유취득시효가 완성된 경우에도 등기를 하지 않는 한, 점유자는 소유권을 취득하지 못한다.

③ 취득시효 완성 후 제3자가 매수하여 소유권이전등기를 마친 경우 점유자는 제3자에 대하여 점유취득시효의 완성을 주장할 수 있다.

④ 취득시효 완성자는 취득시효가 완성된 후에 시효이익을 포기할 수 있다.

⑤ 취득시효로 인한 권리취득의 효력은 점유를 개시한 때로 소급한다.

29 **등기에 관한 설명으로 옳은 것은?** (다툼이 있으면 판례에 의함)

① 가등기 후 제3자에게 소유권이전등기가 경료된 경우, 본등기를 하지 않은 가등기권리자는 가등기의무자에게 제3자명의 등기의 말소를 청구할 수 있다.

② 멸실된 건물에 대한 보존등기를 신축된 건물의 보존등기로 유용할 수 있다.

③ 가등기 이후에 가압류등기가 마쳐지고 가등기에 기한 본등기가 된 경우, 등기관은 그 가압류등기를 직권으로 말소할 수 없다.

④ 甲명의의 저당권설정의 가등기가 있은 후에 乙명의의 저당권설정등기가 되었고, 그 후 甲의 가등기에 기해 본등기가 되었다면, 乙의 저당권이 甲의 저당권에 우선한다.

⑤ 토지대장상 소유권이전등록을 받은 자는 대장상 최초의 소유명의인 앞으로 보존등기를 한 다음에 이전등기를 하여야 한다.

30 **甲은 乙에 대한 채무의 담보로 자신의 부동산에 乙앞으로 1번 저당권을 설정하고, 이어 丙에 대한 채무의 담보로 같은 부동산에 丙앞으로 2번 저당권을 설정하였다. 이 사안에 관한 다음 설명 중 옳지 않은 것은?** (다툼이 있으면 판례에 의함)

① 위 부동산이 멸실되면 乙과 丙의 저당권은 소멸한다.

② 甲이 乙에게 채무를 변제하면 乙의 저당권은 소멸한다.

③ 위 ②의 경우 丙의 저당권은 1번 저당권이 된다.

④ 甲이 丙을 상속한 경우에는 원칙적으로 2번 저당권은 소멸한다.

⑤ 乙이 甲으로부터 부동산을 매수한 경우 丙의 저당권은 1번 저당권이 된다.

31 **전세권에 관한 설명 중 틀린 것은?** (다툼이 있으면 판례에 의함)

① 법정지상권이 성립한 후에도 대지소유자는 타인에게 그 대지 전부를 목적으로 한 전세권을 설정할 수 있다.

② 전세금의 지급은 현실적으로 수수되어야 하는 것은 아니고, 기존의 채권으로 전세금의 지급에 갈음할 수 있다.

③ 전세권이 법정갱신된 경우 전세권자는 갱신의 등기 없이도 전세목적물을 취득한 제3자에 대하여 전세권을 주장할 수 있다.

④ 건물의 일부에 대하여 전세권이 설정되어 있는 경우 그 전세권자는 건물 전부에 대하여 후순위 권리자 기타 채권자보다 전세금의 우선변제를 받을 권리가 있다.

⑤ 장래 전세권이 소멸하는 경우에 전세금반환채권이 발생하는 것을 조건으로 전세권과 분리하여 그 조건부 채권을 전세권 존속중에도 양도할 수 있다.

32 **저당권에 관한 설명으로 옳은 것은?** (다툼이 있으면 판례에 의함)

① 저당물의 소유권을 취득한 제3자도 경매절차에서 매수인이 될 수 있다.
② 저당물에 제3자 명의로 원인무효의 소유권이전등기가 있는 경우, 저당권자는 그 등기의 말소를 청구할 수 있다.
③ 나대지에 저당권이 설정된 후 설정자가 건물을 신축하여 소유하고 있는 경우, 저당권자는 일괄경매를 청구할 수 없다.
④ 물상보증인 저당물에 필요비를 지출한 경우, 저당물의 매각대금에서 우선상환을 받을 수 있다.
⑤ 후순위저당권의 실행으로 저당물이 매각된 경우, 선순위저당권은 소멸하지 않는 것이 원칙이다.

33 **채무를 불이행한 경우 손해배상에 관한 설명 중 맞는 것은?**

① 전매차익은 특별한 사정으로 인한 손해에 해당하므로 채무자가 그 사정을 알았거나 알았을 때 한하여 배상할 책임이 있으며, 그 사정은 채권자가 입증하여야 한다.
② 위약금의 약정은 손해배상액의 예정으로 추정하는 것에 불과하므로, 채무자가 실제 손해액이 예정액보다 적다는 사실을 증명한 경우에 한하여 감액을 주장할 수 있다.
③ 채무불이행에 관하여 채권자에게 과실이 있는 때에는 당사자의 주장에 의하여 비로소 손해배상의 책임 및 그 금액을 정함에 참작할 수 있다.
④ 채무불이행에 있어서 손해배상의 방법은 금전배상에 한한다.
⑤ 채권자가 그 채권의 목적인 물건 또는 권리의 가액 전부 또는 일부를 손해배상으로 받은 때에는 채무자는 그 물건 또는 권리에 관하여 채권자의 승낙을 얻어 대위할 수 있다.

34 **근저당권에 관한 다음 설명 중 <u>틀린</u> 것은?** (단, 다툼이 있으면 판례에 의함)

① 채권의 최고액에는 피담보채권의 이자가 포함된 것으로 본다.
② 채권액이 확정되면 그 이후 발생하는 채권은 더 이상 근저당권에 의하여 담보되지 않는다.
③ 근저당에서 담보할 채권의 최고액이란 목적물로부터 우선변제를 받을 수 있는 한도액을 의미하는 것이다.
④ 후순위권리자가 없는 한, 당사자는 피담보채권액이 확정될 때까지는 최고액 또는 존속기간을 합의로 변경할 수 있고, 이를 변경등기 하여야 한다.
⑤ 피담보채권의 확정되기 전에 채무원인을 변경하기 위해서는 후순위권리자의 승낙이 있어야 한다.

35 **매매계약의 해제에 관한 다음 설명 중 <u>틀린</u> 것은?**

① 매수인이 수인(數人)인 매매계약에서 매수인 중 1인이 해제권을 포기한 때, 다른 매수인은 계약을 해제할 수 있다.
② 甲에게서 乙, 乙에게서 丙으로 토지가 매각되어 丙에게 소유권이전등기가 된 경우, 甲은 乙의 대금미지급을 이유로 계약을 해제하여도 丙에게 토지의 인도를 청구할 수 없다.
③ 타인의 권리를 매매목적으로 한 경우, 매도인이 계약당시 매각한 권리가 자기에게 속하지 아니한 것을 몰랐을 때에는 계약을 해제할 수 있다.
④ 매매계약 후 매수인의 자금부족에 의해 대금지급의 이행이 되지 않는 경우, 매도인은 최고를 하지 않으면 계약을 해제할 수 없다.
⑤ 영상물제작공급계약의 수급인이 부수적 채무인 시사회준비의무를 위배한 경우, 그 불이행만으로는 계약을 해제할 수 없다.

4회

36 **제3자를 위한 계약에 대한 다음 설명 중 옳지 <u>않은</u> 것은?**

① 수익의 의사표시가 없다하더라도 제3자를 위한 계약이 성립할 수 있다.
② 제3자는 계약 당시에 현존하지 않더라도 무방하다.
③ 제3자의 권리는 낙약자에 대하여 계약의 이익을 향수(享受)할 의사를 표시한 때에 발생한다.
④ 제3자를 위한 계약으로 성립하기 위해서는 직접적으로 그 권리를 취득시키는 취지가 계약의 내용으로 되어 있지 않으면 안 된다.
⑤ 제3자에 대하여 채권을 취득시키면서 동시에 그 계약으로부터 직접 의무도 부담시키기는 계약은 무효이다.

37 **다음은 임대차보증금에 대한 설명이다. <u>틀린</u> 것은?**

① 보증금의 교부는 임대차계약의 본질적인 요소가 아니다.
② 보증금계약의 당사자는 임대인과 임차인이며, 제3자는 당사자가 될 수 없다.
③ 등기된 임대차의 경우에 보증금에 관한 권리·의무가 그대로 목적물의 양수인에게 이전되는 것으로 본다.
④ 임대인은 임대차가 아직 존속하고 있는 동안에도 보증금으로써 연체차임에 충당할 수 있다.
⑤ 대법원은 보증금 반환의무와 임차물 반환의무에 대해서 동시이행관계를 인정하여 임차인을 보호하고 있다.

38 **환매권과 재매매예약완결권의 비교에 관한 다음 기술 중 <u>틀린</u> 것은?**

① 환매의 기간에는 제한이 있으나 재매매의 예약에는 제한이 없다.
② 환매권은 양도성이 있으나 재매매예약완결권은 양도성이 없다.
③ 재매매의 예약의 목적물이 공용징수로 수용된 경우에는 완결권은 소멸한다.
④ 환매권은 등기함으로써 제3자에게 대항할 수 있으며, 재매매예약완결권은 가등기를 함으로써 제3자에게 대항할 수 있다.
⑤ 환매대금은 당사자의 특약으로 매매대금과 매수인이 부담한 매매비용을 합한 것을 초과할 수 있으므로, 대금에 관한 제한이 없는 재매매의 예약의 경우와 실질적인 차이는 없다.

39 **도급에 관한 설명 중 <u>틀린</u> 것은?**(다툼이 있으면 판례에 의함)

① 보수지급의무와 완성된 목적물 인도의무는 동시이행의 관계에 있다.
② 수급인이 일을 완성하기 전에는 도급인은 손해를 배상하고 도급계약을 해제할 수 있다.
③ 건축공사도급계약에 있어서는 공사 도중에 계약이 해제되어 미완성부분이 있는 경우에는 그 공사가 상당한 정도로 진척되어 원상회복이 중대한 사회적·경제적 손실을 초래하게 되고 완성된 부분이 도급인에게 이익이 되더라도 도급계약은 처음부터 모두에 대하여 실효된다.
④ 완성된 목적물에 하자가 있는 경우에는 도급인은 수급인에 대하여 상당한 기간을 정하여 그 하자의 보수를 청구할 수 있다.
⑤ 도급인은 하자의 보수에 갈음하여 또는 보수와 함께 손해배상을 청구할 수 있다.

40 **甲은 채무자 乙에게 채무변제를 요구하자, 乙은 1개월 더 유예해 달라고 요청하였다. 甲이 화가 나서 일방적으로 乙을 폭행하던 중 지나가던 丙이 甲의 폭행에 적극 가담하였고, 乙은 중상을 입었다. 다음 설명 중 옳지 않은 것은?** (다툼이 있으면 판례에 의함)

① 乙은 甲에게 병원비뿐만 아니라 위자료도 청구할 수 있다.

② 乙이 향후 계속적으로 치료비를 지출해야 하는 경우, 甲에게 손해배상을 정기금으로 지급할 것을 청구할 수 있다.

③ 丙이 甲과 공모하지 않았더라도 甲과 함께 乙에 대한 공동불법행위책임을 부담한다.

④ 甲은 자신의 손해배상채무를 乙에 대한 기존의 금전채권과 상계할 수 있다.

⑤ 만약 위 폭행으로 乙이 사망했다면, 乙의 아들 丁은 甲에 대하여 위자료를 청구할 수 있다.

– 본 회차 시험 종료 –

제5회 적중 실전모의고사

01 회계원리

01 **한국채택국제회계기준상 현금흐름표에 대한 설명으로 옳지 않은 것은?**

① 토지 매각대금의 수취, 피투자회사 주식취득은 투자활동으로 인한 현금흐름에 포함된다.

② 매입채무의 지급, 매출채권의 회수는 영업활동으로 인한 현금흐름에 포함된다.

③ 단기매매목적으로 보유하는 유가증권의 취득과 판매에 따른 현금흐름은 영업활동현금흐름으로 분류한다.

④ 현금흐름표는 기업의 배당금지급능력, 부채상환능력, 외부자금의 조달능력에 관한 정보를 제공하며, 재무상태표 및 포괄손익계산서와 마찬가지로 발생기준으로 작성된다.

⑤ 유형자산 또는 무형자산의 처분에 따른 현금유입은 투자활동현금흐름으로, 차입금의 상환에 따른 현금유출은 재무활동현금흐름으로 분류한다.

02 **다음 중 기업회계기준상 자산의 평가에 대한 설명으로 틀린 것은?**

① 유형자산에 대하여 재평가모형을 적용하는 경우에도 재평가일 이후의 감가상각을 수행하여야 한다.

② 건물을 신축하기 위하여 사용중이던 기존건물을 철거하는 경우 그 건물의 장부가액 및 철거비용은 신축건물의 취득원가에 포함되지 않는다.

③ 유가증권을 분류변경하는 경우에는 분류변경일 현재의 공정가치로 평가한 후 변경하여야 한다.

④ 무형자산의 내용연수가 비한정인 경우에는 상각을 하지 아니하고 매기 손상검사를 수행하여야 한다.

⑤ 재고자산을 저가법으로 평가하는 경우 기업은 종목별 기준, 조별 기준, 총액기준 중에서 재고자산별로 선택하여 적용할 수 있다.

03 **자기자본의 구성내역은 다음과 같다.**

• 보통주(액면 ₩10, 발행주식수 100,000주) ₩1,000,000
• 주식발행초과금 ₩100,000
• 이익잉여금 ₩400,000
• 자기자본합계 ₩1,500,000

당기 중 자기주식 10,000주를 주당 ₩15에 매입하였다면, 원가법을 적용할 때 자기주식취득 시의 분개로서 적절한 것은?

① (차) 자기주식 150,000
   (대) 현 금 150,000
② (차) 자기주식 100,000
   주식발행초과금 50,000
   (대) 현 금 150,000
③ (차) 자기주식 100,000
   주식발행초과금 10,000
   이익잉여금 40,000
   (대) 현 금 150,000
④ (차) 자기주 100,000
   자기주식취득손실 50,000
   (대) 현 금 150,000
⑤ (차) 자기주식 100,000
   이익잉여금 50,000
   (대) 현 금 150,000

04 **㈜대한은 20×1년 1월 1일 기계장치를 구입하였는데** (취득원가 ₩50,000, 잔존가치 ₩2,000, 내용연수 5년, 정액법), **동 차량을 20×2년 12월 31일에 ₩25,000에 처분하였다. 처분시 유형자산 처분손익은?** (단, 원가모형을 적용함)

① ₩5,800 손실 ② ₩5,800 이익
③ ₩5,000 손실 ④ ₩5,000 이익
⑤ ₩0

05 **㈜대한의 당기 신기술 개발프로젝트와 관련하여 발생한 지출은 다음과 같다.**

구분	연구단계	개발단계	기타
원재료사용액	₩2,000	₩3,000	–
연구원급여	₩5,000	₩2,000	–
자문료	–	–	₩1,000

연구단계와 개발단계로 구분이 곤란한 항목은 기타로 구분한 것이며, 개발단계에서 발생한 지출은 무형자산의 인식조건을 충족한다. 동 지출과 관련하여 당기에 비용으로 인식할 금액과 무형자산으로 인식할 금액은? (단, 무형자산의 상각은 고려하지 아니한다)

	비용	무형자산
①	₩8,000	₩5,000
②	₩7,000	₩5,000
③	₩6,000	₩7,000
④	₩6,000	₩7,000
⑤	₩1,000	₩9,000

06 **㈜대한은 20×1년 10월 1일 1년분 임대료 ₩20,000을 현금 수령하면서 전액 수익으로 회계처리하였다. 기말에 필요한 결산수정분개로 옳은 것은?**

① (차) 선수임대료 ₩15,000 (대) 임대료수익 ₩15,000
② (차) 임대료수익 ₩15,000 (대) 임대료수익 ₩15,000
③ (차) 현금 ₩15,000 (대) 임대료수익 ₩15,000
④ (차) 현금 ₩15,000 (대) 선수임대료 ₩15,000
⑤ (차) 임대료수익 ₩15,000 (대) 선수임대료 ₩15,000

5회

07 **㈜대한은 공장건물을 신축하기 위해 토지를 구입하고 토지 위에 있는 기존 건물을 철거하였다. 이때 토지의 취득원가를 구하면?**

• 토지구입대금	₩500,000
• 토지구입 취득 및 등록세	₩15,000
• 기존건물 철거비	₩12,000
• 건물철거 고철 매각대금	₩3,000
• 건물신축목적 토지굴착비용	₩5,000
• 신축 공장건물 설계비	₩7,000
• 공장 건축 허가비	₩3,000
• 토지의 정지 및 측량비	₩5,000

① ₩545,000 ② ₩542,000 ③ ₩540,000
④ ₩535,000 ⑤ ₩529,000

08 **당사는 포괄손익계산서를 당기순손익을 나타내는 손익계산서와 총포괄손익을 표시하는 포괄손익계산서의 2개의 손익계산서로 표시하고자 한다. 다음 중에서 당사의 손익계산서에 나타날 수 <u>없는</u> 계정은 무엇인가?**

① 무형자산상각비
② FV-PL금융자산 평가손실
③ FV-PL금융자산 처분손실
④ FV-OCI금융자산 평가손실
⑤ 손상차손

09 **㈜경록은 20X1년 1월 1일에 액면금액 ₩3,000,000, 액면이자율 연 6%, 3년에 걸쳐 매년 말 이자지급과 원금 ₩1,000,000씩 상환하는 연속상환사채를 발행하였다. 사채의 발행금액은 얼마인가?** (단, 사채발행 시 유효이자율은 연 8%이고, 사채발행비는 없다)

할인율	단일금액 1원의 현재가치			정상연금 1원의 현재가치		
	1년	2년	3년	1년	2년	3년
6%	0.9434	0.8900	0.8396	0.9434	1.8334	2.6730
8%	0.9259	0.8573	0.7938	0.9259	1.7833	2.5770

① ₩2,703,342 ② ₩2.765,391
③ ₩2,823,256 ④ ₩2,894,166
⑤ ₩2,913,236

10 **㈜대한은 20X1년 초 토지를 ₩200,000에 취득하였으며, 동 토지에 대해서 재평가모형을 적용하고 있다. 동 토지의 공정가치가 다음과 같을 때 20X2년에 당기손익으로 인식할 재평가손익은?**

구 분	20X1년 말	20X2년 말
공정가치	₩240,000	₩180,000

① ₩0 ② ₩20,000
③ ₩40,000 ④ ₩60,000
⑤ ₩80,000

11 **매출총이익률이 순매출액의 40%인 경우 다음 자료에 의한 기말재고액은 얼마인가?**

• 총매출액	₩364,000
• 총매입액	₩256,000
• 기초재고액	₩50,000
• 매입할인	₩6,000
• 매출에누리와 환입	₩34,000
• 매입에누리와 환출	₩8,000

① ₩76,900 ② ₩92,000
③ ₩94,000 ④ ₩100,000
⑤ ₩104,000

12 **충당/우발부채에 대한 설명으로 옳은 것은?**

① 충당부채 및 우발부채는 모두 재무상태표 본문에 표시된다.
② 과거 사건으로 인해 자원의 유출가능성이 높고 금액을 신뢰성 있게 측정할 수 있을 때 충당부채를 인식한다.
③ 과거 사건으로 인해 자원의 유입가능성이 매우 높고, 금액을 신뢰성 있게 측정할 수 있을 때 우발자산으로 재무상태표에 표시한다.
④ 미래의 예상되는 비용은 충당부채이다.
⑤ 금액의 신뢰성 있는 추정이 가능하지 않더라도 자원의 유출가능성이 높으면 충당부채를 인식한다.

13 **자본금 ₩100,000,000의 회사가 이월결손금 ₩15,000,000을 보전하기 위하여 5주를 4주로 무상으로 병합하였을 경우 분개에서 나타나는 자본과목은?**

① 자기주식처분이익 5,000,000
② 합병차익 5,000,000
③ 감자차익 5,000,000
④ 자산수증이익 5,000,000
⑤ 주식발행초과금 5,000,000

14 **상품의 구입가격이 계속 상승하고, 기말재고수량이 기초재고수량보다 많을 때 당기순이익이 크게 계상되는 순서는?**

① 선입선출법, 총평균법, 후입선출법
② 후입선출법, 총평균법, 선입선출법
③ 총평균법, 선입선출법, 후입선출법
④ 총평균법, 후입선출법, 선입선출법
⑤ 일정한 원칙을 정할 수 없다.

15 **㈜경록은 20X1년 초에 ₩2,500,000에 취득한 기계장치를 내용연수 5년, 잔존가치 ₩250,000로 정액법에 의하여 감가상각하다가 20X3년 초에 기계장치의 내용연수가 2년 남아있고 잔존가치도 ₩100,000인 것으로 추정되었다. ㈜경록이 20X3년에 인식할 감가상각비는 얼마인가?**

① ₩700,000 ② ₩750,000
③ ₩800,000 ④ ₩850,000
⑤ ₩900,000

16 **㈜경록은 취득원가에 40%의 이윤을 가산하여 상품을 신용판매하고 있다. 당기 중 총매입액이 ₩700,000, 기말상품재고액이 ₩140,000, 당기 중 현금회수액이 ₩500,000이라면 기말의 매출채권잔액은 얼마인가?** (단, ㈜경록은 당기 초에 영업을 개시하였음)

① ₩160,000 ② ₩144,000
③ ₩200,000 ④ ₩284,000
⑤ ₩296,000

17 **㈜경록은 20X1년 1월 1일에 3년 만기의 사채**(액면금액 ₩1,000,000 표시이자율 연 5%, 유효이자율 연 8%, 이자는 매년 말 지급)**를 ₩922,687에 취득하고 AC금융자산으로 분류하였다. ㈜경록이 20X1년에 인식할 이자수익은?** (금액은 소수점 첫째자리에서 반올림하며, 단수차이가 있는 경우 가장 근사치를 선택한다)

① ₩46,134 ② ₩50,000
③ ₩73,815 ④ ₩80,000
⑤ ₩126,134

18 **다음 중 재무제표가 아닌 것은?**

① 포괄손익계산서 ② 재무상태표
③ 현금흐름표 ④ 재무제표 주석
⑤ 연차감사보고서

19 다음 자료를 이용하여 계산한 당기매입 총액은?

• 기초재고액	₩550
• 기말재고액	₩300
• 총매출액	₩5,060
• 매출총이익	₩2,510
• 매출할인	₩300
• 매입환출	₩250

① ₩2,000 ② ₩2,250 ③ ₩2,500
④ ₩2,550 ⑤ ₩3,000

20 판매가격이 ₩500,000인 상품을 매입하면서 판매가격의 10%에 해당하는 구매할인을 적용받았으며, 매입대금을 일괄로 현금 지급함에 따라 판매가격의 3%에 해당하는 할인을 추가로 적용받았다. 상품의 매입운임이 ₩10,000인 경우 상품 취득원가는 얼마인가?

① ₩422,000 ② ₩425,000
③ ₩434,000 ④ ₩442,000
⑤ ₩445,000

21 다음 중 기업회계기준상 회계변경과 오류수정에 대한 설명으로 잘못된 것은?

① 과거에 발생하지 않았거나 발생하였어도 중요하지 않았던 거래에 대하여 새로운 회계정책을 사용하는 경우는 회계변경에 해당하지 아니한다.
② 재고자산평가방법의 변경, 유가증권단가산정방법의 변경, 유형자산감가상각방법의 변경은 회계변경 중 회계정책의 변경에 해당한다.
③ 회계추정의 변경은 전진적으로 처리하여 그 효과를 당기와 당기 이후의 기간에 반영하도록 처리한다.
④ 오류수정의 경우 원칙적으로 소급법을 적용하여 처리하지만 오류의 영향이나 누적효과를 결정하기 어려운 경우에는 전진법을 적용하여 처리한다.
⑤ 회계정책의 변경은 원칙적으로 소급법을 적용하여 처리하여야 한다.

22 다음 자료에 따라 매입활동에 의한 현금유출액을 계산하면 금액은?

• 당기매출원가	₩5,000,000
• 기초재고자산잔액	₩600,000
• 기초매입채무잔액	₩1,100,000
• 기말재고자산잔액	₩500,000
• 기말매입채무잔액	₩1,200,000

① ₩4,800,000 ② ₩4,900,000
③ ₩5,000,000 ④ ₩5,100,000
⑤ ₩5,500,000

23 다음은 2월의 당좌거래에 대한 내용이다. 자료를 이용하여 2월 말 당좌예금 계정잔액을 계산하면 얼마인가?

- 2월 3일 : 거래은행과 당좌계약 및 당좌차월계약(₩300,000)을 맺고 현금 ₩500,000을 예금하다.
- 2월 17일 : 상품 ₩700,000을 매입하고 대금은 수표발행하여 지급하다.
- 2월 25일 : 현금 ₩400,000을 당좌예입하다.
- 2월 27일 : 거래은행에서 당좌차월이자 ₩4,000을 출금하였다는 통지를 받다.

① ₩196,000 ② ₩200,000
③ ₩496,000 ④ ₩500,000
⑤ ₩0

24 **다음 주식거래에 대한 12월 31일 결산시 평가회계처리로 옳은 것은?**

> 당기에 취득하여 FV-PL금융자산으로 분류한 A 주식 100주
> • 취득금액 1주당 ₩6,000
> • 공정가치 1주당 ₩7,000
> • 액면금액 1주당 ₩5,000

① (차) FV-PL금융자산 평가손실 ₩200,000
   (대) FV-PL금융자산 평가이익 ₩200,000
② (차) FV-PL금융자산 ₩100,000
   (대) FV-PL금융자산 평가이익 ₩100,000
③ (차) FV-PL금융자산 평가손실 ₩200,000
   (대) FV-PL금융자산 ₩200,000
④ (차) FV-PL금융자산 평가손실 ₩100,000
   (대) FV-PL금융자산 ₩100,000
⑤ 회계처리 없음

25 **㈜대한의 20×1년 말 재무상태표 및 20×1년도 포괄손익계산서 자료의 일부이다. 다음 자료를 이용하여 영업활동에서 창출된 현금을 계산하면?** (단, ㈜대한의 20×1년 당기순이익은 ₩200,000이다)

	기초	기말
매출채권	₩15,000	₩12,000
선수금	₩10,000	₩12,000
투자자산처분이익	₩12,000	
유형자산처분이익	₩4,000	

① ₩175,000 ② ₩189,000 ③ ₩193,000
④ ₩201,000 ⑤ ₩205,000

26 **유동비율을 증가시키지 <u>않는</u> 거래로 다음 중 맞는 것은?**

① 사채를 발행하고 현금을 수취
② 단기 은행차입금을 장기부채로 전환
③ 매출채권을 현금으로 회수
④ 보유하고 있던 토지를 매각하고 수표를 수취
⑤ 보통주를 발행하고 현금을 수취

27 **당기순이익에 영향을 미치지 <u>않는</u> 항목만 고른 것은?**

> ㄱ. 유형자산에 대한 취·등록세 지출
> ㄴ. 본사 건물에 대한 감가상각비
> ㄷ. 직원에 대한 급여 지출
> ㄹ. 법인세비용 인식
> ㅁ. 매출원가

① ㄱ ② ㄱ, ㄴ ③ ㄱ, ㄷ
④ ㄴ, ㄹ ⑤ ㄷ, ㄹ, ㅁ

28 **다음은 ㈜경록의 건설계약과 관련된 자료이다. 계약기간은 20X1년 1월 1일부터 20X3년 12월 31일까지이며 총계약금액이 ₩3,000,000인 경우 20X2년도 계약이익은 얼마인가?**

구 분	20X1년	20X2년	20X3년
당기 발생원가	625,000	750,000	1,125,000
추가 예정원가	1,875,000	1,125,000	

① 손실 ₩70,000 ② 손실 ₩30,000
③ 이익 ₩40,000 ④ 이익 ₩150,000
⑤ 이익 ₩170,000

5회

29 **다음 중 포괄손익계산서에 표시되지 않는 것은 무엇인가?**

① FV-OCI금융자산 평가이익
② 무형자산상각비
③ 사채발행비
④ 손상차손
⑤ FV-PL금융자산 평가이익

30 **다음 수익인식기준에 대한 설명 중 틀린 것은?**

① 기업이 받을 권리를 갖게 될 것으로 예상하는 대가를 제품에 대한 수익으로 인식하므로 반품예상액에 대하여는 수익으로 인식하지 않는다.
② 용역유형의 보증(확신에 더하여 고객에게 용역을 제공하는 보증)은 수행의무이므로 거래가격의 일부를 배분한다.
③ 인도된 제품이 위탁물로 보유된다면 제품을 다른 당사자에게 인도할 때 수익을 인식한다.
④ 고객에게 선수금을 받은 경우 미래에 재화나 용역을 이전할 수행의무에 대한 선수금을 계약부채로 인식하고 수행의무를 이행할 때 수익으로 인식한다.
⑤ 건설계약에서 기업은 기간에 걸쳐 수행의무를 이행하므로 진행률을 측정하여 기간에 따라 수익을 인식한다.

31 **다음 자료에 의하여 가중평균 소매재고법을 이용하여 계산한 당기 매출총이익 금액은?**

구 분	원 가	매 가
기초재고	₩5,000	₩6,000
매 입	₩20,000	₩24,000
매 출		₩18,000
기말재고액		₩12,000

① ₩1,500 ② ₩2,000 ③ ₩3,000
④ ₩4,000 ⑤ ₩4,500

32 **다음 자료로 실지재고조사법에 의한 매출원가를 구하면?**

- 기초재고액 ₩100,000
- 당기매입액 ₩300,000
- 재고자산감모손실 ₩10,000
- 실지재고조사액 ₩80,000

① ₩300,000 ② ₩330,000
③ ₩340,000 ④ ₩310,000
⑤ ₩320,000

33 **완성품 500개, 기말재공품은 100개**(완성도 50%)**인 경우 평균법에 의한 종합원가계산에서 재료원가 및 가공원가의 완성품환산량은 각각 몇 개인가?** (단, 원재료는 공정 80%시점에서 전량 투입되며, 가공원가는 공정 전반에 걸쳐 균등하게 투입된다)

	재료원가 완성품환산량	가공원가 완성품환산량
①	500개	500개
②	500개	550개
③	500개	600개
④	550개	550개
⑤	550개	600개

34 **당사는 2개의 제조부문과 2개의 보조부문이 있으며, 각 부문에서 당기 중에 발생한 원가와 보조부문이 제공한 용역수수관계는 다음과 같다. 상호배부법에 의하여 보조부문원가를 배부할 경우 제조부문 M_2에 배부되는 보조부문의 원가는 얼마인가?** (단, 원단위 미만은 반올림하여 계산한다)

구 분		부문비 합계		영역제공비율	
				S_1	S_2
제조부문	M_1	₩800,000	₩1,200,000	0.40	0.40
	M_2			0.50	0.40
보조부문	S_1	₩80,000	₩120,000	–	0.20
	S_2			0.10	–
계		₩2,200,000		1	1

① ₩105,306 ② ₩110,257
③ ₩150,038 ④ ₩215,217
⑤ ₩232,827

35 **당사는 제조간접원가를 직접노무시간을 기준으로 배부한다. 연초 제조간접원가 예상액은 ₩5,000,000, 예상 직접노무시간은 40,000시간이다. 연말에 실제로 발생한 제조간접원가는 ₩4,860,000, 실제 발생 직접노무시간이 38,000시간이라면 제조간접원가 배부차이는?**

① ₩110,000 과대배부 ② ₩110,000 과소배부
③ ₩140,000 과대배부 ④ ₩140,000 과소배부
⑤ 배부차이 없음

36 **㈜경록공업의 6월 중 제조지시서에 관한 자료는 다음과 같다. 6월 중 이 제조지시서의 총제조원가는?**

- 직접재료원가 ··························· ₩4,000
- 직접노동시간 ··························· 300시간
- 시간당 직접노무원가 ··················· ₩8.00
- 기계작업시간 ··························· 200시간
- 기계작업시간당 제조간접원가 배부율 ····· ₩15.00

① ₩8,800 ② ₩9,400 ③ ₩10,300
④ ₩11,100 ⑤ ₩12,000

37 **㈜대한은 지우개를 제조하여 20×1년에 개당 ₩1,000에 판매하였다. 지우개를 1개 제조하는데 직접재료원가 ₩400, 직접노무원가 ₩200, 변동제조간접원가 ₩150이 소요되며, 연간 고정제조간접원가는 ₩110,000이 발생하였다. 이 제품을 판매하는 과정에서는 단위당 변동판매관리비가 ₩50, 연간 고정판매관리비는 ₩120,000이 발생하였다. 20×1년의 세전영업이익 ₩10,000을 달성하기 위한 판매량을 구하면?**

① 1,200단위 ② 1,160단위 ③ 1,080단위
④ 1,000단위 ⑤ 960단위

38 **경록사는 이달의 제품 400,000단위를 판매할 예산을 편성하였다. 이에 대한 변동원가는 60%이며, 고정원가는 월 ₩800,000이다. 경록사가 ₩200,000의 이익을 얻기 위해서는 제품의 판매가격을 얼마로 해야 되겠는가?**

① ₩6.00 ② ₩6.25 ③ ₩6.50
④ ₩6.75 ⑤ ₩7.00

5회

39 당사는 X제품과 Y제품으로 구성된 2개의 연산품을 생산하고 있다. 5월의 결합원가는 ₩500,000이다. 분리점 이후 제품을 판매가능한 형태로 전환하는 데 필요한 가공원가는 X제품이 5월 생산량 200개에 대하여 ₩200,000이고, Y제품은 240개에 대하여 ₩360,000이다. X제품과 Y제품의 단위당 판매가격은 각각 ₩3,000과 ₩4,000이다. 순실현가능가치를 기준으로 결합원가를 배분할 경우 Y제품에 배분될 금액은 얼마인가?

① ₩200,000
② ₩300,000
③ ₩400,000
④ ₩500,000
⑤ ₩100,000

40 다음 중 전부원가계산과 변동원가계산에 대한 설명으로 옳지 않은 것은?

① 전부원가계산은 직접재료원가, 직접노무원가, 변동제조간접원가, 변동판매관리비, 고정제조간접원가, 고정판매관리비를 제품의 원가로 인정한다.
② 전부원가계산은 재무제표를 작성할 때 이용된다.
③ 변동원가계산에서 고정원가는 고정제조간접원가와 고정판매관리비의 합이다.
④ 변동원가계산에서 변동원가는 변동매출원가와 변동판매관리비의 합이다.
⑤ 전부원가계산은 생산량 증가시 이익이 증가되어 생산량 증가를 통한 이익조작위험이 있다.

– 다음면에 계속 –

41 **다음 중 건축물에 미치는 하중에 관한 사항으로 옳지 않은 것은?**

① 크기의 변화가 거의 없는 건축물 자체의 중량인 고정하중은 마감재를 포함한다.
② 활하중은 건축물을 점유, 사용함으로써 발생하는 하중으로 고정된 칸막이벽도 활하중에 해당된다.
③ 적재하중인 활하중은 건축물의 사용 용도에 따라 변동 폭이 크다.
④ 지진력, 풍력, 충격력 등의 수평하중은 단기하중에 속한다.
⑤ 사하중은 건축물 자체의 하중과 같이 구조물 존재기간 중 지속적으로 작용하는 하중이다.

42 **다음 중 기초에 관한 설명으로 옳지 않은 것은?**

① 기초는 건물의 하중을 지반에 안전하게 전달하는 구조체로 지정을 포함한 기초판이다.
② 말뚝기초는 상부구조물의 하중을 말뚝에 의해 지반에 전달하는 구조이다.
③ 동결선은 기초의 종류에 따라 차이가 있으므로 직접기초는 반드시 동결선 상부에 두어야 한다.
④ 마찰말뚝은 지반과 말뚝 표면간에 생기는 마찰력으로 상부하중을 지지하는 말뚝으로 연약지반에 효과적이다.
⑤ 지정은 기초판 밑부분으로 기초자체나 지반의 지내력을 보강하는 구조부분이다.

43 **다음 중 역구축(Top Down)공법에 관한 기술로 옳지 않은 것은?**

① 소음 및 진동이 적어 도심지 공사에 적합한 공법이다.
② 기둥 및 기초는 리버스공법이 많이 사용된다.
③ 접합의 일체화가 용이하고 외기의 영향과 관계없이 지하공사를 진행할 수 있다.
④ 흙막이 안전성이 확보되고 인접지반의 변형을 최소화 할 수 있다.
⑤ 지하와 지상작업을 동시에 하므로 공사기간이 단축된다.

44 **다음 중 점토질지반의 점착력을 판별하는 데 가장 유효한 지반조사 방법은?**

① 표준관입시험(Standard Penetration Test)
② 신월샘플링(Thin wall sampling)
③ 베인테스트(Vane Test)
④ 시험파기(Test pit)
⑤ 짚어보기(Sounding rood)

45 슬라이딩 폼(Sliding form)의 특징에 대한 설명으로 옳지 않은 것은?

① 연속적인 시공으로 공사기간을 단축할 수 있으나 어떠한 경우에도 도중에 작업을 중단 할 수 없다.
② 작업속도가 빨라 공사기간을 단축할 수 있으며 콘크리트의 일체성을 확보하기 용이하다.
③ 내·외부의 비계 발판을 필요로 하지 않아 소요경비가 절감된다.
④ yoke는 슬라이딩폼에서 거푸집을 일정속도로 끌어올리는 장치이다.
⑤ 평면형상 돌출부가 있는 곳도 시공이 용이한 장점이 있다.

46 다음 중 콘크리트의 동해방지대책으로 옳지 않은 것은?

① AE제를 사용하여 적정량의 공기를 연행시킨다.
② 가능하면 물시멘트비를 작게 하고 감수제를 사용한다.
③ 가능한 아연도금한 철근을 많이 사용한다.
④ 가급적 흡수량이 작은 골재를 사용한다.
⑤ 내동해성 시멘트를 사용하고 밀실한 콘크리트가 되게 한다.

47 철골구조에서 접합에 관한 설명으로 옳지 않은 것은?

① 기둥과 보의 접합은 주로 핀접합으로 하고 수평력이 가새 등으로 지지될 때는 강접합으로 한다.
② 수평응력을 받을때는 구조체의 변형을 방지하기 위하여 가새를 사용하기도 한다.
③ 고장력볼트 접합 F10T-M24의 표준구멍지름은 27mm이다.
④ 철골구조는 접합점의 구성상 용접, 리벳, 볼트에 의한 접합이 있으나 용접이외에는 일체화가 어려운 단점이 있다.
⑤ 고장력볼트 접합의 표준볼트장력은 설계볼트 장력을 10% 할증한 값으로 한다.

48 벽돌조의 기초쌓기에 관한 사항으로 옳지 않은 것은?

① 벽체로부터 기초를 넓히는 각도는 60° 이상으로 한다.
② 벽돌 기초의 맨 밑의 너비는 벽체두께의 2배 정도로 한다.
③ 기초판의 너비는 벽돌기초의 맨밑의 너비보다 200~300mm 이상 넓힌다.
④ 콘크리트 기초판의 두께는 기초판 너비의 1/2 정도로 한다.
⑤ 지정부분의 너비는 콘크리트 기초판 너비보다 200~300mm 이상 넓힌다.

49 다음 조적구조 중 건식석재공사에 대한 설명으로 옳지 않은 것은?

① 강재트러스지지공법은 구조체에 강제 트러스를 설치한 후 석재를 강재 트러스에 설치하는 공법을 말한다.
② 앵커긴결공법에서 판석재와 철재가 직접 접촉하는 부분에는 적절한 완충재(kerf sealant, setting tape 등)를 사용한다.
③ 석재 내부의 마감면에서 결로가 생기는 경우가 많으므로 습기가 응집될 우려가 있는 부위의 줄눈에는 눈물구멍 또는 환기구를 설치하도록 한다.
④ 건식석재공사는 상부하중이 하부로 전달되지 않도록 하는 공법으로 석재 상부는 지지용으로, 석재의 하부는 고정용으로 설치한다.
⑤ 발포성 단열재 설치 구조체에 석재를 설치시 단열재 시공용 앵커를 사용한다.

50 **지붕의 아스팔트 방수 루핑붙임에 관한 설명으로 옳지 않은 것은?**

① 볼록 오목 모서리 부분은 일반 평면부 루핑을 붙이기 전에 폭 300mm 정도의 스트레치 루핑을 사용하여 균등하게 덧붙임 한다.
② 일반 평면부의 루핑 붙임은 흘려붙임으로 하고 루핑의 겹침폭은 길이 및 폭 방향 50mm 정도로 한다.
③ 루핑은 원칙적으로 물흐름을 고려하여 물매의 아래쪽으로부터 위를 향해 붙이고, 상하층의 겹침위치가 동일하지 않도록 붙인다.
④ ALC패널 지지부는 모래붙은 구멍뚫린 아스팔트 루핑을 붙이기 전에, 폭 75mm 정도의 절연용 테이프를 붙인다.
⑤ 치켜올림부의 루핑을 평면부와 별도로 하여 붙일 경우에는 평면부 루핑을 붙인 후, 그 위에 150mm 정도의 겹침 폭을 두고 붙인다.

51 **다음 중 개량아스팔트 방수공사에 관한 기술로 옳지 않은 것은?**

① 개량 아스팔트 시트 붙이기는, 토오치로 개량 아스팔트 시트의 뒷면과 바탕을 균일하게 가열하여 개량 아스팔트를 용융시키면서 잘 밀착시키는 방법을 표준으로 한다.
② 일반부의 개량 아스팔트 시트가 상호 겹쳐진 접합부는 개량 아스팔트가 베어 나올 정도로 충분히 가열·용융시켜 수밀성을 좋게 한다.
③ ALC패널의 단변접합부 등 큰 움직임이 예상되는 부위는 미리 폭 300mm 정도의 덧붙임용 시트로 처리한다.
④ 지하외벽 및 수영장 등의 벽면에서의 개량 아스팔트 시트 붙이기는, 미리 개량 아스팔트 시트를 2m 정도로 재단하여 시공한다.
⑤ 개량 아스팔트 시트의 겹침은 너비 100mm 이상으로 하고 물매의 낮은 부위에 위치한 시트가 위로 가도록 접합시킨다.

52 **시멘트 액체방수와 비교한 아스팔트 방수의 특징으로 옳지 않은 것은?**

① 균열의 발생이 비교적 생기지 않으나 모체가 나쁘면 시공이 곤란하다.
② 보수범위가 광범위하고 보호누름도 재시공해야 하므로 보수비가 많이 든다.
③ 외기에 대한 영향이 적으나 결함부 발견이 어렵다.
④ 시공이 복잡한 방수법으로 바탕면은 완전히 건조시켜야 한다.
⑤ 공사기간이 오래 걸리고 시공비나 수리비가 많이 든다.

53 **다음 중 유리의 종류별 특징에 관한 설명으로 옳지 않은 것은?**

① 망입유리는 유리내부에 금속철망을 넣은 것으로 방화용 및 방범용으로 사용한다.
② 강화유리는 연화점 이상의 온도에서 가열하여 양면에 냉기를 불어 넣어 급랭시킨 안전유리로 무테문, 자동차 등에 사용한다.
③ 유리블록(glass block)은 철재격자의 틀을 설치하여 블록모양의 유리를 끼워 넣는 것으로 벽에 사용하며 보온, 채광, 의장 등의 효과가 있다.
④ 스테인드유리는 불투명 색유리로 열 응력에 의한 파손 방지를 위하여 배강도 유리로 사용되며 치수 및 형상은 도면에 명시한 것으로 한다.
⑤ 열선 반사유리는 판유리의 한쪽 면에 열선반사막을 코팅하여 일사열의 차폐성능을 높인 유리로 경면효과가 발생하는 성질을 갖는다.

54 다음 중 여닫이문에 사용할 수 없는 창호철물은?

① 나이트래치(night latch)
② 도어체크(door check)
③ 도어스톱(door stop)
④ 오르내리꽂이쇠
⑤ 도어행거(door hanger)

55 다음 중 지붕공사에 관한 사항으로 옳지 않은 것은?

① 지붕의 물매는 설계도면에서 별도로 지정한 바가 없으면 1/100 이상으로 한다.
② 맨사드 지붕은 모임지붕 물매의 상하를 다르게 한 지붕으로 천장 속을 높게 이용할 수 있고, 비교적 큰 실내구성에 용이한 지붕이다.
③ 박공지붕은 지붕마루에서 2방향으로 경사진 지붕이다.
④ 모임지붕은 2개의 3각형면과 2개의 사다리꼴면으로 구성된 지붕이다.
⑤ 물매란 지붕의 낙수면이 이루는 비탈진 경사도로 평물매의 1/2인 물매를 반물매라 한다.

56 미장공사의 일반적 주의사항으로 옳지 않은 것은?

① 균열을 방지하기 위하여 시멘트모르타르 내벽은 외벽보다 미장바름 두께를 두껍게 한다.
② 모르타르 또는 콘크리트 바탕면은 가능하면 거칠게 하여 부착력을 증가시킨다.
③ 시멘트 모르타르 바름 시 바탕층에 가까울수록 부배합으로 하고 마감층에 가까울수록 빈배합으로 한다.
④ 벽이나 기둥의 모서리를 보호하기 위하여 코너비드를 사용한다.
⑤ 셀프레벨링제 공사에서 창문 등은 표면의 물결무늬 방지를 위하여 밀폐하여 통풍과 기류를 차단한다.

57 다음 중 타일공사에 대한 설명으로 옳지 않은 것은?

① 폴리싱 타일은 고온고압으로 소성한 자기질 무유타일의 표면을 연마처리한 타일이다
② 떠붙이기 공법은 타일 뒷면에 붙임모르타르를 바르고 빈틈이 생기지 않게 바탕에 눌러 붙이는 공법으로 압착붙이기보다 백화발생의 우려가 크다.
③ 판형붙이기(유닛붙이기)는 여러 장의 타일을 뒷면 망상에 의해 한 장의 모양을 갖춘 단위타일로 하고 압착붙이기 식으로 붙이는 공법이다.
④ 클링커 타일은 표면이 거칠어 미끄럽지 않아 주로 바닥에 사용한다.
⑤ 접착제붙이기 공법은 유기질 접착제를 바탕에 도포하고 타일을 눌러 붙이는 공법으로 주로 외벽공사에 사용한다.

58 다음 중 도장공사에 대한 설명으로 옳지 않은 것은?

① 뿜칠은 롤러칠보다 페인트가 많이 소요되나 1회 도장에 두꺼운 도막을 얻을 수 있고 짧은 시간에 넓은 면적을 도장 할 수 있다.
② 투명도료의 경우에는 각 층의 칠 방향을 평행하게 칠하고 함석판은 표면이 약간 풍화된 후에 칠한다.
③ 녹막이 도장은 가공장에서 조립전에 1회 도장함을 원칙으로 하고 화학처리를 하지 않은 것은 녹떨기 직후에 도장한다.
④ 알루미늄 페인트는 내열, 방열성이 있어 방열기 표면에 녹막이 목적으로 많이 사용한다.
⑤ 착색제의 도장은 붓도장으로 하고 솔칠은 솔에 도료를 충분히 묻혀 구석을 먼저 바른다.

59 다음 중 수장공사에 관한 기술로 옳지 않은 것은?

① 리놀륨시트는 수지와 코르크를 혼합하여 성형한 것으로 흡음성이 좋아 주로 바닥의 마감재로 사용한다.
② 코펜하겐리브는 음향효과를 내기 위하여 오림목을 특수한 단면으로 쇠시리(moulding)한 것으로서 주로 바닥에 사용한다.
③ 석고보드는 주택이나 기숙사 등의 실내벽 또는 천장 마감공사의 단열 및 방화용으로 사용한다.
④ 걸레받이는 오염되기 쉬운 벽밑과 마루부분이 접하는 부분에 장식겸 벽과 바닥을 마감해 주기 위해 설치한다.
⑤ 인서트는 경량철골반자에서 반자를 위하여 달아내기 위한 행거볼트이다.

60 300㎜ 각 자기질 타일을 줄눈 너비 6㎜로 하여 외벽에 시공하고자 할 때 1㎡당 소요되는 타일 소요수량으로 적합한 것은?

① 8장　② 9장　③ 10장
④ 11장　⑤ 13장

61 다음 중 급수설비의 기초이론에 대한 설명으로 옳지 않은 것은?

① 비열은 어떤 물질 1㎏을 1℃ 높이는 데 필요한 열량으로 순수한 물의 비열은 약4.2kJ/kg·K이다.
② 절대압력은 완전진공인 상태를 기점(0)으로 하여 압력의 크기를 표시한 압력으로 게이지 압력과 그 때의 대기압을 합한 값이다.
③ 수전으로부터 고가수조 수면까지의 높이가 10m이면 수전의 수압은 약 1MPa이다.
④ 일정량의 기체 체적과 압력의 곱은 기체의 절대온도에 비례한다.
⑤ 동일특성을 갖는 펌프를 직렬로 연결하면 유량은 동일하고 병렬로 연결하면 양정은 동일하다.

62 다음 중 결로발생에 관한 설명으로 옳은 것은?

① 결로는 열관류율이 작을수록 많이 발생한다.
② 결로는 실내외 온도차가 작을수록 많이 발생한다.
③ 결로는 실내 절대습도가 낮을수록 많이 발생한다.
④ 결로는 실내의 환기가 부족할수록 많이 발생한다.
⑤ 결로는 열전도율이 낮을수록 많이 발생한다.

63 수도직결방식으로 급수하는 건물에서 높이가 15m인 지점에 샤워기를 설치할 경우 수도본관의 최소 필요압력으로 옳은 것은?(단, 관내 마찰손실수두 0.01MPa로 한다)

① 0.07MPa　② 0.16MPa　③ 0.18MPa
④ 0.22MPa　⑤ 0.23MPa

64 건축물의 에너지절약설계기준에 따른 기계부분의 권장사항으로 옳지 않은 것은?

① 기계환기설비를 사용하여야 하는 지하주차장의 환기용 팬은 대수제어 또는 풍량조절(가변익, 가변속도), 이산화탄소(CO_2)의 농도에 의한 자동(on-off) 제어 등의 에너지절약적 제어방식을 도입한다.
② 중간기 등에 외기도입에 의하여 냉방부하를 감소시키는 경우에는 실내 공기질을 저하시키지 않는 범위 내에서 이코노마이저시스템 등 외기 냉방시스템을 적용한다.
③ 보일러의 배출수·폐열·응축수 및 공조기의 폐열, 생활배수 등의 폐열을 회수하기 위한 열회수설비를 설치한다.
④ 공기조화기 팬은 부하변동에 따른 풍량제어가 가능하도록 가변익축류방식, 흡입베인제어방식, 가변속제어방식 등 에너지절약적 제어방식을 채택한다.
⑤ 급수용 펌프 또는 급수가압펌프의 전동기에는 가변속제어방식 등 에너지절약적 제어방식을 채택한다.

65 **다음 중 옥내소화전 화재안전기준에 관한 내용으로 옳은 것은?**

> 옥내소화전을 사용하는 노즐선단에서의 방수압력은 (㉮) 이상이 되어야 하고 (㉯)을 초과하는 경우에는 호스접결구의 인입측에 감압장치를 설치하여야 한다.

① ㉮ 0.17MPa, ㉯ 0.7MPa
② ㉮ 0.1MPa, ㉯ 1.2MPa
③ ㉮ 0.25MPa, ㉯ 0.7MPa
④ ㉮ 0.35MPa, ㉯ 1.2MPa
⑤ ㉮ 0.7MPa, ㉯ 1.2MPa

66 **다음 중 도시가스설비에 관한 설명으로 옳지 않은 것은?**

① 가스배관은 움직이지 않도록 고정부착하는 조치를 하되 그 호칭지름이 13mm 미만의 것에는 1m마다 고정장치를 설치하여야 한다.
② 초고층건물의 상층으로 가스를 공급할 때는 LPG와 같이 비중이 큰 가스는 압력이 상승하므로 충분히 고려하여야 한다.
③ 공동주택 등의 부지안에서 배관을 지하에 매설하는 경우에는 지면으로부터 0.6m 이상의 거리를 유지하여야 한다.
④ LNG는 반드시 배관을 통하여 공급하는 것으로 유량표시를 kg/h으로 표시한다.
⑤ 80mm 이상 배관의 용접부에는 도시가스의 누출확인을 위하여 비파괴시험을 하여야 한다.

67 **어느 공동주택의 유효개구부 면적이 2㎡일 때의 환기량으로 적합한 것은?**(단, 환기계수 0.8, 기류속도 0.2m/s이다)

① 0.2㎥/h ② 19.2㎥/h ③ 115㎥/h
④ 1,152㎥/h ⑤ 2,304㎥/h

68 **배관의 규격번호가 KSD 3507일 때의 명칭으로 옳은 것은?**

① 수도용 경질염화 비닐관
② 일반배관용 탄소강관
③ 배수용 주철관
④ 배수용 경질염화 비닐이음관
⑤ 수도용 주철 이형관

69 **오수처리시설에 관한 설명으로 옳은 것은?**

① 산화조 용량은 부패조 용량의 1/2 이상으로 하고 공기를 차단한다.
② 호기성 처리방식은 운전유지비가 적게 드나 처리효율이 낮다.
③ 오수처리시설에서 BOD와 SS는 값이 작을수록 처리효율이 높다.
④ 부패조에는 살수홈통을 설치하고 배기관의 관경은 체적에 비례하여 크게 한다.
⑤ 활성오니법은 소화작용으로 유기물을 소화하여 정화하는 방식이다.

70 **급탕설비에서 저탕형탱크의 저탕온도를 일정하게 유지하기 위해 사용하는 기구는?**

① 스위블조인트(swivel joint)
② 서머스탯(thermostat)
③ 플로우트 트랩(float trap)
④ 팽창탱크(Expansion tank)
⑤ 파일럿플레임(pilot flame)

71 난방설비에서 서플라이 헤더(Supply header)를 거쳐 배관하는 목적으로 옳은 것은?

① 각 계통별로 공급되는 온수나 증기의 열매를 제어하기 위하여
② 입상관 내에 응축수가 고여 동결하는 것을 방지하기 위하여
③ 증기를 냉각시켜 완전한 응축수를 보일러에 환수하기 위하여
④ 환수주관 아래에 방열기를 설치할 때 환수관의 응축수를 끌어올리기 위하여
⑤ 안전수위를 확보하고 환수압과 증기압의 균형을 유지하기 위하여

72 온수난방 방식의 온수의 순환방식에 따른 분류에서 온수의 밀도차를 이용하는 온수난방 방식은?

① 단관식　② 복관식
③ 강제순환식　④ 역환수식
⑤ 중력순환식

73 다음 중 공기조화설비의 기본이론에 관한 기술로 옳지 않은 것은?

① 축열이란 물체가 열을 축척하는 것으로 비열이 클수록 축열효과가 크다.
② 서한도란 환기를 계획하는 경우에 실내에서 허용되는 오염도의 한계로 %나 ppm으로 나타낸 것이다.
③ 상당외기온도란 일사량을 포함한 온도로 주로 동절기 난방부하계산에 이용한다.
④ 습공기엔탈피는 습공기가 그 상태에서 보유하고 있는 현열량과 같은 온도에서 수증기가 가지고 있는 잠열량의 합이다.
⑤ 노점온도란 습공기가 냉각될 때 어느 온도에 다다르면 공기속의 수분이 수증기 형태로만 존재할 수 없어 이슬로 맺히는 온도이다.

74 다음 중 공조방식에 대한 기술로 옳지 않은 것은?

① 클린룸방식은 초고성능 필터의 사용에 의해 공기중의 분진, 가스, 세균, 곰팡이 등을 제거하여 정화하는 방식이다.
② 각층유닛방식은 덕트가 슬래브를 통과하므로 화재시 다른 방식에 비하여 확산속도가 빠르다.
③ 이중덕트방식은 개별제어가 용이하나 에너지 소비가 많다.
④ 멀티존유닛방식은 이중덕트방식의 변형으로 존 제어가 가능하나 송풍불균형이 발생 할 수 있다.
⑤ 복사패널덕트병용 방식은 쾌감도는 높으나 설비비가 많이 든다.

5회

75 다음 중 냉동설비에 대한 기술로 옳지 않은 것은?

① 1냉동톤은 0℃의 물 1톤을 24시간 동안에 0℃의 얼음으로 만들 수 있는 냉동능력이다.
② 흡수식냉동기는 기계적에너지에 의해 냉동효과를 얻고 압축식 냉동기는 열에너지에 의해 냉동효과를 얻는다.
③ 냉각탑은 응축기의 냉각수를 냉각시킨 후 다시 응축기에 순환시키는 장치이다.
④ 히트펌프(Heat pump)는 냉방운전시 응축기의 방열을 난방에 이용하는 것으로 냉·난방을 겸할 수 있어 설비비를 절감할 수 있다.
⑤ 흡수식 및 압축식냉동기에서 실제로 냉동이 이루어지는 부분은 증발기이다.

76 전기설비에서 금속관공사의 특징으로 옳지 않은 것은?

① 주로 철근콘크리트의 매입 공사에 사용하는 것으로 기계적 강도가 우수하다.
② 전선의 총 단면적은 4본 이상 삽입할 경우 전선관 내부 단면적의 40% 이내가 되게 한다.
③ 먼지나 습기가 있는 장소에도 가능하고 전선의 과열 등 고장으로 인한 화재의 위험이 적다.
④ 전선의 인입이나 전선에 이상이 있을시 교체가 용이하고 전선의 접속장소에 구애받지 않고 분기증설도 용이하다.
⑤ 건물의 종류나 장소에 구애받지 않는 배선공사로 전선관 안의 전선 수는 10본 이내로 하고 3종 접지한다.

77 다음에서 설명하고 있는 전기설비의 간선방식으로 옳은 것은?

- 전압강하가 균등하고 분전반에서 사고가 발생하더라도 파급범위가 좁다.
- 대규모 건물의 배전설비에 적합하다.
- 다른 간선방식에 비하여 설비비가 많이 든다.

① 분류식 ② 수지상식 ③ 병용식
④ 나무가지식 ⑤ 평행식

78 다음 중 조명설비의 용어와 단위의 조합이 옳지 않은 것은?

① 광속 - nt(니트)
② 광도 - cd(칸델라)
③ 휘도 - sb(스틸브)
④ 조도 - lx(럭스)
⑤ 광속발산도 - rlx(레드럭스)

79 다음 중 로프식엘리베이터와 비교한 유압식 엘리베이터의 특징으로 옳은 것은?

① 전동기의 출력이 작다.
② 속도의 범위가 자유롭다.
③ 기계실 발열량이 작다.
④ 대규모 고속승강기에 적합하다.
⑤ 기계실 위치가 자유롭다.

80 홈네트워크 설비에서 국선이나 국선단자함 또는 국선배선반과 초고속통신망장비 등 각종 구내통신용 설비를 설치하기 위한 공간은?

① 세대통합관리반 ② TPS실
③ MDF실 ④ 세대단자함
⑤ 단지서버실

– 다음면에 계속 –

03 민법

01 **민법상 법원(法源)에 관한 설명으로 옳지 않은 것은?** (다툼이 있으면 판례에 의함)

① 민법의 법원인 법률에는 대법원규칙도 포함된다.
② 관습법은 원칙적으로 당사자가 그 존재를 주장·증명할 필요가 없으나, 법원이 이를 인지하지 못한 경우 당사자가 주장·증명할 필요가 있다.
③ 물권은 관습법에 의하여 창설될 수 있다.
④ 사실인 관습은 법령으로서의 효력이 없다.
⑤ 국제물품매매계약에 관한 국제연합 협약(CISG)은 민법의 법원이라고 할 수 없다.

02 **권리변동에 관한 설명 중 틀린 것은?**

① 건물을 신축한 경우 이는 원시취득에 해당한다.
② 甲이 乙소유의 토지에 저당권을 설정한 경우 이는 설정적 승계에 해당한다.
③ 1순위 저당권이 소멸되어 2순위 저당권이 순위승진을 한 경우 이는 권리의 내용상 변경에 해당한다.
④ 甲이 소유하는 가옥을 乙에게 매각하여 그 소유권을 상실한 경우 이는 권리의 상대적 소멸에 해당한다.
⑤ 상속에 의하여 피상속인이 가지고 있던 권리가 상속인에게 승계된 경우 이는 권리의 이전적 승계에 해당한다.

03 **신의칙 등에 관한 설명으로 옳은 것은?** (다툼이 있으면 판례에 의함)

① 사적자치의 원칙상 계약당사자는 신의칙의 적용을 배제할 수 있고, 법률행위의 해석은 당사자의 진의를 탐구하는 것이므로 신의칙이 적용될 여지가 없다.
② 상계권 또는 상표권 행사가 권리남용이 되기 위하여 주관적 요건이 반드시 필요한 것은 아니다.
③ 이사의 지위에서 부득이 회사의 계속적 거래관계로 인한 불확정한 채무에 대하여 보증인이 된 자가 이사의 지위를 떠난 경우 사정변경을 이유로 보증계약을 해지할 수 없다.
④ 아파트 분양자에게 아파트 단지 인근에 쓰레기 매립장이 건설예정인 사실을 분양계약자에게 고지할 신의칙상 의무가 있다고 할 수 없다.
⑤ 법정대리인의 동의 없이 신용구매계약을 체결한 미성년자가 나중에 법정대리인의 동의 없음을 이유로 이를 취소하는 것은 신의칙에 반한다.

04 성년후견개시에 관해 다음 중 옳지 않은 것은?

① 성년후견개시의 요건이 갖추어진 경우 법원은 본인의 의사를 고려하여야 한다.
② 성년후견개시의 선고요건을 갖추었더라도 성년후견개시의 심판을 받지 않았다면 제한능력을 이유로 그 법률행위를 취소할 수 없다.
③ 피성년후견인이라고 하더라도 만 17세가 넘은 자는 일정한 요건 하에 단독으로 유언을 할 수 있다.
④ 사무처리능력이 일시적으로 부족한 것만으로는 성년후견개시를 선고할 수 없다.
⑤ 성년후견개시의 선고가 내려지면 피성년후견인의 행위능력이 획일적으로 정해지는 것으로 후견인제도는 거래의 안전을 위해 고안된 제도로 보아야 한다.

05 제한능력자 상대방의 최고권(催告權)에 관한 기술 중 틀린 것은?

① 최고권은 제한능력자 상대방의 선·악을 묻지 않고 인정된다.
② 법정대리인과 거래한 상대방은 최고권을 행사할 수 없다.
③ 상대방은 상당한 기간을 정하여 최고하여야 한다.
④ 제한능력자는 그가 행위능력자로 된 후에만 최고의 상대방이 될 수 있다.
⑤ 한정후견인이 상대방의 최고를 받고 유예기간 내에 확답을 발송하지 않으면 추인한 것으로 본다.

06 A는 1981년 5월 31일자로 행방불명되었고, 35세인 A의 장남 B가 1999년 5월 1일 실종선고를 청구하여 2000년 1월 5일에 가정법원이 실종선고를 하였다. B는 시가 10억원의 토지를 상속하여 사업하다가 무일푼이 되었다. 이 경우의 법률관계에 대한 기술 중 맞는 것은?

① A는 1991년 5월 31일에 사망으로 추정된다.
② 실종선고 청구를 극력 반대하는 A의 배우자 몰래 A의 장남 B가 실종선고를 청구하여 실종선고가 내려진 경우 그 효과는 A의 배우자에게도 발생한다.
③ A의 자매가 있는 경우 그도 법률상 이해관계인으로 실종선고 청구권자이다.
④ A가 생환하여 실종선고를 취소하면 취소의 효과는 소급효를 가지므로 B는 무조건 상속한 10억원을 모두 반환하여야 한다.
⑤ A가 생환하여 실종선고를 취소한 경우 상속한 토지가 상속인 B에게서 다시 C에게로 이전되면 C는 선·악 불문하고 소유권을 취득한다.

07 민법상 법인에 관한 설명으로 옳지 않은 것은? (다툼이 있으면 판례에 의함)

① 법인의 해산 및 청산은 주무관청이 아니라 법원이 검사·감독한다.
② 사단법인을 설립하기 위해서는 설립자가 일정한 사항을 기재한 정관을 작성하여 기명날인해야 한다.
③ 사단법인 정관의 법적 성질은 자치법규가 아니라 사원 간의 계약으로 보아야 한다.
④ 법인설립에는 목적의 비영리성, 설립행위, 주무관청의 허가, 설립등기의 요건을 갖추어야 한다.
⑤ 법인은 그 주된 사무소의 소재지에서 설립등기를 함으로써 성립한다.

08 **종중에 관한 다음 설명 중 틀린 것은?** (다툼이 있으면 판례에 의함)

① 종중이 공동선조의 제사봉행을 주목적으로 하는 것과 구관습상의 양자제도의 목적에 비추어 타가에 출계한 자는 친가의 생부를 공동선조로 하여 자연발생적으로 형성되는 종중의 구성원이 될 수 없다.
② 종중의 규약이나 관행에 의하여 매년 일정한 날에 일정한 장소에서 정기적으로 종중원들이 집합하여 종중의 대소사를 처리하기로 되어 있는 경우에는 별도로 종중회의의 소집절차가 필요하지 않다.
③ 종중 또는 종중 유사의 단체에서 문장이나 연고항존자라고 하더라도 그것만으로 당연히 종중재산에 대한 대표권을 갖는 것은 아니다.
④ 종중총회의 결의방법에 관하여 종중규약에 다른 규정이 없는 이상 일부 종원이 총회에 직접 출석하지 아니하고 다른 출석 종원에 대한 위임장 제출방식에 의하여 종중의 대표자 선임에 관한 결의권을 행사하는 것도 허용된다.
⑤ 종원이 소집통지 이외의 다른 방법으로 종중총회 개최 사실을 알아도 종중총회 소집통지가 없는 한 종원이 불참한 가운데 이루어진 종중총회 결의는 무효이다.

09 **법인의 해산 및 청산에 관한 민법상 설명으로 옳지 않은 것은?** (다툼이 있으면 판례에 의함)

① 법인의 해산절차에 관하여는 주무관청의 감독을 받아야 한다.
② 해산한 법인은 청산의 목적범위 내에서만 권리능력이 인정된다.
③ 청산 중의 법인은 변제기에 이르지 아니한 채권도 변제할 수 있다.
④ 청산종결 등기가 경료되었다 하더라도, 청산사무가 완전히 종결하지 않았다면 법인은 소멸하지 않는다.
⑤ 법인의 청산에 관한 민법 규정은 강행규정이다.

10 **종물에 관한 설명으로 옳지 않은 것은?** (다툼이 있으면 판례에 의함)

① 3층 건물의 오수정화를 위한 정화조는 종물이 아니라 건물의 구성부분에 불과하다.
② 횟집으로 사용할 점포 건물에 거의 붙여서 생선을 보관하기 위하여 신축한 수족관 건물은 점포 건물의 종물이다.
③ 종물은 주물 소유자의 물건이어야 하며, 주물의 소유자가 아닌 자의 물건은 종물이 될 수 없다.
④ 물건의 사용대가로 받는 금전 기타의 물건은 그것을 수취할 때의 권리자에게 속한다.
⑤ 종물에 관한 규정은 권리상호 간에도 유추적용될 수 있다.

11 **甲은 본처가 있는 남자로서 별거 중인 본처 乙의 동의하에 丙과 첩계약을 체결하고, 丙과는 본처와 이혼하고 본처로 입적한다는 약정을 하고 동거생활을 하던 중 甲·丙간에서 丁이 출생하게 되었다. 그러나 그 후 甲·丙간의 불화로 첩계약을 해소하는 조건으로 甲이 丙에게 아파트 한 채와 丁의 양육비를 지급하기로 약정하였다. 이 경우 甲·乙·丙·丁간의 법률관계로서 타당하지 않은 것은?** (다툼이 있으면 판례에 의함)

① 甲과 丙과의 첩계약은 무효이다.
② 본처 乙과 이혼하면 丙을 호적상의 처로 입적하기로 한 약정은 유효하다.
③ 甲과 丙간의 첩관계 해소계약은 유효하다.
④ 丙에게 아파트를 넘겨준 것은 유효하다.
⑤ 丁과의 양육비 지급약정은 유효하다.

12 **법률행위의 성립요건에 해당하는 것은?**

① 자필증서에 의한 유언에서의 날인
② 대리행위에서 대리권의 존재
③ 당사자의 의사능력과 행위능력
④ 조건부 법률행위에서 조건의 성취
⑤ 토지거래허가구역 내의 토지거래계약에 관한 관할관청의 허가

13 **채무자 丙이 보증인 甲을 기망하여 채권자 乙과 보증계약을 체결하게 한 경우 옳은 것은?**

① 乙이 그 사실을 알았을 경우에 甲이 취소할 수 있다.
② 항상 甲·乙이 다 같이 취소할 수 있다.
③ 甲은 乙과의 보증계약을 乙이 악의인 경우에만 취소할 수 있다.
④ 항상 甲만이 취소할 수 있다.
⑤ 보증계약이 구두로 체결되었다면 보증인은 보증채무의 이행 후에 보증계약의 무효를 이유로 채권자에게 부당이득의 반환을 청구할 수 있다.

14 **반사회적 법률행위 및 불공정한 법률행위에 관한 설명 중 <u>틀린</u> 것은?** (다툼이 있으면 판례에 의함)

① 법원에 의해 진행된 경매에서는 폭리행위가 성립할 수 없다.
② 부담 없는 증여는 불공정행위라는 이유로 무효가 될 수 없다.
③ 어업권의 소멸로 인한 손실보상금의 분배에 관한 어촌계 총회의 결의가 폭리행위에 해당할 수 있다.
④ 채권을 포기하는 약정도 폭리행위에 해당할 수 있다.
⑤ 부첩관계를 맺은 대가로 부동산을 증여받은 첩으로부터 그 부동산을 전득한 자가 그 사실을 알았더라면 소유권을 취득할 수 없다.

15 **甲은 채권자들로부터 강제집행을 당할 것을 대비하여 친구인 乙과 짜고 자기 소유의 부동산을 매도한 것처럼 乙에게 소유권이전등기를 해 두었다. 그런데 乙이 등기명의인이 된 것을 기화로 하여 이를 제3자에게 매도하고 소유권이전등기를 하여 주었다. 다음 설명 중 맞는 것으로 모은 것은?**

ㄱ 제3자가 가장매매라는 것을 알고 취득한 경우에도 가장매매를 한 당사자인 甲은 제3자에게 소유권의 반환을 청구할 수 없다.
ㄴ 제3자는 선의가 추정되므로 무효를 주장하는 자가 제3자의 악의를 입증하여야 한다.
ㄷ 통정허위표시에 의한 소유권이전등기시 甲의 채권자는 채권자취소권을 행사할 수 있다.
ㄹ 甲과 乙 사이의 매매는 가장매매이므로 제3자의 소유권이전등기는 언제나 무효이다.
ㅁ 제3자가 선의인 경우에도 제3자로부터 부동산을 매수한 전득자가 악의이면 甲은 전득자에게 무효를 주장할 수 있다.

① ㄱ, ㄴ　② ㄴ, ㄷ　③ ㄷ, ㄹ
④ ㄹ, ㅁ　⑤ ㄱ, ㄹ

16 **의사표시의 수령능력에 관한 기술 중 옳은 것은?**

① 제한능력자가 예외적으로 행위능력을 인정받는 경우에도 당연히 수령능력이 인정되는 것은 아니다.
② 미성년자가 대학생인 경우에는 의사표시의 수령능력이 인정된다.
③ 피한정후견인이 혼인한 경우에는 수령능력이 인정된다.
④ 제한능력자가 의사표시의 도달을 주장하는 것은 허용된다.
⑤ 제한능력자에게 의사표시를 하였다면 제한능력자의 법정대리인이 의사표시의 도달을 안 후에도 표의자는 의사표시의 효력발생을 주장할 수 없다.

17 **乙이 대리권 없이 甲을 대리하여 甲의 토지와 그 지상건물을 선의·무과실의 丙에게 매도하였다. 표현대리가 성립하지 않을 때, 다음 설명 중 옳지 않은 것은?** (다툼이 있으면 판례에 의함)

① 매매계약은 甲이 추인하지 아니하면 甲에 대하여 효력이 없다.
② 乙의 대리행위 일부에 대한 甲의 추인은 丙의 동의가 없는 한 무효이다.
③ 甲의 추인은 다른 의사표시가 없으면, 매매계약 시에 소급하여 그 효력이 생긴다.
④ 乙이 그 대리권을 증명하지 못하고 또 甲의 추인을 받지 못한 경우 乙은 자신의 선택으로 계약이행책임 또는 손해배상책임을 진다.
⑤ 乙이 甲의 토지와 그 지상건물을 단독상속한 후 소유자의 지위에서 자신의 대리행위가 무권대리로서 무효임을 주장하는 것은 신의칙에 반한다.

18 **무권대리인 乙이 甲을 대리하여 丙과 매매계약을 체결한 경우에 관한 설명으로 옳지 않은 것은?**

① 甲이 乙의 무권대리행위를 추인하면 丙은 甲에게 매매계약의 효력을 주장할 수 있다.
② 丙이 계약 당시에 乙에게 대리권이 없음을 알지 못한 경우 丙은 甲의 추인이 있을 때까지 매매계약을 철회할 수 있다.
③ 乙이 미성년자인 경우 乙은 丙에 대하여 계약을 이행할 책임 또는 손해를 배상할 책임을 지지 않는다.
④ 甲이 추인의 의사표시를 乙에게 한 경우 甲은 그 사실을 모르는 丙에게 추인의 효과를 주장하지 못한다.
⑤ 丙이 계약 당시에 乙에게 대리권이 없음을 안 경우 丙은 상당한 기간을 정하여 甲에게 그 추인여부의 확답을 최고할 수 없다.

19 **무효행위의 전환에 관한 설명이다. 틀린 것은?**

① 입양의 의사로 친생자 출생신고를 하고 거기에 입양의 실질적 요건이 모두 구비된 경우에는 입양의 효력을 인정한다.
② 본래의 법률행위가 유효하다면 전환은 문제될 여지가 없다.
③ 상속포기 신고가 상속포기로서의 효력이 없는 경우라면 상속재산의 협의분할로 인정될 수 없다.
④ 법률행위의 부존재에 관하여는 무효행위의 전환의 법리를 유추적용할 수 없다.
⑤ 전환의 의사란 가정적 의사라고 보는 것이 일반적이다.

20 **토지거래허가구역 내의 토지매매계약이 확정적 무효로 되는 경우를 모두 고른 것은?** (다툼이 있으면 판례에 의함)

㉠ 관할 관청의 불허가처분이 있는 경우 ㉡ 처음부터 토지거래허가를 배제하는 내용의 계약인 경우 ㉢ 당사자 쌍방이 허가신청협력의무의 이행거절 의사를 명백히 표시한 경우 ㉣ 상대방의 허가신청협력의무 불이행을 이유로 일방적으로 해제의 의사표시를 한 경우 ㉤ 허가받기 전의 상태에서 계약상 채무불이행을 이유로 손해배상을 청구한 경우

① ㉠, ㉡ ② ㉢, ㉣
③ ㉠, ㉡, ㉢ ④ ㉢, ㉣, ㉤
⑤ ㉠, ㉡, ㉣, ㉤

5회

21 **대리에 관한 설명 중 가장 옳지 않은 것은?**

① 대리인이 그 권한 외의 법률행위를 한 경우에 제3자가 그 권한이 있다고 믿은 때에는 본인은 그 행위에 대하여 책임이 있다.
② 제3자에 대하여 타인에게 대리권을 수여함을 표시한 자는 그 대리권의 범위 내에서 행한 그 타인과 그 제3자간의 법률행위에 대하여 책임이 있다. 그러나 제3자가 대리권 없음을 알았거나 알 수 있었을 때에는 그러하지 아니하다.
③ 대리인은 행위능력자임을 요하지 아니한다.
④ 특정한 법률행위를 위임한 경우에 대리인이 본인의 지시에 좇아 그 행위를 한때에는 본인은 자기가 안 사정 또는 과실로 인하여 알지 못한 사정에 관하여 대리인이 알지 못하였음을 주장하지 못한다.
⑤ 표현대리행위가 성립하는 경우에 상대방에게 과실이 있다고 하더라도 과실상계의 법리를 유추적용하여 본인의 책임을 경감할 수 없다.

22 **법률행위의 취소에 관한 설명 중 틀린 것은?**

① 취소권은 대리인이 행사할 수 있다.
② 피한정후견인은 행위능력을 회복하기 전에도 그 법률행위를 취소할 수 있다.
③ 피성년후견인은 법정대리인의 동의를 얻더라도 유효한 법률행위를 단독으로 할 수 없으므로 능력자가 되기 전에는 단독으로 취소할 수 없다.
④ 하자 있는 의사표시를 한 자는 이를 취소할 수 있다.
⑤ 착오로 인한 의사표시를 한 자는 그 법률행위를 취소할 수 있다.

23 **기간과 기한에 관한 설명으로 옳지 않은 것은?**

① 기간을 일, 주, 월 또는 연(年)으로 정한 때에는 기간의 초일은 산입하지 아니한다. 그러나 그 기간이 오전 영시로부터 시작하는 때에는 그러하지 아니하다.
② 기한의 이익은 이를 포기할 수 있다. 그러나 상대방의 이익을 해하지 못한다.
③ 2017년 5월 31일 10시부터 1개월이라고 한 경우 2017년 6월 30일 10시에 기간이 만료한다.
④ 기간의 말일이 공휴일인 2020년 5월 5일(화)이면 기간은 그 다음날로 만료한다.
⑤ 종기 있는 법률행위는 기한이 도래한 때로부터 그 효력이 소멸한다.

24 **소멸시효의 대상이 되는 권리에 관한 설명으로 틀린 것은?** (다툼이 있으면 판례에 의함)

① 유치권은 소멸시효의 대상이 아니지만, 피담보채권이 시효로 소멸하면 부종성에 의하여 유치권도 효력을 잃는다.
② 부동산소유자가 등기서류를 위조하여 부동산소유권이전등기를 한 자에 대하여 그 등기의 말소를 청구하는 경우 그 등기말소청구권은 소멸시효의 대상이 되지 않는다.
③ 공유물분할청구권은 공유관계가 존속하는 한 그 분할청구권만이 독립하여 소멸시효의 대상이 될 수는 없다.
④ 근저당권설정약정에 의한 근저당권설정등기청구권은 그 피담보채권이 될 채권과 별개로 소멸시효에 걸린다.
⑤ 부동산을 매수한 자가 그 목적물을 인도받아 사용·수익하고 있는 경우에도 매수인의 소유권이전등기청구권은 채권적 청구권으로 10년간 행사하지 아니하면 시효로 소멸된다.

25 **등기의 추정력과 점유의 추정력에 관한 설명으로 틀린 것은?** (다툼이 있으면 판례에 의함)

① 점유개시 당시에 소유권 취득 원인이 될 수 있는 법률요건이 없음을 잘 알면서 타인 소유 부동산을 무단점유한 것이 증명되면 자주점유의 추정이 번복된다.
② 건물소유권 보존등기의 명의인이 건물을 신축하지 않은 것으로 밝혀진 경우 등기의 추정력은 깨어진다.
③ 점유자의 권리추정규정은 특별한 사정이 없는 한 등기에 표상되어 있는 부동산물권에 대하여는 적용되지 않는다.
④ 소유권이전등기가 경료되어 있는 경우 그 등기는 전(前) 등기명의인에 대하여 추정력이 인정되나 제3자에 대해서는 그러하지 아니하다.
⑤ 부동산 등기명의인이 매도인인 경우 그를 소유자로 믿고 그 부동산을 매수하여 점유하는 자는 특별한 사정이 없는 한 과실 없는 점유자에 해당한다.

26 **점유자와 회복자에 관한 설명으로 옳은 것은?** (다툼이 있으면 판례에 의함)

① 과실을 취득한 선의의 점유자는 회복자를 상대로 그 점유물에 대하여 지출한 통상의 필요비의 상환을 청구할 수 없다.
② 선의의 점유자가 본권에 관한 소에서 패소하면 그 소에서 패소한 때부터 악의의 점유자로 간주된다.
③ 점유자는 선의·무과실로 점유하는 것으로 추정되므로, 점유자에게 과실 있음을 주장하는 자는 이를 증명할 책임이 있다.
④ 폭력 또는 은비에 의한 점유자도 선의인 경우 점유물의 과실을 취득할 수 있다.
⑤ 유익비에 관하여는 그 가액의 증가가 현존한 경우에 한하여 점유자의 선택에 좇아 그 지출금액이나 증가액의 상환을 청구할 수 있다.

27 **사원총회의 소집통지는 1주일 전에 발송하여야 하는데, 사원총회가 2017. 3. 19. 11시에 개최되는 경우에 늦어도 언제까지 통지를 발송하여야 하는가?** (공휴일은 고려하지 말 것)

① 2017. 3. 10. 24시
② 2017. 3. 11. 11시
③ 2017. 3. 11. 24시
④ 2017. 3. 12. 11시
⑤ 2017. 3. 12. 24시

28 **부동산 취득시효에 관한 다음의 설명 중 적절하지 않은 것은?**

① 물건의 점유자는 자주점유한 것으로 추정되므로, 점유자의 취득시효의 성립을 부정하는 자가 타주점유라는 것을 주장·입증하여야 한다.
② 취득시효가 완성된 경우 점유자는 그 동안에 얻은 과실 및 기타의 이익을 원소유자에게 상환할 필요가 없다.
③ 점유취득시효완성을 원인으로 하여 소유권이전등기를 청구하면서 그와 동시에 시효완성 후 토지소유자가 설치한 담장철거를 청구한 경우 이는 시효취득자의 점유권에 기한 방해배제청구권을 행사하는 것이다.
④ 아무런 권한 없이 타인소유의 부동산을 무단점유한 경우에는 특별한 사정이 없는 한 자주점유의 추정은 번복되고, 따라서 시효취득이 인정될 수 없으나 자기 소유의 물건에 대하여는 시효취득이 가능하다.
⑤ 등기부취득시효에서 그 시효취득을 주장하는 현재 점유자 명의의 등기가 적어도 10년이 되어야 등기부시효취득이 인정될 수 있다.

5회

29 **법정지상권 또는 관습법상 법정지상권에 관한 설명중 옳지 않은 것은?** (다툼이 있으면 판례에 의함)

① 저당물의 경매로 인하여 토지와 그 지상건물이 다른 소유자에 속한 경우 건물소유자는 법정지상권을 취득한다.
② 근저당권이 설정된 나대지 소유자가 근저당권자의 동의를 얻어 그 지상에 건물을 신축하였다가 그 근저당권의 실행에 의하여 토지만이 제3자에게 낙찰된 경우 건물소유자는 낙찰자에 대하여 법정지상권을 취득한다.
③ 무허가 또는 미등기건물을 소유하기 위한 관습법상의 법정지상권도 성립할 수 있다.
④ 법정지상권의 경우 당사자 사이에 지료에 관한 협의가 있었다거나 법원에 의하여 지료가 결정되었다는 아무런 입증이 없다면, 법정지상권자가 지료를 지급하지 않았다고 하더라도 지료지급을 지체한 것으로는 볼 수 없다.
⑤ 관습법상의 법정지상권은 이를 취득할 당시의 토지소유자나 이로부터 소유권을 전득한 제3자에게 대하여도 등기 없이 지상권을 주장할 수 있다.

30 **분묘기지권에 관한 설명으로 옳은 것은?** (다툼이 있으면 판례에 의함)

① 토지소유자의 승낙 없이 분묘를 설치한 후 20년간 평온·공연하게 분묘기지를 점유한 자는 그 기지의 소유권을 시효취득한다.
② 타인토지에 분묘를 설치·소유하는 자에게는 그 토지에 대한 소유의 의사가 추정된다.
③ 등기는 분묘기지권의 취득요건이다.
④ 분묘기지권을 시효취득한 자는 지료를 지급할 필요가 없다.
⑤ 존속기간에 관한 약정이 없는 분묘기지권의 존속기간은 5년이다.

31 **전세권에 관한 설명으로 옳은 것은?** (다툼이 있으면 판례에 의함)

① 전세권의 존속기간을 1년으로 약정하더라도 전세권자는 그 존속기간을 2년 주장할 수 있다.
② 전세권의 존속 중 전세목적물이 양도된 경우 전세권 설정자가 전세금반환의무를 진다.
③ 전세권자는 전세권설정자의 동의를 얻지 않고 부속시킨 물건을 매수청구할 수 있다.
④ 건물에 대한 전세권이 법정갱신된 경우 전세권자는 그 등기 없이도 건물의 양수인에게 전세권을 주장할 수 있다.
⑤ 전세권이 설정된 토지 위에 제3자가 건물을 무단으로 건축한 경우 특별한 사정이 없는 한 토지소유자가 아닌 전세권자는 건물의 철거를 청구할 수 없다.

32 **甲은 X건물에 1번 저당권을 취득하였고, 이어서 乙이 전세권을 취득하였다. 그 후 丙이 2번 저당권을 취득하였고, 경매신청 전에 X건물 소유자의 부탁으로 비가 새는 X건물의 지붕을 수리한 丁이 현재 유치권을 행사하고 있다. 다음 설명 중 옳은 것은?**

① 甲의 경매신청으로 戊가 X건물을 매수하면 X건물을 목적으로 하는 모든 권리는 소멸한다.
② 乙의 경매신청으로 戊가 X건물을 매수하면 甲의 저당권과 丁의 유치권을 제외한 모든 권리는 소멸한다.
③ 丙의 경매신청으로 戊가 X건물을 매수하면 丁의 유치권을 제외한 모든 권리는 소멸한다.
④ 丁의 경매신청으로 戊가 X건물을 매수하면 乙의 전세권을 제외한 모든 권리는 소멸한다.
⑤ 甲의 경매신청으로 戊가 X건물을 매수하면 乙의 전세권과 丁의 유치권을 제외한 모든 권리는 소멸한다.

33 **과실상계에 대한 설명 중 옳은 것은?** (다툼이 있을 경우 판례에 의함)

① 불법행위책임에는 과실상계가 적용되나, 채무불이행의 경우에는 과실상계가 적용되지 않는다.
② 피해자의 부주의를 이용하여 고의로 불법행위를 저지른 자가 바로 그 피해자의 부주의를 이유로 자신의 책임을 감하여 달라고 주장하는 것은 허용될 수 없다.
③ 공동불법행위자에 대한 손해배상청구를 별개의 소로 진행한 경우에도 과실상계비율이나 손해액을 달리 인정할 수 없다.
④ 손해배상 예정액이 약정된 경우라도 민법 제398조 제2항에 따라 감액하는 것과는 별도로 과실상계를 적용하여 배상액을 감경할 필요가 있다.
⑤ 과실상계에 있어서 과실은 불법행위의 성립요건으로서 엄격한 의미의 과실을 말한다.

34 **금전채무불이행으로 인한 손해배상에 관한 설명으로 옳지 않은 것은?** (다툼이 있으면 판례에 의함)

① 채무자는 과실 없음을 항변하지 못한다.
② 손해배상액은 특별한 사정이 없는 한 법정이율에 의한다.
③ 지연손해금채무는 이행지체로 인한 손해배상채무이다.
④ 채권자가 손해의 발생과 그 손해액을 증명하여야 한다.
⑤ 이행지체에 대비한 지연손해금 비율을 따로 약정한 경우 이는 손해배상액의 예정으로 감액의 대상이 될 수 있다.

35 **다음 중 수탁보증인이 사전구상권을 행사할 수 있는 경우가 아닌 것은?**

① 보증인이 과실 없이 채권자에게 변제할 재판을 받은 때
② 채무의 이행기가 도래한 때
③ 보증인이 파산선고를 받은 때
④ 주채무자가 파산선고를 받은 경우에 채권자가 파산재단에 가입하지 아니한 때
⑤ 채무의 이행기가 확정되지 아니하고 그 최장기도 확정할 수 없는 경우에 보증계약 후 5년을 경과한 때

36 **동시이행의 항변권에 관한 설명 중 틀린 것은?** (다툼이 있으면 판례에 의함)

① 동시이행의 항변권을 배제하는 당사자 사이의 특약은 유효하다.
② 동시이행 항변권의 원용이 없으면 법원은 그 인정여부를 심리할 필요가 없다.
③ 동시이행관계에 있는 채무 중 일방채무의 이행불능으로 인한 손해배상채무는 상대방의 채무와 동시이행관계에 있다.
④ 일방의 이행제공으로 수령지체에 빠진 상대방은 그 후 그 일방이 이행제공 없이 이행을 청구하는 경우에도 동시이행항변권을 주장할 수 없다.
⑤ 구분소유적 공유관계가 해소되는 경우 공유지분권자 상호간의 지분이전등기의무는 동시이행관계에 있다.

5회

37 **매매의 효력에 관한 설명으로 옳지 않은 것은?** (다툼이 있으면 판례에 의함)

① 매수인이 계약 당시에 목적물에 하자가 있음을 알고 있었을 경우에는 매도인이 하자담보책임을 부담하지 않는다.
② 매매는 쌍무계약인 바, 매도인은 재산권을 이전하여야 하고 매수인은 대금을 지급하여야 한다.
③ 매매계약이 성립함과 동시에 목적물로부터 생긴 과실은 매수인에게 속하므로 매도인이 목적물을 인도할 때 이를 함께 이전해야 한다.
④ 매매의 당사자일방에 대한 의무이행의 기한이 있는 때에는 상대방의 의무이행에 대하여도 동일한 기한이 있는 것으로 추정한다.
⑤ 매매 목적물에 대하여 권리를 주장하는 자가 있는 경우에 매수인은 매수한 권리를 잃을 위험이 있는 한도에서 대금의 지급을 거절할 수 있다.

38 **다음은 위임계약에 관한 설명이다. 틀린 것은?**

㉠ 위임의 당사자 일방이 파산한 경우 위임계약은 당연히 종료한다.
㉡ 당사자 일방이 부득이한 사유 없이 상대방의 불리한 시기에 계약을 해지한 때에는 그 손해를 배상하여야 하며, 여기서 손해는 위임이 해지되었다는 사실로부터 생기는 손해이다.
㉢ 수임이 위임사무를 처리하는 중에 수임인의 책임 없는 사유로 위임이 종료된 때에는 수임인은 이미 처리한 사무의 비율에 따른 보수를 청구할 수 있다.

① ㉠ ② ㉡ ③ ㉢
④ ㉠, ㉢ ⑤ ㉡, ㉢

39 **민법상 임대차에 관한 다음 규정 중 편면적 강행규정**(임차인이나 전차인에게 불리한 경우만 해당됨)**이 아닌 것은?**

① 임차물의 일부가 임차인의 과실 없이 멸실 기타 사유로 인하여 사용·수익할 수 없을 때 임차인의 그 부분의 비율에 의한 감액청구에 관한 규정
② 임대인의 동의를 얻어 부속한 물건에 대한 임차인의 임대인에 대한 부속물매수청구권 규정
③ 사정변경으로 인한 임차인의 차임감액청구권 규정
④ 차임연체액이 2기의 차임액에 달하는 때에는 임대인이 계약을 해지할 수 있다는 규정
⑤ 임대차기간의 약정이 있는 경우에도 당사자 일방 또는 쌍방이 그 기간 내에 해지할 권리를 보류한 경우에는 언제든지 계약해지를 통고할 수 있다는 규정

40 **불법행위에 관한 설명으로 옳지 않은 것은?**

① 甲, 乙, 丙이 공동불법행위로 丁에게 손해를 가한 때에는 연대하여 그 손해를 배상할 책임이 있다.
② 甲이 과실로 심신상실을 초래하고, 심신상실 중에 乙에게 손해를 가한 경우 甲은 乙에게 손해를 배상할 책임이 있다.
③ 甲이 과실로 乙을 사망에 이르게 한 경우 甲은 재산상의 손해가 없는 乙의 직계존속, 직계비속 및 배우자에 대하여는 손해배상책임이 없다.
④ 甲이 乙의 신체, 자유 또는 명예를 해친 경우 재산 이외의 손해에 대하여도 배상할 책임이 있다.
⑤ 미성년자 甲이 乙에게 손해를 가한 경우 甲이 가해행위 당시 그 행위의 책임을 변식할 지능이 없었더라면 그 손해를 배상할 책임이 없다.

– 본 회차 시험 종료 –

제6회 적중 실전모의고사

01 회계원리

01 **㈜경록의 20X1년 상품판매와 관련한 자료이다. ㈜경록의 20X1년 매출액은?**

- 위탁판매를 위하여 적송된 상품(매가 ₩200,000) 중 20X1년에 최종소비자에게 판매된 금액은 ₩100,000이다.
- 매가 ₩100,000 상당의 시송품 중 20X1년 말 현재 고객으로부터 확정적인 매입의사표시를 받은 것은 50%에 불과하며, 나머지 50%는 아직 고객으로부터 매입의사표시를 받지 못하였다.
- 장기할부판매상품 중 50%만 현금으로 수취하였으며, 나머지 대금은 아직 미수상태이다(총 할부대금은 ₩150,000이며 현재가치는 ₩145,000이다).

① ₩222,500 ② ₩295,000 ③ ₩300,000 ④ ₩395,000 ⑤ ₩400,000

02 **다음은 20X1년도 채무상품인 FV-OCI금융자산 거래 현황이다. 20X1년도말 FV-OCI금융자산 잔액은 얼마인가?**

- 20×1년 8월 7일 사채 200매를 매당 ₩12,000에 취득하고, ₩50,000을 수수료로 지급하였다.
- 20×1년 9월 14일 사채 200매 중 50%를 ₩1,500,000에 매각하였다.
- 20×1년 12월 31일 결산일 현재 사채 매당 공정가치는 ₩13,000이다.

① ₩225,000 ② ₩1,225,000 ③ ₩1,300,000 ④ ₩1,500,000 ⑤ ₩1,625,000

03 **다음 재무상태표상 자료에 의하여 비유동자산을 계산하면 얼마인가?**

• 매출채권	₩10,000,000
• 감자차손	₩5,000,000
• 상품	₩5,000,000
• 토지	₩50,000,000
• 임차보증금	₩4,000,000
• 자기주식처분이익	₩1,000,000

① ₩5,000,000 ② ₩10,000,000 ③ ₩51,000,000 ④ ₩54,000,000 ⑤ ₩59,000,000

04 **기초자산은 ₩4,000, 기초부채는 ₩2,000, 기말부채는 ₩1,500이다. 당기총수익은 ₩7,000, 총비용이 ₩6,500, 주주추가출자액이 ₩1,000이고 기타포괄손익이 없다면 기말자산은 얼마인가?**

① ₩2,000 ② ₩3,000 ③ ₩3,500 ④ ₩4,000 ⑤ ₩5,000

6회

05 '재무보고를 위한 개념체계'에 대한 설명으로 옳지 않은 것은?

① 경제적 현상의 실질과 그 법적 형식이 같지 않다면, 법적 형식에 따라 정보를 제공하여야 한다.
② 일반목적재무보고의 목적을 달성하기 위해 회계기준위원회는 개념체계의 관점에서 벗어난 요구사항을 정하는 경우가 있을 수 있다.
③ 재무보고서는 보고기업의 경제적자원과 청구권을 변동시키는 거래와 그 밖의 사건의 영향에 대한 정보도 제공한다.
④ 보강적 질적특성은, 정보가 목적적합하지 않거나 나타내고자 하는 바를 충실하게 표현하지 않으면, 개별적으로든 집단적으로든 그 정보를 유용하게 할 수 없다.
⑤ 재무제표는 특정 집단의 관점이 아닌 보고기업 전체의 관점에서 거래 및 그 밖의 사건에 대한 정보를 제공한다.

06 다음 계정에 기입된 금액과 내용으로 보아 ( )에 해당하는 계정과목으로 옳은 것은 무엇인가?

( )

6/17 당좌예금	600,000	6/1 전기이월	100,000
6/30 차기이월	300,000	6/2 상 품	800,000
	900,000		900,000

① 임차료 ② 가지급금
③ 배당금수익 ④ 매입채무
⑤ 기계장치

07 ㈜경록의 다음 자료를 이용하여 주당순이익을 계산하면 얼마인가? (단, 모든 주식의 액면가액은 ₩5,000이며, 가중평균 발행주식수의 계산시 소수점 이하는 절사하여 계산한다)

- 당기순이익은 ₩3,000,000이다.
- ㈜경록의 자본금 내역 : 우선주 500주(연 8% 배당), 보통주 2,000주
- 기초 보통주는 1,700주였으나 11월 1일에 300주가 유상증자로 발행되었다.

① ₩1,500 ② ₩1,550 ③ ₩1,600
④ ₩1,650 ⑤ ₩1,700

※ 다음 자료에 의하여 [문08~09]의 물음에 답하시오. 단, 전기오류수정이익은 누적효과를 결정할 수 있는 중요한 오류에 해당한다.

- 기초상품재고 ················ ₩110,000
- 매출에누리 ················ ₩32,000
- 총매출액 ················ ₩9,593,000
- 총매입액 ················ ₩8,350,000
- 급여 ················ ₩1,047,500
- 유형자산처분손실 ················ ₩18,250
- 기말상품재고 ················ ₩235,000
- FV-OCI금융자산 평가손실 ············ ₩33,500
- FV-OCI금융자산 처분이익 ············ ₩30,000
- 전기오류수정이익 ················ ₩30,000

08 포괄손익계산서상 비용을 기능별로 구분하는 경우에 매출원가는 얼마인가?

① ₩8,173,000 ② ₩8,193,000
③ ₩8,257,000 ④ ₩8,225,000
⑤ ₩9,561,000

09 **포괄손익계산서상 당기순손익을 계산하면 얼마인가?**

① ₩270,250 ② ₩266,750
③ ₩300,250 ④ ₩296,750
⑤ ₩330,250

10 **다음 중 무형자산의 회계처리에 관한 설명으로 옳지 않은 것은?**

① 무형자산도 유형자산과 마찬가지로 재평가모형 및 원가모형을 선택할 수 있으며, 무형자산에 대하여도 손상차손을 인식한다.
② 무형자산의 상각방법은 자산의 경제적 효익이 소비되는 형태를 반영한 방법이어야 한다.
③ 무형자산에 대한 경제적 효익의 소비형태를 신뢰성 있게 결정할 수 없다면 정액법으로 상각한다.
④ 내용연수가 비한정인 무형자산의 내용연수를 유한한 내용연수로 변경하는 것은 회계추정의 변경에 해당한다.
⑤ 무형자산은 내용연수가 유한하든, 비한정이든 상각한다.

11 **당사는 20X1.1.1에 액면금액 ₩1,000,000, 표시이자율 연 10%, 3년 만기의 사채를 발행하였다. 사채이자의 지급시기는 매년 6월 30일과 12월 31일이고 6개월에 대한 유효이자율은 8%이다. 다음 자료에 의하여 사채발행금액을 계산하면?**

할인율	₩1의 현재가치		정상연금 ₩1의 현재가치	
	3기간	6기간	3기간	6기간
8%	0.80	0.63	2.6	4.6
10%	0.75	0.56	2.5	4.4

① ₩860,000 ② ₩870,000
③ ₩880,000 ④ ₩890,000
⑤ ₩900,000

12 **다음 중 재고자산에 관련된 설명으로 틀린 것은 무엇인가?**

① 고정제조간접원가는 생산설비의 정상조업도에 기초하여 전환원가에 배부한다.
② 변동제조간접원가는 생산설비의 실제 사용에 기초하여 재고자산에 배부한다.
③ 재고자산은 취득원가와 순실현가능가치 중 낮은 금액으로 측정한다.
④ 매입할인, 리베이트 및 기타 유사한 항목은 매입원가를 결정할 때 가산한다.
⑤ 기말재고자산평가시 후입선출법은 인정되지 아니한다.

13 **다음은 5월 31일 현재 작성한 은행계정조정표의 내용 중 일부이다. 수정전잔액과 회사측 수정분개에 대한 설명으로 틀린 것은?**

- 은행계정조정표 작성결과 수정후잔액은 ₩300,000이다.
- 수정사항은 다음과 같다.
  - ㉠ 기발행미인출수표 ₩82,000
  - ㉡ 은행수수료 미통지분 ₩7,000
  - ㉢ 어음추심액입금액 미통지분 ₩130,000

① 은행측 수정전잔액은 ₩382,000이다.
② 회사측 수정전잔액은 ₩177,000이다.
③ (차) 외상매입금 ₩82,000
(대) 당좌예금 ₩82,000
④ (차) 수수료비용 ₩7,000
(대) 당좌예금 ₩7,000
⑤ (차) 당좌예금 ₩130,000
(대) 받을어음 ₩130,000

6회

14 ㈜대한의 20×1년 기초 미수이자는 ₩5,000이고, 기말 미수이자는 ₩7,000이다. 포괄손익계산서상 이자수익은 ₩4,000일 때, 20×1년 이자수익으로 인한 현금유입액은?

① ₩2,000 ② ₩3,000 ③ ₩4,000
④ ₩5,000 ⑤ ₩6,000

15 결산일이 12월 말인 ㈜경록은 20X1년 초에 기계장치를 ₩10,000,000(내용연수 5년, 잔존가치 ₩1,000,000)에 취득하고 연수합계법으로 감가상각하다가 20X3년 초에 잔존내용연수를 4년으로, 감가상각방법을 정액법으로 새롭게 추정하였다. 20X3년 감가상각비는 얼마인가?

① ₩500,000 ② ₩900,000
③ ₩1,100,000 ④ ₩1,200,000
⑤ ₩1,500,000

16 ㈜경록은 ㈜만만을 합병하여 인수하기로 하였다. ㈜만만의 자산 장부금액은 ₩3,000,000이고 공정가치는 ₩3,800,000이며, 부채 장부금액과 공정가치는 모두 ₩1,700,000이다. ㈜만만을 ₩2,500,000로 평가하여 합병하는 경우 영업권을 종합평가계정법에 따라 평가하면 얼마인가?

① ₩300,000 ② ₩400,000
③ ₩500,000 ④ ₩600,000
⑤ ₩700,000

17 ㈜경록은 액면가액 ₩100의 보통주 2,000주를 주당 ₩120에 발행하였다. 주식발행 전의 자본현황이 다음과 같은 경우 주식 발행 후 자본잉여금은 얼마인가?

- 보통주(액면가액 100, 발행주식 12,000주) ₩1,200,000
- 감자차익 ₩300,000
- 이익준비금 ₩540,000

① ₩540,000 ② ₩300,000
③ ₩240,000 ④ ₩200,000
⑤ ₩340,000

18 다음 중 한국채택국제회계기준상 자본변동표에서 확인할 수 없는 것은?

① 자기주식의 처분 ② 자기주식의 취득
③ 유형자산의 재평가이익 ④ 주식분할
⑤ 현금배당

19 20X1년에 유형자산인 토지를 ₩1,000,000에 취득한 후 20X1년 말 결산시 공정가치인 ₩800,000로 재평가하였다. 20X2년 말 결산일 현재 토지의 공정가치가 ₩1,100,000인 경우 20X2년 말 결산시 재평가 회계처리로 맞는 것은?

① ₩300,000을 당기수익으로 처리한다.
② ₩200,000은 당기수익으로 처리하고, ₩100,000은 기타포괄손익으로 처리한다.
③ ₩300,000을 기타포괄손익으로 처리한다.
④ ₩200,000은 기타포괄손익으로 처리하고, ₩100,000은 당기수익으로 처리한다.
⑤ ₩100,000을 기타포괄손익으로 처리한다.

20 매출채권 중 ₩1,000,000이 손상되었다. 손상시 매출채권에 대한 손실충당금 잔액이 ₩3,500,000이었다면 당해 손상이 재무제표에 미치는 영향으로 잘못된 것은?

① 순자산가액은 불변이다.
② 당기순이익이 감소한다.
③ 매출채권총액이 감소한다.
④ 자본총액은 불변이다.
⑤ 매출채권의 장부금액은 불변이다.

21 다음은 ㈜대한의 1월 거래내역이다. 선입선출법과 이동평균법에 따라 계산된 매출원가는?

일 자	적 요	수량(개)	단 가
1월 1일	월초	100	₩500
1월 15일	매입	150	₩520
1월 20일	판매	200	₩700

선입선출법	이동평균법
① ₩102,000	₩102,000
② ₩102,400	₩102,000
③ ₩102,000	₩102,400
④ ₩102,400	₩102,400
⑤ ₩100,000	₩102,000

22 20X1년 초에 ₩5,000,000에 취득한 기계장치를 정률법(정률 40%)에 의하여 상각(결산일 매년 12월 31일)하다가 20X2년 말에 ₩1,600,000에 처분한 경우 유형자산처분손익은 얼마인가?

① 손실 ₩100,000 ② 손실 ₩160,000
③ 손실 ₩200,000 ④ 손실 ₩240,000
⑤ 손실 ₩300,000

23 ㈜강남건설은 20X1년 1월 1일에 ㈜경록의 사옥을 신축하기로 계약을 체결하였다. 총공사계약금액은 ₩600,000이었으며, 공사가 완료된 20X3년까지 사옥의 신축과 관련된 자료는 다음과 같았다.

구 분	20X1년	20X2년	20X3년
(1) 실제발생 누적계약 원가	₩80,000	₩225,000	₩460,000
(2) 추가소요액 추정치	320,000	225,000	0
(3) 총계약원가 추정치	400,000	450,000	460,000
(4) 공사중도금 청구액	200,000	300,000	100,000

㈜강남건설이 수익인식에 공사진행기준을 적용할 경우 20X3년도의 계약이익은 얼마인가?

① ₩35,000 ② ₩40,000
③ ₩65,000 ④ ₩100,000
⑤ ₩235,000

24 당기에 FV-PL금융자산 관련 거래는 다음과 같다. 다음 거래로 인한 당기손익은 얼마인가?

- 11월 11일 : ㈜경록 주식 1,000주를 주당 ₩10,000에 취득하였고, 거래비용이 ₩400,000 발생하였다.
- 11월 30일 : ㈜경록 주식 1,000주 중에서 300주를 주당 ₩11,000에 매각하였다.
- 결산일 : ㈜경록 주식의 공정가치는 주당 ₩12,000이다.

① ₩300,000 ② ₩1,300,000
③ ₩1,400,000 ④ ₩1,700,000
⑤ ₩1,900,000

25 기초재고액은 ₩5,000,000(매가 ₩8,000,000), 당기매입액은 ₩13,000,000(매가 ₩17,000,000), 당기매출액은 ₩19,000,000이다. 소매재고법에 의한 기말재고액을 계산하면 얼마인가?

① ₩4,020,000 ② ₩4,230,000
③ ₩4,320,000 ④ ₩4,410,000
⑤ ₩4,500,000

26 **20×1년 1월 사업을 개시한 ㈜대한은 20×1년도에 제품을 ₩50,000에 판매하였으며, 제품의 보증기간은 1년이다. 제품보증비용은 판매가격의 3%가 발생될 것으로 예상하였으며, 이는 충당부채인식요건을 만족한다. 동 판매와 관련하여 20×1년도에 실제 발생한 제품보증금액이 ₩500인 경우 20×1년 말 제품보증충당부채는?** (단, 충당부채설정법을 적용한다)

① ₩2,000 ② ₩1,500 ③ ₩1,300
④ ₩1,200 ⑤ ₩1,000

27 **시산표의 차변총액과 대변총액이 일치하지 않을 때 그 원인이 될 수 있는 것은?**

① 자산계정에 차변기입, 부채계정에 대변기입할 거래를 회계담당자가 착오로 부채계정에 차변기입, 자산계정에 대변기입한 경우
② 회계기록에서 완전히 누락한 경우
③ 현금계정의 잔액을 틀리게 계산한 경우
④ 시산표작성시 현금계정의 잔액과 매출채권계정의 잔액이 뒤바뀐 경우
⑤ 회계담당자의 실수로 잘못된 금액으로 차변계정과 대변계정을 기록한 경우

28 **㈜대한의 재고자산은 상품으로만 구성되어 있다. 20X1년 말 상품 관련 자료는 다음과 같으며, 항목별 저가기준으로 평가하고 있다. 재고자산평가손실은?**

구 분	재고수량	개당원가	개당 추정매가	개당 추정판매비용
상품A	20개	200	240	40
상품B	40개	250	300	60
상품C	50개	230	260	50

① ₩1,200 ② ₩1,400
③ ₩1,500 ④ ₩1,700
② ₩1,800

29 **㈜대한은 기계장치**(취득원가 ₩100,000, 감가상각누계액 ₩20,000)**가 진부화되어 손상차손을 인식하려고 한다. 이 기계의 순공정가치가 ₩40,000이고 사용가치는 ₩45,000인 경우 ㈜대한이 인식할 기계장치의 손상차손은?**

① ₩30,000 ② ₩35,000 ③ ₩40,000
④ ₩50,000 ⑤ ₩55,000

30 **창고에 대해 재고실사를 수행한 결과, 창고에 보관중인 기말 재고자산가액은 ₩50,000이며, 기타 재고자산과 관련된 자료는 아래와 같다. 다음 자료를 바탕으로 계산한 기말 재고자산가액은?**

- 기말 기준 창고에 보관중인 수탁재고가액은 ₩20,000이며, 타 창고에 위탁한 재고가액은 ₩15,000이다.
- FOB 도착지 조건으로 매입한 ₩30,000의 재고자산이 해외로부터 운송 중이다.

① ₩30,000 ② ₩45,000 ③ ₩60,000
④ ₩70,000 ⑤ ₩90,000

31 **㈜강남은 개별원가시스템을 채택하고 있으며, 직접노무원가를 기준으로 제조간접원가를 배부한다. 20X1년도의 제조간접원가율은 A부문에 대해서는 200%, B부문에 대해서는 50%이다. 제조명령서는 20X1년 중에 시작되어 완성되었으며, 다음과 같이 원가가 발생하였다.**

	A부문	B부문
직접재료원가	₩50,000	₩10,000
직접노무원가	?	₩40,000
제조간접원가	₩60,000	?

제조명령서에 관련된 총제조원가는 얼마인가?

① ₩190,000 ② ₩210,000
③ ₩265,000 ④ ₩300,000
⑤ ₩360,000

32 ㈜신촌은 20X1년 1월 1일에 표시이자율 연 9%, 액면금액 ₩200,000인 사채를 ₩187,720에 발행하였다. 이때의 유효이자율은 연 10%이다. 만기일이 20X9년 12월 31일이며, 이자는 매년 12월 31일에 지급된다면, 유효이자율법을 적용할 경우 ㈜신촌의 20X1년 12월 31일에 이자비용과 관련된 적절한 분개는 다음 중 어떤 것인가?

① (차) 사채이자비용 18,000
(대) 현 금 18,000
② (차) 사채이자비용 18,770
(대) 현 금 18,770
③ (차) 사채이자비용 18,770
(대) 현 금 18,000
사채할인발행차금 770
④ (차) 사채이자비용 18,000
(대) 현 금 18,770
사채할인발행차금 770
⑤ (차) 사채이자비용 18,770
(대) 현 금 18,000
사채할증발행차금 770

33 당사는 결합제품 A와 B를 생산하고 있으며 결합원가는 ₩28,000이다. A제품은 추가가공원가 ₩20,000과 판매비 ₩7,000을 소요하여 ₩83,000에 판매되며, B제품은 판매비 ₩6,000을 소요하여 ₩30,000에 판매된다. 순실현가치법에 의한 제품 B에 배분될 결합원가는 얼마인가?

① ₩6,200 ② ₩7,200
③ ₩8,400 ④ ₩9,400
⑤ ₩9,700

34 ㈜경록은 표준원가계산제도를 적용하고 있다. 고정제조 간접원가에 대한 차이분석결과 실제원가와 표준원가의 총차이는 ₩2,000,000 불리하게 나타났고 예산차이는 ₩3,200,000 유리하게 나타났다면 다음 자료에 의한 ㈜경록의 고정제조 간접원가예산은 얼마인가?

• 제품생산량	2,000개
• 제품 표준조업도	제품 (개)당 2시간
• 고정제조간접원가 예정배부율	작업시간당 ₩500

① ₩3,700,000 ② ₩7,200,000
③ ₩6,300,000 ④ ₩1,700,000
⑤ ₩4,300,000

35 대한아파트에서는 1인당 참가비 ₩50,000을 받고, 1인당 변동원가 ₩30,000, 총고정원가가 ₩5,000,000인 노인교육복지사업을 계획하고 있다. 시청에서는 이 프로그램을 실시하는 아파트에 ₩2,000,000의 지원금을 지원하고 있다. 이 프로그램의 손익분기점(인원수)은 얼마인가?

① 300명 ② 250명 ③ 200명
④ 150명 ⑤ 100명

36 ㈜경록의 당기 기말제품재고액은 기초제품재고액보다 ₩20,000 감소하였다. ㈜경록의 다음 자료를 이용하여 기초재공품재고액을 계산하면 얼마인가?

• 당기매출원가	₩210,000
• 기말재공품재고액	₩40,000
• 당기총제조비용	₩160,000

① ₩90,000 ② ₩45,000
③ ₩70,000 ④ ₩60,000
⑤ ₩80,000

6회

37 ㈜경록은 단일 제품을 판매중에 있으며, 영업활동 관련 자료는 다음과 같다.

- 단위당 판매가 ············ ₩2,500
- 단위당 직접재료원가 ············ ₩1,000
- 단위당 직접노무원가 ············ ₩800
- 단위당 변동제조간접원가 ············ ₩250
- 단위당 변동판매비 ············ ₩150
- 고정제조간접원가 ············ ₩1,000,000
- 고정판매관리비 ············ ₩500,000

20X1년도에 제품을 10,000단위 생산하여 8,000개를 판매하였을 경우 전부원가계산에 의한 영업이익과 변동원가계산에 의한 영업이익은? (기말재공품은 없음)

	전부원가계산	변동원가계산
①	₩900,000	₩900,000
②	₩900,000	₩1,100,000
③	₩1,100,000	₩900,000
④	₩1,100,000	₩1,100,000
⑤	₩1,100,000	₩1,000,000

38 ㈜경록은 A, B, C 3가지 제품을 생산하여 판매하고 있고 총고정원가는 ₩1,500,000이다. 3가지 제품의 매출액 기준에 의한 매출구성비율이 각각 40%, 30%, 30%라면 다음 자료에 의하여 ㈜경록이 ₩240,000의 세전순이익을 얻기 위하여 필요한 매출액을 계산하면 얼마인가?

구 분	A	B	C
단위당 판매가격	15,000	6,250	5,000
단위당 변동원가	12,000	3,750	3,500

① ₩5,000,000
② ₩5,400,000
③ ₩5,720,000
④ ₩5,910,000
⑤ ₩6,000,000

39 경록사는 필통을 생산·판매하고 있다. 필통의 개당 판매가격은 ₩48이며, 개당 변동원가는 ₩36, 연간 고정원가는 ₩25,000이다. 20X1년도 중 이익목표를 ₩11,000으로 책정하고 있다. 다음의 설명 중 틀린 것은?

① 손익분기점의 매출액은 ₩100,000이다.
② 개당 공헌이익은 ₩12이다.
③ 목표이익을 달성한 경우의 M/S비율(안전 한계율)은 44%이다.
④ 목표이익을 달성하려면 3,000개를 생산·판매하여야 한다.
⑤ 공헌이익률(C/M ratio)은 25%이다.

40 ㈜대한은 정상개별원가계산제도를 채택하고 있으며, ㈜대한의 20×1년도 원가자료는 다음과 같다.

	기초재공품	당기실제발생액	기말재공품
직접재료원가	₩20,000	₩70,000	₩15,000
직접노무원가	12,000	54,000	8,000
제조간접원가	18,000	78,000	12,000

㈜대한이 직접노무원가를 기준으로 제조간접원가를 예정배부하고 배부차이는 전액 매출원가에서 조정할 경우 20×1년도 제조간접원가 배부차이는? (단, 매년 제조간접원가 예정배부율은 동일하다.)

① ₩3,000 과소배부(불리)
② ₩3,000 과대배부(유리)
③ ₩2,400 과소배부(불리)
④ ₩2,400 과대배부(유리)
⑤ ₩0

– 다음면에 계속 –

02 공동주택시설개론

41 다음 중 지반 및 건축물의 구조에 관한 사항으로 옳지 않은 것은?

① 기둥은 축방향의 압축하중을 지지하는 수직부재이고 보는 하중을 기둥으로 전달하는 수평부재이다.
② 고정하중이 증가할수록 지진하중에 대한 저항성이 커지므로 가능하면 건축물의 자체중량을 크게 하여야 한다.
③ 모래와 같은 입상토에 하중을 가하면 그 압력은 중앙에서 최대, 양단에서 최소가 되어 양단부의 침하가 우려된다.
④ 지정은 기초를 안전하게 지지하기 위하여 기초판을 보강하거나 지반의 내력을 보강하는 구조부분이다.
⑤ 건식구조는 물을 사용하지 않는 구조로 철골구조와 목구조 등이 있다.

42 다음 중 기초공사에 대한 설명으로 옳지 않은 것은?

① 지하연속공법(slurry wall)은 터파기 공사의 흙막이벽뿐 아니라 구조벽체로도 사용이 가능하다.
② 현장타설 콘크리트 말뚝 기초공사 시에는 말뚝구멍을 굴착한 후 저면의 슬라임 제거에 유의하여야 한다.
③ 2개의 기둥에서 전달되는 하중을 1개의 기초판으로 지지하는 방식의 기초를 복합기초라고 한다.
④ 웰포인트 공법은 점토질 지반의 대표적인 연약지반 개량공법이다.
⑤ 다짐말뚝은 지지력의 증가를 위하여 주위의 말뚝을 먼저 박고 점차 중앙부로 말뚝을 박는다.

43 다음 지정공사에 관한 기술 중 옳은 것은?

① 밑창 콘크리트지정은 설계도서에서 별도로 정한 바가 없는 경우에는 콘크리트는 설계기준강도 10MPa 이상의 것을 사용한다.
② 긴 주춧돌 지정은 비교적 지반이 깊어서 말뚝을 사용할 수 없을 때 잡석지정이나 자갈지정을 한 위에 긴주춧돌을 설치한 지정이다.
③ 모래지정은 연약층을 걷어내고 모래를 넣어 300mm 마다 달구로 다진다.
④ 잡석지정은 잡석을 눕혀서 두께 400 mm 이상되게 깔고 달구로 충분히 다진다.
⑤ 자갈지정에서 기초파기 밑바닥에 자갈을 깔 때 두께는 설계도서에 지정한 바가 없으면 60cm로 한다.

44 철근콘크리트조의 배근에 관한 설명으로 옳지 않은 것은?

① 2방향 슬래브의 주근(main bar)은 장변방향보다 단변방향에 많이 배근한다.
② 내민보의 주근(main bar)은 상부에만 배근한다.
③ 기둥의 대근(hoop bar)은 중앙부보다 상·하부에 많이 배근한다.
④ 보의 늑근(stirrup bar)은 단부보다 중앙부에 많이 배근한다.
⑤ 보의 주근(main bar)은 단부에서는 상부에 많이 배근한다.

45 플랫슬래브(flat slab)구조에 관한 기술로 옳지 않은 것은?

① 구조가 간단하고 공사비가 저렴하다.
② 층높이를 낮출 수 있어 실내 이용률이 높고 배관의 설계가 자유롭다.
③ 주두의 철근층이 여러겹 배치되므로 바닥판이 두꺼워져 뼈대의 강성이 높아진다.
④ 초고층 건물에는 부적합하여 주로 저층의 학교나 창고 등에 많이 이용된다.
⑤ 바닥판이 두꺼워져 고정하중이 증대될 수 있다.

46 콘크리트의 시공연도에 관한 기술 중 옳지 않은 것은?

① 진동기를 사용하지 않을 때는 진동기를 사용할 때보다 슬럼프(slump)값이 큰 콘크리트를 사용한다.
② 슬럼프 값이 클수록 재료분리, 블리딩, 레이턴스 등의 발생이 일어나기 쉽다.
③ 플로우테스트(flow test)도 시공연도를 표시하는 방법 중의 하나이다.
④ 물·시멘트비 값이 클수록 콘시스텐시가 좋아 시공연도가 좋고 콘크리트 강도가 증가한다.
⑤ 물·시멘트비(W/C)는 배합강도, 시멘트강도, 압축강도, 내구성, 수밀성 등을 고려하여 결정한다.

47 다음 중 철골공사의 접합에서 용접에 대한 사항으로 옳지 않은 것은?

① 필릿용접의 유효단면적은 유효목두께의 2배에 유효길이를 곱한 것으로 한다.
② 용접부에서 수축에 대응하는 과도한 구속은 피하고 용접작업은 조립하는 날에 용접을 완료하여 도중에 중지하는 일이 없도록 해야 한다.
③ 맞대기 용접에서 용접표면의 마무리 가공이 규정되어 있지 않는 경우에는 판두께의 10% 이하의 보강살 붙임을 한 후 끝마무리를 해야 한다.
④ 재편의 모서리 부에서 끝나는 필릿용접은 모서리 부를 돌면서 연속적으로 시공해야 한다.
⑤ 플러그용접은 접합하고자 하는 모재의 한쪽에 구멍을 뚫고 용접하는 것으로 겹침이음에서 주로 전단응력을 전달해 준다.

48 철골구조에 관한 설명으로 옳지 않은 것은?

① 얇은 강판에 적당한 간격으로 골을 내어 요철 가공한 것을 데크플레이트라 하며 주로 바닥판 공사에 사용된다.
② 강재는 주로 연강을 사용하며 두께가 두꺼워지면 예열을 하여 용접한다.
③ 시어커넥터는 트러스의 절점 또는 기둥의 절점을 각각 대각선 방향으로 연결하여 구조체의 변형을 방지하는 부재이다.
④ 주각의 베이스플레이트의 지지공법은 시방서에서 특별히 정한 바가 없으면 이동식매입공법으로 한다.
⑤ 턴버클(turn buckle)은 철골부재의 접합에 이용되는 인장재이다.

49 다음 중 벽돌쌓기에 관한 사항으로 옳지 않은 것은?

① 설계도서에서 특별히 정한 바가 없으면 영식쌓기나 화란식쌓기로 한다.
② 1일 쌓기 최대 높이는 1.5m 이하로 하고 너비가 1.8m가 넘는 개구부 상부에는 철근콘크리트 인방보를 설치한다.
③ 공간벽쌓기는 설계도서에서 특별히 정한 바가 없으면 바깥벽체를 주벽체로 쌓는다.
④ 하루에 벽돌을 다 쌓지 못하고 일이 끝날때는 내쌓기로 마무리한다.
⑤ 벽돌벽이 블록벽과 서로 직각으로 만날 때에는 연결철물을 만들어 블록 3단마다 보강하여 쌓는다.

50 다음 중 보강블록조의 내력벽 구조에 관한 기술로 옳지 않은 것은?

① 세로철근은 기초보, 슬래브 또는 테두리보에 정착시키고 콘크리트를 채운다.
② 개구부가 테두리보 바로 아래에 있을 때에는 철근콘크리트 인방보를 설치하지 않을 수 있다.
③ 가로철근의 이음은 엇갈리게 하고 이음의 겹침길이는 25d 이상으로 한다.
④ 철근은 단면적이 같으면 굵은 철근보다 가는 철근을 사용하는 것이 부착력이 좋다.
⑤ 그라우트 및 모르타르의 세로 피복두께는 50㎜ 이상으로 한다.

51 다음 중 건축공사에 대한 설명으로 옳지 않은 것은?

① 석고보드 바탕에 돌로마이트 플라스터 마감을 하는 경우 초벌바름용으로 석고 플라스터를 사용한다.
② 리그노이드의 주원료가 되는 마그네시아시멘트는 염화마그네슘 용액으로 반죽한다.
③ 지붕 금속판 잇기공사에서 온도에 따른 신축·팽창에 대비하기 위하여 조이너를 사용한다.
④ 창호공사에서 문짝이 서로 접하는 부분에 틈막이를 하는 것을 풍소란이라 한다.
⑤ 아스팔트 지붕 방수공사에서 절연공법은 방수층을 바탕에 대부분 접착시키지 않는 공법이다.

52 지하실 방수에 대한 설명으로 옳지 않은 것은?

① 수압이 큰 깊은 지하실에는 안방수법보다 바깥방수법이 유리하다.
② 안방수법으로는 시트방수나 아스팔트 방수보다 액체방수를 많이 활용한다.
③ 바깥방수에는 보통시트방수법, 아스팔트방수법, 벤토나이트 방수법이 많이 사용된다.
④ 바깥방수공사는 보호누름벽을 설치하여야 하므로 안방수법보다 실의 유효면적이 감소한다.
⑤ 안방수공사는 수압에 취약하므로 깊은 지하실보다는 얕은 지하실 방수공사에 적합하다.

53 다음 중 방수공사에 관한 기술로 옳지 않은 것은?

① 도막방수는 방수를 하여야 할 바탕면에 합성수지 용액 등의 방수재료를 여러 번 칠하여 방수막을 형성하는 방수법이다.
② 시트방수는 방수지를 적층하여 방수효과를 기대하는 것으로 곡면이 많은 지붕에는 시공이 곤란하다.
③ 드라이에리어는 채광, 통풍을 목적으로 지하실 외부에 흙막이를 설치하고 그 사이를 공간으로 한 것으로 간접방수 효과도 있다.
④ 시멘트액체 방수는 외기에 대한 영향이 크고 모체가 나쁘면 시공이 곤란한 방수법으로 보호누름은 안해도 무방하다.
⑤ 멤부레인 방수는 콘크리트 균열이나 시공결함 등에 의한 누수나 습기를 방지하기 위하여 불투수성 피막을 형성하는 방수공법이다.

54 다음 중 유리공사에 관한 기술로 옳지 않은 것은?

① 결로방지를 고려한다면 단열성이 우수한 단열간봉(warm-edge spacer)을 채택한다.
② 부정형실링재 끼움법은 유리를 셋팅블럭으로 고인 후 고정철물을 설치하고 퍼티나 탄성실란트로 고정하는 것이다.
③ 그레이징가스켓은 새시 하단부의 유리 끼움용 부자재로 유리하중을 지지하는 고임재이다.
④ 계획, 시방 및 도면의 요구에 대해 프레임 시공자의 작업을 검토하고 프레임의 수직, 수평, 직각, 규격, 코너접합 등의 허용오차를 검사한다.
⑤ 접착제의 충전시 줄눈의 치수와 공작도면이 일치되는가를 확인하고 적당한 규격인가 검토한다.

55 건축공사에 사용하는 타일에 대한 내용으로 옳지 않은 것은?

① 건물의 실내에 타일 시공시에는 바닥타일을 먼저 시공한 후에 벽체타일을 시공한다.
② 치장줄눈의 너비가 5㎜ 이상일 때는 고무흙손으로 충분히 눌러 빈틈이 생기지 않게 한다.
③ 여름에 외장타일을 붙일 경우에는 하루 전에 바탕면에 물을 충분히 적셔둔다.
④ 모르타르는 건비빔한 후 3시간 이내에 사용하고, 물을 부어 반죽한 후에는 1시간 이내에 사용한다.
⑤ 창문선, 문선 등 개구부 둘레와 설비기구류와의 마무리 줄눈 너비는 10㎜ 정도로 한다.

56 다음 중 도장공사에 대한 설명으로 옳지 않은 것은?

① 문지름칠(Pad painting)은 헝겊에 솜을 싸서 도료를 묻혀서 바르는 것이다.
② 논먹임이란 칠공사시 나무결을 평활하게 만들기 위하여 토분, 퍼티 등을 발라 채우는 것이다.
③ 마스킹테이프는 도장공사 중 오염방지 및 줄눈선을 깨끗이 마무리하기 위한 보호테이프이다.
④ 색올림이란 투명칠을 할 때 바탕면에 빛깔을 올리는 것이다.
⑤ 철재면에는 방청도료로 주로 징크로메이트를 사용한다.

57 다음 중 미장공사시 유의사항으로 옳지 않은 것은?

① 셀프레벨링제 공사에서 통풍과 기류를 공급해 건조시간을 단축하여 표면 평활도를 높인다.
② 석고보드바탕에 돌로마이트플라스터 마감을 할 때는 초벌바름에 석고플라스터를 사용한다.
③ 미장 면적이 넓을때는 부착력을 높이기 위하여 바탕용 철물로 메탈라스(metal lath)를 사용한다.
④ 바닥강화재 바름공사는 콘크리트 바닥의 내마모성, 내화학성, 분진방지 등의 기능향상을 목적으로 한다.
⑤ 바탕처리 시 살붙임 바름은 균열을 방지하기 위하여 여러번에 나누어 바른다.

58 다음 중 수장공사에 관한 기술로 옳지 않은 것은?

① 구성반자는 응접실, 거실 등의 천장을 층단으로 구성하여 장식 및 음향효과와 간접전기조명장치를 한 반자이다.
② 목재 마루널을 제혀쪽매로 하는 가장 중요한 이유는 진동에도 못이 솟아오르지 않아 미려하기 때문이다.
③ 코펜하겐리브는 고음에 대한 음향효과를 노린 리브로 요철부분이나 곡면 처리도 가능한 장점이 있다.
④ 징두리판벽은 내벽의 바닥면에서 1.5m 이하의 판벽으로 벽면을 보호하고 의장적인 효과를 준다.
⑤ 고막이는 오염되기 쉬운 내벽에 판벽을 한 것으로 충격으로부터 벽면을 보호하고 오염을 방지하기 위하여 사용한다.

59 **다음 건축공사에 사용되는 재료의 특징으로 옳지 않은 것은?**

① 페놀수지는 열경화성수지로 전기 절연성이 떨어지나 내수성이 좋아 목재 접착재로 사용한다.
② 멜라민수지도료는 단독으로는 도료로 부적당하여 알키드로 변형하여 사용한다.
③ 폴리우레탄은 공기중의 수분과 화학반응하는 경우 저온과 저습에서 경화가 늦어지므로 5℃ 이하에서는 촉진제를 사용한다.
④ 아크릴계 수지는 열가소성수지로 도막은 무색, 투명하고 내약품성이 크다.
⑤ 합성수지 에멀젼 페인트는 콘크리트면이나 모르타르 마감면의 도장에 사용할 수 있다.

60 **벽길이 10m, 벽높이 3m의 내력벽 두께 1.0B 쌓기에 소요되는 표준형 시멘트벽돌의 소요량으로 적합한 것은?**(단, 줄눈너비는 10㎜로 한다)

① 4,470장 ② 4,694장 ③ 6,720장
④ 6,922장 ⑤ 7,056장

61 **다음 중 건축설비의 기본이론에 대한 설명으로 옳은 것은?**

① 공기를 가열하면 상대습도는 높아지나 절대습도는 변하지 않는다.
② 현열이란 온도는 변하지 않고 상태만 변하면서 출입하는 열로 증기난방에 이용된다.
③ 열은 고온 물체에서 저온 물체로 자연적으로 이동한다.
④ 재료에 습기가 차거나 함수량이 커지면 열전도율이 작아져 단열에 유리하다.
⑤ 건구온도가 일정할 경우 상대습도가 높을수록 노점온도는 낮아진다.

62 **연면적이 3,000㎡인 어느 사무소 건물에서 필요한 급수량은?**(단, 유효면적비 60%, 유효면적당 거주인원 0.2인/㎡, 1인 1일당 급수량 200리터로 한다)

① 10㎥/d ② 24㎥/d ③ 36㎥/d
④ 72㎥/d ⑤ 90㎥/d

63 **다음 중 급수배관에서의 수격작용 발생 원인으로 옳은 것은?**

① 배관 관경이 크고 길이가 길 때
② 배관 관경이 작고 길이가 짧을 때
③ 배관 관경이 크고 배관 길이가 짧을 때
④ 배관 도중에 밸브, 엘보 등이 설치되어 배관내 유체의 압력손실이 클 때
⑤ 정수두가 큰 상태에서 관내의 물 흐름을 급격히 변화시킬 때

64 **배수트랩의 봉수파괴 원인 중 자기사이펀 작용에 대한 설명으로 옳지 않은 것은?**

① 통기관을 설치하거나 만류, 연속류를 비만류 또는 비연속류화하면 효과적으로 방지할 수 있다.
② 상층의 기구로부터 배수가 배수수직관내를 급속히 흘러 하층기구의 유출관 부분을 통과할 때 수평주관내부의 공기를 감압시켜 봉수가 파괴되는 현상이다.
③ 기구에 각 단면적비가 큰 트랩을 설치하면 자기사이펀작용에 의한 봉수파괴 방지에 효과적이다.
④ 기구배수관에 각개통기관을 접속하여 공기를 유입시키면 봉수가 파괴되는 것을 방지 할 수 있다.
⑤ P트랩보다는 주로 S트랩에서 발생하는 것으로 봉수파괴의 주원인이 될 수 있다.

65 하수도법에 따른 개인하수처리시설의 관리기준에 대한 내용으로 옳지 않은 것은?

① 1일 처리용량이 200세제곱미터 이상인 오수처리시설과 1일 처리대상 인원이 2천 명 이상인 정화조는 연 1회 이상 방류수의 수질을 자가측정하거나 측정대행업자에게 측정하게 하고 결과를 3년이상 보관하여야 한다.
② 정화조는 연 1회 이상 내부청소를 하여야 한다.
③ 1일 처리대상 인원이 500명 이상인 정화조에서 배출되는 방류수는 염소 등으로 소독하여야 한다.
④ 개인하수처리시설의 소유자나 관리자는 정화조의 경우에 수세식변기에서 나오는 오수가 아닌 그 밖의 오수를 유입시키는 행위를 하여서는 안된다.
⑤ 오수처리시설은 그 기능이 정상적으로 유지될 수 있도록 침전 찌꺼기와 부유 물질 제거 등 내부청소를 하여야 한다.

66 다음 중 배관된 관의 교체 및 수리에 적합한 이음은?

① 나사이음 ② 플레어이음 ③ 소켓이음
④ 유니온이음 ⑤ 용접이음

67 다음 중 소방설비에 관한 설명으로 옳지 않은 것은?

① 스프링클러설비의 신축배관이란 가지배관에 급수하는 배관을 말한다.
② 연성계란 대기압 이상의 압력과 대기압 이하의 압력을 측정할 수 있는 계측기로 펌프의 흡입측에 설치한다.
③ 계단·경사로·복도·엘리베이터 승강로 또는 이와 유사한 장소 및 특정소방대상물의 취침·숙박·입원 등 이와 유사한 용도로 사용되는 거실에는 연기감지기를 설치해야 한다.
④ 대형소화기란 A급 10단위 이상, B급 20단위 이상인 소화기로 소방대상물 각 부분에서 보행거리 30m 이내가 되도록 설치한다.
⑤ 비상콘센트 설비는 소방관이 화재시 인명을 구조하기 위하여 사용하는 소화활동설비이다.

68 소화설비에 관한 설명으로 옳지 않은 것은?

① 포말소화설비는 질식작용을 이용한 소화설비이다.
② 이산화탄소 소화설비는 도서관, 방재실, 전산실, 마그네슘 창고 등에 적합한 소화설비이다.
③ 할론 소화설비는 질식 및 냉각작용에 의한 소화방식으로 수술실이나 교환실 등에 적합한 소화설비이다.
④ 분말소화설비는 소화시 열흡수에 의한 이산화탄소와 물이 방출되어 질식작용외에도 냉각작용의 효과가 있다.
⑤ 물분무소화설비는 물을 미세하게 분무시켜 질식작용과 냉각작용으로 소화한다.

69 다음 중 가스설비에 대한 설명으로 옳지 않은 것은?

① 저압공급은 0.1MPa 미만 압력으로 공급하는 것으로 가스의 수요량이 적은 경우에 적합하다.
② 가스계량기와 화기(그 시설안에서 사용하는 자체화기는 제외)사이에 유지하여야 할 거리는 2m 이상으로 하여야 한다.
③ 가스계량기는 전기접속기 또는 전기점멸기와는 60㎝ 이상 거리를 유지하여야 한다.
④ 초고층 건축물의 상층으로 가스를 공급할때는 공기보다 무거운 가스는 압력이 상승하는 것을 고려해야 한다.
⑤ 가스배관의 기밀시험은 최고 사용압력의 1.1배 이상의 압력을 사용한다.

70 **다음 중 급탕설비에 관한 내용으로 옳지 않은 것은?**

① 중앙식 급탕법은 직접가열식과 간접가열식이 있다.
② 급탕량은 사용 인원이나 기구수에 의해 구할 수 있다.
③ 급탕배관은 온도가 높을수록 부식이 심하다.
④ 개별식 급탕설비의 가열장치는 고압형과 저압형이 있다.
⑤ 급탕 배관방식에 따라 단관식과 복관식이 있다.

71 **재실인원 100인이 있는 어느 강의실에서 급기온도를 15℃, 실내온도를 25℃로 설정하고자 할 때 필요한 환기량은?**(단, 재실자발열량 100W/인, 공기비중량 1.2kg/㎥, 공기의 정압비열은 1.01kJ/kg·K로 한다)

① 1,485㎥/h ② 2,970㎥/h ③ 3,600㎥/h
④ 4,450㎥/h ⑤ 5,600㎥/h

72 **냉동기의 순환원리 중 흡수식 냉동기의 냉동사이클(cycle)로 옳은 것은?**

① 증발기 - 응축기 - 재생기 - 흡수기
② 응축기 - 증발기 - 발생기 - 흡수기
③ 흡수기 - 재생기 - 응축기 - 증발기
④ 압축기 - 응축기 - 팽창밸브 - 증발기
⑤ 증발기 - 응축기 - 압축기 - 팽창밸브

73 **다음 중 건축물에서 에너지를 절약하기 위한 방법으로 옳은 것은?**

① 건축물의 연면적에 대한 외피 면적을 최대한 크게 한다.
② 건축물의 외피 단열부위의 접합부나 틈 등은 실링재로 밀폐하여 기밀하게 처리한다.
③ 거실층고와 반자높이는 사용에 지장을 주지 않는 범위 내에서 최대한 높게 설치한다.
④ 송풍기나 펌프의 전동기는 가능하면 정속제어 방식을 채택한다.
⑤ 건축물에 단열재를 시공할 때는 이음부는 최대한 밀착하고 2장을 평행하게 시공한다.

74 **난방설비에 관한 설명으로 옳지 않은 것은?**

① 3방밸브는 온수난방에서 각 난방기기의 유량을 동일하게 순환시키기 위하여 사용하는 기기이다.
② 상당방열면적(EDR)이란 방열기의 방열량을 표준상태로 환산한 방열기 면적 값이다.
③ 지역난방은 열효율면에서는 유리하나 배관으로부터의 열손실이 많고 열이용도가 낮다.
④ 진공환수식 증기난방은 응축수 순환이 가장 빠른 방식으로 방열기 설치위치에 제한을 받지 않는다.
⑤ 고온수식 난방에는 밀폐형팽창탱크를 사용하고 저온수식 난방에는 개방형 팽창탱크를 사용한다.

75 **풍량 600㎥/min, 전압 350Pa, 500rpm으로 운전되는 송풍기의 동력이 3.5kW의 성능을 나타내고 있을 때 회전수를 1,000rpm으로 상승시킬 경우 소요동력으로 옳은 것은?**

① 3.5kW ② 7kW ③ 14kW
④ 21kW ⑤ 28kW

76 **다음 중 분기회로에 대한 설명으로 옳지 않은 것은?**

① 같은 방향의 아웃렛은 동일회로로 하고 각 분기회로는 부하의 균형을 이루도록 한다.
② 분기회로의 부하는 분기개폐기 용량의 80% 정도 이내가 되게 한다.
③ 분기회로란 배전반에서 분전반까지의 배선으로 전등 및 콘센트의 분기회로는 20A로 한다.
④ 과부하 보호기가 설치되어 있는 2대 이상의 전동기는 1개의 분기회로 설치가 가능하다.
⑤ 분기회로 자동차단시 정격전류가 15A 이하일 때는 전동기 2대 이상의 접속이 가능하다.

77 건축물의 설비기준 중 피뢰설비에 관한 내용으로 옳지 않은 것은?

① 돌침은 건축물의 맨 윗부분으로부터 25㎝ 이상 돌출시켜 설치하되 풍하중에 견딜 수 있는 구조이어야 한다.
② 피뢰설비의 인하도선을 대신하여 철골조의 철골구조물과 철근콘크리트조의 철근구조체 등을 사용하는 경우에는 전기적 연속성이 보장되어야 한다.
③ 지표레벨에서 최상단부의 높이가 150m를 초과하는 건축물은 120m 지점부터 최상단부분까지의 측면에 수뢰부를 설치하여야 한다.
④ 피뢰설비 재료의 최소 단면적은 피복이 없는 동선을 기준으로 수뢰부, 인하도선은 30㎟ 이상, 접지극은 40㎟ 이상의 성능을 갖추어야 한다.
⑤ 지표레벨에서 최상단부의 높이가 60m를 초과하는 건축물은 지면에서 건축물높이의 4/5지점부터 최상단부분까지의 측면에 수뢰부를 설치하여야 한다.

78 다음 중 예비전원설비에 관한 설명으로 옳지 않은 것은?

① 축전지는 정격용량의 80% 이하로 용량이 감소하면 수명이 다한 것으로 본다.
② 예비전원 설비의 발전기는 기계적 에너지를 전기적 에너지로 바꾸는 장치이다.
③ 디젤발전기는 주로 20KVA 이상의 대용량에 사용된다.
④ 축전지설비는 정전 후 충전하지 않고 30분 이상 방전 가능해야 한다.
⑤ 자가발전설비 용량은 경제성을 고려하여 수전설비 용량의 10% 이하가 되도록 한다.

79 다음 중 엘리베이터에 대한 설명으로 옳지 않은 것은?

① 제한스위치(limit switch)는 카가 규정속도 이상으로 과속하였을 경우 이를 검출하여 카를 강제적으로 감속·정지시키는 전기적 안전장치이다.
② 기어리스 구동기는 전동기의 회전력을 감속하지 않고 직접 권상도르래로 전달하는 구조이다.
③ 완충기(buffer)는 승강기가 사고로 인하여 하강할 경우 승강로 바닥과의 충격을 완화시키기 위한 기계적 안전장치이다.
④ 승강로, 기계실·기계류 공간, 풀리실의 출입문에 인접한 접근 통로는 50lx 이상의 조도를 갖는 영구적으로 설치된 전기 조명에 의해 비춰야 한다.
⑤ 승강기 카 내부에는 정전 시에도 5럭스(lux) 이상의 조도로 1시간 이상 유지해야 한다.

80 다음 중 홈네트워크설비 설치기준에 관한 사항으로 옳지 않은 것은?

① 세대단말기는 세대 및 공용부의 다양한 설비의 기능 및 성능을 제어하고 확인할 수 있는 기기로 사용자인터페이스를 제공하는 장치이다.
② 단지서버는 집중구내통신실 또는 방재실에 설치할 수 있다.
③ 단지네트워크장비는 세대내 홈게이트웨이와 단지서버간의 통신 및 보안을 수행하는 장비로 백본(back-bone), 방화벽(Fire Wall), 워크그룹스위치 등 단지망을 구성하는 장비이다.
④ 무인택배시스템은 물품배송자와 입주자간 직접 대면 없이 택배화물, 등기우편물 등 배달물품을 주고받을 수 있는 시스템이다.
⑤ 통신배관실은 100㎜ 이상의 문턱을 설치하여야 한다.

– 다음면에 계속 –

01 **신의칙에 관한 설명으로 옳은 것은?** (다툼이 있으면 판례에 의함)

① 신의칙상 보호의무는 불법행위에서만 문제될 뿐, 계약관계에서는 문제되지 않는다.
② 소멸시효는 시간의 경과라는 객관적 사실만을 요건으로 하므로, 그 완성의 효과를 주장하는 것은 신의칙에 반할 여지가 없다.
③ 사정변경의 원칙에서 말하는 '사정'에는 계약의 기초가 되었던 객관적 사정 외에 계약당사자의 주관적 사정도 포함된다.
④ 상계권 행사가 권리남용이 되기 위해서 '상계권자에게 아무런 이익이 없음에도 오직 상대방에게 고통을 주고 손해를 입히려는 주관적 요건'이 반드시 필요한 것은 아니다.
⑤ 토지이용권이 없는 건물에 대한 토지소유자의 철거청구가 권리남용에 해당하여 허용되지 않는다면, 임료 상당의 부당이득반환청구권도 인정될 여지가 없다.

02 **甲에게는 처 丙이 있었고, 丙이 丁을 포태하고 있던 상태에서 甲은 戊의 불법행위로 인하여 사망하였다. 이 경우에 관한 설명으로 옳은 것은?** (다툼이 있으면 판례에 의함)

① 丁은 태아인 동안에도 자신의 정신적 고통에 대한 위자료를 청구할 수 있다.
② 丁은 사산에 관계없이 손해배상청구권을 대리인을 통해 행사할 수 있다.
③ 丁은 살아서 출생하더라도 甲의 재산을 상속하지 못한다.
④ 살아서 출생한 丁은 戊에게 불법행위에 의한 손해배상을 청구할 수 있다.
⑤ 태아인 丁은 정신적 고통을 느낄 수 없으므로 살아서 출생하더라도 위자료를 청구할 수 없다.

03 **권리를 작용 또는 효력에 의해 분류할 때 연결이 옳은 것은?** (다툼이 있으면 판례에 의함)

① 상계권 : 청구권
② 지상권자의 지상물매수청구권 : 청구권
③ 물권적 청구권 : 형성권
④ 보증인의 최고·검색의 항변권 : 형성권
⑤ 계약해제권 : 형성권

04 **미성년자의 법정대리인에 관한 설명으로 옳지 않은 것은?** (다툼이 있으면 판례에 의함)

① 영업허락의 취소나 제한은 선의의 제3자에게 대항할 수 있다.
② 미성년자의 법률행위에 대한 법정대리인의 동의는 묵시적으로도 할 수 있다.
③ 법정대리인은 자신의 동의 없이 한 미성년자의 법률행위를 원칙적으로 취소할 수 있다.
④ 법정대리인이 범위를 정하여 처분을 허락한 재산은 미성년자가 임의로 처분할 수 있다.
⑤ 법정대리인은 특별한 사정이 없는 한 미성년자를 대리하여 재산상의 법률행위를 할 수 있다.

05 **부재자의 재산관리인에 관한 설명으로서 가장 옳은 것은?** (다툼이 있으면 판례에 의함)

① 부재자의 재산관리인은 부재자가 선임한 자와 법원이 선임한 자가 있으나 그 법적 지위는 동일하다.
② 법원이 선임한 재산관리인은 그 지위가 보장되므로 원칙적으로 처분행위를 할 수 있다.
③ 권한범위를 특정하지 않은 부재자가 선임한 재산관리인은 부재자의 토지를 위법하게 점유한 제3자에 대하여 그 인도청구를 자유로이 할 수 있다.
④ 법원이 선임한 재산관리인은 부재자 재산의 관리를 위하여 반드시 상당한 담보를 제공하여야 한다.
⑤ 재산관리인의 권한초과행위에 대한 법원의 허가결정에 의하여 재산관리인은 그 허가받은 재산에 대한 장래의 처분행위를 할 수 있으나 이미 행하여진 처분행위를 추인하는 방법으로 허가결정이 내려질 수는 없다.

06 **민법상 법인의 불법행위능력에 관한 설명으로 옳지 않은 것은?** (다툼이 있으면 판례에 의함)

① 법인의 불법행위책임이 성립하여 법인이 피해자에게 손해를 배상한 경우 법인은 불법행위를 한 대표기관 개인에게 구상권을 행사할 수 있다.
② 법인의 대표자가 직무에 관하여 불법행위를 한 경우 사용자책임에 관한 민법규정이 적용되지 않는다.
③ 대표기관의 불법행위가 외형상으로만 직무관련성을 보이는 경우 실제 직무관련성에 대한 피해자의 과실이 있다면 법인은 책임을 면한다.
④ 법인의 불법행위책임과 대표기관 개인의 책임은 과실상계와 관련하여 그 범위가 달라질 수 있다.
⑤ 법인의 사원이 법인 대표자의 직무집행과 관련하여 대표자와 공동으로 불법행위를 한 경우 피해자에 대한 법인, 법인 대표자 및 그 사원의 손해배상책임은 모두 부진정연대관계에 있다.

07 **甲과 큰 아들 乙은 계곡에서 물놀이하던 중 게릴라성 폭우로 갑자기 불어난 급류에 휩쓸려 익사하였다. 이튿날 甲과 乙의 사체는 모두 발견되었으나 누가 먼저 사망하였는지 알 수 없다. 甲의 유족으로는 피성년후견인인 부인 丙과 작은 아들 丁이 있다. 이에 관한 설명으로 옳은 것은?**

① 甲과 乙은 동시에 사망한 것으로 본다.
② 甲과 乙은 인정사망제도에 의하여 가족관계등록부에 사망으로 기재된다.
③ 甲과 乙은 서로 상속하지 않는다.
④ 가족관계등록부에 사망으로 기재되지 않는 한, 甲과 乙의 권리능력은 상실되지 않는다.
⑤ 丙은 제한능력자이므로 丁이 일단 甲과 乙의 재산을 단독으로 상속한다.

08 **민법상 법인의 대표기관에 관한 설명으로 옳은 것은?** (다툼이 있으면 판례에 의함)

① 법인은 대표기관으로 이사를 두어야 하며, 이사가 수인이면 특별한 사정이 없는 한 법인의 사무에 관하여 공동으로 법인을 대표한다.
② 법인의 정관에 규정된 대표권제한을 등기하지 않았다면 그 대표권제한은 악의의 제3자에 대하여도 대항할 수 없다.
③ 이사가 없거나 결원이 있는 경우에 이로 인하여 손해가 생길 염려가 있는 때에는 법원은 이해관계인이나 검사의 청구에 의하여 특별대리인을 선임하여야 한다.
④ 법인과 이사의 이익이 상반하는 사항에 관하여 이사는 대표권이 없으므로, 법원은 이해관계인이나 검사의 청구에 의하여 직무대행자를 선임하여야 한다.
⑤ 직무대행자가 가처분명령에 다른 정함이 있는 경우와 법원의 허가를 얻은 경우를 제외하고, 법인의 통상사무에 속하지 아니한 행위를 하면 법인은 제3자에 대하여 책임을 진다.

09 **권리의 객체에 관한 설명 중 틀린 것은?**

① 권리의 객체는 물건뿐만 아니라 채권이 될 수도 있다.
② 상해행위로 치아가 빠진 경우 그 치아는 물건에 해당한다.
③ 해·달·별 등은 민법상의 물건이 아니다.
④ 등기된 입목은 소유권의 목적이 될 수 있으나 근저당권의 목적물로 할 수 없다.
⑤ 농작물은 정당한 권원에 대해서는 물론 정당하지 않은 권원에 대해서도 독립한 부동산으로 본다.

10 **부동산에 관한 다음 설명 중 맞는 것은?**

① 농작물은 토지의 정착물임에도 불구하고 토지에 부합되지 않고 경작자의 소유에 속한다. 다만 경작자는 적법한 권한을 가진 자이어야 한다.
② 1동의 건물이라도 구조상 구분된 수개의 부분이 독립한 건물로서 사용될 수 있을 때에는 항상 그 각 부분을 소유권의 목적으로 하여야 한다.
③ 「입목에 관한 법률」상 입목은 이를 부동산으로 보아 모든 부동산 물권이 성립할 수 있다.
④ 분필절차를 밟지 않더라도 1필의 토지의 일부 위에 저당권을 설정할 수 있다.
⑤ 낡은 가재도구 등의 보관장소로 사용되고 있는 방과 연탄창고 및 공동변소가 본채에서 떨어져 축조되어 있더라도 종물이 될 수 있다.

11 **불공정한 법률행위에 관한 설명으로 옳지 않은 것은?**

① 불공정한 법률행위가 성립하기 위한 요건인 궁박·경솔·무경험은 모두 구비되어야 하는 요건이 아니라 그 중 일부만 갖추어져도 충분하다.
② 급부와 반대급부 사이에 현저한 불균형이 존재하면 궁박·경솔·무경험은 추정된다.
③ 불공정 법률행위에 해당하는지는 법률행위가 이루어진 시점을 기준으로 약속된 급부와 반대급부 사이의 객관적 가치를 비교 평가하여 판단하여야 할 문제이고, 당초의 약정대로 계약이 이행되지 아니할 경우에 발생할 수 있는 문제는 달리 특별한 사정이 없는 한 채무의 불이행에 따른 효과로서 다루어지는 것이 원칙이다.
④ 대리인에 의하여 법률행위가 이루어진 경우 그 법률행위가 민법 제104조의 불공정한 법률행위에 해당하는지 여부를 판단함에 있어서 경솔과 무경험은 대리인을 기준으로 하여 판단하고, 궁박은 본인을 기준으로 판단하여야 한다.
⑤ 불공정한 법률행위로서 무효인 경우에는 추인에 의하여 그 법률행위가 유효로 될 수 없다.

12 **법률행위의 목적에 관한 설명으로 옳은 것은?** (다툼이 있으면 판례에 의함)

① 법률행위의 목적이 법률행위 당시에 구체적으로 확정되어야 그 법률행위는 유효하다.
② 법률행위의 일부가 무효인 경우에는 원칙적으로 그 일부만 무효이다.
③ 도박채무가 선량한 풍속에 반하여 무효라면 도박채무에 대하여 양도담보 명목으로 이전해 준 소유권이전등기의 말소를 청구할 수 있다.
④ 부동산 이중매매가 반사회질서 법률행위에 해당하여 무효가 되더라도 제2매수인으로부터 다시 취득한 선의의 제3자에게 대해서는 이중매매의 무효를 주장할 수 없다.
⑤ 법률행위의 성립 당시 그 목적이 물리적으로 가능하더라도 사회통념상 실현할 수 없으면 그 법률행위는 무효이다.

13 **법률행위의 해석에 관한 설명 중 타당하지 않은 것은?**

① 당사자가 표시행위에 부여한 객관적 의미보다는 당사자가 진실로 원하는 의사를 합리적으로 해석하여야 한다.
② 당사자가 거래관행과 다른 내용의 의사표시를 한 경우에는 그 표시한 바가 기준이 된다.
③ 통설은 법률행위의 해석은 법률문제로서 원칙적으로 상고심의 심판대상이 된다고 한다.
④ 판례는 계약서에 부동문자로 기재된 이른바 예문은 법률행위의 내용이 되지 않는 경우가 있다고 한다.
⑤ 당사자가 사용한 문자 등에 얽매일 것이 아니라 당사자의 의도를 밝히는 데 초점을 맞추어야 한다.

14 **착오에 의한 의사표시에 관한 다음 설명 중 틀린 것은?**

① 재건축조합이 재건축아파트 설계용역계약을 체결함에 있어서 상대방의 건축사 자격유무에 관한 착오는 법률행위의 중요부분에 관한 착오이다.
② 회사 소속 차량에 사람이 치어 부상하였으나 사실은 회사차량 운전수에게는 아무런 과실이 없음에도 불구하고 회사 사고담당직원이 회사 운전수에게 잘못이 있는 것으로 착각하고 회사를 대리하여 병원경영자와 간에 환자의 입원치료비의 지급을 연대보증하기로 계약한 경우는 착오를 이유로 계약을 취소할 수 없다.
③ 제3자에 대한 효력에 있어서 착오에 의한 의사표시의 취소와 통정허위표시로 인한 무효의 법적 효과는 다르다.
④ 부동산의 매매계약에 있어 쌍방당사자가 모두 특정의 甲토지를 계약의 목적물로 삼았으나 그 목적물의 지번 등에 관하여 착오를 일으켜 계약서상 그 목적물을 乙토지로 표시하였더라도 착오를 이유로 취소할 수 없다.
⑤ 착오에 의한 의사표시의 취소는 선의의 제3자에게 대항할 수 없다.

15 **수권행위 및 기초적 내부관계에 관한 다음 설명 중 틀린 것은?**

① 법정대리인과 관련하여 수권행위는 별다른 의미를 가지지 못한다.
② 위임행위가 있었다면 당연히 수권행위가 있었음이 인정된다.
③ 수권행위의 독자성이 인정된다고 하더라도 수권행위와 기본적 법률행위가 동시에 행해질 수 없는 것은 아니다.
④ 수권행위는 요식행위라고 할 수 없으므로 당연히 위임장이 존재해야 하는 것은 아니다.
⑤ 수권행위의 법적 성질에 대하여 단독행위로 이해하는 것이 상대방 보호에 유리하다.

16 **다음은 착오와 사기 강박에 의한 의사표시에 관한 규정이다. ( )에 알맞은 말로 짝지어진 것은?**

> • 의사표시는 법률행위의 내용의 (㉠)에 착오가 있는 때에는 (㉡)할 수 있다. 그러나 그 착오가 표의자의 (㉢)로 인한 때에는 (㉡)하지 못한다.
> • (㉣) 의사표시에 관하여 제3자가 사기나 강박을 행한 경우에는 (㉤)이 그 사실을 알았거나 알 수 있었을 경우에 한하여 그 의사표시의(를) (㉡)할 수 있다.

	㉠	㉡	㉢	㉣	㉤
①	중요부분	취소	과실	상대방 있는	본인
②	일부	무효를 주장	과실	모든	상대방
③	일부	무효를 주장	과실	상대방 있는	본인
④	중요부분	취소	중대한 과실	상대방 있는	상대방
⑤	일부	무효를 주장	중대한 과실	모든	본인

17 **복대리에 관한 설명으로 타당하지 않은 것은?**

① 복대리인은 대리인의 대리인이 아니라 본인의 대리인이다.
② 법정대리인은 항상 복임권을 갖지만, 임의대리인은 본인의 승낙이 있거나 부득이한 사유가 있어야 복대리인을 선임할 수 있다.
③ 법정대리인은 복대리인에 대한 선임·감독상의 과실이 있는 없는 경우라도 본인에게 책임을 지는 것이 원칙이다.
④ 임의대리인에게 복임권이 인정되는 사안이라면 임의대리인은 무과실책임을 진다.
⑤ 오피스텔분양업무에 대한 대리권을 수여한 경우 복대리인의 선임이 허용된다고 해석할 수 없다.

18 **표현대리에 관한 다음의 설명 중 타당하지 않은 것은?**

① 금융기관이 연대보증계약을 체결하면서 채무자 본인의 서명날인 또는 보증의사의 확인 등 계약체결에 관한 사무처리규정을 준수하였는지가, 표현대리에서 정당한 이유가 있는지 여부를 판단하는 요소가 된다.
② 상대방은 언제나 철회권을 가지나 본인은 협의의 무권대리의 경우에만 추인권을 가진다.
③ 민법 제129조에 의한 표현대리가 인정되는 경우 그 표현대리의 권한을 넘는 대리행위가 있을 때 민법 제126조에 의한 표현대리가 성립할 수 있다.
④ 법률행위 시에 기본대리권이 존재하지 않는 경우에는 민법 제126조에 의한 표현대리가 성립하지 않는다.
⑤ 타인에게 자기명의를 사용하여 영업을 할 것을 허락한 자는 자기를 영업주로 오인하여 거래한 제3자에 대하여 그 타인과 연대하여 변제할 책임이 있다.

19 **다음 중 판례에 의할 때 무효인 법률행위의 효력이 소급하여 유효가 되지 않는 경우는?**

① 토지거래허가구역 내의 토지거래계약 후 토지거래허가를 받은 경우
② 처가 남편의 대리인으로서 남편의 부동산에 제3자를 위한 저당권을 설정하여 주고 제3자로부터 금전을 차용하였는 바, 남편이 제3자에게 그 이행을 약속한 경우
③ 양도금지특약에 위반하여 채권양도를 받은 채권양수인이 악의나 중과실이어서 양도가 무효이나 채무자가 그 양도에 대해 사후승인을 한 경우
④ 甲이 乙의 부동산을 자신의 소유인 것처럼 하면서 甲 자신의 이름으로 丙에게 처분했는데 乙이 그 매각대금의 일부를 수령한 경우
⑤ 甲과 乙이 통정허위표시를 하여 가장매매한 후, 제3자가 관여하기 전에 甲과 乙이 소급하여 진정으로 甲의 부동산을 매입하기로 합의하는 경우

20 **법률행위의 무효에 관한 설명 중 틀린 것은?**

① 무효행위의 추인은 그 무효원인이 소멸한 후에 하여야 추인의 효력이 있다.
② 법률행위의 조건이 무효라면 그 법률행위 전체가 무효이다.
③ 법률행위의 일부가 무효인 경우 그 법률행위가 분할될 수 있다면 당연히 그 부분만 무효로 된다.
④ 甲이 3세 된 乙을 그 부모의 승낙 없이 데려다 입양의 의사로 자신의 아들로 출생신고하고 함께 살았는데, 15세가 지난 후에 乙이 그 사실을 알고 甲과 부모자녀관계를 지속하면서 함께 살고 있는 경우 무효인 입양의 소급적 추인이 된다.
⑤ 약관의 일부 조항이 신의성실의 원칙에 반하여 무효인 경우라도 약관은 나머지 부분만으로도 유효한 것이 원칙이다.

21 **조건부 법률행위에 관한 다음 설명 중 틀린 것을 모두 모은 것은?** (다툼이 있으면 판례에 의함)

> ㉠ 계약해제는 조건을 붙이지 못하는 것이 원칙이다.
> ㉡ 부첩관계의 종료를 해제조건으로 하는 증여계약은 그 조건만 무효인 것이 아니라 증여계약 자체가 무효이다.
> ㉢ 조건의 성취가 미정인 권리와 의무는 법률규정에 의하여 처분, 상속, 보존 또는 담보로 할 수 없다.
> ㉣ 甲을 죽이지 않겠다는 것을 조건으로 한 부동산 증여계약은 유효하다.

① ㉠, ㉡　② ㉡, ㉢　③ ㉢, ㉣
④ ㉠, ㉢　④ ㉡, ㉣

22 **다음 사례의 경우 甲이 丙에게 반환하여야 할 금액은 얼마나 되는가?**

> 미성년자 甲은 법정대리인 乙의 동의를 얻지 아니하고 자기 소유의 건물을 1억원에 丙에게 매각하였다. 甲은 매매대금 중 1,000만원은 채무변제를 위하여 사용하고, 4,000만원은 유흥비로, 3,000만원은 생활비로 각각 사용하였고, 나머지 2,000만원은 현금으로 가지고 있다. 그런데 법정대리인 乙이 甲과 丙 사이의 매매계약을 취소하였다.

① 2,000만원　② 3,000만원
③ 5,000만원　④ 6,000만원
⑤ 1억원

23 **기간에 관한 다음 설명 중 옳지 않은 것은?**

① 1월 30일 오전 10시부터 1개월이나 1월 31일 오전 10시부터 1개월이나 기간만료시점은 같다.
② 10월 5일 오전 10시부터 3일과 5시간이라 하면 10월 9일 오전 5시가 만료시다.
③ 주·월·년의 처음으로부터 기간을 기산하지 아니한 때에는 최후의 주·월·년에서 그 기산일에 해당한 날의 전일로 기간이 만료한다.
④ 월 또는 년으로 정한 경우에 최종의 월에 해당일이 없는 때에는 그 월의 말일로 기간이 만료한다.
⑤ 1997년 4월 20일 오전 10시에 출생한 자는 2016년 4월 20일 오후 12시에 성년이 된다.

24 **민법상 소멸시효에 대한 설명 중 틀린 것은?**

① 시효에 관한 규정은 당사자의 특약으로 적용을 배제할 수도 있다.
② 의사의 치료에 관한 채권이 판결로 확정된 경우의 소멸시효기간은 10년이다.
③ 채권과 소유권 이외의 재산권의 소멸시효기간은 20년이다.
④ 시효중단의 효력이 있는 승인에는 상대방의 권리에 관한 처분의 능력이나 권한 있음을 요하지 아니한다.
⑤ 소멸시효의 기간만료 전 6월 내에 제한능력자의 법정대리인이 없는 때에는 그가 능력자가 되거나 법정대리인이 취임한 때로부터 6월 내에는 시효가 완성하지 아니한다.

25 **다음 중 자주점유와 타주점유의 구별실익이 있는 것은?**

① 점유자의 자력구제권
② 점유보호청구권
③ 점유자의 비용상환청구권
④ 점유물의 멸실·훼손에 대한 점유자의 책임
⑤ 점유자의 과실취득권

26 **물권변동에 관한 설명으로 옳은 것은?** (다툼이 있으면 판례에 의함)

① 토지수용 재결에서 정한 수용의 개시일까지 보상금이 지급 또는 공탁된 경우 그 보상금이 지급 또는 공탁된 날에 물권변동이 일어난다.
② 건물을 신축한 자는 그 보존등기를 한 때에 건물의 소유권을 취득한다.
③ 법원에 의한 부동산 경매에 있어서는 매각허가 결정 시에 물권변동이 일어난다.
④ 甲이 신축한 건물을 乙이 양수하여 乙 앞으로 보존등기를 한 경우 乙은 보존등기를 한 때에 건물의 소유권을 취득한다.
⑤ 부동산 매매를 원인으로 하는 소유권이전등기소송에서 매수인의 승소판결이 확정된 때에 매수인은 소유권을 취득한다.

27 **경계가 인접한 소유권자 사이의 관계에 관한 설명으로 틀린 것은?**

① 인지소유자는 자기의 비용으로 담의 재료를 통상보다 양호한 것으로 할 수 있으며 그 높이를 통상보다 높게 할 수도 있다.
② 경계에 설치된 경계표, 담, 구거 등은 상린자의 공유로 추정한다.
③ 인접지의 수목가지가 경계를 넘은 때에는 그 소유자에 대하여 가지의 제거를 청구할 수 있다.
④ 인접지의 수목 뿌리가 경계를 넘은 때에는 임의로 제거할 수 있다.
⑤ 인접지 소유자가 공동비용으로 통상의 경계표나 담을 설치하는 경우 그 경계표와 담의 설치비용 및 측량비용은 토지의 면적에 비례하여 부담한다.

28 **공동소유에 관한 설명으로 틀린 것은?** (다툼이 있으면 판례에 의함)

① 공유자 1인이 공유물분할을 원하는 경우라도 공유물은 분할된다.
② 2인으로 된 조합관계에 있어 그 중 1인이 탈퇴하면 조합관계는 끝난다고 할 것이나 특별한 사정이 없는 한 조합은 해산되지 아니한다.
③ 합유재산을 합유자 1인 명의로 소유권보존등기를 한 것은 실질관계에 부합하지 않는 원인무효의 등기이다.
④ 총유재산의 보존에 관한 소송은 구성원 각자가 단독으로 할 수 있다.
⑤ 수인이 부동산을 공동으로 매수한 경우 매수인들 사이의 법률관계는 공유관계인 경우도 있을 수 있고, 매도인이 소유권 전부의 이전의무를 그 동업체에 대하여 부담하는 경우도 있을 수 있다.

29 **법정지상권에 대한 설명으로 옳지 않은 것은?** (다툼이 있으면 판례에 의함)

① 법정지상권 성립 후 건물을 증축, 개축, 멸실 후 신축하는 경우에도 법정지상권은 성립하나 그 법정지상권의 범위는 구건물을 기준으로 한다.
② 저당물의 경매로 인하여 토지와 그 지상건물이 다른 소유자에게 속하게 된 경우에 건물소유자는 법정지상권을 취득한다.
③ 법정지상권은 등기 없이도 성립하지만, 이를 처분하기 위해서는 등기하여야 한다.
④ 법정지상권도 법률의 규정에 의한 물권취득이므로 등기를 요하지 아니하나, 토지소유자에 대하여는 등기 없이 지상권을 주장할 수 없다.
⑤ 토지에 관하여 근저당권이 설정될 당시 그 지상에 토지소유자에 의한 건물의 건축이 개시되기 이전이었다면 근저당권자가 토지소유자의 건물 건축에 동의하였다고 하더라도 법정지상권이 성립되지 않는다.

30 **甲이 乙 소유의 부동산에 전세권을 취득한 후에 乙은 丙에게 부동산의 소유권을 이전하였다. 이 경우 전세금반환의 법률관계에 대한 다음 설명 중 틀린 것은?**

① 전세권관계로부터 생기는 상환청구, 소멸청구 등의 법률관계의 당사자는 甲과 丙으로 새겨야 한다.
② 전세권은 甲과 丙 사이에서 동일한 내용으로 존속하게 된다고 보아야 한다.
③ 丙은 전세권 소멸 시 甲에 대하여 전세권설정자의 지위에서 전세금반환의무를 부담한다.
④ 丙은 전세금 반환채무를 병존적으로 인수하였다고 볼 수 있어 甲은 乙과 丙 중 누구에게나 전세금의 반환을 청구할 수 있다.
⑤ 전세금채권관계만이 따로 분리되어 甲과 乙 사이에 남아 있다고 할 수는 없다.

31 **저당권의 효력에 관한 설명으로 옳지 않은 것은?** (다툼이 있으면 판례에 의함)

① 건물 저당권자는 독립된 건물로 인정되지 않는 증축부분에 대해서도 저당권을 행사할 수 있다.
② 저당권 설정 뒤에 부속된 종물에 대해서도 특별한 사정이 없는 한 저당권의 효력이 미친다.
③ 건물 저당권자는 건물의 매매대금에 대해 물상대위를 할 수 없다.
④ 저당권의 효력을 저당부동산의 종물에 미치지 않도록 한 약정은 원칙적으로 무효이다.
⑤ 채무자 소유의 여러 부동산에 공동저당권을 설정한 경우 그 경매대가를 동시에 배당하는 때에는 각 부동산의 경매대가에 비례하여 그 채권의 분담을 정한다.

32 **동일한 건물에 대하여 서로 다른 사람이 저당권과 유치권을 각각 주장하는 경우에 관한 설명으로 <u>틀린</u> 것은?** (다툼이 있으면 판례에 의함)

① 유치권자가 채무자의 승낙 없이 유치물을 사용한 경우에는 유치권이 당연히 소멸하는 것은 아니다.
② 경매개시결정의 기입등기 후 그 소유자인 채무자가 건물에 관한 공사대금채권자에게 그 건물의 점유를 이전한 경우 공사대금채권자의 유치권은 성립할 수 없다.
③ 건물에 대한 임차보증금반환청구권은 유치권의 피담보채권이 될 수 없다.
④ 경매개시결정의 기입등기 전에 유치권을 취득한 자는 저당권이 실행되더라도 그의 채권이 완제될 때까지 매수인에 대하여 목적물의 인도를 거절할 수 있다.
⑤ 유치권자에게는 우선변제권이 인정되지 않는다.

33 **채무불이행에 대한 다음의 설명 중 <u>틀린</u> 것은?** (다툼이 있으면 판례에 의함)

① 채무자의 법정대리인이 채무자를 위하여 이행하는 경우 법정대리인의 고의·과실은 채무자의 고의·과실로 본다.
② 채무자가 타인을 사용하여 채무를 이행하는 경우에 피용자의 고의나 과실은 채무자의 고의나 과실로 추정한다.
③ 공사도급계약에 있어서 당사자 사이에 특약이 있거나 일의 성질상 수급인 자신이 하지 않으면 채무의 본지에 따른 이행이 될 수 없다는 등의 특별한 사정이 없는 한 이행보조자 또는 이행대행자를 사용하더라도 공사도급계약에서 정한 대로 공사를 이행하는 한 계약을 불이행하였다고 볼 수 없다.
④ 이행보조자에게 고의·과실이 있는 경우라도 이행보조자가 채무불이행책임을 지는 것은 아니다.
⑤ 이행기에 이르렀으나 급부가 이루어지지 아니한 경우 채무불이행책임을 면하려면 채무자가 스스로 자신에게 고의·과실이 없음을 증명해야 한다.

34 **다음은 지명채권의 양도와 그 대항요건에 관한 설명이다. <u>틀린</u> 것을 모두 고른 것은?**

> ㉠ 채권양수인이 채무자에게 채권양도사실을 통지를 하면, 채권양수인은 채무자에게 대항할 수 있다.
> ㉡ 채권양도의 통지를 채권양도 전에 하는 것은 원칙적으로 허용되지 않지만 예외적으로 채무자에게 불이익이 없다면 허용될 수도 있다.
> ㉢ 채권양도에 대하여 채무자가 승낙하면 채권양수인은 채무자에게 대항할 수 있다.
> ㉣ 채무자의 채권양도에 대한 승낙은 채권양도인과 양수인 누구에게나 할 수 있다.
> ㉤ 채무자의 채권양도에 대한 승낙은 조건을 붙일 수 없다.

① ㉠, ㉢　② ㉠, ㉤　③ ㉡, ㉢
④ ㉡, ㉣　⑤ ㉢, ㉤

6회

35 **계약금에 관한 설명으로 옳지 않은 것은?** (다툼이 있으면 판례에 의함)

① 100만원의 계약금계약을 체결하였으나 50만원만 지급한 경우 계약금계약은 효력이 없다.
② 계약금이 위약벌의 성질을 가지는 경우와 달리, 특별한 약정이 없는 한 계약금이 손해배상액의 예정으로 인정되는 경우 계약금 이외의 채무불이행으로 인한 손해배상을 별도로 청구할 수 없다.
③ 계약금계약은 주계약에 부수하여 체결된 종된 계약이지만 주계약이 취소되면 계약금계약도 효력이 없다.
④ 해약금에 의한 계약해제의 경우 원상회복의무가 발생한다.
⑤ 당사자 일방이 대금 마련을 위하여 대출을 실행한 경우 이행의 착수에 이른 것으로 해약금에 의한 계약해제를 할 수 없다.

36 **다음 중 계약체결상의 과실책임이 인정될 수 있는 것은?**

① 수량을 지정한 토지매매계약에서 실제면적이 계약면적에 미달하는 경우
② 토지에 대한 매매계약체결 전에 이미 그 토지 전부가 공용수용된 경우
③ 가옥 매매계약 체결 후, 제3자의 방화로 그 가옥이 전소한 경우
④ 유명화가의 그림에 대해 임대차계약을 체결한 후, 임대인의 과실로 그 그림이 파손된 경우
⑤ 저당권이 설정된 토지를 매수하여 이전등기를 마쳤으나, 후에 저당권이 실행되어 소유권을 잃게 된 경우

37 **임대차에 관한 다음 설명 중 옳은 것은?**

① 임차인의 유익비상환청구권을 포기하는 약정은 효력이 없다.
② 임차인의 부속물매수청구권을 배제하는 약정은 원칙적으로 효력이 없다.
③ 부동산의 임차인은 언제나 임대인에 대하여 임차권의 등기를 청구할 수 있다.
④ 임차인의 지상물매수청구권은 계약갱신청구권을 전제로 하지 않는다.
⑤ 다른 사람의 물건은 임대차의 목적물이 될 수 없다.

38 **부당이득에 관한 설명으로 옳지 않은 것은?** (다툼이 있으면 판례에 의함)

① 법률상 원인 없이 타인의 재산 또는 노무로 인하여 얻은 이익을 부당이득이라 한다.
② 부당이득반환의 대상이 되는 이득은 실질적 이득을 말한다.
③ 수익자가 받은 이익이 손실자의 손실보다 큰 경우에는 손실의 범위에서 반환하면 된다.
④ 악의의 수익자는 그 받은 이익에 이자를 붙여 반환하고 손해가 있으면 이를 배상하여야 한다.
⑤ 불법원인급여임을 이유로 부당이득반환청구가 부정되더라도 물권적 청구권을 근거로 그 급부의 반환을 청구할 수 있다.

39 **다음 중 위임계약에 대한 설명으로 틀린 것은?**

① 위임계약에서 사무는 법률상 사실상의 모든 행위로서 법률행위·준법률행위·사실행위를 포함한다.
② 부동산중개업자와 중개의뢰인과의 법률관계는 민법상의 위임관계와 유사하므로 중개업자는 중개의뢰의 본지에 따라 선량한 관리자의 주의로써 의뢰받은 중개업무를 처리하여야 할 의무가 있다.
③ 위임계약이 무상인 경우에는 선량한 관리자의 주의의무가 아니라 자기 재산과 동일한 주의로 사무를 처리하면 된다.
④ 수임인은 위임인의 승낙이나 부득이한 사유 없이 제3자로 하여금 자기에 갈음하여 위임사무를 처리하게 하지 못한다.
⑤ 수임인이 적법하게 제3자에게 위임사무를 처리하게 한 경우 수임인은 제3자에 대하여 감독의무를 진다.

40 **공동불법행위에 관한 설명으로 잘못된 것은?** (다툼이 있으면 판례에 의함)

① 공동불법행위자 중 하나가 자기의 부담부분 이상을 변제하여 공동의 면책을 얻게 한 때에는 다른 공동불법행위자에 대하여 그 부담부분의 비율에 따라 구상할 수 있다.
② 초등학교 내에서 발생한 집단 괴롭힘으로 학생이 피해를 입은 경우 학교 내에서 학생을 보호·감독할 책임은 교사에게 있으므로 가해 학생의 부모는 평소 가정 내에서 보호·감독 책임을 소홀히 하였다면 공동불법행위책임을 진다.
③ 불법행위를 교사하거나 방조한 자는 공동불법행위자로 보므로, 과실에 의하여 불법행위를 방조한 자도 공동불법행위책임을 진다.
④ 공동불법행위자의 다른 공동불법행위자에 대한 구상권은 피해자의 손해배상청구권을 대위하는 성격을 가지므로 피해자가 손해 및 가해자를 안 날로부터 3년 이내 행사하지 않으면 시효로 소멸한다.
⑤ 가해자 1인이 다른 가해자에 비하여 불법행위에 가공한 정도가 경미하더라도, 손해 전부에 대하여 책임을 진다.

– 본 회차 시험 종료 –

제7회 적중 실전모의고사

01 회계원리

01 **경록은 액면금액이 ₩1,000인 주식 1주를 ₩700에 발행하였다. 이것이 재무제표에 미치는 영향으로 올바른 것을 고르면?**

① 순이익이 ₩300 증가한다.
② 순이익이 ₩300 감소한다.
③ 자산총액이 ₩300 증가한다.
④ 자산총액이 ₩700 증가한다.
⑤ 자본총액은 변하지 않는다.

02 **㈜경록상사는 12월 1일에 6개월분 임대료를 현금으로 수취하고 수익으로 회계처리한 후 결산일인 12월 31일에 이에 대한 수정분개를 행하였다. ㈜경록상사의 수정 후 시산표의 일부내용을 이용하여 1개월분 임대료를 추정하면 얼마인가?**

• 선급보험료	₩250,000
• 선수임대료	₩1,200,000
• 미수이자	₩370,000

① ₩120,000 ② ₩50,000
③ ₩370,000 ④ ₩70,000
⑤ ₩240,000

03 **㈜대한은 20×1년 초 토지를 ₩50,000에 취득하여 재평가모형을 적용하였으며 매년 말 재평가를 실시하고 있다. 동 토지의 공정가치가 다음과 같을 때 20×2년에 당기손익으로 인식할 재평가이익은?**

	20×1년 말	20×2년 말
공정가치	₩40,000	₩65,000

① ₩0 ② ₩20,000
③ ₩15,000 ④ ₩10,000
⑤ ₩ 5,000

04 **기업회계기준에서 포괄손익계산서에 구분하여 표시하도록 요구하는 "영업이익(또는 영업손실)"에 대한 설명으로 틀린 것은?**

① 수익에서 매출원가 및 판매비와 관리비를 차감한 영업이익(또는 영업손실)을 포괄손익계산서에 구분하여 표시한다.
② 비용을 성격별로 분류하는 경우 영업수익에서 영업비용을 차감한 영업이익(또는 영업손실)을 포괄손익계산서에 구분하여 표시할 수 있다.
③ 영업이익(또는 영업손실) 산출에 포함된 주요항목과 그 금액을 포괄손익계산서 본문에 표시하거나 주석으로 공시한다.

④ 영업활동과 관련하여 비용이 감소함에 따라 발생하는 퇴직급여충당부채환입, 판매보증충당부채환입 및 손실충당금환입 등은 영업이익(또는 영업손실)에 포함되지 아니한다.
⑤ 수익은 기업의 주된 영업활동에서 발생한 금액으로서 제조업 등의 경우 매출액을 의미하며, 매출액은 제품, 상품, 용역 등의 총매출액에서 매출할인, 매출환입, 매출에누리 등을 차감한 금액이다.

05 **경록백화점은 기말재고자산을 소매재고법을 이용하여 평가하고 있다. 기초상품재고액은 ₩1,720,000** (매가 ₩2,360,000), **당기매입액은 ₩22,730,000**(매가 ₩30,240,000)**이며 기말상품재고액의 매가는 ₩1,760,000이다. 경록백화점의 기말재고자산은 얼마인가?**

① ₩1,320,000 ② ₩1,390,000
③ ₩1,430,000 ④ ₩1,480,000
⑤ ₩1,520,000

06 **㈜대한은 20×1년 ㈜민국이 발행한 사채를 ₩200,000에 취득하고 거래수수료 ₩5,000과 함께 현금으로 지급한 후 FV-PL금융자산으로 분류하였다. 20×1년말 ㈜대한은 동 사채의 액면이자 ₩10,000을 현금으로 수취하였으며, 20×1년 말 사채의 공정가치는 ₩204,000이다. 이러한 거래가 ㈜대한의 당기순이익에 미치는 영향은?**

① ₩5,000 감소 ② ₩1,000 감소
③ ₩9,000 증가 ④ ₩10,000 증가
⑤ ₩14,000 증가

07 **㈜대한은 20X1년 1월 1일 자금을 ₩30,000 차입하고, 20X1년 12월 31일부터 매년 말 ₩10,000씩 상환하기로 하였다. 유효이자율은 10%이며, 정상연금의 현재가치 계수는 아래와 같다.**

연 수	1년	2년	3년
이자율 10%	0.91	1.74	2.49

20X2년 말 인식해야 할 이자비용은?

① ₩4,740 ② ₩3,000
③ ₩2,490 ④ ₩1,740
⑤ ₩910

08 **다음 중 기말 재고자산에 포함될 수 없는 것은 무엇인가?**

① 소비자에게 인도하였으나 아직 매입의사표시를 받지 못한 시송품
② 도착지 인도조건으로 판매하여 결산일 현재 수송 중인 외상매출상품
③ 위탁판매를 위하여 수탁자 창고에 보관 중인 적송품
④ 1년 이상 장기할부조건으로 판매한 할부판매상품
⑤ 선적지 인도조건으로 매입하여 결산일 현재 수송 중인 매입상품

7회

09 **다음 중 포괄손익계산서의 작성에 대한 설명으로 틀린 것은?**

① 포괄손익계산서를 기능별로 작성하는 경우에 영업손익은 영업수익에서 매출원가 및 판매비와관리비를 차감하여 산출된다.
② 포괄손익계산서를 성격별로 작성하는 경우에 영업손익은 영업수익에서 영업비용을 차감하여 산출된다.
③ 기업회계기준에서는 중단영업손익이 있는 경우 이를 계속영업손익과 구분하여 표시하도록 하고 있다.
④ 당기순손익은 계속영업손익에 중단영업손익(세금차감 전)을 가감하여 표시하여야 한다.
⑤ 기업회계기준에서는 영업손익을 포괄손익계산서에 반드시 구분하여 표시하도록 하고 있다.

10 보통주 50주(액면가액 @₩5,000)를 @₩6,200에 현금을 받고 발행하고 주권인쇄비 등 발행비용 ₩40,000은 수표발행하여 지급한 경우 회계처리로 옳은 것은?

① (차) 현 금 310,000
주식발행비 40,000
(대) 자본금 250,000
당좌예금 40,000
주식발행초과금 60,000

② (차) 현 금 310,000
주식발행비 40,000
(대) 자본금 310,000
당좌예금 40,000

③ (차) 현 금 310,000
주식발행비 40,000
(대) 자본금 250,000
현 금 40,000
주식발행초과금 60,000

④ (차) 현 금 310,000
주식할인발행차금 40,000
(대) 자본금 310,000
당좌예금 40,000

⑤ (차) 현 금 310,000
(대) 자본금 250,000
당좌예금 40,000
주식발행초과금 20,000

11 20X1년 1월 1일부터 20X1년 12월 31일까지를 회계기간으로 하는 ㈜경록의 기초매출채권은 ₩80,000, 기말매출채권은 ₩65,000이고, 매출채권회전율은 2회로 파악되었다. ㈜경록의 20X1년 매출총이익률이 35%라면 매출원가는 얼마인가?

① ₩93,750 ② ₩94,250 ③ ₩94,820
④ ₩95,270 ⑤ ₩95,440

12 ㈜경록은 업무용 차량을 ₩30,000,000에 취득하면서 취득세 등 ₩1,800,000을 함께 지급하였다. 차량 취득 시에는 액면금액 ₩1,000,000, 공정가치 ₩800,000인 채권을 액면금액 ₩1,000,000에 의무적으로 구입해야 한다면 차량의 취득원가는 얼마인가?

① ₩30,000,000 ② ₩31,800,000
③ ₩32,000,000 ④ ₩32,600,000
⑤ ₩32,800,000

13 다음 자료를 이용하여 계산한 영업활동 순현금흐름은?

• 당기순이익	₩200,000
• 유형자산처분금액	₩100,000
	(장부금액은 ₩80,000)
• 감가상각비	₩50,000
• 매출채권 증가	₩30,000
• 매입채무 증가	₩20,000
• 손실충당금 증가	₩40,000
• 건물 증가	₩50,000

① ₩200,000 ② ₩220,000 ③ ₩240,000
④ ₩250,000 ⑤ ₩260,000

14 ㈜경록은 20X1년 1월 1일에 건물건설계약(공사기간 : 20X1.1.1~20X3.12.31)을 체결하고 공사를 진행하였다. 총계약수익은 ₩800,000이며 총계약원가는 ₩400,000으로 추정되었다. 당해 건설계약에서 실제로 발생한 누적계약원가가 다음과 같을 때, 이 건설계약에 대한 설명으로 옳지 않은 것은?

• 20X1년 : ₩100,000 • 20X2년 : ₩100,000
• 20X3년 : ₩200,000

① 20X1년 말 계산된 공사진행률은 25%이다.
② 20X2년 말 계산된 공사진행률은 25%이다.
③ 20X1년 말 ㈜경록이 인식할 공사수익은 ₩200,000이다.
④ 진행률은 누적원가에 대해 계산하여야 하며, 공사변경으로 인하여 추가 발생원가가 예상된다면, 예상발생원가도 포함하여 진행률을 계산하여야 한다.
⑤ 공사수익은 공사기간에 걸쳐 인식하여야 하며, 그 기간은 계약기간이 아닌 실제 공사기간을 따른다.

15 ㈜대한은 20×1년 4월 1일 차량운반구(내용연수 5년 잔존가치 ₩5,000)를 ₩40,000에 취득하였다. 이 차량운반구에 대해 감가상각방법으로 이중체감법을 적용할 경우, 다음 중 옳지 않은 것은?

① 20×1년 감가상각비는 ₩12,000이다.
② 20×1년 말 장부금액은 ₩28,000이다.
③ 20×2년 감가상각비는 ₩11,200이다.
④ 20×2년 말 장부금액은 ₩16,800이다.
⑤ 20×2년 말에 차량운반구를 ₩30,000에 처분하는 경우 처분손실은 ₩13,200이다.

16 다음 중 전환사채와 신주인수권부사채에 대한 설명으로 맞는 것은?

① 전환사채의 전환시 주식의 발행가액은 전환사채의 장부금액과 전환권대가의 합계금액으로 하므로 전환손익은 계상되지 아니한다.
② 전환사채와 신주인수권부사채 모두 주식이 추가로 발행되므로 발행회사의 자본은 증가하고 부채는 감소된다.
③ 전환사채의 경우 실제 발행가액과 일반사채의 현재가치와의 차액인 전환권대가는 별도로 인식하지 아니한다.
④ 신주인수권부사채의 경우 실제 발행가액과 일반사채의 현재가치와의 차액인 신주인수권대가는 별도로 인식하지 아니한다.
⑤ 전환사채와 신주인수권부사채 발행시 일반사채의 현재가치에는 전환권 또는 신주인수권의 불행사시 반환되는 상환할증금을 포함하지 아니한다.

17 다음 자료에 의하여 당기 영업손익을 계산하면 얼마인가?

• 당기순매출액 ······ ₩4,300,000
• 보험료 ······ ₩20,000
• 외환차손 ······ ₩45,000
• 급여 ······ ₩140,000
• 임차료 ······ ₩80,000
• 이자비용 ······ ₩30,000
• 기부금 ······ ₩8,000
• 당기상품매출원가 ······ ₩3,800,000

① ₩252,000 ② ₩230,000
③ ₩260,000 ④ ₩280,000
⑤ ₩298,000

7회

18 **당기에 최초로 사업을 개시한 ㈜경록의 결산일 현재 상품의 장부상 수량은 2,000개이고 취득원가는 @₩600이었으나, 결산 실사결과 실제 수량은 1,800개이고 순실현가능가액은 @₩580인 것으로 조사되었다. 당기매입액은 ₩3,200,000이고, 재고감모손실은 원가성이 없는 것으로 밝혀졌다면 당기 매출원가는 얼마인가?**

① ₩2,000,000　② ₩1,880,000
③ ₩2,036,000　④ ₩2,120,000
⑤ ₩2,156,000

19 **다음 중 현금 및 현금성자산으로 보고하여야 할 항목을 모두 고르면?**

㉠ 당좌예금	㉡ 선일자수표
㉢ 타인발행수표	㉣ 부도수표
㉤ 일람출급환어음	㉥ 배당금지급통지표
㉦ 감채기금예금	㉧ 국세환급증서

① ㉠, ㉡, ㉢, ㉤, ㉥, ㉧
② ㉠, ㉢, ㉤, ㉥, ㉧
③ ㉠, ㉢, ㉣, ㉥, ㉧
④ ㉠, ㉢, ㉣, ㉤, ㉥, ㉧
⑤ ㉠, ㉢, ㉤, ㉥, ㉦

20 **20X1년 1월 1일에 액면금액이 ₩90,000인 ㈜경록의 사채**(만기 10년, 표시이자율 연 10%)**를 취득하였다. 이 사채에 적용될 유효이자율은 연 12%이고 이자수취일은 매년 12월 31일이다. 현가요소에 관한 자료가 다음과 같을 때 사채의 구입가격은 얼마인가?**

기 간	할인율	현 가	연금현가
10년	10%	0.386	6.145
10년	12%	0.322	5.650

① ₩70,960　② ₩78,700　③ ₩79,830
④ ₩85,100　⑤ ₩88,700

21 **다음 중 재무보고 개념체계에서 언급하고 있는 재무제표요소에 대한 설명 중 틀린 것은?**

① 개념체계에서는 자산, 부채, 자본, 수익, 비용을 기본요소로 들고 있다.
② 자본은 기업의 총자산에서 총부채를 차감하여 종속적으로 측정됨으로써 별도의 측정기준을 필요로 하지 않는다.
③ 재무제표요소를 인식하기 위해서는 재무제표요소의 정의에 부합하고, 미래경제적 효익의 발생가능성이 높으며 그 금액을 신뢰성 있게 측정할 수 있어야 한다.
④ 무상으로 증여받은 자산은 자산의 정의를 충족하지 않는다.
⑤ 인식은 재무제표요소의 정의에 부합하고 인식기준을 충족하는 항목을 재무상태표나 포괄손익계산서에 반영하는 과정을 말한다.

22 **㈜대한의 당기임대료 현금수취액은 ₩10,000이다. 기초 선수임대료잔액은 ₩5,000이며, 기말 선수임대료잔액은 ₩8,000일 때, 당기 포괄손익계산서상 임대료수익은?**

① ₩5,000　② ₩6,000　③ ₩7,000
④ ₩8,000　⑤ ₩9,000

23 **당사 매출은 현금매출과 외상매출뿐이다. 다음 자료에 의하여 기말 재무상태표에 표시될 매출채권 잔액을 계산하면?**

• 당기현금매출액	₩50,000
• 기초매출채권	₩50,000
• 기초상품재고	₩100,000
• 당기상품매입액	₩200,000
• 매출총이익	₩110,000
• 매출채권회수액	₩290,000
• 기말상품재고	₩90,000

① ₩30,000 ② ₩40,000 ③ ₩60,000
④ ₩70,000 ⑤ ₩80,000

24 **㈜대한은 비품A를 ㈜민국의 비품B와 교환하였으며, 교환시점의 두 자산에 관한 자료는 다음과 같다. 이러한 교환이 상업적 실질이 있는 경우와 없는 경우 ㈜대한이 인식할 비품B의 취득원가는?** (단, 비품A의 공정가치가 비품B의 공정가치보다 더 명백하다)

	㈜대한의 비품A	㈜민국의 비품B
공정가치	₩50,000	₩43,000
취득원가	70,000	65,000
감가상각누계액	30,000	30,000

	상업적 실질이 있는 경우	상업적 실질이 없는 경우
①	₩43,000	₩35,000
②	₩70,000	₩35,000
③	₩30,000	₩40,000
④	₩35,000	₩40,000
⑤	₩50,000	₩40,000

25 **다음 중 자본총액이 불변인 거래는?**

① 자기주식 50주를 소각하였다.
② 1주당 액면금액 ₩500의 자기주식 100주를 주당 ₩700에 취득하였다.
③ 자기주식 100주를 주당 ₩600에 매각하였다.
④ 1주당 액면금액 ₩500인 보통주 100주를 주당 ₩550에 발행하였다.
⑤ 당기순이익 ₩5,000을 보고하였다.

7회

26 **20×1년 현재 ㈜대한의 장부상 당좌예금 잔액은 ₩12,500이며, 은행측 잔액증명서상 잔액은 ₩13,800이다. 이 둘의 차이 원인을 확인한 결과 다음과 같은 사항을 발견하였다. ㈜한국의 20×1년 말 올바른 당좌예금은?**

• (주)대한이 입금한 ₩1,000이 예금잔액증명서에 반영되지 않았다.
• 거래처가 은행에 직접 입금한 ₩500이 회사에 통지되지 않았다.
• 거래처로부터 입금된 ₩1,000을 ㈜대한은 ₩100으로 잘못 기록하였다.
• (주)대한이 당좌수표 ₩5,600을 발행하면서 장부에 ₩6,500을 기록하였다.

① ₩13,900 ② ₩14,800 ③ ₩15,600
④ ₩15,900 ⑤ ₩16,000

27 **기초재고액과 감모수량이 없다는 가정 하에 다음 매입 매출 자료를 이용하여 실지재고조사법에 의한 후입선출법을 적용하여 기말재고액을 계산하면 얼마인가?**

• 4월 7일 : 매입 2,500개(@₩ 70)
• 5월 6일 : 매입 3,000개(@₩ 72)
• 6월 4일 : 매출 2,200개(@₩120)
• 7월 13일 : 매입 2,700개(@₩ 73)
• 10월 2일 : 매출 1,500개(@₩120)

① ₩342,200 ② ₩319,000 ③ ₩320,200
④ ₩316,000 ⑤ ₩349,300

28 다음 자료를 이용하여 기말재고액을 구하면?

- 기초 상품 재고는 ₩100,000이다.
- 당기 총 상품 총매입액은 ₩1,000,000이고, 매입에누리와 매입환출은 ₩200,000이다.
- 당기 상품 총매출액은 ₩1,500,000이고, 매출에누리와 매출환입은 ₩300,000이다.
- 당기의 매입운임은 ₩50,000이며, 당기의 판매운임도 ₩50,000이다.
- 당기 매출총이익률은 30%이다.

① ₩110,000 ② ₩105,000 ③ ₩90,000
④ ₩75,000 ⑤ ₩65,000

29 다음 내용에 가장 알맞은 회계정보의 질적 특성은 무엇인가?

- 회계정보의 보강적 질적 특성이다.
- 합리적인 판단력이 있고 독립적인 서로 다른 관찰자가 어떤 서술이 표현충실성에 비록 반드시 완전히 일치하지는 못 하더라도 의견이 일치할 수 있음을 의미

① 적시성 ② 목적적합성
③ 중립성 ④ 이해가능성
⑤ 검증가능성

30 20X1년 중 소송과 관련한 다음 자료에 의하여 결산 시 20X1년 당기손익으로 계상할 금액을 계산하면 얼마인가?

㉠ 3월에 손해배상금을 청구하는 소송을 제기하여 결산일 현재 손해배상금 ₩500,000을 받을 수 있는 가능성이 높다.
㉡ 7월에 손해배상금을 청구하는 소송을 받아 결산일 현재 손해배상금 ₩800,000을 지급할 가능성이 높다.
㉢ 11월에 손해배상금을 청구하는 소송을 받아 결산일 현재 손해배상금 ₩400,000을 지급할 것으로 예상되지만 그 가능성이 높지는 않다.

① ₩500,000 이득 ② ₩800,000 손실
③ ₩400,000 손실 ④ ₩300,000 손실
⑤ ₩1,200,000 손실

31 다음 중 오류가 발생한 다음 연도에 그 오류가 자동적으로 상쇄되어 조정되는 자동조정적인 오류에 해당하지 <u>않는</u> 것은?

① 기말재고자산을 실제보다 과대평가
② 임대료수익에 대한 선수수익계상을 누락
③ 자본적 지출을 수익적 지출로 처리
④ 보험료 중 기간미경과분을 선급비용으로 처리하지 않음
⑤ 기말재고자산을 실제보다 과소평가

32 ㈜경록의 20X1년 1월 1일 현재 유통 중인 보통주식은 2,000주이다. ㈜경록이 20X1년 3월 1일에 600주의 주식배당을 실시하였고, 20X1년 8월 1일에는 1,000주의 유상증자를 실시하였다. ㈜경록의 20X1년 당기순이익이 ₩8,000,000이라면 주당순이익은 얼마인가?

① ₩2,650 ② ₩2,680 ③ ₩2,710
④ ₩2,740 ⑤ ₩2,790

33 **㈜대한은 단일공정에서 단일제품을 생산판매하고 있다. 회사는 실제원가에 의한 종합원가계산을 적용하고 있으며, 당기의 생산활동에 관한 자료는 다음과 같다.**

구분	물량(개)	전환원가 완성도
기초재공품	300	30%
기말재공품	400	70%
당기착수량	3,000	

전환원가는 공정 전반에 걸쳐 균동하게 발생하며, 기말에 전환원가의 완성품환산량 단위당 원가는 ₩30인 경우, 당기에 실제로 발생한 전환원가는? (단, 원가흐름 가정은 선입선출법이며, 공손은 발생하지 않았다)

① ₩90,600 ② ₩92,700 ③ ₩96,100
④ ₩98,500 ⑤ ₩100,700

34 **다음 중 표준원가계산에 대한 설명으로 옳지 <u>않은</u> 것은?**

① 표준원가계산은 직접재료원가, 직접노무원가 등의 원가 요소를 미리 정해놓은 표준원가로 측정하는 원가계산방법이다.
② 각 부문의 차이는 제조원가 및 영업외 손익에 배분된다.
③ 표준원가는 직접원가에 적용 가능하며, 제조간접비용은 예측의 어려움으로 인하여 표준원가를 사용할 수 없다.
④ 미리 정해놓은 표준원가로 계산하기 때문에, 예산의 계획, 공정간의 관리 측면에서 효율적이다.
⑤ 표준원가 차이 분석을 통해, 각 제조부문의 효율성 및 효과성을 파악하기 용이하다.

35 **용역제공비율과 관련된 다음 자료를 이용하여 보조부문원가를 제조부문에 상호배부법으로 배부하는 경우에 제조1 부문에 배부되는 보조부문원가를 계산하면 얼마인가?** (단, 보조1 원가는 ₩28,000이고, 보조2 원가는 ₩48,000이다)

구 분	제조1	제조2	보조1	보조2
보조1	0.2	0.5	–	0.3
보조2	0.5	0.3	0.2	–

① ₩35,000 ② ₩38,000
③ ₩40,000 ④ ₩43,000
⑤ ₩47,000

36 **당사가 개발한 신제품은 단위당 판매가격이 ₩1,500, 변동원가는 ₩700, 총고정원가가 ₩12,000,000 발생할 것으로 예상된다. 시장조사 결과 20X1년 판매예상수량이 다음과 같을 것으로 예상된다면 신제품을 통해 20X1년에 이익을 볼 확률은 얼마인가?**

판매수량	확 률
15,000대 미만	0.15
15,000대 이상~20,000대 미만	0.30
20,000대 이상~25,000대 미만	0.35
25,000대 이상	0.20

① 20% ② 55% ③ 85%
④ 100% ⑤ 0%

7회

37 **당월 제조원가 자료를 이용하여 제품 NO.20X1의 제조원가를 계산하면 얼마인가?** (단, 당사는 직접노동시간법에 의하여 제조간접원가를 배부하고 있다)

• 당월 제조간접원가총액	₩300,000
• 당월 직접재료원가총액	₩3,700,000
• 당월 직접노무원가총액	₩2,300,000
• 당월 총 직접노동시간	2,500시간
• NO.20X1 직접재료원가	₩280,000
• NO.20X1 직접노무원가	₩150,000
• NO.20X1 직접노동시간	70시간

① ₩382,600　② ₩397,000
③ ₩417,200　④ ₩438,400
⑤ ₩451,920

38 **㈜경록은 품질검사시점을 통과한 합격품의 10%를 정상공손품으로 판정한다. 기초재공품**(완성도 30%) **5,000단위, 당기 생산착수량 45,000단위, 당기 제품완성량 35,000단위, 기말재공품**(완성도 80%) **6,000단위이다. 품질검사가 생산공정의 20% 시점에서 실시되는 경우 비정상공손품 수량은 몇 개인가?**

① 5,100단위　② 5,200단위
③ 5,300단위　④ 5,400단위
⑤ 5,500단위

39 **당사의 월간 최대생산량은 22,000단위이고 현재 월간 21,000단위의 제품을 생산판매하고 있으며, 제품의 판매가격은 @₩1,000이고 변동제조원가는 @₩400이며, 고정제조원가는 @₩200이다. 신규거래처로부터 제품 2,000단위를 @₩900에 구매하겠다는 특별주문을 받았는데 이를 수락할 경우 특별주문 제품에 대하여 추가적인 변동제조원가가 @₩50 발생할 것으로 예상되며, 다른 변동사항은 없다. 당사가 이러한 특별주문을 수락하는 경우 영업이익에 미치는 영향은?**

① ₩100,000 증가　② ₩300,000 증가
③ 변동 없음　④ ₩100,000 감소
⑤ ₩300,000 감소

40 **㈜경록은 결합공정에서 제품 A, B, C를 생산하며, 당기에 발생된 결합원가 총액은 ₩50,000이다. 결합원가는 분리점에서의 상대적 판매가치를 기준으로 제품에 배분되고, 분리점과 추가가공 후의 원가자료는 다음과 같다.**

제 품	분리점에서의 자료		추가가공 후 자료	
	단위당 판매가격	생산량	단위당 판매가격	추가 가공원가
A	₩20	2,000단위	₩25	₩9,500
B	25	1,500단위	30	8,000
C	40	1,000단위	50	11,000

이 경우 추가가공이 유리한 제품과 그 금액은? (단, 추가가공 공정에서 공손과 감손은 발생하지 않고, 생산량은 모두 판매되며 기초 및 기말 재공품은 없다)

① 제품A, ₩1,000　② 제품A, ₩500
③ 제품B, ₩1,000　④ 제품B, ₩500
⑤ 제품C, ₩500

– 다음면에 계속 –

02 공동주택시설개론

41 다음 건축총론에 대한 설명으로 옳지 않은 것은?

① 척도조정(Moduar Coordinayion)이란 모듈을 사용하여 건축전반에 사용되는 재료를 규격화하는 것을 말한다.
② 가구식 구조는 가늘고 긴 부재(재료)를 이음과 맞춤 및 조립에 의해서 짜 맞춘 구조로 부재의 배치와 절점의 접합방법에 따라 강도가 좌우된다.
③ 캔틸레버(Cantilever)구조는 한쪽 끝은 고정되고 다른 끝은 돌출시켜 하중을 지지하는 구조이다.
④ 공동주택의 공용실 기본 등분포 활하중은 주거용 거실의 활하중보다 큰 값을 사용한다.
⑤ 건축물은 하중의 방향에 따라 연직하중과 수평하중이 있으나 주로 횡하중을 받으므로 건축물 설계시 유의하여야 한다.

42 다음에서 설명하고 있는 기초파기 공법으로 옳은 것은?

흙막이 널말뚝을 주변에 박은 다음에 중앙부의 흙을 파내고 중앙부 지하 구조물을 축조한 후 버팀대를 완성된 구조물에 지지하여 주변부의 흙을 파내어 나머지 구조물을 완성하는 공법이다.

① 트랜치컷 공법
② 아일랜드 공법
③ 웰포인트 공법
④ 오픈컷 공법
⑤ 샌드드레인 공법

43 건축물의 기초에 관한 설명으로 옳지 않은 것은?

① 연약한 점토지반은 부동침하를 방지하기 위하여 마찰말뚝을 피하고 지지말뚝을 설치한다.
② 피어기초(Pier foundation)는 우물을 파는 식으로 우물통을 구축하면서 그 밑을 파내어 우물통을 침하시켜 피어를 통해 상부하중을 지반에 전달하는 기초이다.
③ 직접기초는 지지력이 확보되는 굳은지반에서 기둥이나 벽체의 밑면을 기초판으로 확대하여 상부구조의 하중을 지반에 직접 전달하는 기초이다.
④ 잠함(Caisson)기초는 건물의 지하층을 미리 지상에서 축조하여 그 밑의 지반을 파면서 자중에 의해 가라 앉혀 기초를 축조하는 형식이다.
⑤ 연약한 점토층 지반에는 지지말뚝보다는 마찰말뚝을 사용하는 것이 부동침하 방지에 효과적이다.

44 다음 콘크리트에 발생하는 균열에 대한 기술로 옳은 것은?

① 소성수축(플라스틱) 균열은 빠른 수분증발로 인한 균열로 기온이 낮고 습도가 높거나 풍속이 빠를수록 발생하기 쉽다.
② 수화열에 의한 온도균열은 부재단면이 클수록, 내외부 온도차가 클수록 감소한다.
③ 거푸집이 변형, 진동, 충격으로 인해서도 균열이 발생한다.
④ 침하균열은 슬럼프값이 작거나 철근 지름이 작을수록 증가한다.
⑤ 건조수축균열은 콘크리트 물시멘트비가 크거나 분말도가 큰 시멘트를 사용할수록 감소한다.

45 고강도 콘크리트 공사에 관한 기준으로 옳지 <u>않은</u> 것은?

① 설계기준강도 40MPa 이상인 콘크리트로 잔골재율은 가능한 작게 하도록 한다.
② 단위시멘트량은 소요의 워커빌리티 및 강도를 얻을 수 있는 범위 내에서 가능한 적게 되도록 시험에 의해 정하여야 한다.
③ 공기연행제를 사용하여 시공연도를 증진시키는 것을 원칙으로 한다.
④ 단위수량이나 슬럼프치는 소요의 워커빌리티를 얻을 수 있는 범위 내에서 가능한 작게 하여야 한다.
⑤ 고성능 감수제의 단위량은 소요 강도 및 작업에 적합한 워커빌리티를 얻도록 시험에 의해서 결정하여야 한다.

46 철골구조의 용접 접합에 대한 설명으로 옳지 <u>않은</u> 것은?

① 용접작업은 조립하는 날에 무리하게 용접을 완료하지 않도록 하고 상온에서 서서히 냉각시킨 후 다음날 완료하도록 한다.
② 스캘럽이나 각종 브래킷 등 재편의 모서리부에서 끝나는 필릿용접은 크레이터가 발생하지 않도록 모퉁이부를 돌려서 연속으로 용접해야 한다.
③ 용접봉 교환시 또는 완료된 후에 slag나 spatter는 제거하고 청소한다.
④ 한랭지용 강재의 주요부재 맞대기 용접은 원칙적으로 수동용접 및 탄산가스용접으로 해야 한다.
⑤ 완전용입 용접을 수동용접으로 실시할 경우의 뒷면은 건전한 용입부까지 가우징한 후 용접을 실시해야 한다.

47 다음 중 ALC블록 공사에 대한 설명으로 옳지 <u>않은</u> 것은?

① 1일 쌓기 높이는 1.2 m를 표준으로 하고 최대 1.5 m 이내로 한다.
② 블록이 서로 맞닿는 부분은 엇갈려쌓기를 원칙으로 하지만 불가피한 경우에는 ALC용 보강철물로 블록 2단마다 고정한다.
③ 블록 상하단의 겹침길이는 블록길이의 1/3~1/2을 원칙으로 하고, 최소 100mm 이상으로 한다.
④ 비내력블록벽체의 개구부와 개구부 사이는 60mm 이상으로 한다.
⑤ 모든 개구부에는 인방을 설치하는 것을 원칙으로 하나 비내력벽 개구부의 폭이 0.9m 미만인 경우에는 인방보를 설치하지 않아도 무방하다.

48 **다음 중 조적공사에 대한 설명으로 옳지 않은 것은?**

① 내화벽돌의 줄눈너비는 별도 지정이 없을 시 가로, 세로 6mm를 표준으로 한다.
② 블록은 깨끗한 건조상태로 저장되어야 하고, 담당원의 승인 없이는 물축임을 해서는 안 된다.
③ 아치쌓기는 상부에서 오는 수직압력을 축압력만 전달하게 하고 하부에는 인장력이 생기지 않게 한 구조이다.
④ 공간쌓기는 벽돌 벽의 중간에 공간을 두어 쌓는 것으로 설계도서에서 별도 지정이 없을 시에는 안쪽을 주벽체로 한다.
⑤ 창대벽돌의 윗면은 15°정도의 경사로 옆세워 쌓는다.

49 **다음 중 시멘트 액체방수공사에 관한 기술로 옳지 않은 것은?**

① 치켜올림 부위에는 미리 방수 시멘트 페이스트를 바르고, 그 위를 100mm 이상의 겹침을 두고 평면부와 치켜올림부를 바른다.
② 각 공정의 이어 바르기의 겹침은 100 mm 정도로 하여 소정의 두께로 조정하고 밀착시킨다.
③ 바탕이 건조할 경우에는 시멘트 액체방수층 내부의 수분이 과도하게 흡수되지 않도록 바탕을 물로 적신다.
④ 방수층은 흙손 및 뿜칠기 등을 사용하여 두께 10mm 이상을 표준으로 바른다.
⑤ 각 공정의 이어 바르기 또는 다음 공정이 미장공사일 경우에는 솔 또는 빗자루로 표면을 거칠게 마감한다.

50 **다음 중 타일공사에 대한 설명으로 옳지 않은 것은?**

① 바닥용 타일은 유약을 바르지 않고, 재질은 자기질 또는 석기질로 한다.
② 타일을 붙이고 3시간 정도 경과 후에 배합비 1:3 정도로 하여 치장줄눈을 한다.
③ 벽타일 붙임공법 중 압착붙이기, 개량압착붙이기, 동시줄눈붙이기는 외장타일 붙임공법이다.
④ 벽타일 붙이기에서 타일 측면이 노출되는 모서리 부위는 코너 타일을 사용하거나, 모서리를 가공하여 측면이 직접 보이지 않도록 한다.
⑤ 타일붙임 바탕은 건조상태에 따라 물축임을 하고 부착력을 높이기 위하여 거칠게 한다.

51 **다음 창호의 종류 중 개폐방식에 따른 분류에 해당하지 않는 것은?**

① 여닫이 창호　② 미세기 창호
③ 회전문　④ 플러시문
⑤ 회전문

52 **다음 아스팔트 방수공사에서 루핑붙임에 대한 설명으로 옳지 않은 것은?**

① 볼록 오목 모서리 부분은 일반 평면부 루핑을 붙이기 전에 너비 300mm 정도의 스트레치 루핑을 사용하여 균등하게 덧붙임 한다.
② 일반 평면부의 루핑붙임은 흘려붙임으로 하고 루핑의 겹침은 길이 및 너비 방향 50mm 정도로 한다.
③ 루핑은 원칙적으로 물 흐름을 고려하여 물매의 아래쪽에서부터 위쪽을 향해 붙이고, 또한 상·하층의 겹침 위치가 동일하지 않도록 붙인다.
④ ALC패널 지지부는 모래붙은 구멍뚫린 아스팔트 루핑을 붙이기 전에, 너비 75mm 정도의 절연용 테이프를 붙인다.
⑤ 치켜올림부의 루핑을 평면부와 별도로 하여 붙일 경우에는 평면부 루핑을 붙인 후, 그 위에 150mm 정도의 겹침을 두고 붙인다.

53 다음 중 방수공법에 관한 기술로 옳지 않은 것은?

① 합성고분자 시트방수는 신장력과 내후성, 접착성이 우수한 시트지를 여러 겹 적층하여 방수층을 형성하는 공법이다.
② 시트 도막 복합방수는 기존 시트 또는 도막을 이용한 단층 방수공법의 단점을 보완한 복층 방수공법이다.
③ 시멘트 모르타르 방수는 온도차가 적은 습윤상태의 장소에 효과적이다.
④ 아스팔트 옥상 방수에는 지하실 방수보다 연화점이 높은 아스팔트를 사용한다.
⑤ 고무 아스팔트계 도막방수재의 외벽에 대한 스프레이 시공은 위에서부터 아래의 순서로 실시한다.

54 다음에서 설명하고 있는 건축재료로 옳은 것은?

건축물 커튼월의 연결부 줄눈에 수밀성능, 차음성능, 기밀성능을 확보하기 위하여 사용하는 방수재료이다.

① 발수제(Water repellent)
② 지수제(Waterstop)
③ 접착제(Glue)
④ 발포제(blowing agent)
⑤ 실링재(Sealing material)

55 다음 중 미장공사에 대한 설명으로 옳지 않은 것은?

① 단열모르타르 바름 두께는 별도의 시방이 없는 한 1회에 10mm 이하로 한다.
② 온돌바닥 모르타르 미장 마감횟수는 2회 이상으로 하고 고름작업은 미장횟수에 포함하지 않는다.
③ 소석회, 돌로마이트 플라스터, 킨즈시멘트 등은 가수에 의해 경화한다.
④ 시멘트모르타르 바름은 바닥을 제외하고는 1회 바름 두께를 6mm 정도로 하여 초벌, 재벌, 정벌 순으로 여러번 바른다.
⑤ 정벌바름의 시멘트모르타르는 빈배합으로 하고 기온이 5℃ 이하일 때는 공사를 중지한다.

56 다음 유리공사에 대한 설명으로 옳지 않은 것은?

① 에칭유리는 화학약품에 의한 부식현상을 응용한 가공유리로 주로 산을 사용하는 경우가 많다.
② 로이유리(low-e glass)는 실내측 유리의 외부면에 열적외선(infrared)을 반사하는 은소재 도막으로 특수 금속코팅하여 방사율과 열관류율을 낮추고 가시광선 투과율을 높인 유리이다.
③ 자외선 투과유리는 의류품의 진열장, 식품이나 약품의 창고 등에 사용된다.
④ 무늬유리(embossed glass)는 투명유리의 한 면의 표면에 여러가지 무늬를 새겨 장식적 효과 및 투시방지용으로 사용하는 유리로 무늬면(거친면)이 실내쪽으로 오게 한다.
⑤ 접합유리는 유리가 파괴되어도 중간막(합성수지)에 의해 파편이 비산되지 않도록 한 안전유리로 사용한다.

57 다음 중 목재창호공사의 기술로 옳지 않은 것은?

① 문틀을 짜고 문틀 양면에 합판을 붙여서 평평하게 제작한 문을 플러시문이라 한다.
② 목재의 함수율은 시방서에서 특별히 정한 바가 없으면 10% 이하로 한다.
③ 창호공사에서 틀 먼저세우기 공법은 나중세우기 공법보다 누수의 우려가 적다.
④ 창호를 틀에 부착시킬 때에는 창호 자중에 의하여 처질 우려가 있으므로 조금 올려 달아야 한다.
⑤ 목재창호에 사용하는 목재는 수심이 없어야 한다.

58 **다음 중 도장공사에 대한 설명으로 옳지 않은 것은?**

① 레이크(lake)는 바니시를 휘발성용제에 녹인 것으로 건조가 빠르고 빛깔과 광택이 우수하여 내부용 목재 및 가구용으로 사용한다.
② 유성페인트는 내알칼리성이 약해 콘크리트에는 사용할 수 없으나 온도변화가 심한 옥외의 목재나 철재면 바탕에도 사용할 수 있다.
③ 에나멜페인트는 보통 페인트용 안료를 기름 바니시에 용해한 것으로 부착력이 좋고 광택이 뛰어나며 피막이 강인하여 금속면에 사용할 수 있다.
④ 래커(lacker)칠을 할 때는 솔이나 로울러를 사용하여 칠하고 충분히 건조시킨다.
⑤ 클리어래커는 목재면의 무늬나 재질을 잘 보이게 하는 투명도장에 사용되는 도료로 내후성이 떨어져 내부에 사용한다.

59 **다음 중 건축적산의 용어에 대한 설명으로 옳지 않은 것은?**

① 소요수량은 할증률이 포함된 것으로 실제 공사에 소요되는 수량이다.
② 일위대가는 품셈기준에서 정해진 재료수량 및 품수량에 단가를 곱하여 산출한 단위당 공사비이다.
③ 정미수량은 할증률이 포함되지 않은 수량으로 노임단가의 적용시에 사용된다.
④ 품셈은 설계도서에 의해 공사에 필요한 재료량, 노무량, 장비 등의 품이 드는 수효와 값을 수량으로 표시한 것이다.
⑤ 견적은 설계도서에 의하여 재료의 수량, 시공면적 및 체적을 산출하여 공사물량을 산출하는 기술행위이다.

60 **길이 20m, 높이 3m의 벽을 바름두께 20mm로 미장바름을 할 때 소요되는 재료의 양으로 옳은 것은?**(단, 모르타르 1m^3당 재료는 할증률 포함 시멘트 8포, 모래 1.1m^3이다)

① 시멘트 384kg, 모래 1.1m^3
② 시멘트 480kg, 모래 1.32m^3
③ 시멘트 384kg, 모래 1.1m^3
④ 시멘트 480kg, 모래 1.1m^3
⑤ 시멘트 384kg, 모래 1.32m^3

7회

61 **다음 중 습공기에 관한 설명으로 옳지 않은 것은?**

① 건공기는 수분을 포함하지 않은 상태이며 질소가 가장 많이 함유되어 있다.
② 습공기는 수분을 포함한 상태로 습공기를 가열하면 엔탈피가 증가한다.
③ 습공기를 가열하면 비체적은 감소하고 냉각하면 비체적은 증가한다.
④ 대기중의 공기는 건공기 상태이고 절대습도가 커질수록 수증기분압은 커진다.
⑤ 건공기중의 산소함량은 표준상태에서 용적비 21%, 중량비 23% 정도이다.

62 **다음 중 급수설비 설계계획에 대한 설명으로 옳지 않은 것은?**

① 급수설계시 가장 먼저 결정해야 하는 것은 급수량 산정이다.
② 급수관의 마찰저항선도법은 주로 대규모건축물의 탱크에서의 취출관, 수평주관, 주관의 관을 결정할 때 사용한다.
③ 크로스커넥션이 되지 않도록 급수관과 기타 배관은 교차 연결을 피한다.
④ 상향식 급수배관법에서 수직관은 상층으로 갈수록 관경을 크게 되지 않도록 주의한다.
⑤ 일반적으로 사무소는 40~50m 이하, 아파트나 호텔 등은 30~40m 이하가 되도록 급수조닝을 한다.

63 **관지름이 50㎜인 관로로 유속 2m/s로 물을 공급하고자 할 경우 시간당 유량(㎥/h)은?**(단, 배관속의 물은 비압축성, 정상류로 가정하며, 원주율은 3.14로 한다.)

① 0.2355 ② 14.13 ③ 15.32
④ 17.14 ⑤ 18.02

64 **다음 중 배수설비에 대한 설명으로 옳지 않은 것은?**

① 배수관의 관경을 필요이상으로 크게 하면 오히려 배수능률 및 자기세정 작용이 감퇴될 수 있다.
② 옥내 배수관의 표준구배는 1/50~1/100 정도로 하되 원칙적으로 mm로 호칭되는 관경의 역수보다 작게 하지 않는다.
③ 배수능률을 향상시키기 위하여 트랩은 가능하면 위생기구에서 멀리 떨어지게 설치한다.
④ 트랩의 봉수를 보호하고 배수관내 공기의 흐름을 원활하게 하기 위하여 통기관을 설치한다.
⑤ 배수관의 구배를 너무 완만하게 하면 유속이 떨어져 오물을 세정하는 힘이 약해져 오물이 쌓여지게 된다.

65 **다음 중 하수도법상의 용어의 정의로 옳지 않은 것은?**

① “하수”란 오수와 농작물 경작으로 인한 것을 제외한 건물·도로 그 밖의 시설물의 부지로부터 하수도로 유입되는 빗물·지하수를 말한다.
② “분뇨”란 수거식 화장실에서 수거되는 액체성 또는 고체성의 오염물질(개인하수처리시설의 청소과정에서 발생하는 찌꺼기를 포함)을 말한다.
③ “분류식 하수관로”란 건물에서 발생하는 오수와 하수도로 유입되는 빗물 및 지하수가 함께 흐르도록 하기 위한 하수관로 방식이다.
④ “오수”란 사람의 생활이나 경제활동으로 인하여 액체성 또는 고체성의 물질이섞이어 오염된 물을 말한다.
⑤ “하수도”란 하수와 분뇨를 유출 또는 처리하기 위하여 설치되는 하수관로·공공하수처리시설·간이공공하수처리시설·하수저류시설·분뇨처리시설·배수설비·개인하수처리시설 그 밖의 공작물·시설의 총체를 말한다.

66 **오수정화조처리 방식에서 호기성처리의 특징으로 옳지 않은 것은?**

① 혐기성처리에 비해 처리공간을 적게 차지한다.
② 혐기성처리에 비해 처리 기간이 길어진다.
③ 혐기성처리에 비해 처리 효율이 좋다.
④ 혐기성처리에 비해 운전유지비(동력비)가 적게 든다.
⑤ 혐기성처리에 비해 병원균이 많이 사멸되며 악취발생이 적다.

67 **다음 중 가스설비에 관한 설명으로 옳지 않은 것은?**

① 가스설비는 외부로부터 부식과 손상의 우려가 있는 곳을 피하고 곡절부에는 엘보를 사용한다.
② 가스계량기는 동해를 방지하기 위하여 실내에 설치하는 것을 원칙으로 한다.
③ 지중에 매설할 때에는 최소 0.6m 이상으로 하고 콘크리트에 매설하지 않는다.
④ 입상관의 밸브는 보호상자에 설치하지 않는 경우 바닥으로부터 1.6m 이상 2m 이내에 설치한다.
⑤ 가스용폴리에틸렌관은 지상배관과 연결을 위하여 금속관을 사용하여 보호조치를 한 경우로서 지면에서 30cm 이하로 노출하여 시공하는 경우를 제외하고는 노출배관용으로 사용하지 않는다.

68 다음의 내용과 같은 대변기의 세정방식으로 옳은 것은?

밸브를 한번 누르면 일정량의 물이 나온 후에 자동적으로 정지되는 세정방식으로 크로스커넥션에 의한 급수오염을 방지하기 위하여 진공방지기와 함께 사용하여야 한다.

① 하이탱크식(high thank type)
② 로우탱크식(low thank type)
③ 사이펀제트식(siphon jet type)
④ 세정밸브식(flush valve type)
⑤ 블로우아웃식(blow-out type)

69 다음에서 설명하고 있는 소방시설의 종류로 옳은 것은?

화재시 옥내소화전으로 소화되지 않을 경우 소방차의 호스와 연결하여 펌프로 건물 내의 소화전에 송수하기 위한 소화활동설비이다.

① 크로스커넥션(cross connection)설비
② 사이어미즈커넥션(siamese connection)설비
③ 바이패스(by pass)설비
④ 드렌처(drencher)설비
⑤ 스프링클러(sprinkler) 설비

70 다음 중 증기난방설비의 기술로 옳지 않은 것은?

① 증기트랩은 입상관내의 응축수가 동결하는 것을 방지하기 위하여 사용하는 장치이다.
② 감압밸브는 고압배관과 저압배관사이에 설치하여 고압증기를 저압증기로 감압한다.
③ 습식환수 방식은 보일러의 수면보다 환수주관이 낮은 위치에 설치되므로 트랩을 설치하지 않아도 된다.
④ 바이패스 배관(Bypass pipe)은 밸브 등의 교체 수리에 대비하기 위하여 설치한다.
⑤ 서플라이 헤더(Supply header)는 증기를 각 계통별로 고르게 송기하기 위해 설치한다.

71 다음 중 급탕설비에 대한 기술로 옳지 않은 것은?

① 급탕배관 시 상향공급방식에서는 급탕 수평주관은 선상향 구배로 하고 복귀관은 선하향 구배로 한다.
② 급탕배관은 온도가 10℃ 상승할 때마다 부식은 약 2배 정도 심해진다.
③ 배관이 벽이나 바닥을 관통하는 경우 신축을 쉽게 하기 위하여 슬리브(sleev)를 설치한다.
④ 급탕배관의 시험압력은 실제 사용압력의 2배 정도로 하여 10분 이상 견디어야 한다.
⑤ 배관의 신축팽창을 흡수하기 위한 신축관은 동관보다 강관에 더 많이 설치한다.

72 난방부하 20kW/h, 급탕부하 7kW/h, 배관열손실 3kW/h, 예열부하 2kW/h 일 때 보일러의 상용출력으로 옳은 것은?

① 3kW/h ② 20kW/h ③ 30kW/h
④ 33kW/h ⑤ 36Kw/h

73 다음 중 증기난방설비의 기술로 옳지 않은 것은?

① 진공환수식은 응축수 순환이 가장 빠른 방식으로 보일러나 방열기 설치 위치에 제한을 받지 않는다.
② 감압밸브는 증기난방에서 고압증기 압력을 낮추어 유량과 압력을 일정하게 유지하는 밸브이다.
③ 이중서비스밸브는 한냉지에서 입상관내의 응축수가 동결하는 것을 방지하기 위하여 사용하는 기기이다.
④ 건식환수 방식은 보일러의 수면보다 환수주관이 낮은 위치에 설치되므로 트랩을 설치하지 않아도 된다.
⑤ 바이패스 배관(Bypass pipe)은 밸브 등의 교체 수리에 대비하기 위하여 설치한다.

7회

74 다음 중 공기조화설비에 대한 설명으로 옳지 않은 것은?

① 팬코일유닛방식은 소음이 크나 외기냉방이 용이하여 실내공기의 청정도가 높다.
② 각층유닛방식은 외기처리용 공조기에서 1차로 처리된 외기를 각층의 유닛으로 보내어 부하에 따라 송풍하는 방식으로 각 실의 온도조절이 가능하다.
③ 이중덕트방식은 복잡한 조닝에 적합한 공조방식으로 열손실에 의한 에너지가 많이 든다.
④ 패키지유닛방식은 냉동기를 내장한 공조기를 실내에 설치한 냉매방식으로 개별제어가 용이하나 외기냉방이 곤란하다.
⑤ 가변풍량방식(VAV)은 온도를 일정하게 하고 부하에 따라 풍량을 조절하는 방식으로 에너지가 절약된다.

75 터보식 냉동기에 관한 설명으로 옳지 않은 것은?

① 대용량설비에서 압축효율이 좋고 비례제어가 가능하다,
② 압축식냉동기로 임펠러의 원심력에 의해 냉매가스를 압축한다.
③ 흡수식 냉동기에 비해서 소음이나 진동이 크다.
④ 주로 중앙식 공조설비에서 냉방용으로 사용된다.
⑤ 일반적으로 대규모 공조에 많이 사용하나 수명이 짧고 취급이 어렵다.

76 건축물의 전기부분 에너지절약설계기준에 대한 설명으로 옳지 않은 것은?

① "수용률"이라 함은 부하설비 용량 합계에 대한 최대 수용전력의 백분율을 말한다.
② 전용면적 85㎡를 초과하는 주택에는 효율적인 조명에너지 관리를 위하여 층별, 구역별 또는 세대별로 일괄적 소등이 가능한 일괄소등스위치를 설치하여야 한다.
③ 공동주택 각 세대내의 현관 및 숙박시설의 객실 내부입구, 계단실의 조명기구는 인체감지점멸형 또는 일정시간 후에 자동 소등되는 조도자동조절조명기구를 채택하여야 한다.
④ "변압기 대수제어"라 함은 변압기를 여러 대 설치하여 부하상태에 따라 필요한 운전대수를 자동 또는 수동으로 제어하는 방식을 말한다.
⑤ 공동주택의 지하주차장에 자연채광용 개구부가 설치되는 경우에는 주위 밝기를 감지하여 전등군별로 자동 점멸되거나 스케줄제어가 가능하도록 하여 조명전력이 효과적으로 절감될 수 있도록 한다.

77 다음과 같은 조건에서 광원의 수량으로 옳은 것은?

- 실의 면적 200㎡	- 평균조도 200lx
- 광원의 광속 2,000lm	- 보수율 0.4
- 조명률 50%	

① 25개 ② 40개 ③ 75개
④ 90개 ⑤ 100개

78 다음 동력 분전반에 대한 설명으로 옳지 않은 것은?

① 보수나 조작이 편리한 위치에 두는 것을 원칙으로 하되 사고시 파급범위를 줄이기 위해 부하와 떨어진 곳에 설치한다.
② 분전반 1개의 공급면적은 1,000㎡ 이하로 하고 동력분전반 1개의 용량은 200A 이하로 한다.
③ 고층건물은 가능한 한 파이프 샤프트(pipe shaft) 부근에 설치한다.
④ 분전반은 1개 층에 1개 이상으로 층마다 설치하고 제3종 접지한다.
⑤ 일반적으로 배선용 차단기를 철제상자에 수납한 형식을 사용하고 배면판에는 주로 서킷브레이커를 설치한다.

79 **엘리베이터의 파이널리미트스위치에 관한 설명으로 옳지 않은 것은?**

① 파이널리미트스위치는 정상적인 종단 층 정지장치와는 분리된 작동장치로 사용되어야 한다.
② 파이널리미트스위치의 작동은 완충기가 압축되어 있는 동안 계속 유지되어야 한다.
③ 파이널리미트스위치는 승강기가 리미트스위치를 지나쳐서 현저하게 초과 승강하는 경우 승강기를 정지시키는 스위치이다.
④ 우발적인 작동의 위험 없이 가능한 최상층 및 최하층에 근접하여 작동하도록 설치되어야 한다.
⑤ 파이널리미트스위치는 작동 후에 엘리베이터의 정상운행을 위하여 자동적으로 복귀되어야 한다.

80 **다음 중 홈네트워크설비의 설치기준에 관한 사항으로 옳지 않은 것은?**

① 가스감지기는 사용하는 가스가 LNG인 경우 바닥쪽에 설치한다.
② 통신배관실은 차수판 또는 차수막을 설치하지 않은 경우에는 외부의 청소 등에 의한 먼지, 물 등이 들어오지 않도록 50mm 이상의 문턱을 설치하여야 한다.
③ 집중구내통신실은 독립적인 출입구와 보안을 위한 잠금장치를 설치하여야 한다.
④ 홈네트워크 설비를 설치한 자는 홈네트워크 설비의 유지, 관리 매뉴얼을 관리주체 및 입주자대표회의에 제공하여야 한다.
⑤ 전자출입시스템의 접지단자는 프레임 내부에 설치하여야 한다.

- 다음면에 계속 -

7회

제7회 적중 실전모의고사

03 민법

01 민법의 효력이 미치는 범위에 관하여 틀린 것은?

① 법률의 시간적 효력과 관련하여 일반적으로 불소급의 원칙이 적용되나, 제정민법의 부칙은 소급효를 원칙적으로 인정하고 있다.
② 속인주의의 원칙상 외국에 사는 우리나라 국민의 사법상 법률행위에는 당연히 우리민법이 적용되어야 한다.
③ 이론상으로는 북한에도 우리 민법이 적용된다.
④ 민법은 우리나라의 영토고권의 효과로서 대한민국의 영토 내에 있는 외국인에게도 적용되는 것이 원칙이다.
⑤ 구민법 시행 당시 부동산을 매도하였으면 그 소유권이전등기를 하지 아니하였다 하더라도 신민법부칙 제10조 소정기간까지 그 소유권이전의 효력이 지속된다.

02 권리능력에 관한 설명으로 옳지 않은 것은? (다툼이 있으면 판례에 의함)

① 출생신고는 권리능력 취득의 요건이 아니다.
② 태아인 상태에서 위법한 약물투여로 인하여 기형으로 출생한 자는 가해자에 대하여 손해배상을 청구할 수 있다.
③ 태아인 동안에도 권리능력의 주체가 되므로 증여를 받을 수 있다.
④ 인정사망이란 사망의 확증은 없으나 재난으로 인하여 사망이 확실시되는 경우에 관공서의 보고에 의하여 사망한 것으로 추정하는 제도이다.
⑤ 법인의 권리능력은 행위능력의 범위와 동일하다.

03 다음 설명 중 틀린 것은?

① 인격권은 물권은 아니므로 인격권 침해에 대해서는 사전(예방적) 구제수단으로 침해행위 정지·방지 등의 금지청구권을 허용할 수는 없다.
② 지상권자의 지상물매수청구권(제283조)은 형성권이다.
③ 동시이행의 항변권의 행사로 상대방의 권리가 소멸하는 것은 아니다.
④ 물권에서도 청구권이 발생한다.
⑤ 일신전속권은 그 성질상 양도가 제한된다.

04 미성년자에 관한 설명으로 옳지 않은 것은? (다툼이 있으면 판례에 의함)

① 법정대리인이 범위를 정하여 처분을 허락한 재산은 미성년자가 임의 처분할 수 있다.
② 성년의제는 「공직선거법」에는 적용되지 않는다.
③ 미성년자의 법률행위에 대하여 동의가 있었다는 사실은 미성년자가 증명하여야 한다.
④ 자신의 노무제공에 따른 임금의 청구와 관련된 소송행위는 미성년자가 독자적으로 할 수 있다.
⑤ 영업의 허락이 있는 경우에는 그 범위에서는 법정대리인의 동의권도, 대리권도 소멸한다.

05 법인 아닌 사단에 관한 설명 중 틀린 것은?

① 사단으로서의 실체를 가지면서도 법인격이 없는 단체이다.
② 설립 중에 있는 법인이 이에 해당할 수 있다.
③ 설립허가를 받았더라도 설립등기를 하지 않았으면 역시 법인 아닌 사단이다.
④ 민법은 그에 관하여 아무런 규정을 두지 않았다.
⑤ 구성원 전원이 재산을 총유하고 채무도 구성원 전원에게 총유적으로 귀속된다.

06 사단법인의 기관에 관한 다음 설명 중 맞은 것은?

① 법인과 이사의 이익이 상반하는 사항에 관하여는 감사가 법인을 대표한다.
② 이사의 직무집행을 정지하는 법원의 처분이 있는 경우 주무관청은 이해관계인의 청구에 의하여 임시이사를 선임할 수 있다.
③ 감사는 이사의 업무집행에 부정한 사실이 있는 것을 총회에 보고하기 위해 필요할 때에는 총회를 소집할 수 있다.
④ 이사는 그 권한을 타인에게 위임할 수 없다.
⑤ 법인은 정관 또는 총회의 결의로 감사를 두어야 한다.

07 사단법인의 사원총회에 관한 설명으로 틀린 것은?

① 사원총회의 소집절차가 법률 또는 정관에 위반된 경우에도 특별한 사정이 없는 한 총회의 결의는 일단 유효하다.
② 사단법인의 총회는 민법규정상 1주간 전에 소집통지를 하여야 하며, 종중은 법인이 아니지만 동 규정이 유추적용된다.
③ 사원총회의 전권사항(專權事項)은 정관변경과 임의해산이다.
④ 정관에 다른 규정이 없는 한, 사원은 총회에 출석하지 않고 서면으로 결의권을 행사하거나 대리인으로 하여금 결의권을 행사하게 할 수 있다.
⑤ 소수사원권은 사단법인의 근본질서에 관한 규정으로 총회의 결의로써 박탈할 수 없다.

08 B의 해설들은 A의 사례에 대한 설명이다. 그 중 틀린 것을 모두 모은 것은?

A 사례
A에 대한 실종선고로 인하여 B가 C보험회사로부터 5천만원의 보험금을 받았다. B가 위 보험금 중 5백만원을 채무의 변제에 사용하고 1천만원은 유흥비로, 2천만원은 생활비로 각 지출하였으며 현재 나머지 1천5백만원을 소지하고 있다. 그 후 A가 살아 돌아와서 실종선고가 취소되었다.

B 해설
㉠ B가 선의라도 현재 소지하고 있는 1천5백만원은 반환하여야 한다.
㉡ B가 선의라면 생활비로 지출한 2천만원은 반환할 필요가 없다.
㉢ B가 선의라면 유흥비로 탕진한 1천만원을 반환할 필요가 없다.
㉣ B가 악의라도 5천만원만 반환하면 된다.
㉤ 만약 B가 5천만원을 자본으로 사업을 하여 1억원의 이익을 얻었더라도 이익을 얻은 1억원은 반환할 필요가 없다.

① ㉠, ㉢
② ㉡, ㉣
③ ㉢, ㉤
④ ㉡, ㉢, ㉣
⑤ ㉠, ㉣, ㉤

09 다음 설명 중 틀린 것은? (다툼이 있으면 판례에 의함)

① 한 채의 건물의 일부가 독립한 소유권의 대상이 되는 경우도 있다.
② 건축주의 사정으로 건축공사가 중단되었던 미완성의 건물을 인도받아 나머지 공사를 마치고 완공한 경우 그 건물이 공사가 중단된 시점에서 이미 사회통념상 독립한 건물이라고 볼 수 있는 형태와 구조를 갖추고 있었다면 원래의 건축주가 그 건물의 소유권을 취득한다.
③ 건물을 신축하여 그 신축한 자가 소유권을 취득하는 것은 원시취득에 해당한다.
④ 천연과실은 그 원물로부터 분리하는 때에 이를 수취할 권리자에게 속하고 법정과실은 수취할 권리의 존속기간 일수의 비율로 취득한다.
⑤ 종물은 주물의 처분에 따른다는 제100조 제2항은 소유권의 귀속에 관한 강행규정이므로 이와 다른 약정은 허용될 수 없다.

10 민법상 물건에 관한 설명 중 법률의 규정이나 판례의 입장과 가장 거리가 먼 것은?

① 건물이 설계도상 10층으로 예정되었고 그에 따라 건축허가를 받아 건축공사를 진행하던 중에 건축주의 사정으로 5층 정도 완성된 상태에서 공사가 중단되었고 제3자가 이를 양수하여 완성하였다면 건축주가 그 건물을 원시취득한다.
② 사회통념상 독립한 건물이라고 볼 수 있는 미완성 건물을 인도받아 완공한 경우 그 소유권의 원시취득자는 완공 건축주가 아닌 원래의 건축주이다.
③ 종물은 주물의 처분에 따라야 하지만 종물만의 처분도 가능하다.
④ 건물신축도급계약에서 수급인이 자기의 노력과 재료를 들여 건물을 완성하더라도 도급인과 수급인 사이에 도급인 명의로 건축허가를 받아 소유권보존등기를 하기로 하는 등 완성된 건물의 소유권을 도급인에게 귀속시키기로 합의한 경우에는 그 건물의 소유권은 도급인에게 원시적으로 귀속된다.
⑤ 위 ④의 경우 신축건물이 집합건물로서 여러 사람이 공동으로 건축주가 되어 도급계약을 체결한 것이라면, 그 집합건물의 각 전유부분 소유권이 누구에게 원시적으로 귀속되느냐는 공동건축주들 사이의 약정에 따라야 한다.

11 당사자의 합의에 의한 특약 중 무효인 것을 모두 모은 것은?

> ㉠ 의사표시의 효력발생시기를 발송시점으로 하는 특약
> ㉡ 법률행위의 일부가 무효인 경우에 나머지 부분은 유효로 하는 특약
> ㉢ 종물은 주물의 처분에 따르지 않는다는 특약
> ㉣ 권리능력의 종기를 사망신고시점으로 하는 특약

① ㉠　　② ㉠, ㉡
③ ㉢, ㉣　　④ ㉣
⑤ ㉠, ㉣

12 법률행위에 대한 다음 설명 중 틀린 것은?

① 법률행위란 일정한 법률효과의 발생을 목적으로 하는 하나 또는 수 개의 의사표시를 필수적인 구성요소로 하는 법률요건이다.
② 의사표시는 법률행위의 필수적 구성요소이지만 의사표시가 법률행위 그 자체는 아니다.
③ 채권양도의 통지는 '법률적 행위'라고도 하는데 표의자가 의도한 대로 법률효과가 발생한다.
④ 해제권자의 상대방에 의한 최고는 의사의 통지에 해당한다.
⑤ 수증자의 망은행위에 대한 용서는 감정의 표시에 해당한다.

13 **불법원인급여에 대한 설명 중 틀린 것은?** (다툼이 있으면 판례에 의함)

① 불법원인급여에 있어서 수익자의 불법성이 급여자의 불법성보다 현저히 큰 경우 급여자의 부당이득반환청구가 허용된다.
② 도박자금채무의 담보를 위하여 근저당권설정등기가 경료된 경우 등기설정자는 그 근저당권설정등기의 말소를 구할 수 있다.
③ 불법의 원인으로 인하여 금원을 급여한 사람은 그 금원의 교부가 단순히 임치한 것임을 전제로 그 반환을 구하는 것도 허용되지 아니한다.
④ 원인되는 행위가 선량한 풍속 기타 사회질서에 위반하지 않더라도 법률의 금지에 위반하는 경우에는 민법 제746조가 규정하는 불법원인에 해당한다.
⑤ 도박채무가 불법무효로 존재하지 않는다는 이유로 양도담보조로 이전해 준 소유권이전등기의 말소를 청구하는 것은 허용되지 않는다.

14 **사기·강박에 의한 의사표시에 관한 다음 설명 중 틀린 것은?**

① 상대방의 대리인 등 상대방과 동일시할 수 있는 자가 사기·강박을 행한 경우에는 제110조 제2항의 제3자의 사기·강박이 아니다.
② 사기를 당한 자가 의사표시를 취소하지 않더라도 그 사기가 「형법」상 범죄행위가 되면 그 의사표시는 무효이다.
③ 제3자의 사기나 강박으로 인해 상대방 없는 의사표시를 한 경우 표의자는 언제든지 그 의사표시를 취소할 수 있다.
④ 보증계약에서 주채무자가 보증인을 속인 경우 채권자가 이러한 사실을 알았거나 알 수 있었을 때에 한하여 보증인은 보증계약을 취소할 수 있다.
⑤ 대리인이 상대방을 기망한 경우 본인이 그 사실을 알았거나 알 수 있었느냐에 상관없이 상대방은 그 의사표시를 취소할 수 있다.

15 **통정허위표시에 관한 설명으로 옳지 않은 것은?** (다툼이 있으면 판례에 의함)

① 통정허위표시도 채권자취소권의 대상이 될 수 있다.
② 가장소비대차에 있어서 대주의 지위를 이전받은 자는 허위표시의 무효로부터 보호받는 선의의 제3자가 아니다.
③ 허위표시를 기초로 새로운 이해관계를 맺은 선의의 제3자에게는 그 누구도 허위표시의 무효로 대항하지 못한다.
④ 부동산의 가장양수인으로부터 저당권을 설정받은 자가 가장양도행위에 대해 선의라면 가장양도인은 가장양수인으로부터 당해 부동산의 소유권등기명의를 회복할 수 없다.
⑤ 표의자는 허위표시를 기초로 권리를 취득한 선의의 제3자로부터 다시 권리를 취득한 악의의 전득자에 대하여 허위표시의 무효로 대항하지 못한다.

16 **의사표시의 효력에 관한 설명으로 옳지 않은 것은?**

① 상대방이 있는 의사표시는 원칙적으로 상대방에게 도달한 때에 그 효력이 생긴다.
② 의사표시자가 과실 없이 상대방을 알지 못하는 경우 의사표시는 공시송달에 의하여 송달할 수 있다.
③ 의사표시가 그 통지를 발송한 후 제한능력자가 되어도 의사표시의 효력에 영향을 미치지 않는다.
④ 승낙의 기간을 정하지 아니한 계약의 청약은 승낙자가 상당한 기간 내에 승낙의 통지를 발하지 못한 때에는 그 효력을 잃는다.
⑤ 의사표시의 상대방이 의사표시를 받은 때에 제한능력자인 경우에는 원칙적으로 의사표시자는 그 의사표시로써 대항할 수 없다.

17 **甲은 친구 아들인 미성년자 乙에게 토지 구입을 위임하고 대리권을 수여하였다. 乙은 甲을 대리하여 丙소유의 토지를 구입하였으나, 이 과정에서 丙이 乙을 기망하였다. 다음 설명 중 옳지 않은 것은?**

① 甲은 乙의 행위무능력을 이유로 매매계약을 취소하지 못한다.
② 乙은 법정대리인의 동의가 없었다면 행위무능력을 이유로 위임계약을 취소할 수 있다.
③ 甲과 乙이 위임계약을 합의해지하더라도 매매계약의 효과는 甲에게 귀속한다.
④ 사기를 이유로 매매계약이 취소될 수 있는지 여부는 甲을 기준으로 하여 결정한다.
⑤ 사기를 이유로 매매계약이 취소되면 甲과 丙사이에 부당이득반환의무가 발생한다.

18 **협의의 무권대리에 관한 다음 설명 중 틀린 것은?** (다툼이 있으면 판례에 의함)

① 대리권 없는 자가 타인의 대리인으로 한 계약은 본인이 이를 추인하지 아니하면 본인에 대하여 효력이 없다.
② 대리권 없는 자가 타인의 대리인으로 계약을 한 경우에 상대방은 상당한 기간을 정하여 본인에게 그 추인 여부의 확답을 최고할 수 있다.
③ 무권대리행위의 상대방이 행한 상당한 기간을 정한 최고에 대해 본인이 그 기간 내에 확답을 발하지 아니한 때에는 추인을 거절한 것으로 본다.
④ 협의의 무권대리의 추인 또는 거절의 의사표시는 상대방에 대하여 하지 아니하면 그 상대방에 대항하지 못한다. 그러나 상대방이 그 사실을 안 때에는 그러하지 아니하다.
⑤ 무권대리행위를 본인이 추인한 경우 다른 의사표시가 없는 때에는 추인한 때부터 그 효력이 발생한다.

19 **법률행위의 무효와 취소에 관한 다음 설명 중 틀린 것은?**

① 무효인 법률행위는 절대적 무효와 상대적 무효, 확정적 무효와 유동적 무효로 분류될 수 있다.
② 무효행위와 취소할 수 있는 행위의 구분은 입법정책상의 문제일 뿐이다.
③ 무효인 경우에는 시간의 경과에 따라 효력에 변동이 없으나 취소권은 일정 시간이 경과하면 소멸하고, 취소하면 소급하여 무효가 된다.
④ 유동적 무효상태에 있다면 계약금계약을 이유로 해제할 수 없다.
⑤ 「국토의 계획 및 이용에 관한 법률」상 토지거래허가를 받지 않아 유동적 무효의 상태에 있는 계약을 체결한 당사자는 쌍방이 그 계약이 효력이 있는 것으로 완성될 수 있도록 서로 협력할 의무가 있다.

20 **다음은 무효에 관한 설명이다. 틀린 것은?**

① 유동적 무효의 상태에 있는 거래계약의 당사자는 상대방이 그 거래계약의 효력이 완성되도록 협력할 의무를 이행하지 아니한 경우 거래계약을 해제할 수 있다.
② 토지거래허가구역 내의 토지매매계약이 허가를 배제하거나 잠탈하는 내용인 경우 그 계약은 확정적으로 무효가 된다.
③ 허가를 받지 않고 있는 동안에 토지거래계약 허가구역의 지정이 해제되면 그 계약은 확정적으로 유효가 된다.
④ 「국토의 계획 및 이용에 관한 법률」상의 토지거래허가를 받지 아니하고 계약당사자의 강박에 의하여 토지거래 등이 이루어진 경우에 있어서, 이들 사유에 기하여 그 거래의 무효 또는 취소를 주장할 수 있는 당사자가 그러한 거래허가를 신청하기 전 단계에서 이러한 사유를 주장하여 거래허가 신청협력에 거절의사를 일방적으로 명백히 표시하였다면 당해 계약은 확정적으로 무효가 된다.
⑤ 당사자 쌍방이 허가신청을 하지 아니하기로 의사표시를 명백히 한 경우에는 당해 계약은 확정적 무효가 된다.

21 **취소권의 존속기간에 관한 다음 설명 중 옳은 것은?** (다툼이 있으면 판례에 의함)

① 귀속재산처분과 같은 행정처분에도 민법 제146조의 규정이 당연히 적용된다.
② 취소권의 행사에 의하여 발생한 부당이득반환청구권도 제146조의 기간 내에 행사하여야 한다.
③ 취소권은 민법 제146조에서 규정한 기간인 3년과 10년 모두 만료되는 때에 소멸한다.
④ 취소권의 기산점인 추인할 수 있는 날이란 취소의 원인이 종료되어 취소권자가 취소의 대상인 법률행위를 추인할 수도 있고 취소할 수도 있는 상태가 된 때이다.
⑤ 취소권은 추인할 수 있는 날로부터 3년 내에, 법률행위를 한 날로부터 10년 내에 행사하여야 한다는 민법 제146조의 규정의 취소권 행사기간은 소멸시효를 정한 것으로 법원의 직권조사사항은 아니다.

22 **법률행위의 조건에 관한 설명으로 옳은 것은?** (다툼이 있으면 판례에 의함)

① 조건성취로 이익을 받을 당사자가 신의칙에 반하여 조건을 성취시킨 때에는 상대방은 그 법률행위를 취소할 수 있다.
② 법정조건은 법률행위의 부관으로서의 조건이 아니다.
③ 불능조건이 정지조건으로 되어 있는 법률행위는 조건 없는 법률행위이다.
④ 조건에 친하지 않은 법률행위에 불법조건을 붙인다면 조건 없는 법률행위로 전환된다.
⑤ 채무면제는 단독행위이므로 조건을 붙일 수 없다.

23 **甲은 그 소유부동산을 1980.7.16. 乙에게 매도하였다. 2016.7.16. 현재 乙의 甲에 대한 부동산소유권이전등기청구권의 소멸시효가 완성된 경우를 모두 고른 것은?** (다툼이 있으면 판례에 의함)

> ㉠ 乙이 매매와 동시에 부동산을 인도받아 현재까지 계속 점유·사용하고 있는 경우
> ㉡ 乙이 매매와 동시에 부동산을 인도받아 사용·수익하다가 2000년에 丙에 의해 그 점유를 침탈당한 뒤 현재까지 점유를 회복하지 못한 경우
> ㉢ 乙이 매매와 동시에 부동산을 인도받아 사용·수익하다가 2005년에 丁에게 전매하고 인도한 경우
> ㉣ 乙이 매매대금을 모두 지급하였지만 여전히 甲이 점유하고 등기도 넘기지 않아 1990. 7.15. 부동산을 가압류하였지만 제소기간도과로 가압류가 2007.7.15. 취소된 경우

① ㉡ ② ㉢
③ ㉠, ㉡ ④ ㉠, ㉢
⑤ ㉡, ㉢

24 **기한에 관한 다음 설명 중 틀린 것은?**

① 조건과 마찬가지로 기한부 법률행위에 대하여 소급효의 특약이 가능하다.
② 어음·수표행위에는 조건을 붙일 수 없지만, 시기(始期)는 붙일 수 있다.
③ 기한의 이익은 포기할 수 있으나 상대방의 이익을 해하지 못한다.
④ 기한부 권리를 일반규정에 의하여 처분, 상속, 보존 또는 담보로 할 수 있다.
⑤ 채무자가 담보제공의 의무를 이행하지 않은 때에도 채권자는 본래의 이행기에 이행을 청구할 수 있다.

25 **등기를 요하지 않는 부동산 물권취득에 관한 설명 중 잘못된 것은?**

① 공유물분할청구에 기한 분할 판결은 그 판결이 확정된 때 등기없이 물권변동이 발생한다.
② 매매를 원인으로 소유권이전등기절차를 이행하라는 판결이 확정된 경우에는 판결이 확정된 때 등기없이 물권변동이 생긴다.
③ 강제경매에 의한 부동산소유권은 매수인이 매각대금을 내면 등기없이 소유권을 취득한다.
④ 자기의 노력과 재료를 들어 건물을 건축한 사람은 소유권보존등기와 관계 없이 그 건물의 소유권을 취득한다.
⑤ 상속의 경우는 등기없이도 물권을 취득한다.

26 **등기의 효력에 관한 설명으로 옳지 않은 것은?** (다툼이 있으면 판례에 의함)

① 부동산에 관하여 소유권이전등기가 경료되어 있는 경우 등기원인 사실에 관한 입증이 부족하다는 이유로 그 등기를 무효라고 단정할 수 없다.
② 등기부상 소유권이전등기의 등기절차가 적법하게 진행되지 않은 것으로 볼만한 의심스러운 사정이 입증된 경우에는 그 등기의 추정력은 상실된다.
③ 등기부상 명의자를 소유자로 믿고 그 부동산을 매수하여 점유하는 자는 특별한 사정이 없는 한, 과실 없는 점유자이다.
④ 멸실회복등기에 있어 전(前) 등기의 접수연월일 등이 각 불명이라고 기재되었다면 특별한 사정이 없는 한, 이는 등기공무원에 의하여 적법하게 수리되고 처리된 것이라고 추정되지 않는다.
⑤ 부동산에 관하여 소유권이전등기가 경료되어 있는 경우 등기명의자는 그 전의 소유자에 대하여도 적법한 등기원인에 의하여 소유권을 취득한 것으로 추정된다.

27 **소유권 취득에 관한 다음 설명 중 옳은 것은?**

① 매장물은 법률이 정한 바에 의하면 공고한 후 1년 내에 소유자가 권리를 주장하지 않으면 발견자가 그 소유권을 취득한다.
② 첨부에 의하여 동산의 소유권이 소멸한 때에도 그 동산을 목적으로 한 다른 권리도 소멸하는 것은 아니다.
③ 타인의 동산에 가공한 경우에는 원칙적으로 그 물건의 소유권은 가공자에게 속한다.
④ 서로 다른 소유자에게 속하는 수 개의 동산이 부합(附合)하여 훼손치 않으면 분리할 수 없게 된 때에는 그 동산 사이에 주종(主從)을 구별할 수 있을 경우에도 각 동산의 소유자는 그 합성물(合成物)을 공유(共有)한다.
⑤ 모든 무주(無主)의 물건은 소유의 의사를 갖고 점유함으로써 그 소유권을 취득한다.

28 **점유보호청구권에 관한 옳은 설명으로 묶인 것은?** (다툼이 있으면 판례에 의함)

㉠ 점유의 방해를 받은 점유자는 방해의 제거 및 손해의 배상을 청구할 수 있으나, 손해배상을 청구하려면 방해자의 고의나 과실이 있어야 한다. ㉡ 점유의 방해를 받을 염려가 있을 때 점유자는 방해의 예방과 손해배상의 담보를 함께 청구할 수 있다. ㉢ 점유자가 사기에 의해 점유를 이전한 경우 점유물반환청구권을 행사할 수 없다. ㉣ 점유자가 점유의 침탈을 당한 경우 침탈자의 선의의 매수인으로부터 악의로 이를 전득한 자에 대해 점유물반환청구권을 행사할 수 있다.

① ㉠, ㉡
② ㉠, ㉢
③ ㉡, ㉢
④ ㉠, ㉡, ㉣
⑤ ㉡, ㉢, ㉣

29 **전세권에 관한 설명 중 틀린 것은?**

① 전세권이 기간만료로 종료된 경우 전세권은 전세권설정등기의 말소등기 없이도 당연히 소멸한다.
② 저당권의 목적물인 전세권이 소멸하면 저당권도 당연히 소멸하는 것이므로 전세권을 목적으로 한 저당권자는 전세권의 목적물인 부동산의 소유자에게 더 이상 저당권을 주장할 수 없다.
③ 전세목적물의 소유권이 이전된 경우 민법이 전세권관계로부터 생기는 상환청구, 소멸청구, 갱신청구, 전세금증감청구, 원상회복, 매수청구 등 법률관계의 당사자로 규정하고 있는 전세권설정자 또는 소유자는 모두 목적물의 소유권을 취득한 신(新) 소유자로 새길 수밖에 없다.
④ 전세권이 존속하는 동안이라도 전세권을 존속시키기로 하면서 전세금반환채권만을 전세권과 분리하여 확정적으로 양도할 수 있다.
⑤ 전세권 존속 중에는 장래에 그 전세권이 소멸하는 경우에 전세금 반환채권이 발생하는 것을 조건으로 그 장래의 조건부 채권을 양도할 수도 있다.

30 **구분지상권에 관한 설명으로 틀린 것은?**

① 구분지상권은 건물 기타의 공작물 또는 수목을 소유하기 위해서 설정할 수 있다.
② 구분지상권도 지상권으로 물권이므로 등기를 요하며, 양도·상속·임대 등이 가능하다.
③ 구분지상권의 행사를 위하여 토지소유권자의 사용권을 제한하는 특약을 구분지상권설정행위에서 할 수 있다.
④ 구분지상권을 설정하려는 토지에 이미 제3자가 사용·수익할 권리를 가지고 있는 경우에는 이들의 동의를 얻어야 한다.
⑤ 1필의 토지의 일부에 대하여도 구분지상권을 설정할 수 있다.

31 **유치권에 관한 다음의 설명 중 가장 잘못된 것은?**

① 유치권은 우선변제적 효력이 없어 부동산경매의 경우 경락인에 대하여 그 변제를 청구할 수 없지만 인도는 거절할 수 있다.
② 유치권은 일정한 요건을 갖추면 법률상 당연히 성립하는 권리로서 당사자의 합의에 의하여 성립하는 약정담보물권이 아니다.
③ 유치권의 점유를 상실하더라도 점유물반환청구에 의하여 그 점유를 회복하게 되면 유치권은 되살아난다.
④ 부동산에 대한 유치권은 등기하지 않아도 효력이 발생한다.
⑤ 유치권은 법정담보물권이므로 이를 미리 포기하는 특약은 무효이다.

32 **저당권에 관한 설명으로 옳은 것은?** (다툼이 있으면 판례에 의함)

① 건물의 저당권자는 저당권의 침해를 이유로 자신에게 건물을 반환할 것을 청구할 수 있다.
② 저당권이 실행되는 경우 저당권자에 우선하는 전세권자가 배당요구를 하더라도 전세권은 매각으로 소멸하지 않는다.
③ 전세권 위에 저당권이 설정된 경우 전세권의 존속기간이 만료하면, 저당권자는 전세권 자체에 대해 저당권을 행사할 수 있다.
④ 물상보증인이 저당부동산을 제3자에게 양도하고, 그 제3취득자가 저당권의 피담보채무의 이행을 인수한 경우 저당권이 실행되면 물상보증인이 채무자에 대한 구상권을 취득한다.
⑤ 甲의 토지에 乙이 저당권을 취득한 후 丙이 토지 위에 축조한 건물의 소유권을 甲이 취득한 경우 乙은 토지와 건물에 대해 일괄경매를 청구하여 그 매각대금 전부로부터 우선변제를 받을 수 있다.

7회

33 채무불이행에 관한 설명으로 옳지 않은 것은?

① 금전채무불이행으로 인한 손해배상에 관하여는 채권자는 손해의 증명을 요하지 아니한다.
② 금전채무불이행으로 인한 손해배상에 관하여는 채무자는 과실 없음을 항변하지 못한다.
③ 금전채무불이행의 손해배상액은 법정이율에 의한다. 그러나 법령의 제한에 위반하지 아니한 약정이율이 있으면 그 이율에 의한다.
④ 채권자지체 중이라 해도 이자 있는 채권은 이자를 지급하여야 한다.
⑤ 확정기한부 채무는 이행의 최고를 할 필요없이 그 기한이 도래한 때로부터 지체책임이 발생한다.

34 다음 중 보증관계에 관한 설명으로 틀린 것은?

① 주채무의 내용에 변경이 생기면 보증채무의 내용도 변경되며, 보증채무는 그 내용 또는 모습에 있어서 주채무보다 무거울 수 없다. 그러나 보증채무의 이행지체에 대한 손해배상은 별도로 부담한다.
② 주채무자에 대한 채권이 이전되면 보증인에 대한 채권도 함께 이전하나, 주채권과 분리하여 보증채권만을 양도하기로 하는 약정은 허용되지 않는다.
③ 보증기간이나 보증의 최고한도액을 정하지 않은 보증계약은 보증인의 지위에 중대한 위협이 되므로 그 효력을 인정할 수 없다.
④ 주채무자의 신용정보를 알고 있었던 채권자는 보증계약체결시 보증인에게 그 정보를 알려야 하며, 이를 위반하면 보증계약은 무효가 된다.
⑤ 주채무가 소멸시효의 완성으로 소멸하면 보증인은 시효소멸을 주장할 수 있으며, 주채무자가 시효이익을 포기하더라도 마찬가지이다.

35 다음 중 금전채권에 관한 설명으로 틀린 것은?

① 외화채권은 당사자 사이에 특약이 없으면 당해 외국의 각종 통화로 변제할 수 있다.
② 외화채권의 채무자는 지급할 때에 있어서 이행지의 환금시가에 의하여 우리나라의 통화로 변제할 수도 있다.
③ 외화로 표시된 채권을 우리나라 통화로 지급하는 경우 그 환금시기는 그 채권의 변제기를 기준으로 한다.
④ 외국의 특별한 종류의 통화지급을 목적으로 하는 채권의 경우에 그 종류의 통화가 변제기에 강제통용력을 잃은 때에는, 채무자는 그 나라의 다른 통화로 변제하여야 한다.
⑤ 제소전 화해조항에 채무의 변제기와 채무원금만 정하고 변제기 이후의 지연손해금에 관하여 아무런 규정을 두고 있지 아니한 경우에는 법정이율에 의한 지연손해금을 지급하여야 한다.

36 계약해제에 관한 설명으로 옳지 않은 것은? (다툼이 있으면 판례에 의함)

① 계약을 해제하면 계약은 처음부터 없었던 것으로 된다.
② 채무자가 계약을 이행하지 아니할 의사를 명백히 표시한 경우 채권자는 이행기 전이라도 이행의 최고없이 계약을 해제할 수 있다.
③ 해제된 계약으로부터 생긴 법률효과에 기초하여 해제 후 말소등기 전에 양립할 수 없는 새로운 이해관계를 맺은 제3자는 그 선의·악의를 불문하고 해제에 의하여 영향을 받지 않는다.
④ 계약해제의 효과로 반환할 이익의 범위는 특별한 사정이 없으면 이익의 현존 여부나 선의·악의를 불문하고 받은 이익의 전부이다.
⑤ 당사자의 일방 또는 쌍방이 수인인 경우 계약의 해제는 그 전원으로부터 또는 전원에게 하여야 한다.

37 **다음은 도급에 관한 설명이다. 틀린 것은?**

> ㉠ 도급인이 재료의 전부 또는 주요부분을 공급하는 경우에는 완성된 물건의 소유권은 모두 도급인에게 원시적으로 귀속한다.
> ㉡ 수급인이 재료의 전부 또는 주요부분을 제공한 경우에도 완성된 물건은 수급인의 소유에 속한다.
> ㉢ 수급인이 재료의 전부 또는 주요부분을 제공한 경우에도 당사자는 그 물건이 도급인의 소유에 속한다는 특약을 할 수 있다.
> ㉣ 건축주의 사정으로 건축공사가 중단되었던 미완성의 건물을 인도받아 나머지 공사를 마치고 완공한 경우 당연히 완공 당시의 건축주가 소유자이다.

① ㉠ ② ㉡ ③ ㉢
④ ㉣ ⑤ 모두 맞다.

38 **甲은 乙로부터 X토지를 매수하여 상가용 건물을 신축할 계획이었으나, 법령상의 제한으로 그 건물을 신축할 수 없게 되었다. 또한 토지의 오염으로 통상적인 사용도 기대할 수 없었다. 다음 중 옳은 것은?** (다툼이 있으면 판례에 의함)

① 토지에 대한 법령상의 제한으로 건물신축이 불가능하면 이는 매매목적물의 하자에 해당한다.
② X토지에 하자가 존재하는지 여부는 항상 목적물의 인도시를 기준으로 판단하여야 한다.
③ 甲이 토지가 오염되어 있다는 사실을 계약체결시에 알고 있었더라도 乙에게 하자담보책임을 물어 손해배상을 청구할 수 있다.
④ 甲이 토지의 오염으로 인하여 계약의 목적을 달성할 수 없더라도 계약을 해제할 수 없다.
⑤ 甲은 토지의 오염사실을 안 날로부터 1년 내에는 언제든지 乙에 대하여 담보책임에 기한 손해배상을 청구할 수 있다.

39 **위임에 관한 설명으로 옳지 않은 것은?** (다툼이 있으면 판례에 의함)

① 수임인은 위임의 본지에 따라 선량한 관리자의 주의로써 위임사무를 처리하여야 한다.
② 수임인은 위임사무의 처리로 인하여 받은 금전 기타의 물건 및 그 수취한 과실을 위임인에게 인도하여야 한다.
③ 위임사무의 처리에 비용을 요하는 때에는 위임인은 수임인의 청구에 의하여 이를 선급하여야 한다.
④ 위임계약에 따라 수임인이 사무처리를 시작하였다면 위임인은 원칙적으로 더 이상 위임계약을 해지하지 못한다.
⑤ 수임인은 자기에 갈음하여 타인에게 위임사무를 독자적으로 처리하게 하지 못함이 원칙이다.

40 **공작물의 점유자 및 소유자의 책임에 관한 설명으로 옳지 않은 것은?** (다툼이 있으면 판례에 의함)

① 전기 그 자체는 공작물에 해당하지 않는다.
② 공작물의 소유자에게는 면책사유가 인정된다.
③ 피해자에게 손해배상을 한 점유자 또는 소유자는 그 손해의 원인에 대해 책임이 있는 자에게 구상권을 행사할 수 있다.
④ 공작물책임이 인정되기 위해서는 공작물의 하자와 손해 사이에 인과관계가 있어야 한다.
⑤ 공작물에 대해 직접점유자와 간접점유자가 있는 경우 원칙적으로 직접점유자가 1차적으로 책임을 진다.

– 본 회차 시험 종료 –

제8회 적중 실전모의고사

01 회계원리

01 **재고자산에 관한 설명으로 옳지 않은 것은?**

① 상품매매거래에 대하여 계속기록법으로 회계처리하면 회계기간 어느 시점에서도 해당 시점의 상품잔액을 알 수 있다.
② 실지재고조사법은 계속기록법과 달리 기말수정분개를 하여야 한다.
③ 실지재고조사법은 상품이 판매되는 시점에서는 원가를 계산하지 않는다.
④ 실지재고조사법은 고가의 귀금속처럼 거래가 빈번하지 않은 상품에 적합한 방법이다.
⑤ 재고자산의 시가가 취득원가보다 하락한 경우에는 저가법을 사용하여 재고자산의 재무상태표가액을 결정한다.

02 **다음 ( ) 안에 들어갈 내용으로 가장 적당한 회계정보의 질적 특성은 무엇인가?**

> 근본적 질적특성은 목적적합성과 (　　　) 2가지이다. 목적적합하지 않은 현상에 대한 (　　　)은 이용자들이 좋은 결정을 내리는 데 도움이 되지 않는다.

① 예측가치　② 중요성
③ 이해가능성　④ 검증가능성
⑤ 표현충실성

03 **다음 중 회계상 거래에 해당하지 않는 것만으로 짝지어진 것은?**

> ㉠ 건물에 화재가 발생하여 건물과 상품이 모두 소실되다.
> ㉡ 상품을 다음 달에 구입하기로 하는 주문을 신청하다.
> ㉢ 결산 시 상품의 순실현가치가 대폭 하락하다.
> ㉣ 거래처에 대한 외상매출금이 거래처의 파산으로 인하여 대손되다.
> ㉤ 은행 대출금에 대하여 토지를 담보로 제공하다.

① ㉡, ㉤　② ㉠, ㉢, ㉣　③ ㉠, ㉡, ㉣
④ ㉡, ㉣　⑤ ㉢, ㉣, ㉤

04 **다음 내용을 바탕으로 은행계정조정표를 작성한 결과 정확한 수정 후 당좌예금잔액이 ₩230,000인 것으로 확인되었다면, 수정전은행잔액과 수정전회사잔액과의 차액은 얼마인가?**

> • 은행에서 부도처리한 수표 ₩26,000이 회사에 미통보됨
> • 매출처에서 당좌예금에 입금한 매출채권 ₩17,000이 회사에 미통보됨
> • 회사에서 입금처리한 현금 ₩27,000이 은행에 미기록됨
> • 기발행하였으나 미인출된 수표 ₩32,000
> • 은행에서 출금한 수수료 ₩8,000이 회사에 미통보됨

① ₩17,000　② ₩23,000　③ ₩32,000
④ ₩12,000　⑤ ₩19,000

05 ㈜대한의 재고자산 관련 자료이다. 가중평균 소매재고법에 따른 당기의 매출총이익은?

	원가	매가		원가	매가
기초재고	1,000	1,200	매입	5,000	6,000
매출	?	4,800	기말재고	?	2,400

① ₩700 ② ₩800 ③ ₩900
④ ₩1,000 ⑤ ₩1,100

06 제1기말 보유중인 유가증권은 다음과 같다. 甲주식은 FV-OCI금융자산으로 乙주식은 FV-PL금융자산으로 분류되는 경우 보고기간 말 유가증권 측정 후 장부금액과 당기순이익에 미치는 영향으로 옳은 것은?

주식종류	취득원가	공정가치
甲주식	₩1,000,000	₩1,100,000
乙주식	₩2,000,000	₩1,950,000

	甲주식 장부금액	乙주식 장부금액	당기순이익에 미치는 영향
①	₩1,100,000	₩1,950,000	₩50,000 감소
②	₩1,000,000	₩1,950,000	₩50,000 감소
③	₩1,100,000	₩1,950,000	₩50,000 증가
④	₩1,000,000	₩2,000,000	영향 없음
⑤	₩1,100,000	₩1,950,000	₩100,000 증가

07 결산시 상품에 대한 재고실사 전 매출원가는 ₩10,000,000이었다. 재고자산에 대한 실사결과 감모손실은 발생하지 아니하였으나, 다음과 같은 내용이 발견된 경우 당기의 정확한 매출원가는 얼마인가?

구 분	단위당 원가	단위당 판매가격	단위당 판매비용
상품 A(수량 300개)	₩1,000	₩1,300	₩100
상품 B(수량 300개)	₩1,500	₩1,600	₩200

① ₩10,000,000 ② ₩9,800,000
③ ₩10,030,000 ④ ₩10,120,000
⑤ ₩10,230,000

08 ㈜대한은 20×1년 1월 1일 ₩120,000에 취득한 건물(내용연수 10년, 잔존가치 ₩0)을 정액법에 따라 감가상각 해오던 중 20×3년 1월 1일에 잔여 내용연수를 4년으로 새롭게 추정하였다. 20×3년 12월 31일 기계장치 장부금액은?

① ₩84,000 ② ₩80,000 ③ ₩77,000
④ ₩75,000 ⑤ ₩72,000

09 다음은 ㈜경록의 주당순이익을 구하기 위한 자료이다. 다음 자료를 이용하여 ㈜경록의 20X1년 주당순이익을 구하면? (단, 가중평균 유통보통주식수는 월수를 기준으로 계산한다)

- ㈜경록의 20X1년 당기순이익은 ₩1,000,000이다.
- 20X1년 1월 1일 현재 유통보통주식수는 1,000주이다.
- 20X1년 4월 1일 자기주식 100주를 취득하였다.
- 20X1년 10월 1일 자기주식 48주를 처분하였다.
- 비누적적 우선주에 대한 배당결의 금액은 ₩109,850이다.

① ₩1,050 ② ₩1,000 ③ ₩950
④ ₩900 ⑤ ₩850

8회

10 당기말 자본현황 및 이익처분현황은 다음과 같다. 법정 적립금은 최소한의 금액을 적립하고 다른 처분사항은 없다고 가정한다면 차기이월 미처분이익잉여금은 얼마인가?

〈자본현황〉
- 자본금 ···················· ₩50,000,000
- 주식발행초과금 ·············· ₩7,000,000
- 이익준비금 ················· ₩3,100,000
- 주식할인발행차금 ··············· ₩720,000
- 전기이월 미처분이익잉여금 ····· ₩6,300,000
- 당기순이익 ················ ₩12,000,000

〈이익처분현황〉
- 주식할인발행차금 상각액 ·········· ₩360,000
- 금전배당액 ················· ₩5,000,000
- 주식배당액 ················· ₩1,000,000

① ₩11,440,000　② ₩11,550,000
③ ₩12,780,000　④ ₩12,910,000
⑤ ₩13,270,000

11 다음 자료를 보고 알 수 있는 ㈜경록의 기말 자본총액은?

- 기말 자산총액 : ₩1,200,000
- 평균 총자산액 : ₩1,000,000
- 부채비율 : 200%
- 매출액순이익률 : 20%

① ₩800,000　② ₩700,000
③ ₩600,000　④ ₩500,000
⑤ ₩400,000

12 다음 자료에 의하여 당기 매출원가를 계산하면 얼마인가?

• 당기총매출액	₩1,720,000
• 당기총매입액	₩1,830,000
• 매출환입	₩20,000
• 매입환출	₩210,000
• 매출할인	₩30,000
• 매입할인	₩40,000
• 매입에누리	₩90,000

- 기말상품은 기초상품보다 ₩100,000 증가하였다.

① ₩1,390,000　② ₩1,640,000
③ ₩1,270,000　④ ₩1,480,000
⑤ ₩1,320,000

13 당사는 전자부품을 생산하는 제조기업이다. 당기 중 지출한 개발비 총액은 ₩10,000,000이지만 이 중 개별적으로 식별이 가능하고 미래의 경제적 효익을 확실하게 기대할 수 있는 개발비는 ₩6,000,000인 것으로 조사되었다. 당사가 개발비에 대한 내용연수를 10년으로 판단한 경우 당기말 재무상태표상 개발비의 장부금액은 얼마인가?

① ₩10,000,000　② ₩6,000,000
③ ₩5,400,000　④ ₩4,000,000
⑤ ₩3,600,000

14 다음 자료를 이용하여 계산한 투자활동순현금흐름은?

• 당기순이익	₩100,000
• 감가상각비	₩30,000
• 재고자산의 취득(장부가)	₩20,000
• 기계장치의 처분(장부가)	₩50,000
• 기계장치 처분이익	₩10,000

① ₩30,000　② ₩40,000
③ ₩50,000　④ ₩60,000
⑤ ₩70,000

15 **㈜대한의 20X1년 말 창고에 보관 중인 재고자산 잔액은 ₩5,000이다. 다음 자료를 반영하는 경우 20X1년 말 ㈜대한의 재고자산 총액은?**

- 도착지 인도조건으로 ₩5,000에 판매하여 현재 운송 중에 있는 상품 A의 장부가액은 ₩1,000이며, 20X2년 1월 2일에 도착예정이다.
- 수탁자에게 인도한 위탁상품의 장부금액은 ₩2,000이며, 그 중 50%가 ₩5,000에 판매되었다.
- 선적지 인도조건으로 구매한 제품이 현재 운송 중에 있으며, 구매가격은 ₩3,000이다.

① ₩5,000 ② ₩6,000
③ ₩8,000 ④ ₩9,000
⑤ ₩10,000

16 **다음 자료에 의하여 회계기간이 매년 1월 1일부터 12월 31일인 ㈜경록의 20X2년 말 자기주식의 장부금액을 계산하면 얼마인가?**

- 20X2년 11월 2일 자기주식 1,000주, @₩5,200에 취득
- 20X2년 12월 15일 자기주식 600주, @₩5,100에 처분
- 20X2년 12월 31일 자기주식의 공정가치는 @₩5,000임
- 20X3년 1월 9일 자기주식 400주, @₩4,800에 처분

① ₩2,140,000 ② ₩2,080,000
③ ₩2,000,000 ④ ₩2,060,000
⑤ ₩2,180,000

17 **㈜경록은 20X1년 1월 1일 기계장치A(공정가치 ₩1,000, 장부금액 ₩800)를 ㈜한국의 기계장치B(공정가치 ₩1,200, 장부금액 ₩1,000)와 교환하면서 현금 ₩300을 추가로 지급하였다. 상업적 실질이 있는 거래로 가정하는 경우 ㈜경록이 교환을 통해 취득한 기계장치B의 취득원가는?**

① ₩1,400 ② ₩1,300 ③ ₩1,200
④ ₩1,100 ⑤ ₩1,000

18 **다음 중 회계변경과 오류수정에 대한 설명으로 틀린 것은?**

① 중요한 전기오류는 발견된 기간의 당기손익으로 처리하지 않고 소급법을 적용하여 처리한다.
② 회계정책의 변경은 원칙적으로 전진법으로 처리하되, 누적효과를 결정할 수 있는 경우에는 소급법을 적용할 수 있다.
③ 감가상각방법을 정률법에서 비례법으로 변경하는 것은 회계추정의 변경에 해당한다.
④ 회계정책의 변경과 회계추정의 변경이 동시에 이루어지는 경우 회계정책의 변경을 먼저 처리하고 회계추정의 변경을 처리한다.
⑤ 과거에 발생한 거래와 실질이 다른 거래에 대하여 다른 회계정책을 적용하는 것은 회계변경으로 보지 않는다.

19 **㈜경록은 20X1년 1월 1일에 액면금액이 ₩100,000인 사채(만기 10년, 표시이자율 연10%)를 발행하였다. 유효이자율이 연 12%인 경우 다음 자료에 의하여 사채 발행금액을 계산하면 얼마인가?**

기 간	할인율	현 가	연금현가
10년	10%	0.386	6.145
10년	12%	0.322	5.650

① ₩88,700 ② ₩93,650
③ ₩95,100 ④ ₩100,000
⑤ ₩102,320

8회

20 **결산 실사 결과 다음과 같은 자산이 있었다. 재무상태표에 현금 및 현금성자산으로 표시할 금액은?**

- 5만원권 지폐 ························ ₩1,250,000
- 타인발행약속어음 ····················· ₩500,000
- 만기가 도래한 국채이자표 ········ ₩150,000
- 배당금지급통지표 ···················· ₩300,000
- 직원 급료가불증 ······················ ₩400,000
- 지점전도금 ······························ ₩450,000
- 송금환 ·································· ₩1,250,000
- 우표 ·· ₩9,000
- 타인발행수표 ························ ₩1,500,000

① ₩4,450,000　② ₩4,650,000
③ ₩4,900,000　④ ₩5,200,000
⑤ ₩5,400,000

21 **다음의 거래에 대한 분개 중 옳지 않은 것은?**

① 기계장치를 ₩100,000에 외상으로 구입하고 대금은 1개월 후에 지급하기로 하였다.
(차) 기계장치　100,000
(대) 미지급금　100,000
② 은행으로부터 현금 ₩50,000을 단기차입하였다.
(차) 현 금　50,000
(대) 단기차입금　50,000
③ 주주로부터 ₩30,000을 현금으로 출자받아 ㈜대한을 설립하였다.
(차) 현 금　30,000
(대) 자본금　30,000
④ 외상으로 취득한 기계장치 ₩10,000을 반환하였다.
(차) 미지급금　10,000
(대) 비 품　10,000
⑤ 상품 ₩20,000을 판매하고 판매대금은 2개월 후에 회수하기로 하였다.
(차) 미수금　20,000
(대) 매 출　20,000

22 **다음은 ㈜대한의 재고자산 자료이다. 이동평균법을 적용할 경우 기말재고액은?**

	수량(개)	단위당 원가	단위당 매가
기초재고	100	₩103	
매출(4월 1일)	50		₩150
매입(7월 15일)	300	₩110	
매출(9월 5일)	150		₩180
기말재고	200	?	

① ₩20,500　② ₩20,900　③ ₩21,500
④ ₩21,800　⑤ ₩22,500

23 **20×1년 11월 10일에 ㈜경록의 주식 10,000주를 ₩100,000,000에 취득하고 FV-OCI금융자산으로 처리하였다. 20×1년 12월 31일 결산일 현재 ㈜경록의 공정가치는 주당 ₩8,000이었다. 20×2년 7월 28일에 ㈜경록의 주식 50%를 ₩50,000,000에 처분하였고 나머지는 연말까지 보유중이다. 주식의 처분과 관련하여 20×2년에 인식할 당기손익은 얼마인가?**

① FV-OCI금융자산 처분이익 ₩20,000,000
② FV-OCI금융자산 처분이익 ₩10,000,000
③ FV-OCI금융자산 처분손실 ₩20,000,000
④ FV-OCI금융자산 처분손실 ₩10,000,000
⑤ ₩0

24 ㈜대한은 20X1년 7월 1일자로 다음과 같은 사채를 발행하였으며, 유효이자율법에 따라 회계처리하고 있다. 다음 사채와 관련하여 옳은 것은?

- 액면금액 : ₩100,000 • 만기 : 3년
- 유효이자율 : 5%, 표시이자율 : 3%
- 이자지급시기 : 매년 6월 30일

① 위 사채는 할증발행 사채이다.
② 매년 인식해야 할 이자비용이 실제 이자지급액보다 작다.
③ 이자비용은 만기에 가까워질수록 증가한다.
④ 위 사채는 매년 3%의 이자율로 상각해야 한다.
⑤ 매년 6월 30일 이자지급 회계처리시, 인식할 이자비용과 이자지급액은 동일하다.

25 한국채택국제회계기준에 의한 기대신용손실에 대한 설명으로 틀린 것은?

① 금융상품의 기대존속기간에 걸친 신용손실의 확률가중추정치를 기대신용손실이라고 한다.
② 금융상품의 기대신용손실은 화폐의 시간가치를 반영하도록 측정한다. 이때 할인율은 원칙적으로 최초 인식시점의 유효이자율로 한다.
③ 최초 인식 후에 금융상품의 신용위험이 유의적으로 증가하지 아니한 경우에는 보고기간 말에 12개월 기대신용손실에 해당하는 금액으로 기대신용손실을 측정한다.
④ FV-OCI금융자산의 경우 기대신용손실을 추정하여 손실충당금을 인식한다. 이 경우 손실충당금은 기타포괄손익에서 인식하고 재무상태표 장부금액을 줄이지 아니한다.
⑤ AC금융자산의 경우 기대신용손실을 손실충당금으로 측정하고 손상차손(환입)은 기타포괄손익(자본)으로 인식한다.

26 ㈜경록은 3월 31일에 기계장치를 ₩3,000,000에 매각하였다. 기계장치의 취득원가는 ₩6,500,000, 잔존가치는 ₩200,000, 내용연수는 5년이며 전기말 감가상각누계액은 ₩3,450,000이었다. 기계장치를 정액법으로 월할상각하는 경우 처분손익은 얼마인가?

① 이익 ₩150,000 ② 이익 ₩265,000
③ 이익 ₩465,000 ④ 손실 ₩50,000
⑤ 손실 ₩150,000

27 당사는 보험료 지급시 선급보험료 계정으로 처리하고 기말결산시 기간경과분을 보험료 계정으로 대체하고 있다. 결산시 보험료에 대한 수정분개를 누락한 경우 재무제표에 미치는 영향으로 맞는 것은?

① 당기순이익과 비용이 과대계상된다.
② 자산과 비용이 과대계상된다.
③ 당기순이익과 비용이 과소계상된다.
④ 당기순이익과 자산이 과대계상된다.
⑤ 자산과 비용이 과소계상된다.

28 20×1년 4월 1일에 비품을 현금 ₩500,000에 구입하여, 5년간 매년 ₩100,000씩 감가상각비로 처리하고자 하는 경우, 20×1년 12월 31일에 행할 분개로 옳은 것은? (단, 비품은 5년간 월할상각하며, 잔존가치는 없다고 가정한다.)

① (차) 감가상각비 100,000 (대) 현금 100,000
② (차) 감가상각비 100,000 (대) 비품 100,000
③ (차) 감가상각비 75,000 (대) 현금 75,000
④ (차) 감가상각비 100,000 (대) 감가상각누계액 100,000
⑤ (차) 감가상각비 75,000 (대) 감가상각누계액 75,000

8회

29 ㈜경록의 포괄손익계산서상 당기순이익은 ₩500,000이 었으나 감사과정에서 다음과 같은 지적사항이 발견되었다면 ㈜경록의 정확한 당기순손익은 얼마인가?

• 감가상각비 과대계상액	₩120,000
• FV-OCI금융자산 평가손실 과대계상액	₩27,000
• 자기주식처분손실 과소계상액	₩80,000

① ₩420,000 ② ₩527,000
③ ₩700,000 ④ ₩620,000
⑤ ₩647,000

30 ㈜경록은 확정기여형 퇴직연금에 가입하고, 보통예금 계좌에서 퇴직연금기여금 ₩2,000,000을 이체하였다. 이에 대한 분개로 맞는 것은?

① (차) 퇴직급여 ₩2,000,000
(대) 보통예금 ₩2,000,000
② (차) 퇴직급여충당부채 ₩2,000,000
(대) 보통예금 ₩2,000,000
③ (차) 퇴직연금운용자산 ₩2,000,000
(대) 보통예금 ₩2,000,000
④ (차) 퇴직급여 ₩2,000,000
(대) 퇴직급여충당부채 ₩2,000,000
⑤ (차) 퇴직연금운용자산 ₩2,000,000
(대) 퇴직급여충당부채 ₩2,000,000

31 당사는 사업확장을 위하여 자본금을 증자하기로 하고, 주식 10,000주(액면가액 @₩5,000)를 @₩6,000에 발행하고 발행대금은 현금으로 받아 즉시 당좌예금에 입금하였다. 증자시 발생한 주권인쇄비 등 관련 비용 ₩1,500,000은 현금으로 지급하였을 때, 자본금의증자가 당기손익에 미치는 영향은?

① ₩1,500,000 감소 ② ₩10,000,000 증가
③ ₩8,500,000 증가 ④ ₩11,500,000 증가
⑤ 영향 없음

32 다음은 전기말에 비하여 증가 또는 감소된 자산부채 내역과 당기에 발생된 비용에 대한 자료이다. 당기 현금주의 당기순이익이 ₩90,000이라면 발생주의에 의한 당기순이익은 얼마인가?

• 선급비용	₩4,000 감소
• 매출채권	₩21,000 증가
• 선수수익	₩3,000 감소
• 매입채무	₩7,000 증가
• 감가상각비	₩5,000 발생

① ₩95,000 ② ₩98,000
③ ₩102,000 ④ ₩105,000
⑤ ₩107,000

33 당사는 제품 A, B에 대한 결합원가 ₩240,000을 순실현가치기준법에 의하여 배부하고 있다. 다음 자료에 의하여 B제품의 매출총이익을 계산하면 얼마인가?

구 분	판매가치	추가가공원가	생산량
A	750,000	50,000	50개
B	340,000	40,000	90개

① ₩208,000 ② ₩218,000
③ ₩228,000 ④ ₩200,000
⑤ ₩210,000

34 **㈜대한은 표준원가계산을 적용하고 있다. 당기의 제품 생산량은 2,700단위이고, 직접재료원가와 관련된 자료는 다음과 같다.**

- 실제 직접재료원가 ……………………₩200,000
- 실제 직접재료수량 ……………………12,500kg
- 제품 단위당 표준 직접재료수량 …………5kg
- 직접재료수량당 표준가격 …………………₩15

이때 직접재료원가의 가격차이와 수량차이를 각각 구하면? (단, 기초 및 기말 재공품은 없다)

	가격차이	수량차이
①	₩15,000 유리	₩15,000 불리
②	₩17,500 불리	₩10,000 유리
③	₩17,500 유리	₩10,000 불리
④	₩12,500 불리	₩15,000 유리
⑤	₩12,500 유리	₩15,000 불리

35 **다음 중 부문별 원가회계에 대한 설명으로 틀린 것은?**

① 제조간접원가를 발생장소별로 집계하여 각 제품에 배부하는 원가회계과정이다.
② 보조부문원가를 제조부문에 배부하는 경우 단계배부법을 사용할 때에는 배부순서에 따라 각 제조부문 배부액이 달라지게 된다.
③ 상호배부법은 보조부문 상호간의 용역수수 관계를 모두 무시하는 방법이다.
④ 제조간접원가 중 각 부문별로 추적할 수 없는 부문공통원가는 합리적인 배부기준에 따라 각 부문에 배부하여야 한다.
⑤ 부문직접원가와 부문간접원가 모두 제품에 대한 추적가능성에 따른 분류에 의하면 간접원가로 분류된다.

36 **㈜경록의 3월 원가계산 자료는 다음과 같다. 기초 및 기말재공품은 없으며, 재고자산의 원가흐름은 선입선출법을 전제로 한다. 전부원가계산에 의한 기초제품재고액은 ₩300,000**(고정제조간접원가 ₩120,000 포함)**이고, 기말제품재고액은 ₩780,000이다. 전부원가계산에 의한 영업이익이 ₩368,000이라면 변동원가계산에 의한 영업이익은 얼마인가?**

당기생산량	1,500개	당기판매량	1,000개
기초제품	200개	기말제품	450개
고정제조 간접원가	₩960,000	고정판매비와 관리비	₩940,000

① ₩120,000
② ₩200,000
③ ₩288,000
④ ₩368,000
⑤ ₩381,000

37 **㈜대한은 20X1년 초에 설립되었으며, 20X1년도 영업활동에 관한 자료는 다음과 같다. 20X1년도의 단위당 판매가격은 ₩2,000, 제품생산량은 10,000단위이며, 이중 8,000 단위를 판매한 경우 전부원가계산에 의한 영업이익과 변동원가계산에 의한 영업이익의 차이를 구하면?** (단, 기말재공품은 없다)

구 분	단위당 변동원가	연간 고정원가
직접재료원가	500	
직접노무원가	300	
제조간접원가	200	1,000,000
판매관리비	200	500,000

① ₩200,000
② ₩100,000
③ ₩50,000
④ ₩20,000
⑤ ₩0

8회

38 **부문별 원가계산제도를 적용하는 ㈜경록은 절단부문과 조립부문 2개의 제조부문과 동력부문과 수선부문 2개의 보조부문을 두고 있다. 당월 보조부문의 용역 제공비율이 다음과 같은 경우 단계배부법에 의하여 조립부문에 대한 배부액을 계산하면 얼마인가?** (단, 동력부문원가 ₩200,000, 수선부문원가 ₩300,000이며 동력부문원가부터 배부한다고 가정한다)

비 고	동력부문	수선부문	절단부문	조립부문
동력부문	–	40%	20%	40%
수선부문	20%	–	40%	40%

① ₩190,000　② ₩230,000
③ ₩270,000　④ ₩320,000
⑤ ₩360,000

39 **다음은 ㈜대한의 20×1년도 제품 제조 및 판매와 관련된 자료이다.**

기초재공품	₩50,000	기말재공품	₩70,000
기초제품	₩30,000	기말제품	₩20,000
매출원가	₩120,000		

위 자료를 토대로 당기총제조원가를 구하면?

① ₩130,000　② ₩120,000
③ ₩110,000　④ ₩100,000
⑤ ₩90,000

40 **다음 자료를 이용하여 고저점법으로 제조간접원가를 추정하는 경우 기계시간 310시간에서의 제조간접원가는 얼마로 추정되는가?**

구 분	7월	8월	9월	10월	11월	12월
기계시간	320	220	200	270	250	300
제조 간접원가	587,200	531,000	520,000	577,000	543,000	581,000

① ₩562,300　② ₩567,000
③ ₩578,200　④ ₩579,300
⑤ ₩581,600

– 다음면에 계속 –

03 공동주택시설개론

41 다음 건축물의 각 구성요소에 대한 설명으로 옳지 <u>않은</u> 것은?

① 기초는 지정을 포함한 기초판으로 건물의 하중을 지반에 안전하게 전달하는 구조체이다.
② 벽은 두께에 직각으로 측정한 수평치수가 그 두께의 3배를 넘는 수직부재이다.
③ 바닥(slab)은 공간을 막아 놓은 수평구조체로 변장비에 따라 1방향 슬래브와 2방향 슬래브가 있다.
④ 기둥은 높이가 단면치수의 3배 이상인 수직부재로 주로 인장력에 저항한다.
⑤ 보는 슬래브 등의 하중을 지지하는 수평부재로 큰보와 작은보가 있다.

42 커튼월구조에 대한 설명으로 옳지 <u>않은</u> 것은?

① 주로 고층건물에 많이 채용하는 방식으로 외벽을 경량화 할 수 있는 장점이 있다.
② 고층건물에서 커튼월을 구조체에 설치할 때는 비계작업을 원칙으로 한다.
③ 자중만을 담당하는 비내력 외벽으로 외벽을 뼈대가 아닌 경량부재를 사용하여 얹히는 구조이다.
④ 공사의 상당부분을 공장에서 제작하므로 현장공정을 크게 단축시킬 수 있다.
⑤ 경량형강이나 PC판을 이용하여 용접이나 볼트 조임으로 고정시키기도 한다.

43 다음 중 사질 지반에 가장 적합한 지반조사 방법은?

① 신월샘플링(thin wall sampling)
② 웰 포인트(well point) 공법
③ 시험파기(test pit)
④ 베인테스트(vane test)
⑤ 표준관입 시험(standard penetration test)

44 다음에서 설명하고 있는 기초파기 공법으로 옳은 것은?

> 기존건축물에 근접하여 건축공사의 터파기 공사를 할 경우에 기존 건축물의 기초를 보강하거나 새로운 기초를 삽입하는 공법이다.

① 역구축공법(Top down method
② 언더피닝(Under Pinning) 공법
③ 잠함(Caisson)기초
④ 샌드드레인(sand drain)공법
⑤ 피어기초((Pier foundation)

45 다음 중 조적조 벽돌 벽체공사에 관한 기술로 옳은 것은?

① 일반 벽돌공사의 줄눈은 설계도서에 특별히 정한바가 없을 때는 가로, 세로 각각 6mm 두께를 표준으로 한다.
② 내력벽에서 개구부 크기가 1m 이하일 때는 아치를 생략할 수 있다.
③ 내력벽체에 사용하는 벽돌은 흡수율이 크고 강도가 큰 제품을 사용해야 한다.
④ 벽돌벽을 쌓을 때 하루 쌓기 높이는 최대 1.8m 이내로 한다.
⑤ 벽돌을 쌓을 때는 응력을 분산시키기 위하여 가급적 막힌줄눈으로 쌓는 것이 원칙이다.

46 다음 중 조적조 건축물에 관한 기술로 옳지 <u>않은</u> 것은?

① 벽돌벽이 블록벽과 서로 직각으로 만날때에는 연결철물을 만들어 블록 5단마다 보강하여 쌓는다.
② 벽돌 1일 쌓기 높이는 최대 1.5m 이하로 하고 너비가 1.8m를 넘는 개구부 상부에는 철근콘크리트 인방보를 설치한다.
③ 벽돌벽이 콘크리트 기둥(벽) 또는 슬래브 하부면과 만날 때는 그 사이에 모르타르를 충진한다.
④ 벽돌벽은 최상층을 철근콘크리트 바닥판으로 할 때를 제외하고는 모든 층에 테두리보를 두는 것이 원칙이다.
⑤ 벽면은 일부 또는 국부적으로 높게 쌓지 않도록 하고 보강블록조를 제외하고는 막힌줄눈으로 쌓는 것이 원칙이다.

47 철근콘크리트 구조에서 철근공사에 관한 기술로 옳지 <u>않은</u> 것은?

① 보부재의 경우 휨모멘트에 의해 주근을 배근하고 전단력에 의해 늑근을 배근한다.
② 기초의 밑창콘크리트는 피복두께에 산입하지 않는다.
③ 기둥의 피복두께는 주근 표면과 이를 피복하는 콘크리트 표면까지의 최단거리이다.
④ 동일한 부재의 단면에서 피복두께가 클수록 건축물의 내구연한이 증대된다.
⑤ SD400은 이형철근의 항복강도 400N/㎟을 의미한다.

48 다음 각종 콘크리트에 관한 내용으로 옳지 <u>않은</u> 것은?

① 중량 콘크리트는 비중이 큰 골재를 사용하여 주로 방사선 차폐용으로 사용하는 콘크리트이다.
② 한중콘크리트는 타설 후 어느 부분에서나 그 온도가 5℃ 이상 되게 시멘트 및 골재를 가열하여 사용한다.
③ 폴리머함침 콘크리트는 시멘트 대신 폴리머(Polymer)를 사용하여 경화, 인장강도, 건조수축, 내약품성 등을 개선한 콘크리트이다.
④ 매스콘크리트는 내부와 외부의 온도가 달라 균열이 발생하기 쉬우므로 재료를 적정온도 이하가 되도록 하여야 한다.
⑤ 유동화콘크리트란 미리 비빈 콘크리트에 유동성을 확보하기 위하여 유동화제를 넣어 친 콘크리트이다.

49 철근콘크리트구조에서 철근의 이음 및 정착길이를 산정하는 근거로 옳은 것은?

① 콘크리트의 허용 압축응력도
② 콘크리트에 대한 철근의 허용 전단응력도
③ 콘크리트에 대한 철근의 휨응력도
④ 콘크리트에 대한 철근의 허용 인장응력도
⑤ 콘크리트의 철근에 대한 허용 부착응력도

50 **철골용접의 용어설명에 대한 내용으로 옳지 않은 것은?**

① 모살용접(Fillet welding) - 접합하는 두 개의 부재 사이에 홈을 만들고 그 사이에 용착금속을 채워 용접하는 방식
② 엔드탭(end tab) - 용접의 시점과 종점에 용접 불량을 방지하기 위해 설치하는 금속판
③ 플럭스(Flux) - 용접봉의 피복재 역할로 사용되는 분말상의 재료
④ 루트(Root) - 맞댄용접부의 단면에 있어서 용착금속의 바닥과 모재와의 교점 또는 그루우브의 밑부분으로 맞댄 용접의 트임새 끝의 최소간격
⑤ 비이드(bead) - 용접봉의 1회 통과로 생긴 용착된 금속층

51 **다음 철골구조의 용접시 유의사항에 대한 설명으로 옳지 않은 것은?**

① 용접할 소재는 용접에 의한 수축변형이 생기고 또 마무리작업도 고려해야 하므로 치수에 여분을 두어야 한다.
② 부재이음은 용접과 볼트를 병용하지 않는 것을 원칙으로 한다.
③ 검사가 어렵고 열에 의한 변형발생이 우려되며 모재의 재질에 따라 응력상 영향이 크므로 주의한다.
④ 용접자세는 가능한 한 회전지그를 이용하여 아래보기 또는 수평자세로 한다.
⑤ 아크 발생은 필히 용접부 내에서 일어나지 않도록 해야 한다.

52 **다음 중 아스팔트 방수공사에 대한 기술로 옳지 않은 것은?**

① 방수공사에 사용되는 아스팔트의 품질을 판정하는 기준으로 가장 중요한 것은 침입도이다.
② 신장성과 내후성이 우수하나 결함부의 발견이 어렵고 반드시 보호누름이 필요한 방수법이다.
③ 시공과 보수가 복잡하고 어려운 방수법으로 바탕면은 완전히 건조시켜야 한다
④ 스트레이트 아스팔트(straight asphalt)는 침입도가 크고 연화점이 높아 주로 옥상 방수에 사용되는 역청재료이다.
⑤ 아스팔트의 용융온도는 접착력 저하방지를 위하여 200℃ 이하가 되지 않도록 한다.

53 **다음 중 창호에 사용하는 철물 중 사용목적이 옳지 않은 것은?**

① 레버터리힌지(lavatory hinge) - 무거운 접문에 사용되는 철물
② 크레센트(crescent) - 오르내리창이나 미세기창의 잠금장치
③ 도어체크(door check) - 열려진 여닫이문을 자동으로 닫히게 하는 장치로 개폐속도 조절 가능
④ 자유경첩(spring hinge) - 경량자재문에서 안팎으로 자유롭게 여닫게 된 경첩
⑤ 플로어힌지(floor hinge) - 무거운 자재문에 사용하는 철물

54 **다음 중 미장공사 주의사항에 관한 설명으로 옳지 않은 것은?**

① 시멘트모르타르는 초벌바름 후 가능하면 빠른시간에 재벌바름을 해야 균열을 방지할 수 있다.
② 미장두께는 각 미장층별 발라 붙인 면적의 평균 바름두께를 말한다.
③ 벽, 기둥 등의 모서리를 보호하기 위하여 코너비드(coner bead)를 사용한다.
④ 리그노이드의 주원료인 마그네시아 시멘트에는 물대신 염화마그네슘을 사용한다.
⑤ 콘크리트, 콘크리트 블록 등의 바탕 및 시멘트 모르타르, 플라스터 등의 초벌바름이 건조한 것은 미리 적당히 물축임한 후 바름작업을 시작한다.

8회

55 **다음 중 벽체 타일공사에 대한 설명으로 옳지 않은 것은?**

① 판형(유닛)붙이기 공법의 줄눈고치기는 타일을 붙인 후 15분 이내에 실시한다.
② 압착공법 1일 붙임면적은 모르타르의 경화속도 및 작업성을 고려하여 1.2㎡ 이하로 하고 붙임 시간은 모르타르 배합후 15분 이내로 한다.
③ 밀착(동시줄눈붙임)공법의 1회 붙임면적은 1.2㎡ 이하로 하고 붙임시간은 15분 이내로 한다.
④ 개량 압착공법 바탕면 붙임 모르타르의 1회 바름 면적은 1.5㎡ 이하로 하고 붙임 시간은 모르타르 배합후 30분 이내로 한다.
⑤ 접착제 공법의 접착제의 1회 바름 면적은 $2m^2$ 이하로 하고 접착제용 흙손으로 눌러 바른다.

56 **가연성 도료의 보관 및 취급에 관한 설명으로 옳지 않은 것은?**

① 바닥에는 침투성이 없는 재료를 깔아야 한다.
② 도료는 건냉암소에 보관하는 것이 원칙이며 가연성 도료는 전용 창고에 보관한다.
③ 도료창고에서는 도료가 묻은 헝겊 등 자연발화의 우려가 있는 것은 밀폐시켜 보관한다.
④ 사용하는 도료는 될 수 있는대로 밀봉하여 새거나 엎지르지 않게 다루고, 샌 것 또는 엎지른 것은 발화의 위험이 없도록 닦아내야 한다.
⑤ 지붕은 불에 타지 않는 불연재로 하고 반자는 설치하지 않는다.

57 **다음 중에서 도장공사에 관한 설명으로 옳은 것은?**

① 녹막이도장의 첫 번째 녹막이칠은 공장에서 조립 후에 도장함을 원칙으로 한다.
② 롤러도장은 붓도장보다 도장속도가 빠르며 일정한 도막두께를 유지할 수 있다.
③ 징크로메이트 도료는 철재 녹막이용으로 철재의 내구연한을 증대시킨다.
④ 스프레이건은 뿜칠면에 직각으로 평행운행하며 뿜칠너비의 1/3 정도 겹치도록 시공한다.
⑤ 기온이 10℃ 미만이거나 상대습도가 80%를 초과할 때는 도장작업을 피한다.

58 **다음 중 지붕재료로 요구되는 성능으로 옳지 않은 것은?**

① 동해에 안전하고 경량이어야 하며 내수적이어야 한다.
② 외관이 미려하고 가벼워야 하며 건물과 조화를 이루어야 한다.
③ 방화적이고 불연재이어야 하며 내한성, 내열성이 커야 한다.
④ 열전도율이 크고 습도에 의한 신축성이 작아야 한다.
⑤ 시공이 용이하고 보수가 편리하며 공사비용이 저렴해야 한다.

59 **다음과 같은 조건에서 치장벽돌 3,000장으로 쌓을 수 있는 벽돌벽 면적으로 적합한 것은?**(단, 재료의 할증은 없으며, 소수점 첫째자리에서 반올림한다.)

조건 : 표준형벽돌(190 × 90 × 57mm), 벽두께 1.0B, 줄눈나비 10mm

① 15㎡ ② 20㎡ ③ 30㎡
④ 35㎡ ⑤ 40㎡

60 **다음 중 구조체의 수량산출 계산방법으로 옳지 않은 것은?**

① 수량의 단위 및 소수자리는 표준품셈의 소수위 표준에 의한다.
② 볼트 및 리벳의 구멍은 구조물의 수량계산에서 공제하지 아니한다.
③ 정미수량은 할증률을 포함한 수량으로 실제 공사에 필요한 소요수량이다.
④ 수량의 계산은 지정 소수위 이하 1위까지 구하고, 끝수는 사사오입한다.
⑤ 산출된 수량은 설계수량과 소요수량의 구분을 명확히 한다.

61 **60℃의 온수 200㎥/h와 10℃의 냉수 300㎥/h를 혼합하였을 경우 혼합물의 온도는?**

① 28℃ ② 30℃ ③ 32℃
④ 35℃ ⑤ 40℃

62 **다음에서 설명하고 있는 급수방식으로 옳은 것은?**

> 급수가 오염될 가능성이 적어 위생적 측면에서 바람직하고 정전으로 인한 단수의 염려가 없으나 소요지의 상황에 따라 급수압의 변동이 있다.

① 고가수조방식 ② 압력탱크방식
③ 수도직결방식 ④ 펌프직송방식
⑤ 부스터방식

63 **다음 중 급수설비에 대한 설명으로 옳지 않은 것은?**

① 단수 발생시 일시적인 부압으로 인한 배수의 역류가 발생하지 않도록 토수구에 공간을 두거나 진공방지기(vacuum breaker)를 설치한다.
② 수질오염을 방지하기 위하여 급수관과 다른 배관과의 교차 배관을 피한다.
③ 서어징현상이 발생되면 펌프의 흡입저하 또는 흡입 불능현상을 초래한다.
④ 상향식 급수법은 상층으로 올라갈수록 관경을 크게 하지 않으면 상층부에서 물이 잘 나오지 않으므로 주의한다.
⑤ 옥상탱크식 급수방식에서 양수펌프의 용량은 옥상탱크를 30분에 양수할 수 있어야 한다.

64 **다음 중 결합통기관에 대한 설명으로 옳은 것은?**

① 고층건물에서 5개층마다 배수 입상관과 통기 입상관을 연결하는 통기관
② 배수수직배관 상부를 연장하여 옥상에 개구하는 통기관
③ 루프통기관의 통기능률을 향상시키기 위하여 설치하는 통기관
④ 배수수평관 최상류 기구의 바로 아래에서 연결하여 배수와 통기를 겸하는 통기관
⑤ 2개 이상의 트랩을 보호하기 위하여 설치하는 통기관

65 **다음 중 배수설비에 관한 기술로 옳지 않은 것은?**

① 배수트랩의 봉수 깊이가 깊을수록 유수의 저항이 증가되어 통수능력이 감소된다.
② 배수유수면의 높이는 배수관의 자기세정작용을 위하여 관경의 1/2~2/3 사이가 되도록 한다.
③ 배수관의 구배를 너무 완만하게 하면 유속이 떨어져 오물을 세정하는 힘이 약해져 오물이 쌓이게 된다.
④ 냉장고에서의 배수는 일반 배수관에 직접 연결하지 않는다.
⑤ 흡출작용으로 인한 배수트랩의 봉수파괴 현상은 주로 상층부 수평관 가까이에 있는 기구에서 주로 발생한다.

66 다음 중 오수정화조의 활성오니법의 정화원리로 옳은 것은?

① 다량의 물로 유기물을 희석시켜 정화한다.
② 모래층을 투과하여 정화한다.
③ 약품을 이용하여 중화하여 정화한다.
④ 미생물작용으로 유기물을 산화처리 하여 정화한다.
⑤ 오수를 흡착, 침전, 여과, 교반 등의 물리적인 방법으로 처리하여 정화한다.

67 다음 밸브 중 유량조절이나 지수전으로서 그 기능을 발휘하기 곤란한 밸브는?

① 앵글밸브(angle valve)
② 버터플라이밸브(butterfly valve)
③ 게이트밸브(gate valve)
④ 글로브밸브(globe valve)
⑤ 체크밸브(check valve)

68 도시 가스설비에 사용되는 가버너(Govemor)에 관한 설명으로 옳은 것은?

① 연소가 원활히 이루어지도록 외부로부터 공기를 흡입하고 유해가스를 외부로 배출하는 환기장치이다.
② 가스 배관 내의 수분을 자동으로 제거해 주는 장치이다.
③ 연소효율을 높여주기 위하여 가스의 유량을 일정하게 조절해주는 장치이다.
④ 건물 내로 공급받은 가스의 누출을 방지하고 경보하기 위한 장치이다.
⑤ 공급받은 가스를 건물 사용가에서 사용하기에 적합한 압력으로 조정하여 일정하게 유지하는 장치이다.

69 다음 중 옥내소화전 소화설비에 대한 기술로 옳지 않은 것은?

① 옥내 소화전함 표면에는"소화전"이라는 표시와 그 사용요령을 기재한 표지판을 부착한다.
② 펌프의 흡입 측에는 압력계를 설치하고, 토출 측에는 연성계 또는 진공계를 설치한다.
③ 펌프는 전용으로 하고 체절운전 시, 수온의 상승을 방지하기 위해 순환배관을 설치한다.
④ 연결송수관설비의 배관과 겸용할 경우의 주배관은 구경 100㎜ 이상, 방수구로 연결되는 배관의 구경은 65㎜ 이상의 것으로 하여야 한다.
⑤ 가압송수장치의 기동을 표시하는 표시등은 옥내소화전함의 상부 또는 그 직근에 설치하되 적색등으로 하여야 한다.

70 다음 중 자동화재탐지설비에 관한 기술로 옳지 않은 것은?

① 정온식 스포트형 열감지기는 화기를 취급하는 주방, 보일러실 등에 적합한 감지기로 주위온도가 일정온도 이상이 되었을 때 작동한다.
② 차동식 스포트형 열감지기는 사무실의 일반거실 등에 적합한 감지기로 주위온도가 일정상승률 이상 되는 경우 작동한다.
③ 차동식분포형 열감지기는 천장높이가 15m 이상 되는 실에 설치하기 적합하다.
④ 보상식 감지기는 정온식 감지기와 차동식 감지기의 성능을 갖춘 열감지기다.
⑤ 연기감지기는 복도, 계단 등에 사용하는 것으로 화재 시 감지부에서 연기를 감지하여 작동한다.

71 **중앙식 급탕방식의 간접가열식과 비교한 직접가열식의 특징으로 옳지 않은 것은?**

① 급탕에 따른 건물의 높이가 높아지면 고압 보일러를 필요로 한다.
② 보일러 내부에 스케일이 끼어 전열효율이 저하되고 수명도 짧아진다.
③ 보일러 본체의 온도변화가 심해 팽창수축이 크고 열응력으로 인한 신축 불균일이 발생한다.
④ 저탕조 내의 가열코일을 필요로 하는 급탕방식으로 열효율이 좋다.
⑤ 난방용 보일러와 관계없이 급탕용 보일러를 별도로 설치해야 한다.

72 **어느 건물에서 급탕배관 계통의 손실열량이 35kW일 때의 순환수량으로 옳은 것은?**(단, 급탕온도는 60℃이고 반탕온도는 50℃이며, 물의 비열은 4.2kJ/kg·K이다)

① 20ℓ(kg)/min
② 30ℓ(kg)/min
③ 50ℓ(kg)/min
④ 100ℓ(kg)/min
⑤ 500ℓ(kg)/min

73 **난방기간이 연간 120일 때 TAC 초과확률(또는 위험률)이 5%인 설계외기온에 대한 기술로 옳은 것은?**

① 5%의 일수에 해당하는 6일간의 최고 외기온도가 설계 외기온보다 낮다.
② 5%의 시간에 해당하는 144시간 동안의 온도가 설계 외기온보다 높다.
③ 5%의 일수에 해당하는 6일간의 평균 외기온도가 설계 외기온보다 높다.
④ 5%의 시간에 해당하는 144시간 동안의 온도가 설계 외기온보다 낮다.
⑤ 5%의 시간에 해당하는 8640분의 평균 온도가 설계 외기온보다 높다.

74 **다음 중 열관류율에 대한 기술로 옳은 것은?**

① 벽체와 같은 고체를 통하여 공기층에서 공기층으로 열이 전하여지는 비율이다.
② 어떤 물체를 열량이 통과할 때 이동한 열량에 대한 저항의 정도이다.
③ 길이, 시간, 온도차에 따른 열의 이동에 관한 비율의 정도이다.
④ 온도변화에 따른 물질의 이동 열량이다.
⑤ 어떤 물질 1㎏을 1℃ 올리는 데 필요한 열량이다.

75 **다음 증기난방설비에서 설명하고 있는 장치로 옳은 것은?**

> 진공환수식에서 부득이 환수관보다 낮은 곳에 방열기를 설치할 때 또는 환수주관보다 높은 위치에 진공펌프를 설치할 경우 환수관의 응축수를 끌어올리기 위해 사용한다.

① 하트포드배관(Hartford connection)
② 리프트이음(Lift fitting)
③ 냉각레그(Cooling leg)
④ 슬리브이음(Sleev Joint)
⑤ 스위블이음(swivel Joint)

76 **다음 중 공기조화방식에 대한 설명으로 옳지 않은 것은?**

① 전수방식은 개별제어, 개별운전이 용이하나 외기냉방이 곤란하여 실내공기가 오염되기 쉽다.
② 전공기방식은 고성능필터를 사용할 수 있고 외기냉방이 가능하여 실내공기의 청정도가 높다.
③ 냉매방식은 개별제어가 용이하나 소음이 크고 외기냉방이 어려워 실내공기가 오염되기 쉽다.
④ 에너지절약설계기준에 의한 이코노마이저시스템을 고려한다면 전수방식을 채택하는 것이 유리하다.
⑤ 공기·수방식은 각실의 온도제어가 가능하나 관리적인 측면에서는 불리하다.

8회

77 흡수식 냉동기의 특징으로 옳지 않은 것은?

① 압축식냉동기에 비해 전력소비가 적게 드나 저온의 냉수를 얻기가 곤란하다.
② 압축기, 재생기, 응축기, 증발기로 구성되며 실제 냉동이 일어나는 곳은 증발기이다.
③ 압축식냉동기에 비하여 소음이 적고 진동이 작으나 하절기에도 보일러를 가동해야 한다.
④ 설비비가 적게 들고 제어성이 좋아 주로 일반 공기조화용으로 사용한다.
⑤ 압축식냉동기보다 예냉시간이 길고 냉각탑을 크게 하여야 된다.

78 다음 중 옥내배선의 설계에 관한 설명으로 옳지 않은 것은?

① 분기회로란 배전반에서 분전반까지의 배선으로 규모가 크면 비교적 전압강하가 균등한 평행식으로 한다.
② 분전반은 1개 층에 1개 이상 설치하고 동력분전반의 용량은 200A 이하로 한다.
③ 분기회로는 20회선(예비회로 포함 40회선) 이하로 하고 3종 접지한다.
④ 전선의 굵기를 결정할 때 허용전류, 전압강하, 기계적 강도를 고려해야 하며 가장 중요한 것은 전선의 허용전류이다.
⑤ 전동기의 분기회로는 1대에 1회로를 원칙으로 하고 길이는 30m 이하로 한다.

79 다음 중 전기설비에 대한 설명으로 옳지 않은 것은?

① 허용전류는 전선에 전류가 흐를 때 전선의 손상 없이 흐를 수 있는 최대 전류값이다.
② 전력용피뢰기는 수전설비의 인입측에 설치하고 통신용 피뢰기는 주배선반에 설치한다.
③ 평행식 간선배선방식은 전압강하가 균등화되어 대규모 건물에 적합한 배선 방식이다.
④ 공동주택의 전기시설용량은 전용면적 60㎡ 미만이면 세대당 3kW 이상으로 설계한다.
⑤ 전동기는 과부하보호기 설치와 관계없이 1대당 1개의 분기회로로 설치하여야 한다.

80 다음 중 홈네트워크에 관한 설명으로 옳지 않은 것은?

① 홈게이트웨이는 세대 내의 홈네트워크 시스템을 제어할 수 있는 기기로 사용자인터페이스를 제공하는 장치이다.
② 단지서버는 홈네트워크 설비를 총괄적으로 관리하며 이로부터 발생하는 각종 데이터의 저장, 관리, 서비스를 제공하는 장비이다.
③ MDF실은 국선·국선단자함 또는 국선배선반과 초고속통신망장비 등 각종 구내통신용 설비를 설치하기 위한 공간이다.
④ 원격검침시스템은 각 세대별 원격검침장치가 정전 등 운용시스템의 동작 불능 시에도 계량이 가능해야 하며 데이터 값을 보존할 수 있도록 구성하여야 한다.
⑤ 통신배관실 내의 트레이 또는 배관, 덕트 등의 설치용 개구부는 화재 시 층간확대를 방지하도록 방화처리제를 사용하여야 한다.

– 다음면에 계속 –

제8회 적중 실전모의고사

03 민법

01 **사실인 관습과 관련된 다음 기술 중 타당하지 <u>못한</u> 것은?**

① 사실인 관습은 사회관행에 의하여 발생한 사회생활규범이나 법적 규범으로 승인되지 못한 것이다.

② 강행법규에 반하지 않는 한도에서 당사자의 의사를 보충한다.

③ 임의법규에 없는 사항에 관하여 사실인 관습이 있는 경우에도 사실인 관습이 법률행위 해석의 표준이 될 수 있다.

④ 당사자의 의사가 사실인 관습에 의할 것인지 여부에 관해 불명확한 경우에 사실인 관습이 법률행위 해석의 표준이 된다.

⑤ 법률행위의 해석기준으로서의 사실인 관습은 당사자가 주장·입증하여야 할 사항이 아니라 항상 법원이 직권으로 판단하여야 할 사항이라는 것이 판례이다.

02 **甲남과 乙녀는 법률상 부부인데, 乙은 태아 A를 임신 중이다. 이에 관한 설명으로 옳지 <u>않은</u> 것은?** (다툼이 있으면 판례에 의함)

① A가 살아서 태어났다면 출생신고와 상관없이 권리능력을 취득한다.

② 甲의 동생 丙이 태아인 A를 대리한 甲과의 계약으로 자신의 카메라를 A에게 증여하는 것은 불가능하다.

③ 甲이 丁의 음주운전 차량에 치어 사망한 경우 그 당시 태아인 A는 이후에 출생하였다고 하더라도 丁에 대해 위자료청구권을 행사하지 못한다.

④ 의사 戊가 乙을 진료하던 중에 약물을 잘못 투여하여 태아인 A가 사산되었다면 A에게 戊에 대한 손해배상청구권이 인정되지 않는다.

⑤ 甲의 동생 丙은 태아인 A에게 자신의 아파트를 유증할 수 있다.

03 **실효의 원칙에 관한 다음 기술 중 <u>틀린</u> 것은?**

① 판례는 실효를 신의칙에 바탕을 둔 파생원칙으로 인정한다.

② 해제권 등 형성권에도 실효를 적용한다.

③ 고용관계 등 근로자의 지위를 둘러싼 분쟁에는 실효의 원칙이 더욱 적극적으로 적용되어야 한다.

④ 판례는 사법관계뿐 아니라 공법관계에도 실효의 법리적용을 긍정한다.

⑤ 실효의 원칙을 주장하려는 자가 '권리의 행사가 해태되었다'는 사정을 주장하면 권리자가 자신의 권리행사가 정당함을 증명하여야 한다.

04 법정후견에 관한 설명으로 옳지 않은 것은?

① 지방자치단체의 장은 성년후견개시의 심판을 청구할 수 있다.
② 피성년후견인이 단독으로 행한 일용품의 구입은 대가가 과도하더라도 성년후견인이 취소할 수 없다.
③ 가정법원이 한정후견개시심판시 피한정후견인이 한정후견인의 동의를 요하는 행위의 범위를 결정하였다면, 그 범위 내에서 피한정후견인의 행위능력은 제한된다.
④ 특정후견은 본인의 의사에 반하여 할 수 없다.
⑤ 가정법원이 피특정후견인에 대하여 성년후견개시심판을 할 때에 종전의 특정후견에 대한 종료 심판을 해야 한다.

05 민법의 주소에 대하여 인정하고 있는 법률효과가 아닌 것은 어느 것인가?

① 부동산등기의 관할
② 어음행위의 기준
③ 변제의 장소
④ 상속개시지
⑤ 부재 및 실종의 표준

06 민법상 사단법인의 사원이 정관변경을 위하여 요구되는 정족수와 사단법인의 해산결의를 위하여 요구되는 정족수를 차례대로 바르게 나열한 것은?

① 2/3 이상, 3/4 이상
② 1/3 이상, 2/3 이상
③ 1/3 이상, 과반수
④ 과반수, 과반수
⑤ 3/4 이상, 4/5 이상

07 실종선고에 관한 설명으로 틀린 것은?

① 보통실종의 실종기간은 5년이고 특별실종기간은 1년이다.
② 실종선고가 확정되면 실종자는 실종선고를 신청한 때에 사망한 것으로 추정한다.
③ 실종선고의 취소사유가 있는 경우 검사와 이해관계인은 실종선고의 취소를 청구할 수 있다.
④ 실종선고가 취소되기 위해서는 실종자가 생존하고 있다는 사실 또는 실종기간이 만료된 때와 다른 시기에 사망한 사실 또는 실종기간의 기산점 이후의 어떤 시기에 생존하고 있었던 사실 중의 어느 하나만 증명되면 족하다.
⑤ 실종선고를 받은 사람이 생환 후 종래 주소지에서 타인의 부동산을 매수하는 매매계약을 체결할 수 있다.

08 법인의 재산에 관한 다음 설명 중 타당하지 않은 것은?

① 민법은 재단법인에의 출연재산의 귀속시기에 관하여 생전처분으로 재단법인을 설립하는 때에는 법인이 성립된 때로부터, 유언으로 재단법인을 설립하는 때에는 출연재산은 유언의 효력이 발생한 때로부터 법인에 귀속한 것으로 규정하고 있다.
② 재단법인에의 출연재산 귀속시기에 관하여 판례는 부동산이 재단법인에 출연된 경우에는 법인 앞으로 등기가 이루어진 때에 법인의 재산이 된다.
③ 재단법인에 있어서 기본재산을 처분하는 경우는 물론 기본재산을 증가시키는 경우에도 정관변경의 효과가 수반되므로 주무관청의 허가를 받아야 한다.
④ 청산 중의 법인은 변제기에 이르지 아니한 채권도 변제할 수 있으나 채권신고기간 중에는 변제기에 이른 채권이라도 변제하지 못한다.
⑤ 해산한 법인의 재산은 정관으로 정한 귀속권리자가 없고 달리 처분되지 아니한 때에는 최종적으로 국고에 귀속된다.

09 **민법상 사단법인의 해산 및 청산에 관한 설명으로 옳지 않은 것은?** (다툼이 있으면 판례에 의함)

① 사원총회의 결의로 해산할 수 있다.
② 법인이 해산한 때에는 파산의 경우를 제외하고는 원칙적으로 이사가 청산인이 된다.
③ 청산 중의 법인이 청산의 목적범위 외의 매매계약을 새로이 맺어 법인재산을 처분하였다면 그러한 법률행위는 무효이다.
④ 청산인은 채권신고기간 내에는 이미 알고 있는 채권자에게 변제할 수 있다.
⑤ 청산종결등기가 경료되었다고 하더라도 청산사무가 종료되지 않았다면 그 범위 내에서 법인격은 존속한다.

10 **종물 또는 종된 권리에 관한 설명 중 옳지 않은 것은?**

① 종물은 독립한 물건이어야 한다.
② 법정지상권이 딸린 건물을 매도한 경우 민법 제100조 제2항을 유추하여 건물소유권뿐만 아니라 그 법정지상권도 양도한 것으로 보아야 하므로 매수인은 건물소유권 이전등기로써 법정지상권까지 취득한다.
③ 건물에 설정된 저당권의 효력은 종된 권리인 건물의 소유를 목적으로 하는 지상권에도 미친다.
④ 저당권의 효력은 저당권설정 당시의 종물은 물론 설정 후의 종물에도 미친다.
⑤ 호텔의 각 방에 시설된 전화기, 호텔세탁실에 시설된 세탁기, 탈수기 등은 호텔건물의 종물이라고 할 수 없다.

11 **반사회질서의 법률행위에 해당하여 무효인 것을 모두 고른 것은?** (다툼이 있으면 판례에 의함)

> ㉠ 도박자금에 제공할 목적으로 금전을 빌려준 경우
> ㉡ 어떤 일이 있어도 이혼하지 않겠다는 각서를 써 준 경우
> ㉢ 해외연수 근로자가 귀국 후 일정 기간 근무하지 않으면 그 소요경비를 배상하기로 약정한 경우
> ㉣ 반사회적 행위에 의하여 조성된 재산인 이른바 비자금을 소극적으로 은닉하기 위하여 임치한 경우
> ㉤ 행정기관에 진정서를 제출하여 상대방을 궁지에 빠뜨린 다음 이를 취하하는 조건으로 거액의 급부를 제공받기로 약정한 경우

① ㉠, ㉢　② ㉠, ㉡, ㉤
③ ㉡, ㉢, ㉣　④ ㉢, ㉣, ㉤
⑤ ㉠, ㉡, ㉣, ㉤

12 **다음 법령위반행위 중 무효인 것은?**

① 무허가 음식점의 음식물 판매행위
② 위생검사에 불합격한 농산물의 판매행위
③ 공무원의 영리행위
④ 면허받은 광업권을 대여하는 행위
⑤ 광업권자의 명의를 빌린 자가 채굴한 광물을 제3자에게 매각하는 행위

8회

13 **효력규정인 강행규정에 관한 설명 중 맞는 것은?**

① 신의칙에 반하는 것은 강행규정에 위배되는 것이지만, 법원은 당사자의 주장이 있는 경우에 한하여 이를 판단할 수 있다.
② 강행규정에 위반한 자가 스스로 그 약정의 무효를 주장하는 것은 특별한 사정이 없는 한 신의칙에 반하는 행위로 허용될 수 없다.
③ 강행규정의 위반으로 인한 무효는 선의의 제3자에게 대항할 수 없다.
④ 강행규정의 위반으로 인한 무효는 추인에 의하여 유효로 될 수 없다.
⑤ 강행규정 위반으로 무효인 경우 급부자는 언제나 급부한 것의 반환을 청구할 수 있다.

14 **통정허위표시에 관한 다음 설명 중 잘못된 것은?**

① 통정허위표시에 있어서의 제3자는 선의이면 족하고 무과실은 요건이 아니다.
② 채무자의 법률행위가 통정허위표시인 경우에는 채권자취소권의 대상이 될 수 없다.
③ 통정한 허위의 의사표시는 상대방 있는 단독행위에도 적용된다.
④ 통정허위표시에서 제3자란 통정허위표시에 의한 법률관계를 기초로 하여 새로운 이해관계를 맺은 자를 말한다.
⑤ 통정에 해당하기 위해서는 상대방이 단순히 그러한 사정을 알고 있다는 것만으로는 부족하다.

15 **사기에 의한 의사표시에 관한 다음 설명 중 틀린 것은?**

① 건물의 임대인이 그 건물에 설정된 근저당권자로부터 경매신청이 있을 것이라는 사실을 알았다면 이를 임대차계약 전에 임차인에게 알려야 한다.
② 사기에 의해 소를 취하한 경우 제소한 자는 사기에 의한 의사표시임을 이유로는 원칙적으로 그 소취하를 취소할 수 없다.
③ 임차권양도계약이 체결될 당시에 임차건물에 대한 임대차기간의 연장이나 임차권양도에 대한 임대인의 동의 여부가 확실하지 않은 상태에서 몇 차례에 걸쳐 명도요구를 받고 있었던 임차권 양도인이 그 여부를 확인하여 양수인에게 설명하지 아니한 채 임차권을 양도한 행위는 기망행위에 해당한다.
④ 대형백화점의 변칙세일은 물품구매 동기에 있어서 중요한 요소인 가격조건에 관하여 기망이 이루어진 것으로서 그 사술의 정도가 사회적으로 용인될 수 있는 상술의 정도를 넘은 것으로서 위법성이 있다는 것이 판례의 태도이다.
⑤ 대기업이 근로자들과 일정한 합의약정을 하면서 퇴직금지급규정 개정시 근로자집단의 동의를 받았는지 제대로 확인하지 않았다고 하여 중대한 과실이 있었다고 할 수 없다.

16 **다음 설명 중 옳지 않은 것은?**

① 표의자가 상대방의 주소를 알고 있음에도 불구하고 공시송달을 했더라도 후에 상대방이 이에 관한 사실을 알게 되었다면 공시송달은 유효하다.
② 표의자가 통지를 발신한 후 성년후견개시의 심판이 있더라도 의사표시의 효력에는 영향이 없다.
③ 내용증명 우편물이 발송되고 달리 반송되지 않았다면 특별한 사정이 없는 한 이는 그 무렵에 송달되었다고 봄이 상당하다.
④ 재단법인의 이사는 법인에 대한 일방적인 사임의 의사표시에 의하여 법률관계를 종료시킬 수 있고 법인의 승낙이 있어야만 사임의 의사표시가 효력을 발생하는 것은 아니다.
⑤ 승낙의 기간을 정하지 아니한 계약의 청약은 청약자가 상당한 기간 내에 승낙의 통지를 받지 못한 때에는 그 효력을 잃는다.

17 **무권대리에 관한 설명으로 옳은 것은?** (다툼이 있으면 판례에 의함)

① 대리권의 범위 내의 행위이나 그 수권행위의 취지를 벗어나 대리인의 이익을 위해 대리행위를 한 경우에는 무권대리행위와는 구별된다.
② 본인을 단독으로 상속한 무권대리인은 본인의 지위에서 무권대리행위의 추인을 거절할 수 있다.
③ 부부간의 일상가사대리권은 권한을 넘은 표현대리의 기본대리권이 될 수 없다.
④ 일부 추인된 무권대리행위는 상대방의 동의가 없더라도 유효하게 된다.
⑤ 대리인이 기본대리권의 내용이 되는 행위와 다른 종류의 행위를 한 경우에는 권한을 넘은 표현대리가 성립할 수 없다.

18 **대리에 관한 다음 설명 중 잘못된 것은?** (다툼이 있으면 판례에 의함)

① 대리인이 본인과 대리인 자신과 계약을 체결하는 경우라도 본인의 승낙이 있었다면 가능하다.
② 부동산 입찰절차에서 동일 물건에 관하여 이해관계가 다른 2인 이상의 대리인이 된 경우에는 그 대리인이 한 입찰은 무효이다.
③ 자기계약과 쌍방대리 금지에 관한 제124조의 규정을 위반한 경우에는 사회상규에 반하는 것으로 확정적 무효에 해당한다.
④ 공동대리인 3인 중 1인이 단독으로 대리행위를 한 경우 유동적 무효행위에 해당한다.
⑤ 무권대리행위에 대한 추인은 의사표시의 전부에 대하여 행하여져야 하고, 그 일부에 대하여 추인을 하거나 그 내용을 변경하여 추인을 하였을 경우에는 상대방의 동의를 얻지 못하는 한 무효이다.

19 **토지거래허가구역 내의 토지에 관하여 거래허가를 받기 전에 체결한 매매계약에 관한 설명으로 틀린 것은?**

① 관할관청의 불허가처분이 있으면 매매계약은 확정적으로 무효가 된다.
② 매매계약이 정지조건부 계약이었는데 그 조건이 허가를 받기 전에 이미 불성취로 확정된 경우에 그 계약은 확정적으로 무효가 된다.
③ 매도인은 매매대금의 이행제공이 없었음을 이유로 거래허가와 관련된 매수인의 협력의무이행청구를 거절할 수 있다.
④ 당사자는 허가받기 전의 상태에서 상대방의 채무불이행을 이유로 손해배상을 청구하거나 계약을 해제할 수 없다.
⑤ 허가를 받기 전에는 채권적 효력도 발생하지 않으므로 매수인은 매도인에 대하여 토지명도를 청구할 수 없다.

20 **법률행위의 무효와 취소에 관한 설명으로 옳은 것은?**

① 취소할 수 있는 법률행위를 후견인이 추인하는 경우 추인은 취소의 원인이 소멸한 후에 하여야만 효력이 있다.
② 당사자가 무효임을 알고 추인한 때에는 법률행위시에 소급하여 효력이 발생하는 것이 원칙이다.
③ 법률행위의 일부분이 무효인 때에는 원칙적으로 그 나머지 부분은 무효가 되지 않는다.
④ 악의의 제한능력자는 제한능력을 이유로 취소한 행위에 의하여 받은 이익이 현존하지 않더라도 그 이익을 전부 상환하여야 한다.
⑤ 제한능력자와 계약을 맺은 상대방은 계약 당시에 제한능력자임을 모른 경우에는 추인이 있을 때까지 자신의 의사표시를 철회할 수 있다.

21 **다음 중 법률행위의 조건에 있어서 조건성취 전의 효과에 해당하는 것은?**

① 조건의 성취가 미정인 권리는 담보로 제공할 수 없다.
② 장래 물권을 취득하는 기대권은 물권과 동일한 배타적 효력을 갖는다.
③ 조건부 권리자는 그 권리를 침해한 상대방에 대하여 손해배상을 청구할 수 있다.
④ 소유권을 유보하여 매도한 물건에는 제3자의 선의취득이 인정될 수 없다.
⑤ 조건부 법률행위라고 해서 효력이 불확정적인 것은 아니다.

22 **甲은 乙의 강박에 의해 자기 소유지상에 丙과 지상권을 설정하였다. 후에 甲은 그 토지를 丁에게 양도하고 丙은 戊에게 그 지상권을 양도하였다. 이러한 경우에 취소권자와 취소권 행사의 상대방은 누구인가?**

① 甲과 乙에 대하여 취소권을 행사할 수 있다.
② 甲 또는 丁은 乙에 대하여 취소권을 행사할 수 있다.
③ 甲 또는 丁은 丙에 대하여 취소권을 행사할 수 있다.
④ 甲 또는 丁은 戊에 대하여 취소권을 행사할 수 있다.
⑤ 甲은 丙에게 대하여 취소할 수 있으나, 丁은 취소권자가 아니다.

23 **기한의 이익을 갖는 자를 모두 고른 것은?**

㉠ 사용대차에서 대주
㉡ 임대차에서 임대인
㉢ 무상임치에서 임치인
㉣ 이자 없는 소비대차에서 대주
㉤ 이자 있는 소비대차에서 차주

① ㉠, ㉢, ㉤　　② ㉢, ㉣
③ ㉡, ㉢, ㉤　　④ ㉠, ㉡, ㉣, ㉤
⑤ ㉡, ㉣, ㉤

24 **소멸시효에 관한 설명으로 옳은 것은?** (다툼이 있으면 판례에 의함)

① 소멸시효는 법률행위에 의하여 이를 단축·경감할 수 없으나 이를 배제·연장·가중할 수 있다.
② 부동산이 가압류된 뒤 강제경매절차에서 매각되어 가압류등기가 말소된 경우 특별한 사정이 없는 한 그 말소시점에 가압류에 의한 시효중단의 효력은 종료한다.
③ 주채무의 소멸시효기간이 확정판결로 10년으로 연장된 경우 단기인 보증채무의 소멸시효기간도 10년으로 연장된다.
④ 채무자가 액수에 다툼이 없는 채무의 소멸시효가 완성된 후 그 일부를 변제한 경우 나머지 채무에 대해서는 시효완성의 이익을 포기한 것으로 추정되지 않는다.
⑤ 시효가 정지한 때에는 정지시까지 경과한 시효기간은 이를 산입하지 아니하고 정지사유가 종료한 때로부터 새로이 진행한다.

25 **부동산등기에 대한 설명으로 틀린 것은?**

① 부동산의 물권변동은 등기하여야 효력이 발생하는 것이 원칙이다.
② 수 개의 물권이 등기된 경우 그 순위는 등기된 순서에 의한다.
③ 입목에 대한 명인방법이 유효하기 위해서는 입목이 특정되고 소유권자가 외부에 계속적으로 표시되어야 하므로 소유권을 표시하지 않고 일련번호만을 붙인 경우 적법한 명인방법이라고 할 수 없다.
④ 부동산에 허위의 등기가 기재된 경우 적법한 소유자는 물권적 청구권에 의하여 그 말소를 청구할 수 있다.
⑤ 토지에 대하여 소유권이전등기청구권의 보전을 위한 가등기가 있으면 처분금지의 효과가 인정된다.

26 **甲은 2010.1.15. 乙의 식당에서 친구들에게 음식을 사 주고 그 대금은 다음날 지급하기로 乙과 약정하였다. 다음 설명 중 옳지 않은 것은?** (다툼이 있으면 판례에 의함)

① 甲과 乙이 음식료에 대하여 2010.10.10. 재판상 화해를 한 경우에 시효기간은 10년이다.

② 甲이 2011.1.9. 乙에게 음식료를 갚겠다고 한 경우에 시효는 중단된다.

③ 乙이 음식료 채권을 위하여 2010.9.9. 甲의 물상보증인의 재산에 유효한 가압류를 한 경우 가압류가 신청된 때에 시효가 중단된다.

④ 乙이 甲에게 2010.10.25. 음식료의 지급을 최고하고 다시 2011.2.25. 재판상 청구를 한 경우에 시효는 중단된다.

⑤ 乙이 甲의 보증인에 대해 음식료 지급청구(보증채무 이행의 소)의 소를 제기하여 승소판결을 받은 경우에 그 시효기간이 판결이 확정된 날로부터 10년이 되는 것은 아니다.

27 **점유자와 회복자의 관계에 관한 설명 중 옳은 것을 모두 고른 것은?** (다툼이 있으면 판례에 의함)

> ㉠ 선의점유자가 과실을 취득할 수 있는 범위에서 부당이득은 성립하지 않는다.
> ㉡ 통상의 필요비는 점유자가 과실을 취득한 경우에는 그 상환을 청구하지 못한다.
> ㉢ 악의점유자는 자주점유이든 타주점유이든 그 귀책사유로 점유물이 멸실·훼손된 경우에 손해전부에 대한 책임을 진다.
> ㉣ 선의의 점유자가 얻은 건물사용이익은 건물의 과실에 준하여 취급된다.

① ㉠, ㉡, ㉢, ㉣　② ㉠, ㉡
③ ㉢, ㉣　④ ㉠, ㉢, ㉣
⑤ ㉡, ㉣

28 **선의취득에 관한 설명으로 옳은 것은?** (다툼이 있으면 판례에 의함)

① 우리 「민법」상 선의취득제도는 부동산에 대해서도 인정된다.

② 양수인이 선의인 경우에는 과실이 있더라도 선의취득할 수 있다.

③ 무효인 매매계약에 의해 동산의 점유를 취득한 자는 선의취득을 하지 못한다.

④ 점유개정에 의해 이중으로 양도담보권을 설정한 경우 나중에 담보권을 설정받은 채권자는 현실인도를 받기 전이라도 양도담보권을 취득할 수 있다.

⑤ 양수인이 유실물을 공개시장에서 매수한 때에는 그가 선의인 한, 과실 여부와 관계없이 유실자는 양수인이 지급한 대가를 변상하고 그 물건의 반환을 청구할 수 있다.

29 **합유에 관한 다음 기술 중 타당한 것은?**

① 법인이 아닌 사단의 사원이 집합체로서 물건을 소유할 때에는 합유로 한다.

② 합유에서는 공유, 총유와 달리 지분이 존재하지 않는다.

③ 합유물의 관리·처분행위뿐만 아니라 보존행위도 조합원 전원의 결의를 요한다.

④ 조합원은 조합원 지위의 양도가 제한되지만 합유물의 분할은 청구할 수 있다.

⑤ 조합의 청산 후에 남은 잔여재산은 조합원의 출자가액에 비례하여 분배한다.

30 **지역권에 관한 설명으로 옳지 않은 것은?** (다툼이 있으면 판례에 의함)

① 요역지의 공유자의 1인이 지역권을 포기하더라도 다른 공유자에게는 효력이 없다.
② 지역권자가 승역지를 배타적으로 점유하는 경우 승역지의 소유자는 반환청구할 수 있다.
③ 요역지가 수인의 공유인 경우에 그 1인에 의한 지역권 소멸시효의 중단 또는 정지는 다른 공유자를 위하여 효력이 있다.
④ 토지공유자 1인은 그 지분에 관하여 그 토지를 위한 지역권 또는 그 토지가 부담한 지역권을 소멸하게 하지 못한다.
⑤ 지역권은 계속된 것에 한하여 점유취득시효에 관한 규정이 적용된다.

31 **선택채권에 대한 다음의 설명 중 틀린 것은?**

㉠ 토지임대차의 임차인이 가지는 유익비상환청구권은 선택채권에 해당한다. ㉡ 선택채권을 특정하는 선택권은 형성권이다. ㉢ 선택권자를 정하는 법률이나 당사자의 약정이 없는 경우에는 채권자가 선택권을 가진다. ㉣ 당사자의 일방이 선택권을 가지며, 그 선택기간이 정해져 있는 때에 선택권자가 그 기간 내에 선택권을 행사하지 않으면, 상대방은 상당한 기간을 정하여 그 선택을 최고할 수 있고, 선택권자가 그 기간 내에 선택하지 않으면 선택권은 상대방에게 이전한다. ㉤ 제3자가 선택권을 가지는 경우 제3자가 선택권을 행사할 수 있음에도 행사하지 않으면 채무자는 상당한 기간을 정하여 그 선택을 최고할 수 있고, 제3자가 그 기간 내에 행사하지 않으면 선택권은 채권자에게 이전한다.

① ㉠, ㉢　② ㉠, ㉣　③ ㉡
④ ㉡, ㉤　⑤ ㉢, ㉤

32 **전세권에 관한 설명으로 옳지 않은 것은?** (다툼이 있으면 판례에 의함)

① 목적물의 인도가 없더라도 전세권등기가 있으면 전세권은 효력을 발생한다.
② 전세권자는 목적물의 현상을 유지하고 그 통상의 관리에 속한 수선을 하여야 하므로 필요비상환청구권이 인정되지 않는다.
③ 전세권의 존속기간 중 전세목적물의 소유권이 이전된 경우 구(舊) 소유자의 전세권자에 대한 전세금반환의무는 소멸한다.
④ 건물전세권이 법정갱신된 경우 전세권자는 갱신의 등기 없이도 전세목적물을 취득한 제3자에 대하여 자신의 권리를 주장할 수 있다.
⑤ 전세권을 목적으로 한 저당권이 설정된 경우 전세권의 존속기간이 만료되면 전세권의 목적이 된 부동산에 대하여 저당권을 실행한다.

33 **저당권의 성립 및 효력에 관한 설명으로 틀린 것은?** (다툼이 있으면 판례에 의함)

① 장래의 특정한 채권은 저당권의 피담보채권이 될 수 있다.
② 물상대위권 행사를 위한 압류는 그 권리를 행사하는 저당권자에 의해서만 가능하다.
③ 저당부동산에 대해 지상권을 취득한 제3자는 저당권자에게 피담보채권을 변제하고 저당권의 소멸을 청구할 수 있다.
④ 건물의 증축비용을 투자한 자가 그 대가로 건물에 대한 공유지분이전등기를 경료받은 경우 저당권이 실행되더라도 매수대금에서 우선상환을 받을 수 없다.
⑤ 저당권이 설정된 나대지에 건물이 축조된 경우 토지와 건물이 일괄경매되더라도 저당권자는 그 건물의 매수대금으로부터 우선변제 받을 수 없다.

34 **다음은 수인의 채권자 및 채무자에 대한 설명이다. 틀린 것은?**

① 불가분채권이나 불가분채무가 가분채권 또는 가분채무로 변경된 때에는 각 채권자는 자기부분만의 이행을 청구할 권리가 있고 각 채무자는 자기부담부분만을 이행할 의무가 있다.
② 수인의 채무자가 채무전부를 각자 이행할 의무가 있고 채무자 1인의 이행으로 다른 채무자도 그 의무를 면하게 되는 때에는 그 채무는 연대채무로 한다.
③ 채권자는 어느 연대채무자에 대하여 또는 동시나 순차로 모든 연대채무자에 대하여 채무의 전부나 일부의 이행을 청구할 수 있다.
④ 어느 연대채무자에 대한 이행청구는 다른 연대채무자에게도 효력이 있으며, 불가분채무의 경우에도 동일하다.
⑤ 어느 연대채무자에 대한 법률행위의 무효나 취소의 원인은 다른 연대채무자의 채무에 영향을 미치지 아니한다.

35 **다음 중 손해배상에 관한 설명으로 틀린 것을 모두 모은 것은?**

> ㉠ 손해배상의 예정액이 부당히 과다한 경우에는 법원은 적당히 감액할 수 있다.
> ㉡ 손해배상액의 예정이 있으면 계약을 해제할 수 없다.
> ㉢ 위약금의 약정은 손해배상액의 예정으로 간주한다.
> ㉣ 손해배상액의 예정에 대한 약정이 있다면 과실상계를 주장할 수 없다.
> ㉤ 손해배상의 예정이 있는 경우에는 실제로 손해가 발생하지 않아도 예정액의 청구가 가능하다.

① ㉠, ㉡ ② ㉡, ㉢ ③ ㉣, ㉤
④ ㉡, ㉤ ⑤ ㉠, ㉣

36 **다음은 이행불능과 위험부담에 관한 설명이다. 옳지 않은 것은?** (다툼이 있으면 판례에 의함)

① 채무자의 책임 있는 사유로 이행불능이 되면 채권자는 이행의 최고없이 전보배상을 청구할 수 있다.
② 채무자의 책임 없는 사유로 후발적 불능이 된 경우에도 채권자는 대상청구권을 행사할 수 있다.
③ 매매계약을 체결한 후, 매도인이 매매목적물에 관하여 다시 제3자와 매매계약을 체결하였다는 사실만으로는 매매계약이 법률상 이행불능이라고 할 수 없다.
④ 쌍무계약의 당사자 일방의 채무가 채권자의 책임 있는 사유로 이행할 수 없게 된 때에는 채무자는 상대방의 이행을 청구할 수 있다.
⑤ 이행지체 중에 이행보조자의 과실로 이행불능으로 된 경우 채무자는 자신의 책임 없는 사유를 증명하여 채무불이행책임을 면할 수 있다.

37 **'물건의 하자'를 이유로 한 매도인의 담보책임에 관한 설명으로 옳은 것을 모두 고른 것은?** (다툼이 있으면 판례에 의함)

> ㉠ 매매목적물에 부과된 법률상의 장애로 인하여 물건의 사용·수익이 제한된다면, 그러한 장애는 권리의 하자에 해당한다.
> ㉡ 매매목적인 권리의 일부가 타인에게 속하여 매도인이 매수인에게 이전할 수 없는 경우 선의의 매수인은 계약해제 외에 손해배상을 청구할 수는 없다.
> ㉢ 특정물 매매에서는 완전물급부청구권이 인정되지 않는다.
> ㉣ 매수인은 하자를 안 날로부터 6개월 이내에는 언제든지 모든 손해의 배상을 청구할 수 있다.
> ㉤ 매도인의 하자담보책임에 기한 손해배상의 범위를 정함에 있어, 하자의 발생 및 그 확대에 가공한 매수인의 잘못을 참작할 수 있다.

① ㉠, ㉤ ② ㉢, ㉤ ③ ㉡, ㉢, ㉤
④ ㉠, ㉡, ㉤ ⑤ ㉢, ㉣, ㉤

8회

38 **물임차인의 부속물매수청구권에 관한 설명으로 옳지 않은 것은?** (다툼이 있으면 판례에 의함)

① 일시사용이 명백한 임대차에서도 부속물매수청구권이 인정된다.
② 부속물이 건물의 구성부분으로 독립성을 갖추지 못한 경우에는 부속물매수청구의 대상이 될 수 없다.
③ 임차인이 사용의 편익을 위하여 임대인의 동의를 얻어 건물에 부속한 물건에 대해서 임대차 종료 시 행사할 수 있는 권리이다.
④ 임차인이 임대인으로부터 매수한 부속물에 대하여도 부속물매수청구권이 인정된다.
⑤ 임대차계약이 임차인의 채무불이행으로 인하여 해지된 경우에는 임차인은 부속물매수청구권을 행사할 수 없다.

39 **위임계약에 관한 설명으로 옳은 것은?** (다툼이 있으면 판례에 의함)

① 경찰관이 응급의 구호를 요하는 자를 위하여 보건의료기관에 긴급구호를 요청하고, 보건의료기관이 이에 따라 치료행위를 한 경우 국가와 보건의료기관 사이에 치료위임계약이 체결된 것으로 본다.
② 유상위임의 경우 수임인은 위임의 본지에 따라 선량한 관리자의 주의로써 위임사무를 처리하여야 하며, 무상위임의 수임인은 자기 재산에 대한 것과 동일한 주의의무가 있다.
③ 콘도미니엄의 공유제 회원과 그 시설경영기업 사이의 시설이용계약은 민법상 위임계약에 해당되므로 시설경영기업이 파산선고를 받으면 시설이용계약은 당연히 종료한다.
④ 위임계약은 각 당사자가 언제든지 해지할 수 있으나, 당사자 일방은 부득이한 사유 없이 상대방의 불리한 시기에 해지하지 못한다.
⑤ 수임인이 위임계약상의 채무를 제대로 이행하지 않은 경우 위임인은 위임계약을 해지하는 이외에 손해배상을 청구할 수 있다.

40 **다음은 불법행위에 관한 설명이다. 타당한 것으로 볼 수 없는 경우는?**

① 과실상계에 있어서의 과실이란 엄격한 의미의 과실이 아니라 사회통념상·신의성실의 원칙상·공동생활상 요구되는 약한 부주의까지를 의미한다.
② 피해자의 과실을 이용하여 고의로 불법행위를 저지른 자는 피해자의 부주의를 이유로 자신의 책임을 감하여 달라고 주장할 수 없다.
③ 불법행위로 인한 손해배상은 손익상계 후 과실상계를 하여야 한다.
④ 불법행위 가해자와 피해자 사이에 어떤 계약관계가 있고 가해사실이 그 계약과 관련을 가짐으로써 불법행위책임과 계약책임의 요건을 둘 다 충족시키는 경우 채권자는 자유로이 둘 중 하나를 선택하여 책임을 물을 수 있다.
⑤ 피해자의 과실참작의 정도는 법원의 재량이지만 당사자의 주장이 없더라도 피해자의 과실이 인정되면 직권으로 심리·판단하여 참작하여야 한다.

– 본 회차 시험 종료 –

제9회 적중 실전모의고사

01 회계원리

01 **'재무보고를 위한 개념체계'의 유용한 재무정보의 질적 특성에 관한 설명으로 옳지 않은 것은?**

① 적시성은 의사결정에 영향을 미칠 수 있도록 의사결정자가 정보를 제때에 이용가능하게 하는 것을 의미한다.

② 근본적 질적 특성으로는 목적적합성과 표현충실성이 있다.

③ 오류가 없는 서술은 모든 면에서 완벽하게 정확하다는 것을 의미하는 것은 아니다.

④ 보강적 질적 특성으로는 비교가능성, 검증가능성, 적시성, 이해가능성이 있다.

⑤ 재무정보의 비교가능성을 위하여, 매기 회계정책은 반드시 동일하게 유지하여야 한다.

02 **다음 중 비유동자산으로 분류되어야 하는 항목은?**

① 투자부동산 ② 미지급법인세
③ FV-PL금융자산 ④ 재고자산
⑤ 현금

03 **경록상사는 20X1년 8월 1일에 1년분 화재보험료 ₩840,000을 수표를 발행하여 지급하고 이를 선급보험료로 회계처리하였다. 경록상사의 결산일이 매년 12월 31일인 경우 결산시 수정분개로 가장 적당한 것은?**

①	(차)	보험료	490,000
	(대)	선급보험료	490,000
②	(차)	선급보험료	490,000
	(대)	보험료	490,000
③	(차)	보험료	350,000
	(대)	선급보험료	350,000
④	(차)	선급보험료	350,000
	(대)	보험료	350,000
⑤	(차)	미지급보험료	490,000
	(대)	선급보험료	490,000

04 **㈜경록은 A사의 주식 30%를 ₩3,000,000(@₩1,000, 3,000주)에 취득하여 보유하고 있다. A사가 당기순이익을 ₩500,000로 보고하였고, 주주들에게 당기 배당금을 ₩100,000 지급한 경우 ㈜경록의 A사 주식 장부금액과 주식투자로 인한 수익은 각각 얼마인가?** [단, ㈜경록의 결산일 현재 A사 주식 공정가치는 주당 ₩1,100이라고 가정한다]

	주식장부금액	영업외수익
①	₩3,120,000	₩150,000
②	₩3,000,000	₩30,000
③	₩3,300,000	₩150,000
④	₩3,300,000	₩30,000
⑤	₩3,120,000	₩30,000

05 **다음 회계등식 중 잘못된 것은?**

① 기초자본 + 당기순이익 = 기말자본

② 매출원가 + 매출총이익 = 당기순매출액

③ 기말자산 + 총비용 = 기말부채+기말자본+총수익

④ 기초상품재고액 + 당기순매입액 = 당기판매가능한 상품

⑤ 기말자산 = 기말부채 + 기말자본

06 광산업을 영위하는 ㈜경록은 당기에 새로이 개발한 A 광산을 채굴하기 위해 광업용 기계장치를 ₩700,000에 매입하였다. 이 기계장치의 내용연수는 5년, 잔존가치는 ₩100,000으로 예상되며, A광산을 채굴하고 나면 기계장치의 효용이 소멸될 것으로 예상되므로 ㈜경록은 기계장치의 감가상각을 생산량비례법을 이용하여 계산하기로 하였다. 광산의 총 매장량은 700톤으로 추정되며 당기에 기계장치를 이용한 채굴량이 336톤이라면 당기 기계장치에 대한 감가상각비는 얼마인가?

① ₩120,000 ② ₩182,000
③ ₩217,000 ④ ₩288,000
⑤ ₩336,000

07 다음 자료를 이용하여 계산한 유동비율과 부채비율은?

• 유동부채	₩60,000	• 비유동부채	₩100,000
• 자본	₩240,000	• 비유동자산	₩250,000

	유동비율	부채비율
①	250%	240%
②	250%	66.7%
③	100%	240%
④	100%	66.7%
⑤	100%	100%

08 퇴직급여에 대하여 확정급여제도를 적용하는 ㈜경록의 확정급여채무의 현재가치는 20X1년 말 ₩2,000, 20X2년 말 ₩2,450이다. 퇴직급여에 대한 퇴직보험예치금의 공정가치가 20X1년 말 ₩1,600, 20X2년 말 ₩2,200이라면 20X2년 말 재무상태표상 퇴직급여충당부채(확정급여부채)는 얼마인가?

① ₩450 ② ₩400 ③ ₩250
④ ₩850 ⑤ ₩200

09 결산결과 당기순이익이 ₩2,000,000로 산출되었으나 다음과 같은 내용이 누락되었음을 발견하였다. 누락내용을 반영하여 정확한 당기순손익을 계산하면 얼마인가?

• 이자수익 중 선수분	₩80,000
• 임대료 중 미수분	₩320,000
• 보험료 중 미경과분	₩90,000
• 통신비 중 미지급분	₩30,000

① ₩2,210,000 ② ₩2,300,000
③ ₩2,240,000 ④ ₩2,320,000
⑤ ₩2,330,000

10 유형자산에 관한 설명으로 옳지 않은 것은?

① 복구의무를 부담하는 취득의 경우 복구원가에 대한 충당부채는 취득시점에 유형자산의 취득원가에 가산한다.
② 기업의 영업 전부 또는 일부를 재배치하거나 재편성하는 과정에서 발생하는 원가 및 새로운 상품과 서비스를 소개하는 데 소요되는 원가는 유형자산 취득원가에 포함하지 않는다.
③ 유형자산 취득시 정상적으로 작동되는지 여부를 시험하는 과정에서 발생하는 원가는 유형자산의 취득원가에 포함되지 않고 당기 비용으로 처리된다.
④ 유형자산의 공정가치가 장부금액을 초과하여도 감가상각은 계속 인식하여야 한다.
⑤ 기계장치를 재평가모형으로 측정하는 경우에도 감가상각을 인식해야 하며, 보고기간 말의 공정가치를 재무상태표에 보고한다.

11 ㈜대한은 20×1년 7월 1일 차량운반구(내용연수 5년 잔존가치 ₩5,000)를 ₩50,000에 취득하였다. 이 차량운반구에 대해 감가상각방법으로 연수합계법을 적용할 경우, 다음 중 옳지 않은 것은?

① 20×1년도 감가상각비는 ₩7,500이다.
② 20×1년 말 장부가액은 ₩42,500이다.
③ 20×2년도 감가상각비는 ₩15,000이다.
④ 20×2년 말에 차량운반구를 ₩45,000에 처분하는 경우 처분이익은 ₩16,000이다.
⑤ 20×2년 말 장부가액은 ₩29,000이다.

12 20X1년 1월 1일에 ₩5,000,000에 취득한 차량운반구를 정률법(상각률 40%)에 의하여 상각하다가 20X2년 12월 31일에 ₩1,500,000에 매각한 경우 유형자산처분손익은?

① 처분이익 ₩100,000
② 처분이익 ₩200,000
③ 처분이익 ₩300,000
④ 처분손실 ₩200,000
⑤ 처분손실 ₩300,000

13 ㈜경록은 주식발행초과금을 재원으로 주식 400주를 무상증자하였다. 이러한 거래가 ㈜경록의 재무제표에 미치는 영향으로 옳은 것은?

① 총자산이 증가된다.
② 총부채가 증가된다.
③ 총자본이 증가된다.
④ 주당순이익이 증가된다.
⑤ 자본금이 증가된다.

14 ㈜경록은 보유 중인 기계장치(취득원가 ₩7,000,000, 감가상각누계액 ₩1,800,000)의 진부화가 진행되어 손상차손을 인식하고자 한다. 기계장치의 사용가치와 순공정가치가 각각 ₩3,000,000과 ₩3,800,000인 경우 손상차손은 얼마인가?

① ₩1,400,000　② ₩1,100,000
③ ₩1,700,000　④ ₩1,200,000
⑤ ₩2,000,000

15 당사는 ㈜경록과 차량을 교환하고 추가로 현금 ₩200,000을 지급하였다. 당사 차량의 교환 당시 공정가치는 ₩2,300,000이고 장부금액은 ₩1,700,000(취득원가 ₩2,600,000, 감가상각누계액 900,000)이었고 ㈜경록의 차량이 당사의 차량과 동종의 차량으로서 당해 교환거래가 경제적 실질이 없었다면 당사가 새로이 취득한 차량의 취득원가는 얼마인가?

① ₩1,700,000　② ₩1,900,000
③ ₩2,300,000　④ ₩2,500,000
⑤ ₩2,600,000

16 다음 자료를 이용하여 평균법 소매재고법에 의한 기말재고원가를 계산하면 얼마인가?

구 분	원 가	매 가
기초재고	75,000	140,000
매 입 액	643,400	1,204,000
매입환출	2,100	4,000
매　　출		1,198,000
매출환입	3,400	6,500
가격인상액		75,000
가격인하액		37,500

① ₩90,130　② ₩91,300
③ ₩94,260　④ ₩96,720
⑤ ₩97,310

9회

17 **무형자산의 회계처리에 관한 설명으로 옳지 않은 것은?**

① 제조과정에서 사용된 무형자산의 상각액은 재고자산의 장부금액에 포함하여야 한다.
② 내용연수가 비한정인 무형자산은 상각하지 않는다.
③ 내용연수가 유한한 무형자산의 경우 상각은 자산을 사용할 수 있는 때부터 시작한다.
④ 내용연수가 비한정인 무형자산의 내용연수를 유한한 내용연수로 변경하는 것은 회계정책의 변경에 해당한다.
⑤ 내용연수가 유한한 무형자산의 상각기간과 상각방법은 적어도 매 회계연도 말에 검토하여야 한다.

18 **다음 중 재고자산의 수량결정방법에 대한 설명으로 잘못된 것은?**

① 계속기록법은 실지재고조사를 병행하지 않으면 실제 재고액을 확인할 수가 없다.
② 실지재고조사법에서는 도난, 파손, 유실, 오기로 인한 재고자산 감모손실을 쉽게 파악할 수 있다.
③ 실지재고조사법은 상품수량을 계속 기록하지 않아도 되므로 실무상 편리한 방법이다.
④ 실지재고조사법은 판매가능수량에서 기말실사수량을 차감하여 매출수량을 파악한다.
⑤ 계속기록법은 고가품인 상품을 취급하는 기업에 적절한 방법이다.

19 **㈜대한은 ㈜민국의 주식 500주를 공정가치인 주당 ₩10,000에 매입하고 매입시 수수료로 ₩300,000을 지급하였다. 이에 관한 설명으로 틀린 것은 무엇인가?**

① ㈜대한이 ㈜민국의 주식을 단기매매 목적으로 취득하였다면 원칙적으로 이는 FV-PL금융자산으로 분류된다.
② ㈜대한이 ㈜민국 주식의 후속적인 공정가치 변동을 기타포괄손익으로 표시하도록 최초 인식시점에 선택한다면 이는 FV-OCI금융자산으로 분류된다.
③ ㈜대한이 ㈜민국의 주식을 FV-OCI금융자산으로 분류한 선택은 취소할 수 없다.
④ ㈜대한이 ㈜민국의 주식을 FV-PL금융자산으로 분류한 경우 취득원가는 ₩5,300,000이다.
⑤ ㈜대한이 ㈜민국의 주식을 FV-OCI금융자산으로 분류한 경우 취득원가는 ₩5,300,000이다.

20 **다음 자료에 의하여 매출총손익을 계산하면 얼마인가?**

• 매출액	₩3,200,000
• 기초재고금액	₩630,000
• 기말재고금액	₩570,000
• 접대비	₩720,000
• 이자비용	₩360,000
• 유형자산처분이익	₩140,000
• 영업이익	₩260,000

① ₩840,000
② ₩980,000
③ ₩1,200,000
④ ₩1,040,000
⑤ ₩1,120,000

21 **다음 중 기업회계기준상 회계변경과 오류수정의 회계처리에 대한 설명으로 틀린 것은?**

① 감가상각자산의 감가상각방법의 변경은 회계변경 중 회계추정의 변경에 해당한다.
② 유형자산의 평가모형을 원가모형에서 재평가모형을 변경하는 것은 회계변경 중 회계정책의 변경에 해당한다.
③ 회계정책의 변경은 원칙적으로 소급법을 적용하고 누적효과를 결정하기 어려운 경우 전진법을 적용한다.
④ 오류수정은 원칙적으로 소급법을 적용하고 누적효과를 결정하기 어려운 경우 전진법을 적용한다.
⑤ 회계추정의 변경은 원칙적으로 소급법을 적용하고 누적효과를 결정하기 어려운 경우 전진법을 적용한다.

22 다음 중 재무보고를 위한 개념체계에서 제시하고 있는 기본가정은 무엇인가?

① 청산가치평가　② 수익비용대응
③ 현금주의　④ 계속기업
⑤ 보수주의

23 다음은 기말재고자산평가와 관련된 자료이다. 재고자산감모손실의 70%가 비정상적이라면 정상감모손실은 얼마인가?

- 장부상 수량 ·························· 2,000단위
- 단위당 단가
  취득원가 ······························ ₩1,000
  순실현가능가치 ························ ₩900
- 재고자산평가손실 ···················· ₩180,000

① ₩20,000　② ₩60,000
③ ₩90,000　④ ₩120,000
⑤ ₩140,000

24 10월 31일에 은행계정조정표를 작성한 결과 차액이 발생하여 수정내용을 검토한 결과 다음과 같은 원인을 발견하였다. 이에 대한 수정분개로 옳지 않은 것은?

- 시간 후 입금하였으나, 11월 1일 입금된 것으로 처리된 현금입금액 : ₩300,000
- 당좌차월에 대한 이자출금액(회사에 미통지함) : ₩30,000
- 거래처의 외상매출금 송금액(회사에 미통지함) : ₩200,000
- 부도수표 차감액 중 회사 미통지액 : ₩400,000
- 회사에서 ₩300,000 현금입금액을 ₩30,000으로 오류 기장함

① (차) 당좌예금 300,000
　(대) 현 금 300,000
② (차) 이자비용 30,000
　(대) 당좌예금 30,000
③ (차) 당좌예금 200,000
　(대) 외상매출금 200,000
④ (차) 부도수표 400,000
　(대) 당좌예금 400,000
⑤ (차) 당좌예금 270,000
　(대) 현 금 270,000

25 다음은 20X1년 7월의 상품거래내역이다. 계속기록법에 의한 선입선출법을 적용하는 경우 7월 23일 판매상품에 대한 매출총이익을 계산하면 얼마인가?

일 자	내 역	수량(개)	매입단가(원)	판매단가(원)
7월 1일	전기이월	80	580	
7월 9일	매 입	70	590	
7월 23일	판 매	120		700

① ₩14,000　② ₩15,000
③ ₩16,000　④ ₩17,000
⑤ ₩18,000

26 다음 중 사채발행차금을 유효이자율법에 의하여 상각하는 경우 회계처리에 대한 설명으로 틀린 것은 무엇인가?

① 할인발행시 이자비용은 매년 증가한다.
② 할인발행시 현금지급액은 매년 일정하다.
③ 할인발행시 사채발행차금 상각액은 매년 감소한다.
④ 할증발행시 사채발행차금 상각액은 매년 증가한다.
⑤ 할증발행시 사채장부금액은 매년 감소한다.

27 ㈜경록은 1기 초에 ₩1,100,000에 취득하여 정액법으로 상각하던 기계장치를 5기 초에 ₩230,000에 매각하였다. 기계장치의 내용연수는 5년이고 잔존가치는 ₩100,000이었다면 ㈜경록의 유형자산 처분손익은 얼마인가?

① 손실 ₩70,000
② 이익 ₩30,000
③ 손실 ₩10,000
④ 이익 ₩10,000
⑤ 이익 ₩70,000

28 20X1년 1월 1일에 일시투자목적으로 액면금액 ₩90,000(만기10년, 액면이자율 연 10%, 유효이자율 연 12%, 이자지급일 매년 12월 31일)인 사채를 취득하였다. 사채의 취득가액이 ₩79,830이라면 사채 취득시 사채이자의 현재가치는 얼마로 계산된 것인가?

기 간	할인율	현가요소	연금현가요소
10년	10%	0.386	6.145
10년	12%	0.322	5.650

① ₩50,850
② ₩51,200
③ ₩52,350
④ ₩53,100
⑤ ₩54,750

29 다음 중 자본변동표에 관한 설명으로 적합하지 않은 것은?

① 자본 구성항목의 변동내용에 대한 포괄적인 정보를 제공한다.
② 청약기일이 경과된 신주청약증거금 중 신주납입금으로 충당될 금액은 자본조정의 변동에 표시된다.
③ 다른 재무제표 정보와 더불어 기업실체의 재무적 탄력성, 수익성, 위험 등을 평가하는데 유용하다.
④ 포괄손익계산서를 거쳐 재무상태표의 자본에 직접 가감되는 항목에 대한 정보를 제공한다.
⑤ 자본의 변동내용은 포괄손익계산서와 현금흐름표에 나타난 정보와 연결할 수 있다.

30 다음은 ㈜경록의 20X1년 재무상태표 및 손익계산서의 자료 중 일부이다. 다음 자료를 이용하여 영업활동에서 창출된 현금을 구하면? 단, ㈜경록의 20X1년 당기순이익은 ₩100,000이다.

사채처분이익	₩15,000
토지 처분금액(장부금액 : ₩10,000)	12,000
매출채권 감소	5,000
선수금 증가	2,000

① ₩93,000
② ₩92,000
③ ₩91,000
④ ₩90,000
⑤ ₩89,000

31 다음 중 수익의 인식에 대한 설명으로 잘못된 것은 무엇인가?

① 수행의무란 고객과의 계약에서 재화나 용역을 고객에게 이전하기로 한 각 약속을 말한다.
② 변동대가는 기댓값과 가능성이 가장 높은 금액 중에서 대가를 더 잘 예측할 것으로 예상하는 방법을 사용하여 추정한 뒤 이후 수정할 수 없다.
③ 한 계약에서 지급하는 대가가 다른 계약의 가격이나 수행에 따라 달라지는 둘 이상의 계약을 같은 고객과 동시에 체결한 경우 단일계약으로 처리한다.
④ 계약변경이란 계약 당사자들이 승인한 계약의 범위나 계약가격의 변경을 말한다.
⑤ 거래가격은 고객에게 약속한 재화나 용역을 이전하고 그 대가로 기업이 받을 권리를 갖게 될 것으로 예상하는 금액이다.

32 20X1년 초에 ₩3,000,000에 취득한 차량운반구를 내용연수 10년, 잔존가치 ₩200,000, 정액법으로 상각하다가 20X7년 초에 ₩1,290,000에 매각하였다. 매각으로 인한 처분손익은 얼마인가?

① ₩10,000 이익
② ₩10,000 손실
③ ₩30,000 이익
④ ₩30,000 손실
⑤ ₩0

33 원가는 여러 가지로 분류가 가능하다. 다음 중 원가의 분류에 대한 설명으로 틀린 것은 무엇인가?

① 제조원가는 기초원가와 가공원가의 합계이다.
② 매몰원가는 의사결정과의 관련성에 따른 원가의 분류방법이다.
③ 간접원가는 원가의 추적가능성에 따른 분류방법이다.
④ 재료원가는 원가형태에 따른 분류방법이다.
⑤ 고정원가는 원가의 행태에 따른 분류방법이다.

34 다음 자료에 의하여 연산품인 甲, 乙, 丙에 순실현가치 기준법에 의하여 결합원가를 배부한 결과 乙에 배부된 결합원가가 ₩3,600인 경우 결합원가는 얼마인가?

구 분	생산량	판매단가	추가가공원가
甲	200kg	₩30	없음
乙	350kg	₩20	₩250
丙	80kg	₩40	₩950

① ₩7,400 ② ₩8,000 ③ ₩8,600
④ ₩8,900 ⑤ ₩9,300

35 다음은 정상원가계산을 사용하는 ㈜경록의 제조간접원가 계정으로서 배부차이를 조정하기 직전 기록이다. 다음 중 올바르게 설명한 것은?

제조간접원가	
₩70,000	₩60,000

① 제조간접원가 예정배부액은 ₩70,000이다.
② 제조간접원가 실제발생액은 ₩60,000이다.
③ 제조간접원가 배부차이를 매출원가에서 조정할 때 필요한 분개는 [(차) 매출원가 ₩10,000 (대) 제조간접원가 ₩10,000]이다.
④ 제조간접원가 차변잔액은 차기로 이월된다.
⑤ 제조간접원가는 초과배부상태이다.

36 ㈜경록이 판매하는 甲제품의 단위당 판매가격은 ₩20이고, 단위당 변동원가는 ₩14이다. 매출액의 10%를 이익으로 얻기 위한 매출액을 계산해 본 결과 ₩825,000으로 계산되었다면 ㈜경록의 고정원가는 얼마인가?

① ₩110,000 ② ₩125,000
③ ₩140,000 ④ ₩155,000
⑤ ₩165,000

37 ㈜대한은 보조부문에는 수선부와 동력부, 제조부문에는 절단부와 조립부를 운영하고 있다. 각 부문의 용역수수 관계와 부문원가 자료는 다음과 같다.

구 분		보조부문		제조부문	
		수선부	동력부	절단부	조립부
부문원가		₩40,000	₩50,000	₩40,000	₩30,000
용역 제공량	수선부	–	200회	500회	300회
	동력부	12시간	–	4시간	4시간

단계배분법을 적용하여 보조부문원가를 제조부문에 배분할 경우, 절단부에 집계된 부문원가 총액은? (단, 보조부문의 동력부의 원가부터 배분한다)

① ₩085,750 ② ₩90,000
③ ₩093,750 ④ ₩96,550
⑤ ₩100,000

38 ㈜대한은 20×1년도 예산자료를 다음과 같이 예측하였다.

- 매출액 ₩2,000,000
- 공헌이익률 30%
- 고정원가 ₩400,000

만약 매출액이 15% 증가한다면 영업이익은 얼마나 증가하는가?

① ₩300,000 ② ₩180,000
③ ₩140,000 ④ ₩100,000
⑤ ₩90,000

9회

39 변동예산을 수립하고 있는 ㈜경록의 연간 최대조업도에 관한 다음 자료를 이용하여 정상조업도가 최대조업도의 80%라고 할 때 정상조업도 하에서 직접노동시간당 제조간접원가를 계산하면 얼마인가?

직접노동시간	10,000시간
변동제조간접원가	₩500,000
고정제조간접원가	₩160,000

① ₩53 ② ₩56 ③ ₩66
④ ₩70 ⑤ ₩73

40 당사는 선입선출법에 의한 종합원가계산을 적용하고 있다. 공손에 대한 검사가 공정의 50%시점에 이루어지며 통과한 양품수량의 10%를 정상공손으로 간주하고 있다. 재료는 공정의 초기부터 50%까지 균등하게 투입하며, 가공원가는 공정진행에 따라 일정하게 투입한다. 다음 자료에 의한 정상공손수량은 얼마인가?

구 분	수 량	가공원가완성도
기초재공품	1,500	60%
당기착수	13,000	
당기완성	11,000	
기말재공품	1,000	80%

① 950개 ② 1,000개
③ 1,050개 ④ 2,000개
⑤ 2,500개

– 다음면에 계속 –

02 공동주택시설개론

41 다음 중 건축물에 미치는 활하중에 대한 설명으로 옳지 않은 것은?

① 활하중은 신축건축물의 구조계산과 기존건축물의 안전성검토에 사용된다.
② 건축물 자체의 중량이나 구조물 존재기간중 지속적으로 작용하는 하중을 활하중이라 한다.
③ 일반적으로 공동주택의 공용실 기본등분포 활하중은 주거용 거실의 활하중보다 큰 값을 사용한다.
④ 지붕활하중을 제외한 등분포활하중은 부재의 영향면적이 36㎡ 이상인 경우 기본등분포활하중에 활하중저감계수를 곱하여 저감할 수 있다.
⑤ 사무실 또는 유사한 용도의 건물에서 가동성 경량칸막이벽이 설치될 가능성이 있는 경우에는 칸막이벽 하중으로 최소한 1kN/㎡를 기본등분포활하중에 추가하여야 한다.

42 다음 중 기초에 관한 설명으로 옳지 않은 것은?

① 복합기초는 1개의 기초판으로 2개 이상의 기둥을 받치는 구조이다.
② 연속기초는 벽 또는 일렬의 기둥을 대형의 기초판으로 받치게 하는 구조로 벽으로부터 가해지는 하중을 확대 보호하기 위하여 사용하는 기초이다.
③ 밑창콘크리트지정은 특별히 설계도서에 정한바가 없으면 설계기준강도 15MPa 이상으로 한다.
④ 지정은 기초자체나 지반의 지내력을 보강하는 구조부분으로 기초판 아래부분이다.
⑤ 지반의 상태가 고르지 못하거나 편심하중이 작용하는 건축물의 기초는 서로 다른 형태의 기초나 말뚝을 혼용하여 사용한다.

43 다음중 지반개량공법에 대한 기술로 옳지 않은 것은?

① 페이퍼드레인(paper Drain) 공법은 샌드파일(Sand pile)을 형성한 후 모래대신에 흡수지를 삽입하여 지반의 물을 뽑아내는 공법이다.
② 바이브로 플로테이션(Vibro Floatation) 공법은 주로 점토질 지반을 진동시켜 굳히는 공법이다.
③ 그라우트(Grout) 공법은 지반 내부의 공극에 시멘트 풀 또는 약액을 주입하여 고결시키는 공법이다.
④ 샌드 드레인(Sand Drain) 공법은 적당한 간격으로 모래 말뚝을 형성하고 그 지반위에 하중을 가하여 지반 중의 물을 유출시키는 공법이다.
⑤ 생석회공법은 연약한 점토층에서 철관을 박고 그 속에 생석회를 채워넣은 뒤 지반의 수분과 반응시켜 탈수, 압밀, 건조화학 반응 등을 이용하여 지반을 개량하는 공법이다.

9회

44 다음 중 조적식 벽돌구조에 관한 내용으로 옳지 않은 것은?

① 벽돌벽이 콘크리트 기둥(벽)과 슬래브 하부면과 만날 때는 그 사이에 모르타르를 충전한다.
② 지표면에서 10~20cm 정도 높이에 방습층을 수평방향으로 설치해야 한다.
③ 연속되는 벽면의 일부를 트이게 하여 나중쌓기로 할 때에는 그 부분을 층단 들여쌓기로 한다.
④ 1일 쌓기높이는 1.5m를 표준으로 하고 최대 1.8m 이내로 한다.
⑤ 시방서에 특별히 정한 바가 없을 때는 영식쌓기나 화란식쌓기로 한다.

45 다음 중 블록구조에 관한 기술로 옳지 않은 것은?

① 부동침하를 방지하기 위하여 보강블록조는 막힌 줄눈으로 쌓는 것을 원칙으로 한다.
② 상부에서 오는 하중을 분산시키기 위하여 춤이 내력벽두께의 1.5배 이상인 테두리보를 설치한다.
③ 줄눈은 도면 또는 공사시방서에서 정한 바가 없을 때에는 가로 및 세로 각각 10 mm를 표준으로 한다.
④ 최초 물을 가해 비빈 후 모르타르는 2시간, 그라우트는 1시간을 초과하지 않은 것은 다시 비벼 쓸 수 있다.
⑤ 하루 작업종료시의 세로줄눈 공동부에 모르타르 또는 그라우트 타설높이는 블록상단에서 약 50mm 아래에 둔다.

46 다음 거푸집 부속품에 관한 기술 중 옳지 않은 것은?

① 긴장재(form tie)는 거푸집의 우그러짐과 처짐을 방지하기 위한 부속품이다.
② 간격재(spacer)는 거푸집과 철근과의 간격(피복두께)을 유지하기 위한 부속품이다.
③ 격리재(separator)는 거푸집 상호간의 간격 및 측벽두께를 유지하기 위한 부속품이다.
④ 박리재(form oil)는 거거푸집의 박리를 용이하게 하기 위한 탈착용 기름이다.
⑤ 캠버(camber)는 목재 동바리 밑의 높이 조절용 쐐기이다.

47 다음 중 매스콘크리트(Mass concrete)에 대한 설명으로 옳은 것은?

① 급열양생, 단열양생, 피복양생 중 한가지 이상을 선택하여 양생하여야 한다.
② 콘크리트에 혼화제를 넣어 미세한 기포를 발생시켜 시공연도를 향상시킨 콘크리트이다.
③ 타설온도는 온도균열을 제어하기 위한 관점에서 될 수 있는 대로 낮게 하여야 한다.
④ 베이스 콘크리트에 유동화제를 첨가하여 유동성을 증가시킨 콘크리트이다.
⑤ 알칼리 골재반응은 적어지나 철근과의 부착강도는 다소 작아진다.

48 **철근콘크리트 구조에서 철근공사에 대한 설명으로 옳지 않은 것은?**

① 보에서 휨모멘트에 의한 인장력에 의해 주근을 배근하고 전단력에 의해 늑근을 배근한다.
② 독립기초에 배근하는 주철근은 기초판 상단에 많이 배근한다.
③ 슬래브는 장변방향보다 단변방향에 많이 배근한다.
④ 기둥의 나선철근이나 대근은 중앙부보다 상하단에 많이 배근한다.
⑤ 주철근의 표준갈고리는 90°표준갈고리와 180°표준갈고리로 분류된다.

49 **다음 중 용접결함의 종류로 옳지 않은 것은?**

① 은점(Fisheye)
② 공기구멍(Blow hole)
③ 오버랩(Over lap)
④ Root(루트)
⑤ 크레이터(Crater)

50 **철골구조에 대한 기술 중 옳지 않은 것은?**

① 고장력볼트 F10T-M20의 표준구멍지름은 22㎜이다.
② 주요부재의 접합에서 리벳, 볼트, 고력볼트의 경우는 최소 2개 이상 배치한다.
③ 허니콤보(honey-comb beam)는 웨브에 구멍이 있는 보로 전단력이 크면 보강을 필요로 한다.
④ 고장력볼트 접합에서 표준볼트장력은 설계볼트장력을 10% 할증한 값으로 한다.
⑤ 고장력볼트 접합은 접합재 사이의 전단력에 의해 응력을 전달하는 접합이다.

51 **다음 중 타일공사에 관련 된 기술로서 옳지 않은 것은?**

① 자기질타일은 흡수율이 높아 동해를 입기 쉬운 외부에는 사용하기 곤란하다.
② 티타늄 타일은 500℃ 전후의 고온에서도 그 성질이 변하지 않으며 내식성도 우수하다.
③ 클링커타일(clinker tile)은 석기질타일로 표면이 거칠어 미끄럽지 않아 주로 바닥에 사용한다.
④ 흡수성이 있는 타일은 제조업자의 시방에 따라 물을 축여 사용하고 가급적 외부에는 사용하지 않는다.
⑤ 타일용 모르타르는 건비빔 후 3시간 이내에 사용하고 물을 부어 반죽한 후에는 1시간 이내에 사용하여야 한다.

52 **다음 중 시멘트모르타르 미장공사시 유의사항으로 옳지 않은 것은?**

① 미장 바름시 1회 흙손질 높이는 90~150cm 정도로 한다.
② 바닥을 제외하고는 1회 바름두께를 6mm 정도로 하여 전체 바름두께를 20mm 내외로 바른다.
③ 미장 면적이 넓을때는 부착력을 높이기 위하여 바탕용 철물로 와이어메시(wire mesh)를 사용한다.
④ 바탕면에 가까운 초벌, 재벌바름에는 부배합으로 하고 정벌바름에는 빈배합으로 한다.
⑤ 시멘트모르타르 미장바름 순서는 바탕처리 및 청소-초벌바름 및 라스먹임-고름질-재벌바름-정벌바름-보양순이다.

53 다음 중 창호공사에 관한 사항으로 옳지 않은 것은?

① 미닫이창호는 문짝을 상·하 문틀에 한줄로 홈을 파서 끼우고 벽속이나 옆벽에 몰아 붙이는 창호이다.
② 주름문은 주로 도난방지 등의 방범 목적으로 사용한다.
③ 멀리온(mullion)은 철재창호 면적이 클 때 풍압이나 여닫음 진동으로 인한 유리가 파손되는 것을 방지하기 위하여 사용한다.
④ 풍소란은 미세기 창호에서 신축팽창에 대비하기 위하여 사용한다.
⑤ 접문은 주로 창고, 차고 등의 출입문이나 칸막이용으로 사용한다.

54 다음에서 설명하고 있는 유리로 옳은 것은?

> 실내측 유리의 외부면에 열적외선을 방사하는 금속도막으로 특수 코팅하여 방사율과 열관류율을 낮추고 가시광선 투과율을 높인 에너지 절약형 유리이다.

① 강화유리 ② 포도유리 ③ 로이유리
④ 접합유리 ⑤ 망입유리

55 다음 중 방수공사에 대한 설명으로 옳지 않은 것은?

① 아스팔트 방수공사에서 열을 많이 받는 옥상일수록 아스팔트는 침입도가 크고 연화점이 높은 제품을 사용해야 한다.
② 시멘트액체 방수공사에서 방수층은 흙손 및 뿜칠기 등을 사용하여 최소 4 mm 두께 이상을 표준으로 균일하게 바른다.
③ 시트방수는 방수지 1겹을 붙여 방수효과를 기대하는 것으로 곡면이 많은 지붕에도 시공이 용이하다.
④ 시멘트 모르타르 방수는 경미한 공사에 적합한 방수로 온도차가 적은 습윤상태의 장소에 효과적이다.
⑤ 무기질 탄성도막방수는 시멘트계 바탕면과의 접착성이 좋고 통기성이 좋으나 아스팔트 방수에 비하여 보수가 어려운 단점이 있다.

56 다음 중 방수공사에 관한 기술로 옳지 않은 것은?

① 아스팔트 프라이머는 바탕면과 방수층을 밀착시킬 목적으로 사용하는 재료이다.
② 시트방수공사에서 시트의 접합부는 원칙적으로 물매 위쪽의 시트가 아래쪽 시트의 아래로 오도록 겹친다.
③ 개량 아스팔트 방수시트의 상호 겹침은 길이방향으로 200mm, 너비방향으로는 100mm 이상으로 한다.
④ 지하실의 바닥 외방수공사는 구조체 전에 선행하여 실시하여야 한다.
⑤ 안방수법은 수압이 작고 얕은 지하실에 적합한 방수법으로 보호누름을 필요로 한다.

57 다음 중 도장공사의 설명으로 옳지 않은 것은?

① 콘크리트면이나 모르타르면은 충분히 건조시키고 내알칼리성 도료를 칠한다.
② 도료의 배합비율 및 시너의 희석비율은 질량비(중량비)로 표시한다.
③ 기온이 5℃ 미만이거나 상대습도가 85%를 초과할 때는 도장작업을 중지한다.
④ 건조제를 너무 많이 넣으면 도막에 균열이 생기므로 주의한다.
⑤ 유성페인트의 안료는 무기질안료와 유기질안료가 있으며 광택과 내구력을 증가시키는 데 효과가 좋다.

58 다음 도장공사 중 목재의 무늬나 바탕의 재질을 잘 보이게 하는 도장재료는?

① 유성페인트 도장 ② 합성수지페인트 도장
③ 클리어래커 도장 ④ 수성페인트 도장
⑤ 졸라코트 도장

59 다음 중 표준시방서 상의 도배공사에 대한 내용으로 옳지 않은 것은?

① 정배지 이음은 공사시방에서 정한 바가 없을 때는 10mm 내외 겹치기로 하고 온통 풀칠하여 붙인 후, 표면에서 솔 또는 헝겊으로 눌러 밀착시킨다.
② 도배지를 완전하게 접착시키기 위하여 접착과 동시에 롤링을 하거나 솔질을 해야 한다.
③ 도배지는 일사광선을 피하고 습기가 많은 장소나 콘크리트 위에 직접 놓지 않으며 두루마리 종, 천은 세워서 보관한다.
④ 얇은 창호지를 겹으로 여러장 이어 온장 붙임을 할 때는 밑종이에 풀칠을 하고 윗종이를 한 편에서부터 귀얄로 눌러 붙인다.
⑤ 도배지를 종이에 풀칠하여 붙이는 방법은 직접 붙임과 초배지 위 정배지 붙임의 2종류로 한다.

60 다음 건축공사비 중 직접공사비의 구성요소로 옳은 것은?

① 재료비, 일반관리비, 외주비, 간접비
② 재료비, 노무비, 외주비, 부가이윤
③ 재료비, 노무비, 일반관리비, 부가이윤
④ 재료비, 노무비, 외주비, 경비
⑤ 재료비, 외주비, 일반관리비, 간접비

61 다음 중 건축설비에 관한 이론으로 옳은 것은?

① 결로를 방지하기 위해서는 벽체의 표면온도를 실내공기의 노점온도보다 낮게 한다.
② 순수한 물의 비열은 약 1kJ/kg이고 공기의 정압비열은 1.2kJ/kg·k이다.
③ 현열이란 온도는 변하지 않고 상태만 변하면서 출입하는 열로 증기난방에 이용된다.
④ 승화란 물체가 고체 상태에서 액체상태를 거쳐서 기체가 되는 현상이다.
⑤ 액체의 압력은 임의의 면에 대하여 수직으로 작용하며, 액체 내 임의의 점에 작용하는 압력세기는 방향에 관계없이 동일하다.

62 다음 중 급수펌프에 관한 사항으로 옳지 않은 것은?

① 펌프의 회전수를 10% 증가시키면 양정은 10% 증가하고 축동력은 21% 증가한한다.
② 펌프의 흡입양정은 대기압이 낮을수록, 해발고도가 높을수록, 수온이 높을수록 낮아진다.
③ 펌프의 효율은 수동력을 축동력으로 나눈 값으로 효율이 클수록 축동력은 작아진다.
④ 급수펌프의 실양정이란 물을 높은 곳으로 양수하는 경우 흡수면으로부터 토출수면까지의 수직거리이다.
⑤ 펌프의 전양정은 흡입양정과 토출양정을 합한 실양정에 마찰손실수두를 합한 값이다.

63 다음 급수방식에 대한 설명으로서 옳은 것은?

① 수도직결방식은 급수압 변동이 있을 수 있으나 위생적인 측면에서 가장 바람직한 급수방식이다.
② 고가수조방식은 비교적 취급이 용이하나 급수압 변동이 크며 급수 오염이 적은 급수방식이다.
③ 부스터펌프 방식은 최상층 수압을 조절하기 곤란하고 고장시 수리가 어렵다.
④ 압력탱크방식은 급수압 변동이 작아 공동주택에 사용하기 적합한 급수방식이다.
⑤ 펌프직송방식 중 변속방식은 정속방식에 비해 압력변동이 심하기 때문에 공동주택에는 사용하기 곤란하다.

9회

64 다음 중 위생기구의 배수 부하단위에 대한 설명으로 옳은 것은?

① 세면기 배수량 30ℓ/min를 기준으로 F.U 1로 하여 배수부하단위를 산정한다.
② 대변기 배수량 30ℓ/min를 기준으로 F.U 1로 하여 배수부하단위를 산정한다.
③ 세면기 배수량 60ℓ/min를 기준으로 F.U 1로 하여 배수부하단위를 산정한다.
④ 대변기 배수량 60ℓ/min를 기준으로 F.U 1로 하여 배수부하단위를 산정한다.
⑤ 욕조 배수량 30ℓ/min를 기준으로 F.U 1로 하여 배수부하단위를 산정한다.

65 다음 중 정화조의 유입수 BOD 농도가 표와 같고 유출수 BOD농도가 25ppm일 때 BOD 제거율로 옳은 것은?

유입수 종류	유입량(㎥/일)	BOD농도(ppm)
오수	300	200
잡배수	100	400

① 70% ② 80% ③ 85%
④ 90% ⑤ 95%

66 다음 중 스프링클러 소화설비에 대한 설명으로 옳지 않은 것은?

① 건식스프링클러헤드란 물과 오리피스가 분리되어 동파를 방지할 수 있는 스프링클러헤드를 말한다.
② 가압송수장치의 정격 토출압력은 하나의 헤드 선단에 0.1MPa 이상 1.2MPa 이하의 방수압력이 될 수 있는 크기이어야 한다.
③ 주배관이란 가압송수장치 또는 송수구 등과 직접 연결되어 소화수를 이송하는 주된 배관을 말한다.
④ 유수검수장치란 유수현상을 자동적으로 검지하여 신호 또는 경보를 발하는 장치를 말한다.
⑤ 신축배관이란 주배관과 교차배관을 연결하는 신축성이 있는 배관을 말한다.

67 다음 중 고층건축물의 화재안전기준에 대한 설명으로 옳지 않은 것은?

① "고층건축물"이란 층수가 30층 이상이거나 높이가 120m 이상인 건축물을 말한다.
② 자동화재탐지설비의 감지기는 아날로그방식의 감지기로서 감지기의 작동 및 설치지점을 수신기에서 확인할 수 있는 것으로 설치하여야 한다. 다만, 공동주택의 경우에는 감지기별로 작동 및 설치지점을 수신기에서 확인할 수 있는 아날로그방식 외의 감지기로 설치할 수 있다.
③ 스프링클러설비의 수원은 스프링클러설비 설치장소별 스프링클러헤드의 기준개수에 3.2㎥를 곱한 양 이상이 되도록 하여야 한다. 다만, 50층 이상인 건축물의 경우에는 4.8㎥를 곱한 양 이상이 되도록 하여야 한다.
④ 연결송수관설비의 배관은 전용으로 한다. 다만, 주배관의 구경이 100mm 이상인 옥내소화전설비와 겸용할 수 있다.
⑤ 옥내소화전설비의 수원은 그 저수량이 옥내소화전의 설치개수가 가장 많은 층의 설치개수(2개 이상 설치된 경우에는 2개)에 2.6㎥(호스릴옥내소화전설비를 포함한다)를 곱한 양 이상이 되도록 하여야 한다.

68 다음 중 급탕설비의 기구에 관한 설명으로 옳지 않은 것은?

① 스팀사일런서(steam silencer)는 기수혼합식 급탕방식에서 소음을 제거하기 위하여 사용한다.
② 서머스탯(thermostat)은 온수를 고르게 분배하기 위하여 사용한다.
③ 신축이음(expansion joint)은 관의 신축에 따른 누수나 파손을 방지하기 위하여 설치한다.
④ 감압밸브(reducing valve)는 고층건물에서 급탕압력을 일정압력 이하로 제어하기 위하여 설치한다.
⑤ 공기빼기밸브(air vent valve)는 배관내에 고여 있는 공기를 배제하여 온수의 흐름을 원활하게 하기 위하여 사용한다.

69 **증기보일러의 정격출력이 시간당 1,000kW일 때 보일러의 보급수펌프 용량으로 적합한 것은?**(단 펌프의 여유율은 1.5이다)

① 37kg/min
② 40kg/min
③ 48kg/min
④ 60kg/min
⑤ 65kg/min

70 **다음 중 난방방식의 특징에 관한 기술로 옳지 않은 것은?**

① 복사난방은 예열시간이 길어 일시적인 간헐난방에는 효과가 적으나 먼지가 상승하지 않아 쾌감도가 좋다.
② 온풍난방은 증기난방이나 온수난방에 비하여 시스템전체의 열용량이 작다.
③ 증기난방은 증기가 냉각될 때 방출하는 현열을 이용하는 난방방식으로 온수난방보다 열용량이 크다.
④ 고온수난방 방식은 보일러와 동일한 높이에 방열기를 설치해도 온수순환이 가능하다.
⑤ 온수난방은 난방을 정지하여도 여열이 오래가나 동절기에 한냉지에서는 동결의 우려가 있다.

71 **다음 중 도시가스설비 설계에 관한 설명으로 옳지 않은 것은?**

① 도시가스배관은 온도변화를 받지 않는 곳으로 하고 인입전기 설비와는 충분한 거리를 유지한다.
② 도시가스배관 경로는 배관주위의 장래계획 및 안전성 등을 고려하여 결정한다.
③ 노출배관에는 녹이 발생하지 않는 폴리에틸렌피복강관이나 가스용폴리에틸렌관을 사용한다.
④ 공동주택등의 부지안에서 지중에 매설할 때는 최소 0.6m 이상 깊이에 매설하여야 한다.
⑤ 고위발열량은 연소시 발생되는 수증기의 잠열을 포함한 열량이다.

72 **다음 중 배관설비에 관한 설명으로 옳지 않은 것은?**

① 버터플라이밸브(butterfly valve)는 유량조절기능보다는 개폐의 기능을 주 목적으로 하는 밸브이다.
② 스트레이너(strainer)는 안전밸브의 일종으로 배관 계통내의 이상 압력을 제어한다.
③ 앵글밸브(angle valve)는 유체의 입구와 출구와의 각이 90°인 밸브로 유체의 흐름을 바꾸거나 변형시킬 경우에 사용한다.
④ 감압밸브(Reduction valve)는 고압배관과 저압배관 사이에 설치하여 압력을 일정하게 유지한다.
⑤ 구경이 다른 배관을 접합할 때는 리듀서(reducer)나 부싱(bushing)을 사용한다.

73 **공기조화방식 중 전공기방식에 대한 설명으로 옳은 것은?**

① 공조실과 덕트 면적을 작게 차지한다.
② 송풍능력이 작아져 동력비가 절감된다.
③ 실내공기가 오염되기 쉽고 배열회수가 어렵다.
④ 중간계절기에 이코노마이저시스템에 의한 외기냉방이 가능하다.
⑤ 실내배관으로 인한 누수의 우려가 있다.

74 **다음 중 설비시스템의 소음방지 대책으로 옳지 않은 것은?**

① 급·배수설비에는 당해층(층상) 배관방식을 도입한다.
② 소음이 벽, 바닥 등 구조체를 통한 고체 전달음인 경우에는 제진재를 설치한다.
③ 송풍계통에는 플레넘(plenum)이나 소음기를 설치한다.
④ 소음이 공기전달음인 경우에는 실내 내벽에는 차음재, 실외 외벽에는 흡음재를 설치한다.
⑤ 진동발생 장비는 장비부하에 방진재를 설치하거나, 바닥 또는 실 전체를 뜬바닥(floating floor) 구조로 한다.

9회

75 다음 중 냉동설비에 대한 특징으로 옳지 않은 것은?

① 흡수식 냉동기는 증기나 고온수를 열원으로 사용하므로 전력소비가 적게 들고 소음이나 진동이 작다.
② 냉동기의 성적계수(COP)는 값이 클수록 효율이 좋은 것이다.
③ 압축식냉동기의 구성요소는 압축기, 응축기, 팽창밸브, 증발기이며 실제 냉동이 일어나는 곳은 응축기이다.
④ 빙축열시스템은 심야전력을 이용하므로 전력비가 감소하고 전력불균형을 해소할 수 있다.
⑤ 밀폐식 냉각탑은 전산실 등 연중으로 사용하는 사계절용 냉각탑으로 적합하다.

76 다음 전기설비에 관한 기술로 옳지 않은 것은?

① 옴의 법칙은 전류는 전압에 반비례하고 전기저항에 비례한다는 법칙이다.
② 주파수는 1초간의 헤르츠수로 우리나라는 60헤르츠(HZ)를 사용한다.
③ 전선의 저항은 도체에 전류가 흐를 때 이를 방해하는 작용으로 전선의 길이에 비례하고 전선의 굵기에 반비례한다.
④ 전압은 전기적인 높이의 차로 단위는 V(볼트)를 사용한다.
⑤ 전류는 전자의 이동으로 표시기호는 I이고, 단위는 암페어(A)를 사용한다.

77 전동기에 이르는 짧은 배선이나 승강기 배선 등 구부리기 쉽고 증설이 용이한 곳에 적합한 전기 배선 공사 방법은?

① 금속관 공사 ② 버스덕트 공사
③ 경질비닐관 공사 ④ 가요전선관 공사
⑤ 라이팅덕트 공사

78 다음 중 조명설계시 사용되는 용어에 대한 설명으로 옳지 않은 것은?

① 보수율이란 광원의 경년변화나 조명기구효율의 저하에 의한 초기로부터의 감광비율을 말한다.
② 어떤 물체의 색깔이 태양광 아래에서 보이는 색과 동일한 색으로 인식될 경우 그 광원의 Ra 100으로 한다.
③ 감광보상률이란 조명기구의 광속발산도에 대한 반사율이다.
④ 조명률은 광원에서 방사되는 전광속과 작업면에 대한 유효광속과의 비이다.
⑤ 암순응은 밝은 곳에서 어두운 곳으로 들어갈 때 동공이 확대되어 감광도가 높아지는 현상이다.

79 에스컬레이터에 대한 설명으로 옳지 않은 것은?

① 수량은 공칭 수송능력의 80% 정도를 설계 수송능력으로 하여 계산한다.
② 승객의 연속적인 수송이 가능한 설비로 기다리는 대기시간이 별로 없다.
③ 엘리베이터에 비해 수송능력이 크고 기계실을 필요로 하지 않는다.
④ 건축적으로 점유면적이 작고 건물에 걸리는 하중이 집중되지 않는다.
⑤ 승객을 연속하여 이동시키기는 좋으나 대규모 건축물에는 사용하기 곤란하다.

80 다음 중 홈네트워크 사용기기의 종류로 옳지 않은 것은?

① 전자출입시스템 ② 단지망
③ 감지기 ④ 원격검침시스템
⑤ 원격제어기기

– 다음면에 계속 –

03 민법

01 **관습법과 사실인 관습에 관한 설명 중 맞는 것은?** (다툼이 있으면 판례에 의함)

① 관습법은 사실인 관습과 구별되지만, 양자 모두 법률행위의 당사자의 의사를 보충함에 그치는 점에서는 동일하다.
② 종중 구성원의 자격은 성년 남자로 한정된다는 관습법은 존중되어야 한다.
③ 명인방법, 동산의 양도담보 등은 사실인 관습에 해당되므로 그 존재는 당사자가 주장·입증하여야 한다.
④ 관습법은 성문법에 비하여 열위에 있으므로 민법에 규정된 내용과 다른 관습이 우선적으로 적용되는 일은 있을 수 없다.
⑤ 관습법으로 인정되기 위해서는 사회의 거듭된 관행으로 생성된 사회생활규범으로서 그 내용이 헌법상의 정당성과 합리성도 당연히 갖추어야 한다.

02 **권리의 순위와 경합에 대한 다음 기술 중 틀린 것을 모두 고른 것은?**

㉠ 채권 상호 간에는 먼저 성립한 권리가 우선한다. ㉡ 물권과 채권 간에는 먼저 성립한 권리가 우선한다. ㉢ 물권 상호 간에는 먼저 성립한 권리가 우선한다. ㉣ 소유권과 제한물권이 충돌하는 경우 당연히 소유권이 우선한다. ㉤ 공무원의 불법행위로 타인에게 손해를 입힌 경우 「국가배상법」의 규정이 사용자책임의 규정을 배제하고 우선적으로 적용된다. ㉥ 수 개의 채권이 충돌하여 그 전부를 만족시키기에는 채무자의 재산이 부족한 경우 채무자는 각 채권액에 안분비례하여 공평하게 변제하여야 한다.

① ㉠, ㉢, ㉥
② ㉠, ㉡, ㉢
③ ㉠, ㉡, ㉣, ㉥
④ ㉡, ㉢, ㉣, ㉤
⑤ ㉡, ㉣, ㉤, ㉥

03 **신의성실의 원칙과 관련된 다음의 기술 중 틀린 것은?** (다툼이 있으면 판례에 의함)

① 신의칙은 강행법규의 성격을 가진다.
② 임대차계약에 차임증액을 할 수 없다는 특약을 하였더라도 그 후 사정변경을 이유로 차임증액을 청구할 수 있다.
③ 신의성실의 원칙에 반하는 것 또는 권리남용은 당사자의 주장이 없으면 법원이 직권으로 판단할 수 없다.
④ 신의성실의 원칙에 위배된다는 이유로 그 권리의 행사를 부정하기 위해서는 상대방에게 신의를 공여하였다거나, 객관적으로 보아 상대방이 신의를 가짐이 정당한 상태에 있어야 하고, 이러한 상대방의 신의에 반하여 권리를 행사하는 것이 정의관념에 비추어 용인될 수 없는 정도의 상태에 이르러야 한다.
⑤ 채권자와 보증인이 보증계약을 체결함에 있어 채권자는 보증인에게 채무자의 신용상태를 고지할 의무가 법률에 의해 인정된다.

04 **다음 중 제한능력자와 관련된 서술로 가장 타당한 것은?**

① 14세의 중학생이 부모에게서 받은 등록금 20만원을 친구의 병원비로 지급하였다. 이 법률행위는 취소할 수 있다.
② 17세의 고교생이 불법행위에 의하여 타인을 부상케 하였다. 미성년자이므로 법적으로 책임을 물을 수 없다.
③ 2세인 어린아이가 亡父로부터 상속받은 고서(古書)를 아동보육시설에 기증하였다. 취소하기 전까지는 일단 유효하다.
④ 22세인 甲은 어릴 때 뇌를 다쳐 정신연령이 15세 정도이다. 甲이 한 증여계약은 행위능력의 흠결을 이유로 취소할 수 없다.
⑤ 많은 재산을 소유한 17세의 甲은 父로부터 전 재산의 처분을 허락받았다. 甲은 모든 재산의 처분을 자유로이 할 수 있다.

05 **제한능력자와 거래한 상대방이 갖는 철회권과 거절권에 관한 기술 중 맞는 것은?**

① 철회권은 거래상대방이 단독으로 제한능력자의 법률행위 효과를 배제할 수 있으나 거절권은 제한능력자의 협력을 필요로 한다는 점에서 다르다.
② 제한능력자 측에서 추인한 이후라도 선의의 거래상대방은 철회권을 행사할 수 있다.
③ 거절권은 제한능력자에게는 행사할 수 없고 항상 그 법정대리인에게 하여야 한다.
④ 제한능력자와의 계약에 대해서는 철회할 수 있고, 단독행위에 대해서는 거절할 수 있다.
⑤ 거절은 그 성질상 상대방 있는 단독행위이다.

06 **법인 아닌 사단에 관한 설명으로 옳지 않은 것은?** (다툼이 있으면 판례에 의함)

① 법인 아닌 사단이 성립하기 위해서는 적어도 단체로서의 조직을 갖추고 대표의 방법, 총회의 운영, 재산의 관리 기타 단체의 중요한 점이 정관 등으로 확정되어야 한다. 그러나 종중의 경우에는 특별한 조직행위 없이도 자연적으로 성립할 수 있다.
② 총유재산에 관한 소송은 법인 아닌 사단의 구성원 전원이 당사자가 되어 필수적 공동소송의 형태로 할 수 있다.
③ 종중이 그 총유재산에 대한 보존행위로서 소송을 하는 경우에는 특별한 사정이 없는 한 보존행위이므로 대표자가 단독으로 결정할 수 있다.
④ 소집절차에 하자가 있어 그 효력을 인정할 수 없는 종중총회의 결의라도 후에 적법하게 소집된 종중총회에서 이를 추인하면 처음부터 유효로 된다.
⑤ 법인 아닌 사단인 교회가 사실상 2개로 분열된 경우 분열되기 전 교회의 재산은 그 교회에 소속된 잔존 교인들의 총유로 귀속됨이 원칙이다.

07 **甲에 대해 실종선고가 내려져 배우자 乙이 부동산을 상속받고 丙이 甲의 사망에 따른 생명보험금을 받았으며, 乙은 상속한 부동산을 丁에게 증여하고 丁과 재혼도 했으나 甲이 살아 돌아왔다. 다음의 기술 중 옳은 것은?**

① 甲은 실종선고를 취소하지 않는 한 상속이 된 자기재산의 반환을 청구할 수도 없고, 임대차계약을 체결하는 등의 새로운 거래행위도 할 수 없다.
② 甲의 실종선고가 취소되더라도 丙이 선의인 한 보험금을 보험회사에 반환하지 않아도 된다.
③ 실종선고가 취소된 경우 乙이 선의라면 乙은 현존이익이 없으므로 재산을 반환할 필요가 없다.
④ 만약 乙이 그 부동산을 丁에게 매도한 경우 乙이 선의라도 丁이 악의인 경우 甲은 丁에게 재산의 반환을 청구할 수 있으며, 이 경우 악의의 丁은 乙에게 담보책임을 물어 乙과의 매매계약을 해제할 수 있고 손해배상도 청구할 수 있다.
⑤ 乙이나 丁 일방이 악의로 되어 그 재혼이 보호받지 못하는 경우 甲은 실종선고의 취소 없이도 乙과 丁의 혼인을 취소할 수 있다.

08 **다음 중 사단법인의 설립등기를 할 때 반드시 기재할 사항이 아닌 것은?**

① 목 적 ② 사무소의 소재지
③ 설립허가의 연월일 ④ 총회의 소집시기
⑤ 자산의 총액

09 **재단법인의 정관의 변경과 보충에 관한 다음의 설명 중 잘못된 것은?**

① 재단법인의 정관은 그 변경방법을 정관에 정한 때에 한하여 변경할 수 있다.
② 정관의 변경방법이 정하여진 바 없더라도, 목적달성 또는 그 재산의 보전을 위하여 적당한 때에 명칭 또는 사무소 소재지를 변경할 수 있다.
③ 재단법인의 설립자가 이사임면의 방법을 정하지 아니하고 사망한 때에는 이해관계인 또는 검사의 청구에 의하여 법원이 이를 정한다.
④ 재단법인의 목적은 본질적인 것이므로, 목적에 관한 정관규정은 변경할 수 없고, 목적을 달성할 수 없는 때에는 해산하여야 한다.
⑤ 정관의 변경은 주무관청의 허가를 얻지 아니하면 그 효력이 없다.

10 **단독행위로 할 수 없는 것은?**

① 채무인수 ②무권대리행위의 추인
③ 상 계 ④채무면제
⑤ 계약해제

11 **물건에 대한 설명으로 가장 틀린 것은?** (다툼이 있으면 판례에 의함)

① 신축 건물이 지하 1층부터 지하 3층까지 기둥, 주벽 및 천장 슬라브 공사가 완료된 상태이고 지하 1층의 일부 점포가 일반에 분양되었으며 지하 1층은 구분소유권의 대상이 될 수 있는 구조라면, 이 건물은 독립한 부동산으로서 성립한 것이다.
② 민법상 토지에 고정된 발전기로부터 생산된 전기도 동산이다.
③ 민법상의 물건에는 관리가능한 자연력이 포함된다.
④ 토지 지하에 설치된 유류저장탱크와 주유소 건물의 상용에 공하기 위하여 그 건물에 부속시킨 주유기는 별개의 물건이므로 토지 및 건물에 대한 경매가 이루어지는 경우에도 그 경매의 목적물이 되는 것은 아니다.
⑤ 토지의 사용대가인 임대료는 물론, 자전거를 사용하며 지급하는 사용료도 법정과실이다.

12 **甲은 자신의 X건물을 乙에게 5천만원에 매도하는 계약을 체결한 후, X건물을 丙에게 8천만원에 매도·인도하고 소유권이전등기도 해 주었다. 다음 설명 중 옳지 않은 것은?**(다툼이 있으면 판례에 의함)

① 甲과 丙사이의 매매계약이 유효한 경우 乙은 채권자취소권을 행사할 수 있다.
② 甲과 丙사이의 매매계약이 유효한 경우 乙은 甲에게 채무불이행을 이유로 손해배상을 청구할 수 있다.
③ 甲과 丙사이의 매매계약이 반사회적 법률행위로 무효인 경우 乙은 甲을 대위하여 丙에게 X건물에 대한 소유권이전등기의 말소를 청구할 수 있다.
④ 甲과 丙사이의 매매계약이 반사회적 법률행위로 무효인 경우 甲은 소유권에 기하여 丙에게 X건물의 반환을 청구할 수 없다.
⑤ 丙이 甲과 乙사이의 매매사실을 알면서 甲의 배임행위에 적극 가담하여 甲과 계약을 체결한 경우 甲과 丙사이의 매매계약은 무효이다.

13 **불공정한 법률행위에 관한 사항 중 틀린 것은?**

① 불공정한 법률행위는 사회질서에 반하는 법률행위의 일종이다.
② 불공정한 법률행위가 성립하기 위한 요건인 궁박·경솔·무경험은 모두 구비되어야 하는 요건이 아니라 그 중 일부만 갖추어져도 충분하다.
③ 대리에 의한 법률행위의 경우 궁박·경솔·무경험은 대리인을 표준으로 하여 결정한다.
④ 피해당사자가 궁박 등의 상태에 있었다고 하더라도 그 상대방에게 그러한 사정을 알면서 이를 이용하려는 의사가 없었다면 불공정한 법률행위는 성립하지 않는다.
⑤ 피해자의 궁박에는 정신적 궁박이 포함된다.

14 **사기에 의한 의사표시에 관한 설명으로 맞지 않는 것은?** (다툼이 있으면 판례에 의함)

① 상대방의 대리인 등 상대방과 동일시할 수 있는 자의 사기나 강박은 제3자의 사기·강박에 해당하지 아니한다.
② 기망행위자가 상대방의 피용자이거나 상대방이 사용자책임을 져야 할 관계에 있는 피용자에 지나지 않는 경우에는 민법 제110조 제2항에서 말하는 제3자에 해당한다.
③ 제3자에 대한 사기행위로 계약을 체결한 경우 그 계약을 취소하지 않고 제3자에 대하여 불법행위로 인한 손해배상청구를 할 수 있다.
④ 사기로 인하여 하자 있는 물건을 매수한 경우 사기로 인한 취소에 앞서 담보책임을 우선 적용해야 한다.
⑤ 매매계약이 기망행위로 인하여 취소된 경우 상대방은 담보책임을 물을 수 없다.

15 **甲이 자신의 X부동산을 乙에게 증여하여 乙명의로 소유권이전등기를 해 주었고, 乙이 그 부동산을 丙에게 매도하여 소유권이전등기를 해 주었다. 이에 관한 설명으로 옳은 것은?**

① 甲과 乙의 증여계약이 통정허위표시에 해당한 경우 그 증여계약은 상대적 무효이다.
② 甲과 乙사이의 증여계약이 통정허위표시에 해당한 경우 丙이 선의이더라도 과실이 있었다면 甲은 丙에 대해 소유권이전등기의 말소를 청구할 수 있다.
③ 甲이 비진의표시로 X부동산을 乙에게 증여한 경우 乙이 선의이면 甲과 乙사이의 증여계약은 유효하다.
④ 甲과 乙사이의 증여계약이 비진의표시로 무효인 경우 甲은 제3자인 丙에 대해 소유권이전등기의 말소를 청구할 수 없다.
⑤ 만일 甲이 의사무능력상태에서 乙과 증여계약을 체결하였다면, 甲과 乙사이의 증여계약은 유효하다.

16 **甲이 증여의 의사표시를 발송했는데 그 의사표시가 도달하기 전에 상대방 乙이 행위능력을 상실한 경우 다음 설명 중 틀린 것은?**

① 의사표시는 상대방에게 도달한 때부터 효력이 발생한다.
② 乙은 의사표시의 효력발생을 주장할 수도 있고, 부도달을 주장할 수도 있다.
③ 이러한 경우 의사표시가 자동적으로 철회된 것으로는 볼 수 없다.
④ 乙의 법정대리인이 도달사실을 안 이후에는 甲이 의사표시의 도달을 주장할 수 있다.
⑤ 의사표시가 도달하지 않은 것에 대한 불이익은 乙이 부담한다.

17 **甲으로부터 대리권을 수여받지 않은 乙은 평소 甲이 자신의 아파트를 처분하고자 한다는 사실을 알고, 甲을 대리하여 丙과 그 아파트에 대한 매매계약을 체결하였다. 다음 설명 중 옳지 않은 것은?**

① 甲이 추인을 거절한 경우 丙은 최고권을 행사할 수 없다.
② 乙과 丙이 체결한 계약은 甲의 추인여부에 따라 그 효력이 확정되는 유동적 무효이다.
③ 丙이 계약체결 당시 乙에게 대리권이 없음을 알지 못한 경우 丙은 甲의 추인이 있기 전까지 계약을 철회할 수 있다.
④ 丙이 계약체결 당시 乙에게 대리권 없음을 알았던 경우 丙은 乙에게 계약의 이행이나 손해배상을 청구할 수 없다.
⑤ 丙이 상당한 기간을 정하여 甲에게 추인여부의 확답을 최고하였으나 甲이 그 기간 내에 확답을 발하지 않으면 그 계약을 추인한 것으로 본다.

18 **甲은 자신의 중고컴퓨터를 좋은 가격에 팔기 위하여 컴퓨터전문가인 乙에게 매매에 관한 대리권을 수여하는 위임계약을 체결하였다. 이에 따라 乙은 그 컴퓨터를 丙에게 매각하는 계약을 체결하였다. 다음 설명 중 틀린 것은?**

① 乙이 미성년자라도 甲은 乙의 제한능력을 이유로 乙과 丙간의 매매계약을 취소할 수 없다.
② 乙이 미성년자인 경우 乙은 甲과 체결한 위임계약을 취소할 수 있다.
③ 丙이 乙을 기망하여 매매계약이 체결되었다면 甲은 계약을 취소할 수 없다.
④ 乙이 甲을 위한 것임을 표시하지 아니하고 계약을 체결한 경우 원칙적으로 매매계약의 효과는 乙에게 귀속한다.
⑤ 乙이 甲을 위한 것임을 현명하지 아니하였어도 丙이 乙의 행위가 대리행위였음을 알고 있었다면 매매계약의 법률효과는 甲에게 귀속하게 된다.

9회

19 **법률행위의 무효에 관한 설명으로 옳은 것은?** (다툼이 있으면 판례에 의함)

① 법률행위의 일부분이 무효인 것에 불과한 때에는 원칙적으로 그 부분만 무효가 된다.
② 법률행위의 무효와 법률행위의 불성립은 증명책임에 있어서 차이가 없다.
③ 매매의 목적이 된 권리가 타인에게 속한 경우에는 특별한 사정이 없는 한 매매계약은 무효이다.
④ 불공정한 법률행위로서 무효인 경우 추인에 의하여 유효로 될 수 없지만 무효행위의 전환에 관한 규정은 적용될 수 있다.
⑤ 매매계약 등 쌍무계약이 '불공정한 법률행위'에 해당하여 무효인 경우라도, 그 계약에 관한 부제소합의의 효력마저 부정할 수는 없다.

20 **원칙적으로 소급효가 인정되지 않는 것은?** (다툼이 있으면 판례에 의함)

① 계약의 해제
② 무권대리행위의 추인
③ 착오에 의한 매매계약의 취소
④ 무효임을 알고 한 무효행위의 추인
⑤ 행위무능력을 이유로 한 매매계약의 취소

21 **다음 중 법정추인사유가 아닌 것은?**

① 취소권자가 일부 이행을 청구한 경우
② 상대방이 제공한 담보를 취소권자가 수령한 경우
③ 취소권자가 채무자로서 강제집행을 받은 경우
④ 취소권자가 취소할 수 있는 행위로 취득한 권리의 일부를 양도한 경우
⑤ 취소할 수 있는 법률행위에서 발생한 채무의 보증인이 채무 전부를 이행제공한 경우

22 **법률행위의 취소에 관한 다음 설명 중 틀린 것은?**

① 제한능력을 이유로 하는 법률행위의 취소는 선의의 제3자에게 대항할 수 있다.
② 취소권자가 취소권을 포기하는 것은 단독행위에 해당한다.
③ 제한능력자는 제한능력을 이유로 취소할 수 있는 법률행위를 법정대리인의 동의 없이 단독으로 취소할 수 있다.
④ 포괄승계인과 특정승계인 모두 취소권의 승계는 인정될 수 없다.
⑤ 취소할 수 있는 행위의 추인권자와 취소권자는 동일하지 않다.

23 **조건에 관한 다음의 설명 중 옳은 것은?**

① 어떠한 경우에도 당사자는 조건성취의 효력을 그 성취 전으로 소급하게 할 수 없다.
② 법률행위에 부가된 조건이 선량한 풍속 기타 사회질서에 위반한 것인 때에는 그 법률행위는 조건 없는 법률행위로 한다.
③ 법률행위에 부가된 조건이 법률행위 당시 이미 성취할 수 없는 것인 경우 그 조건이 해제조건이면 그 법률행위는 무효로 한다.
④ 조건의 성취가 미확정인 권리는 처분하거나 담보로 할 수 없다.
⑤ 조건의 성취로 인하여 이익을 받을 당사자가 신의성실에 반하여 조건을 성취시킨 경우 상대방은 그 조건이 성취되지 않은 것으로 주장할 수 있다.

24 **제척기간과 소멸시효의 특질에 대한 다음 연결 중 맞는 것은?**

① 소멸시효 ―――― 기간연장 불가
② 소멸시효 ―――― 시효완성 전의 포기 가능
③ 제척기간 ―――― 당사자의 원용 필요
④ 소멸시효 ―――― 불소급
⑤ 제척기간 ―――― 중단제도 있음

25 **甲이 사망하여 그의 X부동산을 乙이 상속받았다. 乙은 자기 명의로 소유권이전등기를 하지 않은 채, 丙에게 X부동산을 매도하고 대금을 모두 받고 인도하였다. 이에 관한 설명으로 틀린 것은?** (다툼이 있으면 판례에 의함)

① 甲이 사망하면 권리능력이 소멸하므로 甲은 더 이상 소유권의 주체가 될 수 없다.
② 乙이 자신의 명의로 등기하지 않고 甲으로부터 丙에게 바로 소유권이전등기를 마친 경우 丙은 X부동산에 대한 소유권을 취득하지 못한다.
③ 乙은 상속을 원인으로 한 소유권이전등기를 하지 않더라도 甲이 사망한 때에 X부동산에 대한 소유권을 취득한다.
④ 丙은 매매대금을 모두 지급하였으므로, 자신의 명의로 X부동산에 대한 소유권이전등기를 하지 않더라도 그 부동산을 사용·수익할 정당한 권리자로 인정받는다.
⑤ 丙이 X부동산에 대한 소유권이전등기절차의 이행을 구하는 소를 제기하여 승소판결이 확정된 경우라도, 丙은 소유권이전등기를 한 때에 비로소 소유권을 취득한다.

26 **시효이익의 포기에 관한 판례의 입장과 다른 것은?**

① 점유로 인한 부동산 소유권의 취득기간이 경과한 뒤에 점유자가 소유자에게 그 부동산을 매수하자고 제의한 일이 있었다는 것만으로는 취득시효의 이익을 포기하였다고는 보기 어렵다.
② 주채무자가 시효이익을 포기하더라도 보증인이나 물상보증인에게는 포기의 효과가 미치지 않는다.
③ 소멸시효 완성 이후에 있은 과세부과처분에 대하여 세액을 납부하였다면 소멸시효의 이익을 포기한 것으로 보아야 한다.
④ 채권의 소멸시효가 완성된 후에 채무자가 그 기한의 유예를 요청하였다면 그 때에 소멸시효의 이익을 포기한 것으로 보아야 한다.
⑤ 채무자가 소멸시효 완성 후 채무를 일부 변제한 때에는 그 액수에 관하여 다툼이 없는 한 그 채무 전체를 묵시적으로 승인한 것으로 보아야 하고, 이 경우 시효완성의 사실을 알고 그 이익을 포기한 것으로 추정된다.

27 **과실수취권에 관한 다음 설명 중 옳은 것은?** (다툼이 있으면 판례에 의함)

① 유치권자에게는 사용·수익권이 있으므로 과실수취권이 인정된다.
② 저당부동산의 압류가 있은 후에는 저당권자가 그 부동산에 대한 소유권을 취득한 제3자에게 압류한 사실을 통지하지 않았더라도 이로서 대항할 수 있다.
③ 천연과실은 그 원물로부터 분리하는 때에 이를 수취한 자에게 속한다.
④ 매매대금을 완납하였더라도 매매목적물을 인도 전이라면 과실수취권은 매도인에게 귀속된다.
⑤ 선의의 점유자에게는 과실취득권이 인정되고, 과실수취로 인해 타인에게 손실을 입혔다 하더라도 선의의 점유자는 이를 반환할 의무가 없다.

28 **부동산의 점유취득시효에 관한 설명으로 틀린 것은?** (다툼이 있으면 판례에 의함)

① 취득시효로 인한 소유권취득의 효과는 점유를 개시한 때에 소급한다.
② 시효취득을 주장하는 점유자는 자주점유를 증명할 책임이 없다.
③ 시효취득자가 제3자에게 목적물을 처분하여 점유를 상실하면, 그의 소유권이전등기청구권은 즉시 소멸한다.
④ 취득시효 완성 후 이전등기 전에 제3자 앞으로 소유권이전등기가 경료되면 시효취득자는 등기명의자에게 시효취득을 주장할 수 없음이 원칙이다.
⑤ 부동산명의수탁자는 신탁부동산을 점유시효취득할 수 없다.

29 **지상권에 관한 설명으로 옳지 않은 것은?** (다툼이 있으면 판례에 의함)

① 약정 지상권의 존속기간 중에는 지상물이 멸실되어도 지상권은 소멸하지 않는다.
② 약정 지상권의 지료에 관한 합의가 없는 경우 지료는 당사자의 청구에 의하여 법원이 이를 정한다.
③ 지상권설정자는 특별한 사정이 없는 한 토지의 불법점유자에 대해 임료 상당의 손해배상을 청구할 수 없다.
④ 지료연체를 이유로 한 지상권 소멸청구에 의해 지상권이 소멸한 경우 지상권자는 지상물에 대한 매수청구권을 행사할 수 없다.
⑤ 법정지상권이 붙은 건물이 양도된 경우 특별한 사정이 없는 한 토지소유자는 건물의 양수인을 상대로 건물의 철거를 청구할 수 없다.

9회

30 **통행지역권에 관한 다음 설명 중 잘못된 것은?**

① 용익물권이므로 부종성이나 수반성이 인정되지 않는다.
② 통로의 개설 없이 20년간 통로로 사실상 사용하여 온 경우는 지역권의 시효취득이 인정되지 않는다.
③ 계속되고 표현된 것인 경우에 한하여 통행지역권의 시효취득이 인정된다.
④ 승역지 등기부 乙구에 지역권설정등기가 등재되고, 요역지 등기부 乙구에는 요역지지역권의 등기가 등재된다.
⑤ 통행지역권의 발생근거는 주위토지통행권과 다르다.

31 **전세권에 관한 설명으로 틀린 것은?** (다툼이 있으면 판례에 의함)

① 전전세의 존속기간은 원전세권의 범위를 넘을 수 없다.
② 전세권이 침해된 경우 전세권자는 점유보호청구권을 행사할 수 있다.
③ 전세권 양도금지특약은 이를 등기하여야 제3자에게 대항할 수 있다.
④ 전세권을 목적으로 한 저당권은 전세권 존속기간이 만료되더라도 전세금반환청구권이 존재하는 한 그 전세권 자체에 대하여 저당권을 실행할 수 있다.
⑤ 타인의 토지 전에 건물을 신축한 자가 그 건물에 전세권을 설정한 경우 전세권은 건물의 소유를 목적으로 하는 토지임차권에도 그 효력이 미친다.

32 **저당권에 관한 다음 설명 중 옳지 않은 것은?**

① 저당권은 그 담보한 채권과 분리하여 타인에게 양도하거나 다른 채권의 담보로 할 수 있다.
② 공동저당 목적물 전체의 환가대금을 동시에 배당하는 경우 저당권자는 각 부동산의 경매대가에서 그 가액에 비례하여 변제를 받는다.
③ 근저당권은 채권담보를 위한 것이므로 원칙적으로 채권자와 근저당권자는 동일인이 되어야 하지만 특별한 사정이 있는 경우에는 제3자 명의의 근저당권설정등기도 유효할 수 있다.
④ 저당권으로 담보한 채권이 시효의 완성 기타 사유로 인하여 소멸한 때에는 저당권도 소멸한다.
⑤ 저당부동산에 대하여 지상권 또는 전세권을 취득한 제3자는 저당권자에게 그 부동산으로 담보된 채권을 변제하고 저당권의 소멸을 청구할 수 있다.

33 **다음 중 채권자지체에 관한 설명으로 틀린 것은?**

① 부작위채무의 경우에는 채권자지체가 성립할 수 없다.
② 채권자가 미리 변제받기를 거절한 경우에는 구두의 제공만으로 채권자를 수령지체에 빠뜨릴 수 있다.
③ 채권자지체로 인하여 그 목적물의 보관 또는 변제의 비용이 증가된 때에는 그 증가액은 채권자의 부담으로 한다.
④ 채권자지체의 본질을 채권자의 채무불이행으로 보는 견해에 의하면 채무자는 채권자에게 손해배상을 청구할 수 없다.
⑤ 채권자지체를 법정책임으로 보는 견해에 의하면 그 요건으로 채권자의 고의·과실을 요구하지 않는다.

34 **근저당권에 관한 설명으로 틀린 것은?**

① 피담보채권이 일시적으로 존재하지 않는 경우에도 근저당권은 소멸하지 않는다.
② 근저당권이 설정되기 위해서는 근저당임을 반드시 등기하여야 한다.
③ 근저당권의 존속기간에 관한 약정을 등기하지 않더라도 근저당권의 등기는 유효하다.
④ 채권최고액을 초과한 부분에 대하여 근저당권자는 우선변제를 받을 권리가 없다.
⑤ 채권이 확정되지 않더라도 근저당권자는 근저당권을 실행하여 우선변제 받을 수 있다.

35 **상계에 관한 다음의 설명 중 틀린 것은?**

① 자동채권이나 수동채권 중 어느 하나가 부존재 또는 무효인 때에는 상계도 무효로 되며, 일단 상계적상에 있었더라도 상계를 하지 않고 있는 동안에 변제 기타의 사유로 소멸한 때에는 상계할 수 없는 것이 원칙이다.
② 각 채무의 이행지가 다른 경우에도 상계할 수 있다. 그러나 상계하는 당사자는 상대방에게 상계로 인한 손해를 배상하여야 한다.
③ 자동채권이 수동채권의 일부에 불과한 경우에는 충당에 관한 민법규정이 준용된다.
④ 상계에 의한 양 채권의 차액 계산 또는 상계 충당은 상계의 의사표시 당시를 기준으로 한다.
⑤ 상계에는 소급효가 인정되므로 상계적상이 생긴 뒤부터는 이자가 발생하지 않으며, 이행지체도 소멸한다.

36 **금전소비대차계약에 기하여 丙에게 1억원을 지급해야 하는 甲은 자기소유의 대지를 1억원에 매수한 乙과 합의하여, 乙이 그 매매대금을 丙에게 지급하기로 하였다. 다음 중 옳은 것은?** (다툼이 있으면 판례에 의함)

① 甲이 합의내용을 丙에게 통지하면 丙은 乙에 대하여 매매대금지급채권을 취득한다.
② 乙은 甲과 丙 사이의 계약이 무효라는 것을 알더라도 丙의 지급요구를 거절할 수 없다.
③ 乙이 丙에게 매매대금을 지급하지 않으면 丙은 매매계약을 해제할 수 있다.
④ 丙의 권리가 확정된 후에는 甲이 착오를 이유로 매매계약을 취소할 수 없다.
⑤ 乙의 丙에 대한 대금지급채무의 불이행을 이유로 甲이 매매계약을 해제하려면 丙의 동의를 얻어야 한다.

37 **계약의 해제에 관한 설명으로 옳지 않은 것은?** (다툼이 있으면 판례에 의함)

① 채무자의 책임 있는 사유로 이행이 전부불능으로 된 경우 채권자는 계약을 해제할 수 있다.
② 당사자의 일방 또는 쌍방이 수인인 경우 계약해제는 그 전원으로부터 또는 전원에 대하여 하여야 한다.
③ 쌍무계약에서 계약당사자의 일방은 상대방이 채무를 이행하지 아니할 의사를 명백히 표시한 경우에는 최고 없이 그 계약을 해제할 수 있다.
④ 매매목적이 된 권리 일부가 타인에게 속하여 매도인이 그 권리를 취득하여 매수인에게 이전할 수 없는 경우 매수인은 비록 악의이더라도 계약해제 외에 손해배상을 청구할 수 있다.
⑤ 채무자의 책임 있는 사유로 계약 일부의 이행이 불능으로 된 경우 이행이 가능한 나머지 부분만의 이행으로 계약의 목적을 달성할 수 없다면 계약 전부에 대하여 해제할 수 있다.

38 **민법상 위임에 관한 설명으로 옳은 것은?**

① 수임인이 위임인의 승낙을 받고 위임인이 지명한 제3자에게 대신 위임사무를 처리하게 한 경우 제3자의 사무처리에 관하여는 원칙적으로 수임인에게 책임이 있다.
② 위임계약은 특별한 사정이 없는 한 당사자가 언제든지 해지할 수 있다.
③ 수임인은 특별한 사정이 없는 한 위임인에 대하여 보수를 청구할 수 있다.
④ 당사자 일방이 부득이한 사유로 상대방의 불리한 시기에 위임계약을 해지한 때에는 그 손해를 배상하여야 한다.
⑤ 위임종료의 경우에 특별한 사정이 없는 한 수임인은 위임인, 그 상속인이나 법정대리인이 위임사무를 처리할 수 있을 때까지 그 사무의 처리를 계속하여야 한다.

39 **甲은 乙에게 2014년 1월 1일에 1,000만원을 지급하였다. 다음 설명 중 틀린 것은?**

① 1,000만원은 甲과 乙사이의 매매대금이었으나 매매계약을 甲이 착오를 이유로 취소한 경우 甲은 乙에게 반환을 청구할 수 있다.
② 1,000만원의 채무가 甲이 도박을 목적으로 도박 주최자인 乙로부터 빌린 것이었다면 甲은 1,000만원뿐만 아니라 지급한 이후의 이자도 반환청구할 수 있다.
③ 소비대차의 변제기가 2015년 1월 1일이었는데 이를 착오하여 甲이 乙에게 지급한 것이라면 乙은 이로 인하여 얻은 이익을 반환하여야 한다.
④ 본래 A가 乙에게 소비대차책임을 지고 있었으나 甲이 자신이 채무자인 줄 알고 변제하였고, 이에 乙도 적법한 변제로 착오하여 1,000만원을 위한 저당권을 포기하였다면 乙은 甲에게 반환할 필요가 없다.
⑤ 甲과 乙사이의 소비대차가 원인 무효임을 알고 있었던 乙은 반환할 때 원본과 이자 그리고 그 밖의 손해도 반환하여야 한다.

40 **임대차에 관한 설명으로 옳지 않은 것은?** (다툼이 있으면 판례에 의함)

① 임차인이 비용상환청구권을 미리 포기하기로 하는 약정은 특별한 사정이 없는 한, 임차인에게 일방적으로 불리한 것이므로 무효이다.
② 임대차는 당사자 일방이 상대방에게 목적물을 사용·수익하게 할 것을 약정하고 상대방이 이에 대하여 차임을 지급할 것을 약정함으로써 그 효력이 생긴다.
③ 임대인은 목적물을 임차인에게 인도하고 계약 존속 중 그 사용·수익에 필요한 상태를 유지하게 할 의무를 부담한다.
④ 부동산임차인은 당사자 간에 반대 약정이 없으면 임대인에 대하여 그 임대차등기절차에 협력할 것을 청구할 수 있다.
⑤ 임대차의 목적물에 대하여 임대인이 반드시 소유권을 가져야 하는 것은 아니다.

– 본 회차 시험 종료 –

제10회 적중 실전모의고사

01 회계원리

01 다음 자료를 이용하여 계산한 자본은?

- 재고자산 ₩5,000
- 매입채무 ₩12,000
- 선수수익 ₩5,000
- 선급비용 ₩10,000
- 토　　지 ₩21,000
- 미지급비용 ₩12,000

① ₩6,000 ② ₩7,000 ③ ₩8,000
④ ₩ 10,000 ⑤ ₩12,000

02 본사 사옥을 신축하기 위하여 기존건물이 있는 토지를 취득하면서 다음과 같은 거래가 발생하였다면 토지의 취득원가는 얼마인가?

- 토지와 건물 일괄취득액 : ₩30,000,000
  (토지공정가치 ₩18,000,000,
  건물공정가치 ₩2,000,000)
- 소유권이전비용 : ₩700,000
- 취득세 : ₩1,500,000
- 기존 건물 철거비용 : ₩1,500,000
- 기존 건물 철거 시 부산물 매각수익 : ₩200,000

① ₩30,300,000 ② ₩30,500,000
③ ₩31,500,000 ④ ₩33,500,000
⑤ ₩35,000,000

03 ㈜대한이 20×1년도에 현금으로 지급한 임차료는 ₩3,000,000이다. 이와 관련된 계정의 잔액이 다음과 같을 때, 20×1년도 포괄손익계산서에 계상할 임차료는?

	20×1년 초	20×1년 말
선급임차료	₩300,000	₩250,000
미지급임차료	280,000	400,000

① ₩2,880,000 ② ₩2,950,000
③ ₩3,000,000 ④ ₩3,120,000
⑤ ₩3,170,000

04 다음 자료에 의하여 기말 매출채권 잔액을 계산하면 얼마인가?

- 매출총이익 ₩920,000
- 당기현금매출액 ₩370,000
- 기초상품재고액 ₩260,000
- 기말상품재고액 ₩170,000
- 기초매출채권 ₩80,000
- 당기상품매입액 ₩1,200,000
- 당기매출채권회수액 ₩1,530,000

① ₩360,000 ② ₩370,000
③ ₩380,000 ④ ₩390,000
⑤ ₩400,000

05 **20X3년 1월 1일에 20X1년 1월 1일 구입한 기계장치**(취득금액 ₩20,000,000, 내용연수 5년, 잔존가치 없음, 정액법 상각)**의 잔존내용연수를 4년, 잔존가치를 ₩2,000,000로 변경하였다. 20X3년 감가상각비는 얼마인가?**

① ₩1,500,000 ② ₩2,000,000
③ ₩2,500,000 ④ ₩3,000,000
⑤ ₩3,500,000

06 **다음 중 수익의 인식기준에 대한 설명으로 틀린 것은?**

① 배당수익은 주주로서 배당을 받을 권리가 확정되는 시점에 인식한다.
② 수강료 수익은 강의기간 동안 발생기준을 적용하여 인식한다.
③ 상품권판매시 수익은 상품 등을 고객에게 제공한 날에 인식한다.
④ 잡지구독료 수익의 경우 구독기간에 걸쳐 정액법으로 인식한다.
⑤ 방송사의 광고수익은 진행기준에 따라 인식한다.

07 **다음 중 포괄손익계산서상 총포괄손익에 포함되지 않는 것은 무엇인가?**

① FV-OCI금융자산 평가이익
② 자기주식처분이익
③ FV-OCI금융자산 평가손실
④ 지분법평가이익
⑤ 배당금수익

08 **다음 자료에 의하여 기초의 자산총액을 계산하면 얼마인가?**

• 당기수익총액	₩8,000,000
• 기말자산총액	₩30,000,000
• 당기비용총액	₩6,200,000
• 기말자본총액	₩7,100,000
• 당기중 유상증자액	₩2,000,000
• 기초부채총액	₩3,600,000

① ₩4,900,000 ② ₩7,100,000
③ ₩4,000,000 ④ ₩4,600,000
⑤ ₩6,900,000

09 **결산일 현재 매출채권잔액은 ₩500,000이고 이 중 기대신용손실 금액은 ₩82,000이다. 결산일 현재 손실충당금 잔액이 ₩70,000이라면 재무상태표상 매출채권의 상각후원가는 얼마인가?**

① ₩500,000 ② ₩418,000
③ ₩430,000 ④ ₩348,000
⑤ ₩512,000

10 **20X1년 초 ㈜경록은 3년 후 일시상환조건의 사채를 유효이자율 14%로 발행하였다.**

• 발 행 금 액	₩453,570
• 액 면 금 액	₩500,000
• 액면 이자율	연 10%
• 이 자 지 급	매연도 말 후급

유효이자율법에 의하여 상각할 때 20X1년도와 20X2년도에 계상될 이자비용은 각각 얼마인가?

	20X1년도	20X2년도
①	₩63,500	₩65,390
②	₩13,500	₩15,390
③	₩63,500	₩67,540
④	₩13,500	₩17,540
⑤	₩65,390	₩67,540

11 **다음 중 유형자산에 대한 취득 이후의 추가지출에 대한 설명으로 틀린 것은?**

① 주요 부품의 정기적 교체시 발생원가가 자산의 인식기준을 충족하는 경우 이를 자본적 지출로 처리한다.
② 취득 이후의 지출로서 자산의 취득원가에 가산하는 것을 자본적 지출이라 하고, 기간비용으로 처리하는 것을 수익적 지출이라고 한다.
③ 항공기와 같이 유형자산을 계속적으로 가동하기 위하여 정기적인 종합검사가 필요한 경우 종합검사시 발생하는 원가는 전액 자본적 지출로 처리하여야 한다.
④ 자본적 지출을 수익적 지출로 처리하는 경우 자산이 과소계상되어 손익이 과소계상되는 결과가 초래된다.
⑤ 자본적 지출로 처리된 취득 이후의 지출은 자산의 감가상각을 통하여 손익으로 계상된다.

12 **충당부채 및 우발부채에 대한 설명으로 옳지 않은 것은?**

① 충당부채 및 우발부채는 지급금액이 확정된 부채가 아닌 추정부채이다.
② 자원의 유출가능성이 낮더라도 금액의 신뢰성 있는 추정이 가능한 경우 충당부채로 인식한다.
③ 충당부채로 인식하는 금액은 현재의무를 보고기간 말에 이행하기 위하여 소요되는 지출에 대한 최선의 추정치이어야 한다.
④ 우발부채는 부채의 인식요건을 충족하지 못하므로 주석으로만 기재하며, 자원의 유출가능성이 아주 낮은 경우에는 주석공시도 생략가능하다.
⑤ 충당부채는 재무상태표에 보고하나, 우발부채는 부채로 인식하지 않기 때문에 재무상태표에 보고하지 않는다.

13 **사채할인발행차금의 상각방법으로 올바른 것은?**

① 사채의 상환기간 내에 매기 균등액 이상을 상각한다.
② 사채상환기간 내에 매 결산기에 정액법으로 상각한다.
③ 사채발행연도부터 매기 유효이자율법으로 상각한다.
④ 사채발행연도부터 최종상환연도까지의 기간에 유효이자율법으로 상각한다.
⑤ 사채상환기간 내에 임의 상각한다.

14 **경록상사의 전자부문은 휴대용 라디오를 전문으로 판매한다. 20X1년의 휴대용 라디오에 관한 기록의 일부는 다음과 같다.**

- 1월 1일 재고액 ························ ₩550,000
- 연중매입액 ···························· ₩2,250,000
- 연중매출액 ···························· ₩3,000,000
- 12월 31일 실사에 의하여 파악된 재고액 ·· ₩600,000
- 매출총이익률 ······································ 30%

관리자는 이 상품의 일부가 도난 또는 분실된 것으로 보고 있다. 도난당한 휴대용 라디오의 매입원가는 얼마로 추정할 수 있는가?

① ₩150,000　② ₩300,000
③ ₩200,000　④ ₩180,000
⑤ ₩100,000

15 **㈜대한은 20×1년 1월 1일에 취득한 기계장치(내용연수 5년, 잔존가액 ₩500)에 대하여 연수합계법을 적용하여 감가상각비를 계상하고 있다. 이 기계장치에 대한 20×3년도 감가상각비가 ₩15,000이라고 할 때 기계장치의 취득원가는?**

① ₩45,500　② ₩56,750　③ ₩75,500
④ ₩89,250　⑤ ₩95,500

10회

16 A사의 12월 31일 현재 총계정원장상의 당좌예금잔액은 ₩6,500,000이었다. 그러나 은행계정조정표를 작성하기 위해 당좌잔액계정내용을 조사한 결과 다음과 같은 사실을 알았다.

> ㉠ 은행이 A사의 받을어음추심 (A사에 미통지) ··········· ₩1,000,000
> ㉡ 기발행미지급수표 ··········· ₩410,000
> ㉢ 은행이 수수료를 A사의 당좌예금에서 차감(A사에 미통지) ··········· ₩10,000
> ㉣ A사의 예입을 은행의 실수로 은행의 기장지연 ··········· ₩50,000

위의 자료에 의해서 은행계정조정표를 작성한 다음 결산수정분개한 후의 정확한 당좌예금잔액은?

① ₩7,650,000　② ₩7,640,000
③ ₩7,490,000　④ ₩7,080,000
⑤ ₩6,080,000

17 선급보험료 중 기간 경과로 인하여 소멸된 부분에 대한 수정분개를 결산을 하면서 누락하였다. 이로 인한 영향을 올바르게 설명한 것은?

① 당기순이익, 자산 모두 과대계상된다.
② 당기순이익, 자산 모두 과소계상된다.
③ 당기순이익은 과대, 자산은 과소계상된다.
④ 당기순이익은 과소, 자산은 과대계상된다.
⑤ 당기순이익, 자산 모두 관계없다.

18 ㈜경록은 보통주만 발행하였고 당기 중 자본거래는 전혀 없었다. ㈜경록의 다음 자료로 산정되는 재무제표 비율분석에 대한 설명으로 틀린 것은?

> • 발행주식 : 10,000주(자기주식 2,000주 포함)
> • 당기매출액 : ₩2,000,000
> 당기순이익 : ₩100,000
> • 총자산순이익률은 10%이고 기말 주가는 주당 ₩2,000이다.

① 평균총자산은 ₩1,000,000이다.
② 주당순이익은 ₩10이다.
③ 주가이익비율(PER)은 160이다.
④ 총자산회전율은 2이다.
⑤ 매출액순이익율은 5%이다.

19 당사는 A현장에서 전기부터 계속 공사를 진행하고 있다. 도급금액이 ₩30,000,000인 A현장에 대하여 전기에 ₩9,000,000의 공사수익을 인식하였고 당기말 현재 누적공사진행률은 50%이다. 당기말 현재 총공사예정원가는 전기말과 동일한 ₩20,000,000이라면 당기 포괄손익계산서에 계상될 공사이익은 얼마인가?

① ₩1,000,000　② ₩1,500,000
③ ₩2,000,000　④ ₩2,500,000
⑤ ₩3,000,000

20 결산일인 12월 31일 현재 창고의 실제 재고액은 ₩1,100,000이다. 실제 재고액에는 다음과 같은 사항이 반영되어 있지 않다. 다음 사항을 모두 반영할 경우 12월 31일 올바른 재고자산은 얼마인가?

> • 12. 28. 선적지인도조건으로 구입한 상품 ₩150,000이 12월 31일 현재 아직 운송 중에 있다.
> • 12. 27. 도착지인도조건으로 판매한 상품 ₩180,000이 12월 31일 현재 아직 운송 중에 있다.
> • 위탁판매분 중 수탁자가 12. 31.까지 아직 판매하지 못한 위탁품 ₩270,000이 있다.
> • 시용판매분 중 고객이 12. 31.까지 매입의사를 표시하지 않은 시송품 ₩210,000이 있다.

① ₩1,760,000　② ₩1,820,000
③ ₩1,850,000　④ ₩1,910,000
⑤ ₩1,940,000

21 **재고자산의 취득원가 결정시 반영되지 않는 것은?**

① 수입 및 제조에 장기간이 소요되는 재고자산의 경우 그 취득과정에 발생한 금융비용
② 상품에 대한 운반비(도착지인도조건인 경우)
③ 제조가능한 장소까지 이동시키는 데 소요되는 보험료와 수수료, 세금 등
④ 매입상품과 관련된 취급, 보관을 위한 지출비용
⑤ 매입할인 및 매입에누리와 환출

22 **강남상사는 상품을 판매하고 6개월 만기, 액면이자율 10% 액면 ₩1,000,000의 이자부 약속어음을 받았다. 동 약속어음을 2개월간 보유한 후 은행에서 12%로 할인할 경우 할인시의 현금수령액은 얼마인가?**

① ₩990,000
② ₩997,500
③ ₩1,008,000
④ ₩1,010,000
⑤ ₩1,050,000

23 **1기 말에 재고자산을 ₩300,000 과대평가하고 2기 말에 재고자산을 ₩200,000 과소평가한 오류를 3기 초에 발견한 경우 이러한 오류가 3기 초 이익잉여금에 미치는 효과는 얼마인가?**

① ₩100,000 과대
② ₩300,000 과대
③ ₩100,000 과소
④ ₩200,000 과대
⑤ ₩200,000 과소

24 **다음 자료는 12월 31일 현재 경록상사의 시산표에 요약된 계정잔액이다.**

㉠ 수권자본금(우선주 : 액면 ₩1,000)	₩5,000,000
㉡ 수권자본금(보통주 : 액면 ₩1,000)	2,000,000
㉢ 미발행 우선주	1,800,000
㉣ 미발행 보통주	1,000,000
㉤ 자기주식(우선주 : 원가법 700주)	686,000
㉥ 주식발행초과금(보통주)	875,000

위의 계정을 이용한 주주지분 합계액은 얼마인가?

① ₩2,639,000
② ₩3,514,000
③ ₩4,389,000
④ ₩5,075,000
⑤ ₩5,761,000

25 **20X1년 12월 20일에 @₩5,500에 취득하였던 자기주식 10주를 20X2년 1월 3일에 @₩5,600에 매각하였다. 20X1년 12월 31일 결산일 현재 공정가치가 @₩5,400이었다면 자기주식 매각으로 인한 당기순이익의 변동은 얼마인가?**

① ₩1,000 증가
② ₩2,000 증가
③ ₩1,000 감소
④ ₩2,000 감소
⑤ 변동 없음

26 **다음 중 무형자산에 관한 설명으로 틀린 것은?**

① 무형자산은 원가모형과 재평가모형 중 하나를 선택하여 적용할 수 있다.
② 내부적으로 창출된 영업권은 무형자산으로 인식할 수 없다.
③ 법적 권리기간과 경제적 내용연수 중 보다 짧은 기간 동안 상각한다.
④ 무형자산의 상각방법은 정액법과 정률법만 인정된다.
⑤ 연구단계에서 발생한 지출은 모두 발생 즉시 비용으로 인식하며, 개발단계에서 발생한 지출 중 일정한 요건을 충족시키는 경우에만 무형자산으로 인식한다.

27 ㈜경록이 20X1년 중에 취득하여 20X1년 말까지 보유하고 있는 금융자산 내역은 다음과 같다. 동 금융자산의 기말평가가 20X1년 포괄손익계산서상 당기순이익에 미치는 영향은?

구 분	취득원가	공정가치(20X1년 말)
FV-PL금융자산	₩150,000	₩250,000
FV-OCI금융자산	₩200,000	₩350,000

① 영향 없음 ② ₩100,000 증가
③ ₩150,000 증가 ④ ₩200,000 증가
⑤ ₩250,000 증가

28 다음은 20X1년~20X2년간 진행된 도급공사에 대한 자료이다. 도급금액이 ₩5,000,000인 경우 20X1년 진행률을 계산하면 얼마인가?

구 분	20X1년	20X2년	합 계
당기계약원가	₩800,000	-	-
당기계약수익	₩3,000,000	₩2,000,000	₩5,000,000
공사대금 수령액	₩2,500,000	₩2,500,000	₩5,000,000

① 50% ② 55% ③ 60%
④ 65% ⑤ 70%

29 다음 중 감사의견의 종류에 대한 설명으로 옳지 않은 것은?

① 부적정의견이란 감사인과 경영자간의 의견불일치로 인한 영향이 재무제표에 매우 중요하고 전반적이어서 한정의견의 표명으로는 재무제표의 오도나 불완전성을 적절히 공시할 수 없다고 판단되는 경우 표명하는 감사의견이다.
② 한정의견은 일부항목에 대해 위반사항이 있는 경우로서, 감사인이 일반적으로 인정되는 감사기준에 의거하여 감사를 실시한 결과 기업회계준칙에 준거하지 않았거나 기업회계원칙을 계속 적용할 경우 문제된 사항이 재무제표에 그다지 큰 영향을 미치지 않는다고 판단한 경우에 표명하게 된다.
③ 적정의견은 기업이 일반적으로 인정되는 기업회계원칙을 계속 적용하여 작성되었고 재무상태와 경영성과를 적정하게 표시하고 있으며, 재무제표에 중요한 영향을 미치는 모든 사항이 공개됨으로써 재무제표를 오인하게 할 여지가 없다고 확신할 때에 표명하는 의견의 표시이다.
④ 감사의견에는 적정의견, 한정의견, 부적정의견, 의견수렴, 의견거절의 5종류가 있다.
⑤ 의견거절은 감사인이 감사의견을 형성하는데 필요한 합리적 증거를 얻지 못하여 재무제표 전체에 대한 의견표명이 불가능한 경우에 기업의 존립에 의문을 제기할 만한 객관적인 사항이 중대한 경우나 감사인이 감사를 수행함에 있어서 독립성이 결여되어 있는 경우에 표명한다.

30 다음 자료를 이용하여 기말자산을 계산하면 얼마인가?

- 당기매출액 ······ ₩3,000,000
- 당기매출원가 ······ ₩2,100,000
- 당기기타수익 ······ ₩420,000
- 당기기타원가 ······ ₩360,000
- 기초자산 ······ ₩8,000,000
- 기초부채 ······ ₩6,700,000
- 기말부채 ······ ₩6,200,000

① ₩8,460,000 ② ₩9,600,000
③ ₩9,760,000 ④ ₩7,500,000
⑤ ₩8,160,000

31 **다음 중 재무제표의 작성과 표시에 대한 설명으로 옳지 않은 것은?**

① 한국채택국제회계기준에 따라 작성된 재무제표는 공정하게 표시된 재무제표로 본다.
② 한국채택국제회계기준에서 요구하거나 허용하지 않는 한 수익과 비용은 상계하지 않는다.
③ 전체 재무제표(비교정보를 포함)는 적어도 1년마다 작성한다.
④ 유사한 항목은 중요성 분류에 따라 재무제표에 구분하여 표시한다.
⑤ 모든 정보는 발생기준 회계를 사용하여 재무제표를 작성한다.

32 **결산일이 매년 12월 31일인 ㈜경록은 20X1년 초에 유형자산을 ₩7,000,000**(내용연수 6년, 잔존가치 ₩1,000,000)**에 취득하여 정액법으로 상각하고 있다. 20X1년 말 유형자산의 회수가능가액이 ₩3,500,000이므로 이에 대한 손상차손을 인식하였다면 20X2년도 감가상각비는 얼마인가?**

① ₩300,000
② ₩400,000
③ ₩500,000
④ ₩600,000
⑤ ₩700,000

33 **㈜경록의 자본조달총액은 ₩100,000,000이고, 이 중 부채총액은 ₩40,000,000, 보통주자본총액은 ₩50,000,000, 우선주자본총액은₩10,000,000이다. 부채, 보통주, 우선주에 대한 자본비용이 각각 8%, 7%, 9%라면 ㈜경록의 가중평균자본비용은 얼마인가?**

① 7.6%
② 7.7%
③ 7.8%
④ 7.9%
⑤ 8.0%

34 **직접노무원가가 제조간접원가의 2배일 때 기초재공품 원가는? 기타 자료는 다음과 같다.**

• 기본원가	₩5,000
• 가공원가(전환원가)	₩6,000
• 당기제품제조원가	₩8,000
• 기말재공품	₩2,000

① ₩1,000
② ₩2,000
③ ₩3,000
④ ₩4,000
⑤ ₩5,000

35 **종합원가계산에 대한 설명으로 옳지 않은 것은?**

① 공손품은 매각처분 할 수 없는 불량품이다.
② 정상공손수량은 선입선출법이든 평균법이든 항상 동일하다.
③ 선입선출법은 재공품의 완성품환산량을 구할 때 기초재공품은 당기에 추가 투입한 부분만 고려한다.
④ 종합원가계산에서의 원가흐름가정에는 선입선출법과 평균법이 있다.
⑤ 종합원가계산은 동종의 제품을 대량으로 생산하는 기업에 적합한 원가계산방법이다.

10회

36 **㈜경록의 20X1년도 손익분기점 판매량은 3,500개이고 제품 4,000개를 판매하여 영업이익 ₩1,000,000을 달성하였다. 20X2년도에 제품 단위당 판매가격을 ₩600 인하할 경우 손익분기점 판매량은?** (단, 연도별 원가행태는 변동이 없다)

① 5,000개
② 4,500개
③ 4,000개
④ 3,500개
⑤ 3,000개

37 **당사는 부품을 자가제조하고 있으며 원가행태는 다음과 같다. 부품을 외주생산할 경우 고정제조원가는 ₩60,000 절감되고 단위당 구입원가는 ₩120인 경우 올바른 의사결정은?**

- 단위당 직접재료원가 ········· ₩50
- 단위당 직접노무원가 ········· ₩25
- 단위당 변동제조간접원가 ········· ₩15
- 고정제조원가 ········· ₩400,000

① 1,400단위 생산시 자가제조가 유리하다.
② 1,800단위 생산시 자가제조가 유리하다.
③ 2,200단위 생산시 자가제조가 유리하다.
④ 2,600단위 생산시 외주생산이 유리하다.
⑤ 3,000단위 생산시 외주생산이 유리하다.

38 **다음 중 활동기준원가계산(ABC)에 관한 설명으로 옳은 것은?**

① 기존의 개별원가 계산 방법에 비해 배부 기준수가 적다.
② 활동을 분석하고 원가동인을 파악하는데 시간과 비용이 더 크게 발생한다.
③ 직접재료원가 이외의 원가는 모두 고정원가로 처리한다.
④ 일괄적으로 정해져 있는 정형화된 활동으로만 배부기준을 정할 수 있다.
⑤ 비제조원가는 배부기준에 배부할 수 없다.

39 **㈜대한은 보조부문 2개(A, B)와 제조부문 2개(C, D)를 보유중이다.**

보조부문	A	B	C	D
A	–	20%	40%	40%
B	20%	–	50%	30%

보조부문 A, B의 원가는 각각 ₩200,000, ₩240,000 이며, 각 부문별 용역 수수관계는 다음과 같다. 단계배부법으로 보조부문 원가를 제조부문에 배부할 경우 제조부문 D가 배부받을 보조부문원가 합계는? (단 배부순서는 A부문원가를 먼저 배부한다)

① ₩180,000
② ₩185,000
③ ₩192,000
④ ₩200,000
⑤ ₩248,000

40 **표준원가계산을 적용하는 ㈜경록의 당해 연도의 생산과 관련된 직접노무원가가 다음과 같이 발생하였을 때 직접노무원가의 임률차이는 얼마인가?**

- 직접노무원가 표준임률······· 시간당 ₩5,000
- 직접노무원가 실제임률······· 시간당 ₩4,800
- 허용된 표준직접노동시간········· 10,000시간
- 직접노무원가 능률차이··· ₩5,300,000(불리)

① ₩2,212,000(불리)
② ₩2,212,000(유리)
③ ₩1,788,000(불리)
④ ₩1,788,000(유리)
⑤ ₩1,568,000(불리)

– 다음면에 계속 –

02 공동주택시설개론

41 다음 건축물의 구조설계 시 하중계산에 대한 설명으로 옳지 않은 것은?

① 풍하중은 설계풍압에 유효수압면적을 합하여 구한다.
② 지진하중 산정시에는 반응수정계수, 변위증폭계수, 지반증폭계수, 지반응답계수, 중요도계수, 유효질량산정, 밑면전단력 등을 고려한다.
③ 기본지상 적설하중은 재현기간 100년에 대한 수직 최심적설깊이를 기준으로 하며, 지역에 따라 다르다.
④ 지진하중은 고정하중과 적재하중의 합에 수평진도를 곱해서 구한다.
⑤ 활하중은 신축건축물의 구조계산과 기존 건축물의 안전성 검토에 사용된다.

42 다음 중 지반조사에 관한 내용으로 옳은 것은?

① 짚어보기는 쇠막대를 땅속에 박으면서 저항, 침하 정도 울림 등으로 판단하여 지반을 조사하는 방법으로 경질반에 주로 이용된다.
② 시험파보기는 직접 지반을 파보는 것으로 지층의 상태를 가장 정확히 확인하는 방법이다.
③ 보링은 지반에 직접 깊은 구멍을 뚫어보는 것으로 주상도를 작성할 수 없다.
④ 베인테스트는 보링 구멍을 이용하여 사질지반의 점착력을 판별하는 시험법이다.
⑤ 표준관입시험은 주로 점토지반에 사용하는 지반 조사법으로 신뢰도가 높다.

43 사질지반에서 철관을 1~3m의 간격으로 박고 이것을 지상의 집수관에 연결하여 펌프로 지중의 물을 배수하여 지반을 개량하는 공법은?

① 언더피닝(Under Pinning) 공법
② 주입(grouting) 공법
③ 웰포인트(well point)공법
④ 다짐(vibro flotation) 공법
⑤ 샌드드레인(sand drain)공법

44 다음 중 벽돌조 공사에 관한 기술로 옳지 않은 것은?

① 현장에서 모르타르나 그라우트를 비비는 경우에 비빔기계 안에서의 비빔시간은 3분 미만이나 10분 이상이어서는 안 된다.
② 줄눈은 설계도서에 특별히 정한바가 없으면 가로, 세로 각각 10mm 두께를 표준으로 한다.
③ 외부에 면하는 내력벽체에 사용하는 벽돌은 흡수율이 크고 강도가 큰 제품을 사용한다.
④ 벽돌을 쌓을 때는 응력을 분산시키기 위하여 막힌줄눈으로 쌓는 것을 원칙으로 한다.
⑤ 벽돌벽을 쌓을 때 하루 쌓기 높이는 1.2m를 표준으로 하고 최대 1.5m 이내로 한다.

45 콘크리트에 AE제를 혼합하여 얻을 수 있는 효과로 옳지 <u>않은</u> 것은?

① 시공연도가 좋아지고 단위수량을 감소시킬 수 있어 내구성이 향상된다.
② 콘크리트 표면이 좋아져 수밀콘크리트, 제치장 콘크리트에도 효과적이다.
③ 재료분리, 블리딩현상, 알칼리골재반응이 감소하고 동결융해에 대한 저항성이 좋아진다.
④ 부착력이 좋아져 콘크리트와 철근과의 부착강도를 증대시킨다.
⑤ 경화에 따른 수화열이 줄어들어 양생과정의 건조수축균열이 감소한다.

46 다음 철근콘크리트 공사에서 설명하고 있는 줄눈의 종류로 옳은 것은?

콘크리트의 침하나 수축의 편차가 크게 예상되는 곳에 일정기간 동안 방치하였다가 콘크리트를 추가적으로 타설한 부위에 발생하는 줄눈이다.

① 콜드조인트(cold joint)
② 조절줄눈(Control joint)
③ 지연줄눈(delay joint)
④ 슬라이딩(sliding joint)
⑤ 막힌줄눈(breaking joint)

47 콘크리트 이어치기에 관한 설명으로 옳지 <u>않은</u> 것은?

① 타설이음부의 콘크리트는 살수 등에 의해 습윤시키고 아치의 이음은 아치축에 직각으로 한다.
② 전단력이 최소인 위치 또는 시공상 무리가 없는 곳에서 이음길이를 짧게 이어붓는 것이 원칙이다.
③ 기둥은 기초판, 연결보 또는 바닥판 위에서 수평으로 이어치고 작은보가 접속되는 큰보는 작은보 너비의 2배정도 떨어진 곳에서 이어친다.
④ 보 및 슬래브 등 수평재는 양단부에서 수직으로 이어치나 내민보는 이어치지 않는다.
⑤ 계속 타설 중의 이어치기 시간 간격은 외기온이 25℃ 초과일 때는 2.0시간, 25℃ 이하일때는 2.5시간을 표준으로 한다.

48 다음 내화피복 공법에 관한 설명으로 옳지 <u>않은</u> 것은?

① 타설공법은 철골구조체 주위에 거푸집을 설치하고 경량콘크리트나 모르타르 등을 타설하는 공법이다.
② 뿜칠공법은 철골강재 표면에 접착제를 바르고 내화재를 도포하는 공법으로 복잡한 형상에도 시공성이 용이하나 재료의 손실률이 크고 피복두께 유지가 어렵다.
③ 미장공법은 철골의 부착력을 증대하기 위해 메탈라스(metal lath)나 용접철망을 부착하고 단열모르타르로 미장하는 공법으로 시공면적 5㎡ 당 1개소 단위로 핀 등을 이용하여 두께를 확인한다.
④ 성형판 붙임공법은 습식공법으로 재료 파손의 우려가 적으나 작업능률이 좋지 않다.
⑤ 도장공법은 내화성능을 높이기 위하여 철골강재 표면에 내화성능이 우수한 재료를 일정두께 이상 도포하는 공법이다.

49 다음 중 철골구조에서 보의 종류와 사용개소에 대한 설명으로 옳지 않은 것은?

① 격자보는 가장 경미한 하중을 받는 곳에 주로 사용되며 전단력이 작고 콘크리트 피복을 필요로 한다.
② 하이브리드빔(hybrid beam)은 플랜지와 웨브의 재질을 다르게 하여 조립시켜 휨성능을 향상시킨 조립보이다.
③ 트러스보는 웨브에 형강을 사용한 것으로 스팬이 큰 대형구조물에 사용한다.
④ 허니콤보는 웨브에 구멍이 있는 보로 바닥과 천장 사이에 덕트나 배관 등이 많이 지나가는 경우에 사용하나 전단력이 크면 보강을 필요로 한다.
⑤ 래티스보는 웨브에 형강을 사용한 것으로 주로 전단력을 크게 받는 대형구조물에 사용한다.

50 창호공사에 관한 용어로 옳지 않은 것은?

① 문선굽 : 문선보다 두꺼운 재를 걸레받이보다 조금 높게 대어 걸레받이와 같은 역할을 하는 것
② 마름질 : 자른 부재의 면에 대패질하고 홈파기 등 다듬는 것
③ 박배 : 문을 경첩이나 돌쩌귀 등을 이용하여 문틀에 다는 것
④ 멀리온 : 철재창호에서 창호면적이 클 때 유리가 파손되는 것을 방지하고 창의 보강과 미관을 위하여 강판을 접어 대는 것
⑤ 문선 : 개구부의 미관과 벽체와의 접합면에 마무리를 좋게 하기 위하여 대는 것

51 다음 중 타일공사에 관한 설명으로 옳지 않은 것은?

① 외부용 대형벽돌형 타일의 줄눈은 표준너비를 9mm 정도로 하고 소형 타일은 3mm 정도로 한다.
② 도면에 명기된 치수에 상관없이 징두리벽은 온장타일이 되도록 나누어야 한다.
③ 벽체 타일이 시공되는 경우 바닥 타일은 벽체 타일을 먼저 붙인 후 시공한다.
④ 모르타르는 건비빔한 후 3시간 이내에 사용하고 물을 부어 반죽한후에는 1시간 이내에 사용한다.
⑤ 동절기에는 부착력을 높이기 위하여 타일을 붙이는 모르타르에 시멘트가루를 뿌려준다.

52 다음 중 방수공사에 관한 내용으로 옳지 않은 것은?

① 아스팔트방수는 모체에 균열이 생겨도 방수에 별다른 문제가 발생하지 않는다.
② 시트방수는 방수지 1겹을 붙여서 방수효과를 기대하는 것으로 곡면이 많은 지붕에도 시공이 용이하다.
③ 시멘트 모르타르 방수는 경미한 공사에 적합한 방수로 온도차가 적은 습윤상태의 장소에 효과적이다.
④ 실링재방수에서 기온이 5℃ 이하 또는 30℃ 이상, 구성부재의 표면 온도가 50℃ 이상, 습도 85% 이상이면 작업을 중지하여야 한다.
⑤ 도막방수는 냉간시공이 가능하나 굴곡진 부분이나 경사진 부분의 시공은 곤란하다.

53 **다음에서 신축성시트계 방습재료를 모두 고른 것은?**

ㄱ. 비닐필름 방습지
ㄴ. 폴리에틸렌 방습층
ㄷ. 아스팔트 필름 방습지
ㄹ. 교착성이 있는 플라스틱 아스팔트 방습층
ㅁ. 방습층테이프

① ㄱ, ㄴ, ㄷ, ㄹ, ㅁ
② ㄱ, ㄴ, ㄹ, ㅁ
③ ㄱ, ㄷ, ㄹ, ㅁ
④ ㄱ, ㄴ, ㄷ, ㄹ
⑤ ㄴ, ㄷ, ㄹ, ㅁ

54 **다음 중 방수공사에 대한 설명으로 옳지 않은 것은?**

① 시멘트 모르타르 방수는 온도차가 적은 습윤상태의 장소에 사용하기 적합한 방수법으로 경미한 공사에 사용된다.
② 아스팔트방수의 냉공법이란 상온에서 용제형 접착제 등으로 시공하는 방수공법이다.
③ 아스팔트방수, 도막방수, 시트방수, 침투성방수 등은 멤브레인방수에 속한다.
④ 도막방수는 곡면이 많은 지붕에도 시공이 용이하며 균열이 생길 우려가 적고 냉간 시공이 가능하다.
⑤ 시트방수는 경사지붕, 쉘구조 등 곡면이 많은 지붕에도 시공이 용이하며 착색이 자유롭고 균열의 염려가 적다.

55 **다음 중 유리공사에 관한 기술로 옳지 않은 것은?**

① 복층유리는 20매 이상 겹쳐서 적치하여서는 안되며, 각각의 판유리 사이는 완충재를 두어 보관한다.
② 세팅블록은 유리폭의 1/2 지점에 설치하여 유리의 하단부가 하부 프레임에 닿도록 해야 한다.
③ 부정형실링재 끼움법은 유리를 셋팅블럭으로 고인 후 고정철물을 설치하고 퍼티나 탄성실란트로 고정하는 것이다.
④ 계획, 시방 및 도면의 요구에 대해 프레임 시공자의 작업을 검토하고 프레임의 수직, 수평, 직각, 규격, 코너접합 등의 허용오차를 검사한다.
⑤ 접착제의 충전시 줄눈의 치수와 공작도면이 일치되는가를 확인하고 적당한 규격인가 검토한다.

56 **다음 중 유리블록(glass block)에 대한 기술로 옳지 않은 것은?**

① 쌓기에 사용되는 보강철물로 철근과 얇은 강판이 사용되며 보강철물은 아연도금 등의 방청처리를 한 것이나 스테인리스제를 사용한다.
② 공사시방서에서 정하는 바가 없을 때에는 구조체의 신축 및 진동, 유리블록의 열팽창을 고려해 6m 이하마다 신축줄눈을 설치한다.
③ 방수제가 혼합된 시멘트 모르타르로 쌓고 치장줄눈은 백시멘트를 사용한다.
④ 모르타르의 접촉면에 염화비닐계 합성수지도료를 1회 칠한 후 모래를 뿌려 부착시킨다.
⑤ 채광겸용 구조용 블록으로 주로 지하실 천장의 채광용으로 사용한다.

57 **코펜하겐 리브(copenhagen rib)에 관한 설명으로 옳지 않은 것은?**

① 고음에 대한 음향효과를 노린 리브로 요철부분이나 곡면 처리도 가능한 장점이 있다
② 표면을 자유곡면으로 깍아 수직, 평행선이 되게 리브(rib)를 만든 것으로 통상 수직방향에 리브를 강조하여 사용한다.
③ 음향조절 효과는 물론 장식효과가 있어 음향효과와 관계없이 의장적으로도 많이 사용한다.
④ 보통 두께 50mm, 너비 100mm 정도로 만든 건축 내장재로 주로 바닥에 사용한다.
⑤ 오림목을 단면으로 쇠시리(moulding)한 것으로 목재루버라고도 한다.

58 다음에서 설명하는 도료의 종류로 옳은 것은?

- 안료, 건성유, 희석제 및 건조제를 적당량 혼합하여 반죽한 도료이다.
- 주로 공장제품인 합성수지 조합페인트이다.

① 유성페인트 ② 에멀션수성페인트
③ 클리어래커 ④ 에나멜페인트
⑤ 졸라코트

59 다음 중 도장공사에 대한 설명으로 옳지 않은 것은?

① 도장면은 직상광선을 피하고 심한 통풍이 되지 않도록 하며 하절기는 동절기보다 건조제를 많이 사용한다.
② 용제처리나 도료의 도장은 반드시 열이 없는 표면에서만 한다.
③ 움직이는 품목 및 라벨, 운전부품에는 특별한 지시가 없으면 도장하지 않는다.
④ 크롬판, 동, 주석 등의 금속으로 마감된 재료는 별도의 지시가 없으면 도장하지 않는다.
⑤ 금속표면은 도막의 부착력을 높이기 위하여 기계적, 화학적으로 표면의 조도를 형성시킨다.

60 다음 중 건축적산에 대한 설명으로 옳지 않은 것은?

① 직접공사비 중 노무비는 본사 직원 및 현장 감독자 등의 기본급이 포함된다.
② 개산견적은 과거에 실시한 건축물의 실적이나 통계 자료 등을 참고로 공사비를 개략적으로 산출하는 방법이다.
③ 아파트 적산의 경우 단위세대에서 전체로 산출한다.
④ 이윤은 공사원가 중 노무비, 경비, 일반관리비 합계액의 15%를 초과 계상할 수 없다.
⑤ 10㎡ 이하의 소단위 건축공사에서는 최대 50%까지 품을 할증할 수 있다.

61 다음 중 건축설비의 기초이론으로 옳지 않은 것은?

① 효과온도는 기온, 기류, 복사열의 종합에 의한 체감도를 나타내는 척도로, 인체의 물리적·생리적 논거에 의한 것이다.
② 단열재는 습기를 함유하면 열전도율이 커져서 단열성능이 저하된다.
③ 고체가 액체를 거치지 않고 바로 기체로 변화하는 것을 승화라 한다.
④ 배관 내를 흐르는 물과 배관 표면과의 마찰력은 물의 속도에 반비례한다.
⑤ 난방도일은 그 지역의 추운정도를 나타내는 지표로 값이 클수록 연료 소비량이 증가한다.

62 수도법시행규칙에 따른 저수조 설치기준에 대한 설명으로 옳지 않은 것은?

① 저수조의 맨홀부분은 건축물(천정 및 보 등)으로부터 100cm 이상 떨어져야 하며, 그 밖의 부분은 60cm 이상의 간격을 띄울 것
② 물의 유출구는 유입구의 반대편 밑부분에 설치하되, 바닥의 침전물이 유출되지 않도록 저수조의 바닥에서 띄워서 설치하고, 물칸막이 등을 설치하여 저수조 안의 물이 고이지 않도록 할 것
③ 10㎥를 초과하는 저수조는 청소·위생점검 및 보수 등 유지관리를 위하여 1개의 저수조를 둘 이상의 부분으로 구획하거나 저수조를 2개 이상 설치할 것
④ 저수조의 물이 일정 수준 이상 넘거나 일정 수준 이하로 줄어들 때 울리는 경보장치를 설치하고, 그 수신기는 관리실에 설치할 것
⑤ 옥상에 설치하는 저수조를 제외하고는 저수조 내부의 높이는 최소 1.8m 이상으로 할 것

63 다음 중 급수펌프설비에 관한 내용으로 옳지 않은 것은?

① 펌프의 흡입양정은 수온이나 해발고도는 높을수록, 기압은 낮을수록 낮아진다.
② 펌프의 흡입관의 길이는 가능한 짧게 하는 것이 좋다.
③ 실제 얻어지는 유효흡입양정(NPSH)은 펌프의 필요 흡입양정보다 작아야 공동현상을 방지할 수 있다.
④ 펌프의 축동력은 회전수의 3승에 비례하여 변화한다.
⑤ 펌프의 전양정은 수주조 흡수수면에서 최고층 수전까지의 높이에 배관계 마찰손실수두를 합한 높이이다.

64 다음과 같이 펌프가 설치되어 있는 상태에서 펌프의 유효흡입양정(NPSH)으로 옳은 것은?

> 수조 내의 물의 온도는 30℃이며, 30℃인 물의 포화증기압은 절대압력으로 약 0.001MPa이다. 또 대기압은 절대압력으로 0.1033MPa(1.033kg/㎠)이고, 흡입관 내에서의 총손실수두는 0.5m로 한다.

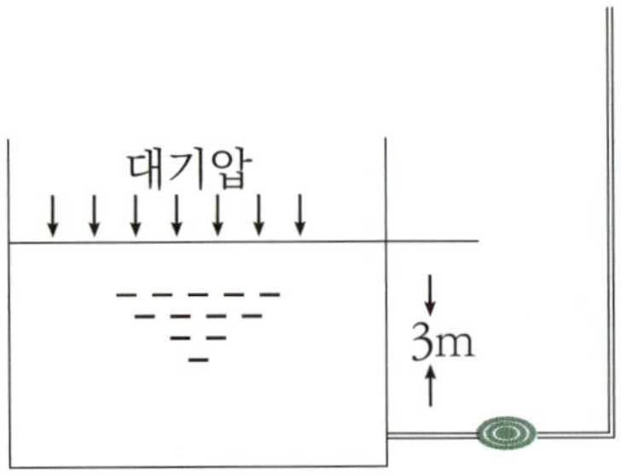

① 6.73m ② 7.93m ③ 12.73m
④ 12.93m ⑤ 13.93m

65 다음 중 배수관 및 통기관에 대한 설명으로 옳지 않은 것은?

① 통기수직관의 관경은 어떠한 경우에도 담당 배수관 관지름의 1/2 이상으로 한다.
② 기구배수관의 관경은 이것과 접속하는 기구의 트랩구경 이상으로 한다.
③ 배수수직관의 관경은 이것과 접속하는 배수수평지관의 최대관경 이상으로 한다.
④ 배수수평지관의 관경은 이것과 접속하는 기구배수관보다 크게 하지 않는다.
⑤ 신정통기관의 관지름은 배수수직관의 관지름 이상으로 한다.

66 대변기에 접속하는 건물 배수수평주관의 최소 관 지름으로 옳은 것은?

① DN 50 ② DN 80 ③ DN 100
④ DN 125 ⑤ DN 150

67 1일 오수처리용량이 200㎥인 공동주택에서 유입오수의 평균 BOD 농도가 300 ppm이고 BOD 제거율이 90%일 때의 유출수 BOD량으로 옳은 것은?

① 3kg/day ② 6kg/day
③ 10kg/day ④ 15kg/day
⑤ 20kg/day

68 **건축설비 배관자재의 특성에 대한 설명으로 옳지 않은 것은?**

① 경질염화비닐관의 접합에는 주로 열간공법과 냉간공법인 TS이음 접합이 사용된다.
② 체크밸브(check valve)는 유체의 흐름을 한 방향으로만 흐르게 하는 역류 방지형 밸브이다.
③ 스트레이너(strainer)는 각종배관 중에 설치하여 먼지, 토사, 쇠부스러기, 불순물 등을 제거하기 위한 부속품이다.
④ 동관은 스케줄번호로 두께를 표시하며 값이 클수록 관의 두께가 두껍다.
⑤ 콕(Cock)은 원추상의 수전을 90°로 회전시켜 유량을 차단·조절하는 것으로 급속히 유로를 개폐하는 경우에 사용된다.

69 **다음 도시가스 중 LPG의 특징으로 옳지 않은 것은?**

① 공기보다 비중이 작아므로 감지기는 천장부위에 설치한다.
② LNG에 비하여 발열량이 크나 누출되면 폭발 가능성이 높다.
③ 순수한 LPG는 무색, 무취이므로 누설시 감지가 어렵다.
④ 액화하기 쉬운 탄화수소류이다.
⑤ 불완전연소시에는 생성가스에 의한 중독될 위험성이 있다.

70 **다음 중 공동주택의 화재안전기준에 대한 설명으로 옳지 않은 것은?**

① 소화기는 바닥면적 100제곱미터 마다 1단위 이상의 능력단위를 기준으로 설치할 것
② 아파트등의 세대 내 스프링클러헤드를 설치하는 경우 천장·반자·천장과 반자사이·덕트·선반등의 각 부분으로부터 하나의 스프링클러헤드까지의 수평거리는 2.6미터 이하로 할 것.
③ 피난기구는 아파트등의 경우 각 세대마다 설치할 것
④ 세대 내 거실(취침용도로 사용될 수 있는 통상적인 방 및 거실을 말한다)에는 연기감지기를 설치할 것
⑤ 비상방송설비는 아파트등의 경우 실내에 설치하는 확성기 음성입력은 1와트 이상일 것

71 **다음 중 중앙식급탕법의 간접가열식에 대한 설명으로 옳은 것은?**

① 보일러 내부에 스케일이 많이 끼어 전열효율이 저하되고 수명도 짧아진다.
② 난방용보일러가 설치되어 있어도 별도의 급탕전용 보일러가 필요하다.
③ 주택 또는 소규모 급탕설비에는 경제적이나 대규모 급탕설비에는 비경제적이다.
④ 저탕조 내의 가열코일을 필요로 하는 급탕방식으로 열효율이 직접가열식보다 낮다.
⑤ 급탕에 따른 건물의 높이가 높아지면 고압 보일러를 필요로 한다.

72 **급탕배관 설계법에 대한 설명 중 옳지 않은 것은?**

① 급탕관의 관경은 최소 20mm이상으로 급수관경보다 한 치수 큰 것을 사용한다.
② 단관식 배관법은 보일러에서 탕전까지 15m 이상 되는 건물에 사용하기 적합한 배관방식이다.
③ 리버스리턴(Reverse return)배관법은 각층의 배관길이를 동일하게 하여 온수순환을 균등하게 배분하기 위하여 사용한다.
④ 배관은 공기나 온수가 정체하지 않도록 구배를 충분히 두고 굴곡부에는 공기빼기밸브(air vent valve)를 설치한다.
⑤ 팽창관의 관경은 입주관과 동일관경으로 한다.

10회

73 **다음 중 대류난방과 비교한 복사난방의 특징에 관한 기술로 옳지 않은 것은?**

① 대류난방에 비해 실내 상하 온도분포의 편차가 작아 쾌감도가 좋다.
② 대류난방에 비해 실이 개방된 상태에서도 효과가 좋다.
③ 대류난방에 비해 동일 방열량에 대해 손실열량이 작다.
④ 대류난방에 비해 배관이 매립되므로 시공비가 많이 들고 열매체 누설시 유지보수가 어렵다.
⑤ 대류난방에 비해 외기온도에 따른 방열량 조절이 용이하여 일시적인 난방에 효과적이다.

74 **증기난방설비에서 하트포드접속법**(Hartford connection)**을 채택하는 목적으로 옳지 않은 것은?**

① 안전수위를 유지하기 위하여
② 빈불때기와 화상을 방지하기 위하여
③ 환수관 내로부터 보일러로의 찌꺼기가 유입되는 것을 방지하기 위하여
④ 증기압과 환수압의 균형을 유지하기 위하여
⑤ 보일러 내의 과압을 방지하기 위하여

75 **다음 중 공기조화방식에 대한 설명으로 옳지 않은 것은?**

① 공기·수방식은 각실의 온도제어가 가능하나 관리적인 측면에서는 불리하다.
② 단일덕트 가변풍량방식은 덕트속의 풍압이 변화하기 때문에 주 덕트내에 정압제어를 필요로 하는 공조방식으로 에너지절약면에서 유리하다.
③ 냉매방식은 개별제어가 용이하나 소음이 크고 외기냉방이 어려워 실내공기가 오염되기 쉽다.
④ 이중덕트 방식은 온풍과 냉풍의 혼합손실로 에너지절약면에서는 가장 불리한 공조방식이다.
⑤ 전수방식은 외기냉방이 용이하여 실내공기의 청정도가 높으나 개별제어가 어려운 단점이 있다.

76 **다음 중 냉동설비에 대한 특징으로 옳지 않은 것은?**

① 냉동기에서 성적계수(COP)는 값이 작을수록 효율이 좋은 것으로 히트펌프의 성적계수에 1을 더한 값이다.
② 흡수식 냉동기는 증기나 고온수를 열원으로 사용하므로 전력소비가 적게 들고 소음이나 진동이 작다.
③ 터보식 냉동기는 임펠러의 원심력에 의해 냉매가스를 압축한다.
④ 흡수식 냉동기의 냉매는 물이 사용되고 흡수액으로는 브롬화리튬(LiBr)이 사용된다.
⑤ 증발기와 응축기는 흡수식냉동기와 압축식냉동기를 구성하는 공통요소이다.

77 **다음에서 설명하고 있는 전기설비의 배선공사 방법으로 옳은 것은?**

> 백화점, 대규모사무소 건물 등의 건조한 콘크리트 바닥면에 강전류와 약전류 배선을 가각 배선하고 콘센트를 설치하는 옥내 배선공사 방법이다.

① 플로어덕트 공사
② 버스덕트 공사
③ 합성수지 몰드 공사
④ 가요전선관 공사
⑤ 금속덕트 공사

78 다음 중 전기설비에 대한 설명으로 옳지 않은 것은?

① 서킷브레이커(Circuit breaker)는 규정전류 이상 과전류가 흐르면 회로를 자동으로 차단하고 원상태로 복귀가 가능한 자동차단기이다.
② 금속몰드공사는 금속관공사의 증설공사에 사용하는 것으로 접속점이 없는 절연전선을 사용한다.
③ 금속관공사에서 전선의 총 단면적은 4본 이상 삽입할 경우 전선관 내부 단면적의 40% 이내가 되게 한다.
④ 라이팅덕트공사는 전동기에 이르는 짧은 배선이나 승강기 배선 등 구부리기 쉽고 증설이 용이한 전기 배선공사 방법이다.
⑤ 자가발전설비는 정전 후 10초 이내에 가동하여 30분 이상 전력을 공급하여야 한다.

79 다음 중 피난용 승강기의 구조에 관한 내용으로 옳지 않은 것은?

① 층수가 30층 이상이거나 높이가 120m 이상인 건축물에 설치하는 승용승강기 중 1대 이상은 피난용승강기로 설치하여야 한다
② 승강장의 바닥면적은 승강기 1대당 10㎡ 이상으로 할 것
③ 각 층으로부터 피난층까지 이르는 승강로를 단일구조로 연결하여 설치할 것
④ 정전시 피난용승강기, 기계실, 승강장 및 폐쇄회로 텔레비전 등의 설비를 작동할 수 있는 별도의 예비전원 설비를 설치하되 예비전원은 초고층 건축물의 경우에는 2시간 이상, 준초고층 건축물의 경우에는 1시간 이상 작동이 가능한 용량일 것
⑤ 승강장은 각 층의 내부와 연결될 수 있도록 하되 그 출입구에는 60+방화문 또는 60분 방화문을 설치할 것(방화문은 언제나 닫힌 상태 유지)

80 다음 중 홈네트워크 설비의 설치기준에 관한 사항으로 옳지 않은 것은?

① 원격검침시스템은 전력, 가스, 수도, 출입, 배수 등의 사용량 정보를 원격으로 검침하는 시스템이다.
② 단지네트워크장비는 집중구내통신실 또는 통신배관실에 설치하여야 한다.
③ 홈게이트웨이는 세대단자함에 설치하거나 세대단말기에 포함하여 설치할 수 있다.
④ 홈네트워크망이란 홈네트워크장비 및 홈네트워크 설비를 연결하는 것을 말한다.
⑤ 동체감지기는 유효감지반경을 고려하여 설치하여야 한다.

– 다음면에 계속 –

제10회 적중 실전모의고사

03 민법

01 **권리남용 및 신의성실의 원칙에 관한 판례의 태도와 다른 것은?**

① 신의성실의 원칙에 반하는 것은 강행규정에 위배되는 것으로서 당사자의 주장이 없더라도 법원이 직권으로 판단할 수 있다.

② 아파트단지 인근에 쓰레기 매립장이 건설될 예정이라는 사실을 수분양자들이 알았더라면 분양계약을 체결하지 않았을 사정이 있을 경우 분양자는 그 사실을 고지할 신의칙상의 의무가 있다.

③ 외국에 이민 가 있어 주택에 입주하지 않으면 안 될 급박한 사정이 없는 딸이 고령과 지병으로 고통을 겪고 있는 상태에서 달리 마땅한 거처도 없는 아버지와 그를 부양하면서 동거하고 있는 남동생을 상대로 자기 소유 주택의 명도 및 퇴거를 청구하는 행위는 권리남용에 해당한다.

④ 백화점의 부도로 인하여 백화점이 발행한 약속어음의 가치가 현저하게 하락된 사정을 잘 알면서도 자신이 백화점에 대하여 부담하는 채무와 상계할 목적으로 백화점이 발행한 약속어음을 액면가에 훨씬 미달하는 가격으로 취득하고 이를 자동채권으로 하여 상계하더라도 이는 유가증권에 관한 것으로 신의성실의 원칙이 적용될 수 없다.

⑤ 계속적 보증뿐만 아니라 특정 채무에 대한 보증에 있어서도 신의성실의 원칙상 보증인의 책임을 제한할 수 있다.

02 **다음 중 틀린 것을 모두 고른 것은?**

> ㉠ 질병 등으로 사무처리능력이 없는 자는 항상 피성년후견인이다.
> ㉡ 행위능력에 관한 민법규정은 강행규정이다.
> ㉢ 우리 민법에는 의사무능력자에 대한 규정이 없다.
> ㉣ 만 20세인 대학생의 친권자는 부모이다.
> ㉤ 피한정후견인이라도 임의대리인이 될 수 있다.
> ㉥ 피성년후견인이 법정대리인의 동의서를 위조하여 계약을 체결한 경우에는 취소할 수 없다.

① ㉠, ㉢　　② ㉠, ㉣, ㉥
③ ㉡, ㉣, ㉤　　④ ㉠, ㉢, ㉤, ㉥
⑤ ㉢, ㉣, ㉤, ㉥

03 **권리의 변경 중 내용의 변경에 해당하지 않는 것은?**

① 대물변제　　② 물상대위
③ 전세권의 설정　　④ 첨부
⑤ 저당권의 순위 승진

04 **'제한능력자와 거래한 상대방의 최고(催告)'와 '무권대리인의 상대방의 최고'에 관한 기술 중 옳은 것은?**

① 최고의 성질은 전자는 의사의 통지이나, 후자는 관념의 통지이다.
② 양자 모두 추인에 특별한 절차가 필요한지 여부에 따라 효과가 달라진다.
③ 최고의 상대방은 전자에서는 법정대리인 또는 능력을 회복한 본인이고 후자는 본인에 한정된다.
④ 최고할 때에는 모두 상당한 기간을 유예기간으로 두어야 한다.
⑤ 최고에 대하여 확답하지 않는 경우에는 전자에서는 거절한 것으로 보고 후자에서는 추인한 것으로 보는 것이 원칙이다.

05 **동시사망에 관하여 틀린 것은?**

① 민법은 동일한 위난에 의한 사망의 경우를 규정하고 있다.
② 동시사망에 관한 민법규정은 사실확인이 불가능한 것을 사실로 취급하는 의제규정이다.
③ 父子가 동일한 위난으로 사망했으나 그 시기를 정확히 할 수 없는 경우에는 부자간 상속의 문제는 발생하지 않는다.
④ 동시사망규정은 동일하지 아니한 위난으로 사망했으나 그 사망시기를 알 수 없는 경우에도 유추적용할 수 있다는 것이 다수설이다.
⑤ 법원의 선고에 의해 그 효과가 발생하는 것이 아니라는 점에서 실종제도와는 다르다.

06 **법원이 선임한 부재자의 재산관리인이 법원의 허가 없이도 유효하게 할 수 있는 행위가 아닌 것은?**

① 부재자재산관리인의 재판상 화해
② 비가 새는 부재자 소유 건물의 지붕 수선을 도급해주는 행위
③ 부재자 소유의 미등기건물에 대하여 보존등기를 신청하는 행위
④ 부재자가 가진 채권의 소멸시효를 중단시키는 행위
⑤ 부재자가 한 무이자 금전대여를 이자부로 바꾸는 행위

07 **법인의 불법행위능력**(민법 제35조)**에 관한 설명으로 옳은 것은?** (다툼이 있으면 판례에 의함)

① 법인의 손해배상책임이 대표기관의 고의적 불법행위에 기한 것이라 해도 손해발생과 관련하여 피해자의 과실이 있다면 과실상계의 법리는 적용가능하다.
② 실제로는 직무와 관련 없는 대표기관의 행위가 외형상 직무에 관한 것으로 보인다면 피해자가 이에 관해 선의인 한 그 선의에 중과실이 있더라도 법인의 불법행위책임은 성립한다.
③ 대표기관이 직무와 관련하여 불법행위를 한 경우 피해자는 민법 제35조(법인의 불법행위능력)에 따른 손해배상과 민법 제756조(사용자의 배상책임)에 따른 손해배상을 선택적으로 청구할 수 있다.
④ 법인의 불법행위책임이 성립하면 대표기관은 손해배상책임을 면한다.
⑤ 법인의 불법행위능력에 관한 규정은 권리능력 없는 사단에 유추적용되지 않는다.

10회

08 **법인 아닌 사단에 관한 설명으로 옳지 않은 것은?** (다툼이 있으면 판례에 의함)

① 법인 아닌 사단과 민법상의 조합은 일반적으로 그 단체성의 강약을 기준으로 하여 구별된다.
② 법인의 대표권 제한의 등기에 관한 규정은 거래의 안전을 위해 법인 아닌 사단에도 유추적용된다.
③ 법인 아닌 사단도 대표자가 있으면 소송의 당사자로 될 수 있다.
④ 법인 아닌 사단의 사원이 집합체로서 물건을 소유할 때에는 총유로 한다.
⑤ 공동주택의 입주자대표회의는 특별한 사정이 없는 한, 법인 아닌 사단으로서의 실체를 가진다.

09 **주물과 종물에 관한 설명으로 옳은 것은?** (다툼이 있으면 판례에 의함)

① 주물과 종물에 관한 규정은 강행규정이므로 주물을 처분할 때에 특약으로 종물을 제외할 수는 없다.
② 물건이 주물의 소유자나 이용자의 상용(常用)에 공여되고 있다면 주물 그 자체의 효용과 직접 관계가 없더라도 종물로 보아야 한다.
③ 물건의 소유자가 그 물건의 상용에 공(供)하기 위하여 자기 소유인 다른 물건을 이에 부합하게 한 때에는 그 부합물은 종물이다.
④ 주물과 종물에 관한 민법규정은 권리 상호 간의 관계에 유추적용되지 않는다.
⑤ 본채의 소유자가 본채 바로 옆에 축조하여 낡은 가재도구를 보관하는 장소로 쓰는 창고는 부동산임에도 불구하고 종물이 될 수 있다.

10 **법률행위에 해당하는 것을 모두 고른 것은?**

㉠ 사단법인의 설립행위	㉡ 부당이득
㉢ 부합	㉣ 권리의 포기

① ㉠, ㉡ ② ㉠, ㉣ ③ ㉡, ㉢
④ ㉡, ㉣ ⑤ ㉢, ㉣

11 **다음 중 불공정한 법률행위에 관한 설명으로 옳지 않은 것은?** (다툼이 있으면 판례에 의함)

① 구속된 남편을 구제하기 위하여 채무자인 회사에 대하여 물품외상대금채권을 포기한 것은 불공정한 법률행위로 무효이다.
② 어촌계의 결의가 폭리행위에 해당할 수 있다.
③ 경매에 대하여는 폭리행위에 관한 규정이 적용되지 않는다.
④ 부동산 매매가격이 시가의 8분의 1 정도인 경우에는 폭리행위에 해당할 수 있다.
⑤ 궁박이라 함은 경제적인 원인을 말하며, 정신적 원인에 의한 것은 이에 해당할 수 없다.

12 **불능에 관한 기술 중 틀린 것은?**

① 매매계약이 원시적 불능인 경우에는 채무불이행의 문제가 발생할 여지가 없다.
② 당사자에게 귀책사유가 전혀 없는 후발적 불능이더라도 위험부담의 문제는 남는다.
③ 토지의 일부를 특정하여 매수하고 토지를 분할하여 그 특정 부분에 대한 소유권이전등기를 넘겨받기로 약정하였으나 그 매수인이 건물을 불법증축하여 건축법규상 제한으로 분할이전등기를 못한 경우 분할약정에 따른 상대방의 분할등기이전의무는 후발적 불능에 해당한다.
④ 사실상 가능하다면 강행법규에 반하는 법률행위의 목적이라도 불능이라고 볼 수 없다.
⑤ 민법은 법률행위의 일부불능의 경우를 원칙적으로 전부불능으로 취급한다.

13 **의사표시에 관한 설명으로 옳지 않은 것은?** (다툼이 있으면 판례에 의함)

① 침묵에 의하여도 사기가 성립할 수 있다.
② 통정허위표시는 의사표시의 당사자 간에도 무효이다.
③ 가장행위에 기한 채권을 가압류한 채권자는 통정허위표시의 무효로써 대항하지 못하는 '선의의 제3자'에 해당한다.
④ 통정허위표시의 무효로써 대항하지 못하는 선의의 제3자는 무과실이 요구된다.
⑤ 임대차보증금반환채권이 가장양도된 후 양수인의 채권자가 그 채권에 대해 압류 및 추심명령을 받은 경우 양수인의 채권자는 통정허위표시의 무효로써 대항하지 못하는 '선의의 제3자'에서의 제3자에 해당한다.

14 **착오에 관한 설명으로 옳지 않은 것은?** (다툼이 있으면 판례에 의함)

① 표의자의 중대한 과실로 착오가 있는 때에는 표의자는 착오를 이유로 그 의사표시를 취소하지 못한다.
② 부동산 매매에 있어서 시가에 관한 착오는 일반적으로 중요부분에 관한 착오라고 할 수 없다.
③ 착오에 의하여 출연한 재단법인의 설립자는 착오를 이유로 출연의 의사표시를 취소할 수 있다.
④ 동기의 착오가 상대방에 의하여 유발된 경우에 동기의 표시 여부와 무관하게 의사표시를 취소할 수 있다.
⑤ 매도인이 매매계약을 적법하게 해제하였다면 매수인은 그 해제로 인한 불이익을 피하기 위하여 더 이상 착오를 이유로 그 매매계약을 취소할 수 없다.

15 **대리권남용이론에 관한 다음 기술 중 틀린 것은?**

① 대리권의 남용이 있다고 인정되는 경우에는 표현대리(表見代理)는 성립될 수 없다고 본다.
② 대리권남용은 임의대리에만 있을 수 있고 법정대리에는 있을 수 없다.
③ 대리권남용은 객관적으로 배임행위가 있어야 하고, 주관적으로 상대방(제3자)이 이러한 배임행위를 알았거나 정당한 이유 없이 알지 못한 경우여야 한다.
④ 판례의 주류적 경향은 제107조 제1항 단서 유추적용설과 그 견해를 같이하나, 주식회사의 대표권남용에 대해서는 신의칙설에 따라 판단한 것도 있다.
⑤ 은행의 지점장대리와 예금자 간의 3개월 만기 정기예금계약의 형식을 빌어서 한 수기통장식예금계약은 위 지점장 대리의 대리권남용에 의한 계약이므로 그 정기예금계약은 은행이 책임질 수 없는 것이어서 같은 계약을 원인으로 한 예금자의 정기예금반환청구권은 유효하게 성립될 수 없다.

16 **의사표시의 효력발생에 관한 설명으로 옳지 않은 것은?** (다툼이 있으면 판례에 의함)

① 의사표시가 보통일반우편의 방법으로 발송되었다는 사실이 인정될 경우 상당기간 내에 도달한 것으로 추정된다.
② 과실 없이 상대방의 소재를 알지 못한다면 공시송달에 의해 의사표시를 송달할 수 있다.
③ 격지자간의 계약은 승낙의 통지를 발송한 때에 성립한다.
④ 의사표시의 도달은 상대방이 통지를 현실적으로 수령하거나 통지의 내용을 알 것까지 요구하지 않는다.
⑤ 의사표시의 상대방이 의사표시를 받은 때에 제한능력자였으나 그의 법정대리인이 의사표시의 도달을 안 경우 표의자는 그 의사표시로써 대항할 수 있다.

17 **다음 중 복대리인(復代理人)에 관한 설명으로 타당하지 않은 것은?**

① 복대리인은 대리인이 자기 이름으로 선임한 본인의 대리인이다.
② 복대리인의 선임은 본래의 대리인의 대리권에 영향을 미치지 않는다.
③ 복대리인은 언제나 임의대리인이다.
④ 임의대리인과 법정대리인에 따라서 복임권의 차이가 있다.
⑤ 법정대리인이 사망한 경우 복대리인이 본인을 대리한다.

18 **대리에 관한 다음 설명 중 잘못된 것은?** (다툼이 있으면 판례에 의함)

① 사회통념상 대리권을 추단할 수 있는 직함이나 명칭 등의 사용을 승낙 또는 묵인한 사정만으로도 대리권 수여의 표시가 있는 것으로 볼 수 있다.
② 한정후견인(구 한정치산자의 후견인)이 후견감독인(구 친족회)의 동의를 얻지 않고 피후견인의 부동산을 처분하는 행위를 한 경우에도 상대방이 후견감독인의 동의가 있다고 믿은 데에 정당한 사유가 있는 때에는 본인인 피한정후견인(한정치산자)에게 그 효력이 미친다.
③ 건물의 관리를 위임받은 대리인이 건물을 양도하는 매매계약을 체결한 경우는 권한을 넘은 표현대리가 될 수 있다.
④ 표현대리행위가 성립하는 경우에 상대방에게 과실이 있다면 과실상계의 법리를 유추적용하여 본인의 책임을 감경할 수 있다.
⑤ 속임수를 써서 대리행위의 표시를 하지 아니하고 단지 본인의 성명을 모용하여 자기가 마치 본인인 것처럼 기망하여 본인 명의로 직접 법률행위를 한 경우에는 특별한 사정이 없는 한 민법 제126조 소정의 표현대리는 성립될 수 없다.

19 **다음의 무효 유형 중 추인이 가능한 것은 어느 것인가?**

① 공무원의 직무에 관하여 특별한 청탁을 해 줄 것을 부탁하면서 수고비로 금전지급약정을 한 경우
② 밀수자금을 위한 금전대차계약
③ 허위진술의 대가를 받기로 하는 약정
④ 부첩관계의 종료를 해제조건으로 하는 증여계약
⑤ 아버지가 성년인 아들의 부동산을 처분한 경우

20 **토지거래허가구역 내의 X토지의 소유자 甲은 乙에게 그것을 매도하였으나, 아직 허가를 얻지 못하였다. 판례에 따를 때 옳은 것을 모두 고르면?**

> ㉠ 乙의 강박에 의해 계약을 체결한 경우 현재 무효상태이므로 甲은 강박을 이유로 의사표시를 취소할 수 없다.
> ㉡ 甲과 乙의 계약이 처음부터 그 허가를 배제하는 내용인 경우 계약은 확정적 무효이다.
> ㉢ 허가구역 지정기간이 만료되었음에도 허가구역 재지정을 하지 아니한 경우 계약은 무효로 확정된다.
> ㉣ 乙이 X토지를 丙에게 전매하고 甲, 乙, 丙의 중간생략 등기합의에 따라 甲이 丙을 매수인으로 하여 토지거래허가를 받아 丙명의로 등기가 된 경우 그 등기는 실체관계에 부합하므로 유효하다.

① ㉠　② ㉡　③ ㉡, ㉣
④ ㉠, ㉢　⑤ ㉢, ㉣

21 **취소와 해제에 관한 다음 설명 중 틀린 것은?**

① 취소권의 발생원인은 법정되어 있는 데 반하여, 해제권은 당사자의 약정 또는 법률의 규정에 의하여 발생한다.
② 취소할 수 있는 법률행위는 대개 성립 당시에 하자 있는 것인 데 반하여, 해제의 대상이 되는 법률행위는 하자 없이 성립한 정상적인 계약이다.
③ 양자는 권리자의 일방적 의사표시에 의하여 법률행위의 효력을 소급적으로 소멸시킨다.
④ 양자는 법률행위 일반에 관하여 인정되는 제도이다.
⑤ 취소권을 행사하면 부당이득반환의 문제가 발생하나 해제한 경우에는 원상회복의 문제가 발생한다.

22 **소멸시효의 기산점에 관한 다음 기술 중 틀린 것은?** (다툼이 있으면 판례에 의함)

① 사실상 권리의 존재나 권리행사가능성을 몰랐던 경우 그 알지 못함에 과실이 없는 경우에는 소멸시효가 진행되지 않는다.
② 형성권적 기한이익상실의 특약이 있는 할부채무청구권은 각 변제기의 도래 시마다 순차로 시효가 진행된다.
③ 동시이행의 항변권이 붙어있는 채권이라도 이행기가 도래하면 소멸시효가 진행한다.
④ 재판상 청구로 중단된 권리는 그 재판이 확정된 때로부터 진행한다.
⑤ 불법행위로 인한 손해배상청구권은 그 손해 및 가해자를 안 때로부터 3년이 경과하면 시효로 인하여 청구권이 소멸된다.

23 **일, 주, 월, 년을 단위로 한 기간의 계산에 관한 다음의 설명 중 틀린 것은?**

① 기간의 초일은 이를 산입하지 않는 것이 원칙이다.
② 기간이 오전 0시로부터 시작하는 때에는 초일을 산입한다.
③ 기간을 주, 월, 년으로 정한 때에는 역에 의하여 계산한다.
④ 주, 월, 년의 처음으로부터 기간을 계산하지 않을 때에는 최후의 주, 월, 년에서 기산일에 해당하는 날로 기간은 만료한다.
⑤ 기간의 말일이 토요일 또는 공휴일에 해당하는 경우에는 기간은 그 익일로 만료한다.

24 **3년의 단기소멸시효에 걸리는 채권을 모두 고른 것은?**

> ㉠ 매도인의 매수인에 대한 부동산매매대금채권
> ㉡ 노역인, 연예인의 임금 및 그에 공급한 물건의 대금채권
> ㉢ 생산자 및 상인이 판매한 생산물 및 상품의 대가
> ㉣ 매매대금 상당액의 반환을 구하는 부당이득반환채권
> ㉤ 도급받은 공사의 공사대금채권과 그 공사에 부수되는 채권

① ㉠, ㉢　　② ㉡, ㉣
③ ㉢, ㉤　　④ ㉠, ㉣, ㉤
⑤ ㉡, ㉢, ㉤

10회

25 **등기청구권에 대한 다음 설명 중 틀린 것은?** (다툼이 있으면 판례에 의함)

① 甲소유의 부동산을 乙이 등기에 필요한 문서를 위조하여 乙명의로 등기한 경우 甲의 말소등기청구권은 물권적 청구권으로 이해된다.
② 점유취득시효 완성으로 인한 소유권이전등기청구권은 채권적 청구권으로 이해된다.
③ 乙이 甲소유 부동산을 매수하여 丙에게 전매하였으나 등기는 甲명의로 남아 있는 경우 丙은 乙을 대위하여 甲에게 이전등기를 청구할 수 있다.
④ ③에서 乙이 부동산을 인도받아 사용·수익하다가 丙에게 처분하고 그 점유를 승계해 준 경우 乙의 이전등기청구권에 대한 소멸시효가 진행한다.
⑤ 가등기 이후에 부동산을 취득한 제3자는 가등기에 기한 소유권이전등기청구권이 시효완성으로 소멸되었다면, 가등기권리자에 대하여 본등기청구권의 소멸시효를 주장하여 그 가등기의 말소를 청구할 수 있다.

26 **다음 중 관습법이 성문법보다 우선하여 적용되지 않는 것은?**

① 특수지역권 부분과 그 대지사용권
② 배수·인수를 위한 공작물에 대한 공사의 비용부담
③ 여수급여청구권(餘水給與請求權)
④ 경계표 설치권
⑤ 수류변경권(水流變更權)

27 **점유물에 관한 설명으로 옳지 않은 것은?** (다툼이 있으면 판례에 의함)

① 점유물반환청구권의 행사기간은 출소(出訴)기간이다.
② 간접점유자도 점유물방해예방청구권을 행사할 수 있다.
③ 점유보조자에게 점유보호청구권이 인정되지 않는다.
④ 점유자는 과실(過失) 없이 점유한 것으로 추정되지 않는다.
⑤ 점유자가 점유물에 대하여 행사하는 권리는 적법하게 보유한 것으로 본다.

28 **공동소유에 관한 설명으로 옳지 않은 것은?** (다툼이 있으면 판례에 의함)

① 합유지분의 처분에는 합유자 전원의 동의를 요한다.
② 법인 아닌 사단의 구성원 개인 단독으로 총유재산의 보존을 위한 소송을 제기할 수 없다.
③ 공유자가 자기 지분을 포기한 때에는 그 지분은 다른 공유자에게 각 지분의 비율로 귀속한다.
④ 甲과 乙이 각 2/3, 1/3의 지분으로 공유하는 토지를 甲이 배타적으로 사용·수익하는 경우 乙은 甲에게 공유물의 반환을 청구할 수 없다.
⑤ 총유물의 처분에 관해 정관 규정이 없는 법인 아닌 사단의 대표가 사원총회의 결의 없이 한 처분은 선의의 전득자에 대해서는 효력이 있다.

29 **지상권에 관한 설명으로 틀린 것은?**

① 지료가 토지에 관한 조세 기타 부담의 증감이나 지가의 변동으로 인하여 상당하지 아니하게 된 때에는 당사자는 그 증감을 청구할 수 있다.
② 지상권자가 2기 이상의 지료를 지급하지 아니한 때에는 지상권설정자는 지상권의 소멸을 청구할 수 있다.
③ 전지상권자가 지료를 연체하였다 하더라도 지료에 대한 등기가 없는 이상 새로운 지상권자에게 그 연체책임을 물을 수 없다.
④ 지상물매수청구권은 편면적 강행규정이다.
⑤ 지하 또는 지상의 공간은 상하의 범위를 정하여 건물 기타 공작물을 소유하기 위한 지상권의 목적으로 할 수 있다. 이 경우 설정행위로써 지상권의 행사를 위하여 토지의 사용을 제한할 수 있다.

30 **동산질권에 관한 설명으로 옳지 않은 것은?**

① 질권은 점유개정에 의한 인도에 의해서도 성립한다.
② 질권은 양도할 수 없는 물건을 목적으로 하지 못한다.
③ 질권자는 질물의 과실을 수취하여 다른 채권보다 먼저 자기 채권의 변제에 충당할 수 있다.
④ 질권자는 채권의 변제를 받기 위하여 질물을 경매할 수 있다.
⑤ 질권자는 피담보채권의 변제를 받을 때까지 질물을 유치할 수 있으나, 자기보다 우선권이 있는 채권자에게 대항하지 못한다.

31 **다음 중 전세권에 관한 설명으로 옳지 않은 것은?**

① 전전세권(轉傳貰權)이 설정되더라도 원전세권(原傳貰權)은 소멸하지 않는다.
② 전세권자는 목적물에 들인 필요비의 상환을 청구할 수 있다.
③ 전세권자는 전세권을 처분할 수 있다.
④ 등기하여야 제3자에게 대항할 수 있다.
⑤ 원전세권의 소멸은 전전세권의 소멸원인이 된다.

32 **저당권에 관한 설명으로 틀린 것은?** (다툼이 있으면 판례에 의함)

① 저당권이 설정된 토지의 소유자가 그 위에 건물을 신축하는 경우 저당권자는 교환가치의 실현이 방해될 염려가 있으면 공사의 중지를 청구할 수 있다.
② 저당권이 설정된 토지의 소유자가 그 위에 건물을 신축하여 보존등기를 경료한 경우 저당권의 우선변제적 효력은 건물에도 미친다.
③ 근저당권의 확정된 피담보채권액이 채권최고액을 상회하는 경우 근저당권자와 채무자 겸 근저당권설정자 사이에서는 채권 전액의 변제가 있을 때까지 근저당권의 효력이 잔존채무에 미친다.
④ 기본계약인 당좌대월계약에서 발생한 채무를 담보하기 위한 근저당권은 그 결산기가 도래한 이후에 발행된 약속어음상의 채권을 담보하지 않는다.
⑤ 저당권 설정 전에 저당부동산에 대하여 지상권을 취득한 자는 저당권의 실행으로 영향을 받지 않는다.

33 **이행지체와 관련된 설명 중 틀린 것은?**

① 채무이행의 확정한 기한이 있는 경우에는 채무자는 기한이 도래한 때로부터 지체책임이 있다.
② 채무이행의 불확정한 기한이 있는 경우에는 채무자는 기한이 도래한 때로부터 지체책임이 있다.
③ 채무이행의 기한이 없는 경우에는 채무자는 이행청구를 받은 때로부터 지체책임이 있다.
④ 채무자가 담보를 손상, 감소 또는 멸실하게 한 때에는 기한의 이익을 주장할 수 없다.
⑤ 채무자의 법정대리인이 채무자를 위하여 이행하거나 채무자가 타인을 사용하여 이행하는 경우에는 법정대리인 또는 피용자의 고의나 과실은 채무자의 고의나 과실로 본다.

34 **변제에 관한 설명으로 옳은 것은?** (다툼이 있으면 판례에 의함)

① 변제할 정당한 이익이 없는 자가 변제를 한 경우 그 변제자는 채권자의 승낙이 없더라도 변제와 동시에 법률상 당연히 채권자를 대위한다.
② 채권의 준점유자에 대한 변제는 변제자가 선의·무과실인 경우에 한하여 변제로서의 효력이 인정된다.
③ 법정변제충당을 위한 변제이익은 특별한 사정이 없는 한, 채권자를 기준으로 판단하여야 한다.
④ 채권자의 대리인이라고 하면서 채권을 행사하는 자는 특별한 사정이 없는 한, 채권의 준점유자에 해당하지 않는다.
⑤ 채무자가 채무변제를 위하여 타인의 물건을 채권자에게 인도하였다면 이는 유효한 변제이므로 특별한 사정이 없는 한, 더 이상 누구도 채권자에게 그 물건의 반환을 청구할 수 없다.

35 **계약금에 관한 설명으로 틀린 것은?** (다툼이 있으면 판례에 의함)

① 계약금은 언제나 증약금으로서의 성질이 있다.
② 매매계약의 성립 후에 교부된 계약금도 계약금으로서의 효력이 있다.
③ 매매계약의 일부 이행에 착수한 매수인도 매도인의 이행착수 전에는 임의로 계약금을 포기하고 계약을 해제할 수 있다.
④ 매매계약금을 위약금으로 하는 특약이 없는 한, 채무불이행을 이유로 계약이 해제되더라도 실제 손해만을 배상받을 수 있다.
⑤ 매수인이 약정한 계약금을 지급하지 않은 경우 그 약정이 없었더라면 매매계약을 체결하지 않았을 것이라는 사정이 없는 한, 매도인은 매매계약을 임의로 해제할 수 없다.

36 **청약과 승낙에 관한 설명으로 옳지 않은 것은?**

① 청약과 승낙은 불특정인에 대하여도 할 수 있다.
② 당사자 간에 동일한 내용의 청약이 상호 교차된 경우 양 청약이 상대방에게 도달한 때에 계약이 성립한다.
③ 가격을 올려가는 경매에 있어서 경매자가 최저가격을 정하지 않은 경우 경매에 붙이는 것은 청약의 유인이다.
④ 승낙자가 청약에 대하여 변경을 가하여 승낙한 때에는 그 청약의 거절과 동시에 새로 청약한 것으로 본다.
⑤ 승낙기간을 정하지 아니한 계약의 청약은 청약자가 상당한 기간 내에 승낙의 통지를 받지 못한 때에는 그 효력을 잃는다.

37 **A가 대지와 건물의 소유자였던 B로부터 이를 모두 대차(貸借)하였다. 다음 설명 가운데 옳은 것은?**

① A는 건물임차권의 경우와는 달리 대지의 임차권에 대한 등기의 경료에 대해서는 언제나 B에게 청구할 수 없다.
② 제621조의 등기절차협력청구권은 형성권이므로 이를 행사하면 당연히 대항력이 발생한다.
③ A가 대지의 임차권을 등기하지 아니한 채 그 건물에 관하여 A명의의 소유권이전등기를 경료하였다면 당연히 대지의 임차권에 대항력이 발생한다.
④ A가 건물의 임차권을 등기하였다면 당연히 대지의 임차권에는 대항력이 발생한다.
⑤ B의 동의 없이 건물소유를 목적으로 대지의 임차권을 C에게 양도하였다면 A가 경락받은 건물을 C에게 적법하게 양도하였더라도 C는 대지임차권의 대항력을 B에 대하여 주장할 수 없다.

38 다음은 도급계약에 관한 설명이다. 틀린 것은?

① 완성된 목적물 또는 완성 전의 성취된 부분에 하자가 있는 때에는 도급인은 수급인에 대하여 상당한 기간을 정하여 그 하자의 보수를 청구할 수 있다. 그러나 하자가 중요하지 아니한 경우에 그 보수에 과다한 비용을 요할 때에는 그러하지 아니하다.
② 도급인은 하자의 보수에 가름하여 또는 보수와 함께 손해배상을 청구할 수 있다. 이 경우 보수의 지급과 하자의 보수는 동시이행관계이다.
③ 목적물의 하자가 도급인이 제공한 재료의 성질 또는 도급인의 지시에 기인한 때에는 도급인은 담보책임을 추궁할 수 없다.
④ 도급인이 완성된 목적물의 하자로 인하여 계약의 목적을 달성할 수 없는 때에는 계약을 해제할 수 있다. 그러나 건물 기타 토지의 공작물에 대하여는 그러하지 아니하다.
⑤ 하자의 보수, 손해배상의 청구 및 계약의 해제는 목적물의 인도를 받은 날로부터 3년 내에 하여야 하며, 목적물의 인도를 요하지 아니하는 경우에는 일을 종료한 날로부터 3년 내에 하여야 한다.

39 다음은 불법행위에 관한 설명이다. 틀린 것은?

㉠ 다른 자에게 손해를 가한 사람이 책임능력이 없는 경우에는 그를 감독할 법정의무가 있는 자가 그 손해를 배상할 책임이 있다. 다만, 감독의무를 게을리하지 아니한 경우에는 그러하지 아니하다.
㉡ 타인을 사용하여 어느 사무에 종사하게 한 자는 피용자가 그 사무집행에 관하여 제3자에게 가한 손해에 대하여 책임이 없다. 그러나 사용자가 악의인 때에는 그러하지 아니하다.
㉢ 도급인은 수급인이 그 일에 관하여 제3자에게 가한 손해를 배상할 책임이 있다. 그러나 도급인이 수급인의 선임 및 그 사무감독에 상당한 주의를 한 때 또는 상당한 주의를 하여도 손해가 있을 경우에는 그러하지 아니하다.
㉣ 공작물의 설치 또는 보존의 하자로 인하여 타인에게 손해를 가한 때에는 공작물점유자가 손해를 배상할 책임이 있다. 그러나 점유자가 손해의 방지에 필요한 주의를 해태하지 아니한 때에는 그 소유자가 손해를 배상할 책임이 있다.
㉤ 동물의 점유자는 그 동물이 타인에게 가한 손해를 배상할 책임이 있다. 그러나 동물의 종류와 성질에 따라 그 보관에 상당한 주의를 해태하지 아니한 때에는 그러하지 아니하다.

① ㉠, ㉡　　② ㉡, ㉢　　③ ㉢, ㉣
④ ㉣, ㉤　　⑤ ㉠, ㉤

10회

40 **불법원인급여에 관한 설명 중 가장 잘못된 것은?** (다툼이 있으면 판례에 의함)

① 급부된 물건의 소유권은 급여자의 반환청구권이 부인됨으로써 반사적으로 수익자에게 귀속한다.

② 불법에는 선량한 풍속 기타 사회질서에 위반은 물론 강행법규의 위반도 포함된다.

③ 불법의 원인으로 재산을 급여한 때는 물론이고 노무를 제공한 때에도 그 이익의 반환을 청구하지 못하는 것이 원칙이다.

④ 수익자와 급여자의 불법성을 비교하여 수익자의 불법성이 급여자의 불법성보다 현저히 큰 데 반하여 급여자의 불법성은 미약한 경우 급여자의 부당이득반환청구권이 인정된다.

⑤ 공무원에게 청탁을 하고 뇌물을 주었으나 공무원이 청탁을 들어줄 수 없어 뇌물액 상당의 약속어음을 발행한 경우 약속어음금의 지급을 청구할 수 없다.

– 본 회차 시험 종료 –

(　　　)년도 제(　　)회 (　　　　　)국가전문자격시험 답안카드

성　　명

교시(차수) 기재란	
(　　)교시 · 차	① ② ③

문제지 형별 기재란	
(　　　)형	Ⓐ Ⓑ

선 택 과 목 1

선 택 과 목 2

수 험 번 호							
⓪	⓪	⓪	⓪	⓪	⓪	⓪	⓪
①	①	①	①	①	①	①	①
②	②	②	②	②	②	②	②
③	③	③	③	③	③	③	③
④	④	④	④	④	④	④	④
⑤	⑤	⑤	⑤	⑤	⑤	⑤	⑤
⑥	⑥	⑥	⑥	⑥	⑥	⑥	⑥
⑦	⑦	⑦	⑦	⑦	⑦	⑦	⑦
⑧	⑧	⑧	⑧	⑧	⑧	⑧	⑧
⑨	⑨	⑨	⑨	⑨	⑨	⑨	⑨

감독위원 확인
㊞

1	① ② ③ ④ ⑤	21	① ② ③ ④ ⑤	41	① ② ③ ④ ⑤	61	① ② ③ ④ ⑤	81	① ② ③ ④ ⑤	101	① ② ③ ④ ⑤	121	① ② ③ ④ ⑤
2	① ② ③ ④ ⑤	22	① ② ③ ④ ⑤	42	① ② ③ ④ ⑤	62	① ② ③ ④ ⑤	82	① ② ③ ④ ⑤	102	① ② ③ ④ ⑤	122	① ② ③ ④ ⑤
3	① ② ③ ④ ⑤	23	① ② ③ ④ ⑤	43	① ② ③ ④ ⑤	63	① ② ③ ④ ⑤	83	① ② ③ ④ ⑤	103	① ② ③ ④ ⑤	123	① ② ③ ④ ⑤
4	① ② ③ ④ ⑤	24	① ② ③ ④ ⑤	44	① ② ③ ④ ⑤	64	① ② ③ ④ ⑤	84	① ② ③ ④ ⑤	104	① ② ③ ④ ⑤	124	① ② ③ ④ ⑤
5	① ② ③ ④ ⑤	25	① ② ③ ④ ⑤	45	① ② ③ ④ ⑤	65	① ② ③ ④ ⑤	85	① ② ③ ④ ⑤	105	① ② ③ ④ ⑤	125	① ② ③ ④ ⑤
6	① ② ③ ④ ⑤	26	① ② ③ ④ ⑤	46	① ② ③ ④ ⑤	66	① ② ③ ④ ⑤	86	① ② ③ ④ ⑤	106	① ② ③ ④ ⑤		
7	① ② ③ ④ ⑤	27	① ② ③ ④ ⑤	47	① ② ③ ④ ⑤	67	① ② ③ ④ ⑤	87	① ② ③ ④ ⑤	107	① ② ③ ④ ⑤		
8	① ② ③ ④ ⑤	28	① ② ③ ④ ⑤	48	① ② ③ ④ ⑤	68	① ② ③ ④ ⑤	88	① ② ③ ④ ⑤	108	① ② ③ ④ ⑤		
9	① ② ③ ④ ⑤	29	① ② ③ ④ ⑤	49	① ② ③ ④ ⑤	69	① ② ③ ④ ⑤	89	① ② ③ ④ ⑤	109	① ② ③ ④ ⑤		
10	① ② ③ ④ ⑤	30	① ② ③ ④ ⑤	50	① ② ③ ④ ⑤	70	① ② ③ ④ ⑤	90	① ② ③ ④ ⑤	110	① ② ③ ④ ⑤		
11	① ② ③ ④ ⑤	31	① ② ③ ④ ⑤	51	① ② ③ ④ ⑤	71	① ② ③ ④ ⑤	91	① ② ③ ④ ⑤	111	① ② ③ ④ ⑤		
12	① ② ③ ④ ⑤	32	① ② ③ ④ ⑤	52	① ② ③ ④ ⑤	72	① ② ③ ④ ⑤	92	① ② ③ ④ ⑤	112	① ② ③ ④ ⑤		
13	① ② ③ ④ ⑤	33	① ② ③ ④ ⑤	53	① ② ③ ④ ⑤	73	① ② ③ ④ ⑤	93	① ② ③ ④ ⑤	113	① ② ③ ④ ⑤		
14	① ② ③ ④ ⑤	34	① ② ③ ④ ⑤	54	① ② ③ ④ ⑤	74	① ② ③ ④ ⑤	94	① ② ③ ④ ⑤	114	① ② ③ ④ ⑤		
15	① ② ③ ④ ⑤	35	① ② ③ ④ ⑤	55	① ② ③ ④ ⑤	75	① ② ③ ④ ⑤	95	① ② ③ ④ ⑤	115	① ② ③ ④ ⑤		
16	① ② ③ ④ ⑤	36	① ② ③ ④ ⑤	56	① ② ③ ④ ⑤	76	① ② ③ ④ ⑤	96	① ② ③ ④ ⑤	116	① ② ③ ④ ⑤		
17	① ② ③ ④ ⑤	37	① ② ③ ④ ⑤	57	① ② ③ ④ ⑤	77	① ② ③ ④ ⑤	97	① ② ③ ④ ⑤	117	① ② ③ ④ ⑤		
18	① ② ③ ④ ⑤	38	① ② ③ ④ ⑤	58	① ② ③ ④ ⑤	78	① ② ③ ④ ⑤	98	① ② ③ ④ ⑤	118	① ② ③ ④ ⑤		
19	① ② ③ ④ ⑤	39	① ② ③ ④ ⑤	59	① ② ③ ④ ⑤	79	① ② ③ ④ ⑤	99	① ② ③ ④ ⑤	119	① ② ③ ④ ⑤		
20	① ② ③ ④ ⑤	40	① ② ③ ④ ⑤	60	① ② ③ ④ ⑤	80	① ② ③ ④ ⑤	100	① ② ③ ④ ⑤	120	① ② ③ ④ ⑤		

마킹주의	바르게 마킹 : ● 잘 못 마킹 : ⊗, ⊙, Ⓥ, ◎, ⦶, ⊖

(예 시)

성 명
홍 길 동

교시(차수) 기재란			
( )교시 · 차	①	②	③

문제지 형별 기재란		
( )형	Ⓐ	Ⓑ

선 택 과 목 1

선 택 과 목 2

수 험 번 호							
0	1	3	2	9	8	0	1
●	⓪	⓪	⓪	⓪	⓪	●	⓪
①	●	①	①	①	①	①	●
②	②	②	●	②	②	②	②
③	③	●	③	③	③	③	③
④	④	④	④	④	④	④	④
⑤	⑤	⑤	⑤	⑤	⑤	⑤	⑤
⑥	⑥	⑥	⑥	⑥	⑥	⑥	⑥
⑦	⑦	⑦	⑦	⑦	⑦	⑦	⑦
⑧	⑧	⑧	⑧	⑧	●	⑧	⑧
⑨	⑨	⑨	⑨	●	⑨	⑨	⑨

감독위원 확인
㊞

수험자 유의사항

1. 시험 중에는 통신기기(휴대전화 · 소형 무전기 등) 및 전자기기(초소형 카메라등)를 소지하거나 사용할 수 없습니다.
2. 부정행위 예방을 위해 시험문제지에도 수험번호와 성명을 반드시 기재하시기 바랍니다.
3. **시험시간이 종료되면 즉시 답안작성을 멈춰야** 하며, 종료시간 이후 계속 답안을 작성하거나 감독위원의 답안카드 제출지시에 불응할 때에는 당해 시험이 무효처리 됩니다.
4. 기타감독위원의 정당한 지시에 불응하여 타 수험자의 시험에 방해가 될 경우 퇴실조치 될 수 있습니다.

답안카드 작성 시 유의사항

1. 답안카드기재 · 마킹 시에는 **반드시 검정색 사인펜을 사용**해야 합니다.
2. 답안카드를잘못 작성했을 시에는 카드를 교체하거나 수정테이프를 사용하여 수정할 수 있습니다.

그러나 불완전한 수정처리로 인해 발생하는 전산자동판독불가 등 불이익은 수험자의 귀책사유입니다.
- 수정테이프 이외의 수정액, 스티커 등은 사용 불가
- 답안카드 왼쪽(성명 · 수험번호 등)을 제외한 '답안란'만 수정테이프로 수정 가능

3. 성명란은수험자 본인의 성명을 정자체로 기재합니다.
4. 해당차수(교시)시험을기재하고 해당 란에 마킹합니다.
5. 시험문제지형별기재란은 시험문제지 형별을 기재하고, 우측 형별마킹난은 해당 형별을 마킹합니다.
6. 수험번호란은 숫자로 기재하고 아래 해당번호에 마킹합니다.
7. 시험문제지 형별 및 수험번호 등 마킹착오로 인한 불이익은 전적으로 수험자의 귀책사유입니다.
8. 감독위원의 날인이 없는 답안카드는 무효처리 됩니다.
9. 상단과 우측의 검은색 띠(▮▮▮) 부분은 낙서를 금지합니다.

부정행위 처리규정

시험 중 다음과 같은 행위를 하는 자는 당해 시험을 무효처리하고 자격별 관련 규정에 따라 일정기간 동안 시험에 응시할 수 있는 자격을 정지합니다.

1. 시험과 관련된 대화, 답안카드 교환, 다른 수험자의 답안 · 문제지를 보고 답안 작성, 대리시험을 치르거나 치르게 하는 행위, 시험문제 내용과 관련된 물건을 휴대하거나 이를 주고받는 행위
2. 시험장 내외로부터 도움을 받아 답안을 작성하는 행위, 공인어학성적 및 응시자격서류를 허위기재하여 제출하는 행위
3. 통신기기(휴대전화 · 소형 무전기 등) 및 전자기기(초소형 카메라 등)를 휴대하거나 사용하는 행위
4. 다른 수험자와 성명 및 수험번호를 바꾸어 작성 · 제출하는 행위
5. 기타 부정 또는 불공정한 방법으로 시험을 치르는 행위

( )년도 제( )회 ( )국가전문자격시험 답안카드

성 명

교시(차수) 기재란	
( )교시·차	① ② ③

문제지 형별 기재란	
( )형	Ⓐ Ⓑ

선 택 과 목 1

선 택 과 목 2

수 험 번 호

⓪	⓪	⓪	⓪	⓪	⓪	⓪	⓪
①	①	①	①	①	①	①	①
②	②	②	②	②	②	②	②
③	③	③	③	③	③	③	③
④	④	④	④	④	④	④	④
⑤	⑤	⑤	⑤	⑤	⑤	⑤	⑤
⑥	⑥	⑥	⑥	⑥	⑥	⑥	⑥
⑦	⑦	⑦	⑦	⑦	⑦	⑦	⑦
⑧	⑧	⑧	⑧	⑧	⑧	⑧	⑧
⑨	⑨	⑨	⑨	⑨	⑨	⑨	⑨

감독위원 확인
㉤

1	① ② ③ ④ ⑤	21	① ② ③ ④ ⑤	41	① ② ③ ④ ⑤	61	① ② ③ ④ ⑤	81	① ② ③ ④ ⑤	101	① ② ③ ④ ⑤	121	① ② ③ ④ ⑤
2	① ② ③ ④ ⑤	22	① ② ③ ④ ⑤	42	① ② ③ ④ ⑤	62	① ② ③ ④ ⑤	82	① ② ③ ④ ⑤	102	① ② ③ ④ ⑤	122	① ② ③ ④ ⑤
3	① ② ③ ④ ⑤	23	① ② ③ ④ ⑤	43	① ② ③ ④ ⑤	63	① ② ③ ④ ⑤	83	① ② ③ ④ ⑤	103	① ② ③ ④ ⑤	123	① ② ③ ④ ⑤
4	① ② ③ ④ ⑤	24	① ② ③ ④ ⑤	44	① ② ③ ④ ⑤	64	① ② ③ ④ ⑤	84	① ② ③ ④ ⑤	104	① ② ③ ④ ⑤	124	① ② ③ ④ ⑤
5	① ② ③ ④ ⑤	25	① ② ③ ④ ⑤	45	① ② ③ ④ ⑤	65	① ② ③ ④ ⑤	85	① ② ③ ④ ⑤	105	① ② ③ ④ ⑤	125	① ② ③ ④ ⑤
6	① ② ③ ④ ⑤	26	① ② ③ ④ ⑤	46	① ② ③ ④ ⑤	66	① ② ③ ④ ⑤	86	① ② ③ ④ ⑤	106	① ② ③ ④ ⑤		
7	① ② ③ ④ ⑤	27	① ② ③ ④ ⑤	47	① ② ③ ④ ⑤	67	① ② ③ ④ ⑤	87	① ② ③ ④ ⑤	107	① ② ③ ④ ⑤		
8	① ② ③ ④ ⑤	28	① ② ③ ④ ⑤	48	① ② ③ ④ ⑤	68	① ② ③ ④ ⑤	88	① ② ③ ④ ⑤	108	① ② ③ ④ ⑤		
9	① ② ③ ④ ⑤	29	① ② ③ ④ ⑤	49	① ② ③ ④ ⑤	69	① ② ③ ④ ⑤	89	① ② ③ ④ ⑤	109	① ② ③ ④ ⑤		
10	① ② ③ ④ ⑤	30	① ② ③ ④ ⑤	50	① ② ③ ④ ⑤	70	① ② ③ ④ ⑤	90	① ② ③ ④ ⑤	110	① ② ③ ④ ⑤		
11	① ② ③ ④ ⑤	31	① ② ③ ④ ⑤	51	① ② ③ ④ ⑤	71	① ② ③ ④ ⑤	91	① ② ③ ④ ⑤	111	① ② ③ ④ ⑤		
12	① ② ③ ④ ⑤	32	① ② ③ ④ ⑤	52	① ② ③ ④ ⑤	72	① ② ③ ④ ⑤	92	① ② ③ ④ ⑤	112	① ② ③ ④ ⑤		
13	① ② ③ ④ ⑤	33	① ② ③ ④ ⑤	53	① ② ③ ④ ⑤	73	① ② ③ ④ ⑤	93	① ② ③ ④ ⑤	113	① ② ③ ④ ⑤		
14	① ② ③ ④ ⑤	34	① ② ③ ④ ⑤	54	① ② ③ ④ ⑤	74	① ② ③ ④ ⑤	94	① ② ③ ④ ⑤	114	① ② ③ ④ ⑤		
15	① ② ③ ④ ⑤	35	① ② ③ ④ ⑤	55	① ② ③ ④ ⑤	75	① ② ③ ④ ⑤	95	① ② ③ ④ ⑤	115	① ② ③ ④ ⑤		
16	① ② ③ ④ ⑤	36	① ② ③ ④ ⑤	56	① ② ③ ④ ⑤	76	① ② ③ ④ ⑤	96	① ② ③ ④ ⑤	116	① ② ③ ④ ⑤		
17	① ② ③ ④ ⑤	37	① ② ③ ④ ⑤	57	① ② ③ ④ ⑤	77	① ② ③ ④ ⑤	97	① ② ③ ④ ⑤	117	① ② ③ ④ ⑤		
18	① ② ③ ④ ⑤	38	① ② ③ ④ ⑤	58	① ② ③ ④ ⑤	78	① ② ③ ④ ⑤	98	① ② ③ ④ ⑤	118	① ② ③ ④ ⑤		
19	① ② ③ ④ ⑤	39	① ② ③ ④ ⑤	59	① ② ③ ④ ⑤	79	① ② ③ ④ ⑤	99	① ② ③ ④ ⑤	119	① ② ③ ④ ⑤		
20	① ② ③ ④ ⑤	40	① ② ③ ④ ⑤	60	① ② ③ ④ ⑤	80	① ② ③ ④ ⑤	100	① ② ③ ④ ⑤	120	① ② ③ ④ ⑤		

마킹주의	바르게 마킹 : ● 잘 못 마킹 : ⊗, ⊙, Ⓥ, ◎, ⦶, ⊖

(예 시) →

수험자 유의사항

1. 시험 중에는 통신기기(휴대전화 · 소형 무전기 등) 및 전자기기(초소형 카메라등)를 소지하거나 사용할 수 없습니다.
2. 부정행위 예방을 위해 시험문제지에도 수험번호와 성명을 반드시 기재하시기 바랍니다.
3. **시험시간이 종료되면 즉시 답안작성을 멈춰야** 하며, 종료시간 이후 계속 답안을 작성하거나 감독위원의 답안카드 제출지시에 불응할 때에는 당해 시험이 무효처리 됩니다.
4. 기타 감독위원의 정당한 지시에 불응하여 타 수험자의 시험에 방해가 될 경우 퇴실조치 될 수 있습니다.

답안카드 작성 시 유의사항

1. 답안카드기재 · 마킹 시에는 **반드시 검정색 사인펜을 사용**해야 합니다.
2. 답안카드를잘못 작성했을 시에는 카드를 교체하거나 수정테이프를 사용하여 수정할 수 있습니다.
   그러나 불완전한 수정처리로 인해 발생하는 전산자동판독불가 등 불이익은 수험자의 귀책사유입니다.
   - 수정테이프 이외의 수정액, 스티커 등은 사용 불가
   - 답안카드 왼쪽(성명 · 수험번호 등)을 제외한 '답안란'만 수정테이프로 수정 가능
3. 성명란은수험자 본인의 성명을 정자체로 기재합니다.
4. 해당차수(교시)시험을기재하고 해당 란에 마킹합니다.
5. 시험문제지형별기재란은 시험문제지 형별을 기재하고, 우측 형별마킹난은 해당 형별을 마킹합니다.
6. 수험번호란은 숫자로 기재하고 아래 해당번호에 마킹합니다.
7. 시험문제지 형별 및 수험번호 등 마킹착오로 인한 불이익은 전적으로 수험자의 귀책사유입니다.
8. 감독위원의 날인이 없는 답안카드는 무효처리 됩니다.
9. 상단과 우측의 검은색 띠(▮▮▮) 부분은 낙서를 금지합니다.

부정행위 처리규정

시험 중 다음과 같은 행위를 하는 자는 당해 시험을 무효처리하고 자격별 관련 규정에 따라 일정기간 동안 시험에 응시할 수 있는 자격을 정지합니다.

1. 시험과 관련된 대화, 답안카드 교환, 다른 수험자의 답안 · 문제지를 보고 답안 작성, 대리시험을 치르거나 치르게 하는 행위, 시험문제 내용과 관련된 물건을 휴대하거나 이를 주고받는 행위
2. 시험장 내외로부터 도움을 받아 답안을 작성하는 행위, 공인어학성적 및 응시자격서류를 허위기재하여 제출하는 행위
3. 통신기기(휴대전화 · 소형 무전기 등) 및 전자기기(초소형 카메라 등)를 휴대하거나 사용하는 행위
4. 다른 수험자와 성명 및 수험번호를 바꾸어 작성 · 제출하는 행위
5. 기타 부정 또는 불공정한 방법으로 시험을 치르는 행위

성 명
홍 길 동

교시(차수) 기재란			
( )교시 · 차	①	②	③

문제지 형별 기재란		
( )형	Ⓐ	Ⓑ

선 택 과 목 1

선 택 과 목 2

수 험 번 호							
0	1	3	2	9	8	0	1
●	⓪	⓪	⓪	⓪	⓪	●	⓪
①	●	①	①	①	①	①	●
②	②	②	●	②	②	②	②
③	③	●	③	③	③	③	③
④	④	④	④	④	④	④	④
⑤	⑤	⑤	⑤	⑤	⑤	⑤	⑤
⑥	⑥	⑥	⑥	⑥	⑥	⑥	⑥
⑦	⑦	⑦	⑦	⑦	⑦	⑦	⑦
⑧	⑧	⑧	⑧	⑧	●	⑧	⑧
⑨	⑨	⑨	⑨	●	⑨	⑨	⑨

감독위원 확인
㊞

(　　　)년도 제(　　)회 (　　　　　　)국가전문자격시험 답안카드

성　　명

교시(차수) 기재란			
(　　)교시·차	①	②	③

문제지 형별 기재란		
(　　　)형	Ⓐ	Ⓑ

선 택 과 목 1

선 택 과 목 2

수 험 번 호							
⓪	⓪	⓪	⓪	⓪	⓪	⓪	⓪
①	①	①	①	①	①	①	①
②	②	②	②	②	②	②	②
③	③	③	③	③	③	③	③
④	④	④	④	④	④	④	④
⑤	⑤	⑤	⑤	⑤	⑤	⑤	⑤
⑥	⑥	⑥	⑥	⑥	⑥	⑥	⑥
⑦	⑦	⑦	⑦	⑦	⑦	⑦	⑦
⑧	⑧	⑧	⑧	⑧	⑧	⑧	⑧
⑨	⑨	⑨	⑨	⑨	⑨	⑨	⑨

감독위원 확인
㉤

1	① ② ③ ④ ⑤	21	① ② ③ ④ ⑤	41	① ② ③ ④ ⑤	61	① ② ③ ④ ⑤	81	① ② ③ ④ ⑤	101	① ② ③ ④ ⑤	121	① ② ③ ④ ⑤
2	① ② ③ ④ ⑤	22	① ② ③ ④ ⑤	42	① ② ③ ④ ⑤	62	① ② ③ ④ ⑤	82	① ② ③ ④ ⑤	102	① ② ③ ④ ⑤	122	① ② ③ ④ ⑤
3	① ② ③ ④ ⑤	23	① ② ③ ④ ⑤	43	① ② ③ ④ ⑤	63	① ② ③ ④ ⑤	83	① ② ③ ④ ⑤	103	① ② ③ ④ ⑤	123	① ② ③ ④ ⑤
4	① ② ③ ④ ⑤	24	① ② ③ ④ ⑤	44	① ② ③ ④ ⑤	64	① ② ③ ④ ⑤	84	① ② ③ ④ ⑤	104	① ② ③ ④ ⑤	124	① ② ③ ④ ⑤
5	① ② ③ ④ ⑤	25	① ② ③ ④ ⑤	45	① ② ③ ④ ⑤	65	① ② ③ ④ ⑤	85	① ② ③ ④ ⑤	105	① ② ③ ④ ⑤	125	① ② ③ ④ ⑤
6	① ② ③ ④ ⑤	26	① ② ③ ④ ⑤	46	① ② ③ ④ ⑤	66	① ② ③ ④ ⑤	86	① ② ③ ④ ⑤	106	① ② ③ ④ ⑤		
7	① ② ③ ④ ⑤	27	① ② ③ ④ ⑤	47	① ② ③ ④ ⑤	67	① ② ③ ④ ⑤	87	① ② ③ ④ ⑤	107	① ② ③ ④ ⑤		
8	① ② ③ ④ ⑤	28	① ② ③ ④ ⑤	48	① ② ③ ④ ⑤	68	① ② ③ ④ ⑤	88	① ② ③ ④ ⑤	108	① ② ③ ④ ⑤		
9	① ② ③ ④ ⑤	29	① ② ③ ④ ⑤	49	① ② ③ ④ ⑤	69	① ② ③ ④ ⑤	89	① ② ③ ④ ⑤	109	① ② ③ ④ ⑤		
10	① ② ③ ④ ⑤	30	① ② ③ ④ ⑤	50	① ② ③ ④ ⑤	70	① ② ③ ④ ⑤	90	① ② ③ ④ ⑤	110	① ② ③ ④ ⑤		
11	① ② ③ ④ ⑤	31	① ② ③ ④ ⑤	51	① ② ③ ④ ⑤	71	① ② ③ ④ ⑤	91	① ② ③ ④ ⑤	111	① ② ③ ④ ⑤		
12	① ② ③ ④ ⑤	32	① ② ③ ④ ⑤	52	① ② ③ ④ ⑤	72	① ② ③ ④ ⑤	92	① ② ③ ④ ⑤	112	① ② ③ ④ ⑤		
13	① ② ③ ④ ⑤	33	① ② ③ ④ ⑤	53	① ② ③ ④ ⑤	73	① ② ③ ④ ⑤	93	① ② ③ ④ ⑤	113	① ② ③ ④ ⑤		
14	① ② ③ ④ ⑤	34	① ② ③ ④ ⑤	54	① ② ③ ④ ⑤	74	① ② ③ ④ ⑤	94	① ② ③ ④ ⑤	114	① ② ③ ④ ⑤		
15	① ② ③ ④ ⑤	35	① ② ③ ④ ⑤	55	① ② ③ ④ ⑤	75	① ② ③ ④ ⑤	95	① ② ③ ④ ⑤	115	① ② ③ ④ ⑤		
16	① ② ③ ④ ⑤	36	① ② ③ ④ ⑤	56	① ② ③ ④ ⑤	76	① ② ③ ④ ⑤	96	① ② ③ ④ ⑤	116	① ② ③ ④ ⑤		
17	① ② ③ ④ ⑤	37	① ② ③ ④ ⑤	57	① ② ③ ④ ⑤	77	① ② ③ ④ ⑤	97	① ② ③ ④ ⑤	117	① ② ③ ④ ⑤		
18	① ② ③ ④ ⑤	38	① ② ③ ④ ⑤	58	① ② ③ ④ ⑤	78	① ② ③ ④ ⑤	98	① ② ③ ④ ⑤	118	① ② ③ ④ ⑤		
19	① ② ③ ④ ⑤	39	① ② ③ ④ ⑤	59	① ② ③ ④ ⑤	79	① ② ③ ④ ⑤	99	① ② ③ ④ ⑤	119	① ② ③ ④ ⑤		
20	① ② ③ ④ ⑤	40	① ② ③ ④ ⑤	60	① ② ③ ④ ⑤	80	① ② ③ ④ ⑤	100	① ② ③ ④ ⑤	120	① ② ③ ④ ⑤		

마킹주의	바르게 마킹 : ● 잘 못 마킹 : ⊗, ⊙, ⓥ, ◎, ⦶, ⊖

(예 시)

성 명
홍 길 동

교시(차수) 기재란			
( )교시 · 차	①	②	③

문제지 형별 기재란		
( )형	Ⓐ	Ⓑ

선 택 과 목 1

선 택 과 목 2

수험번호							
0	1	3	2	9	8	0	1
●	⓪	⓪	⓪	⓪	⓪	●	⓪
①	●	①	①	①	①	①	●
②	②	②	●	②	②	②	②
③	③	●	③	③	③	③	③
④	④	④	④	④	④	④	④
⑤	⑤	⑤	⑤	⑤	⑤	⑤	⑤
⑥	⑥	⑥	⑥	⑥	⑥	⑥	⑥
⑦	⑦	⑦	⑦	⑦	⑦	⑦	⑦
⑧	⑧	⑧	⑧	⑧	●	⑧	⑧
⑨	⑨	⑨	⑨	●	⑨	⑨	⑨

감독위원 확인
㊞

수험자 유의사항

1. 시험 중에는 통신기기(휴대전화 · 소형 무전기 등) 및 전자기기(초소형 카메라등)를 소지하거나 사용할 수 없습니다.
2. 부정행위 예방을 위해 시험문제지에도 수험번호와 성명을 반드시 기재하시기 바랍니다.
3. **시험시간이 종료되면 즉시 답안작성을 멈춰야** 하며, 종료시간 이후 계속 답안을 작성하거나 감독위원의 답안카드 제출지시에 불응할 때에는 당해 시험이 무효처리 됩니다.
4. 기타 감독위원의 정당한 지시에 불응하여 타 수험자의 시험에 방해가 될 경우 퇴실조치 될 수 있습니다.

답안카드 작성 시 유의사항

1. 답안카드 기재 · 마킹 시에는 **반드시 검정색 사인펜을 사용**해야 합니다.
2. 답안카드를 잘못 작성했을 시에는 카드를 교체하거나 수정테이프를 사용하여 수정할 수 있습니다.

그러나 불완전한 수정처리로 인해 발생하는 전산자동판독불가 등 불이익은 수험자의 귀책사유입니다.

- 수정테이프 이외의 수정액, 스티커 등은 사용 불가
- 답안카드 왼쪽(성명 · 수험번호 등)을 제외한 '답안란'만 수정테이프로 수정 가능

3. 성명란은 수험자 본인의 성명을 정자체로 기재합니다.
4. 해당차수(교시)시험을 기재하고 해당 란에 마킹합니다.
5. 시험문제지 형별기재란은 시험문제지 형별을 기재하고, 우측 형별마킹난은 해당 형별을 마킹합니다.
6. 수험번호란은 숫자로 기재하고 아래 해당번호에 마킹합니다.
7. 시험문제지 형별 및 수험번호 등 마킹착오로 인한 불이익은 전적으로 수험자의 귀책사유입니다.
8. 감독위원의 날인이 없는 답안카드는 무효처리 됩니다.
9. 상단과 우측의 검은색 띠(▮▮▮) 부분은 낙서를 금지합니다.

부정행위 처리규정

시험 중 다음과 같은 행위를 하는 자는 당해 시험을 무효처리하고 자격별 관련 규정에 따라 일정기간 동안 시험에 응시할 수 있는 자격을 정지합니다.

1. 시험과 관련된 대화, 답안카드 교환, 다른 수험자의 답안 · 문제지를 보고 답안 작성, 대리시험을 치르거나 치르게 하는 행위, 시험문제 내용과 관련된 물건을 휴대하거나 이를 주고받는 행위
2. 시험장 내외로부터 도움을 받아 답안을 작성하는 행위, 공인어학성적 및 응시자격서류를 허위기재하여 제출하는 행위
3. 통신기기(휴대전화 · 소형 무전기 등) 및 전자기기(초소형 카메라 등)를 휴대하거나 사용하는 행위
4. 다른 수험자와 성명 및 수험번호를 바꾸어 작성 · 제출하는 행위
5. 기타 부정 또는 불공정한 방법으로 시험을 치르는 행위

(　　　　)년도 제(　　)회 (　　　　　　　　)국가전문자격시험 답안카드

성　명

교시(차수) 기재란			
(　　)교시 · 차	①	②	③

문제지 형별 기재란		
(　　　　)형	Ⓐ	Ⓑ

선 택 과 목 1

선 택 과 목 2

수 험 번 호							
⓪	⓪	⓪	⓪	⓪	⓪	⓪	⓪
①	①	①	①	①	①	①	①
②	②	②	②	②	②	②	②
③	③	③	③	③	③	③	③
④	④	④	④	④	④	④	④
⑤	⑤	⑤	⑤	⑤	⑤	⑤	⑤
⑥	⑥	⑥	⑥	⑥	⑥	⑥	⑥
⑦	⑦	⑦	⑦	⑦	⑦	⑦	⑦
⑧	⑧	⑧	⑧	⑧	⑧	⑧	⑧
⑨	⑨	⑨	⑨	⑨	⑨	⑨	⑨

감독위원 확인
㊞

1	① ② ③ ④ ⑤	21	① ② ③ ④ ⑤	41	① ② ③ ④ ⑤	61	① ② ③ ④ ⑤	81	① ② ③ ④ ⑤	101	① ② ③ ④ ⑤	121	① ② ③ ④ ⑤
2	① ② ③ ④ ⑤	22	① ② ③ ④ ⑤	42	① ② ③ ④ ⑤	62	① ② ③ ④ ⑤	82	① ② ③ ④ ⑤	102	① ② ③ ④ ⑤	122	① ② ③ ④ ⑤
3	① ② ③ ④ ⑤	23	① ② ③ ④ ⑤	43	① ② ③ ④ ⑤	63	① ② ③ ④ ⑤	83	① ② ③ ④ ⑤	103	① ② ③ ④ ⑤	123	① ② ③ ④ ⑤
4	① ② ③ ④ ⑤	24	① ② ③ ④ ⑤	44	① ② ③ ④ ⑤	64	① ② ③ ④ ⑤	84	① ② ③ ④ ⑤	104	① ② ③ ④ ⑤	124	① ② ③ ④ ⑤
5	① ② ③ ④ ⑤	25	① ② ③ ④ ⑤	45	① ② ③ ④ ⑤	65	① ② ③ ④ ⑤	85	① ② ③ ④ ⑤	105	① ② ③ ④ ⑤	125	① ② ③ ④ ⑤
6	① ② ③ ④ ⑤	26	① ② ③ ④ ⑤	46	① ② ③ ④ ⑤	66	① ② ③ ④ ⑤	86	① ② ③ ④ ⑤	106	① ② ③ ④ ⑤		
7	① ② ③ ④ ⑤	27	① ② ③ ④ ⑤	47	① ② ③ ④ ⑤	67	① ② ③ ④ ⑤	87	① ② ③ ④ ⑤	107	① ② ③ ④ ⑤		
8	① ② ③ ④ ⑤	28	① ② ③ ④ ⑤	48	① ② ③ ④ ⑤	68	① ② ③ ④ ⑤	88	① ② ③ ④ ⑤	108	① ② ③ ④ ⑤		
9	① ② ③ ④ ⑤	29	① ② ③ ④ ⑤	49	① ② ③ ④ ⑤	69	① ② ③ ④ ⑤	89	① ② ③ ④ ⑤	109	① ② ③ ④ ⑤		
10	① ② ③ ④ ⑤	30	① ② ③ ④ ⑤	50	① ② ③ ④ ⑤	70	① ② ③ ④ ⑤	90	① ② ③ ④ ⑤	110	① ② ③ ④ ⑤		
11	① ② ③ ④ ⑤	31	① ② ③ ④ ⑤	51	① ② ③ ④ ⑤	71	① ② ③ ④ ⑤	91	① ② ③ ④ ⑤	111	① ② ③ ④ ⑤		
12	① ② ③ ④ ⑤	32	① ② ③ ④ ⑤	52	① ② ③ ④ ⑤	72	① ② ③ ④ ⑤	92	① ② ③ ④ ⑤	112	① ② ③ ④ ⑤		
13	① ② ③ ④ ⑤	33	① ② ③ ④ ⑤	53	① ② ③ ④ ⑤	73	① ② ③ ④ ⑤	93	① ② ③ ④ ⑤	113	① ② ③ ④ ⑤		
14	① ② ③ ④ ⑤	34	① ② ③ ④ ⑤	54	① ② ③ ④ ⑤	74	① ② ③ ④ ⑤	94	① ② ③ ④ ⑤	114	① ② ③ ④ ⑤		
15	① ② ③ ④ ⑤	35	① ② ③ ④ ⑤	55	① ② ③ ④ ⑤	75	① ② ③ ④ ⑤	95	① ② ③ ④ ⑤	115	① ② ③ ④ ⑤		
16	① ② ③ ④ ⑤	36	① ② ③ ④ ⑤	56	① ② ③ ④ ⑤	76	① ② ③ ④ ⑤	96	① ② ③ ④ ⑤	116	① ② ③ ④ ⑤		
17	① ② ③ ④ ⑤	37	① ② ③ ④ ⑤	57	① ② ③ ④ ⑤	77	① ② ③ ④ ⑤	97	① ② ③ ④ ⑤	117	① ② ③ ④ ⑤		
18	① ② ③ ④ ⑤	38	① ② ③ ④ ⑤	58	① ② ③ ④ ⑤	78	① ② ③ ④ ⑤	98	① ② ③ ④ ⑤	118	① ② ③ ④ ⑤		
19	① ② ③ ④ ⑤	39	① ② ③ ④ ⑤	59	① ② ③ ④ ⑤	79	① ② ③ ④ ⑤	99	① ② ③ ④ ⑤	119	① ② ③ ④ ⑤		
20	① ② ③ ④ ⑤	40	① ② ③ ④ ⑤	60	① ② ③ ④ ⑤	80	① ② ③ ④ ⑤	100	① ② ③ ④ ⑤	120	① ② ③ ④ ⑤		

마킹주의	바르게 마킹 : ● 잘 못 마킹 : ⊗, ⨀, Ⓥ, ◎, ⦶, ⊖

(예 시)

성 명
홍 길 동

교시(차수) 기재란			
( )교시 · 차	①	②	③

문제지 형별 기재란		
( )형	Ⓐ	Ⓑ

선 택 과 목 1

선 택 과 목 2

수험번호							
0	1	3	2	9	8	0	1
●	⓪	⓪	⓪	⓪	⓪	●	⓪
①	●	①	①	①	①	①	●
②	②	②	●	②	②	②	②
③	③	●	③	③	③	③	③
④	④	④	④	④	④	④	④
⑤	⑤	⑤	⑤	⑤	⑤	⑤	⑤
⑥	⑥	⑥	⑥	⑥	⑥	⑥	⑥
⑦	⑦	⑦	⑦	⑦	⑦	⑦	⑦
⑧	⑧	⑧	⑧	⑧	●	⑧	⑧
⑨	⑨	⑨	⑨	●	⑨	⑨	⑨

감독위원 확인
㊞

수험자 유의사항

1. 시험 중에는 통신기기(휴대전화 · 소형 무전기 등) 및 전자기기(초소형 카메라등)를 소지하거나 사용할 수 없습니다.
2. 부정행위 예방을 위해 시험문제지에도 수험번호와 성명을 반드시 기재하시기 바랍니다.
3. **시험시간이 종료되면 즉시 답안작성을 멈춰야** 하며, 종료시간 이후 계속 답안을 작성하거나 감독위원의 답안카드 제출지시에 불응할 때에는 당해 시험이 무효처리 됩니다.
4. 기타 감독위원의 정당한 지시에 불응하여 타 수험자의 시험에 방해가 될 경우 퇴실조치 될 수 있습니다.

답안카드 작성 시 유의사항

1. 답안카드 기재 · 마킹 시에는 **반드시 검정색 사인펜을 사용**해야 합니다.
2. 답안카드를 잘못 작성했을 시에는 카드를 교체하거나 수정테이프를 사용하여 수정할 수 있습니다.
   그러나 불완전한 수정처리로 인해 발생하는 전산자동판독불가 등 불이익은 수험자의 귀책사유입니다.
   - 수정테이프 이외의 수정액, 스티커 등은 사용 불가
   - 답안카드 왼쪽(성명 · 수험번호 등)을 제외한 '답안란'만 수정테이프로 수정 가능
3. 성명란은 수험자 본인의 성명을 정자체로 기재합니다.
4. 해당차수(교시)시험을 기재하고 해당 란에 마킹합니다.
5. 시험문제지 형별기재란은 시험문제지 형별을 기재하고, 우측 형별마킹난은 해당 형별을 마킹합니다.
6. 수험번호란은 숫자로 기재하고 아래 해당번호에 마킹합니다.
7. 시험문제지 형별 및 수험번호 등 마킹착오로 인한 불이익은 전적으로 수험자의 귀책사유입니다.
8. 감독위원의 날인이 없는 답안카드는 무효처리 됩니다.
9. 상단과 우측의 검은색 띠(▮▮▮) 부분은 낙서를 금지합니다.

부정행위 처리규정

시험 중 다음과 같은 행위를 하는 자는 당해 시험을 무효처리하고 자격별 관련 규정에 따라 일정기간 동안 시험에 응시할 수 있는 자격을 정지합니다.

1. 시험과 관련된 대화, 답안카드 교환, 다른 수험자의 답안 · 문제지를 보고 답안 작성, 대리시험을 치르거나 치르게 하는 행위, 시험문제 내용과 관련된 물건을 휴대하거나 이를 주고받는 행위
2. 시험장 내외로부터 도움을 받아 답안을 작성하는 행위, 공인어학성적 및 응시자격서류를 허위기재하여 제출하는 행위
3. 통신기기(휴대전화 · 소형 무전기 등) 및 전자기기(초소형 카메라 등)를 휴대하거나 사용하는 행위
4. 다른 수험자와 성명 및 수험번호를 바꾸어 작성 · 제출하는 행위
5. 기타 부정 또는 불공정한 방법으로 시험을 치르는 행위

성 명

교시(차수) 기재란			
(　　)교시·차	①	②	③

문제지 형별 기재란		
(　　　)형	Ⓐ	Ⓑ

선 택 과 목 1

선 택 과 목 2

수 험 번 호							
⓪	⓪	⓪	⓪	⓪	⓪	⓪	⓪
①	①	①	①	①	①	①	①
②	②	②	②	②	②	②	②
③	③	③	③	③	③	③	③
④	④	④	④	④	④	④	④
⑤	⑤	⑤	⑤	⑤	⑤	⑤	⑤
⑥	⑥	⑥	⑥	⑥	⑥	⑥	⑥
⑦	⑦	⑦	⑦	⑦	⑦	⑦	⑦
⑧	⑧	⑧	⑧	⑧	⑧	⑧	⑧
⑨	⑨	⑨	⑨	⑨	⑨	⑨	⑨

감독위원 확인
㊞

(　　　)년도 제(　　)회 (　　　　　　)국가전문자격시험 답안카드

1	① ② ③ ④ ⑤	21	① ② ③ ④ ⑤	41	① ② ③ ④ ⑤	61	① ② ③ ④ ⑤	81	① ② ③ ④ ⑤	101	① ② ③ ④ ⑤	121	① ② ③ ④ ⑤
2	① ② ③ ④ ⑤	22	① ② ③ ④ ⑤	42	① ② ③ ④ ⑤	62	① ② ③ ④ ⑤	82	① ② ③ ④ ⑤	102	① ② ③ ④ ⑤	122	① ② ③ ④ ⑤
3	① ② ③ ④ ⑤	23	① ② ③ ④ ⑤	43	① ② ③ ④ ⑤	63	① ② ③ ④ ⑤	83	① ② ③ ④ ⑤	103	① ② ③ ④ ⑤	123	① ② ③ ④ ⑤
4	① ② ③ ④ ⑤	24	① ② ③ ④ ⑤	44	① ② ③ ④ ⑤	64	① ② ③ ④ ⑤	84	① ② ③ ④ ⑤	104	① ② ③ ④ ⑤	124	① ② ③ ④ ⑤
5	① ② ③ ④ ⑤	25	① ② ③ ④ ⑤	45	① ② ③ ④ ⑤	65	① ② ③ ④ ⑤	85	① ② ③ ④ ⑤	105	① ② ③ ④ ⑤	125	① ② ③ ④ ⑤
6	① ② ③ ④ ⑤	26	① ② ③ ④ ⑤	46	① ② ③ ④ ⑤	66	① ② ③ ④ ⑤	86	① ② ③ ④ ⑤	106	① ② ③ ④ ⑤		
7	① ② ③ ④ ⑤	27	① ② ③ ④ ⑤	47	① ② ③ ④ ⑤	67	① ② ③ ④ ⑤	87	① ② ③ ④ ⑤	107	① ② ③ ④ ⑤		
8	① ② ③ ④ ⑤	28	① ② ③ ④ ⑤	48	① ② ③ ④ ⑤	68	① ② ③ ④ ⑤	88	① ② ③ ④ ⑤	108	① ② ③ ④ ⑤		
9	① ② ③ ④ ⑤	29	① ② ③ ④ ⑤	49	① ② ③ ④ ⑤	69	① ② ③ ④ ⑤	89	① ② ③ ④ ⑤	109	① ② ③ ④ ⑤		
10	① ② ③ ④ ⑤	30	① ② ③ ④ ⑤	50	① ② ③ ④ ⑤	70	① ② ③ ④ ⑤	90	① ② ③ ④ ⑤	110	① ② ③ ④ ⑤		
11	① ② ③ ④ ⑤	31	① ② ③ ④ ⑤	51	① ② ③ ④ ⑤	71	① ② ③ ④ ⑤	91	① ② ③ ④ ⑤	111	① ② ③ ④ ⑤		
12	① ② ③ ④ ⑤	32	① ② ③ ④ ⑤	52	① ② ③ ④ ⑤	72	① ② ③ ④ ⑤	92	① ② ③ ④ ⑤	112	① ② ③ ④ ⑤		
13	① ② ③ ④ ⑤	33	① ② ③ ④ ⑤	53	① ② ③ ④ ⑤	73	① ② ③ ④ ⑤	93	① ② ③ ④ ⑤	113	① ② ③ ④ ⑤		
14	① ② ③ ④ ⑤	34	① ② ③ ④ ⑤	54	① ② ③ ④ ⑤	74	① ② ③ ④ ⑤	94	① ② ③ ④ ⑤	114	① ② ③ ④ ⑤		
15	① ② ③ ④ ⑤	35	① ② ③ ④ ⑤	55	① ② ③ ④ ⑤	75	① ② ③ ④ ⑤	95	① ② ③ ④ ⑤	115	① ② ③ ④ ⑤		
16	① ② ③ ④ ⑤	36	① ② ③ ④ ⑤	56	① ② ③ ④ ⑤	76	① ② ③ ④ ⑤	96	① ② ③ ④ ⑤	116	① ② ③ ④ ⑤		
17	① ② ③ ④ ⑤	37	① ② ③ ④ ⑤	57	① ② ③ ④ ⑤	77	① ② ③ ④ ⑤	97	① ② ③ ④ ⑤	117	① ② ③ ④ ⑤		
18	① ② ③ ④ ⑤	38	① ② ③ ④ ⑤	58	① ② ③ ④ ⑤	78	① ② ③ ④ ⑤	98	① ② ③ ④ ⑤	118	① ② ③ ④ ⑤		
19	① ② ③ ④ ⑤	39	① ② ③ ④ ⑤	59	① ② ③ ④ ⑤	79	① ② ③ ④ ⑤	99	① ② ③ ④ ⑤	119	① ② ③ ④ ⑤		
20	① ② ③ ④ ⑤	40	① ② ③ ④ ⑤	60	① ② ③ ④ ⑤	80	① ② ③ ④ ⑤	100	① ② ③ ④ ⑤	120	① ② ③ ④ ⑤		

마킹주의	바르게 마킹 : ● 잘 못 마킹 : ⊗, ⊙, ⓥ, ◎, ⓘ, ⊖

(예 시) →

수험자 유의사항

1. 시험 중에는 통신기기(휴대전화 · 소형 무전기 등) 및 전자기기(초소형 카메라등)를 소지하거나 사용할 수 없습니다.
2. 부정행위 예방을 위해 시험문제지에도 수험번호와 성명을 반드시 기재하시기 바랍니다.
3. **시험시간이 종료되면 즉시 답안작성을 멈춰야** 하며, 종료시간 이후 계속 답안을 작성하거나 감독위원의 답안카드 제출지시에 불응할 때에는 당해 시험이 무효처리 됩니다.
4. 기타 감독위원의 정당한 지시에 불응하여 타 수험자의 시험에 방해가 될 경우 퇴실조치 될 수 있습니다.

답안카드 작성 시 유의사항

1. 답안카드기재 · 마킹 시에는 **반드시 검정색 사인펜을 사용**해야 합니다.
2. 답안카드를잘못 작성했을 시에는 카드를 교체하거나 수정테이프를 사용하여 수정할 수 있습니다.
그러나 불완전한 수정처리로 인해 발생하는 전산자동판독불가 등 불이익은 수험자의 귀책사유입니다.
 – 수정테이프 이외의 수정액, 스티커 등은 사용 불가
 – 답안카드 왼쪽(성명 · 수험번호 등)을 제외한 '답안란'만 수정테이프로 수정 가능
3. 성명란은수험자 본인의 성명을 정자체로 기재합니다.
4. 해당차수(교시)시험을기재하고 해당 란에 마킹합니다.
5. 시험문제지형별기재란은 시험문제지 형별을 기재하고, 우측 형별마킹난은 해당 형별을 마킹합니다.
6. 수험번호란은 숫자로 기재하고 아래 해당번호에 마킹합니다.
7. 시험문제지 형별 및 수험번호 등 마킹착오로 인한 불이익은 전적으로 수험자의 귀책사유입니다.
8. 감독위원의 날인이 없는 답안카드는 무효처리 됩니다.
9. 상단과 우측의 검은색 띠(▮▮▮) 부분은 낙서를 금지합니다.

부정행위 처리규정

시험 중 다음과 같은 행위를 하는 자는 당해 시험을 무효처리하고 자격별 관련 규정에 따라 일정기간 동안 시험에 응시할 수 있는 자격을 정지합니다.

1. 시험과 관련된 대화, 답안카드 교환, 다른 수험자의 답안 · 문제지를 보고 답안 작성, 대리시험을 치르거나 치르게 하는 행위, 시험문제 내용과 관련된 물건을 휴대하거나 이를 주고받는 행위
2. 시험장 내외로부터 도움을 받아 답안을 작성하는 행위, 공인어학성적 및 응시자격서류를 허위기재하여 제출하는 행위
3. 통신기기(휴대전화 · 소형 무전기 등) 및 전자기기(초소형 카메라 등)를 휴대하거나 사용하는 행위
4. 다른 수험자와 성명 및 수험번호를 바꾸어 작성 · 제출하는 행위
5. 기타 부정 또는 불공정한 방법으로 시험을 치르는 행위

성 명
홍 길 동

교시(차수) 기재란			
( )교시 · 차	①	②	③

문제지 형별 기재란		
( )형	Ⓐ	Ⓑ

선 택 과 목 1

선 택 과 목 2

수 험 번 호							
0	1	3	2	9	8	0	1
●	⓪	⓪	⓪	⓪	⓪	●	⓪
①	●	①	①	①	①	①	●
②	②	②	●	②	②	②	②
③	③	●	③	③	③	③	③
④	④	④	④	④	④	④	④
⑤	⑤	⑤	⑤	⑤	⑤	⑤	⑤
⑥	⑥	⑥	⑥	⑥	⑥	⑥	⑥
⑦	⑦	⑦	⑦	⑦	⑦	⑦	⑦
⑧	⑧	⑧	⑧	⑧	●	⑧	⑧
⑨	⑨	⑨	⑨	●	⑨	⑨	⑨

감독위원 확인
㊞

(　　　　)년도 제(　　)회 (　　　　　　　)국가전문자격시험 답안카드

성 명

교시(차수) 기재란			
(　　)교시·차	①	②	③

문제지 형별 기재란		
(　　　)형	Ⓐ	Ⓑ

선택 과목 1

선택 과목 2

수 험 번 호							
⓪	⓪	⓪	⓪	⓪	⓪	⓪	⓪
①	①	①	①	①	①	①	①
②	②	②	②	②	②	②	②
③	③	③	③	③	③	③	③
④	④	④	④	④	④	④	④
⑤	⑤	⑤	⑤	⑤	⑤	⑤	⑤
⑥	⑥	⑥	⑥	⑥	⑥	⑥	⑥
⑦	⑦	⑦	⑦	⑦	⑦	⑦	⑦
⑧	⑧	⑧	⑧	⑧	⑧	⑧	⑧
⑨	⑨	⑨	⑨	⑨	⑨	⑨	⑨

감독위원 확인
㊞

1	① ② ③ ④ ⑤	21	① ② ③ ④ ⑤	41	① ② ③ ④ ⑤	61	① ② ③ ④ ⑤	81	① ② ③ ④ ⑤	101	① ② ③ ④ ⑤	121	① ② ③ ④ ⑤
2	① ② ③ ④ ⑤	22	① ② ③ ④ ⑤	42	① ② ③ ④ ⑤	62	① ② ③ ④ ⑤	82	① ② ③ ④ ⑤	102	① ② ③ ④ ⑤	122	① ② ③ ④ ⑤
3	① ② ③ ④ ⑤	23	① ② ③ ④ ⑤	43	① ② ③ ④ ⑤	63	① ② ③ ④ ⑤	83	① ② ③ ④ ⑤	103	① ② ③ ④ ⑤	123	① ② ③ ④ ⑤
4	① ② ③ ④ ⑤	24	① ② ③ ④ ⑤	44	① ② ③ ④ ⑤	64	① ② ③ ④ ⑤	84	① ② ③ ④ ⑤	104	① ② ③ ④ ⑤	124	① ② ③ ④ ⑤
5	① ② ③ ④ ⑤	25	① ② ③ ④ ⑤	45	① ② ③ ④ ⑤	65	① ② ③ ④ ⑤	85	① ② ③ ④ ⑤	105	① ② ③ ④ ⑤	125	① ② ③ ④ ⑤
6	① ② ③ ④ ⑤	26	① ② ③ ④ ⑤	46	① ② ③ ④ ⑤	66	① ② ③ ④ ⑤	86	① ② ③ ④ ⑤	106	① ② ③ ④ ⑤		
7	① ② ③ ④ ⑤	27	① ② ③ ④ ⑤	47	① ② ③ ④ ⑤	67	① ② ③ ④ ⑤	87	① ② ③ ④ ⑤	107	① ② ③ ④ ⑤		
8	① ② ③ ④ ⑤	28	① ② ③ ④ ⑤	48	① ② ③ ④ ⑤	68	① ② ③ ④ ⑤	88	① ② ③ ④ ⑤	108	① ② ③ ④ ⑤		
9	① ② ③ ④ ⑤	29	① ② ③ ④ ⑤	49	① ② ③ ④ ⑤	69	① ② ③ ④ ⑤	89	① ② ③ ④ ⑤	109	① ② ③ ④ ⑤		
10	① ② ③ ④ ⑤	30	① ② ③ ④ ⑤	50	① ② ③ ④ ⑤	70	① ② ③ ④ ⑤	90	① ② ③ ④ ⑤	110	① ② ③ ④ ⑤		
11	① ② ③ ④ ⑤	31	① ② ③ ④ ⑤	51	① ② ③ ④ ⑤	71	① ② ③ ④ ⑤	91	① ② ③ ④ ⑤	111	① ② ③ ④ ⑤		
12	① ② ③ ④ ⑤	32	① ② ③ ④ ⑤	52	① ② ③ ④ ⑤	72	① ② ③ ④ ⑤	92	① ② ③ ④ ⑤	112	① ② ③ ④ ⑤		
13	① ② ③ ④ ⑤	33	① ② ③ ④ ⑤	53	① ② ③ ④ ⑤	73	① ② ③ ④ ⑤	93	① ② ③ ④ ⑤	113	① ② ③ ④ ⑤		
14	① ② ③ ④ ⑤	34	① ② ③ ④ ⑤	54	① ② ③ ④ ⑤	74	① ② ③ ④ ⑤	94	① ② ③ ④ ⑤	114	① ② ③ ④ ⑤		
15	① ② ③ ④ ⑤	35	① ② ③ ④ ⑤	55	① ② ③ ④ ⑤	75	① ② ③ ④ ⑤	95	① ② ③ ④ ⑤	115	① ② ③ ④ ⑤		
16	① ② ③ ④ ⑤	36	① ② ③ ④ ⑤	56	① ② ③ ④ ⑤	76	① ② ③ ④ ⑤	96	① ② ③ ④ ⑤	116	① ② ③ ④ ⑤		
17	① ② ③ ④ ⑤	37	① ② ③ ④ ⑤	57	① ② ③ ④ ⑤	77	① ② ③ ④ ⑤	97	① ② ③ ④ ⑤	117	① ② ③ ④ ⑤		
18	① ② ③ ④ ⑤	38	① ② ③ ④ ⑤	58	① ② ③ ④ ⑤	78	① ② ③ ④ ⑤	98	① ② ③ ④ ⑤	118	① ② ③ ④ ⑤		
19	① ② ③ ④ ⑤	39	① ② ③ ④ ⑤	59	① ② ③ ④ ⑤	79	① ② ③ ④ ⑤	99	① ② ③ ④ ⑤	119	① ② ③ ④ ⑤		
20	① ② ③ ④ ⑤	40	① ② ③ ④ ⑤	60	① ② ③ ④ ⑤	80	① ② ③ ④ ⑤	100	① ② ③ ④ ⑤	120	① ② ③ ④ ⑤		

마킹주의	바르게 마킹 : ● 잘 못 마킹 : ⊗, ⊙, Ⓥ, ◎, ⓘ, ⊖

(예 시) →

성 명
홍 길 동

교시(차수) 기재란			
( )교시 · 차	①	②	③

문제지 형별 기재란		
( )형	Ⓐ	Ⓑ

선 택 과 목 1

선 택 과 목 2

수험번호							
0	1	3	2	9	8	0	1
●	⓪	⓪	⓪	⓪	⓪	●	⓪
①	●	①	①	①	①	①	●
②	②	②	●	②	②	②	②
③	③	●	③	③	③	③	③
④	④	④	④	④	④	④	④
⑤	⑤	⑤	⑤	⑤	⑤	⑤	⑤
⑥	⑥	⑥	⑥	⑥	⑥	⑥	⑥
⑦	⑦	⑦	⑦	⑦	⑦	⑦	⑦
⑧	⑧	⑧	⑧	⑧	●	⑧	⑧
⑨	⑨	⑨	⑨	●	⑨	⑨	⑨

감독위원 확인
㊞

수험자 유의사항

1. 시험 중에는 통신기기(휴대전화 · 소형 무전기 등) 및 전자기기(초소형 카메라등)를 소지하거나 사용할 수 없습니다.
2. 부정행위 예방을 위해 시험문제지에도 수험번호와 성명을 반드시 기재하시기 바랍니다.
3. **시험시간이 종료되면 즉시 답안작성을 멈춰야** 하며, 종료시간 이후 계속 답안을 작성하거나 감독위원의 답안카드 제출지시에 불응할 때에는 당해 시험이 무효처리 됩니다.
4. 기타 감독위원의 정당한 지시에 불응하여 타 수험자의 시험에 방해가 될 경우 퇴실조치 될 수 있습니다.

답안카드 작성 시 유의사항

1. 답안카드 기재 · 마킹 시에는 **반드시 검정색 사인펜을 사용**해야 합니다.
2. 답안카드를 잘못 작성했을 시에는 카드를 교체하거나 수정테이프를 사용하여 수정할 수 있습니다.

그러나 불완전한 수정처리로 인해 발생하는 전산자동판독불가 등 불이익은 수험자의 귀책사유입니다.

– 수정테이프 이외의 수정액, 스티커 등은 사용 불가

– 답안카드 왼쪽(성명 · 수험번호 등)을 제외한 '답안란'만 수정테이프로 수정 가능

3. 성명란은 수험자 본인의 성명을 정자체로 기재합니다.
4. 해당차수(교시)시험을 기재하고 해당 란에 마킹합니다.
5. 시험문제지 형별기재란은 시험문제지 형별을 기재하고, 우측 형별마킹난은 해당 형별을 마킹합니다.
6. 수험번호란은 숫자로 기재하고 아래 해당번호에 마킹합니다.
7. 시험문제지 형별 및 수험번호 등 마킹착오로 인한 불이익은 전적으로 수험자의 귀책사유입니다.
8. 감독위원의 날인이 없는 답안카드는 무효처리 됩니다.
9. 상단과 우측의 검은색 띠(▮▮▮) 부분은 낙서를 금지합니다.

부정행위 처리규정

시험 중 다음과 같은 행위를 하는 자는 당해 시험을 무효처리하고 자격별 관련 규정에 따라 일정기간 동안 시험에 응시할 수 있는 자격을 정지합니다.

1. 시험과 관련된 대화, 답안카드 교환, 다른 수험자의 답안 · 문제지를 보고 답안 작성, 대리시험을 치르거나 치르게 하는 행위, 시험문제 내용과 관련된 물건을 휴대하거나 이를 주고받는 행위
2. 시험장 내외로부터 도움을 받아 답안을 작성하는 행위, 공인어학성적 및 응시자격서류를 허위기재하여 제출하는 행위
3. 통신기기(휴대전화 · 소형 무전기 등) 및 전자기기(초소형 카메라 등)를 휴대하거나 사용하는 행위
4. 다른 수험자와 성명 및 수험번호를 바꾸어 작성 · 제출하는 행위
5. 기타 부정 또는 불공정한 방법으로 시험을 치르는 행위

(　　　)년도 제(　　)회 (　　　　　)국가전문자격시험 답안카드

성　　명

교시(차수) 기재란			
(　　)교시·차	①	②	③

문제지 형별 기재란		
(　　　)형	Ⓐ	Ⓑ

선 택 과 목 1
선 택 과 목 2

수 험 번 호							
⓪	⓪	⓪	⓪	⓪	⓪	⓪	⓪
①	①	①	①	①	①	①	①
②	②	②	②	②	②	②	②
③	③	③	③	③	③	③	③
④	④	④	④	④	④	④	④
⑤	⑤	⑤	⑤	⑤	⑤	⑤	⑤
⑥	⑥	⑥	⑥	⑥	⑥	⑥	⑥
⑦	⑦	⑦	⑦	⑦	⑦	⑦	⑦
⑧	⑧	⑧	⑧	⑧	⑧	⑧	⑧
⑨	⑨	⑨	⑨	⑨	⑨	⑨	⑨

감독위원 확인
㊞

1	① ② ③ ④ ⑤	21	① ② ③ ④ ⑤	41	① ② ③ ④ ⑤	61	① ② ③ ④ ⑤	81	① ② ③ ④ ⑤	101	① ② ③ ④ ⑤	121	① ② ③ ④ ⑤
2	① ② ③ ④ ⑤	22	① ② ③ ④ ⑤	42	① ② ③ ④ ⑤	62	① ② ③ ④ ⑤	82	① ② ③ ④ ⑤	102	① ② ③ ④ ⑤	122	① ② ③ ④ ⑤
3	① ② ③ ④ ⑤	23	① ② ③ ④ ⑤	43	① ② ③ ④ ⑤	63	① ② ③ ④ ⑤	83	① ② ③ ④ ⑤	103	① ② ③ ④ ⑤	123	① ② ③ ④ ⑤
4	① ② ③ ④ ⑤	24	① ② ③ ④ ⑤	44	① ② ③ ④ ⑤	64	① ② ③ ④ ⑤	84	① ② ③ ④ ⑤	104	① ② ③ ④ ⑤	124	① ② ③ ④ ⑤
5	① ② ③ ④ ⑤	25	① ② ③ ④ ⑤	45	① ② ③ ④ ⑤	65	① ② ③ ④ ⑤	85	① ② ③ ④ ⑤	105	① ② ③ ④ ⑤	125	① ② ③ ④ ⑤
6	① ② ③ ④ ⑤	26	① ② ③ ④ ⑤	46	① ② ③ ④ ⑤	66	① ② ③ ④ ⑤	86	① ② ③ ④ ⑤	106	① ② ③ ④ ⑤		
7	① ② ③ ④ ⑤	27	① ② ③ ④ ⑤	47	① ② ③ ④ ⑤	67	① ② ③ ④ ⑤	87	① ② ③ ④ ⑤	107	① ② ③ ④ ⑤		
8	① ② ③ ④ ⑤	28	① ② ③ ④ ⑤	48	① ② ③ ④ ⑤	68	① ② ③ ④ ⑤	88	① ② ③ ④ ⑤	108	① ② ③ ④ ⑤		
9	① ② ③ ④ ⑤	29	① ② ③ ④ ⑤	49	① ② ③ ④ ⑤	69	① ② ③ ④ ⑤	89	① ② ③ ④ ⑤	109	① ② ③ ④ ⑤		
10	① ② ③ ④ ⑤	30	① ② ③ ④ ⑤	50	① ② ③ ④ ⑤	70	① ② ③ ④ ⑤	90	① ② ③ ④ ⑤	110	① ② ③ ④ ⑤		
11	① ② ③ ④ ⑤	31	① ② ③ ④ ⑤	51	① ② ③ ④ ⑤	71	① ② ③ ④ ⑤	91	① ② ③ ④ ⑤	111	① ② ③ ④ ⑤		
12	① ② ③ ④ ⑤	32	① ② ③ ④ ⑤	52	① ② ③ ④ ⑤	72	① ② ③ ④ ⑤	92	① ② ③ ④ ⑤	112	① ② ③ ④ ⑤		
13	① ② ③ ④ ⑤	33	① ② ③ ④ ⑤	53	① ② ③ ④ ⑤	73	① ② ③ ④ ⑤	93	① ② ③ ④ ⑤	113	① ② ③ ④ ⑤		
14	① ② ③ ④ ⑤	34	① ② ③ ④ ⑤	54	① ② ③ ④ ⑤	74	① ② ③ ④ ⑤	94	① ② ③ ④ ⑤	114	① ② ③ ④ ⑤		
15	① ② ③ ④ ⑤	35	① ② ③ ④ ⑤	55	① ② ③ ④ ⑤	75	① ② ③ ④ ⑤	95	① ② ③ ④ ⑤	115	① ② ③ ④ ⑤		
16	① ② ③ ④ ⑤	36	① ② ③ ④ ⑤	56	① ② ③ ④ ⑤	76	① ② ③ ④ ⑤	96	① ② ③ ④ ⑤	116	① ② ③ ④ ⑤		
17	① ② ③ ④ ⑤	37	① ② ③ ④ ⑤	57	① ② ③ ④ ⑤	77	① ② ③ ④ ⑤	97	① ② ③ ④ ⑤	117	① ② ③ ④ ⑤		
18	① ② ③ ④ ⑤	38	① ② ③ ④ ⑤	58	① ② ③ ④ ⑤	78	① ② ③ ④ ⑤	98	① ② ③ ④ ⑤	118	① ② ③ ④ ⑤		
19	① ② ③ ④ ⑤	39	① ② ③ ④ ⑤	59	① ② ③ ④ ⑤	79	① ② ③ ④ ⑤	99	① ② ③ ④ ⑤	119	① ② ③ ④ ⑤		
20	① ② ③ ④ ⑤	40	① ② ③ ④ ⑤	60	① ② ③ ④ ⑤	80	① ② ③ ④ ⑤	100	① ② ③ ④ ⑤	120	① ② ③ ④ ⑤		

마킹주의	바르게 마킹 : ● 잘 못 마킹 : ⊗, ⊙, ⓥ, ◎, ⓘ, ⊖

(예 시) →

성 명
홍 길 동

교시(차수) 기재란			
( )교시·차	①	②	③

문제지 형별 기재란		
( )형	Ⓐ	Ⓑ

선 택 과 목 1

선 택 과 목 2

수	험	번	호				
0	1	3	2	9	8	0	1
●	⓪	⓪	⓪	⓪	⓪	●	⓪
①	●	①	①	①	①	①	●
②	②	②	●	②	②	②	②
③	③	●	③	③	③	③	③
④	④	④	④	④	④	④	④
⑤	⑤	⑤	⑤	⑤	⑤	⑤	⑤
⑥	⑥	⑥	⑥	⑥	⑥	⑥	⑥
⑦	⑦	⑦	⑦	⑦	⑦	⑦	⑦
⑧	⑧	⑧	⑧	⑧	●	⑧	⑧
⑨	⑨	⑨	⑨	●	⑨	⑨	⑨

감독위원 확인
㊞

수험자 유의사항

1. 시험 중에는 통신기기(휴대전화·소형 무전기 등) 및 전자기기(초소형 카메라등)를 소지하거나 사용할 수 없습니다.
2. 부정행위 예방을 위해 시험문제지에도 수험번호와 성명을 반드시 기재하시기 바랍니다.
3. **시험시간이 종료되면 즉시 답안작성을 멈춰야** 하며, 종료시간 이후 계속 답안을 작성하거나 감독위원의 답안카드 제출지시에 불응할 때에는 당해 시험이 무효처리 됩니다.
4. 기타 감독위원의 정당한 지시에 불응하여 타 수험자의 시험에 방해가 될 경우 퇴실조치 될 수 있습니다.

답안카드 작성 시 유의사항

1. 답안카드 기재·마킹 시에는 **반드시 검정색 사인펜을 사용**해야 합니다.
2. 답안카드를 잘못 작성했을 시에는 카드를 교체하거나 수정테이프를 사용하여 수정할 수 있습니다.

그러나 불완전한 수정처리로 인해 발생하는 전산자동판독불가 등 불이익은 수험자의 귀책사유입니다.

- 수정테이프 이외의 수정액, 스티커 등은 사용 불가
- 답안카드 왼쪽(성명·수험번호 등)을 제외한 '답안란'만 수정테이프로 수정 가능

3. 성명란은 수험자 본인의 성명을 정자체로 기재합니다.
4. 해당차수(교시)시험을 기재하고 해당 란에 마킹합니다.
5. 시험문제지 형별기재란은 시험문제지 형별을 기재하고, 우측 형별마킹란은 해당 형별을 마킹합니다.
6. 수험번호란은 숫자로 기재하고 아래 해당번호에 마킹합니다.
7. 시험문제지 형별 및 수험번호 등 마킹착오로 인한 불이익은 전적으로 수험자의 귀책사유입니다.
8. 감독위원의 날인이 없는 답안카드는 무효처리 됩니다.
9. 상단과 우측의 검은색 띠(▮▮▮) 부분은 낙서를 금지합니다.

부정행위 처리규정

시험 중 다음과 같은 행위를 하는 자는 당해 시험을 무효처리하고 자격별 관련 규정에 따라 일정기간 동안 시험에 응시할 수 있는 자격을 정지합니다.

1. 시험과 관련된 대화, 답안카드 교환, 다른 수험자의 답안·문제지를 보고 답안 작성, 대리시험을 치르거나 치르게 하는 행위, 시험문제 내용과 관련된 물건을 휴대하거나 이를 주고받는 행위
2. 시험장 내외로부터 도움을 받아 답안을 작성하는 행위, 공인어학성적 및 응시자격서류를 허위기재하여 제출하는 행위
3. 통신기기(휴대전화·소형 무전기 등) 및 전자기기(초소형 카메라 등)를 휴대하거나 사용하는 행위
4. 다른 수험자와 성명 및 수험번호를 바꾸어 작성·제출하는 행위
5. 기타 부정 또는 불공정한 방법으로 시험을 치르는 행위

성 명

교시(차수) 기재란			
(　)교시·차	①	②	③

문제지 형별 기재란		
(　)형	Ⓐ	Ⓑ

선 택 과 목 1

선 택 과 목 2

수 험 번 호							
⓪	⓪	⓪	⓪	⓪	⓪	⓪	⓪
①	①	①	①	①	①	①	①
②	②	②	②	②	②	②	②
③	③	③	③	③	③	③	③
④	④	④	④	④	④	④	④
⑤	⑤	⑤	⑤	⑤	⑤	⑤	⑤
⑥	⑥	⑥	⑥	⑥	⑥	⑥	⑥
⑦	⑦	⑦	⑦	⑦	⑦	⑦	⑦
⑧	⑧	⑧	⑧	⑧	⑧	⑧	⑧
⑨	⑨	⑨	⑨	⑨	⑨	⑨	⑨

감독위원 확인
㉑

(　　　)년도 제(　　)회 (　　　　　)국가전문자격시험 답안카드

1	① ② ③ ④ ⑤	21	① ② ③ ④ ⑤	41	① ② ③ ④ ⑤	61	① ② ③ ④ ⑤	81	① ② ③ ④ ⑤	101	① ② ③ ④ ⑤	121	① ② ③ ④ ⑤
2	① ② ③ ④ ⑤	22	① ② ③ ④ ⑤	42	① ② ③ ④ ⑤	62	① ② ③ ④ ⑤	82	① ② ③ ④ ⑤	102	① ② ③ ④ ⑤	122	① ② ③ ④ ⑤
3	① ② ③ ④ ⑤	23	① ② ③ ④ ⑤	43	① ② ③ ④ ⑤	63	① ② ③ ④ ⑤	83	① ② ③ ④ ⑤	103	① ② ③ ④ ⑤	123	① ② ③ ④ ⑤
4	① ② ③ ④ ⑤	24	① ② ③ ④ ⑤	44	① ② ③ ④ ⑤	64	① ② ③ ④ ⑤	84	① ② ③ ④ ⑤	104	① ② ③ ④ ⑤	124	① ② ③ ④ ⑤
5	① ② ③ ④ ⑤	25	① ② ③ ④ ⑤	45	① ② ③ ④ ⑤	65	① ② ③ ④ ⑤	85	① ② ③ ④ ⑤	105	① ② ③ ④ ⑤	125	① ② ③ ④ ⑤
6	① ② ③ ④ ⑤	26	① ② ③ ④ ⑤	46	① ② ③ ④ ⑤	66	① ② ③ ④ ⑤	86	① ② ③ ④ ⑤	106	① ② ③ ④ ⑤		
7	① ② ③ ④ ⑤	27	① ② ③ ④ ⑤	47	① ② ③ ④ ⑤	67	① ② ③ ④ ⑤	87	① ② ③ ④ ⑤	107	① ② ③ ④ ⑤		
8	① ② ③ ④ ⑤	28	① ② ③ ④ ⑤	48	① ② ③ ④ ⑤	68	① ② ③ ④ ⑤	88	① ② ③ ④ ⑤	108	① ② ③ ④ ⑤		
9	① ② ③ ④ ⑤	29	① ② ③ ④ ⑤	49	① ② ③ ④ ⑤	69	① ② ③ ④ ⑤	89	① ② ③ ④ ⑤	109	① ② ③ ④ ⑤		
10	① ② ③ ④ ⑤	30	① ② ③ ④ ⑤	50	① ② ③ ④ ⑤	70	① ② ③ ④ ⑤	90	① ② ③ ④ ⑤	110	① ② ③ ④ ⑤		
11	① ② ③ ④ ⑤	31	① ② ③ ④ ⑤	51	① ② ③ ④ ⑤	71	① ② ③ ④ ⑤	91	① ② ③ ④ ⑤	111	① ② ③ ④ ⑤		
12	① ② ③ ④ ⑤	32	① ② ③ ④ ⑤	52	① ② ③ ④ ⑤	72	① ② ③ ④ ⑤	92	① ② ③ ④ ⑤	112	① ② ③ ④ ⑤		
13	① ② ③ ④ ⑤	33	① ② ③ ④ ⑤	53	① ② ③ ④ ⑤	73	① ② ③ ④ ⑤	93	① ② ③ ④ ⑤	113	① ② ③ ④ ⑤		
14	① ② ③ ④ ⑤	34	① ② ③ ④ ⑤	54	① ② ③ ④ ⑤	74	① ② ③ ④ ⑤	94	① ② ③ ④ ⑤	114	① ② ③ ④ ⑤		
15	① ② ③ ④ ⑤	35	① ② ③ ④ ⑤	55	① ② ③ ④ ⑤	75	① ② ③ ④ ⑤	95	① ② ③ ④ ⑤	115	① ② ③ ④ ⑤		
16	① ② ③ ④ ⑤	36	① ② ③ ④ ⑤	56	① ② ③ ④ ⑤	76	① ② ③ ④ ⑤	96	① ② ③ ④ ⑤	116	① ② ③ ④ ⑤		
17	① ② ③ ④ ⑤	37	① ② ③ ④ ⑤	57	① ② ③ ④ ⑤	77	① ② ③ ④ ⑤	97	① ② ③ ④ ⑤	117	① ② ③ ④ ⑤		
18	① ② ③ ④ ⑤	38	① ② ③ ④ ⑤	58	① ② ③ ④ ⑤	78	① ② ③ ④ ⑤	98	① ② ③ ④ ⑤	118	① ② ③ ④ ⑤		
19	① ② ③ ④ ⑤	39	① ② ③ ④ ⑤	59	① ② ③ ④ ⑤	79	① ② ③ ④ ⑤	99	① ② ③ ④ ⑤	119	① ② ③ ④ ⑤		
20	① ② ③ ④ ⑤	40	① ② ③ ④ ⑤	60	① ② ③ ④ ⑤	80	① ② ③ ④ ⑤	100	① ② ③ ④ ⑤	120	① ② ③ ④ ⑤		

마킹주의	바르게 마킹 : ● 잘 못 마킹 : ⊗, ⊙, ⓥ, ◎, ⓘ, ⊖

(예 시)

성 명
홍 길 동

교시(차수) 기재란			
( )교시 · 차	①	②	③

문제지 형별 기재란		
( )형	Ⓐ	Ⓑ

선 택 과 목 1

선 택 과 목 2

수	험	번	호				
0	1	3	2	9	8	0	1
●	⓪	⓪	⓪	⓪	⓪	●	⓪
①	●	①	①	①	①	①	●
②	②	②	●	②	②	②	②
③	③	●	③	③	③	③	③
④	④	④	④	④	④	④	④
⑤	⑤	⑤	⑤	⑤	⑤	⑤	⑤
⑥	⑥	⑥	⑥	⑥	⑥	⑥	⑥
⑦	⑦	⑦	⑦	⑦	⑦	⑦	⑦
⑧	⑧	⑧	⑧	⑧	●	⑧	⑧
⑨	⑨	⑨	⑨	●	⑨	⑨	⑨

감독위원 확인
㊞

수험자 유의사항

1. 시험 중에는 통신기기(휴대전화 · 소형 무전기 등) 및 전자기기(초소형 카메라등)를 소지하거나 사용할 수 없습니다.
2. 부정행위 예방을 위해 시험문제지에도 수험번호와 성명을 반드시 기재하시기 바랍니다.
3. **시험시간이 종료되면 즉시 답안작성을 멈춰야** 하며, 종료시간 이후 계속 답안을 작성하거나 감독위원의 답안카드 제출지시에 불응할 때에는 당해 시험이 무효처리 됩니다.
4. 기타감독위원의 정당한 지시에 불응하여 타 수험자의 시험에 방해가 될 경우 퇴실조치 될 수 있습니다.

답안카드 작성 시 유의사항

1. 답안카드기재 · 마킹 시에는 **반드시 검정색 사인펜을 사용**해야 합니다.
2. 답안카드를잘못 작성했을 시에는 카드를 교체하거나 수정테이프를 사용하여 수정할 수 있습니다.

그러나 불완전한 수정처리로 인해 발생하는 전산자동판독불가 등 불이익은 수험자의 귀책사유입니다.

- 수정테이프 이외의 수정액, 스티커 등은 사용 불가
- 답안카드 왼쪽(성명 · 수험번호 등)을 제외한 '답안란'만 수정테이프로 수정 가능

3. 성명란은수험자 본인의 성명을 정자체로 기재합니다.
4. 해당차수(교시)시험을기재하고 해당 란에 마킹합니다.
5. 시험문제지형별기재란은 시험문제지 형별을 기재하고, 우측 형별마킹난은 해당 형별을 마킹합니다.
6. 수험번호란은 숫자로 기재하고 아래 해당번호에 마킹합니다.
7. 시험문제지 형별 및 수험번호 등 마킹착오로 인한 불이익은 전적으로 수험자의 귀책사유입니다.
8. 감독위원의 날인이 없는 답안카드는 무효처리 됩니다.
9. 상단과 우측의 검은색 띠(▮▮▮) 부분은 낙서를 금지합니다.

부정행위 처리규정

시험 중 다음과 같은 행위를 하는 자는 당해 시험을 무효처리하고 자격별 관련 규정에 따라 일정기간 동안 시험에 응시할 수 있는 자격을 정지합니다.

1. 시험과 관련된 대화, 답안카드 교환, 다른 수험자의 답안 · 문제지를 보고 답안 작성, 대리시험을 치르거나 치르게 하는 행위, 시험문제 내용과 관련된 물건을 휴대하거나 이를 주고받는 행위
2. 시험장 내외로부터 도움을 받아 답안을 작성하는 행위, 공인어학성적 및 응시자격서류를 허위기재하여 제출하는 행위
3. 통신기기(휴대전화 · 소형 무전기 등) 및 전자기기(초소형 카메라 등)를 휴대하거나 사용하는 행위
4. 다른 수험자와 성명 및 수험번호를 바꾸어 작성 · 제출하는 행위
5. 기타 부정 또는 불공정한 방법으로 시험을 치르는 행위

(　　　)년도 제(　　)회 (　　　　　　)국가전문자격시험 답안카드

성　명

교시(차수) 기재란			
(　　)교시·차	①	②	③

문제지 형별 기재란		
(　　　)형	Ⓐ	Ⓑ

선 택 과 목 1

선 택 과 목 2

수 험 번 호							
⓪	⓪	⓪	⓪	⓪	⓪	⓪	⓪
①	①	①	①	①	①	①	①
②	②	②	②	②	②	②	②
③	③	③	③	③	③	③	③
④	④	④	④	④	④	④	④
⑤	⑤	⑤	⑤	⑤	⑤	⑤	⑤
⑥	⑥	⑥	⑥	⑥	⑥	⑥	⑥
⑦	⑦	⑦	⑦	⑦	⑦	⑦	⑦
⑧	⑧	⑧	⑧	⑧	⑧	⑧	⑧
⑨	⑨	⑨	⑨	⑨	⑨	⑨	⑨

감독위원 확인
㊞

1	① ② ③ ④ ⑤	21	① ② ③ ④ ⑤	41	① ② ③ ④ ⑤	61	① ② ③ ④ ⑤	81	① ② ③ ④ ⑤	101	① ② ③ ④ ⑤	121	① ② ③ ④ ⑤
2	① ② ③ ④ ⑤	22	① ② ③ ④ ⑤	42	① ② ③ ④ ⑤	62	① ② ③ ④ ⑤	82	① ② ③ ④ ⑤	102	① ② ③ ④ ⑤	122	① ② ③ ④ ⑤
3	① ② ③ ④ ⑤	23	① ② ③ ④ ⑤	43	① ② ③ ④ ⑤	63	① ② ③ ④ ⑤	83	① ② ③ ④ ⑤	103	① ② ③ ④ ⑤	123	① ② ③ ④ ⑤
4	① ② ③ ④ ⑤	24	① ② ③ ④ ⑤	44	① ② ③ ④ ⑤	64	① ② ③ ④ ⑤	84	① ② ③ ④ ⑤	104	① ② ③ ④ ⑤	124	① ② ③ ④ ⑤
5	① ② ③ ④ ⑤	25	① ② ③ ④ ⑤	45	① ② ③ ④ ⑤	65	① ② ③ ④ ⑤	85	① ② ③ ④ ⑤	105	① ② ③ ④ ⑤	125	① ② ③ ④ ⑤
6	① ② ③ ④ ⑤	26	① ② ③ ④ ⑤	46	① ② ③ ④ ⑤	66	① ② ③ ④ ⑤	86	① ② ③ ④ ⑤	106	① ② ③ ④ ⑤		
7	① ② ③ ④ ⑤	27	① ② ③ ④ ⑤	47	① ② ③ ④ ⑤	67	① ② ③ ④ ⑤	87	① ② ③ ④ ⑤	107	① ② ③ ④ ⑤		
8	① ② ③ ④ ⑤	28	① ② ③ ④ ⑤	48	① ② ③ ④ ⑤	68	① ② ③ ④ ⑤	88	① ② ③ ④ ⑤	108	① ② ③ ④ ⑤		
9	① ② ③ ④ ⑤	29	① ② ③ ④ ⑤	49	① ② ③ ④ ⑤	69	① ② ③ ④ ⑤	89	① ② ③ ④ ⑤	109	① ② ③ ④ ⑤		
10	① ② ③ ④ ⑤	30	① ② ③ ④ ⑤	50	① ② ③ ④ ⑤	70	① ② ③ ④ ⑤	90	① ② ③ ④ ⑤	110	① ② ③ ④ ⑤		
11	① ② ③ ④ ⑤	31	① ② ③ ④ ⑤	51	① ② ③ ④ ⑤	71	① ② ③ ④ ⑤	91	① ② ③ ④ ⑤	111	① ② ③ ④ ⑤		
12	① ② ③ ④ ⑤	32	① ② ③ ④ ⑤	52	① ② ③ ④ ⑤	72	① ② ③ ④ ⑤	92	① ② ③ ④ ⑤	112	① ② ③ ④ ⑤		
13	① ② ③ ④ ⑤	33	① ② ③ ④ ⑤	53	① ② ③ ④ ⑤	73	① ② ③ ④ ⑤	93	① ② ③ ④ ⑤	113	① ② ③ ④ ⑤		
14	① ② ③ ④ ⑤	34	① ② ③ ④ ⑤	54	① ② ③ ④ ⑤	74	① ② ③ ④ ⑤	94	① ② ③ ④ ⑤	114	① ② ③ ④ ⑤		
15	① ② ③ ④ ⑤	35	① ② ③ ④ ⑤	55	① ② ③ ④ ⑤	75	① ② ③ ④ ⑤	95	① ② ③ ④ ⑤	115	① ② ③ ④ ⑤		
16	① ② ③ ④ ⑤	36	① ② ③ ④ ⑤	56	① ② ③ ④ ⑤	76	① ② ③ ④ ⑤	96	① ② ③ ④ ⑤	116	① ② ③ ④ ⑤		
17	① ② ③ ④ ⑤	37	① ② ③ ④ ⑤	57	① ② ③ ④ ⑤	77	① ② ③ ④ ⑤	97	① ② ③ ④ ⑤	117	① ② ③ ④ ⑤		
18	① ② ③ ④ ⑤	38	① ② ③ ④ ⑤	58	① ② ③ ④ ⑤	78	① ② ③ ④ ⑤	98	① ② ③ ④ ⑤	118	① ② ③ ④ ⑤		
19	① ② ③ ④ ⑤	39	① ② ③ ④ ⑤	59	① ② ③ ④ ⑤	79	① ② ③ ④ ⑤	99	① ② ③ ④ ⑤	119	① ② ③ ④ ⑤		
20	① ② ③ ④ ⑤	40	① ② ③ ④ ⑤	60	① ② ③ ④ ⑤	80	① ② ③ ④ ⑤	100	① ② ③ ④ ⑤	120	① ② ③ ④ ⑤		

마킹주의	바르게 마킹 : ● 잘 못 마킹 : ⊗, ⊙, Ⓥ, ◎, ⦶, ⊖

——— (예 시) ———→

성 명
홍 길 동

교시(차수) 기재란			
( )교시 · 차	①	②	③

문제지 형별 기재란		
( )형	Ⓐ	Ⓑ

선 택 과 목 1

선 택 과 목 2

수험번호							
0	1	3	2	9	8	0	1
●	⓪	⓪	⓪	⓪	⓪	●	⓪
①	●	①	①	①	①	①	●
②	②	②	●	②	②	②	②
③	③	●	③	③	③	③	③
④	④	④	④	④	④	④	④
⑤	⑤	⑤	⑤	⑤	⑤	⑤	⑤
⑥	⑥	⑥	⑥	⑥	⑥	⑥	⑥
⑦	⑦	⑦	⑦	⑦	⑦	⑦	⑦
⑧	⑧	⑧	⑧	⑧	●	⑧	⑧
⑨	⑨	⑨	⑨	●	⑨	⑨	⑨

감독위원 확인
㉞

수험자 유의사항

1. 시험 중에는 통신기기(휴대전화 · 소형 무전기 등) 및 전자기기(초소형 카메라등)를 소지하거나 사용할 수 없습니다.
2. 부정행위 예방을 위해 시험문제지에도 수험번호와 성명을 반드시 기재하시기 바랍니다.
3. **시험시간이 종료되면 즉시 답안작성을 멈춰야** 하며, 종료시간 이후 계속 답안을 작성하거나 감독위원의 답안카드 제출지시에 불응할 때에는 당해 시험이 무효처리 됩니다.
4. 기타감독위원의 정당한 지시에 불응하여 타 수험자의 시험에 방해가 될 경우 퇴실조치 될 수 있습니다.

답안카드 작성 시 유의사항

1. 답안카드기재 · 마킹 시에는 **반드시 검정색 사인펜을 사용**해야 합니다.
2. 답안카드를잘못 작성했을 시에는 카드를 교체하거나 수정테이프를 사용하여 수정할 수 있습니다.

그러나 불완전한 수정처리로 인해 발생하는 전산자동판독불가 등 불이익은 수험자의 귀책사유입니다.

- 수정테이프 이외의 수정액, 스티커 등은 사용 불가
- 답안카드 왼쪽(성명 · 수험번호 등)을 제외한 '답안란'만 수정테이프로 수정 가능

3. 성명란은수험자 본인의 성명을 정자체로 기재합니다.
4. 해당차수(교시)시험을기재하고 해당 란에 마킹합니다.
5. 시험문제지형별기재란은 시험문제지 형별을 기재하고, 우측 형별마킹난은 해당 형별을 마킹합니다.
6. 수험번호란은 숫자로 기재하고 아래 해당번호에 마킹합니다.
7. 시험문제지 형별 및 수험번호 등 마킹착오로 인한 불이익은 전적으로 수험자의 귀책사유입니다.
8. 감독위원의 날인이 없는 답안카드는 무효처리 됩니다.
9. 상단과 우측의 검은색 띠(▮▮▮) 부분은 낙서를 금지합니다.

부정행위 처리규정

시험 중 다음과 같은 행위를 하는 자는 당해 시험을 무효처리하고 자격별 관련 규정에 따라 일정기간 동안 시험에 응시할 수 있는 자격을 정지합니다.

1. 시험과 관련된 대화, 답안카드 교환, 다른 수험자의 답안 · 문제지를 보고 답안 작성, 대리시험을 치르거나 치르게 하는 행위, 시험문제 내용과 관련된 물건을 휴대하거나 이를 주고받는 행위
2. 시험장 내외로부터 도움을 받아 답안을 작성하는 행위, 공인어학성적 및 응시자격서류를 허위기재하여 제출하는 행위
3. 통신기기(휴대전화 · 소형 무전기 등) 및 전자기기(초소형 카메라 등)를 휴대하거나 사용하는 행위
4. 다른 수험자와 성명 및 수험번호를 바꾸어 작성 · 제출하는 행위
5. 기타 부정 또는 불공정한 방법으로 시험을 치르는 행위

(　　　)년도 제(　　)회 (　　　　　　)국가전문자격시험 답안카드

성　　명

교시(차수) 기재란			
(　　)교시·차	①	②	③

문제지 형별 기재란		
(　　　)형	Ⓐ	Ⓑ

선 택 과 목 1

선 택 과 목 2

수 험 번 호							
⓪	⓪	⓪	⓪	⓪	⓪	⓪	⓪
①	①	①	①	①	①	①	①
②	②	②	②	②	②	②	②
③	③	③	③	③	③	③	③
④	④	④	④	④	④	④	④
⑤	⑤	⑤	⑤	⑤	⑤	⑤	⑤
⑥	⑥	⑥	⑥	⑥	⑥	⑥	⑥
⑦	⑦	⑦	⑦	⑦	⑦	⑦	⑦
⑧	⑧	⑧	⑧	⑧	⑧	⑧	⑧
⑨	⑨	⑨	⑨	⑨	⑨	⑨	⑨

감독위원 확인
㊞

1	① ② ③ ④ ⑤	21	① ② ③ ④ ⑤	41	① ② ③ ④ ⑤	61	① ② ③ ④ ⑤	81	① ② ③ ④ ⑤	101	① ② ③ ④ ⑤	121	① ② ③ ④ ⑤
2	① ② ③ ④ ⑤	22	① ② ③ ④ ⑤	42	① ② ③ ④ ⑤	62	① ② ③ ④ ⑤	82	① ② ③ ④ ⑤	102	① ② ③ ④ ⑤	122	① ② ③ ④ ⑤
3	① ② ③ ④ ⑤	23	① ② ③ ④ ⑤	43	① ② ③ ④ ⑤	63	① ② ③ ④ ⑤	83	① ② ③ ④ ⑤	103	① ② ③ ④ ⑤	123	① ② ③ ④ ⑤
4	① ② ③ ④ ⑤	24	① ② ③ ④ ⑤	44	① ② ③ ④ ⑤	64	① ② ③ ④ ⑤	84	① ② ③ ④ ⑤	104	① ② ③ ④ ⑤	124	① ② ③ ④ ⑤
5	① ② ③ ④ ⑤	25	① ② ③ ④ ⑤	45	① ② ③ ④ ⑤	65	① ② ③ ④ ⑤	85	① ② ③ ④ ⑤	105	① ② ③ ④ ⑤	125	① ② ③ ④ ⑤
6	① ② ③ ④ ⑤	26	① ② ③ ④ ⑤	46	① ② ③ ④ ⑤	66	① ② ③ ④ ⑤	86	① ② ③ ④ ⑤	106	① ② ③ ④ ⑤		
7	① ② ③ ④ ⑤	27	① ② ③ ④ ⑤	47	① ② ③ ④ ⑤	67	① ② ③ ④ ⑤	87	① ② ③ ④ ⑤	107	① ② ③ ④ ⑤		
8	① ② ③ ④ ⑤	28	① ② ③ ④ ⑤	48	① ② ③ ④ ⑤	68	① ② ③ ④ ⑤	88	① ② ③ ④ ⑤	108	① ② ③ ④ ⑤		
9	① ② ③ ④ ⑤	29	① ② ③ ④ ⑤	49	① ② ③ ④ ⑤	69	① ② ③ ④ ⑤	89	① ② ③ ④ ⑤	109	① ② ③ ④ ⑤		
10	① ② ③ ④ ⑤	30	① ② ③ ④ ⑤	50	① ② ③ ④ ⑤	70	① ② ③ ④ ⑤	90	① ② ③ ④ ⑤	110	① ② ③ ④ ⑤		
11	① ② ③ ④ ⑤	31	① ② ③ ④ ⑤	51	① ② ③ ④ ⑤	71	① ② ③ ④ ⑤	91	① ② ③ ④ ⑤	111	① ② ③ ④ ⑤		
12	① ② ③ ④ ⑤	32	① ② ③ ④ ⑤	52	① ② ③ ④ ⑤	72	① ② ③ ④ ⑤	92	① ② ③ ④ ⑤	112	① ② ③ ④ ⑤		
13	① ② ③ ④ ⑤	33	① ② ③ ④ ⑤	53	① ② ③ ④ ⑤	73	① ② ③ ④ ⑤	93	① ② ③ ④ ⑤	113	① ② ③ ④ ⑤		
14	① ② ③ ④ ⑤	34	① ② ③ ④ ⑤	54	① ② ③ ④ ⑤	74	① ② ③ ④ ⑤	94	① ② ③ ④ ⑤	114	① ② ③ ④ ⑤		
15	① ② ③ ④ ⑤	35	① ② ③ ④ ⑤	55	① ② ③ ④ ⑤	75	① ② ③ ④ ⑤	95	① ② ③ ④ ⑤	115	① ② ③ ④ ⑤		
16	① ② ③ ④ ⑤	36	① ② ③ ④ ⑤	56	① ② ③ ④ ⑤	76	① ② ③ ④ ⑤	96	① ② ③ ④ ⑤	116	① ② ③ ④ ⑤		
17	① ② ③ ④ ⑤	37	① ② ③ ④ ⑤	57	① ② ③ ④ ⑤	77	① ② ③ ④ ⑤	97	① ② ③ ④ ⑤	117	① ② ③ ④ ⑤		
18	① ② ③ ④ ⑤	38	① ② ③ ④ ⑤	58	① ② ③ ④ ⑤	78	① ② ③ ④ ⑤	98	① ② ③ ④ ⑤	118	① ② ③ ④ ⑤		
19	① ② ③ ④ ⑤	39	① ② ③ ④ ⑤	59	① ② ③ ④ ⑤	79	① ② ③ ④ ⑤	99	① ② ③ ④ ⑤	119	① ② ③ ④ ⑤		
20	① ② ③ ④ ⑤	40	① ② ③ ④ ⑤	60	① ② ③ ④ ⑤	80	① ② ③ ④ ⑤	100	① ② ③ ④ ⑤	120	① ② ③ ④ ⑤		

마킹주의	바르게 마킹 : ● 잘 못 마킹 : ⊗, ⊙, ⓥ, ◎, ⓘ, ⊖

수험자 유의사항

1. 시험 중에는 통신기기(휴대전화 · 소형 무전기 등) 및 전자기기(초소형 카메라등)를 소지하거나 사용할 수 없습니다.
2. 부정행위 예방을 위해 시험문제지에도 수험번호와 성명을 반드시 기재하시기 바랍니다.
3. **시험시간이 종료되면 즉시 답안작성을 멈춰야** 하며, 종료시간 이후 계속 답안을 작성하거나 감독위원의 답안카드 제출지시에 불응할 때에는 당해 시험이 무효처리 됩니다.
4. 기타 감독위원의 정당한 지시에 불응하여 타 수험자의 시험에 방해가 될 경우 퇴실조치 될 수 있습니다.

답안카드 작성 시 유의사항

1. 답안카드 기재 · 마킹 시에는 **반드시 검정색 사인펜을 사용**해야 합니다.
2. 답안카드를 잘못 작성했을 시에는 카드를 교체하거나 수정테이프를 사용하여 수정할 수 있습니다.

그러나 불완전한 수정처리로 인해 발생하는 전산자동판독불가 등 불이익은 수험자의 귀책사유입니다.

- 수정테이프 이외의 수정액, 스티커 등은 사용 불가
- 답안카드 왼쪽(성명 · 수험번호 등)을 제외한 '답안란'만 수정테이프로 수정 가능

3. 성명란은 수험자 본인의 성명을 정자체로 기재합니다.
4. 해당차수(교시)시험을 기재하고 해당 란에 마킹합니다.
5. 시험문제지 형별기재란은 시험문제지 형별을 기재하고, 우측 형별마킹난은 해당 형별을 마킹합니다.
6. 수험번호란은 숫자로 기재하고 아래 해당번호에 마킹합니다.
7. 시험문제지 형별 및 수험번호 등 마킹착오로 인한 불이익은 전적으로 수험자의 귀책사유입니다.
8. 감독위원의 날인이 없는 답안카드는 무효처리 됩니다.
9. 상단과 우측의 검은색 띠(▮▮▮) 부분은 낙서를 금지합니다.

부정행위 처리규정

시험 중 다음과 같은 행위를 하는 자는 당해 시험을 무효처리하고 자격별 관련 규정에 따라 일정기간 동안 시험에 응시할 수 있는 자격을 정지합니다.

1. 시험과 관련된 대화, 답안카드 교환, 다른 수험자의 답안 · 문제지를 보고 답안 작성, 대리시험을 치르거나 치르게 하는 행위, 시험문제 내용과 관련된 물건을 휴대하거나 이를 주고받는 행위
2. 시험장 내외로부터 도움을 받아 답안을 작성하는 행위, 공인어학성적 및 응시자격서류를 허위기재하여 제출하는 행위
3. 통신기기(휴대전화 · 소형 무전기 등) 및 전자기기(초소형 카메라 등)를 휴대하거나 사용하는 행위
4. 다른 수험자와 성명 및 수험번호를 바꾸어 작성 · 제출하는 행위
5. 기타 부정 또는 불공정한 방법으로 시험을 치르는 행위

(예 시)

성 명
홍 길 동

교시(차수) 기재란			
( )교시 · 차	①	②	③

문제지 형별 기재란		
( )형	Ⓐ	Ⓑ

선 택 과 목 1

선 택 과 목 2

수 험 번 호							
0	1	3	2	9	8	0	1
●	⓪	⓪	⓪	⓪	⓪	●	⓪
①	●	①	①	①	①	①	●
②	②	②	●	②	②	②	②
③	③	●	③	③	③	③	③
④	④	④	④	④	④	④	④
⑤	⑤	⑤	⑤	⑤	⑤	⑤	⑤
⑥	⑥	⑥	⑥	⑥	⑥	⑥	⑥
⑦	⑦	⑦	⑦	⑦	⑦	⑦	⑦
⑧	⑧	⑧	⑧	⑧	●	⑧	⑧
⑨	⑨	⑨	⑨	●	⑨	⑨	⑨

감독위원 확인
㊞

적중실전모의고사

정답 및 해설

제1회 실전모의고사

1교시

제1과목 회계원리									
01	02	03	04	05	06	07	08	09	10
⑤	②	③	①	①	①	②	②	①	③
11	12	13	14	15	16	17	18	19	20
②	②	①	②	③	①	③	⑤	⑤	②
21	22	23	24	25	26	27	28	29	30
⑤	⑤	②	③	④	②	④	②	④	②
31	32	33	34	35	36	37	38	39	40
②	②	③	②	⑤	⑤	②	①	②	③

01 회계거래의 기록

분개장은 보조장부가 아니라 주요장부에 해당한다.

02 총포괄이익

- 총포괄이익 : 기말자본 − (기초자본 + 유상증자)
  =(6,000,000−2,700,000) − [(4,000,000 − 2,500,000)+1,000,000] = ₩800,000

03 시산표

1) 구입시

(차) 소모품비 820,000
(대) 현 금 등 820,000

2) 결산시

(차) 소모품 170,000
(대) 소모품비 170,000

04 받을 어음의 할인

- 만기금액 = 5,000,000 + 5,000,000 × 10%
  = ₩5,500,000
- 할인료 $= 5{,}500{,}000 \times 12\% \times \frac{6}{12} =$ ₩330,000
- 현금수령액 = 5,500,000 − 330,000 = ₩5,170,000

05 소액현금

1) 소액현금 보충액
= 100,000 − 16,000 = ₩84,000

2) 보충액 중 부족액
= 84,000 − 32,000 − 48,000 = ₩4,000(잡손실)

06 당좌예금

조정 전 잔액	회사측(3,720,000)	은행측(4,620,000)
기발행미지급수표	−	(−) 820,000
추심된 예금	(+) 750,000	
부도수표	(−) 650,000	
당좌차월이자	(−) 20,000	
조정 후 잔액	3,800,000	3,800,000

07 유형자산 취득원가

건물 취득원가 = 150,000 + 2,000,000 = ₩2,150,000

08 연수합계법

- 20X1～20X3년 감가상각비

$$= \frac{(50{,}000 - 5{,}000) \times (5 + 4 + 3)}{15} = ₩36{,}000$$

09 유형자산

유형자산의 취득원가에 포함되는 금액은 유형자산의 매입과 직접적으로 관련되어 발생한 종업원급여 ₩2,000,000과 유형자산의 정상적 작동여부를 시험하는 과정에서 발생한 원가 ₩1,000,000로서 총 ₩3,000,000이 된다.

10 주식발행

(차) 현 금 ₩8,580,000
(대) 자본금 ₩10,000,000
(차) 주식할인발행차금 ₩1,420,000

자본총액 = 10,000,000 − 1,420,000
= ₩8,580,000 증가

11 20X1년 인식할 당기손익

(₩7,000×100주)－₩500,000＝₩200,000(평가이익)

12 직접대응과 간접대응

비용을 수익과 대응시킬 때에는 직접대응(매출원가 등) 또는 간접대응 방법이 사용된다. 이때 간접대응에는 체계적이고 합리적인 대응(감가상각비, 보험료 등)과 기간비용(나머지 대부분의 비용) 방법이 있다.

13 주식배당

(차) 미처분이익잉여금 100
(대) 자본금 100

주식이 발행되므로 총발행주식수와 자본금은 증가되지만 이익잉여금이 자본금으로 대체되는 것이므로 자본총액에는 영향이 없으며 투자자 입장에서도 1주당 단가만 수정될 뿐 회계처리 대상에 해당하지 아니하므로 지분증권 취득원가에도 영향이 없다.

14 감가상각비(비용) 과대계상

- 이익 과소계상
＝이익잉여금 과소계상
＝₩700,000 과소계상

기말재고자산의 평가에 대한 오류는 차기에 자동으로 오류가 조정되는 자동조정적인 오류이고, 감가상각비의 오류는 차기에 자동으로 오류가 조정되지 아니하는 비자동조정적인 오류이다. 따라서 기말재고자산의 평가에 대한 오류는 20X2년도에 자동으로 조정되어 그 오류의 효과가 상쇄되므로 20X2년도 이익잉여금에는 영향을 미치지 아니한다.

15 재고자산

기말재고자산 :
₩50,000(**재고자산실사액**)＋100,000×(1－70%)(**적송품**)＋10,000(**시송품**)＋30,000(**저당상품**)＝ ₩120,000

16 정률법

1) 20×1년 감가상각비＝15,000,000×40%＝6,000,000
2) 20×2년 감가상각비＝(15,000,000－6,000,000)×40%
＝3,600,000
3) 20×3년 감가상각비
＝(15,000,000－6,000,000－3,600,000)×40%
＝2,160,000

17 재고자산평가손실

항목	재고수량	단위당 취득원가	순실현가치	평가손실
A	150개	₩5,000	₩5,500	－
B	100개	4,000	3,800	100개×₩200
C	120개	4,600	4,400	120개×₩200
D	140개	5,500	5,000	140개×₩500
합계				₩114,000

18 재고자산의 원가흐름

물가가 상승하고 재고층이 감소하지 않는 한, 후입선출법에서는 나중에 들어온 재고가 먼저 감소됨으로 인해 높은 원가가 현행 판매가격에 대응되므로 이익이 과소계상된다.

19 재무제표 요소

자산은 과거사건의 결과로 기업이 통제하는 현재의 경제적 자원이다.

20 유가증권

FV－OCI금융자산을 FV－PL금융자산으로 재분류하는 경우 기타포괄손익누계액은 당기손익으로 재분류조정한다.

21 재무제표

기업의 재무제표는 재무상태표, 포괄손익계산서, 현금흐름표, 자본변동표, 재무제표 주석으로 구성되어 있다.

22 보강적 질적 특성

보강적 질적 특성은 정보가 목적적합하지 않거나 충실하게 표현되지 않으면 개별적으로든 집단적으로든 그 정보를 유용하게 할 수 없다.

23 총포괄이익

총포괄이익＝당기순이익 ± 기타포괄손익이므로,
당기순이익＝총포괄이익 ± 기타포괄손익
＝5,200,000－910,000＝₩4,290,000

24 진행기준

- 20X2년 공사원가
＝400,000,000×40%－60,000,000 ＝₩100,000,000

1회

25 유형자산

20×1년 감가상각비 = (₩10,000−₩1,000)×5/15
= ₩3,000
20×2년 감가상각비 = (₩10,000−₩1,000)×4/15
= ₩2,400
처분손익 = ₩4,000−(₩10,000−₩3,000−₩2,400)
= ₩600(손실)
20×2년 당기순이익 영향
= 20×2년 감가상각비(−₩2,400) + 처분손실(−₩600)
= (−)₩3,000

26 소매재고법

원가율 = (₩2,000+₩7,000)/(₩3,000+₩9,000) = 0.75
기말재고원가 = ₩4,000×0.75 = ₩3,000
매출원가 = ₩2,000+₩7,000−₩3,000 = ₩6,000

27 매출총이익

- **매출원가**=기초재고+순매입액−기말재고
=130,000+(430,000−40,000)−140,000
=₩380,000
- **순매출액**=매출원가+매출총이익
=380,000+90,000=₩470,000
- **총매출액**=순매출액+매출환입액
=470,000+30,000=₩500,000

28 재평가손익의 처리

- 20×1년 말
(차) 토지 100,000
(대) 재평가이익(기타포괄손익) 100,000
- 20×2년 말
(차) 재평가이익(기타포괄손익) 100,000
(대) 토지 300,000
(차) 재평가손실(당기손익) 200,000

29 사채

총이자비용 = 현금이자합계 + 사채할인발행차금
= ₩1,000,000×8%×3년 + (₩1,000,000−₩950,244)
= ₩240,000 + ₩49,756 = ₩289,756

30 이동평균법

일자	수입수량	수입단가	불출수량	잔고
8/1	400개	@₩2,700		400개×@₩2,700 = ₩1,080,000
8/3	200개	@₩3,000		600개×@₩2,800=₩1,680,000
8/7			50개	550개×@₩2,800 =₩1,540,000
8/9	400개			950개×@₩2,900 = ₩2,755,000

- 8/3 단가$=\frac{₩1,080,000+₩600,000}{400개+200개}$
$=\frac{₩1,680,000}{600개}=₩2,800$
- 8/9 매입액=₩2,755,000−₩1,540,000
=₩1,215,000

31 장기할부 판매

- **매출액** =1,000,000×2.402 = ₩2,402,000
(차) 장기매출채권 3,000,000
(대) 매출액 2,402,000
현재가치할인차금 598,000
- **매출이익** = 2,402,000−2,000,000 = ₩402,000
- **이자수익** = 2,402,000×12% = ₩288,240
(차) 현금 1,000,000
(대) 장기매출채권 1,000,000
(차) 현재가치할인차금 288,240
(대) 이자수익 288,240

32 유가증권의 분류

지분상품은 현금흐름의 특성이 없으므로 상각후원가로 측정하는 AC금융자산으로 분류할 수 없다.

33 직접배부법

1) S1→A1 배부액$=\frac{42,000\times40}{40+30}$ =₩24,000

2) S2→A2 배부액$=\frac{45,000\times60}{60+30}$ =₩30,000

3) 제조부문 A1 원가 = 72,000+24,000+30,000
= ₩126,000

34 활동기준원가계산

- **직접재료원가** = 100개×10개×₩10=₩10,000
- **기계가동시간** = 100개×30분 = 3,000분 = 50시간
- **원가** = 50시간×₩100 = ₩5,000

- 화학처리원가 = $10LOT\left(\frac{100개}{10}\right)$×₩100 = ₩1,000
- 제품조립원가 = 100개×5원 = ₩500
- 검수원가 = 2회(10LOT/5)×₩300 = ₩600
- 총제조원가 = 10,000+5,000+1,000+500+600
  =₩17,100

35 평균법

재료원가 : 1,000개+(300개×100%)=1,300개
가공원가 : 1,000개+(300개×60%)=1,180개

36 순이익

1) 세전이익= $\frac{300,000}{1-0.2}$ =₩375,000

2) 목표판매량 = $\frac{405,000+375,000}{1,200-900}$ =2,600개

37 예정배부법

예정배부액 = 400,000/200,000 × 220,000
= ₩440,000
실제발생액 = 440,000 - 50,000 = ₩390,000

38 변동제조간접원가 능률차이

AQ×SP	SQ×SP
2,450시간×₩30 = ₩73,500	400개×6시간×₩30 = ₩72,000

∴ 능률차이 1,500(불리)

39 순실현가치법

제 품	순실현가치	배분비율	결합원가
A	500×1,500=750,000	75%	
B	300×1,000−50,000=250,000	25%	80,000
		100%	

결합원가총액= $\frac{80,000}{25\%}$ =₩320,000

40 특수의사결정

증분수익 : ₩5,000
증분비용 : X×200단위−(₩500×200단위 + ₩20,000×20%) = X×200단위−₩104,000
따라서, 증분비용이 증분수익보다 작아야 외부구입이 더 유리하므로,
₩5,000 ≥ X×200단위−₩104,000, ₩545 ≥ X

제2과목 공동주택시설개론									
41	42	43	44	45	46	47	48	49	50
①	②	①	③	⑤	②	③	③	①	③
51	52	53	54	55	56	57	58	59	60
④	①	③	②	⑤	⑤	④	②	④	⑤
61	62	63	64	65	66	67	68	69	70
④	④	①	①	②	④	②	①	③	②
71	72	73	74	75	76	77	78	79	80
③	⑤	⑤	③	④	③	①	②	⑤	⑤

41 철골구조의 특징

철골구조는 화재에 취약하므로 반드시 내화피복을 하여야 한다.

42 단기하중

단기하중은 건축물에 단기적으로 미치는 물리적인 힘으로 주로 건축물 측면에 작용하는 횡하중(수평력)인 풍하중, 지진하중, 충격하중 등과 일반지역에서의 적설하중이 있다.

43 히빙(heaving)현상

히빙현상은 하부지반이 연약한 상태에서 흙막이 바깥에 있는 흙이 안으로 밀려 불룩하게 되는 현상으로 흙파기 공사시 가장 주의를 요하는 사항이다. 주로 점토지반에서 나타나는 것으로 인접지반이 침하 될 수 있으며 방지책으로는 충분한 강도의 널말뚝을 양질의 지반까지 깊이 박는다.

44 콘크리트 양생

기초옆, 보옆, 기둥, 벽 등은 콘크리트 강도가 5MPa로 될 때까지 거푸집을 제거하지 않도록 하고 중요한 구조물은 콘크리트 강도가 10MPa로 될 때까지 거푸집을 제거하지 않도록 한다.

45 물시멘트비

물시멘트비는 콘크리트 배합시 물의 중량을 시멘트의 중량으로 나눈 값으로 물시멘트비가 과대하면 콘크리트 강도가 작아지고 블리딩 현상 및 재료분리 현상이 생길 수 있다.

46 철근의 표준 갈고리

주철근의 표준갈고리는 90° 표준갈고리와 180° 표준갈고리가 있다.

47 용접 접합

부재이음에는 용접과 볼트를 원칙적으로 병용해서는 안 되지만 불가피하게 병용할 경우에는 용접 후에 볼트를 조이는 것을 원칙으로 한다.

48 철골구조

시어커넥터(Shear connector)는 보와 콘크리트 바닥과를 일체와 시키기 위한 전단 연결재이고 스티프너는 보에서 전단력에 의한 좌굴을 방지하기 위하여 웨브의 보강부재로 사용한다.

49 트래버틴(다공질 대리석)

트래버틴은 대리석의 일종으로 다공질이고 요철부가 생겨 입체감이 있으나 흡수율이 높아 외부 장식용으로는 사용이 불가하여 특수한 실내장식재로 사용한다.

50 조적식 구조

블록구조의 모르타르 또는 그라우트를 사춤하는 높이는 3켜 이내로 담당원의 지시에 따른다. 하루의 작업종료 시의 세로줄눈 공동부에 모르타르 또는 그라우트의 타설높이는 블록의 상단에서 약 50mm 아래에 둔다.

51 지붕 방수공사

시멘트 모르타르 방수의 보수는 아스팔트로 가능하나 아스팔트 방수층의 보수는 그것보다 성능이 떨어지는 시멘트 모르타르를 사용해서는 안되고 아스팔트로 보수해야 한다.

52 실링재방수공사

가스켓은 정형재료(성형실링재)로 조립식 구조 등에 사용되며, 실란트, 코킹재는 부정형재료로 틈이 있는 곳, 균열부위, 접합부 등에 채워 넣어 방수하는 공법이다.

53 공동주택 층간소음의 범위와 기준에 관한 규칙(공동주택 소음 및 차단기준)

층간소음의 구분		층간소음의 기준[단위: dB(A)]	
		주간(06:00~22:00)	야간(22:00~06:00)
1. 직접충격 소음	1분간 등가소음도(Leq)	43	38
	최고소음도(Lmax)	57	52
2. 공기전달 소음	5분간 등가소음도(Leq)	45	40

54 유리공사 시공시 유의사항

① 유리의 열파손현상은 주로 맑고 추운 동절기 오전에 많이 발생한다.

③ 실란트 작업의 경우 상대습도가 90% 이상이면 작업을 중지해야 한다.

④ 백업재는 줄눈폭에 비해 약간 큰 것을 사용하고 뒤틀리지 않도록 하여야 한다.

⑤ 4℃보다 낮은 온도에서 시공해야 할 경우에는 담당원의 승인을 받아야 한다.

55 회반죽 미장

회반죽 바름은 소석회를 주원료로 모래, 여물, 해초풀을 혼합하여 사용하는 것으로 건조수축에 의한 균열을 방지하기 위하여 여물을 사용한다.

56 타일공사

벽체 타일이 시공되는 경우 바닥 타일은 벽체 타일을 먼저 붙인 후 시공한다.

57 홈통공사

처마홈통과 선홈통을 연결하는 홈통은 깔대기 홈통이고 장식홈통은 선홈통 상부에 설치하여 깔때기 홈통과 선홈통을 연결하는 것으로 장식을 겸하고 유수의 방향전환 및 넘쳐흐름을 방지한다.

58 수장공사

고막이는 외벽 밑부분의 지면에 닿는 부분에서 50cm 정도를 벽면보다 1~3cm 정도 나오게 하거나 들어가게 한 벽체로 흙이 튀어 더러워지기 쉬운 밑부분을 윗부분과 구분하여 더러워지는 것을 방지하고 의장적인 안정감을 주기 위해 설치한다.

59 도장공사 바탕만들기 시공법

아연도금면의 바탕만들기는 인산염 피막처리(화학처리)를 하면 밀착이 우수하다.

60 건축재료의 할증률

① 1% : 유리
② 2% : 도료
③ 3% : 일반합판, 모자이크타일, 도기질타일, 자기질타일, 크랭커타일, 치장벽돌, 슬레이트, 내화벽돌, 이형철근, 고력볼트
④ 4% : 블록
⑤ 5% : 목재(각재, 수장용합판), 석고보드, 텍스, 아스팔트, 리놀륨시트, 비닐제품, 시멘트벽돌, 기와, 리놀륨타일, 아스팔트타일, 비닐랙스타일, 원형철근, 일반볼트, 강관, 소형형강, 봉강, 경량형강 각파이프
⑥ 7% : 대형형강
⑦ 10% : 단열재, 목재(판재), 강관, 스텐레스 강판, 동판

61 단열공법

① 내단열은 실내측에 축열체가 없으므로 실온변동이 크다.
② 내단열은 시공이 용이하고 간헐난방에 유리한 단열법이다.
③ 외단열은 지속난방에 유리하다. 내단열은 국부결로가 발생하기 쉬우므로 방습층을 설치해야 한다.
⑤ 외단열은 주로 한냉지에 많이 사용하는 것으로 시공이 복잡하고 공사비가 비싸다.

62 고가수조식 급수법

① 넘침관(overflow pipe)의 관경은 양수관경의 2배 이상으로 한다.
② 양수펌프의 용량은 고가수조용량을 30분에 양수할 수 있어야 한다.
③ 전동기 기동 정지에는 주로 마그네트 스위치가 사용된다.
⑤ 하행배관의 수평주관은 선하향구배, 각 층의 수평주관은 선상향구배로 하여야 수리시 배관내의 배수가 쉬워 수리가 편리하다.

63 유속(m/s)

$(Q) = AV$ $(Q) = \frac{\pi d^2}{4} \times V$	Q(m^3/sec)=유량 V(m/sec)=유속, d(m)=관경, A=관의 단면적($\frac{\pi d^2}{4}$)

$$유속(V) = \frac{Q}{A} = \frac{Q}{\pi d^2/4} = \frac{4Q}{\pi d^2} = \frac{4 \times \frac{6}{3,600}}{3.14 \times 0.1^2} = \frac{4 \times 6}{3.14 \times 0.1^2 \times 3,600} = 0.2123m/s$$

64 배수설비

배수관의 구배는 1/50~1/100을 표준으로 하고 mm로 호칭되는 관경의 역수보다 작게 하지 않는다.

65 오수처리시설의 기본용어

① DO(Dissolved Oxygen)는 오수중에 녹아 있는 용존산소를 ppm으로 나타낸 것으로 값이 클수록 오수의 정화능력이 우수하다.
② MLSS는 폭기조내 혼합액의 평균 부유물 농도이고 SV는 침전오니의 퍼센트율이다.

66 벨트랩(bell trap)

용적형트랩 중 드럼트랩(drum trap)은 다량의 물을 고이게 하므로 봉수가 가장 안전하여 주방싱크의 배수용 트랩으로 사용되고 벨트랩(bell trap)은 욕실 등 바닥 배수용으로 사용된다.

67 글로브밸브(Globe valve)

글로우브 밸브는 유체에 대한 마찰저항 손실이 가장 크다. 주로 유량조절이나 유로를 폐쇄하는 경우에 적합한 밸브이다.

68 가스계량기(가스미터기)

① 가스계량기의 교체 및 유지관리가 용이한 곳에 설치한다.
② 환기가 양호한 곳에 설치한다.
③ 절연조치를 하지 않은 전선과는 15cm 이상 떨어지도록 한다.
④ 단열조치를 하지 않은 굴뚝, 전기접속기와는 30cm 이상 떨어지도록 한다.
⑤ 전기개폐기, 전기계량기와는 60cm 이상 떨어지도록 한다.
⑥ 화기와 2m 이상의 우회거리를 유지하고 환기를 양호하게 한다.
⑦ 설치높이(30m^3/hr 미만)는 지면상 1.6 ~ 2m 정도로 한다.

69 자동화재탐지설비의 화재안전기준

지구음향장치는 특정소방대상물의 층마다 설치하되, 해당 특정소방대상물의 각 부분으로부터 하나의 음향장치까지의 수평거리가 25미터 이하가 되도록 하고, 해당층의 각부분에 유효하게 경보를 발할 수 있도록 설치할 것

70 소방설비

진공계란 대기압 이하의 압력을 측정하는 계측기이고 연성계란 대기압 이상의 압력과 대기압 이하의 압력을 측정할 수 있는 계측기이다. 펌프의 토출측에는 압력계를 체크밸브 이전에 펌프토출 측 플랜지에서 가까운 곳에 설치하고, 흡입측에는 연성계 또는 진공계를 설치하여야 한다.

71 팽창관

팽창관은 급탕수직관 끝을 연장하여 팽창관으로 하고 이를 팽창(중력)탱크에 자유 개방하는 것으로 팽창관의 도중에는 절대로 밸브를 설치하지 않는다.

72 증기난방 설비

증기난방설비에서 이중서비스밸브는 한냉지에서 입상관내의 응축수가 동결하는 것을 방지하기 위하여 사용하는 것으로 방열기 트랩과 방열기밸브를 조합한 밸브이다.

73 고온수난방설비

고온수난방은 100℃ 이상의 고온수를 사용하므로 강판제보일러와 밀폐식 팽창탱크를 사용한다. 열매가 고온수이므로 보일러와 동일한 높이에 방열기를 설치하여도 온수순환이 가능하다. 주로 지역난방 등 대규모 건물에 이용된다.

74 공기조화 방식

팬코일유닛방식은 전수방식으로 개별제어, 개별운전이 용이하나 외기냉방이 곤란하므로 실내공기가 오염되기 쉽다.

75 흡수식 냉동기 구성요소

압축기는 압축식 냉동기의 구성요소이고 재생기(발생기)는 흡수기에서 넘어온 묽은 수용액에 증기나 연료를 연소시켜 열을 가하면 물은 증발하여 수증기로 된 후 응축기로 넘어가고 나머지 진한 용액은 다시 흡수기로 내려간다.

76 기계부분 에너지절약 설계기준

난방 및 냉방설비의 용량계산을 위한 설계기준 실내온도는 난방의 경우 20℃, 냉방의 경우 28℃를 기준으로 하되(목욕장 및 수영장은 제외) 각 건축물 용도 및 개별 실의 특성에 따라 설비의 용량이 과다해지지 않도록 한다.

77 전기설비 역률

역률은 유효전력을 피상전력으로 나눈 값으로 역률이 작으면 어떤 양의 전류가 흐를때 실제로 일을 하는 전류량이 작아져서 동일전력을 보내는데 큰 전류가 필요하므로 설비용량이 커져야 된다. 이러한 역률을 개선하기 위하여 캐패시터(콘덴서)를 사용한다.

78 조명설비

직접조명은 간접조명에 비하여 효율이 높고 조명률이 높아 경제적이나 강한 음영으로 눈이 쉽게 피로해진다. 반면에 간접조명은 직접조명에 비하여 효율이 낮고 조명률이 낮아 비경제적이지만 음영이 부드럽고 균일한 조도를 얻을 수 있어 안정된 분위기를 만들 수 있다.

79 승강기 설치기준

① 높이가 31m를 넘는 건축물에는 기준에 의한 승용엘리베이터외에 비상용엘리베이터를 추가로 설치해야 한다.
② 10층 이상 공동주택에는 승용승강기를 비상용승강기 구조로 하여야 한다.
③ 6층 이상의 공동주택에는 국토부령이 정하는 기준에 따라 6인승 이상의 승용승강기를 설치해야 한다.
④ 10층 이상 공동주택에는 화물용 승강기를 설치하여야 한다.

80 공용부분 홈네트워크 설치기준

통신배관실의 출입문은 폭 0.7미터, 높이 1.8미터 이상(문틀의 내측치수)이어야 하며, 잠금장치를 설치하고, 관계자외 출입통제 표시를 부착하여야 한다.

2교시

제3과목 민법									
01	02	03	04	05	06	07	08	09	10
①	①	⑤	①	④	③	②	⑤	②	④
11	12	13	14	15	16	17	18	19	20
②	④	②	③	①	⑤	⑤	⑤	②	④
21	22	23	24	25	26	27	28	29	30
②	⑤	④	④	②	④	③	③	③	⑤
31	32	33	34	35	36	37	38	39	40
①	①	②	④	③	③	①	①	④	③

01 민법의 적용과 효력

① (○) 섭외적 사항에 대하여 국내·외 법 간에 충돌이 생길 때에는 국제사법이 이를 규율한다.

② (X) 상관습법은 성문상법에 대해서는 보충적 효력을 가지나 민법에 대해서는 특별법우선의 원칙에 따라 변경적 효력을 가진다(상법 제1조).

③ (X) 특별한 규정이 있는 것 외에는 시행일 이전의 사항에 대하여도 이를 적용한다(민법부칙 제2조).

④ (X) 민법총칙은 사적 자치원칙을 기초로 한 재산법에 대한 총칙이며, 가족질서유지를 위해 강행규정이 많은 가족법영역에는 원칙적으로 그 적용이 없고 특별규정을 두는 경우가 많다.

⑤ (X) 대륙법계에서는 판례의 법원성이 부인되나 사실상의 구속력이 인정된다는 점을 부인할 수 없다. 하지만 그러한 경우라도 성문법규의 흠결을 보충하고 메우는 기능을 하는 것이지 성문민법을 개폐하는 효력까지 부여되는 것은 아니다.

02 태아의 권리능력

① (○) (법 제858조)

②, ③, ④ (X) 태아는 불법행위에 기한 손해배상청구권(법 제762조), 상속(법 제1000조 제3항)에 있어서는 이미 출생한 것으로 본다.

⑤ (X) 정지조건설이나 해제조건설 모두 태아가 사산된 경우에는 태아의 권리능력을 인정하지 않는다.

03 형성권의 의의

① (○) (법 제142조)

② (○) 해제권은 해제의 의사표시만으로 해제의 효과가 발생하는 형성권이다.

③ (○) 형성권의 특징이다.

④ (○) 공유물분할청구권(법 제268조), 지상물매수청구권(법 제283조), 지료증감청구권(법 제286조), 전세권자의 부속물매수청구권(법 제316조) 등이 명칭에 불구하고 형성권에 해당된다.

⑤ (X) 형성권의 행사는 원칙적으로 당사자의 의사표시로 가능하나 채권자취소권(법 제406조)과 같이 재판상 행사해야 하는 것도 있다.

04 미성년자의 행위능력

㉠ (X) 최고의 상대방은 법정대리인 또는 행위능력을 갖춘 후의 미성년자이다.

㉡ (○) 단순히 성년자라고 칭한 정도로는 속임수(사술)에 해당하지 않는다.

㉢ (X) 미성년자의 상대방이 철회권을 행사하기 위해서는 계약 당시 제한능력자임을 알지 못 하였어야 하므로 제한능력자임을 알았더라면 철회할 수 없다(법 제16조 제1항 단서).

㉣ (○) 미성년자도 스스로 취소할 수 있다.

㉤ (○) 제한능력자는 법률행위의 취소로 인하여 받은 이익이 현존하는 한도에서 상환할 책임이 있다(법 제141조). 계약금 1천만원 중 유흥비로 탕진한 5백만 원은 현존이익에 포함되지 않고 채무변제에 사용한 5백만원만 현존이익으로 반환하면 된다.

05 부재자의 재산관리제도

① (○) 종래의 주소나 거소를 떠난 자이면 생존이 분명한 경우에도 부재자가 될 수 있다(법 제22조 제1항).

② (○) 임대료를 청구하는 것은 보존행위에 해당하므로 법원의 허가가 필요하지 않다(법 제25조).

③ (○) (대판 1982.9.14. 80다3063)

④ (X) 법원의 선임취소결정에 의하여 재산관리권은 장래에 향하여 소멸한다(대판 1970.1.27. 69다719).

⑤ (○) 선량한 관리자의 주의의무를 부담한다(대판 1986.8.26. 86프1 참조).

06 교인의 집단탈퇴 등

③ (×) 소수에 불과한 자들이 집단으로 탈퇴한 경우에는 더 이상 종래의 교회재산에 대하여 권리를 행사할 수 없으므로 기존의 교인들은 탈퇴한 교인들에 대하여 교회재산의 사용을 거부할 수 있다(대판 2006.4.20. 2004다37775).

④, ⑤ (○) 소속교단의 탈퇴나, 소속교단의 변경은 사단법인 정관변경에 준하여 의결권을 가진 교인 2/3 이상(사안의 경우 800 이상)의 동의를 얻어야 한다.

07 실종선고

② 실종선고는 실종자의 종래의 주소를 중심으로 한 사법상 법률관계만을 종료시키는 것이지 결코 사람의 권리능력 자체를 박탈하는 것이 아니다. 그러므로 실종자의 다른 곳에서의 사법상 법률관계와 선거권·피선거권 등의 공법상 법률관계에 관하여는 영향이 없다.

08 사단법인

⑤ 총회에서 결의할 수 있는 사항은 정관에 다른 규정이 없는 한 총회를 소집할 때 미리 통지한 사항에 한정된다(법 제72조).

09 재단법인

① (×) 유언으로 재단법인을 설립하는 때에는 출연재산은 유언의 효력이 발생한 때로부터 법인에 귀속한 것으로 본다(법 제48조 제2항).

② (×) 재단법인의 출연행위에 대하여 대법원은 당사자 사이의 관계와 제3자에 대한 관계를 나누어 등기하지 아니하면 제3자에 대하여 물권의 변동을 대항할 수 없다고 한다(대판 1993.9.14. 93다8054 참조).

③ (○) 재단법인의 설립자가 그 '명칭, 사무소소재지 또는 이사임면의 방법'을 정하지 아니하고 사망한 때에는 이해관계인 또는 검사의 청구에 의하여 법원이 이를 정한다(법 제44조). 목적을 정하지 아니한 경우는 포함되지 않는다.

④ (×) 재단법인의 목적을 달성할 수 없는 때에는 설립자나 이사는 주무관청의 허가를 얻어 설립의 취지를 참작하여 그 목적 기타 정관의 규정을 변경할 수 있다(법 제46조).

⑤ (×) 재단법인은 재산의 집단에 법인격을 인정해 준 것으로서 이익을 분배해 줄 구성원이 존재하지 아니하므로 영리법인이 될 수 없다.

10 과실(果實)

㉡ 민법상 과실이 아니다(대판 2001.12.28. 2000다27749).

11 반사회질서의 법률행위와 불법원인급여

① (○) (대판 2007.2.15. 2004다50426)

② (×) 강박행위의 주체가 국가공권력이고 그 공권력 행사의 내용이 기본권을 침해하는 것이라고 하여 그 강박에 의한 의사표시가 항상 반사회성을 띠게 되어 당연히 무효로 된다고는 볼 수 없다(대판 2002.12.10. 2002다56031).

③ (○) (대판 2004.9.3. 2004다27488, 27495)

④ (○) (대판 2000.2.11. 99다49064)

⑤ (○) (대판 1970.10.23. 70다2038)

12 단독행위

①, ②, ③, ⑤는 일방의 의사표시로 효력이 발생하는 단독행위이나, ④ 매매의 일방예약은 당사자 중 일방에게 예약완결권을 부여하는 당사자 간의 합의에 해당한다. 단독행위인 예약완결권의 행사와는 구별하여야 한다.

13 법률행위의 해석 : 오표시무해원칙

법률행위의 해석의 문제로 자연적 해석방법의 하나인 오표시무해의 원칙에 관한 문제이며 착오의 문제와 구별하여야 한다. 이 경우 甲과 乙의 의사는 X토지에 관한 것이므로 X토지에 관한 유효한 계약이 성립하고 물권적 합의도 존재한다. 그러나 Y토지에 대하여는 어떠한 합의도 존재하지 아니하므로 그 등기도 원인 없는 무효의 등기에 불과하다(대판 1993.10.26. 93다2629).

② (○) 甲과 乙 간에는 X토지에 관하여 매매계약이 성립되었기 때문이다.

14 착오로 인한 의사표시

① (×) 원칙적으로 전부를 취소할 수 있고, 가분성이 있고 당사자의 가상적 의사가 인정되는 경우에 한하여 일부만 취소할 수 있다(대판 1992.2.14. 91다36062).

② (×) 착오는 취소하려는 자가, 중대한 과실의 존재는 상대방이 증명해야 한다(대판 2005.5.12. 2005다6228).

③ (○) (대판 1992.10.23. 92다29337)

④ (×) 표의자에게 "중대한 과실"이 없어야 한다(법 제109조).

⑤ (×) 알고 이를 이용한 경우에는 취소할 수 있다(대판 1955.11.10. 4288민상321).

15 통정허위표시의 제3자

① 제3자란 허위표시의 당사자 및 포괄승계인 이외의 자로서 허위표시에 의하여 외형상 형성된 법률관계를 토대로 새로운 법률원인으로써 이해관계를 갖게 된 자를 말하므로 당사자로부터 계약상의 지위를 상속받은 자는 제3자에 해당하지 않는다.

16 의사표시의 효력발생시기

발신주의에 해당하는 사유

㉣ (법 제131조), ㉤ (법 제71조)

대표적으로 민법상 발신주의가 적용되는 것으로는 ㉠ 제한능력자 상대방의 최고에 대한 확답, ㉡ 사원총회의 소집통지, ㉢ 무권대리 상대방의 최고에 대한 확답, ㉣ 채권자의 채무인수인에 대한 승낙의 확답, ㉤ 격지자 사이의 계약승낙통지 등이다.

17 권한을 넘은 표현대리(현명행위와 표현대리)

① (○) (대판 1998.3.27. 79다234)

② (○) 법정대리라고 하여 임의대리와는 달리 제126조의 표현대리의 적용이 없다고 할 수 없다(대판 1997.6.27. 97다3828).

③ (○) (대판 1981.6.23. 80다609)

④ (○) (대판 1981.12.8. 81다322)

⑤ (×) 대리행위의 표시를 하지 아니하고 단지 본인의 성명을 모용하여 자기가 마치 본인인 것처럼 기망하여 본인 명의로 직접 법률행위를 한 경우에는 특별한 사정이 없는 한 위 법조 소정의 표현대리는 성립될 수 없다(대판 2002.6.28. 2001다49814).

18 대리행위

⑤ 부동산의 소유자로부터 매매계약을 체결할 대리권을 수여받은 대리인은 특별한 사정이 없는 한 그 매매계약에서 약정한 바에 따라 중도금이나 잔금을 수령할 권한도 있다고 보아야 한다(대판 1994.2.8. 93다39379).

19 상대적 무효

상대적 무효란 선의의 제3자에게는 그 무효의 효력을 가지고 대항(주장)할 수 없는 경우를 말한다.

㉠ 반사회적 행위로 절대적 무효이다(법 제103조).

㉡ 선의의 제3자에게 그 무효를 주장할 수 없는 상대적 무효이다(법 제109조 제2항).

㉢ 선의의 제3자에게 그 무효(취소로써 소급하여 무효가 된다)를 주장할 수 없는 상대적 무효(취소)이다(법 제110조 제3항).

㉣ 불공정한 법률행위로 절대적 무효가 된다(법 제104조).

㉤ 이론상 절대적 무효이다.

20 무효행위와 그에 대한 추인

① (○) 단순히 안 것만으로는 부족하고 적극적으로 배임행위에 가담하여야 한다(대판 1994.3.11. 93다55289).

② (○) 이를 무효와 취소의 이중효라고 한다.

③ (○) (대판 2002.9.10. 2002다21509)

④ (×) 사회질서에 반한다고 할 수 없다(대판 1992.12.22. 91다35540).

⑤ (○) (대판 1999.4.13. 98다52483)

21 법률행위의 무효와 취소

② 무효인 법률행위는 추인하여도 그 효력이 생기지 아니한다. 그러나 당사자가 그 무효임을 알고 추인한 때에는 새로운 법률행위로 본다(법 제139조).

① (법 제137조)

④ (법 제140조)

⑤ (법 제146조)

22 소멸시효

① (대판 1992.12.22. 92다40211)

② (대판 2008.11.27. 2008다51908)

③ (대판 2006. 8. 24. 2004다26287)

⑤ 주채무자에 대한 시효의 중단은 보증인에 대하여 그 효력이 있다(법 제440조).

23 기한의 이익상실

기한의 이익을 가진 채무자에게 다음의 사유가 발생하면 기한의 이익을 상실하게 되어 채권자의 기한 전 청구를 거절하지 못한다. ㉠ 채무자가 담보를 손상하거나 감소 또는 멸실케 한 때, ㉡ 채무자가 담보제공의 의무를 이행하지 않은 때(법 제388조), ㉢ 채무자가 파산한 때(「채무자회생법」 제425조)이다.

④ (×) 이는 기한이익상실사유에 해당하지 않는다.

⑤ (○) 담보권 실행을 곤란하게 한 경우로서 채무자는 기한의 이익을 상실한다고 보아야 할 것이다.

24 조건부 법률행위

① (×) 조건 없는 법률행위가 된다.

② (×) 법률행위 자체가 무효이다.

③ (×) 처분할 수 있다(법 제149조).

④ (○) (통설)

⑤ (×) 조건이 성취한 때로부터 그 효력이 생기므로 소급효가 인정되지 않는다(법 제147조 제1항).

25 물권의 소멸원인

② (○) 공탁은 채권의 소멸원인이나 물권의 소멸원인은 아니다.
④ (×) 혼동은 채권과 물권의 공통된 소멸원인이다.

26 물 권

④ 구분지상권을 설정하기 위해서는 지상권자의 동의나 승낙이 필요하다(법 제289조의2 제2항).

27 점유자와 회복자의 관계(선의점유와 악의점유)

③ 유익비상환청구권은 선의·악의 여부에 영향을 받지 않는다.

28 물건의 부합

① (×) 독립한 소유권의 객체가 되기 위해서는 구조상·이용상 독립성이 인정되어야 한다.
② (×) 부속물매수청구권은 독립한 물건에 대하여 행사할 수 있다.
③ (○) (법 제358조 단서)
④ (×) 자연적으로 서식하게 되는 나무 등은 자연적 원인에 의한 부합으로 볼 수 있다.
⑤ (×) 동산이 부동산에 부합한 경우에는 그 시가를 따지지 않고 부동산의 소유자가 그 동산의 소유권을 취득한다(법 제256조).

29 선의취득

③ 취득자가 경매나 공개시장 또는 동종류의 물건을 판매하는 상인에게서 선의로 매수한 경우에는 취득자가 지급한 대가를 변상하여야 한다(법 제251조).

30 유치권

⑤ 목적물에 관하여 채권이 발생하였으나 채권자가 목적물에 관한 점유를 취득하기 전에 그에 관하여 저당권 등 담보물권이 설정되고 이후에 채권자가 목적물에 관한 점유를 취득한 경우 채권자는 다른 사정이 없는 한 그와 같이 취득한 민사유치권을 저당권자 등에게 주장할 수 있다(대판 2014.12.11. 2014다53462).

31 전세권(일물일권주의)

① (×) 법정지상권이 설정된 후 대지소유자는 타인에게 그 대지를 임대하거나 이를 목적으로 한 지상권 또는 전세권을 설정하지 못한다(법 제305조 제2항). 법정지상권, 전세권, 임차권 모두 목적물을 사용·수익할 수 있는 권리인바, 법정지상권은 물권으로서 배타성을 가지므로 법정지상권 성립 후에 동일목적물에 대해 전세권이나 임차권을 설정할 수 없다.
② (○) (대판 1995.2.10. 94다18508)
③ (○) (법 제187조, 대판 1989.7.11. 88다카21029)
④ (○) (법 제303조 제1항, 대결 2001.7.2. 2001마212)
⑤ (○) (대판 2002.8.23. 2001다69122)

32 근저당권

① 근저당권은 거래가 종료하기까지 채권은 계속적으로 증감변동되는 것이므로 근저당거래관계가 계속 중인 경우 즉 근저당권의 피담보채권이 확정되기 전에 그 채권의 일부를 양도하거나 대위변제한 경우 근저당권이 양수인이나 대위변제자에게 이전할 여지가 없다(대판 1996.6.14. 95다53812).

33 금전채권과 외화채권

① (○) (법 제376조)
② (×) 채무자의 선택에 따라 그 나라의 각 종류의 통화로 변제할 수 있다(법 제377조 제1항).
③, ④ (○) (대판 1991.3.12. 90다2147) 따라서 채권자가 소로 그 지급을 구한 경우 법원은 지급시에 가장 가까운 사실심변론종결 당시의 외국환 시세를 우리나라 통화로 환산하는 기준시로 삼아야 한다.
⑤ (○) (법 제379조)

34 채권자취소권

① 조건부 기한부 채권이라도 무방하다.
② (법 제406조 제2항)
③ (대판 2009.1.15. 2008다72394)
⑤ (대판 2001.2.9. 2000다57139)

35 보증채무의 소멸시효

③ 불확정기한부 채권이므로 객관적으로 기한이 도래한 丁의 사망 시부터 진행한다. 乙이 丁의 사망을 안 때부터는 이행지체가 발생한다.

36 해제의 효력

① (×) 가압류만으로 이행불능에 이르렀다고 할 수 없다(대판 1999.6.11. 99다11045).

② (×) 이행불능에 의한 해제의 경우 동시이행의 항변권을 인정할 필요가 없다(대판 2003.1.24. 2000다22850).

③ (○) (대판 2001.6.29. 2001다21441)

④ (×) 착오를 이유로 취소하여 손해배상책임을 면할 수 있다(대판 1996.12.6. 95다24982).

⑤ (×) 해제의 효력은 소멸하지 않는다(대판 1982.5.11. 80다916).

37 도급계약

① 5년간 담보책임이 있다. 즉, 토지, 건물 기타 공작물의 수급인은 목적물 또는 지반공사의 하자에 대하여 인도 후 5년간 담보의 책임이 있다. 그러나 목적물이 석조, 석회조, 연와조, 금속 기타 이와 유사한 재료로 조성된 것인 때에는 그 기간을 10년으로 한다.

38 위임계약의 종료

㉠ (×) 위임계약은 각 당사자가 언제든지 해지할 수 있다(법 제689조 제1항).

㉡ (×) 당사자 일방이 부득이한 사유 없이 상대방의 불리한 시기에 계약을 해지한 때에는 그 손해를 배상하여야 한다(법 제689조 제2항).

39 매도인의 담보책임

④ 매수인의 선의·무과실을 요건으로 하는 것은 물건(특정물이든 종류물이든)의 하자담보책임이다(법 제580조 제1항, 제581조 제1항). 다른 담보책임에서는 매수인의 선의·악의만 문제되고, 무과실을 요건으로 하지는 않는다. 수량부족·일부 멸실의 경우와 용익권에 의한 제한의 경우에는 악의의 매수인에게는 어떤 담보책임을 물을 권리가 인정되지 않는다.

40 불법행위와 채무불이행

③ 민법 제391조의 이행보조자의 고의·과실규정은 불법행위책임의 경우에 적용되지 않는다. 대신에 이와 유사한 제756조의 사용자책임규정이 적용된다.

제2회 실전모의고사

1교시

제1과목 회계원리									
01	02	03	04	05	06	07	08	09	10
②	③	④	④	⑤	②	⑤	④	⑤	②
11	12	13	14	15	16	17	18	19	20
③	③	①	②	③	⑤	④	③	③	③
21	22	23	24	25	26	27	28	29	30
③	③	①	④	②	④	④	①	④	①
31	32	33	34	35	36	37	38	39	40
③	②	⑤	③	③	⑤	④	①	①	②

01 수익의 인식

잡지구독의 경우에는 구독기간에 걸쳐 정액법으로 인식

02 당기순이익

기초자본 + 유상증자 - 현금배당 + 당기순이익 = 기말자본
(₩500,000–₩350,000) + ₩100,000 - ₩200,000 + 당기순이익 = (₩700,000–₩440,000)
∴ 당기순이익 = ₩210,000
총수익 = 당기순이익 + 총비용 = ₩210,000 + ₩120,000
= ₩330,000

03 금융자산

AC금융자산의 경우 공정가치가 아닌 상각후원가로 측정한다.

04 은행계정조정표

- 은행 측 올바른 잔액인 ₩1,150,000(①)을 먼저 구하고, 대차변이 일치해야 하므로 회사 측 잔액을 동액(②)으로 맞춘 다음, 잔액인 ₩200,000(③)을 횡령액으로 본다.

은행계정조정표

회사 측 잔액	920,000	은행 측 잔액	1,300,000
거래처 직접 입금	(+)30,000	㈜대한 미기입입금	(+)50,000
횡령액	③ 200,000	미인출수표	(–)200,000
	② 1,150,000		① 1,150,000

05 미착품

포괄손익계산서상 매출원가를 구성하는 당기매입액과 기말재고가 각각 과소계상되므로 당기의 매출원가 및 당기순이익에 미치는 영향은 없다.

06 회계상 거래

계약은 자산, 부채, 자본의 증감에 영향을 주지 않으므로 회계상 거래로 볼 수 없다.

07 재고자산평가손실

저가법 적용시 시가는 원재료의 경우 현행 대체원가를, 나머지 재고자산의 경우 순실현가능가액을 말한다.

- **원재료** = min(320,000, 330,000)
  = 320,000 : 평가손실 없음
- **재공품** = min(150,000, 170,000)
  = 150,000 : 평가손실 없음
- **반제품** = min(7,200,000, 7,000,000)
  = 7,000,000 : 평가손실 200,000
- **제품** = min(5,700,000, 5,600,000)
  = 5,600,000 : 평가손실 100,000
- **평가손실** = 200,000 + 100,000 = 300,000

08 기계장치 취득원가

= 1,000,000 × 2.8231 + 210,000 = 3,033,100

(차) 기계장치	3,033,100
(차) 현재가치할인차금	176,900
(대) 장기미지급금	3,000,000
(대) 현 금	210,000

09 재무제표 비율분석

매출채권회전율 = 매출액/평균매출채권액 = 매출액/₩100,000 = 10이므로,
매출액 = 10*₩100,000 = ₩1,000,000
매출액순이익률 = 당기순이익/매출액 = 당기순이익/₩1,000,000 = 2%이므로,
당기순이익 = 2% × ₩1,000,000 = ₩20,000

10 도급공사

구 분	20X1년	20X2년	20X3년
누적계약원가	1,800,000	3,700,000	4,650,000
총예정계약원가	4,500,000	4,625,000	4,650,000
공사진행률	40%	80%	100%
누적계약수익	2,000,000	4,000,000	5,000,000
당기계약수익	2,000,000	2,000,000	1,000,000
당기계약원가	1,800,000	1,900,000	950,000
당기계약이익	200,000	100,000	50,000

11 감자

• 자기주식 취득시

(차) 자기주식 400,000
(대) 현 금 400,000

• 자기주식 소각시

(차) 자본금 200,000
(40주×5,000)
(대) 자기주식 160,000
(40주×4,000)
(대) 감자차손 30,000
(대) 감자차익 10,000

감자차손이 있을 때에 감자차익이 발생한 경우 감자차손을 먼저 상계하고 잔액을 감자차익으로 처리한다.

∴ 감자차익 = 40,000 − 30,000 = 10,000

12 사채

발행금액 = 8,000×2.4868 + 100,000×0.7513 = 95,024
20×1년 이자비용 = 95,024×10% = 9,502
20×1년 사채할인발행차금 상각액 = 9,502-8,000 = 1,502
20×2년 이자비용 = (95,024 + 1,502)×10% = 9,653
20×2년 사채할인발행차금 상각액 = 9,653-8,000 = 1,653
20×3년 이자비용 = 100,000 - (95,024 + 1,502 + 1,653) + 8,000 = 9,821

13 유형자산의 취득원가

① 건물 신축 시 기존건물 철거비용은 당기비용으로 처리한다.

14 유형자산

현물출자받은 유형자산의 취득원가는 공정가치를 기준으로 결정한다.

15 마일리지충당부채 잔액

(240,000,000 − 180,000,000×1%)×1% = 2,382,000

• 제1기 결산시

(차) 마일리지비용 1,800,000
(대) 마일리지충당부채 1,800,000

• 제2기 매출시

(차) 마일리지충당부채 1,800,000
(차) 현금등 238,200,000
(대) 매출액 240,000,000

• 제2기 결산시

(차) 마일리지비용 2,382,000
(대) 마일리지충당부채 2,382,000

16 기말재고자산의 평가

• 평가손실 적용 전 평가액
= 평가손실 적용 후 평가액 + 평가손실
= 4,500,000 + 300,000 = ₩4,800,000

• 장부상 수량×단위당 장부금액 − 평가손실적용 전 평가액
= 감모손실이므로 장부상 수량×₩1,000 − ₩4,800,000
= ₩520,000

• 장부상 수량 = 5,320단위

17 포괄손익계산서에 계상될 영업이익

• 판매비와 관리비
= 급여 100,000 + 감가상각비 100,000 + 연구비 50,000 + 접대비 50,000 + 복리후생비100,000
= ₩400,000

• 영업이익
= 매출총이익 10,000,000 − 판매비와 관리비 400,000
= ₩9,600,000

18 현금흐름표

기계장치의 처분은 투자활동으로 분류된다.

19 주식배당금

배당금 수령시 FV-PL금융자산과 FV-OCI금융자산의 배당금은 당기수익으로 처리되지만 관계기업투자주식의 경우에는 피투자회사의 순자산을 감소시키므로 관계기업투자주식의 장부금액에서 차감하여야 한다.

20 기업회계기준상 재무제표

유동성/비유동성 구분법은 자산을 유동자산과 비유동자산으로 구분하는 방법일 뿐 반드시 유동자산, 비유동자산의 순서로 표시할 필요는 없는 것이므로 자산을 비유동자산, 유동자산의 순서로 표시하여도 무방한 것이다.

21 정액법

- 감가상각누계액

$$=(13,000,000-1,000,000)\times\frac{1}{10}\times\frac{4}{12}=₩400,000$$

- 장부금액
  =13,000,000−400,000=₩12,600,000
- 처분손익
  =12,600,000−9,200,000=₩3,400,000 손실

22 측정기준

현행가치 중 '사용가치'에 대한 설명이다.

23 회계변경 및 오류수정

과거의 합리적 추정 이후에 새로운 정보추가로 수정되는 것은 오류수정이 아니라 회계변경이다.

24 부채

④ 유효이자율이 아니라 액면이자율에 대한 설명이다.

25 내부적으로 창출한 무형자산

- 개발활동으로 분류될 금액
  3,000,000+5,000,000=₩8,000,000
- 연구활동으로 분류될 금액
  2,000,000+4,000,000=₩6,000,000

26 보조금취득

- 20X3년 초 감가상각누계액

$$=1,500,000\times\frac{2}{5}=₩600,000$$

- 20X3년 초 정부보조금

$$=500,000-(500,000\times\frac{2}{5})=₩300,000$$

- 20X3년 초 장부금액
  =1,500,000−600,000−300,000=₩600,000
- 유형자산처분손익
  =700,000−600,000=₩100,000(이익)

27 매출원가

- 당기순매입액
  =450,000+670,000−40,000=₩1,080,000
- 매출원가
  =130,000+1,080,000−90,000=₩1,120,000

28 국고보조금

(차) 감가상각비	₩4,000,000
(대) 감가상각누계액	₩4,000,000
(차) 국고보조금	₩2,000,000
(대) 감가상각비	₩2,000,000

29 자 본

10,000,000+5,000,000+1,000,000−1,000,000
+4,000,000=₩19,000,000

30 사채 발행가액

=사채이자의 현재가치+사채원금의 현재가치
=사채액면이자×연금현가계수+사채액면금액×현가계수
=(3,000,000×7%)×3.8896+3,000,000×0.6499
=816,816+1,949,700=2,766,516

31 수익비용대응의 원칙

체계적이고 합리적으로 수익과 대응시키는 비용으로는 감가상각비, 보험료 등이 해당된다.

32 발생주의 매출원가

발생주의 매출원가를 X라고 하면,
X+90,000(재고자산증가액)+30,000(선급금증가액)−40,000(매입채무증가액)=480,000(현금주의매출원가)
∴ X=400,000

33 단위당 변동원가

⑤ 세로축 기준인 총원가가 단위당 원가로 바뀐다면 (b)는 단위당 변동원가 그래프가 된다.

34 전부원가계산과 변동원가계산에 의한 영업이익

1) 변동원가계산에 의한 영업이익
4,000개×(@800－@500)－900,000＝300,000

2) 단위당 고정제조간접원가 $\frac{600,000}{5,000개}$＝@120

3) 전부원가계산에 의한 영업이익
＝변동원가계산하의 영업이익＋기말재고에 포함된 고정제조간접원가
＝300,000＋1,000개×@120 ＝420,000

35 활동기준원가계산

활동기준원가계산은 사전원가계산제도가 아니라 사후원가계산제도이다.

36 공헌이익

1) **공헌이익** ＝1,000－200(직접재료)－100(직접노무)－100(변동제조)－50(변동판관비)＝₩550
2) **판매량이 50개일 때 영업이익** :
550×50－(10,000＋5,000) ＝₩12,500
3) **판매량이 100개일 때 영업이익** :
550×100－(10,000＋20,000) ＝₩25,000
4) 따라서, 판매량 100개일 때 영업이익이 ₩25,000로 가장 극대화된다.

37 기초재공품의 완성도

기초재공품의 완성도를 X라고 하면,

• **평균법 기말재공품원가**

$$=\frac{기초재공품원가+당기총제조비용}{완성품수량+기말재공품환산량}\times 기말재공품환산량$$

$$=\frac{200,000+800,000}{300개+200개\times50\%}\times200개\times50\%=250,000$$

• **선입선출법 기말재공품원가**

$$=\frac{당기총제조비용}{완성수량+기말재공품환산량-기초재공품환산량}\times 기말재공품환산량$$

$$=\frac{800,000}{300+200\times50\%-100\times X}\times200\times50\%$$

＝₩250,000, X＝80%

38 표준원가계산

실제생산량×실제단위시간×실제임률	실제생산량×실제단위시간×표준임률	실제생산량×표준단위시간×표준임률
①3,800시간×₩800 ＝₩3,040,000	②3,800시간×₩750 ＝₩2,850,000	1,600단위×2.5시간×₩750＝₩3,000,000

임률차이 ₩190,000(불리)

능률차이 ₩150,000(유리)

39 판매량

1) 단위당 공헌이익
＝단위당 판매가격－단위당 변동원가
＝800,000－300,000＝500,000

2) 세전목표이익

$$=\frac{세후목표이익}{1-법인세율}=\frac{3,000,000}{1-25\%}=4,000,000$$

3) 세후목표이익을 달성하기 위한 판매량을 Q라 하면,

$$Q=\frac{고정원가+세전목표이익}{단위당공헌이익}$$

$$=\frac{2,000,000+4,000,000}{500,000}=48$$

40 변동원가

X부문 배부액을 X라 하고, Y부문 배부액을 Y라고 하면,
X＝23,000＋0.3Y, Y＝26,000＋0.4X 이므로,
X＝35,000, Y＝40,000이다.
따라서, B제조 부문에 배부될 보조부문 원가는
35,000×0.4＋40,000×0.3＝26,000이다.

2회

제2과목 공동주택시설개론									
41	42	43	44	45	46	47	48	49	50
④	④	⑤	①	②	①	④	③	②	①
51	52	53	54	55	56	57	58	59	60
②	①	③	②	⑤	⑤	⑤	④	③	③
61	62	63	64	65	66	67	68	69	70
③	②	⑤	②	③	③	①	⑤	⑤	①
71	72	73	74	75	76	77	78	79	80
①	②	③	④	④	②	⑤	①	④	④

41 건축구조 구성양식

벽식구조는 보와 기둥이 없는 슬래브와 벽체로 하중을 지지하는 구조이고 라멘(Rahmen)구조는 기둥과 보가 강성(剛性)으로 접합되어 연속적으로 이루어진 골조를 이룬 철근콘크리트구조이다.

42 지반의 허용 응력도(단위 : KN/㎡)

지 반		장기응력에 대한 허용지내력	단기응력에 대한 허용지내력
경암반	화강암·석록암·편마암·안산암 등의 화성암 및 굳은 역암 등의 암반	4,000	장기응력에 대한 허용지내력 각각의 값의 1.5배로 한다.
연암반	판암·편암 등의 수성암의 암반	2,000	
	혈암·토단반 등의 암반	1,000	
자갈		300	
자갈과 모래와의 혼합물		200	
모래 섞인 점토 또는 롬토		150	
모래 또는 점토		100	

43 강관말뚝

강관말뚝의 경우 절단하여 발생되는 스크랩(scrap)은 깨끗이 절단하여 지정장소에 운반 정리하여야 한다. 이 경우 말뚝 잔여길이가 5m 이상일 경우에는 이를 가공하여 말뚝이음 시 재사용할 수 있다.

44 PC(Prestressed Concrete) 구조

PC공법은 공장에서 제작하므로 강도가 크고 생산성이 향상되며 내구성이 증가하여 장스팬구조가 용이하므로 보다 넓은 공간설계가 가능하여 하중이 큰 용도의 구조물에 대응하기 용이하나 초기투자비가 많이 들고 형상이 자유롭지 못하며 운반비가 상승되고 화재시 RC공법에 비하여 위험도가 높다.

45 철근공사

철근공사에서 주근은 주로 인장력을 부담하므로 주근에 갈고리를 두는 경우 압축철근보다 인장철근의 정착길이 확보에 더 효과적이다.

46 콘크리트 공사

물·시멘트비는 물의 중량을 시멘트의 중량으로 나눈 것으로 값이 클수록 묽은 콘크리트가 되어 콘시스텐시가 좋아져 어느 정도까지 시공연도는 좋아지지만 강도가 작고 재료분리, 블리이딩, 레이턴스의 발생이 일어나기 쉽다.

47 용접접합

용접접합에서 용접부는 열에 의한 변형이 우려되고 검사가 곤란하므로 세밀한 준비가 필요하다.

48 철골보의 구조

플랜지(Flange)는 H형강과 같은 부재의 상·하 날개 부재로서 휨력에 저항하는 것으로 보강부재로 커버플레이트(Cover plate)를 사용한다. 웨브(Web)는 보의 중앙부재이며 주로 전단력에 저항하고 보강부재로 스티프너(Stiffner)를 사용한다. 수직스티프너는 전단좌굴에 저항하고 수평스티프너는 압축좌굴에 저항한다.

49 보강콘크리트 블록조

보강콘크리트블록조의 세로 철근은 이어 쓰지 않는 것이 원칙이며 기초에서 윗층 테두리보까지 하나의 철근을 사용한다.

50 벽돌쌓기법

영식쌓기는 한 켜는 길이쌓기, 다음 켜는 마구리쌓기를 번갈아 하며 쌓는 방식으로 통줄눈을 피하기 위하여 마구리쌓기 켜의 끝이나 모서리 부분에는 반절이나 이오토막을 사용한다. 통줄눈이 생기지 않아 구조내력상 가장 튼튼한 쌓기법으로 내력벽에 사용한다.

51 도막방수 보강포 붙이기

도막두께를 확보하고 바탕균열을 줄이며 경사부의 흘러내림을 방지하기 위하여 보강포를 사용하며 보강포의 겹침 폭은 50mm 정도로 한다.

52 도배공사

도배지는 일사광선을 피하고 습기가 많은 장소나 콘크리트 위에 직접 놓지 않으며 두루마리 종, 천은 세워서 보관한다.

53 유리공사시 주의사항

유리공사 시공 도중 김이 서리지 않도록 환기를 잘 해야 하며, 습도가 높은 날이나 우천 시에는 담당원의 승인을 받은 후 시공해야 한다. 실란트 작업의 경우 상대습도 90% 이상이면 작업을 하여서는 안 된다.

54 미장공사 균열방지

① 정벌바름에는 초벌바름보다 빈배합으로 한다.
③ 바름면은 바람 또는 직사광선 등에 의한 급속한 건조를 피하고 서서히 건조시킨다.
④ 초벌이나 재벌에는 굵은 모래를 사용하고 쇠 흙손질을 충분히 한다.
⑤ 초벌바름 후 2주 정도 방치하여 균열을 충분히 발생시키고 재벌바름을 한다.

55 타일공사

타일공사에서 타일을 붙인 후 3시간 정도 경과하면 줄눈파기를 하고 24시간이 경과하면 치장줄눈을 한다.

56 도장공사 유의사항

① 롤러도장은 붓도장 같이 일정한 도막 두께를 유지하기가 매우 어려우므로 표면이 거칠거나 불규칙한 부분에는 주의를 요한다.
② 도료의 견본품 제출시 철재 바탕일 때는 300×300mm의 것으로 하고 색채와 광택, 색상의 질감이 요구하는 수준에 도달해야 하고 하도, 중도, 상도를 10 mm 간격으로 도장면이 나타나도록 나누어 도장한 견본품을 2개 제출한다.
③ 철재면 바탕만들기는 일반적으로 가공장소에서 바탕재 조립전에 한다.
④ 용제처리나 도료의 도장은 반드시 열이 없는 표면에서만 실시한다.

57 지붕의 종류

지붕의 경사가 3/4 이상인 지붕을 급경사 지붕이라 한다.

58 반자의 종류

구성반자는 장식겸 음향효과를 주기 위하여 응접실이나 거실의 구석 또는 중앙 일부를 약간 높이거나 낮게 하여 층단으로 구성하는 반자로 전기조명도 반자에 은폐하여 간접조명으로 한다.

59 거푸집 적산

벽의 개구부 면적 산정시 기둥과 보의 면적은 제외한다.

60 벽돌적산

① 면적 : 10×3=30㎡
② 면적당 정미량 : 1.5B 224매, 0.5B 75매
③ 정미량 : 시멘트벽돌 30×224=6,720매,
　　　　　치장벽돌 30×75=2,250매
④ 소요량 : 시멘트벽돌 6,720×1.05(할증률 5%)=7,056매
　　　　　치장벽돌 2,250×1.03(할증률 3%)=2,317.5매
　　　　　=2,318매

61 열전도율

열전도는 고체 내부의 고온측에서 저온측으로 열이 전달(이동)되는 것으로 어떤 재료의 길이(두께) 1m당 1℃의 온도차에서 1시간동안 전하는 열량을 열전도율이라 한다. 열전도저항(mh℃/kJ : mK/W)은 재료가 열을 전달하는 것을 막으려는 성질로 열전도율의 역수이다. 보온재 및 단열재는 열전도율이 작고 열전도 저항값이 클수록 좋다.

62 급수 조닝(zoning)

① 배관 내 적정수압 유지(수압을 줄이기 위해)
② 수격작용에 의한 소음 및 진동방지
③ 기구의 부속품 파손 방지

63 급수배관의 시공

고가수조식 급수법에서 하향배관의 수평주관은 선하향(앞내림)구배로 하고 각층의 수평주관은 선상향(앞올림)구배로 한다.

64 배수트랩

배수트랩은 배수관내의 악취나 유독가스의 역류를 방지하기 위한 설비로 봉수깊이는 일반적으로 50~100mm 정도가 적당하다. 봉수의 깊이가 50mm 이하이면 봉수가 파괴되기 쉬워 봉수를 완전하게 유지하기 곤란하고 100mm 이상으로 너무 깊으면 유수의 저항이 증대되어 유속이 느려져 침전물이 쌓여 막히는 원인이 될 수 있다.

2회

65 배수관경 결정

① 배수 부하단위 산정 : (2×2) + (1×5) + (4×9) + (3×8) = 69
② 동시사용률 적용 : 69 × 0.7 = 48.3
③ 관경결정 : 부하단위 48.3은 14와 96사이 이므로 부하단위가 큰 96인 관경 100mm로 결정해야 한다.

66 오수정화조 구성요소

산화조는 호기성미생물이 생육하므로 송기구와 배기관을 설치하는 통기설비를 하여야 한다.

67 위생배관 부속기기

배관의 방향을 바꿀 때는 엘보나 밴드를 사용하고 직관을 연결할 때는 소켓, 니플, 커플링, 유니온, 플랜지 등을 사용한다.

68 도시가스 공급압력

도시가스 저압공급 압력은 0.1MPa미만이고 중압공급 압력은 0.1MPa 이상~1MPa 미만이며 고압공급 압력은 1MPa 이상이다.

69 옥외소화전설비

C급화재는 발전기, 변압기 등 전기시설에서 발생하는 화재이고 K급화재는 주방에서 동식물유를 취급하는 조리기구에서 일어나는 화재이다.

70 배관부식 방지 대책

pH는 물속에 녹아 있는 수소이온농도를 그 역수의 상용치수로 표시하여 산성, 중성, 알카리성으로 구분하는 것으로 배관의 부식에서 pH값이 작으면 산성이 되기 때문에 배관부식이 쉽게 발생한다.

71 가스사용량 계산

급탕부하(kcal/h) = GC⊿t

G : 급탕량(kg/hr)
C : 물의 비열(kJ/kg·℃ 또는 kcal/kg·K)
⊿t : 급수 급탕 온도차(℃)

① 급탕부하(kcal/h) = 3,000×4.2×(60−20) = 504,000kJ/h

② 가스사용량 $= \dfrac{504,000}{43,540 \times 0.9} = 12.86\text{m}^3$

72 바닥복사난방

복사난방의 가열코일의 배치간격은 넓게 배치할수록 방열면의 온도분포가 나빠지므로 열손실이 많은 측에서는 좁게 배치한다. 방열패널 1개의 길이는 50m 이하로 하고 간격은 경제적인 면에서 20~30cm 정도가 적당하다.

73 표준 방열량(표준상태에서 방열면적 1㎡당 방열되는 방열량)

열매	표준상태(℃)		표준온도차(℃)	표준방열량
	열매온도	실내온도		
증기	102	18.5	83.5	0.756kW/㎡h
온수	80	18.5	61.5	0.523kW/㎡h

74 흡수식 냉동기의 특징

흡수식냉동기는 열에너지에 의해 냉동효과를 얻고 압축식냉동기는 기계적 에너지에 의해 냉동효과를 얻는다.

75 송풍기 계산식

① 송풍기 전압 Pa(p_t)=송풍기 정압 + 송풍기 동압
② kW(송풍기 축동력)=

$$\frac{Q\times P_t}{60\times 1{,}000\times y_t} = \frac{\frac{1{,}800}{60}\times 300}{60\times 1{,}000\times 0.5} = 0.3$$

Q = 풍량(m³/min), Pt = 송풍기 전압(Pa), y_t=효율

③ 동일송풍기에서 축동력은 회전수의 3승에 비례한다.

$\therefore \left(\frac{1{,}000}{500}\right)^3 \times 0.3 = 2.4$kW

76 환기설비

① 환기횟수는 1시간 동안의 환기량을 그 실의 용적으로 나눈 값으로 기계환기설비에서의 필요 환기량은 신축공동주택등의 세대를 시간당 0.5회로 환기할 수 있는 풍량을 확보하여야 한다.
③ 환기에 유효한 개구부의 면적은 그 실 바닥면적의 1/20 이상으로 한다.
④ 서한도란 환기설비계획에서 실내에 허용되는 오염도의 한계로 %나 ppm으로 나타낸다.
⑤ 신축공동주택의 기계환기설비에서 외부에 면하는 공기흡입구와 배기구는 교차오염을 방지할 수 있도록 1.5미터 이상의 이격거리를 확보하거나, 공기흡입구와 배기구의 방향이 서로 90도 이상 되는 위치에 설치되어야 하고 화재 등 유사시 안전에 대비할 수 있는 구조와 성능이 확보되어야 한다.

77 서지보호장치(SPD)

UPS(Uninterruptible power supply)는 교류전기에서 무정전 전원장치이고 SPD(서지보호장치)는 전기설비의 접지계통과 건축물의 피뢰설비 및 통신설비 등의 접지극을 공용하는 통합접지공사를 하는 경우에는 낙뢰 등으로 인한 과전압으로부터 전기설비 등을 보호하기 위하여 설치하는 기기이다.

78 조명방식

반간접조명은 간접조명에 직접 조명의 장점을 채택한 방식으로 광원에서의 발산 광속 중 60~90%는 상향으로 반사되고 나머지는 하향으로 향하여 음영이 생기지 않고 균등한 조도가 얻어지는 조명방식이다.

79 조속기(Govrnor)

조속기는 승강기가 정격속도의 약120%가 되면 작동하여 카를 강제로 정지시키는 과속방지 제동용 기계적 안전장치이다.

80 홈네트워크 설비

단지서버는 홈네트워크 설비를 총괄적으로 관리하며, 이로부터 발생하는 각종 데이터의 저장 · 관리 · 서비스를 제공하는 장비로 집중구내통신실 또는 방재실에 설치할 수 있다. 다만 단지서버가 설치되는 공간에는 보안을 고려하여 영상정보처리기기 등을 설치하되 관리자가 확인할 수 있도록 하여야 한다.

2교시

제3과목 민법

01	02	03	04	05	06	07	08	09	10
④	⑤	⑤	①	④	④	④	⑤	④	②
11	12	13	14	15	16	17	18	19	20
④	③	③	②	③	②	①	②	⑤	⑤
21	22	23	24	25	26	27	28	29	30
②	①	⑤	⑤	②	⑤	②	①	⑤	②
31	32	33	34	35	36	37	38	39	40
④	②	③	④	⑤	③	①	①	④	③

01 민법총칙의 신분법에 대한 적용

주소(법 제18조)는 제한없이 적용된다.

02 태아의 권리능력

① (○) (법 제3조)
②, ③ (○) 대표적인 학설의 내용이다.
④ (○) 해제조건설은 태아의 출생이 문제되는 개별적인 경우에 이미 출생한 것으로 보므로 태아인 상태에서 태아의 법정대리인을 인정할 수 있다.
⑤ (×) 재산상속권은 인정되나 인지청구는 출생 후에 할 수 있다(법 제1000조 제3항 등).

03 신의칙과 관련한 판례의 태도

① (○) (대판 1998.8.21. 97다37821)
② (○) (대판 2007.6.1. 2005다5843)
③ (○) (대판 2001.7.27. 99다56734)
④ (○) (대판 1999.2.23. 97다12082)
⑤ (×) 신의칙에 반하지 않는다고 보았다(대판 2006.9.22. 2004다56677).

04 미성년자의 법정대리인의 동의권과 대리권의 제한

① (×) 재산상의 법률행위를 대리할 수 있음에 그친다. 혼인 등 신분행위의 대리행위는 원칙적으로 허용되지 않는다.
② (○) 법정대리인은 법률에 의해 정해진다.
③ (○) 양모(養母)도 친권자이기 때문에 후견감독인의 동의를 받을 필요가 없다.
④ (○) 친권자의 이익과 미성년자의 이익이 상반되는 행위로서 친권자의 대리권이 제한되므로 지문의 병존적 채무인수는 무효(무권대리행위)이다(법 제921조 제1항).
⑤ (○) 성년후견인은 동의권이 없다.

05 부재자제도

④ 여전히 부재자가 선임한 재산관리인이므로 부재자가 수여한 권한에 따른다.

06 법인의 불법행위능력

① (○) (법 제63조, 제64조, 제52조의2, 제60조의2, 제82조, 제83조)
② (○) (대판 1968.1.31. 67다2785)
③ (○) (대판 1990.3.23. 89다카555)
④ (×) 법인의 불법행위책임과 대표기관의 불법행위책임은 각각 성립할 수 있다.
⑤ (○) (법 제35조 제2항)

07 실종선고·동시사망의 효과

③ (○) 자연인은 사망으로 권리능력을 상실한다. 즉 자연인은 생존하는 동안 권리와 의무의 주체가 되므로 사망신고가 아닌 사망이라는 객관적 사실에 의해 권리능력을 상실한다(법 제3조).
④ (×) 동시사망한 것으로 추정되면 사망자 사이에서는 상속의 문제는 발생하지 않는다. 다만 대습상속의 원인이 된다는 것이 판례의 입장이다(대판 2001.3.9. 99다13157).
⑤ (○) 실종기간은 보통실종인 경우에는 5년이나, 특별실종의 경우에는 1년이다(법 제27조 제2항, 제28조). 실종선고를 받은 자는 실종기간이 만료한 때에 사망한 것으로 본다.

08 법인의 이사

① (×) 이사는 각자가 대표하는 것이 원칙이다(법 제59조).
② (×) 대표권제한을 등기하지 아니한 경우 악의의 제3자에게도 대항할 수 없다(대판 1975.4.22. 74다410).
③ (×) 개별적으로는 위임할 수 있으나 포괄적으로는 위임할 수 없다(대판 1989.5.23. 89다카3677).
④ (×) 임시이사가 아니라 특별대리인을 선임해야 한다(법 제64조).
⑤ (○) (법 제82조)

09 권리의 객체 : 물건

ⓒ (×) 무주의 부동산은 선점이 인정되지 않고 국유로 된다(법 제252조 제2항).
ⓓ (×) 하천과 공원은 공물 중 공공용물로서 국가 또는 공공단체가 공중의 사용에 제공한 물건이다. 국가 또는 공공단체가 자신이 사용하기 위해 제공한 물건인 공용물과 구별된다(「국유재산법」 제6조).

10 법률행위의 분류

저당권설정행위는 물권행위이나 저당권설정계약은 채권행위에 불과하다.

11 주물과 종물

① (○) (대판 1956.5.24 4288민상526)
② (○) (대판 2008.5.8. 2007다36933 등)
③ (○) (대판 1978.12.26. 78다2028)
④ (×) 공법상의 처분에도 적용된다(대판 2006.10.26. 2006다29020).
⑤ (○) 종물은 주물의 상용에 이바지하는 관계에 있어야 하고, 주물의 상용에 이바지한다 함은 주물 그 자체의 경제적 효용을 다하게 하는 것을 말하는 것으로서 주물의 소유자나 이용자의 상용에 공여되고 있더라도 주물 그 자체의 효용과 직접 관계가 없는 물건은 종물이 아니다(대판 1997.10.10. 97다3750).

12 불공정한 법률행위

③ (×) 어촌계의 총회 결의도 불공정한 법률행위가 될 수 있다. 어촌계 총회의 결의 내용이 각 계원의 어업권 행사내용, 어업 의존도, 계원이 보유하고 있는 어업장비나 멸실된 어업시설 등의 제반 사정을 참작한 손실의 정도에 비추어 볼 때 현저하게 불공정한 경우에는 그 결의는 무효이다(대판 2003.6.27. 2002다68034).
⑤ (○) 불공정한 법률행위를 한 때를 기준으로 한다(대판 1965.6.15. 65다610).

13 법률행위의 해석

③ (×) 법률행위의 해석은 당사자가 그 표시행위에 부여한 객관적인 의미를 명백하게 확정하는 것으로서, 사용된 문언에만 구애받는 것은 아니지만, 어디까지나 당사자의 내심의 의사가 어떤지에 관계없이 그 문언의 내용에 의하여 당사자가 그 표시행위에 부여한 객관적 의미를 합리적으로 해석하여야 하는 것이고, 당사자가 표시한 문언에 의하여 그 객관적인 의미가 명확하게 드러나지 않는 경우에는 그 문언의 형식과 내용 그 법률행위가 이루어진 동기 및 경위, 당사자가 그 법률행위에 의하여 달성하려는 목적과 진정한 의사, 거래의 관행 등을 종합적으로 고려하여 사회정의와 형평의 이념에 맞도록 논리와 경험의 법칙, 그리고 사회일반의 상식과 거래의 통념에 따라 합리적으로 해석하여야 한다(대판 2001.3.23. 2000다40858).

14 착오에 의한 의사표시

① (○) (대판 2008.1.17. 2007다74188)
② (×) 중요한 부분에 관한 것이어야 한다(대판 1984.10.23. 83다카1187).
③ (○) (대판 2006.11.23. 2005다13288)
④ (○) (법 제141조)
⑤ (○) 제109조는 임의규정이다.

15 대리행위

① (○) (대결 2004.2.13. 2003마44)
② (○) (대판 1997.6.27. 97다3828 참조)
③ (×) 이 사건 양도담보계약 체결이 피고 종중을 위한 대리행위라고 할 수 없어 그 효력이 피고 종중에게 미칠 수 없을 뿐만 아니라 여기에 민법 제126조의 표현대리의 법리가 적용될 수도 없다(대판 2001.1.19. 99다67598).
④ (○) (대판 1971.10.22. 71다1921)
⑤ (○) (대판 1973.1.30. 72다2309)

16 하자 있는 의사표시

ⓛ (×) 부정행위에 대한 고소, 고발이 부정한 이익의 취득을 목적으로 한 경우와 목적이 정당하다 하더라도 행위나 수단 등이 부정한 때에는 위법할 수 있다. 즉, 강박에 의한 의사표시이다(대판 1992.12.24. 92다25120, 1978.4.25. 77다2430).
ⓒ (×) 기망에 의하여 하자 있는 물건에 관한 매매가 성립한 경우에는 하자담보책임의 규정(법 제570조)과 사기의 규정(법 제110조)이 경합된다.

17 현명주의

① (×) 대리행위의 법률적 효과가 본인에게 귀속한다는 것을 표시한다는 것이지 본인의 이익을 위하여 행위한다는 것을 표시하라는 의미는 아니다.
② (○) (법 제115조 단서)
③ (○) (법 제114조 제2항)
④ (○) 상행위의 대리인이 본인을 위한 것임을 표시하지 아니하여도 그 행위는 본인에 대하여 효력이 있다(상법 제48조, 대판 2009.1.30. 2008다79340).

18 표현대리

② 교회의 대표자가 권한 없이 행한 교회 재산의 처분행위에 대하여는 민법 제126조의 표현대리에 관한 규정이 준용되지 아니한다(대판 2009.2.12.2006다23312).

① (대판 1994.2.22. 93다42047)
④ (대판 1996.7.12. 95다49554)

19 법률행위의 무효와 제3자의 보호

강행법규의 개별적인 규정에 따라 다르다. 예를 들어 「부동산 실권리자명의 등기에 관한 법률」에 위반한 부동산등기는 선의의 제3자뿐만 아니라 악의의 제3자에 대하여도 대항할 수 없다.

20 무효행위의 추인

소급효를 인정한다(대판 2004.11.11. 2004므1484).

21 조건과 기한(가장조건)

① (○) 법률행위의 효력을 주장하려는 자가 법률행위의 요건을 증명하면 그 효과를 부정하려는 자가 정지조건부 법률행위임을 증명한다.
② (×) 이 경우에는 법률행위가 무효이다.
③ (○) (법 제149조)
④ (○) (대판 2002.9.4. 2002다28340)
⑤ (○) (법 제153조 제1항)

22 법률행위의 취소

민법 제145조(법정추인)의 추인사유 중 이행의 청구는 취소권자에 의하여 이루어지는 경우를 말한다. 상대방으로부터 이행청구를 받은 상태만으로는 법정추인이 되지 않는다.

23 소유권이전등기청구권과 소멸시효

시효제도는 일정 기간 계속된 사회질서를 유지하고 시간의 경과로 인하여 곤란해지는 증거보전으로부터의 구제를 꾀하며 자기권리를 행사하지 않고 소위 권리 위에 잠자는 자는 법적 보호에서 이를 제외하기 위하여 규정된 제도라 할 것인 바, 부동산에 관하여 인도, 등기 등의 어느 한쪽만에 대하여서라도 권리를 행사하는 자는 전체적으로 보아 그 부동산에 관하여 권리 위에 잠자는 자라고 할 수 없다 할 것이므로, 매수인이 목적 부동산을 인도받아 계속 점유하는 경우에는 그 소유권이전등기청구권의 소멸시효가 진행하지 않는다(대판 1999.3.18. 98다32175).

24 기한부 법률행위

① (×) 소급효가 인정되는 행위에 대하여는 시기를 붙일 수 없다.
② (×) 포기한 때에 기한이 도래한 것이 된다.
③ (×) 기한의 이익이 상대방에게도 존재하는 경우에는 상대방의 손해를 배상하고 기한의 이익을 포기할 수 있다고 본다.
④ (×) 불확정기한부 법률행위이다.
⑤ (○) (법 제152조 제2항)

25 물권의 소멸

① (○) 소유권은 항구성을 갖는다.
② (×) 점유권은 혼동으로 소멸하지 않는다.
⑤ (○) 점유를 잃게 되면 즉시 소멸하므로 소멸시효에 관한 규정은 적용되지 않는다.

26 일물일권주의

① (○) 예를 들어 아파트와 같은 집합건물
② (○) 지상권과 저당권은 용익물권과 담보물권이므로 서로 양립할 수 있다.
③ (○) 판례는 관습법상의 명인방법을 인정하고 있다.
④ (○) (대판 1970.11.30. 68다1995)
⑤ (×) 집합물에 대한 양도담보를 인정하였다(대판 1990.12.26. 88다카20224).

27 상린관계

상린관계는 동산 및 부동산이 인접하고 있는 경우 소유자 상호간의 이용을 조절하기 위한 것이다(법 제216조 이하).

② 인접지의 수목의 뿌리가 경계를 넘은 경우에는 임의로 제거할 수 있다(제240조 제3항). 그러나 수목의 가지가 경계를 넘은 때에는 그 소유자에 대하여 그 가지의 제거를 청구하고 불응하면 청구자가 임의로 제거할 수 있다(법 제240조 제1항·제2항).

28 신축건물의 소유권 귀속 물권변동

① (○) 甲은 겨우 기초공사만 하였으므로 그 시점에서는 독립한 부동산으로서의 건물로 평가할 수 없고 乙이 건물을 신축하여 완성한 단계에서 乙은 동 건물의 소유권을 원시취득하였다고 볼 수 있다. 따라서 甲명의의 소유권보존등기는 원인무효이고, 丙 명의의 이전등기 역시 甲명의의 원인무효의 소유권보존등기에 터잡아 경료된 것이므로 무효라고 보아야 한다. 따라서 丙이 선의이더라도 丙은 건물의 소유권을 취득하지 못한다.
② (×) 甲의 보존등기는 원인무효이다.
③ (×) 丙은 선의·악의에 관계없이 소유권을 취득하지 못한다. 등기에 공신력이 없기 때문이다.
④ (×) 乙은 원시취득자로서 등기 없이도 누구에게나 소유권을 주장할 수 있다(법 제187조). 甲의 보존등기는 원인무효이다.
⑤ (×) 부동산등기에는 공신의 원칙이 인정되지 않는다. 따라서 丙의 선의·악의에 관계없이 丙은 건물의 소유권을 취득하지 못한다.

29 전세권

① (×) 설정행위로 양도를 금지할 수 있다(법 제306조 단서).
② (×) 필요비상환은 청구할 수 없지만 유익비상환은 청구할 수 있다(법 제309조, 제310조).
③ (×) 전세권자는 목적물의 현상을 유지하고 그 통상의 관리에 속한 수선을 하여야 하므로 손해배상책임을 질 수 있다.
④ (×) 전세권의 최장기간은 10년으로 제한되어 있으나, 최단기간은 건물 전세에 대하여만 예외적으로 인정될 뿐이다(법 제312조 참조).
⑤ (○) 존속기간을 정하지 아니한 경우에 각 당사자는 언제든지 상대방에 대하여 전세권의 소멸을 통고할 수 있고, 상대방이 이 통고를 받은 날로부터 6월이 경과하면 전세권은 소멸한다(법 제313조).

30 지상권의 존속기간

① (×) 단축할 수 없다(법 제284조 본문).
② (○) 갱신청구권은 형성권이 아니므로 갱신계약의 체결을 요하고(제283조 제1항), 지상권설정자가 거절하면 매수청구권이 인정된다(법 제283조 제2항).
③ (×) 15년으로 한다(법 제281조 제2항).
④ (×) 민법은 최단존속기간만 규정하고 최장존속기간은 규정이 없다(법 제280조).
⑤ (×) 지상권자는 갱신청구를 할 수 있고, 이를 거절하면 매수청구할 수 있다(법 제283조).

31 유치권

㉠, ㉡, ㉢, ㉥, ㉦ 인정(법 제322조 제1항, 제325조, 제322조 제2항, 제323조, 제324조 제2항).
㉣ 부정. 유치권은 점유의 상실로 인하여 소멸한다(제328조). 따라서 유치권에 기한 반환청구권은 인정되지 않는다. 다만, 점유보호청구권에 기한 반환청구권은 인정되고(법 제204조), 점유를 회복한 때에는 점유를 상실하지 않았던 것으로 되므로 유치권도 소멸하지 않았던 것으로 된다(법 제204조, 제192조 제2항 단서).
㉤ 부정. 채무자가 타담보를 제공할 수 있는 권리는 있으나 유치권자가 타담보제공청구권을 가지는 것은 아니다(법 제327조 참조).

32 저당권과 유치권의 충돌

① (×) 어느 저당권자가 경매를 신청하여도 다른 저당권은 모두 소멸한다.
② (○)
③ (×) 1번 근저당권이 채권과 함께 K에게 양도하면 K는 1순위를 양도받게 되어 B보다 선순위가 된다.
④ (×) 매수인은 유치권자에게 변제책임이 있다(「민사집행법」 제91조 제4항). 따라서 물권자인 유치권자 C가 매수인 D에게 대항하여 유치물의 반환을 거부할 수 있다. 그러나 우선변제청구권은 없다.
⑤ (×) 근저당권은 계속되는 거래기간 동안 일시적으로 채권이 0이 되어도 소멸되지 않는다. 즉, 부종성이 완화된다(법 제357조).

33 종류채권의 특정

종류채권은 ㉠, ㉡, ㉣, ㉤의 경우 특정된다.
㉢ 특정 부정. 지참채무의 경우 채무자가 목적물을 분리하고 채권자의 주소지 등에서 언제든지 채권자가 수령할 수 있는 상태에 놓아져야 특정이 된다. 다만 채권자가 미리 수령을 거절한 경우에는 구두제공만으로도 특정이 된다(법 제460조 본문과 단서).
㉤ 특정 인정. 송부채무의 경우 송부하면 특정된다는 견해와 목적지에 도달하여야 특정된다는 견해가 있으나 어떤 견해에 의하여도 목적물이 목적지에 도달하고 이를 통지하면 특정이 이루어졌다고 본다.

34 쌍무계약

③ (○) (법 제588조)
④ (×) 쌍무계약의 당사자 일방의 채무가 채권자의 책임있는 사유로 이행할 수 없게 된 때에는 채무자는 상대방의 이행을 청구할 수 있다(법 제538조).

35 채권양도와 채무인수의 비교

① (×) 확정일자 있는 증서에 의하여야 한다(법 제450조 제2항).
② (×) 양수인의 동의가 필요하다(법 제452조 제2항).
③ (×) 채권자의 승낙이 필요하다(법 제454조 제1항).
④ (×) 제3자가 동의하면 담보도 이전한다(법 제459조).
⑤ (○) (대판 2001.10.9. 2000다51216)

36 계약의 해제

③ 당사자의 일방 또는 쌍방이 수인인 경우에는 계약의 해지나 해제는 그 전원으로부터 또는 전원에 대하여 하여야 한다(법 제547조 제2항).
① (법 제549조)
④ (법 제543조 제2항)
⑤ (대판 2010.5.13. 2009다92685)

37 도 급

① (×) 목적물의 인도와 보수는 동시이행관계이다(법 제665조).
② (○) 일의 완성 전이라도 성취된 부분에 하자가 있으면 하자보수를 청구할 수 있다(법 제667조 제1항).
③ (○) (대판 2002.9.4. 2001다1386)
④ (○) (법 제674조 제2항)
⑤ (○) (대판 2010.1.28. 2009다4113)

38 임대차의 해지통고기간(解止通告期間)

임대차의 종료원인 중 ㉠ 존속기간의 만료나 ②~⑤의 사유에 기한 해지에 의해서는 즉시, 그 효력이 발생하여 임대차 관계가 종료하지만, ㉡ 기간의 약정이 없거나 ①의 사유에 기한 해지통고에 의해서는 일정한 기간(해지통고기간)이 지나야 효력이 발생한다(법 제637조 제1항).
① (법 제637조)
② (법 제640조)
③ (법 제627조)
④, ⑤ (법 제629조 제2항)

39 부당이득

타인의 채무를 변제한 경우에 변제자가 채권자에게 그 반환을 청구하지 못하는 경우에는 채무자에 대하여 구상권을 행사할 수 있다(법 제745조 제2항).

40 불법행위

타인의 명예를 훼손한 자에 대하여는 법원은 피해자의 청구에 의하여 손해배상에 갈음하거나 손해배상과 함께 명예회복에 적당한 처분을 명할 수 있다(법 제764조).

제3회 실전모의고사

1교시

제1과목 회계원리									
01	02	03	04	05	06	07	08	09	10
②	⑤	②	④	④	④	①	③	④	①
11	12	13	14	15	16	17	18	19	20
④	②	③	④	④	④	④	②	⑤	①
21	22	23	24	25	26	27	28	29	30
⑤	②	②	④	⑤	③	②	④	②	④
31	32	33	34	35	36	37	38	39	40
①	②	⑤	③	③	③	④	②	②	①

01 투자부동산

원가모형을 적용하는 투자부동산은 손상회계를 적용한다.

02 시산표

⑤ 시산표는 필수적으로 작성해야 하는 것은 아니다.

03 정액법

- 감가상각비 $= \frac{8,000,000}{10년} \times \frac{3}{12}$ = ₩200,000
- 국고보조금상계 $= \frac{800,000}{10년} \times \frac{3}{12}$ = ₩20,000

(차) 감가상각비	180,000
(차) 국고보조금	20,000
(대) 감가상각누계액	200,000

- 장부금액

= 8,000,000 − 200,000 − (800,000 − 20,000) = 7,020,000

04 포괄손익계산서

미지급비용은 부채계정이므로 포괄손익계산서가 아니라 재무상태표에 표시된다.

05 현금 및 현금성자산

현금 및 현금성자산은 당좌예금(1,000), 우편환증서(500), 배당금지급통지표(400), 타인발행수표(300), 통화(700), 만기도래국채이자표(300)의 합계인 ₩3,200이다.

06 수익의 인식기준

수출대행업과 같이 기업이 대리인인 경우에는 대행수수료만을 수익으로 인식한다.

07 회계상 거래

ㄱ과 ㄴ은 일반적인 의미의 거래일 뿐, 회계상의 거래는 아니다. 회계상으로 거래가 되려면 거래로 인한 재무상태의 변동과, 이에 대한 화폐단위로의 측정가능성이 있어야 한다.

08 누락된 거래

(차) 기계장치 XXX (대) 미지급금 XXX

③ 이 누락된 거래로 인하여 자산은 과소계상되고, 부채도 과소계상되어 있다.

09 매출원가

기초재고 = ₩100,000

매입액 = 500,000 − 30,000(미착상품) = ₩470,000

기말재고 = 50,000 + 20,000(시송품) + 40,000(적송품)

= ₩110,000

매출원가 = 100,000 + 470,000 − 110,000 = ₩460,000

10 유동자산항목

현금과 예금	₩180,000
FV-PL금융자산	+ 120,000
상 품	+ 465,000
선급비용	+ 15,000
매출채권	+ 267,000
	₩1,047,000

11 금융자산

FVPL 금융자산은 재무상태표에 공정가치로 표시한다.

12 매출총손익

매출채권

기초매출 60,000	회수 430,000
	기말 42,000

재고자산

기초 120,000	매출원가
매입	기말 90,000

- 당기매출액 = 430,000+42,000−60,000= ₩412,000
- 매출원가 = 412,000×(1−30%)= ₩288,400
- 당기매입액 = 288,400+90,000−120,000= ₩258,400

13 기계장치 취득시의 분개

(차) 기계장치 751,315
현재가치할인차금 248,685
(대) 장기성미지급금 1,000,000

14 소모품계정

(차) 소모품비 88,000(비용의 증가)
(대) 소모품 88,000(자산의 감소)

15 포괄손익계산서

자기주식처분이익과 FV-OCI 평가이익은 자본항목이므로 당기순이익에는 영향을 미치지 아니한다.

- 당기순이익

= 2,300,000+70,000−60,000 = ₩2,310,000

16 현금과부족

계정내용에 따라 분개를 추정해보면 다음과 같다. (　　)에 들어갈 계정은 잡손실 계정이다.

- 9/25

(차) 현금과부족 ₩100,000
(대) 현 금 ₩100,000

- 10/5

(차) 접대비 ₩70,000
(대) 현금과부족 ₩70,000

- 12/31

(차) 잡손실 ₩30,000
(대) 현금과부족 ₩30,000

17 단기매매금융자산

(차) FV-PL금융자산 ₩150,000
(대) FV-PL금융자산 평가이익 ₩150,000

18 연수합계법

- 20X1~2년 감가상각누계액= $\frac{15,000,000\times(5+4)}{15}$

= ₩9,000,000

- 유형자산처분손익

= 6,200,000−(15,000,000−9,000,000)= ₩200,000(이익)

19 주식발행비

주식발행비는 주식발행가액에서 차감하고 주식발행으로 인한 차익은 주식발행초과금(자본)으로 처리되므로 당기손익에는 영향이 없다.

(차) 현 금 1,620,000
(대) 자본금 1,500,000
주식발행초과금 120,000

20 주식할인발행차금

주식할인발행차금이 발생할 경우에는 주식발행초과금의 범위 내에서 우선 상계처리한다.

(차) 현 금 600,000
주식발행초과금 200,000
주식할인발행차금 200,000
(대) 자본금 1,000,000

21 판매보증충당부채

- 20X1년 말 충당부채 잔액=3,000,000×2%−32,000

=₩28,000

- 20X2년 제품보증비용 지출

(차) 충당부채 28,000
보증비용 6,000
(대) 현 금 34,000

22 사채 회계처리

- 20X1년 말 이자지급시

(차) 이자비용 ₩8,757
(대) 현 금 ₩5,000
사채할인발행차금 ₩3,757

- 20X2년 말 이자지급시

(차) 이자비용 ₩9,132
(대) 현 금 ₩5,000
사채할인발행차금 ₩4,132

- 20X2년 말 사채상환시

(차) 사 채 ₩100,000
(대) 현 금 ₩93,000
사채할인발행차금 ₩4,545
사채상환이익 ₩2,455

23 재무제표

일반적으로 인정되는 회계원칙(GAAP)은 국가마다 상이하다.

24 기말재고자산 단가

선입선출법의 경우 먼저 매입된 재고가 먼저 팔렸다고 가정하기 때문에, 과거의 재고자산의 가액이 현재의 매출원가를 구성하는 경우가 많으므로, 매출원가가 현행원가를 반영하지 못하는 특징이 있다.

25 선급보험료

선급보험료 = 화재보험료 × $\frac{8}{12}$ = ₩1,800,000이므로,

화재보험료 = 2₩,700,000

26 건물의 취득원가

1) 자산을 일괄 구입한 경우로서 개별자산의 취득원가를 알 수 없는 경우
일반적으로 자산의 상대적 공정시장가치에 기준하여 각 자산별로 배분하여야 한다.

2) 건물의 취득원가

$$= 800,000 \times \frac{200,000}{200,000 + 800,000} = ₩160,000$$

27 진행기준

20X1년도 공사진행률 = 38,000/(38,000+42,000)
= 47.5%

20X1년도 공사이익 = 100,000×47.5% − 38,000
= ₩9,500

28 현금흐름표

• 재무활동 순현금흐름
₩45,000(자본금, 주식발행초과금) − ₩6,000 (단기차입금) − ₩2,000(이자비용) = ₩37,000

• 이자비용현금지급액
= 5,000 + 7,000 − 10,000 = ₩2,000

29 무형자산

다음 항목은 내부적으로 창출한 무형자산의 원가에 포함하지 아니한다.

1) 판매비, 관리비 및 기타 일반경비 지출. 다만, 자산을 의도한 용도로 사용할 수 있도록 준비하는 데 직접 관련된 경우는 제외한다.
2) 자산이 계획된 성과를 달성하기 전에 발생한 명백한 비효율로 인한 손실과 초기 영업손실
3) 자산을 운용하는 직원의 교육훈련과 관련된 지출

30 회계변경

④를 제외한 변경은 모두 회계추정의 변경에 속한다.

31 현금주의와 발생주의

발생주의 당기순이익	X
감가상각비	80,000
매입채무 증가	60,000
미지급비용 감소	(40,000)
매출채권 증가	(70,000)
선수금 증가	30,000
현금주의 당기순이익	720,000

32 기회원가

재화나 용역을 현재의 용도가 아닌 차선의 용도에 사용했더라면 얻을 수 있었던 최대금액을 기회원가라고 한다.

33 제조원가명세서

제조원가명세서는 당기제품제조원가 계산과정까지를 나타내는 명세서이므로 기말제품재고액은 표시되지 않는다.

34 기간원가

사무용 소모품비와 판매원급료가 기간원가에 해당한다.
∴ 10,000 = 3,000 + 7,000

35 원 가

$S_1 = 201,000 + 0.3S_2$
$S_2 = 240,000 + 0.3S_1$
$S_1 = 300,000$
$S_2 = 330,000$
$A = 0.4S_1 + 0.5S_2$
$= 0.4 \times 300,000 + 0.5 \times 330,000 = 285,000$
$B = 0.3S_1 + 0.2S_2$
$= 0.3 \times 300,000 + 0.2 \times 330,000 = 156,000$

36 원가

- 배부율 = 120,000(제조간접원가) ÷ 300,000(노무비총계)
  = 0.4
- 제조간접원가배부액 = 180,000 × 0.4 = ₩72,000
- 제조원가 = 400,000 + 180,000 + 72,000 = ₩652,000
- 당기제품제조원가(완성품원가) = 20,000 + 652,000
  = ₩672,000

37 고저점법

저점은 2월 70,000시간이고 고점은 5월 110,000시간이다.
단위당 변동원가

$= \frac{2,350,000 - 1,750,000}{110,000 - 70,000} = \frac{15원}{직접노동시간}$

고정원가 + 110,000 × 15 = 2,350,000
고정원가 = ₩700,000

38 활동기준원가계산

- 제품 단위당 제조원가 = 단위당 직접재료원가 + ₩40 × 기계작업시간 + ₩15 × 부품수 + ₩25 × 완성품 1단위
- ₩305 = ₩100 + ₩40 × 3시간 + ₩15 × 부품수(X) + ₩25 × 1단위

∴ 부품수(X) = 4단위

39 종합원가계산

- 당기완성품수량 = 700 + 4,300 − 600 = 4,400단위
- 직접재료원가 완성품환산량 = 4,400 + 600 = 5,000단위
- 가공원가 완성품환산량 = 4,400 + 600 × 30%
  = 4,400 + 180 = 4,580단위
- 완성품환산량차이 = 5,000 − 4,580 = 420단위

40 예정배부법

- 예정배부액 = $\frac{490,000}{70,000}$ × 80,000 = ₩560,000
- 실제발생액 = 560,000 − 42,000(과대배부액) = ₩518,000

제2과목 공동주택시설개론									
41	42	43	44	45	46	47	48	49	50
①	④	①	④	③	②	②	④	②	④
51	52	53	54	55	56	57	58	59	60
②	③	⑤	④	②	⑤	⑤	⑤	①	④
61	62	63	64	65	66	67	68	69	70
④	①	③	②	①	②	③	①	④	④
71	72	73	74	75	76	77	78	79	80
④	⑤	③	⑤	⑤	⑤	①	②	③	②

41 건축물의 구조

벽식구조는 보와 기둥이 없는 슬래브와 벽체로 하중을 지지하는 구조이고, 라멘(Rahmen)구조는 기둥과 보가 강접합(고정단)으로 연속적으로 이루어진 골조를 이룬 철근콘크리트 구조로 습식구조이다.

42 보링(Boring)

보링(Boring)은 굳은 지층이 깊이 있을 때 지반을 조사하기 위하여 지반 깊이 구멍을 뚫어 시료를 채취하여 지하수위의 위치, 지질이나 지층상태, 지층의 구성 등을 조사하는 방법으로 주상도(쌓인 순서에 따라 지층의 두께와 암석의 종류를 나타낸 그림)를 작성할 수 있다.

43 표준관입시험(Standard Penetration Test)

표준관입시험은 76cm 높이에서 63.5kg의 추를 낙하시켜 반복타격 하여 샘플러를 30cm 도달할 때까지의 타격횟수 N값을 구하여 N값에 따라 지반의 역학적 성질을 추정하는 방식으로 사질지반층의 지반측정에 적합한 지반조사 방법이다.

44 거푸집 측압

생콘크리트의 온도가 낮을수록 거푸집의 측압은 크다. 온도가 높으면 콘크리트의 수분증발로 된콘크리트가 되어 측압은 작아진다.

45 유동화콘크리트

유동화콘크리트는 단위수량이 적은 미리 비빈 베이스콘크리트에 분산성이 우수한 유동화제(고성능 감수제)를 첨가하여 일시적으로 유동성을 증가시킨 콘크리트로 동일한 단위시멘트량의 보통콘크리트보다 부착강도가 증가하지는 않는다. 슬럼프 증가량은 100mm 이하를 원칙으로 하며 50~80mm를 표준으로 한다.

46 콘크리트 크리프

콘크리트 크리프(Creep)는 콘크리트에 일정한 하중을 계속 가하면 하중의 증가 없이 시간의 경과에 따라 변형이 계속 증대되는 현상으로 초기변형값은 크나 재하시간의 경과에 따라 점차 감소하며 압축철근이 적절하게 배근되면 어느 정도 감소한다.

▶ 크리프 증가원인

① 강도가 작을수록
② 물시멘트비(슬럼프치)가 클수록
③ 재령이 적은 콘크리트에 재하시기가 빠를수록
④ 양생이 나쁠수록
⑤ 재하 응력이 클수록
⑥ 대기 습도가 낮을수록
⑦ 부재치수가 작을수록

47 철골 용접 용어

가우징은 금속판면에 구멍을 뚫는 것으로 기계적 방법과 가스가우징 방법이 있고 오버랩(over lap)은 용접 금속과 모재가 융합되지 않고 겹쳐지는 것이다.

48 용접 접합의 특징

용접은 응력전달이 확실하고 단면결손이 없어 강재가 절약되나 결함에 대한 검사가 어려운 단점이 있다.

49 블록쌓기

보강 블록조와 라멘구조가 접하는 부분은 보강 블록조를 먼저 쌓고 라멘구조를 나중에 시공한다.

50 내쌓기

내쌓기는 한 켜씩 내쌓기 할 때는 1/8B, 두 켜씩 내쌓기 할 때는 1/4B 정도 내쌓는다.

51 타일 동해방지법

타일에서 동해란 타일이 흡수한 수분 또는 타일 뒷면에 스며든 수분이 동결하여 타일이 균열되거나 박리되는 현상으로 외벽에 흡수성이 큰 도기질타일을 사용하면 수분 함량이 증가되어 동해를 촉진시키므로 흡수성이 작은 자기질 타일을 사용해야 한다.

52 미장공사 시공법

시멘트 모르타르는 초벌바름 후 2주 이상 충분히 건조하여 균열을 발생 시킨 후 재벌바름을 한다.

53 창호철물

레버토리힌지(lavatory hinge)는 열려진 여닫이문이 자동으로 닫혀지지만 10~15cm 정도는 열려있게 한 경첩으로 공중전화 박스나 공중화장실 등의 여닫이 출입문에 사용한다.

54 방수모르타르 방습층

① 방습층을 방수 모르타르로 시공할 경우 바탕면을 충분히 물씻기 청소를 하고 시멘트 액체 방수공법에 준하여 시공한다.
② 바탕이 지나치게 미끄러울 때에는 표면을 거칠게 하여 부착이 잘되게 하고 바탕이 지나치게 거칠 때에는 1회 모르타르 밑바름을 하고 방수모르터를 바른다.
③ 방수모르타르의 바름두께 및 횟수는 정한 바가 없을 때, 두께 15mm 내외의 1회 바름으로 한다.

55 미장공사

시멘트 뿜칠(cement spray)은 초벌 뿜칠 후 하절기에는 4시간, 동절기에는 24시간 경화 후 재벌 및 정벌바름을 한다.

56 도배공사

정배지의 이음은 공사시방에서 정한 바가 없을 때는 맞대거나 또는 3mm 내외 겹치기로 하고 온통 풀칠하여 붙인 후, 표면에서 솔 또는 헝겊으로 눌러 밀착시킨다.

57 도장 뿜칠 시공법

① 건과 도장면과는 30cm 정도를 표준으로 하여 도장면과 직각이 되도록 하고 평행으로 이동한다.
② 뿜칠의 공기압이 낮으면 도장면이 거칠게 되고, 높으면 칠의 유실이 많아지므로 유의한다.
③ 스프레이건(Spray gun)은 도장면과 직각을 이루게 하고 폭 30cm 정도로 칠너비의 1/3 정도가 겹쳐지게 하여 전회의 방향에 직각으로 칠한다.
④ 1회 도장에 두꺼운 도막을 얻을 수 있고 초기건조가 빠르며 작업능률이 좋다.

58 외벽의 소음방지대책

외벽의 소음을 방지하기 위해서는 재료는 투과율이 작고 투과손실률이 큰 재료를 사용하여야 한다.

59 건축적산

① 물시멘트비 = $\frac{\text{물의 중량}}{\text{시멘트 중량}}$ × 100(%)

② 물 중량 = 0.6 × 320kg = 192kg = 0.192㎥

60 건축재료의 할증률

할증률	재료
1%	유리
2%	도료
3%	일반합판, 모자이크타일, 도기질타일, 자기질타일, 크랭커타일, 치장벽돌, 내화벽돌크랭커타일, 이형철근, 고력볼트
4%	블록
5%	목재(각재, 수장용합판), 석고보드, 텍스, 아스팔트, 리놀륨시트, 비닐제품, 시멘트벽돌, 기와, 리놀륨타일, 아스팔트타일, 비닐랙스타일, 원형철근, 일반볼트, 강관, 소형형강, 봉강, 경량형강, 각파이프
10%	단열재, 목재(판재), 강판, 스텐레스강판, 동판

61 기본이론

0℃ 물이 100℃ 증기로 변하기 위해서는 현열과 잠열을 필요로 한다. 즉, 0℃ 물이 100℃ 물로 변하기 위한 현열 약 420kJ(418.6kJ)과 100℃ 물이 100℃ 증기로 변하기 위한 잠열 약 2,257kJ이 필요하다.

62 급수설비

② 동일한 양의 물이 배관 내를 흐를 때 배관의 단면적이 2배가 되면 유속은 1/2배가 된다.
③ 물이 배관 내를 흐를 때 배관의 관지름이 1/2로 감소하면 유속은 4배가 된다.
④ 베르누이의 정리에 의하면 유속이 빠른 곳이 정압이 작다.
⑤ 수평주관에서의 각 수직관의 분기점, 각층 수평주관의 분기점에는 국부적 단수로 인한 급수계통의 수량 및 수압조정을 위하여 지수밸브를 설치한다.

63 공동현상(Cavitation)

공동현상이란 유체 속에서 압력이 낮은 곳이 생기면 물속에 포함되어 있는 기체가 물에서 빠져나와 이 저압부에 기포가 발생되어 공동을 형성하는 현상으로 일종의 흡입불량현상이다.

64 배수설비

트랩은 이중으로 설치하면 유속이 저해되므로 배수관에는 2중트랩을 사용하지 않는다.

65 정화조의 산화조

산화조는 호기성균에 의해 산화(분해) 처리시키므로 공기(산소)를 공급해야 하고 배기관 및 송기구를 설치하여 통기설비를 한다. 배기관의 높이는 지상 3m 이상으로 하고 살수 홈통의 밑면과 쇄석층의 윗면과의 거리는 10㎝ 이상으로 하며 쇄석층의 두께는 90㎝ 이상, 2m 이내로 한다.

66 세정밸브식(flush valve)

플러시밸브식은 밸브를 한번 누르면 일정량의 물이 나온 후에 자동적으로 정지되는 세정형식으로 연속사용이 가능하나 시스턴식(탱크식)보다 수압이 높아야 하고(최소100kPa) 관경도 커야(25mm 이상) 한다.

67 액화석유가스(LPG, liquefied petroleum gas)

LPG(액화석유가스)는 석유 중에 액화하기 쉬운 프로판(C3H8), 부탄(C4H10) 등을 −42.1℃에서 액화한 것으로 공기보다 비중이 커서(1.5~2.0) 누설시 인화폭발의 위험성이 크다.

68 스프링클러 표준 규정

① 가압송수장치의 정격토출압력은 하나의 헤드선단에 0.1메가파스칼 이상 1.2메가파스칼 이하의 방수압력이 될 수 있게 하는 크기일 것.
② 가압송수장치의 송수량은 0.1메가파스칼의 방수압력 기준으로 분당 80리터 이상의 방수성능을 가진 기준개수의 모든 헤드로부터의 방수량을 충족시킬 수 있는 양 이상의 것으로 할 것

69 이산화탄소소화설비 용어

"심부화재"란 종이·목재·석탄·섬유류 및 합성수지류와 같은 고체가연물에서 발생하는 화재형태로서 가연물 내부에서 연소하는 화재를 말하고 "표면화재"란 가연성액체 및 가연성가스 등 가연성물질의 표면에서 연소하는 화재를 말한다.

70 급탕부하(가열기능력)

$$\text{가열기 능력(kW)} = \frac{G(kg/d) \times C(KJ/kg \cdot K) \times \Delta t(K)}{3,600(s/h)}$$

$$= \frac{3,000 \times 4.2 \times (70-10)}{3,600} \times 0.2 = 42\text{kW}$$

3회

71 빙축열시스템의 특징

빙축열방식은 전력요금이 싸고 전력부하가 적은 심야시간에 심야전력을 이용하여 얼음을 생성, 저장하였다가 주간에 얼음을 녹여서 융해열을 이용하여 건물의 냉방에 활용하는 시스템으로 수축열방식에 비하여 시스템이 복잡하여 제어의 높은 신뢰도가 요구되며 축열조 설치를 위한 면적을 많이 차지한다.

72 수관식 보일러

수관식 보일러는 상부의 증기드럼과 하부의 물드럼 및 여러 개의 수관으로 구성된 보일러로 보유수량이 적어 부하변동에는 안전하지 못하나 증기발생 속도가 빨라 효율이 높고 전열면적이 커서 고압, 대용량에 적합하여 지역난방이나 대규모 건물에 사용한다.

73 증기난방과 온수난방 비교표

구 분	증기난방	온수난방
열매	잠열	현열
예열시간	짧다	길다
방열기 면적	작다	크다
소음	크다	작다
쾌감도	나쁘다	좋다
열운반 능력	크다	작다
방열량 조절	곤란	가능
사용 장소	사무실, 학교, 공장 등	주택, 병원 등

74 공기조화의 기본이론

엔탈피는 건조공기 1kg당의 습공기 속에 현열 및 잠열형태로 포함되는 열량이다.

75 히트펌프(Heat pump)

① 냉방운전시 응축기의 방열을 난방에 이용하는 것으로 냉·난방을 겸할 수 있어 설비비를 절감할 수 있다.
② 압축식 냉동기에서 겨울에는 4방밸브에 의해 냉매의 흐름방향을 바꾸어 난방용으로 운전하는 것이다.

76 부등율

부등률은 합성 최대수요전력을 구하는 계수로서 부하종별 최대수요전력이 생기는 시간차에 의한 값으로 높을수록 설비이용률이 높다.

77 가요전선관(Flexible conduit)

가요전선관 공사는 주름관 안에 전선을 넣어 하는 공사로 굴곡이 많은 곳에 사용하나 콘크리트에 매입하지 않는다. 전동기 배선, 엘리베이터 배선, 기차, 전차 내의 배선 등에 적합하다.

78 엘리베이터의 안전장치

② 균형추(Counter weight)는 기계실의 권상기 부하를 줄이고 전기의 절약을 위해서 사용한다.
③ 전자브레이크(magnet brake)는 전동기의 토크 손실이 있을 때 스프링의 힘으로 브레이크 드럼을 눌러 엘리베이터를 정지시켜 주는 전기적 안전장치이다.
④ 조속기(governor)는 승강기가 과속했을 때 작동하여 카를 정지시키는 기계적 안전장치이다.
⑤ 완충기(buffer)는 승강기가 사고로 인하여 하강할 경우 승강로 바닥과의 충격을 완화시키기 위한 기계적 안전장치이다.

79 피뢰설비

돌침은 건축물의 맨 윗부분으로부터 25㎝ 이상 돌출시켜 설치하여야 한다.

80 홈네트워크 설비 설치기준

무인택배함의 설치수량은 소형주택의 경우 세대수의 약 10~15%, 중형주택 이상은 세대수의 15~20%로 정도 설치할 것을 권장한다.

2교시

제3과목 민법									
01	02	03	04	05	06	07	08	09	10
①	①	⑤	④	⑤	④	③	①	③	⑤
11	12	13	14	15	16	17	18	19	20
④	①	⑤	②	②	④	②	⑤	②	①
21	22	23	24	25	26	27	28	29	30
④	④	②	⑤	①	④	⑤	⑤	④	④
31	32	33	34	35	36	37	38	39	40
④	②	②	④	⑤	③	②	①	②	⑤

01 형성권의 행사방법

사안의 경우에는 법원의 판결에 의해서 효과가 생기는 형성권을 묻고 있는 문제로 ① 채권자 취소권이 이에 해당된다(제406조). ② 취소권 ③ 해제권 ④ 상속포기권 ⑤ 동의권 등은 법원의 판결에 의하지 않고 당사자의 의사표시만으로 효과가 생기는 형성권이다.

02 제한능력자

① (×) 보건복지부장관은 해당하지 않는다.
⑤ (○) 매매계약은 매매대금의 청구권과 매매목적물의 소유권이전의무가 동시에 발생하는 것으로 권리만을 얻거나 의무만을 면하는 행위에 해당하지 않는다. 이 경우 경제적 유·불리는 따지지 않는다.

03 형성권

⑤ 저당권설정청구권은 청구권에 해당한다(법 제666조).

04 제한능력자와 거래한 상대방의 보호를 위한 고유한 제도

④ 취소권의 단기소멸뿐만 아니라 법정추인제도에 의해서도 상대방을 보호할 수 있으나 이는 제한능력자와 거래한 상대방을 보호하기 위한 고유한 제도가 아니라 취소권 일반에 관하여 인정되는 제도이다.

05 법원에서 선임한 부재자의 재산관리인

① (×) 부재자 재산관리인의 통상 업무범위에 해당하므로 법원의 허가가 필요치 않다(대판 1980.11.11. 79다2164).
② (×) 재량행위로서 통상 업무범위에 해당하므로 법원의 허가 없이 가능하다.
③ (×) 일종의 법정대리인이다.
④ (×) 관리인 선임결정의 취소는 장래효만 인정되므로 취소 전에 한 행위에 영향을 미치지 아니한다(대판 1960.2.4. 58다636).
⑤ (○) (대판 1971.3.23. 71다189)

06 법인의 불법행위능력

① (×) 주택조합과 같은 비법인사단의 대표자가 직무에 관하여 타인에게 손해를 가한 경우 그 사단은 민법 제35조 제1항의 유추적용에 의하여 그 손해를 배상할 책임이 있다(대판 2003.7.25. 2002다27088).
② (×) 제35조의 책임에서는 그러한 면제사유가 인정되지 않는다.
③ (×) (법 제35조 제2항)
④ (○) (대판 2003.7.25. 2002다27088)
⑤ (×) 법인 자신의 책임이다. 대표자의 행위가 법인 자신의 행위로 평가되기 때문이다.

07 법인 또는 비법인사단

③ 민법 제35조에서 말하는 이사 기타 대표자는 법인의 대표기관을 의미하는 것이고 대표권이 없는 이사는 법인의 기관이기는 하지만 대표기관은 아니기 때문에 그들의 행위로 인하여법인의 불법행위가 성립하지 않는다(대판 2005.12.23.2003다30159).
① 제49조 제2항
② 대판 2003.7.22. 2002다64780
④ 대판 2008.2.28. 2007다37394, 37400

08 실종선고의 효과

① (×) 실종선고의 효과를 소멸시키기 위해서는 법원에 의한 실종선고의 취소가 필요하다. 판례 역시 실종선고가 취소되지 않는 한 반증을 들어 실종선고의 효과를 다툴 수는 없다(대판 1995.2.17. 94다52751)는 입장이다.
③ (○) (대판 1995.2.17. 94다52751)
④ (○) (대판 1983.2.22. 82사18)

09 주물과 종물

① (○) (대판 2007.12.13. 2007도7247)
② (○) (대판 1993.8.13. 92다43142)
③ (×) 유추적용된다(대판 2001.2.9. 2001다62179).
④ (○) 제100조 제2항은 임의규정이다.
⑤ (○) 종물에 대한 선의취득도 인정된다.

10 법률사실과 법률요건

⑤ 해제권의 행사기간을 정하지 않은 경우에 상대방은 상당한 기간을 정하여 해제권의 행사 여부에 대하여 최고할 수 있으며, 그 기간 내에 해제의 통지를 받지 못하면 해제권은 소멸한 것으로 본다(법 제552조). 따라서 해제권의 소멸은 해제의 상대방을 보호하기 위한 법규상의 효력이다.

11 불공정한 법률행위

④ 불공정한 법률행위는 절대적 무효에 해당하므로 제3자의 선의·악의에 관계없이 무효를 주장할 수 있다(법 제104조).

12 법률행위의 불능

① (×) 매도인이 타인 소유의 부동산을 취득하여 매수인에게 그 소유권을 이전해 줄 수 있으므로 매매계약 자체는 유효하다고 보아야 한다(법 제569조).
② (○) (법 제535조)
③ (○) (대판 1993.1.26. 92다39112)
④ (○) (대판 2005.9.15. 2005다29474)
⑤ (○) (대판 2004.6.11. 2003다1601)

13 법률행위의 해석(자연적 해석)

⑤ 자연적 해석의 원칙상 X토지에 대하여 매매계약이 체결되었으나, Y토지에 대하여는 계약이 성립하지 않았다. 따라서 매수인은 X토지에 대하여 소유권이전등기를 청구할 수 있으나, Y토지에 대한 등기는 원인무효로 말소될 등기에 불과하다.

14 착오에 의한 의사표시

② 토지의 현황 경계에 관한 착오는 매매계약의 중요부분에 대한 착오라 할 것이다(대판1968.3.26.67다2160).
④ 1997.4.11.96다31109

15 의사표시의 효력

① (×) 甲은 乙의 법정대리인이 그 도달을 안 후에야 그 의사표시의 효력을 주장할 수 있다(법 제112조 단서).
② (○) (법 제111조 제2항)
③ (×) 민법상의 규정에 의한 형성권의 행사이므로 위법하다 할 수 없다.
④ (×) 동기의 착오에 불과할 뿐 중요부분의 착오라고 할 수 없다(대판 1985.4.23. 84다카890).
⑤ (×) 표의자가 과실없이 상대방을 알지 못하거나 상대방의 소재를 알지 못하는 경우에는 의사표시는 민사소송법 공시송달의 규정에 의하여 송달할 수 있다(법 제113조).

16 자기계약·쌍방대리

④ 이전등기신청은 이미 확정되어 있는 법률관계를 결제하는 데 불과할 뿐 새로운 이해관계를 형성하지 않고 본인의 이익을 부당하게 해하지 않기 때문에 자기계약금지의 원칙에 반하지 아니하므로 등기신청행위는 유효하다.

17 복대리

① (×) 복대리인은 본인의 대리인이다.
② (○) 원칙적으로 대리인의 대리권의 범위를 넘지 못한다.
③ (×) 본인의 승낙이 있거나, 부득이한 사유가 있는 때에는 복대리인을 선임할 수 있다.
④ (×) 선임·감독상의 과실이 있는 경우에 한하여 책임을 진다.
⑤ (×) 대리인의 대리권이 소멸하면, 그가 선임한 복대리인의 대리권도 소멸한다.

18 무효행위의 전환

⑤ 매매계약이 약정된 매매대금의 과다로 말미암아 민법 제104조에서 정하는 '불공정한 법률행위'에 해당하여 무효인 경우에도 무효행위의 전환에 관한 민법 제138조가 적용되어 당사자 쌍방이 위와 같은 무효를 알았더라면 대금을 다른 액으로 정하여 매매계약에 합의하였을 것이라고 예외적으로 인정되는 경우에는 그 대금액을 내용으로 하는 매매계약이 유효하게 성립할 수 있다(대판 2010.7.15. 2009다50308).

19 표현대리

① (○) 제126조의 표현대리는 기본대리권과 동종의 대리행위일 것을 요하지 않는다(대판 1995.1.20. 94다41423).
② (×) 표현대리가 성립하지 않고, 협의의 무권대리에 해당하면 이는 본인에게 효력이 없으므로(법 제130조) 손해배상도 청구할 수 없다.
③ (○) (대판 1996.8.23. 94다38199)
④ (○) 정당한 이유의 판단기준시기는 법률행위시이다(대판 1997.6.27. 97다3828).

20 법률행위의 추인

① (×) 무권리자의 처분행위에 대하여 추인하면 소급하여 유효하게 된다(대판 2001.11.9. 2001다44291).
② (○) (법 제145조)
③ (○) (법 제145조 참조)
④ (○) (법 제143조)
⑤ (○) 미성년자는 행위능력을 회복하여야 추인할 수 있다(법 제144조 제1항).

21 기간의 계산

㉡ (×) 19세로 성년이 된다(법 제4조). 연령계산에는 출생일을 산입한다(법 제158조). 따라서 2009년 8월 20일 오전 0시에 성년이 된다.

㉤ (×) 부동산의 소유자로 등기한 자가 10년간 소유의 의사로 평온·공연하게 선의이며 과실 없이 그 부동산을 점유한 때에는 소유권을 취득한다(제245조 제2항). 점유기간 10년을 요구하므로 乙은 2008. 8. 10.이 만료하였다고 하더라도 그 부동산의 등기부 시효취득에 필요한 10년의 기간(2010.3.20 24시)이 경과하지 않았다.

22 법률행위의 취소권의 행사기간

④ (×) 제척기간에 해당하므로 법원이 직권으로 판단한다.

②, ⑤ (○) 제146조상의 기간은 제척기간으로 이해되므로 제척기간제도의 취지상 소멸시효의 중단제도가 유추적용될 이유가 없다(대판 2003.1.10. 2000다26425).

23 조건과 기한

① (○) (법 제147조 이하 참조)

② (×) 판례는 할부판매에 대하여 정지조건부 물건행위로 보고 있다(대판 1996.6.28.96다14807).

③ (○) (대판 1984.9.25. 84다카967)

④ (○) (법 제153조 제1항)

⑤ (○) (대판 2003.5.13. 2003다10797)

24 소멸시효의 중단

① (○) 시효중단은 당사자 및 그 승계인 간에만 효력이 있는 것이 원칙이지만(법 제169조), 민법은 주채무자에 대한 시효중단의 효력이 그 보증인에게도 미치도록 하고 있다(법 제440조).

② (○) 관리권한으로 충분하다(대판 1965.12.28. 65다2133).

③ (○) (대판 1978.4.11. 77다2509) 다만 퇴직급여청구권에 대한 소멸시효의 중단사유에 해당하지는 않는다(대판 1990.8.14. 90누2024).

④ (○) (법 제176조)

⑤ (×) 적극적으로 주장한 때부터 시효중단의 효력이 발생한다(대판 1993.12.21. 92다47861).

25 타주점유와 자주점유

㉠ 분묘기지권은 타인의 토지에 분묘를 설치한 자가 그 분묘를 소유하기 위하여 그 묘지부분의 타인 소유토지를 사용할 수 있는 권리로서, 지상권에 유사한 일종의 물권(대판 1955.9.29. 4288민상210)이므로 이 경우는 타주점유이다.

㉣ 부동산을 타인에게 매도하여 그 인도의무를 지고 있는 매도인의 점유는 특별한 사정이 없는 한 타주점유로 변경된다(대판 1997.4.11. 97다5824).

26 중간생략등기

① (×) 중간취득자의 양도인에 대한 등기청구권은 존속한다.

② (×)

④ (○) 원칙적으로 양도인, 중간취득자, 최종취득자의 순서로 등기가 이루어져야 하므로 타당한 설명이다. 다만 3자간에 합의가 있는 경우에는 최종취득자가 양도인에게 직접 소유권이전등기를 청구할 수 있다고 보는 것이 판례이다(대판 1969.10.28. 69다1351).

③ (×) 이미 최종취득자에게 등기가 된 경우에는 실체관계에 부합하는 등기에 해당하여 유효한 등기로 평가된다(대판 1998.9.25. 98다22543).

⑤ (×) 반드시 양도인의 승낙이 필요하다(대판 2001.10.9. 2000다51216).

27 상린관계

⑤ 경계표나 담의 설치비용은 쌍방이 절반하여 부담한다. 그러나 측량비용은 토지의 면적에 비례하여 부담한다(법 제237조 제2항).

28 공 유

① (○) (대판 1994.1.28. 93다49871)

② (○) [법 제263조(지분처분의 자유), 대판 1972.5.23. 71다2760, 2005.5.12. 2003다52685]

③ (○) (대판 1966.11.22. 66다1402)

④ (○) (법 제267조) 다만, 집합건물의 공용부분은 이와 다르다는 점에 유의할 것

⑤ (×) 현물분할이 원칙이며, 예외적으로 대금분할 등이 인정된다(법 제269조 제2항).

29 전세권의 효력

① (○) (법 제304조 제1·2항)

② (○) (법 제310조)

③ (○) (법 제313조)

④ (×) 설정행위로 금지한 때에는 제한된다(법 제306조 단서).

⑤ (○) (법 제317조)

30 관습법상 법정지상권

관습법상 법정지상권의 성립원인이 되는 것은 매매, 증여, 공매, 경매, 공유물분할, 귀속재산의 귀속, 대물변제 등(대판 1972.4.18. 4294민상1103)이 있다. 그러나 환지처분은 관습법상 법정지상권 취득의 원인이 되지 않는다(대판 1991.4.9. 89다카1305).

31 담보물권(유치권과 질권)

㉠ (×) 유치권은 우선변제적 효력이 없다.
㉡ (×) 유치권은 물상대위가 인정되지 않는다.
㉢ (○) 유치권은 물권이고, 동시이행의 항변권은 항변권으로 서로 별개의 권리이기 때문이다.
㉣ (○) 환가가 불가능하기 때문이다.
㉤ (×) 물상보증인도 질권설정계약의 당사자가 될 수 있다.

32 저당권(성립요건)

② 저당권부 채권을 양도하고 이를 부기등기하면 저당권부 채권을 양도할 수 있다.

33 계약체결상의 과실책임

계약의 성립과정 중에 당사자의 일방이 그에게 책임 있는 사유로 인하여 상대방에게 손해를 준 때 부담하여야 할 책임을 '계약체결상의 과실책임'이라 한다.

② (×) 알았을 경우뿐만 아니라 알 수 있었을 경우 즉 과실로 알지 못한 경우에도 책임이 발생한다.

34 채무불이행(이행지체)

① (○) 지시채권이나 무기명채권의 경우 그 소지자가 누구인지 채무자의 입장에서는 알 수 없기 때문이다. 따라서 채권에 기재된 기한은 지급을 요구할 수 있는 기한으로 이해하면 된다.
② (○) 채권의 성립 이전에 이미 불능인 경우에는 무효인 법률행위로서 채권 자체가 발생하지 못한다.
③ (○) (법 제391조)
④ (×) 채무자가 선이행의무의 확정기한인 이행기를 지나면 바로 이행지체에 빠진다 할 것이고, 이처럼 일단 이행지체에 빠진 이상 그 후 채권자가 채무의 일부를 수령하였다고 하여 이행지체의 효과가 없어지고 기한의 정함이 없는 채무로 된다고 볼 수 없다(대판 1992.10.27. 91다483).
⑤ (○) (대판 1971.6.8. 70다2401)

35 변 제

㉠ (×) 변제받을 권한 없는 자에 대한 변제는 특별한 사정이 없으면 채권자가 이익을 받은 한도에서 효력이 있다(법 제472조).
㉡ (×) 영수증을 소지한 자에 대한 변제는 그 소지자가 변제를 받을 권한이 없는 경우에도 효력이 있다. 그러나 변제자가 그 권한 없음을 알았거나 '알 수 있었을 경우'에는 그러하지 아니하다(법 제471조).
㉢ (×) 채권의 준점유자에 대한 변제는 변제자가 선의이며 '과실없는 때'에 한하여 효력이 있다(법 제470조).

36 매도인의 담보책임

①, ② (○) (법 제580조 제1항, 제575조 제1항) 단 제575조에서는 매수인이 선의일 것을 요하나, 제580조 제1항에서는 선의·무과실일 것을 요한다.
③ (×) 하자담보책임, 즉 매매의 '목적물 자체'의 하자에 대한 담보책임은 특정물매매에 있어서 뿐만 아니라 종류매매(불특정물매매)에 있어서도 인정된다(법 제581조 제1항).
④ (○) (대판 2003.6.27. 2003다20190)
⑤ (○) 매수인의 선의·무과실을 요건으로 한다(법 제580조 제1항 단서).

37 지상물매수청구권

① (○) 차임연체에 의하여 임대차계약이 해지된 경우에는 지상물매수청구권을 행사할 수 없다(대판 1962. 10.11. 62다496).
② (×) 토지임차인의 건물 기타 공작물의 매수청구권에 관한 민법 제643조의 규정은 성질상 토지의 전세권에도 유추 적용될 수 있다(대판 2007.9.21. 2005다41740).
③ (○) 형성권의 특징이다.
④ (○) (대판 1996.6.14. 96다14517)
⑤ (○) (대판 2002.5.31. 2001다42080)

38 부당이득

① 채무 없음을 알고 이를 변제한 때에는 그 반환을 청구하지 못한다(법 제742조).

39 도 급

① (×) 공동수급체는 조합에 해당하므로 조합원 중 1인이 자신의 출자지분의 비율로 지급을 청구할 수는 없고, 조합원 전원이 청구할 수 있을 뿐이다(대판 1997.8.26. 97다4401).

② (○) (법 제668조)

③ (×) 지급할 보수액의 범위에서 동시이행의 항변이 가능할 뿐이다(대판 1991.12.10. 91다33056).

④ (×) 10년이다(법 제671조).

⑤ (×) 알고 고지하지 아니한 경우에는 특약의 효력이 인정되지 않는다(법 제669조).

40 사용자책임(불법행위)

⑤ 사용자는 그 사업의 성격과 규모, 시설의 현황, 피용자의 업무내용과 근로조건 및 근무태도, 가해행위의 발생원인과 성격, 가해행위의 예방이나 손실의 분산에 관한 사용자의 배려의 정도, 기타 제반 사정에 비추어 '손해의 공평한 분담이라는 견지에서 신의칙상 상당하다고 인정되는 한도 내'에서만 피용자에 대하여 손해배상을 청구하거나 그 구상권을 행사할 수 있다(대판 1996.4.9. 95다52611).

제4회 실전모의고사

1교시

제1과목 회계원리									
01	02	03	04	05	06	07	08	09	10
①	②	①	⑤	③	②	③	①	⑤	②
11	12	13	14	15	16	17	18	19	20
⑤	②	⑤	②	④	⑤	④	⑤	④	②
21	22	23	24	25	26	27	28	29	30
②	②	②	⑤	③	④	③	②	④	②
31	32	33	34	35	36	37	38	39	40
①	⑤	①	②	②	②	①	①	①	②

01 계 정

선수수익은 자산/부채 계정이다.

02 유형자산 교환

처분이익 = ₩70,000 - ₩50,000 = ₩20,000

• 유형자산 교환에 따른 취득가액

구 분	상업적 실질 있는 경우	상업적 실질 없는 경우
제공자산 공정가치가 더 명백	제공자산 공정가치 - 현금수령금액 + 현금지급금액	제공자산 장부금액 - 현금수령금액 + 현금지급금액
취득자산 공정가치가 더 명백	취득자산 공정가치	

03 계약원가

이행하지 않은 수행의무와 관련된 원가인지 이미 이행한 수행의무와 관련된 원가인지 구별할 수 없는 원가는 발생시점에 비용으로 인식한다.

04 유가증권 회계처리

지분상품 중 FV-OCI금융자산을 처분하는 경우 기타포괄손익누계액은 재분류조정을 통하여 당기손익으로 인식할 수 없고 자본 내에서 이전(이익잉여금)된다.

05 당기순이익

• 기말 자본
= 기초자본 + 총수익 - 총비용 - 배당금
= ₩500,000 + ₩240,000 - ₩120,000 - ₩160,000
= ₩460,000

• 기말 자본 = 기말 자산(X) - 기말 부채
₩460,000 = X - ₩300,000
∴ X = ₩760,000

06 매출총이익

• **매출원가** = 순매출액 - 매출총이익
= 360,000 - 70,000 = ₩290,000

• **기말재고액** = 기초재고액 + 순매입액 - 매출원가
= 40,000 + (270,000 - 5,000) - 290,000
= ₩15,000

07 대손처리

(차) FV-OCI금융자산	100,000
(대) 현 금	100,000
(차) FV-OCI금융자산 평가손실	20,000
(대) FV-OCI금융자산	20,000
(차) 손상차손	5,000
(대) FV-OCI금융자산 평가손실	5,000

FV-OCI금융자산 평가손실 = 20,000 - 5,000 = ₩15,000

08 오류수정

20X1년 오류수정은 소급법에 의하여 미처분이익잉여금을 수정하고 20X2년 오류수정은 역분개로 수정한다.

(차) 미처분이익잉여금	3,000,000
(대) 비 품	3,000,000
(차) 감가상각누계액	600,000
(대) 감가상각비	600,000

09 주식발행

(차) 현 금	₩3,500,000
(대) 자본금	₩2,500,000
(대) 주식발행초과금	₩1,000,000

10 추정의 변경

• 20X1년~20X6년 감가상각비

$= \frac{5,000,000원}{10년} \times 6년 = ₩3,000,000$

• 20X7년 감가상각비

$= \frac{(₩5,000,000 - ₩3,000,000 - ₩500,000) \times 4}{10}$

= ₩600,000

11 외상매입

• 추정매출원가 = 1,500,000×(1－0.3) = ₩1,050,000
• 매입액 = 기말상품+(추정)매출원가－기초상품
= 700,000+1,050,000－500,000= ₩1,250,000

매입채무

지급	1,100,000	기초	400,000
기말		매입	1,250,000

• 기말외상매입금 = 400,000+1,250,000－1,100,000
= ₩550,000

12 개발비

개발단계에서 지출한 비용인 새로운 기술과 관련된 금형의 설계비 ₩2,000,000, 개선된 제품에 대하여 최종적으로 선정된 안에 대한 시험비 ₩700,000, 신제품을 생산하기 전에 발생한 시제품 제작비 ₩1,500,000로서 ₩4,200,000이 된다.

13 결산절차

수익과 비용은 임시계정이므로 결산을 수행하면서 재무상태표의 자본(이익잉여금) 계정으로 대체하게 되므로, 포괄손익계산서 작성이 재무상태표 작성보다 앞서게 된다.

14 현금 및 현금성자산

= 보통예금+통화+양도성예금증서+당좌예금
+타인발행수표+우편환증서
= 710,000+450,000+300,000+720,000
+350,000+150,000= ₩2,680,000

15 결산수정분개

• 20X1년 12월 31일 현재 미지급이자

$= 1,000,000 \times 12\% \times \frac{3}{12} = ₩30,000$

(차) 이자비용 ₩30,000
(대) 미지급이자 ₩30,000

16 회계변경

당기일괄처리법은 전기이전의 누적효과를 계산하여 이를 당기손익으로 일괄처리하는 회계처리방법이다.

17 매출채권

• 매출원가 = 기초재고+당기매입－기말재고
= 260,000+820,000－180,000
= ₩900,000
• 외상매출액 = 900,000×1.3=₩1,170,000
• 기말매출채권
= 기초매출채권+외상매출액－매출채권회수액
= 370,000+1,170,000－910,000 = ₩630,000

18 매출채권

매출채권(자산)계정 차변이므로 매출채권(자산)의 증가가 발생되는 거래이어야 한다.

19 자기주식

자기주식은 자산이 아니므로 결산시 평가대상이 아니다.

(차) 현금등 ₩480,000
(대) 자기주식 ₩450,000
자기주식처분이익 ₩30,000

20 회계정보의 질적 특성

회계정보의 근본적 질적특성은 목적적합성과 표현충실성 2가지이다.

21 사채

② 액면금액 → 발행금액

22 기초상품재고액

• 매출채권회전율 $= \frac{매출액}{평균매출채권액}$

$= \frac{매출액}{\frac{3,260,000+5,810,000}{2}} = 2회$

• 매출액 = ₩9,070,000
• 매출원가 = 매출액－매출총이익
= 9,070,000－2,740,000=₩6,330,000
• 매출원가 = 기초상품재고액+당기순매입액
－기말상품재고액
• 기초상품재고액 = 6,330,000－6,000,000+870,000
= ₩1,200,000

4회

23 유동/비유동 구분

재고자산과 매출채권은 12개월 이내에 실현되지 아니하는 경우에도 유동자산으로 분류한다.

24 손익의 결산

• 선급비용 ₩30,000 누락
→ 당기순이익 ₩30,000 과소계상
• 미수수익 ₩20,000 누락
→ 당기순이익 ₩20,000 과소계상
• 미지급비용 ₩50,000 누락
→ 당기순이익 ₩50,000 과대계상

수정후 당기순이익=₩30,000+₩20,000−₩50,000
∴ 영향 없음

25 매출채권

• 만기금액 $=1,000,000+\left(1,000,000\times12\%\times\frac{6}{12}\right)$ $=₩1,060,000$
• 할인료 $=1,060,000\times15\%\times\frac{2}{12}=₩26,500$
• 현금수령액 $=1,060,000-26,500=₩1,033,500$
• 이자수익 $=1,000,000\times12\%\times\frac{4}{12}=₩40,000$

(차) 현 금	1,033,500
(대) 받을어음	1,000,000
(차) 매출채권처분손실	6,500
(대) 이자수익	40,000

26 재무제표

가지급금과 같은 임시계정 또는 가계정은 재무제표에 표시할 수 없고 적정한 계정으로 표시하여야 한다.

27 재무제표 비율분석

부채비율은 부채를 자기자본으로 나눈 비율을 말한다.

28 현금흐름표

① 다른 기업의 지분상품 및 채무상품의 취득에 따른 현금유출과 처분에 따른 현금유입은 투자활동이다.
③ 유형자산 취득에 따른 현금유출과 매각에 따른 현금유입은 투자활동이다.
④ 주식 또는 지분상품의 발행에 따른 현금유입은 재무활동이다.
⑤ 차입금의 상환으로 인한 현금유출은 재무활동이다.

29 정액법과 유효이자율법의 비교

구 분	할인발행		할증발행	
	정액법	유효이자율법	정액법	유효이자율법
이자비용	일정	증가	일정	감소
사채발행차금상각액	일정	증가	일정	증가
현금지급액	일정	일정	일정	일정
사채장부금액	증가	증가	감소	감소

이자비용을 증가시키므로 당기순이익을 감소시키고, 사채의 장부금액은 증가한다.

30 기회비용

선택가능한 대체적인 방안 중 특정대안을 선택한 경우 포기한 다른 대체안으로부터 상실하게 된 순현금유입액을 기회비용(기회원가)이라고 한다.

• A안 선택시 기회비용 =280,000−90,000=₩190,000
• B안 선택시 기회비용 =₩200,000

31 은행계정조정표

	회사 측 잔액	은행 측 잔액
조정 전 잔액	1,200,000	1,450,000
수표발행기록 누락	△300,000	−
외상매출금 회수기록 누락	100,000	−
미기입예금	−	200,000
지급수수료	△30,000	−
외상매출금 회수	500,000	−
기발행미인출수표	−	△330,000
부도어음	△150,000	−
조정 후 잔액	1,320,000	1,320,000

32 진행기준

20X2년의 누적 진행률은 $\frac{250,000}{300,000}$ = 83.33%이다.

33 결합원가

	판매가치	결합원가배분액
제품X	₩75,000	₩45,000 $\left(₩60,000\times\frac{₩75,000}{₩100,000}\right)$
제품Y	25,000	15,000 $\left(₩60,000\times\frac{₩25,000}{₩100,000}\right)$
	₩100,000	₩60,000

34 단계배부법

- 보조부문 B → 보조부문 A
  = 7,000×25% = ₩1,750
- 보조부문 A → 제조부문 Y

$$= \frac{(6,000+1,750)\times 42\%}{28\%+42\%} = ₩4,650$$

35 예정배부법

- 제조간접원가 예정배부율

$$= \frac{30,000,000}{20,000} = ₩1,500/시간$$

- 7월의 제조간접원가 예정배부액
  = 1,500×3,000 = ₩4,500,000

36 CVP분석

- 단위당 공헌이익 : ₩500 − (100 + 120 + 80 + 50) = ₩150
- 예상 세후이익 :

(단위당 공헌이익×판매량 − 고정원가) × (1−세율)
[₩150×5,000단위 − (₩320,000 + 200,000)] × (1 − 30%)
= ₩161,000

37 직접재료원가

- 제조간접원가 = 당기총제조비용×10%
  = 7,200,000×10% = ₩720,000
- 제조간접원가 = 직접노무원가×30%
  = ₩720,000

  직접노무원가 = ₩2,400,000
- 직접재료원가
  = 당기총제조비용 − 직접노무원가 − 제조간접원가
  = 7,200,000 − 2,400,000 − 720,000 = ₩4,080,000

38 매몰원가

기존 기계장치의 취득원가 ₩2,000,000은 수리 또는 교체와 관계없이 이미 발생한 과거원가로서 의사결정과 관련 없는 매몰원가이다.

39 고저점법

- 변동원가율

$$\frac{최고비용 - 최저비용}{최고비용의\ 독립변수값 - 최저비용의\ 독립변수값}$$

- 고정원가
  최고비용 − 변동원가율 × 최고비용의 독립변수값

- 변동원가율

$$\frac{25,000-10,000}{23-8} = 1,000$$

- 고정원가
  25,000 − 23×1,000 = 2,000
  따라서 원가함수는
  Y = 2,000 + 1,000×노무시간

40 변동원가계산

제품

기초	판매
−	800단위×₩480*1
생산	기말
1,000단위×₩480	200단위×₩480

*1 단위당 원가 :
(₩240,000+₩80,000+₩160,000)/1,000단위(생산량)
= ₩480

제2과목 공동주택시설개론

41	42	43	44	45	46	47	48	49	50
③	⑤	②	①	⑤	①	②	③	⑤	①
51	52	53	54	55	56	57	58	59	60
④	③	①	④	④	②	②	③	①	④
61	62	63	64	65	66	67	68	69	70
⑤	④	③	③	④	②	④	③	①	②
71	72	73	74	75	76	77	78	79	80
⑤	⑤	③	①	②	①	⑤	④	②	①

41 설계하중

적설하중은 지역마다 다르며 적설의 단위중량에 따라 그 지방의 수직최다 적설량을 곱해서 계산하나 굴뚝을 설계할 때는 영향이 적으므로 무시해도 무방하다.

42 기초구조

독립기초는 기초판 1개에 기둥 1개를 받치는 구조로 목구조나 철근콘크리트 구조에 사용하나 부동침하에는 불리한 구조이고 줄기초(연속기초)는 벽 또는 일렬의 기둥을 대형의 기초판으로 받치게 하는 구조로 벽으로부터 가해지는 하중을 확대 보호하기 위하여 사용하는 기초이다.

4회

43 예민비

$$\text{예민비} = \frac{\text{자연상태(불교란) 시료강도}}{\text{이긴상태(교란) 시료강도}} \times 100$$

① 간극비　　③ 샌드벌킹(sand bulking)
④ 간극수압　　⑤ 압밀침하

44 늑근의 사용목적

늑근(stirrup bar)은 주근과 주근을 직각방향으로 연결하는 철근이다. 늑근을 사용하는 가장 중요한 목적은 사인장력 및 전단력에 의한 균열방지이고 이외에도 주근 상호간의 위치 보전, 철근 조립용이, 피복두께 유지 등의 목적으로 사용한다.

45 고강도콘크리트의 특징

고강도 보통콘크리트는 설계기준강도가 40MPa 이상인 콘크리트로 기상의 변화가 심하거나 동결융해에 대한 대책이 필요한 경우를 제외하고는 공기연행제를 사용하지 않는 것을 원칙으로 한다. 단위수량과 슬럼프값은 소요의 워커빌리티를 얻을 수 있는 범위 내에서 가능한 작게 하여야 한다.

46 콘크리트 성질 용어

콘시스텐시(Consistency)는 단위수량에 의해서 변화하는 콘크리트 유동성의 정도로 보통 슬럼프값으로 표시하며 단위수량이 많으면 콘시스텐시가 좋아 작업이 용이하나 재료 분리가 일어난다. 플라스틱시티(Plasticity)는 마감성으로 콘크리트 입자간의 점착을 판별하는 끈기로 거푸집에 쉽게 다져 넣을 수 있고 형태를 유지하는 정도이다.

47 철골용접시 유의사항

부재이음에는 용접과 볼트를 원칙적으로 병용해서는 안 되지만 불가피하게 병용할 경우에는 용접 후에 볼트를 조이는 것을 원칙으로 한다.

48 철골구조

철골보에서 웨브(Web)의 좌굴을 방지하기 위한 보강재는 스티프너(Stiffner)이고 시어커넥터(Shear connector)는 합성보, 스팬이 큰 보, 철골보+콘크리트 슬래브 등의 전단 연결재이다.

49 보강 콘크리트 블록조

보강 블록조와 라멘구조가 접하는 부분은 보강 블록조를 먼저 쌓고 라멘구조를 나중에 시공한다.

50 ALC(Autoclave lightweight concrete)블록

ALC블록은 일종의 경량기포 콘크리트로 열전도율이 작아 단열재로 사용하나 강도가 작고 흡수율이 크므로 쌓기 직전의 블록이나 설치 직전의 패널은 건조상태를 유지해야 한다.

51

각 공정의 이어 바르기의 겹침은 100mm 정도로 하여 소정의 두께로 조정하고, 끝부분은 솔로 바탕과 잘 밀착시킨다.

52 유리공사

단열간봉(warm-edge spacer)은 복층유리의 간격을 유지하며 열 전달을 차단하는 자재로, 기존의 열전도율이 높은 알루미늄 간봉의 취약한 단열문제를 해결하기 위한 방법으로 warm-edge technology를 적용한 간봉이다.

53

정식계단은 디딤판, 챌판, 옆판, 멍에, 엄지기둥, 난간두겁, 난간동자 등으로 구성되며 논슬립(Non-slip)은 계단의 디딤판 모서리 끝에 보강 및 미끄럼방지를 위해 설치한다.

54 알루미늄 새시의 특징

알루미늄새시는 스틸새시보다 내화성과 알칼리에 약하여 콘크리트에 시공할 때에는 특별한 주의를 요하며 징크로메이트로 방식처리를 해야 한다.

55 단열모르타르 미장공사

초벌바름은 재료와 바름부위에 따라 흙손, 뿜칠, 펌프압송 등으로 시공할 수 있는 것으로 10mm 이하의 두께로 천천히 압력을 주어 기포가 생기지 않도록 바르고 지붕에 바탕 단열층으로 바를 경우는 신축줄눈을 설치한다.

56 지하실 방수

안방수(내방수)법은 바깥방수(외방수)에 비하여 시공과 보수가 용이하고 반드시 보호누름벽을 설치하여야 하나 외(바깥)방수는 보호누름벽을 설치하지 않아도 된다.

57 도장공사

도료의 배합비율 및 시너(희석제)의 희석비율은 중량비로 표시한다.

58 단열과 흡음재료

재료는 습기가 차거나 함수량이 클수록 열전도율이 커져서 단열성능이 떨어진다.

59 건축적산

① 0.5m × 0.4m × 3m × 2.4톤 = 1.44톤(1,440kg)
② 320kg(40kg×8포) × 0.6 =192kg③ 30 × 149 × 1.03(할증률 3%) = 4604.1매 = 4,605매
④ $\frac{1,000,000}{(300+6)\times(300+6)}$ = 10.679 × 1.03(할증률 3%) = 10.999 = 11장
⑤ 0.02 × 1,000 ÷ 5명 = 4일

60 공사비 구성

공사비의 구성은 직접공사비(재료비, 노무비, 외주비, 경비)와 간접공사비를 합해 공사의 원가가 되고 여기에 일반관리비를 합해 총원가가 되며 부가이윤을 합한 것이 총공사비이다. 공사속도를 빠르게 할수록 직접공사비는 증가하고 간접공사비는 감소한다.

61 결로 방지대책

① 벽체의 표면온도를 실내공기의 노점온도보다 높게 한다.
② 실내의 수증기 발생원인을 억제한다.
③ 환기를 자주하여 실내공기의 수증기를 감소한다.
④ 각 실의 온도차가 작은 난방방식을 채택한다.
⑤ 단열 강화에 의한 벽체의 열관류 저항을 크게 한다.
⑥ 실내측에 방습층을 설치한다.

62 펌프 축동력

축동력(kW) = $\frac{WQH}{6120E}$	Q= 유량(m³/min), H= 양정, W= 비중량(m³/kg), E=효율

① 전양정(m) = 흡입양정+토출양정+마찰손실수두 =2m+38m+4m=44m
② 축동력(kW) = $\frac{1,000\times24\times44}{60\times6,120\times0.8}$=3.59477kW

63 펌프의 양정

전양정이란 실양정(흡입양정+토출양정)에 배관내의 마찰손실수두를 합한 것이다.

64 배수관경

배수관의 관경이 필요 이상으로 크면 유속이 감소하여 고형물이 쌓여 배수 능력이 감소하고 막히는 경우가 생기므로 적정한 크기로 한다. 배수관은 배수의 자기세정 작용을 위하여 배수유수면 높이는 관경의 1/2~2/3 사이가 되게 한다. (단면적의 약 50~70%)

65 통기설비

결합통기관(yoke vent)은 고층 건물에서 통기 효과를 높이기 위해 5개층 정도마다 통기수직관과 배수수직관을 연결한 통기관으로 배수수직관 내의 압력변동을 완화한다.

66 오물처리설비

① 산화조의 폭기장치는 산기식 폭기장치와 기계식 폭기장치가 있다.
③ 부패조는 혐기성균의 활동을 증식시키기 위하여 공기를 차단해야 한다.
④ 산화조의 밑면은 소독조를 향하여 1/100 정도의 내림구배를 둔다.
⑤ 오수처리시설은 하수도법에 의해 1년에 1회 이상 내부청소를 실시하여야 한다.

67 연관(Lead pipe)의 특징

① 내식성이 우수하고 굴곡이 용이하며 가공이 쉽다.
② 중량이 무겁고 가격이 비싸다.
③ 알칼리에는 침식되므로 콘크리트 속에 매설할 때는 방식피복을 해야 한다.
④ 주로 수도인입관, 기구배수관, 가스관, 공업용배관 등으로 사용되고 있다.

68 도시가스 설비

배관을 지하에 매설하는 경우 또는 공동주택에는 지면으로부터 0.6m 이상의 거리를 유지하고 폭 4m 이상 8m 미만 도로에서는 1m 이상, 폭 8m 이상 도로에서는 1.2m 이상 거리를 유지하여야 한다.

4회

69 스프링쿨러설비

폐쇄형 준비작동식 스프링클러 설비는 준비작동 밸브의 1차측에 가압수를 채워 넣고 2차측에는 저압이나 대기압의 공기를 채워둔다. 화재가 발생하면 감지기가 작동하여 준비작동밸브가 개방됨과 동시에 가압펌프가 동작하여 가압수를 각 헤드까지 송수시킨 후 열에 의해 헤드의 가용편이 녹아 개방되어 소화하는 방식으로 동결우려가 있는 옥·내외 주차장, 로비, 공장, 창고 등에 설치한다.

70 옥내소화전의 유효수량

옥내소화전설비의 수원은 그 저수량이 옥내소화전의 설치개수가 가장 많은 층의 설치개수(2개 이상 설치된 경우에는 2개)에 2.6㎥(호스릴옥내소화전설비를 포함한다)를 곱한 양 이상이 되도록 하여야 한다.

71 순간온수기 소요동력

급탕부하(kW) = $\dfrac{G(kg/h)\times C(KJ/kg\cdot K)\times \Delta t(K)}{3{,}600(s/h)\cdot \eta}$

G : 급탕량(kg/hr)

C : 물의 비열(kcal/kg·℃ 또는 kJ/kg·K)

Δt : 급수 급탕 온도차(℃)

η : 효율

전기 1KW = 3,600kJ/h

∴ 소요동력(KW) = $\dfrac{1{,}000\times 4.2\times(70-10)}{3{,}600\times 0.8} = 87.5KW$

72 난방방식

복사난방은 대류난방에 비하여 방을 개방하여도 열손실이 적어 효과가 우수하고 천장이 높은 방도 난방이 가능하며 실내공기의 대류가 적어 먼지가 상승하지 않아 쾌감도가 좋다. 그러나 방열량 조절이 어렵고 열손실을 막기 위한 단열층이 필요하며 시공 및 수리가 어렵다.

73 공기조화설비

공조설비에서 조닝은 건물의 사용목적이나 외부조건, 실내 온·습도 조건 등에 따라 몇 개의 층 또는 층별로 구분하는 설비로 조닝을 상세하게 할수록 설비비는 증가되나 에너지를 절약하는 효과를 얻을 수 있다.

74 송풍기 상사법칙

송풍량은 회전수에 비례하고 정압은 회전수의 자승에 비례하며 동력은 회전수에 3승에 비례한다.

송풍기 상사법칙

$$\frac{Q_2}{Q_1}=(\frac{N_2}{N_1})(\frac{D_2}{D_1})^3,\ \frac{P_2}{P_1}=(\frac{N_2}{N_1})^2(\frac{D_2}{D_1})^2,\ \frac{L_2}{L_1}=(\frac{N_2}{N_1})^3(\frac{D_2}{D_1})^5$$

여기서 Q=풍량, N=회전수, D=관경, P=정압, L=동력

75 환기설비

세대의 환기량 조절을 위하여 환기설비의 정격풍량을 최소 · 적정 · 최대의 3단계 또는 그 이상으로 조절할 수 있는 체계를 갖추어야 하고, 적정 단계의 필요 환기량은 신축공동주택등의 세대를 시간당 0.5회로 환기할 수 있는 풍량을 확보하여야 한다.

76 TAL(Task, Ambient Lighting) 조명

작업구역(Task)에는 전용의 국부조명방식으로 조명하고, 기타 주변(Ambient)환경에 대하여는 간접조명과 같은 낮은 조도레벨로 조명하는 방식이다.

77 전기설비

분기회로 자동차단시 정격전류가 15A 이하일 때는 전동기 2대 이상의 접속이 가능하다.

78 비상용승강기 설치 기준

① 승강장은 각층의 내부와 연결될 수 있도록 하되, 그 출입구는 60분+ 또는 60방화문을 설치할 것

② 승강장 바닥면적은 옥외에 승강장을 설치하는 경우를 제외하고는 비상용승강기 1대에 대하여 6㎡ 이상으로 할 것

③ 벽 및 반자가 실내에 접하는 부분의 마감재료는 불연재료로 할 것

④ 비상용승강기는 피난층이 있는 승강장의 출입구로부터 도로 또는 공지에 이르는 거리가 30m 이하일 것

79 전기설비 에너지절약설계기준

"수용률"이라 함은 부하설비 용량 합계에 대한 최대 수용전력의 백분율을 말하고"최대수요전력제어설비"라 함은 수용가에서 피크전력의 억제, 전력부하의 평준화 등을 위하여 최대수요전력을 자동제어할 수 있는 설비를 말한다.

80 지능형홈네트워크 설비

홈네트워크 장비는 홈네트워크망을 통해 접속하는 장치로 홈게이트웨이, 세대단말기, 단지네트워크장비, 단지서버가 있고 홈네트워크사용기기는 홈네트워크 망에 접속하여 사용하는 장비로 원격제어기기, 원격검침시스템, 감지기, 전자출입시스템, 차량출입시스템, 무인택배시스템, 영상정보처리기기, 전자경비시스템 등이 있다.

2교시

제3과목 민법									
01	02	03	04	05	06	07	08	09	10
①	④	⑤	①	①	②	①	①	④	②
11	12	13	14	15	16	17	18	19	20
⑤	⑤	①	④	③	④	③	②	③	②
21	22	23	24	25	26	27	28	29	30
④	①	③	②	③	③	⑤	③	⑤	⑤
31	32	33	34	35	36	37	38	39	40
①	①	①	⑤	①	⑤	②	②	③	④

01 관습법

① (×) 관습법은 법원의 판결에 의해서 비로소 그 존재가 확인되지만, 그 성립시기는 그 관습이 법적 확신을 획득한 때로 소급한다(통설).
② (○) (대판 1983.6.14. 80다3231)
③ (○) 다수설과 판례는 관습법의 효력에 관하여 보충적 효력설의 태도이지만, 소수설은 변경적 효력설을 취하고 있다.
④ (○) 판례가 인정하는 재산법상 제도로서의 관습법이다.
⑤ (○) (대판 1983.6.14. 80다3231)

02 권리의 충돌

① (○) 전세권자는 전세물인 가옥을 선량한 관리자의 주의로써 보관할 의무가 있고 계약이 해지되면 전세물을 반환하여야 하는 채무를 지는 것이므로 전세권자의 실화로 인하여 가옥을 소실케 하여 그 반환의무를 이행할 수 없게 된 때에는 한편으로는 과실로 인하여 전세물에 대한 소유권을 침해한 것으로서 불법행위가 되는 동시에 한편으로는 과실로 인하여 채무를 이행할 수 없게 됨으로써 채무불이행이 되는 것이다(대판 1967.12.5. 67다2251).
② (○) 권리의 경합에 대한 의의이다.
③ (○) 국가나 지방자치단체의 손해배상책임에 관하여는 이 법에 규정된 사항 외에는 「민법」에 따른다. 다만, 「민법」 외의 법률에 다른 규정이 있을 때에는 그 규정에 따른다(「국가배상법」 제8조).
④ (×) 임대차계약에 의해서도 반환을 청구할 수 있다.
⑤ (○) 물권이 채권에 우선하기 때문이다.

03 신의칙(신의성실의 원칙)

① (×) 신의칙은 불법행위뿐만 아니라 계약법 등 민법 전반에 걸친 일반원칙이다(제2조).
② (×) 채무자의 소멸시효에 기한 항변권의 행사도 우리 민법의 대원칙인 신의성실의 원칙과 권리남용금지의 원칙의 지배를 받는 것이다(대판 2002.10.25. 2002다32332).
③ (×) 여기에서 말하는 사정이라 함은 계약의 기초가 되었던 객관적인 사정으로서, 일방당사자의 주관적 또는 개인적인 사정을 의미하는 것은 아니다(대판 2007.3.29. 2004다31302).
④ (×) 상계권 행사를 제한하는 위와 같은 근거에 비추어 볼 때 일반적인 권리 남용의 경우에 요구되는 주관적 요건을 필요로 하는 것은 아니다(대판 2003.4.11. 2002다59481).
⑤ (○) (대판 1992.7.28. 92다16911, 92다16928 참조).

04 태아의 권리능력

① (○) (민법 제762조)
② (×) 판례는 정지조건설
③ (×) 태아가 특정한 권리에 있어서 이미 태어난 것으로 본다는 것은 살아서 출생한 때에 출생시기가 문제의 사건의 시기까지 소급하여 그 때에 태아가 출생한 것과 같이 법률상 보아 준다고 해석하여야 상당하므로 그가 모체와 같이 사망하여 출생의 기회를 못 가진 이상 배상청구권을 논할 여지 없다(대판 76다1365).
④ (×) 피보험자는 보험계약의 당사자가 아니므로 인정된다.
⑤ (×) 유증은 단독행위이고 태아에게 권리능력이 인정되나, 증여는 계약이고 태아에게 권리능력이 인정되지 않는다.

05 미성년자의 행위능력

미성년자가 단독으로 할 수 있는 행위로는 제6조(처분을 허락한 재산), 제8조(영업의 허락), 해석상 권리만 얻어 제한능력자에게 불리하지 않은 행위가 있다. 사안에서는 ②, ③, ④, ⑤는 해석상 권리만을 얻고 불리하지 않은 행위에 해당하나, ①의 행위는 채무의 소멸과 출연행위로서의 성격이 존재하므로 법정대리인의 동의가 필요하다.

06 법인의 권리능력과 불법행위능력

① (○) (대판 2004.2.27. 2003다15280)
② (×) 법인의 대표자의 행위가 직무에 관한 행위에 해당하지 아니함을 피해자 자신이 알았거나 또는 중대한 과실로 인하여 알지 못한 경우에는 법인에게 손해배상책임을 물을 수 없다(대판 2004.3.26. 2003다34045).
③ (○) 상속인은 자연인에 제한되어 있으나(제1000조) 수증자는 이러한 제한이 없다.
④ (○) (대판 1997.7.11. 96다7236)
⑤ (○) 회사가 부채과다로 사실상 파산지경에 있어 업무도 수행하지 아니하고 대표이사나 그 외의 이사도 없는 상태에 있다고 하여도 적법한 해산절차를 거쳐 청산을 종결하기 까지는 법인의 권리능력이 소멸한 것으로 볼 수 없다(대판 1985.6.25. 84다카1954).

07 실종선고의 효력

① (×) 실종선고를 받은 자는 실종선고기간(제27조)이 만료한 때에 사망한 것으로 본다(제28조).
② (○) (제29조 제1항 단서) 어느 학설에 의하더라도 수익자와 전득자가 모두 선의인 경우에는 실종선고의 취소로 대항할 수 없다.
③ (○) (제29조 제2항)
④ (○) (제29조 및 통설의 견해)
⑤ (○) 공법상의 선거권 등에는 영향을 미치지 아니한다.

08 법인의 불법행위책임

① (×) 법인의 대표자의 행위가 직무에 관한 행위에 해당하지 아니함을 피해자 자신이 알았거나 또는 중대한 과실로 인하여 알지 못한 경우에는 법인에게 손해배상책임을 물을 수 없다(대판 2004.3.26. 2003다34045).
② (○) 법인실재설은 대표기관의 행위가 법인의 행위로 인정되므로, 그 기관의 행위가 불법행위의 요건을 갖춘 때에는 법인은 자신의 불법행위책임을 진다고 한다.
③ (○) 법인의 불법행위책임은 대표기관이 제750조의 일반불법행위의 성립요건을 갖추고 있는 경우에 인정된다(제750조). 즉 대표기관의 가해행위로 인한 손해발생, 위법성, 고의·과실, 책임능력 등을 갖추고 있어야 한다.
④ (○) 법인의 불법행위가 되지 않는 경우에도 그 사항의 의결에 찬성하거나 그 의결을 집행한 사원, 이사 및 기타 대표자가 연대하여 책임을 진다(제35조 제2항).

09 법인의 이사

① (○) 정관상 금지된 사항에 대하여는 수권할 수 없으므로 무권대리행위가 된다(제62조).
② (○) (제63조)
③ (○) (대판 1989.5.23. 89다카3677)
④ (×) 직무대행자는 통상의 사무만을 처리할 수 있는 바(제60조의2), 사원총회 결의 무효확인의 소에 대한 항소취하는 통상사무에 해당하지 아니하므로 허용되지 않는다(대판 1982.4.27. 81다358). 따라서 법원의 허가가 필요하다.
⑤ (○) (제82조)

10 자연적 해석(오표시무해의 원칙)

위 문제는 법률행위의 해석의 문제로 자연적 해석방법의 하나인 오표시무해의 원칙에 관한 문제로 착오의 문제와 구별하여야 한다. 이 경우 甲과 乙의 의사는 X토지에 관한 것이므로 X토지에 관한 유효한 계약이 성립하고 물권적 합의도 존재한다. 그러나 Y토지에 대하여는 어떠한 합의도 존재하지 아니하므로 그 등기도 원인 없는 무효의 등기에 불과하다(대판 1993.10.26. 93다2629).
① (×) X토지에 관하여 매매계약이 성립한다.
② (○) 乙이 등기권리자이고 甲이 등기의무자이기 때문이다.
③ (×) 자연적 해석의 결과 착오규정은 적용되지 않으므로 취소할 수 없다.
④ (×) Y토지의 이전등기는 법률상 원인 없는 무효의 등기로 말소청구의 대상이다.
⑤ (×) Y토지에 대한 등기는 무효이므로 丙은 소유권을 승계취득하지 못한다. 또한 제3자 보호규정도 존재하지 않고, 부동산이므로 선의취득도 인정되지 않는다.

11 물 건

① (o) 지상권, 지역권, 전세권의 객체가 될 수 있다.
② (o) 사람의 유체·유골은 매장·관리·제사·공양의 대상이 될 수 있는 유체물이다(대판 2007다27670).
③ (o) (제211조)
④ (o) 독립된 부동산으로서의 건물이라고 하기 위하여는 최소한의 기둥과 지붕 그리고 주벽이 이루어지면 된다(대판 2000다51872).
⑤ (x) 건물의 신축공사를 도급받은 수급인이 사회통념상 독립한 건물이라고 볼 수 없는 정착물을 토지에 설치한 상태에서 공사가 중단된 경우에 위 정착물은 토지의 부합물에 불과하여 이러한 정착물에 대하여 유치권을 행사할 수 없는 것이다(대결 2007다98).

12 은닉행위

① (×) 甲과 乙간의 매매계약은 통정허위표시로서 무효이나 증여계약은 은닉행위에 해당하고 은닉행위는 유효하다는 것이 통설·판례(대판 1993.8.27. 93다12930)의 입장인바, 증여는 유효하다.

②, ④ (×) 甲과 乙 사이의 매매계약은 통정허위표시로서 무효이나 증여계약은 유효하여 乙은 부동산소유권을 취득하고 乙과 丙 사이에서는 특별한 무효사유가 없으므로 乙과 丙 사이의 매매계약은 유효하고, 甲의 채권자 정도 乙과 丙 사이의 매매가 무효라고 주장할 수 없다.

③ (×) 통정허위표시는 허위표시당사자 사이에서는 언제나 무효이므로 당사자가 무효를 주장하는 것은 신의칙에 위반되지 않는다.

⑤ (○) 丙이 통정허위표시인 매매계약에 관해 악의여서 제108조 제2항의 제3자가 아니지만 증여계약은 유효하여 乙은 여전히 부동산에 대한 소유권을 취득하므로 乙과 丙 사이의 매매계약으로 丙은 권리를 취득하므로 甲은 병명의의 등기말소를 청구할 수 없다.

13 동기의 착오

사안은 甲에게 동기의 착오가 있는 경우에 해당한다.

① (○) 동기의 착오가 있는 경우 제109조를 적용한다고 하더라도 취소하기 전까지는 유효하다.

② (×) 사안의 경우 소유권이전은 가능하므로 불능이라 할 수 없다. 다만 물건의 하자가 존재한다(대판 2000.1.18. 98다18506).

③ (×) 표시상에는 착오가 없다. 동기에 착오가 있을 뿐이다.

④ (×) 乙은 이러한 사정을 알지 못하였으므로 사기에 의한 의사표시가 될 수 없다.

⑤ (×) 동기의 착오의 경우에도 제109조가 적용된다고 보면 착오를 이유로 취소할 수 있으나 판례는 동기가 표시되어 상대방이 알고 있거나 상대방에 의하여 유발된 경우에 한하여 취소를 인정하고 있으므로(대판 1989.12.26. 88다카31507) 사안에서는 착오를 이유로 취소할 수 없다. 그러나 사안에서는 계약금을 주었으므로 계약금은 해약금으로 추정되어 이행의 착수가 없는 상태(중도금과 잔금을 지급하지 않았음)에서는 계약금에 의한 해제를 할 수 있다(제565조).

14 사기와 강박에 의한 의사표시

① (×) 시가에 관한 착오는 중요부분에 관한 착오에 해당하지 않는다(대판 1984.4.10. 81다239).

② (×) 우리 「민법」은 착오를 이유로 한 취소시 배상책임에 관한 규정을 두고 있지 않았으며 판례도 배상책임을 인정하지 않는다(대판 1997.8.22. 97다13023).

③ (×) 피해자가 사기·강박행위자를 상대로 손해배상청구를 하기 위하여 반드시 그 분양계약을 취소할 필요는 없다(대판 1998.3.10. 97다55829).

④ (○) (대판 1999.3.26. 98다56607) 일부무효의 법리를 상기하자.

⑤ (×) 강요된 행위에 관한 규정은 소송행위에는 적용되지 않는다(대판 1997.10.10. 96다35484).

15 민법에 의해 보호받는 제3자

② (○) 비진의 표시임을 알지 못한 제3자에 대해서는 당사자가 대항하지 못하여(제107조 제2항)그 제3자는 완전한 권리를 취득하고 그 제3자로부터 권리를 취득한 전득자는 비록 비진의표시에 관하여 악의여도 그 제3자로부터 완전한 권리를 승계취득한다.

③ (×) 보호되지 않는다. 의사표시의 하자유무는 대리인을 기준으로 판단하고(제116조), 대리인의 법률행위의 효과는 직접 본인에게 미치므로(제114조) 본인은 제3자가 아니다.

16 의사표시의 효력발생

① (○) 의사표시가 완성되기만 하면 효력이 발생하기 때문이다.

② (○) (대판 1997.2.25. 96다38322)

④ (×) 발신주의와 도달주의의 구별은 입증책임과 '철회'의 가능성 여부에 실익이 있다.

17 협의의 무권대리행위

① (○) 협의의 무권대리인 경우에는 원칙적으로 甲에 대해 아무런 효력이 발생하지 않는다. 즉 대리권 없는 자가 타인의 대리인으로 한 계약은 본인이 이를 추인하지 아니하면 본인에 대하여 효력이 없다(제130조).

② (○) 대리권 없는 자가 타인의 대리인으로 계약을 한 경우에 상대방은 상당한 기간을 정하여 본인에게 그 추인여부의 확답을 최고할 수 있다. 본인이 그 기간 내에 확답을 발하지 아니한 때에는 추인을 거절한 것으로 본다(제131조).

③ (×) 추인의 상대방은 무권대리인이든 그와 계약을 한 상대방이든 상관없으나, 무권대리인에게 한 추인은 상대방이 이것을 알 때까지는 상대방에 대하여 추인의 효과를 주장할 수 없다(제132조).

④ (○) 乙의 선택이 아니라 丙의 선택에 따른다(제135조).

⑤ (○) 乙이 甲의 지위에서 무권대리에 의한 무효를 주장하면 신의칙에 반한다(대판 1994.9.27. 94다20617).

18 추인(무권대리행위, 무효행위, 취소할 수 있는 행위의 추인 비교)

① (X) 추인한 후에는 다시 취소하지 못한다(제143조).
② (O) 취소의 추인은 취소할 수 있는 행위임을 알고서 추인하여야 한다. 그러므로 취소권자가 취소할 수 있음을 모르고 한 추인의 의사표시는 효력이 없다(대판 1997.5.30. 97다2986).
③ (X) 추인은 상대방에게 하는 것이 원칙이지만 무권대리인에게 하여도 된다. 다만 무권대리인에게 추인의 의사표시를 한 경우에는 상대방이 추인의 사실을 알때까지 상대방에 대하여 추인의 효력을 주장할 수 없다(제132조 단서).
④ (X) 미성년자와 피한정후견인은 법정대리인의 동의를 얻으면 취소원인의 종료와 관계없이 추인할 수 있다(제5조, 제10조).
⑤ (X) 무효인 법률행위(계약)을 추인한 경우에는 그 효력은 소급하지 않고 장래에 향하여서 유효하게 된다. 즉, 새로운 법률행위를 한 것으로 된다(제139조).

19 대리 일반

③ 대여금을 면제하려면 특별수권이 필요하다(대판 1981.6.23. 80다3221).

20 법정추인사유

① (O) (제145조 제1호)
② (X) 취소권자가 취소할 수 있는 행위로 취득한 권리의 전부나 일부의 양도한 때에 법정추인사유가 된다(제145조).
③ (O) (제145조 제2호)
④ (O) (제145조 제4호) 담보를 제공한 경우도 포함
⑤ (O) (제145조 제6호)

21 기한이익의 포기

① (O) (제153조 제2항)
② (O) 기한이익의 포기는 기한의 이익을 갖는 자의 일방적 의사표시로서 단독행위이다.
③ (O) (제153조 제2항 단서)
④ (X) 상대방의 손해를 배상하면 포기할 수 있다.
⑤ (O) 제153조 제2항에 비추어 타당하다.

22 법정추인

법정추인 사유에 해당하지 아니한 것을 찾는 문제이다. ①의 경우 甲이 이행청구를 한 경우는 법정추인사유에 해당하지만 乙로부터 이행청구를 받은 것만으로는 법정추인사유에 해당하지 아니한다(법 제145조).

23 소멸시효기간

㉠ 일반채권의 소멸시효는 10년이다(제162조 제1항).
㉡ 1년이다(제164조 제3호).
㉢ 3년이다(제163조 제6호).
㉣ 10년이다(대판 2003.4.8. 2002다64957).
㉤ 3년이다(제163조 제3호).

24 법률행위의 조건

① (O) (대판 1962.4.18. 4294민상1603)
② (X) 어음행위에 조건을 붙일 수 없으나 시기를 붙이는 것은 허용된다.
③ (O) (법 제151조 제1항)
④ (O) 표시된 사실이 발생한 때에는 물론이고 반대로 발생하지 아니하는 것이 확정된 때에도 그 채무를 이행하여야 한다고 보는 것이 상당한 경우에는 표시된 사실의 발생여부가 확정되는 것을 불확정기한으로 정한 것으로 보아야 한다(대판 2003.8.19. 2003다24215).
⑤ (O) (대판 1993.9.28. 93다20832)

25 소멸시효의 효과

③ 소멸시효 중단사유의 하나인 재판상 청구는 민사소송의 제기만을 말하고 배상명령의 신청이나 과세처분의 취소 무효확인의 소도 여기에 포함된다.
① (법 제440조)
④ (법 제178조 제1항)
⑤ (대판 2006.7.27. 2006다31781)

26 점유물반환청구권

① (O) (대판 2002.4.26. 2001다8097)
② (O) 손해배상청구권의 상대방은 불법행위자인 직접침탈행위자이다.
③ (X) 점유물반환청구의 상대방은 점유침탈자, 그의 포괄승계인(선의·악의 불문) 및 악의의 특별승계인이다(법 제204조 제2항).
④ (O) (법 제207조 제2항)
⑤ (O) (대판 1992.2.28. 91다17433)

27 물권적 청구권이 인정되는 자

① (○) (제213조·제214조)
② (○) (제213조)
③ (○) (제214조)
④ (○) 판례는 행위청구권임은 명백히 하고 있으나(대판 1990.5.8. 90다684·90다카3307), 비용부담에 대하여는 명백히 밝히고 있지는 않다. 다만 다수의 견해는 비용부담에 대하여도 상대방부담설에 의한다고 해석하고 있다.
⑤ (×) 간접점유자라도 점유권에 기한 물권적 청구권을 행사할 수 있다(제207조). 뿐만 아니라 제213조, 제214조는 소유자라고 규정할 뿐 점유여부를 불문한다.

28 부동산점유취득시효

③ 시효기간 완성 후에 권리를 취득한 제3자에 대하여는 특별한 사정이 없는 한 점유취득시효의 완성을 주장할 수 없다.

29 등기

① (×) 가등기만으로는 법률적 효력이 인정되지 않기 때문에 말소청구할 수 없다.
② (×) 표제부의 유용은 인정되지 아니하므로 유용할 수 없다(대판 1980.11.11. 80다441).
③ (×) 등기관이 직권으로 말소한다(대결 2010.4.15. 2007마327).
④ (×) 甲의 저당권이 우선한다. 가등기된 시기를 기준으로 하기 때문이다.
⑤ (○) (대판 2009.10.15. 2009다48633)

30 혼동에 의한 물권소멸에 따른 저당권의 순위

① (○) 물권의 목적물이 멸실하면 물권은 당연히 소멸한다.
② (○) 부종성(제369조)에 따라 피담보채권이 소멸하면 저당권도 소멸한다.
③ (○) 저당권은 순위승진의 원칙이 적용된다.
④ (○) 존속한다고 하더라도 소멸하는 경우와 차이가 없는바, 권리보호의 가치가 없어 소멸한다.
⑤ (×) 乙이 甲으로부터 부동산을 매수한 경우에는 乙의 1번 저당권이 혼동으로 소멸하지 아니하므로 丙의 2번 저당권의 순위가 상승하지 않는다.

31 법정지상권이 성립한 후 전세권설정의 제한 등

① (×) 법정지상권이 설정된 후 대지소유자는 타인에게 그 대지를 임대하거나 이를 목적으로 한 지상권 또는 전세권을 설정하지 못한다(제305조 제2항).
② (○) (대판 1995.2.10. 94다18508)
③ (○) (대판 1989.7.11. 88다카21029)
④ (○) (대판 1992.3.10. 91마256)
⑤ (○) (대판 2002.8.23. 2001다69122)

32 저당권

① (○) (제363조 제2항)
② (×) 저당권에 침해가 있는 경우라고 보기 힘들므로 물권적 청구권이 발생하지 않는다.
③ (×) 청구할 수 있다(제365조).
④ (×) 필요비는 반환청구할 수 없다(제367조).
⑤ (×) 민사집행법상 경매로 인해 모든 저당권은 소멸한다.

33 채무불이행에 의한 손해배상

① (○) (대판 1990.2.23. 89누2523)
② (×) 전문은 맞다(제398조 제4항). 그러나 예정액이 부당히 과다한 경우 법원이 직권으로 감액할 수 있으므로 후문은 틀리다.
③ (×) 법원 직권으로 판단하여야 한다(제396조).
④ (×) 다른 의사표시가 있으면 그에 의한다(제394조).
⑤ (×) 채권자가 가액 전부를 받은 때에 한하여 채무자는 당연히 채권자를 대위한다(제399조).

34 우선변제 받을 수 있는 근저당권의 채권최고액

① (○) 최고액으로 등기되는 것은 채권원본의 한도액이 아니라 이자를 포함하는 원리금의 한도액이므로(제357조 제2항) 이자의 등기를 별도로 할 필요는 없다.
② (○) 채권액이 확정되면 통상의 저당권이 되기 때문이다.
③ (○) 근저당권의 최고액은 후순위 담보권자나 저당목적 부동산의 제3취득자에 대한 우선변제권의 한도로서의 의미를 갖는 것에 불과하다(대판 1992.5.16. 92다1896).
④ (○) (제357조, 대판 1993.3.12. 92다48567)
⑤ (×) 채권최고액이 그대로라면 후순위권리자에게 영향을 미치지 아니하므로 그의 승낙이나 동의가 필요한 것은 아니다(제357조, 대판 1993.3.12. 92다48567 참조).

35 매매계약의 해제

① (×) 계약당사자가 수인인 때에는 그 중 1인의 해제권이 소멸한 때에는 다른 당사자의 해제권도 소멸한다(제547조 제2항). 이를 해제권 소멸의 불가분성이라고 한다(대판 1996.7.9. 96다14364, 14371).
② (○) 해제권의 행사로 제3자의 권리를 해할 수 없다(제548조 제1항 단서).
③ (○) (제570조)
④ (○) 이행지체에 의한 해제시에는 최고가 필요한 것이 원칙이다(제544조).
⑤ (○) 부수적 의무의 불이행만을 이유로 계약을 해제할 수 없다(대판 1996.7.9. 96다14364).

4회

36 제3자를 위한 계약

⑤ 가능하다. 제3자의 수익의 의사표시를 요구하므로 제3자의 권리를 침해할 우려가 없기 때문이다(대판 1965.11.9. 65다1620).

37 임대차보증금

① (○) 임대차계약의 부수적인 종된 계약이다.
② (×) 예외적으로 임차인에 갈음하여 제3자도 계약의 당사자가 될 수 있다.
③ (○) 면책적 채무인수로 본다(대판 1996.11.22. 96다38216).
④ (○) 충당 여부는 임대인의 자유이다.
⑤ (○) (대판 1977.9.28. 77다1241)

38 환매권과 재매매예약완결권의 비교

① (○) 환매권은 제591조에 의한 제한이 있지만, 재매매의 예약은 이러한 제한이 없다.
② (×) 양자는 모두 양도성이 있다. 그 양도에 있어서 환매의무자나 계약의무자의 승낙을 요하지 않으나 채권양도에 준하여 이들의 승낙 또는 통지를 대항요건으로 한다. 그러나 양자가 부기등기 또는 가등기되어 있는 경우에는 그 등기의 이전등기만으로써 대항요건을 충족한다 할 것이다.
③ (○) 계약내용이 불능이 되므로 무효가 된다.
④ (○) 예약완결권도 가등기가 가능하다.
⑤ (○) 환매대금은 제590조 제2항에 의해 다른 약정을 할 수 있고, 재매매예약은 사적자치의 원칙에 따라 그 대금을 자유롭게 약정할 수 있으므로, 실질적으로 재매매의 예약과 차이가 없다.

39 도급

① (○) (제665조)
② (○) (제673조)
③ (×) 도급계약은 미완성 부분에 대해서만 실효되어 수급인은 해제된 상태 그대로 그 건물의 도급인에게 인도하고, 도급인은 그 건물의 기성고 등을 참작하여 인도받은 건물에 대하여 상당한 보수를 지급하여야 할 의무가 있다(대판 1997.2.25. 96다43454).
④ (○) (제667조 제1항)
⑤ (○) (대판 1996.7.12. 96다7250)

40 공동불법행위

① (○) (제751조 제1항)
② (○) (제751조 제2항)
③ (○) (대판 2003.1.10. 2002다35850)
④ (×) 채무가 고의의 불법행위로 인한 것인 때에는 그 채무자는 상계로 채권자에게 대항하지 못한다(제496조).
⑤ (○) 丁은 자신의 고유한 위자료청구권(제752조)을 가지며, 乙의 위자료청구권을 상속하므로(대판 1969.10.23. 69다1380) 甲에 대하여 위자료를 청구할 수 있다.

제5회 실전모의고사

1교시

제1과목 회계원리

01	02	03	04	05	06	07	08	09	10
④	⑤	①	①	①	⑤	⑤	④	④	②
11	12	13	14	15	16	17	18	19	20
③	②	③	①	②	④	③	⑤	②	⑤
21	22	23	24	25	26	27	28	29	30
②	①	①	②	②	③	①	④	③	③
31	32	33	34	35	36	37	38	39	40
③	⑤	②	①	②	②	①	②	②	①

01 현금흐름표

현금흐름표는 현금기준에 따라 작성한다.

02 자산의 평가

재고자산을 저가법으로 평가하는 경우 원칙적으로 종목별 기준을 적용하며 유사한 자산에 한하여 조별 기준을 적용할 수 있으나 총액기준은 적용할 수 없다.

03 자기주식 취득

원가법으로 자기주식을 취득하는 경우 그 취득가액으로 자기주식의 가액을 기록하게 된다.

04 유형자산 처분손익

- 장부금액= 50,000 – (50,000–2,000)×2/5 = 30,800
- 처분손익= 25,000 – 30,800 = ₩5,800(손실)

05 무형자산

- 당기비용 : ₩2,000 + ₩5,000 + ₩1,000 = ₩8,000
- 무형자산 : ₩3,000 + ₩2,000 = ₩5,000

06 결산수정분개

선수임대료 = ₩20,000 × 9/12 = ₩15,000

07 토지의 취득원가

토지 취득원가
= 500,000(토지구입대금) + 15,000(토지구입 취득및등록세) + 12,000(기존 건물철거비) – 3,000(건물철거 고철매각대금) + 5,000(토지의 정지및측량비)
= ₩529,000

08 손익계산서

FV–OCI금융자산 평가손실은 기타포괄손익으로서 포괄손익계산서를 2개로 표시하는 경우 손익계산서(당기순손익)에는 나타나지 아니하고 포괄손익계산서(총포괄손익)에만 나타나게 된다.

09 사채발행

먼저, 액면이자율 연 6%로 미래현금흐름을 계산하면,
20X1년 12월 31일 원금 ₩1,000,000
- 이자 ₩180,000(=₩3,000,000×6%) 지급
  20X2년 12월 31일 원금 ₩1,000,000
- 이자 ₩120,000(=₩2,000,000×6%) 지급
  20X3년 12월 31일 원금 ₩1,000,000
- 이자 ₩60,000(=₩1,000,000×6%) 지급
  미래현금흐름을 유효이자율 연 8%로 할인하면,
  20X1년 12월 31일 원금과 이자합계
  ₩1,180,000×0.9259=1,092,562원
  20X2년 12월 31일 원금과 이자합계
  ₩1,120,000×0.8573=960,176원
  20X3년 12월 31일 원금과 이자합계
  ₩1,060,000×0.7938=841,428원
- 발행금액
  =1,092,562원+960,176원+841,428원=2,894,166원

10 재평가모형

20×1년 재평가이익 ₩40,000 : 전액 자본으로 처리
20×2년 재평가손실 ₩60,000 : ₩40,000은 자본, ₩20,000은 당기손익(비용)처리

11 매출총이익률법

- 순매출액 = 364,000 − 34,000 = ₩330,000
- 매출원가 = 330,000×(1 − 40%) = ₩198,000
- 순매입액 = 256,000 − 6,000 − 8,000 = ₩242,000
- 기말재고액 = 50,000+242,000−198,000 = ₩94,000

12 충당부채

② (○) 충당부채의 정의이다.
③ (×) 우발자산은 유입가능성이 매우 높을지라도, 금액을 계상할 수 없으며 주석으로 기재 가능하다.

13 감자차익

감자를 행한 경우 당해 거래의 회계처리는 다음과 같다.

(차) 자본금		20,000,000 *
(대) 이월결손금		15,000,000
	감자차익	5,000,000

* $100,000,000 \times \frac{1}{5}$: 감자액

14 당기순이익

1) 물가상승시의 기말재고자산의 크기
선입선출법>이동평균법>총평균법>후입선출법
2) 물가상승시의 매출원가의 크기
선입선출법<이동평균법<총평균법<후입선출법
3) 물가상승시의 당기순이익의 크기
선입선출법>이동평균법>총평균법>후입선출법

15 회계추정의 변경

- 20X1~20X2년 감가상각비 $= \frac{2,500,000 - 250,000}{5년 \times 2}$
$= ₩900,000$
- 20X3년 감가상각비
$= \frac{2,500,000 - 900,000 - 100,000}{2년} = ₩750,000$

16 기말의 매출채권잔액

당기 초에 영업을 개시하였으므로 기초상품재고액, 기초매출채권잔액은 없다.

1) 매출원가
=기초상품재고액+매입액−기말상품재고액
=0+700,000−140,000=560,000
2) 매출액
=560,000×(1+0.4)=784,000
3) 기초매출채권잔액+매출액
=회수액+기말매출채권잔액
=0+784,000=500,000+?
∴ 기말매출채권잔액=284,000

17 AC금융자산의 평가

이자수익=922,687×8%=73,815원

18 재무제표

감사보고서는 재무제표에 해당하지 아니한다.

19 매출총이익

기초재고+당기총매입−매입환출−기말재고
=총매출−매출할인−매출총이익
550+X−250−300=5,060−300−2,510 ∴ X=₩2,250

20 상품 취득원가

취득원가=₩500,000×(1−13%)+10,000=₩445,000

21 회계변경과 오류수정

② 한국채택국제회계기준에서는 감가상각방법이 미래경제적 효익의 기대소비형태에 따라 선택되어야 하므로(임의로 선택이 불가능하므로) 감가상각방법의 변경은 회계추정의 변경에 해당한다고 규정하고 있다.

22 현금유출액

• 당기매출원가	5,000,000
• 매입채무증가액	(100,000)
• 재고자산감소액	(100,000)
• 현금유출액	4,800,000

23 당좌거래

1) 2월 3일
   (차) 당좌예금 500,000
   (대) 현 금 500,000
2) 2월 17일
   (차) 매 입 700,000
   (대) 당좌예금 500,000
   단기차입금 200,000
3) 2월 25일
   (차) 단기차입금 200,000
   당좌예금 200,000
   (대) 현 금 400,000
4) 2월 27일
   (차) 이자비용 4,000
   (대) 당좌예금 4,000

• 당좌예금잔액
=500,000－500,000＋200,000－4,000＝196,000

24 주식거래

평가이익＝(₩7,000－₩6,000)×100주＝₩100,000

25 현금흐름표

	당기순이익	200,000
+	매출채권감소	3,000
+	선수금증가	2,000
−	투자자산처분이익	12,000
−	유형자산처분이익	4,000
	영업활동현금흐름	189,000

26 유동비율

$$유동비율 = \frac{유동자산}{유동부채}$$

③ 유동자산에 영향을 주지 않으므로 유동비율 변화없음
② 유동부채의 감소로 유동비율 증가
①, ④, ⑤ 유동자산의 증가로 유동비율 증가

27 당기순이익

• 유형자산에 대한 취 · 등록세 지출은 유형자산에 대한 취득원가에 가산하므로 당기순이익에 영향을 미치지 않는다. 그 외의 항목은 모두 당기순이익에 영향을 미친다.

28 진행기준

구 분	20X1년	20X2년	20X3년
당기발생원가	625,000	750,000	1,125,000
누적 발생원가	625,000	1,375,000	2,500,000
추가 예정원가	1,875,000	1,125,000	
총예정원가	2,500,000	2,500,000	2,500,000
진행률	25%	55%	100%
당기계약수익	750,000	900,000	1,350,000
당기계약이익	125,000	150,000	225,000

29 포괄손익계산서

사채발행비는 사채발행가액에서 차감하므로 사채할인발행차금 또는 사채할증발행차금 등의 과목으로 사채에서 가감되므로 재무상태표에만 표시될 뿐 포괄손익계산서에는 표시되지 않는다.

30 수익의 인식기준

인도된 제품이 위탁물로 보유된다면 제품을 다른 당사자(수탁자)에게 인도할 때 수익을 인식하지 않는다. 즉, 위탁자가 수탁자에게 인도할 때가 아니라 수탁자가 제3자에게 인도(판매)할 때 수익을 인식한다.

31 소매재고법

매가/원가 비율＝(6,000+24,000)/(5,000+20,000)＝120%
기말재고액 원가금액＝12,000/1.2＝10,000
매출원가금액
＝기초재고+당기매입＝기말재고
＝5,000+20,000＝10,000＝15,000
매출총이익＝18,000＝15,000＝3,000

32 매출원가(실지재고조사법)

＝기초재고액＋당기매입액－기말재고액(실지조사사액)
＝100,000＋300,000－80,000＝320,000

33 완성품환산량

1) **재료원가** ＝500＋100×0 ＝ 500개
2) **가공원가** ＝500＋100×50% ＝ 550개

5회

34 상호배부법

S_1 = ₩80,000 + 0.2S_2
S_2 = ₩120,000 + 0.1S_1 이므로
S_1 = ₩106,122
S_2 = ₩130,612

- M2에 배부되는 S1의 원가
  = ₩106,122 × 0.50 = ₩53,061
- M_2에 배부되는 S_2의 원가
  = ₩130,612 × 0.40 = ₩52,245
- M_2에 배부되는 보조부문 원가
  = ₩53,061 + ₩52,245 = ₩105,306

35 제조간접원가 배부차이

제조간접원가 배부율 = $\frac{5,000,000}{40,000}$ = 125원

배부차이 = 4,860,000 − (38,000 × 125) = ₩110,000(과소배부)

36 총제조원가

직접재료원가	4,000
직접노무원가	2,400(8×300시간)
제조간접원가	3,000(15×200시간)
총제조원가	9,400

37 CVP분석

- 단위당 공헌이익 : ₩1,000 − (₩400+₩200+₩150+₩50) = ₩200
- 목표이익 판매량 : [(₩110,000+₩120,000)+₩10,000]/₩200 = 1,200단위

38 목표이익달성을 위한 매출액

$= \frac{고정원가 + 목표이익}{공헌이익율} = \frac{800,000 + 200,000}{40\%}$

= 2,500,000

∴ 판매가격 = $\frac{2,500,000}{400,000단위}$ = 6.25

39 결합원가의 배분

1) 순실현가치
- X제품 : 200개×@3,000 − 200,000
  = 400,000(40%)
- Y제품 : 240개×@4,000 − 360,000
  = 600,000(60%)

2) 결합원가의 배분
- X제품 : 500,000 × 0.4 = 200,000
- Y제품 : 500,000 × 0.6 = 300,000

40 변동원가계산

① 전부원가계산은 직접재료원가, 직접노무원가, 변동제조간접원가, 고정제조간접원가를 제품의 원가로 인정한다.

제2과목 공동주택시설개론

41	42	43	44	45	46	47	48	49	50
②	③	③	③	⑤	③	①	④	④	②
51	52	53	54	55	56	57	58	59	60
⑤	①	④	⑤	①	①	⑤	②	②	④
61	62	63	64	65	66	67	68	69	70
③	④	⑤	①	①	④	④	②	③	②
71	72	73	74	75	76	77	78	79	80
①	⑤	③	②	②	④	⑤	①	⑤	③

41 하중

활하중은 사람, 물건 등 적재하중으로 장기하중에 속한다. 가동형 칸막이벽은 이동이 가능하여 활하중에 속할 수 있으나 고정된 칸막이 벽은 지속적으로 작용하는 사하중에 속한다.

42 기초구조

동결선은 동절기에 지반이 어느 깊이의 한도로 지역에 따라 차이가 있으며 부동침하를 방지하기 위하여 기초는 반드시 동결선 이하에 두어야 한다.

43 역구축(Top Down)공법

역구축공법(Top down method : 역타공법)은 지하연속벽(slurry wall)의 의해 구축된 흙막이벽을 구조체로 시공한 다음 점차 지하로 진행하면서 동시에 지상구조물도 축조해 가는 공법이다.

① 지상과 지하의 공사가 동시에 병행되므로 공기가 단축된다.
② 외기영향과 무관하게 지하공사가 가능하다.
③ 흙막이 안전성이 확보된다.
④ 소음 및 진동이 적고 인접대지 침하가 적어 도심지 공사에 적합하다.
⑤ 조인트 부위의 일체성 확보가 곤란하다.

44 지반조사

베인테스트(Vane Test)는 보링 구멍을 이용하여 +날개형의 베인이라는 장치를 로드 선단에 부착하여 지반에 박고 지중에서 이것을 회전시켜 그 저항력을 측정하여 점성토의 점착력을 측정하는 것으로 연약한 점토층에서 신뢰할 수 있는 지반 조사방법이다.

45 활동거푸집(Sliding form)

굴뚝이나 사일로 공사에 많이 이용되는 것으로 평면형상 돌출부가 있는 곳은 사용할 수 없다.

46 콘크리트 동해 방지대책

아연도금한 철근을 사용하는 것과 콘크리트의 동해방지대책과는 관련성이 없다.

47 철골구조 접합

기둥과 보의 접합은 강접합으로 하고 가새의 접합은 핀접합(단순접합, 전단접합)으로 한다.

48 벽돌조 기초쌓기

벽돌조의 기초쌓기는 기초판을 철근콘크리트구조 또는 무근콘크리트구조의 연속(줄)기초로 하고 콘크리트 기초판의 두께는 너비의 1/3 정도(20~30cm)로 한다.

49 돌공사

건식 석재공사는 파스너를 이용하여 석재의 하부는 지지용으로, 석재의 상부는 고정용으로 설치하되 상부 석재의 고정용 조정판에서 하부 석재와의 간격을 1mm로 유지하며, 촉구멍 깊이는 기준보다 3mm 이상 더 깊이 천공하여 상부 석재의 중량이 하부 석재로 전달되지 않도록 한다.

50 루핑붙임

일반 평면부의 루핑 붙임은 흘려붙임으로 한다. 또한 루핑의 겹침폭은 길이 및 폭 방향 100mm 정도로 하고, 겹침부로부터 삐죽이 나온 아스팔트는 솔 등으로 균등하게 바른다.

51 개량아스팔트 방수공사

개량 아스팔트 방수시트의 상호 겹침은 길이방향으로 200mm, 너비방향으로는100mm 이상으로 하고, 물매의 낮은 부위에 위치한 시트가 겹침 시 아래면에 오도록 접합시킨다.

52 아스팔트 방수

아스팔트 방수는 모체가 나빠도 신축성이 있어 시공이 가능하지만 시멘트 액체방수에 비해 시공이 복잡하다.

53 스테인드유리와 스팬드럴유리의 특징

스테인드유리(Stained glass)는 의장적인 효과를 위하여 도안에 맞추어 무늬를 새긴 착색유리이고 스팬드럴유리(spandrel glass)는 판유리의 한쪽면에 세라믹질의 도료를 코팅한 다음 고온에서 융착, 반 강화시킨 불투명한 색유리로 미려한 금속성을 가지며 일반 유리에 비해 내구성이 뛰어나고 강도가 크다. 제조 후 절단 가공할 수 없으므로 주문시 모양, 치수 등을 정확히 해야 한다. 열응력에 의한 파손을 방지하기 위하여 배강도유리로 사용된다.

54 창호철물

도어행거(door hanger)는 접문의 상부에 붙어 있는 이동장치이다.

55

표준시방서 지붕의 물매(지붕의 경사)는 설계도면에 지정한 바에 따르되 별도로 지정한 바가 없으면 1/50 이상으로 한다.

56 미장공사

시멘트모르타르 미장바름은 바닥을 제외하고는 한번에 두껍게 바르지 않도록 하고 두께 각각 6mm 이내로 초벌, 재벌, 정벌 순으로 얇게 여러번 바르는 것이 균열방지에 좋다. 총바름 두께는 20mm 내외로 한다.(바닥 및 외벽 24mm, 내벽 18mm, 반자 및 차양 15mm)

57 타일공사

접착제붙이기 공법은 유기질계통의 접착제를 바탕에 바르고 타일을 눌러 붙이는 공법으로 내수성이 작아 주로 내벽공사에 사용한다.

58 도장공사

도장에서 페인트칠은 투명도료라도 전회의 방향에 직각이 되게 한다.

59 수장공사

코펜하겐리브는 음향효과를 내기 위하여 벽에 오림목을 특수한 단면으로 쇠시리(moulding)한 것으로서 음향효과는 물론 의장적으로도 많이 이용한다.

60 타일 소요수량 적산

타일장수

$$= \frac{\text{시공면적}}{(\text{타일 한변길이} + \text{줄눈})(\text{다른변 타일길이} + \text{줄눈})}$$

$$= \frac{1{,}000{,}000}{(300+6)\times(300+6)} = 10.679 \times 1.03(\text{할증률 } 3\%)$$

= 10.999 = 11장

61 압력수두와 수압

압력수두는 깊이에 대한 수압을 나타내는 것으로 1MPa=약 100mAq이므로 수두 Hm는 H/100(MPa)의 수압으로 환산할 수 있다. 그러므로 수전으로부터 고가수조 수면까지의 높이가 10m이면 수전의 수압은 약 100kPa(0.1MPa)이다.

62 결로현상

① 결로는 열관류율이 클수록 많이 발생한다.
② 결로는 실내외 온도차가 클수록 많이 발생한다.
③ 결로는 실내 절대습도가 높을수록 많이 발생한다.
⑤ 결로는 열전도율이 높을수록 많이 발생한다.

63 수도 본관의 최소 필요 압력

(P_o) = 수두 + 기구필요압력 + 마찰손실수두

$P_o \geq$ 0.15(15m) + 0.07 + 0.01 = 0.23MPa

(샤워기 최소 필요압력 0.07MPa)

64

기계환기설비를 사용하여야 하는 지하주차장의 환기용 팬은 대수제어 또는 풍량조절(가변익, 가변속도), 일산화탄소(CO)의 농도에 의한 자동(on-off)제어 등의 에너지절약적 제어방식을 도입한다.

65

옥내소화전은 노즐선단에서의 방수압력은 최소 0.17MPa이상이 되어야 하고 0.7㎫을 초과할 경우에는 호스접결구의 인입측에 감압장치를 설치하여야 한다.

66 도시가스설비

액화석유가스(LPG)는 가스용기(봄베) 등을 통해 공급하므로 무게로 유량(㎏/h)을 나타내고 LNG는 부피로 나타내므로 ㎥/h로 표시한다.

67 환기량(Q)

Q(환기량)=AEV(면적×환기계수×기류속도)

Q(㎥/h)=2×0.8×0.2=0.32㎥/s = 19.2㎥/min = 1,152㎥/h

68 배관의 규격번호

① 수도용 경질염화 비닐이음관 : KSM 3402
② 배수용 경질염화 비닐이음관 : KSM 3410
③ 배수용 주철관 : KSD 4307
④ 일반배관용 탄소강관 : KSD 3507
⑤ 수도용 주철이형관 : KSD 4309
⑥ 수도용 폴리에틸렌 이음관 : KSM 3411

69 오수처리시설

① 산화조에는 호기성 미생물이 생육하므로 공기(산소)를 공급하여야 한다.
② 호기성 처리방식은 운전유지비가 많이 드나 처리효율이 높다.
④ 산화조에는 살수홈통을 설치하고 배기관의 관경은 체적에 비례하여 크게 한다.
⑤ 활성오니법은 미생물작용으로 유기물을 산화하여 정화하는 방식이다.

70 자동온도조절기(thermostat)

서모스탯(thermostat, 자동온도절기)은 제어 대상의 온도를 검출하여 지정온도로 유지하기 위하여 신호를 보내는 것으로 바이메탈 또는 벨로스에 의하여 온도를 조절한다.

71 서플라이 헤더(Supply header)

Supply header는 각 실로 공급되는 열매(온수, 증기)를 제어(control)하기 위해 설치하는 것으로 증기헤더(steam header)는 증기를 각 계통별로 고르게 송기하기 위해 설치한다.

② 2중 서비스밸브 ③ 난방트랩
④ 리프트이음 ⑤ 하트포드배관법

72 온수난방 방식

중력 순환방식(Gravity Circulation System)은 온수의 온도차에 의해서 생기는 대류작용에 의해 자연 순환시키는 방식으로 소규모 건축물에 사용하며 방열기 설치위치에 제한을 받으므로 방열기는 보일러보다 높은 위치에 설치하여야 한다.

73 상당외기온도(실효외기온도)

상당외기온도는 일사량을 포함한 온도로 벽을 통해 실내로 전달되는 열량 중 외기온도에 일사량을 합한 온도로 외기온도보다 높게 나타나며 하절기 냉방부하계산에 이용된다. 상당외기온도는 외벽의 상당온도차가 내벽의 상당온도차보다 크며 동일한 건물이라도 시간과 방위에 따라 다르게 나타난다.

74

각층유닛방식은 외기처리용 공조기에서 1차로 처리된 외기를 각층 유닛으로 보내어 부하에 따라 가열이나 냉각하여 송풍하는 방식으로 대규모 사무소, 백화점, 방송국, 신문사 등 층마다 열부하 특성이 다른 건물에 이용한다. 덕트는 슬래브를 통과하지 않고 해당층에만 설치하므로 화염 확산속도가 느려 타방식에 비해 화재시 유리하다.

75

흡수식냉동기는 열에너지에 의해 냉동효과를 얻고 압축식 냉동기는 기계적 에너지에 의해 냉동효과를 얻는다.

76 금속관 공사

금속관공사는 전선 교체가 용이하나 증설은 곤란하며 전선은 접속점이 없는 절연 전선을 사용해야 한다.

77 평행식 간선방식

평행식 간선방식은 배전반에서 각 분전반마다 단독으로 배선되는 간선방식으로 전압강하가 균등화되고 분전반 사고 발생시 파급범위가 좁으나 설비비가 많이 소요되어 주로 대규모 건물의 배전설비에 적합한 간선방식이다.

78 조명설비용어

광속(Luminous Flux)은 광원에서 나오는 빛의 양으로 빛의 밝기이고 단위는 루멘(lm)이다.

79 유압식 엘리베이터

유압식 엘리베이터는 로프식에 비해 기계실을 최하층에 설치해도 되므로 기계실 위치가 자유로우나 속도가 느리고 발열량이 많아 지하주차장 엘리베이터와 같이 지하층에만 운전하는 경우 적합하다.

80 홈네트워크설비

집중구내통신실(MDF실)은 국선·국선단자함 또는 국선배선반과 초고속통신망장비 등 각종 구내통신용 설비를 설치하기 위한 공간이다.

2교시

제3과목 민법									
01	02	03	04	05	06	07	08	09	10
⑤	③	②	⑤	③	②	③	⑤	①	④
11	12	13	14	15	16	17	18	19	20
②	①	①	⑤	②	④	④	⑤	③	③
21	22	23	24	25	26	27	28	29	30
①	③	③	⑤	④	①	③	⑤	②	④
31	32	33	34	35	36	37	38	39	40
④	③	②	④	③	④	③	②	⑤	③

01 법 원

② (○) 법령과 같은 효력을 갖는 관습법은 당사자의 주장 입증을 기다림이 없이 법원이 직권으로 이를 확정하여야 하고 사실인 관습은 그 존재를 당사자가 주장 입증하여야 하나(필자 주 : 원칙에 해당), 관습은 그 존부자체도 명확하지 않을 뿐만 아니라 그 관습이 사회의 법적 확신이나 법적 인식에 의하여 법적 규범으로까지 승인되었는지의 여부를 가리기는 더욱 어려운 일이므로, 법원이 이를 알 수 없는 경우 결국은 당사자가 이를 주장·입증할 필요가 있다(대판 1983.6.14. 80다3231).

⑤ (×) (대판 2013.11.28. 2011다103977 참조).

5회

02 권리변동의 종류

③ 저당권의 순위변경은 권리의 작용상 변경에 해당한다. 권리의 내용상 변경으로는 질적 변경(목적물인도청구권이 손해배상청구권으로 되는 것, 대물변제, 물상대위 등)과 양적 변경(채권액의 일부변제로 인한 채권액의 감소, 첨부 등)이 있다.

03 신의성실의 원칙(신의칙)

① (×) 신의칙에 관한 것은 강행규정으로 해석되므로 배제할 수 없고, 법률행위의 해석에도 신의칙이 적용된다.
② (○) 일반적으로는 주관적 요건을 반드시 요구하지만, 상계권 또는 상표권의 행사시에는 주관적 요건을 반드시 필요로 하지 않는다(대판 2003.4.11. 2002다59481, 대판 2007.1.25. 2005다67223).
③ (×) 이 경우 보증계약의 해지가 인정된다(대판 2002.5.31. 2002다1673).
④ (×) 고지의무를 인정하였다(대판 2006.10.12. 2004다48515).
⑤ (×) 신의칙에 반하지 않는다(대판 2007.11.16. 2005다71659).

04 성년후견개시

①, ④ (○) (법 제9조)
③ (○) (법 제1062조)
⑤ (×) 행위능력제도 자체는 거래의 안전을 위한 제도라기보다는 의사능력이 불완전한 제한능력자 본인을 보호하기 위한 제도이다. 또한 성년후견개시의 심판이 있으면 피성년후견인의 법률행위는 취소할 수 있으나 그럼에도 불구하고 가정법원은 취소할 수 없는 피성년후견인의 법률행위의 범위를 정할 수 있도록 하였으므로 행위능력이 획일적으로 정해지는 것은 아니다.

05 제한능력자 상대방의 최고권

③ 1개월 이상의 유예기간을 두어야 한다(법 제15조 제1항). 상당한 기간을 두어야 하는 다른 제도와의 차이점이므로 잘 기억해 두어야 한다.

06 실종선고

① (×) 실종선고를 받은 자는 실종선고기간 만료 시에 사망한 것으로 간주된다(법 제28조). 그러므로 A는 1981년 5월 31일에 실종되었으므로, 1986년 5월 31일에 사망한 것으로 간주된다.
② (○) 실종선고의 효력은 종래의 주소를 중심으로 하여 이해관계인에게 미치므로, 비록 A의 배우자가 실종선고에 반대하였더라도 실종선고의 효력은 그에게도 미친다.
③ (×) 제1순위 상속인이 따로 있는 경우에는 제2순위의 상속인은 실종선고를 청구할 수 있는 청구권자에 해당하지 않는다(대결 1986.10.10. 86스20).
④ (×) 실종선고로 인하여 직접 수익을 얻은 B는 실종선고 시에 그가 선의인 경우에는 현존이익만 반환하면 되고 악의이면 받은 이득에 이자를 붙여 반환해야 하고 손해가 있으면 손해배상도 하여야 하므로(제29조 제2항), 실종선고가 취소되더라도 당연히 10억원을 반환하여야 하는 것은 아니다.
⑤ (×) 실종선고의 취소시, 전득자는 실종선고 후 그 취소 전에 선의로 취득한 경우에 한하여 권리를 보유할 수 있을 뿐이다.

07 민법상의 법인(정관의 성격)

① (○) (법 제95조)
② (○) (법 제40조)
③ (×) 자치법규이다(대판 2000.11.24. 99다12437).
④ (○) (법 제32조 이하 참조)
⑤ (○) (법 제33조)

08 종중의 법률관계

⑤ 종중 총회의 소집통지는 종중의 규약이나 관례가 없는 한 통지 가능한 모든 종원에게 적당한 방법으로 통지를 함으로써 각자가 회의의 토의와 의결에 참여할 수 있는 기회를 주어야 하고 일부 종원에게 이러한 소집통지를 결여한 채 개최된 종중 총회의 결의는 그 효력이 없고, 이는 그 결의가 통지 가능한 종원 중 과반수의 찬성을 얻은 것이라고 하여 달리 볼 것은 아니나, 소집통지를 받지 아니한 종원이 다른 방법에 의하여 이를 알게 된 경우에는 그 종원이 종중 총회에 참석하지 않았다고 하더라도 그 종중 총회의 결의를 무효라고 할 수 없다(대판 2006.10.27. 2006다23695).

09 법인의 해산 및 청산

① (×) 법원의 감독을 받는다.
④ (○) 청산종결의 등기가 되었을지라도 청산사무가 종료되지 않은 경우에는 청산법인은 존속한다(대판 1980.4.8. 79다2036).

10 주물과 종물

④ 천연과실은 그것을 원물로부터 분리되는 때에 그것을 수취할 권리자에게 속하나, 법정과실은 수취할 권리의 존속기간 일수의 비율로 취득한다. 따라서 물건의 사용대가로 받는 금전 기타의 물건은 법정과실에 해당하므로 수취할 권리의 존속기간 일수의 비율로 취득한다.

11 반사회질서행위(부첩계약)

① (○) 첩계약은 무효이며, 본처가 허락하더라도 여전히 무효이다(대판 1967.10.6. 67다1134).

② (×) 처의 사망 또는 이혼이 있을 경우에 첩과 혼인신고를 하여 입적하게 한다는 부수적 약정도 공서양속에 위반한 무효인 행위이다(대판 1955.7.14. 4288민상156).

③, ④, ⑤ (○) 원고가 피고를 위하여 바친 노력과 비용 등 희생을 배상 내지 위자하고 또 원고가 어려운 생활에서 홀로 두 딸을 키우고 지내야 하는 장래의 생활대책을 마련해 준다고 하는 뜻에서 본건 금원을 지급하기로 약정한 것이라고 보여지고, 부첩관계를 해소하는 마당에 위와 같은 의미의 금전지급약정은 공서양속에 반하지 않는다고 보는 것이 상당하다(대판 1980.6.24. 80다458).

12 법률행위의 성립요건

① 법률행위의 성립요건 중 특별성립요건에 해당한다(법 제1066조 제1항).

③ 일반효력요건에 해당

②, ④, ⑤ 특별효력요건에 해당

13 제110조 제2항의 제3자

① (○) 보증계약의 당사자는 채권자와 보증인이므로, 채무자는 제3자에 해당한다. 따라서 을이 기망사실을 알았거나 알 수 있었을 때에 한하여 취소할 수 있다.

②, ③, ④ (×) 제3자의 사기·강박으로 인한 의사표시는 상대방이 그 사실을 '알았거나' 또는 '알 수 있었을 때'에는 취소할 수 있다. 보증계약은 보증인과 채권자 사이에 맺어지는 계약인 바, 제3자인 채무자가 기망수단을 써서 보증계약을 체결하게 하였으므로 채권자가 그 사실을 알았거나 알 수 있었을 때에는 그 의사표시를 취소할 수 있다(법 제110조 제2항).

⑤ (×) 보증계약의 방식상 하자에 관한 무효주장은 보증채무를 이행한 후에는 허용되지 않는다(법 제428조의2 제3항).

14 반사회적 법률행위와 불공정한 법률행위

① (○) (대결 1980.3.21. 80마77)

② (○) (대판 2000.2.11. 99다56833)

③ (○) (대판 2003.6.27. 2002다68034)

④ (○) (대판 1992.4.14. 91다23660)

⑤ (×) 증여자는 불법원인급여로서 그 등기의 말소를 청구할 수 없으므로(대판 1979.11.13. 79다483) 전득자는 소유권을 취득할 수 있다.

15 통정허위표시

㉠ (×) 통정허위표시의 무효를 가지고 선의의 제3자에게는 대항하지 못하나, 악의의 제3자에게는 대항할 수 있다(법 제108조 제2항). 따라서 甲은 악의의 제3자에게 소유권반환을 청구할 수 있다.

㉡ (○) (대판 2006.3.10. 2002다1321)

㉢ (○) 채무자의 법률행위가 통정허위표시인 경우에도 채권자취소권의 대상이 된다(대판 1998.2.27. 97다50985).

㉣ (×) 제3자가 선의인 경우 제3자의 소유권이전등기는 유효하다.

㉤ (×) 선의의 제3자로부터 다시 전득한 전득자의 경우는 전득자가 선의든 악의든 유효하다. 왜냐하면 전득자는 제3자의 선의를 승계하기 때문이다(엄폐물법칙).

16 의사표시의 수령능력

① (×) 수령능력이 인정된다.

② (×) (법 제112조)

③ (×) 결혼한 피한정후견인이나 피성년후견인에게는 미성년자와 달리 혼인에 의한 성년의제규정(제826조의2)이 적용되지 않는다.

④ (○) 제112조는 표의자가 그의 의사표시의 도달을 주장할 수 없음을 규정했을 뿐이므로 제한능력자가 도달을 주장하는 것은 상관없다.

⑤ (×) 주장할 수 있다(법 제112조 단서).

17 협의의 무권대리

④ 乙이 아니라 丙, 즉 상대방의 선택에 따른다(법 제135조 제1항).

18 무권대리행위와 상대방의 보호

⑤ 무권대리행위의 상대방은 악의인 경우에도 확답을 최고할 수 있다(법 제131조).

19 무효행위의 전환

③ 상속포기 신고를 상속재산의 협의분할로 인정한 경우가 있다(대판 1989.9.12. 88누3305).

20 토지거래허가와 확정적 무효

국토의 계획과 이용에 관한 법률에 의해 지정된 토지거래허가구역 내의 토지에 대한 매매는 관할관청의 허가를 얻어야만 유효하며 허가를 얻기 전까지는 그 법률행위는 무효가 되는 유동적 무효의 상태에 있게 된다.

㉠ (대판 1998.12.22. 98다44376), ㉡ (대판 2006.3.24. 2005도10033), ㉢ (대판 1995.4.28. 93다26397)의 경우 확정적 무효가 된다.

㉣ 허가신청협력의무의 불이행만으로는 해제사유가 되지 못한다.

㉤ 허가를 받기 전에는 매매계약의 효력이 발생하지 아니하므로 채무불이행이 성립할 수 없다.

21 대리

① 대리인이 그 권한 외의 법률행위를 한 경우에 제3자가 그 권한이 있다고 믿을 만한 정당한 이유가가 있는 때에는 본인은 그 행위에 대하여 책임이 있다(법 제126조).

② (법 제125조)

③ (법 제117조)

22 법률행위의 취소

①, ④, ⑤ (○) (법 제140조)

② (○) (법 제5조 제2항, 제10조, 제140조)

③ (×) 제한능력자는 행위능력자가 되기 전에도 단독으로 취소할 수 있다(법 제140조).

23 기간의 계산

③ 기간을 일·주·월·연(年)으로 정한 때에는 기간만료일의 종료로써 기간이 만료한다(법 제159조). 따라서 사안의 경우 2017년 6월1일부터 기산되므로 동년 6월 30일 자정(오후 12시)에 기간이 만료한다.

24 소멸시효의 대상이 되는 권리

① (○) 유치권은 소멸시효의 대상이 아니다.

② (○) 물권적 청구권은 소멸시효의 대상이 아니다.

③ (○) 공유물분할청구권은 공유관계의 본질적인 내용으로 분할청구권만이 독립하여 소멸시효에 걸리지 않는다.

④ (○) 근저당권설정약정에 의한 근저당권설정등기청구권과 그 피담보채권은 별개의 권리이며 별개로 소멸시효에 걸리지만 근저당권설정등기청구의 소를 제기한 경우 그 피담보채권이 될 채권의 소멸시효도 중단된다(대판 2004.2.13. 2002다7213).

⑤ (×) 목적물을 인도받아 사용·수익하고 있는 경우에는 소멸시효가 진행하지 않는다(대판 1976.11.6. 76다148).

25 등기와 점유의 추정력

① (○) (대판 2012.4.26. 2012다2187)

② (○) (대판 1966.3.22. 66다64,65)

③ (○) (대판 1970.7.24. 70다729)

④ (×) 소유권이전등기가 경료되어 있는 경우에는 그 등기명의자는 제3자에 대해서 뿐만 아니라 그 전 소유자에 대해서도 적법한 등기원인에 의하여 소유권을 취득한 것으로 추정된다(대판 1982.6.22. 81다791, 2004.9.24. 2004다27273).

⑤ (○) (대판 1982.5.11. 80다2881)

26 점유권의 효력

① (○) (법 제203조 제1항 제2문)

② (×) 선의의 수익자가 패소한 때에는 그 소를 제기한 때부터 악의의 수익자로 본다(법 제749조 제2항).

③ (×) 무과실은 추정되지 않는다(대판 1960.2.25. 4291민상804).

④ (×) 폭력 또는 은비에 의한 점유자는 과실을 수취할 수 없다(법 제201조 제3항).

⑤ (×) 점유자의 선택이 아니라 회복자의 선택에 좇아 반환한다.

27 기간의 계산

③ 2017. 3. 19. 11시를 기준으로 1주일 전은 초일불산입의 원칙, 역법에 의한 계산, 역산의 방법에 따라 2017. 3. 12. 00시 이전, 즉 2017. 3. 11. 24시 이전을 말한다.

28 부동산 취득시효

① (○) (대판 2000.3.24. 99다56765)

② (○) (대판 1999.7.9. 97다53632)

③ (○) (대판 2005.3. 25. 2004다23899)

④ (○) (대판 1997.8.21. 95다28625) 또한 자기 소유의 부동산에 대하여도 시효취득이 가능하다(대판 2001. 7.13. 2001다17572).

⑤ (×) "등기의 승계"를 인정하고 있다(대판 1989.12.26. 87다카2176).

29 법정지상권 또는 관습법상 법정지상권

② 법정지상권의 성립을 인정한다면 토지소유권을 취득하려는 제3자의 법적 안정성을 해하는 등 법률관계가 매우 불명확하게 되므로 법정지상권이 성립하지 않는다(대판 2003.9.5. 2003다26051).

① (법 제366조)

③ (대판 1991.8.13. 91다16631)

④ (대판 2001.3.13. 99다17142)

⑤ (대판 1972.7.25. 72다893)

30 분묘기지권

① (×) 분묘기지권은 일종의 관습법상 법정지상권이지 소유권이 아니다(대판 1969.1.28. 68다1927).

② (×) 분묘기지권은 지상권에 유사한 일종의 용익권이다(대판 1955.9.29. 4288민상210). 따라서 권원의 성질상 소유의 의사가 인정되지 않는다.

③ (×) 분묘기지권은 관습법상 인정되는 법정지상권으로 그 취득에 있어 등기는 요구되지 않는다(대판 1994.12.23. 94다15530).

④ (○) (대판 1995.2.28. 94다37912)

⑤ (×) 분묘기지권의 존속기간은 당사자 사이에 약정이 있으면 그에 따를 것이며, 그러한 약정이 없는 경우에는 권리자가 분묘의 수호를 계속하며 그 분묘가 존속하고 있는 동안은 분묘기지권은 존속한다(대판 1994.8.26. 94다28970).

31 전세권

① (×) 건물전세권에 한하여 1년의 최단존속기간이 보장될 뿐이다(법 제312조 제2항).

② (×) 전세권의 내용에 따른 모든 법률관계의 당사자는 양수인인 신소유자가 되므로 전세금반환의무도 전세목적물을 양수한 자가 진다(대판 2000.6.9. 99다15122).

③ (×) 전세권설정자의 동의가 필요하다(제316조 제2항).

④ (○) (대판 1989.7.11. 88다카21019) 법정갱신은 제187조의 법률규정에 의한 부동산에 관한 물권변동에 해당하기 때문이다.

⑤ (×) 제319조, 제214조에 의해 전세권에 기한 방해배제 청구권의 행사가 가능하다.

32 저당권의 실행

③ 후순위 저당권자가 경매신청을 하더라도 가장 우선순위의 저당권보다 후순위인 권리는 모두 소멸하는 것이 원칙이므로, 丙이 경매신청을 하더라도 甲의 저당권보다 후순위인 권리는 모두 소멸한다. 또한 유치권의 경우에는 피담보채권을 변제받을 때까지 그 물건 또는 유가증권을 유치할 수 있으므로 甲의 저당권보다 후순위이지만 소멸하지 않는다.

33 과실상계

① (×) 적용된다(법 제396조).

② (○) (대판 2005.11.10. 2003다66066)

③ (×) 과실상계비율과 손해액도 서로 달리 인정될 수 있다(대판 2001.2.9. 2000다 60227).

④ (×) 채무불이행에 관한 손해배상액의 예정으로 볼 것이므로, 피고의 과실상계 주장은 더 나아가 판단할 필요 없이 이유 없다(대판 1972.3.31. 72다108).

⑤ (×) 신의칙상 요구되는 결과발생회피의무로서 일반적으로 예견가능한 결과발생을 회피하여 피해자 자신의 불이익을 방지할 주의를 게을리 함을 말한다(대판 1986.2.11. 85다카1422).

34 금전채무불이행

④ 금전채권의 경우 손해배상에 관하여는 채권자는 손해의 증명을 요하지 아니하고 채무자는 과실 없음을 항변하지 못한다(법 제397조 제2항).

35 수탁보증인의 사전구상권

수탁보증인의 사전구상권이 인정되는 경우로 제442조 제1항은 ㉠ 보증인이 과실 없이 채권자에게 변제할 재판을 받은 때 ㉡ 주채무자가 파산선고를 받은 경우에 채권자가 파산재단에 가입하지 아니한 때 ㉢ 채무의 이행기가 확정되지 아니하고 그 최장기도 확정할 수 없는 경우에 보증계약 후 5년을 경과한 때 ㉣ 채무의 이행기가 도래한 때를 규정하고 있다.

36 동시이행의 항변권

① (○) 동시이행의 항변권 규정은 임의규정이다.

② (○) 변론주의의 원칙에 의한 것이다.

③ (○) (대판 1997.4.25. 96다40677)

④ (×) 동시이행의 항변권을 주장할 수 있다(대판 1966.9.20. 66다1174).

⑤ (○) (대판 2008.6.26. 2004다32992)

37 매매의 효력

① (○) 매수인은 선의·무과실일 것을 요한다(법 제580조 단서).
② (○) (법 제563조, 제568조) 한편 대금의 지급장소와 관련하여, 매매의 목적물의 인도와 동시에 대금을 지급할 경우에는 그 인도 장소에서 이를 지급하여야 한다(법 제586조).
③ (×) 과실은 목적물의 인도 전에는 매도인에게 귀속된다(법 제587조 1문). 그러나 매수인이 대금을 완급하였을 때에는(인도 받기 전이라도) 매수인에게 귀속된다. 한편 매수인은 목적물의 인도를 받은 날로부터 대금의 이자를 지급하여야 한다(법 제587조 제2문).
④ (○) (법 제585조)
⑤ (○) (법 제588조)

38 위임계약

㉡ 제689조 제2항의 손해란 위임계약이 적당한 시기에 해지되었더라면 입지 않았을 손해를 의미한다(대판 2000.6.9. 98다64202).

39 임차인 보호를 위한 편면적 강행규정

강행규정인 사항(법 제652조)은 다음과 같다.
① 임차인의 차임감액청구권(법 제627조)
② 임차인의 부속물매수청구권(법 제646조)
③ 차임감액청구권(법 제628조)
④ 차임연체에 의한 계약해지(법 제640조)

40 불법행위

③ 타인의 생명을 해한 자는 피해자의 직계존속, 직계비속 및 배우자에 대하여 재산상의 손해가 없는 경우에도 손해배상의 책임이 있다(법 제752조).

제6회 실전모의고사

1교시

제1과목 회계원리									
01	02	03	04	05	06	07	08	09	10
②	③	④	⑤	①	④	③	④	③	⑤
11	12	13	14	15	16	17	18	19	20
①	④	③	①	②	②	⑤	④	②	②
21	22	23	24	25	26	27	28	29	30
③	③	③	②	③	⑤	③	②	②	②
31	32	33	34	35	36	37	38	39	40
②	③	③	②	④	③	③	⑤	③	②

01 수익인식

매출액 = 100,000 + 50,000+145,000 = ₩295,000

02 FV-OCI금융자산

FV-OCI금융자산의 기말잔액은 기말 공정가치이다.
100매 × ₩13,000 = ₩1,300,000

03 비유동자산

비유동자산은 토지와 임차보증금이다.

04 당기순손익의 계산

기초자본 = 기초자산 − 기초부채 = 4,000 − 2,000 = ₩2,000
기말자본 = 기초자본 + 당기순이익 + 추가출자
= 2,000 + (7,000 − 6,500) + 1,000 = ₩3,500
기말자산 = 1,500 + 3,500 = ₩5,000

05 재무보고 개념체계

경제적 현상의 실질과 그 법적 형식이 같지 않다면, 법적 형식에 따른 정보만 제공해서는 경제적 현상을 충실하게 표현할 수 없을 것이다.

06 매입채무

전기이월이 대변, 차기이월이 차변, 계정의 잔액이 대변 잔액이므로 부채에 해당하는 계정이며, 부채 계정은 매입채무 뿐이다.

07 주당순이익

1) 보통주 당기순이익
= 3,000,000 − (5,000 × 500주 × 8%) = 2,800,000

2) 가중평균 발행주식수

$$= (1,700주 \times 365일 + 300주 \times 61일) \times \frac{1}{365}$$

$$= \frac{620,500 + 18,300}{365} = 1,750주$$

3) 주당순이익

$$= \frac{2,800,000}{1,750주} = ₩1,600$$

08 매출원가

= 110,000 + 8,350,000 − 235,000 = 8,225,000

09 당기순손익

= 매출액 − 매출원가 + 기타수익 − 기타비용
= (9,593,000 − 32,000) − 8,225,000 + 30,000
− 1,047,500 − 18,250 = 300,250

FV-OCI금융자산 평가손실은 기타포괄손익으로서 당기순손익에 포함되지 아니하고 전기오류수정이익은 이익잉여금의 수정항목이다.

10 무형자산

⑤ 내용연수가 비한정인 무형자산에 대해서는 상각을 하지 아니한다.

11 사 채

사채발행가액
= (₩1,000,000 × 0.63) + (₩1,000,000 × 5% × 4.6)
= ₩860,000

12 재고자산

매입할인, 리베이트 및 기타 유사한 항목은 매입원가를 결정할 때 차감한다.

13 은행계정조정표

회사측 잔액	₩177,000
(+) 어음추심액입금액 미통지분	₩130,000
(−) 은행수수료 미통지분	₩7,000
은행측 잔액	₩382,000
(−) 기발행미인출수표	₩82,000
수정후잔액	₩300,000

• 수정분개

(차)	당좌예금	130,000	(대)	받을어음	130,000
(차)	수수료비용	7,000	(대)	당좌예금	7,000

14 현금흐름표

현금유입액 = 5,000 + 4,000 − 7,000 = ₩2,000

15 회계추정의 변경

• 20X1~2년 감가상각비

$= \frac{(10,000,000-1,000,000)\times(5+4)}{15}$

=₩5,400,000

• 20X3년 감가상각비

$= \frac{10,000,000-5,400,000-1,000,000}{4}$

= ₩900,000

16 영업권

= 합병대가−순공정가치

= 2,500,000−(3,800,000−1,700,000) = ₩400,000

17 자본잉여금

1) 주식발행시 분개

(차) 현　금	240,000
(대) 자본금	200,000
(대) 주식발행초과금	40,000

2) 주식발행 후 자본잉여금

= 300,000(감자차익) + 40,000(주식발행초과금)

= 340,000

18 자본변동표

주식분할은 주당 액면가액 및 주식수는 변동되지만 자본금 및 자본총액에는 영향이 없으므로 자본변동표에 표시되지 아니한다.

19 재평가이익

재평가이익이 생기는 경우 동일한 자산에 대하여 이전에 당기손익으로 인식한 재평가감소액이 있다면 그 금액을 한도로 당기손익으로 인식하고 나머지는 기타포괄손익으로 처리한다.

(차) 토 지	₩300,000
(대) 재평가이익(당기수익)	₩200,000
(대) 재평가잉여금(기타포괄손익)	

20 손상

(차) 손실충당금 ₩1,000,000 (대) 매출채권 ₩1,000,000

당기순이익에 미치는 영향은 없다.

21 기말재고수량

선입선출법 = 100개×₩500 + 100개×₩520=₩102,000

이동평균법 = 200개×(100개×5₩00+150개×₩520)/250개

= ₩102,400

22 정률법

1) 20×1년 감가상각비

= 5,000,000×40%=₩2,000,000

2) 20×2년 감가상각비

= (5,000,000−2,000,000)×40%= ₩1,200,000

3) 장부금액

= 5,000,000−2,000,000−1,200,000= ₩1,800,000

4) 처분손실

= 1,800,000−1,600,000 = ₩200,000

23 계약이익

1) 20×1년~20x2년 인식할 계약이익

• 계약수익

$600,000\times\frac{225,000}{450,000}=300,000$

• 계약원가	225,000
• 계약이익	75,000

2) 20×3년도 인식할 공사이익

• 3년간 총이익

(600,000−460,000) = 140,000

• 20X1~20X2 인식 계약이익	75,000
• 20X3년도 이익	65,000

24 FV-PL금융자산

• 11월 11일

(차) FV-PL금융자산	₩10,000,000
(대) 현 금	₩10,400,000
(차) 수수료비용	₩400,000

• 11월 30일

(차) 현 금	₩3,300,000
(대) FV-PL금융자산	₩3,000,000
(대) FV-PL금융자산 처분이익	₩300,000

• 결산일

(차) FV-PL금융자산	₩1,400,000
(대) FV-PL금융자산 평가이익	₩1,400,000

• 당기손익

= ₩300,000 + ₩1,400,000 − ₩400,000 = ₩1,300,000

25 소매재고법

• 원가율 $= \dfrac{5,000,000+13,000,000}{8,000,000+17,000,000} = 72\%$

• 기말재고(매가)

= 8,000,000 + 17,000,000 − 19,000,000

= ₩6,000,000

• 기말재고(원가) = 6,000,000 × 72% = ₩4,320,000

26 충당부채

• 20×1년 충당부채 : ₩50,000 × 3% = ₩1,500

• 20×1년 충당부채 잔액 : ₩1,500 − ₩500 = ₩1,000

27 시산표에서 발견할 수 있는 오류

1) 대차 어느 한쪽의 전기를 누락한 경우
2) 대차 한 쪽만 중복기장한 경우
3) 계정상의 금액을 잘못 기장한 경우
4) 계정 자체의 대차합계 및 잔액계산에 오류가 생긴 경우

28 재고자산평가손실

상품 A = 200 − (240 − 40) = ₩0

상품 B = 250 − (300 − 60) = ₩10

∴ ₩10 × 40개 = ₩400

상품 C = 230 − (260 − 50) = ₩20

∴ ₩20 × 50개 = ₩1,000

평가손실 = ₩400 + ₩1,000 = ₩1,400

29 유형자산 손상차손

• 손상차손은 장부금액과 회수가능액의 차이이다. 손상은 장부금액보다 회수가능액이 낮을 때 발생한다.

장부금액 ₩80,000*1

손상차손(−)₩35,000

회수가능액 ₩45,000*2

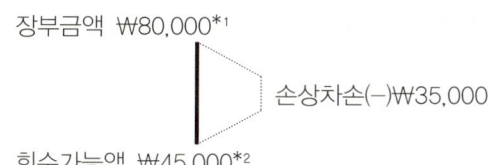

*1 장부금액 : ₩100,000(취득가액) − ₩20,000(감가상각누계액)

*2 회수가능액 : max[순공정가치(₩40,000), 사용가치(₩45,000)]

30 재고자산 포함 여부

수탁한 재고자산은 우리의 재고자산에 포함되지 아니하며, 우리가 다른 창고에 위탁한 재고자산은 우리의 재고자산이다. FOB 도착지 조건으로 매입한 재고자산은 도착하였을 때에 우리의 재고자산으로, 운송 중에는 재고자산에 포함되지 않는다.

재고자산가액 = ₩50,000 − ₩20,000 + ₩15,000 = 45,000

31 제조원가

	A부문	B부문	계
직접재료원가	50,000	10,000	60,000
직접노무원가	30,000 1)	40,000	70,000
제조간접원가	60,000	20,000 2)	80,000
총제조원가	140,000	70,000	210,000

1) A부문 제조간접원가 = 직접노무원가(X) × 200%

60,000 = (X) × 200%　∴ 직접노무원가 = 30,000

2) B부문 제조간접원가

= 직접노무원가 × 50% = 40,000 × 50% = 20,000

32 이자비용

• 20X1.12.31.

− 사채의 유효이자(이자비용)

187,720 × 10% ≒ 18,770

− 사채의 액면이자(현금지급이자)

200,000 × 9% = 18,000

− 사채할인발행차금상각 770

33 순실현가치법

제 품	판매가치	판매비	추가가공원가	순실현가치
A	83,000	7,000	20,000	56,000
B	30,000	6,000		24,000
합계				80,000

B에 배부될 결합원가

$= 28,000 \times \dfrac{24,000}{80,000}$ = ₩8,400

6회

34 고정제조 간접원가예산

- 조업도차이
  = 총차이 − 예산차이
  = 2,000,000(불리) − 3,200,000(유리) = 5,200,000(불리)
- 고정제조 간접원가 배부액
  = 2,000개×2시간×500 = 2,000,000
- 고정제조 간접원가예산
  = 고정제조 간접원가 배부액 + 5,200,000 = 7,200,000

35 손익분기점

- 손익분기점 인원수 = 고정원가/단위당공헌이익
  = ₩3,000,000/₩20,000 = 150명
- 지원금 2,000,000은 고정원가를 감소시키므로, 계산에서 필요한 고정원가는 ₩3,000,000(5,000,000 − 2,000,000)이다.
- 1인당 공헌이익은 참가비에서 변동원가를 차감한 ₩20,000(50,000−30,000)이다.

36 기초재공품재고액

- 당기제품제조원가
  기말제품재고액이 기초제품재고액보다 ₩20,000 작다는 것은 당기제품제조원가가 당기매출원가보다 ₩20,000 작다는 것을 의미하므로 당기제품제조원가는 ₩190,000(= 210,000 − 20,000)이 된다.
- 기초재공품재고액
  = 당기제품제조원가 + 기말재공품재고액 − 당기총제조비용
  = 190,000 + 40,000 − 160,000 = ₩70,000

37 변동원가계산

- 변동원가영업이익
  = 8,000개 × (2,500 − 1,000 − 800 − 250 − 150)
  − ₩1,000,000 − ₩500,000
  = ₩900,000
- 전부원가영업이익
  = ₩900,000 + (1,000,000×2,000/10,000)
  = ₩1,100,000

38 매출액

구 분	A	B	C
단위당 판매가격	15,000	6,250	5,000
단위당 변동원가	12,000	3,750	3,500
단위당 공헌이익	3,000	2,500	1,500
공헌이익률	0.2	0.4	0.3

- 가중평균 공헌이익률
  = 40%×0.2 + 30%×0.4 + 30%×0.3 = 0.29
- 목표이익매출액

$$= \frac{\text{고정원가} + \text{세전목표이익}}{\text{가중평균 공헌이익률}}$$

$$= \frac{1{,}500{,}000 + 240{,}000}{0.29} = 6{,}000{,}000$$

39 안전 한계율

1) 손익분기매출액

$$= \frac{\text{고정원가}}{\text{공헌이익률}} = \frac{25{,}000}{0.25} = 100{,}000$$

2) 개당 공헌이익
   = 가격 − 단위당 변동원가 = 48 − 36 = 12

3) 목표이익 달성을 위한 매출액

$$= \frac{25{,}000 + 11{,}000}{\text{공헌이익률}} = 144{,}000$$

- 안전 한계율

$$= \frac{\text{매출액} - \text{손익분기점매출액}}{\text{매출액}}$$

$$= \frac{144{,}000 - 100{,}000}{144{,}000} \fallingdotseq 30.5\%$$

4) 목표이익 달성을 위한 매출수량

$$= \frac{\text{고정원가} + \text{목표이익}}{144{,}000}$$

$$= \frac{25{,}000 + 11{,}000}{12} = 3{,}000\text{개}$$

40 정상개별원가계산

- 문제에서 매년 제조간접원가 예정배부율은 동일하다고 제시되었으므로, 기초재공품의 제조간접원가/직접노무원가(₩18,000/₩12,000=1.5)와 기말재공품의 제조간접원가/직접노무원가(₩12,000/₩8,000=1.5)는 같은 값이 나오게 된다. 즉 1.5가 제조간접비 예정배부율에 해당한다.
- 제조간접원가 예정배부액 = 직접노무원가 실제발생액 × 예정배부율

= ₩54,000×(₩18,000/₩12,000) = ₩81,000

- 배부차이 = ₩81,000 − ₩78,000 = ₩3,000(과대배부)

제2과목 공동주택시설개론

41	42	43	44	45	46	47	48	49	50
②	④	②	④	③	④	①	③	④	⑤
51	52	53	54	55	56	57	58	59	60
③	④	②	③	①	⑤	①	⑤	①	②
61	62	63	64	65	66	67	68	69	70
③	④	⑤	②	①	④	①	②	③	④
71	72	73	74	75	76	77	78	79	80
②	③	②	①	⑤	③	④	⑤	①	⑤

41 건축물 구조

고정하중이 증가할수록 지진하중이 증가하므로 가능하면 건축물의 자체중량을 작게 하여야 한다.

42 지반개량공법

웰포인트 공법은 사질 지반의 탈수법으로 대표적인 연약 지반 개량공법이다.

43 지정공사

① 밑창 콘크리트지정은 먹메김을 하기 위한 것으로 설계도서에서 별도로 정한 바가 없는 경우에는 콘크리트는 설계기준강도 15MPa 이상의 것을 사용한다.
③ 모래지정은 지반이 연약하고 2m 이내에 굳은 지층이 있을 때 그 연약층을 걷어내고 모래를 넣어 300mm 마다 충분히 물다짐을 한다.
④ 잡석지정은 잡석을 한켜로 세워서 큰 틈이 없게 깔고 잡석 틈새에는 사춤자갈을 채워 넣어 달구로 다져 나간다.
⑤ 자갈지정에서 기초파기 밑바닥에 자갈을 깔 때 두께는 설계도서에 지정한 바가 없으면 60 mm로 하고, 25 kg 내외의 달구로 충분히 다진다.

44 늑근의 배근

철근콘크리트보에서 전단력은 단부에서 많이 받으므로 전단력에 대응하는 늑근을 사용하며 늑근은 중앙부보다 단부에 많이 배근한다.

45 플랫슬래브(flat slab)구조의 특징

플랫슬래브(flat slab)는 무량판구조라고도 하며 보가 없이 바닥판만으로 구성하고 하중을 직접 기둥에 전달하는 구조이다. 뚫림전단(punching shear)현상을 방지하기 위하여 기둥 상부에는 경사진 주두(Column Capital)과 지판(Drop Pannel)을 붙인다.

46 시공연도와 물·시멘트비

물시멘트비는 물의 중량을 시멘트의 중량으로 나눈 것으로 값이 클수록 묽은 콘크리트가 되어 어느 정도까지는 콘시스텐시가 좋아져 시공연도는 좋지만 강도가 작고 재료분리, 블리이딩, 레이턴스의 발생이 일어나기 쉽다.

47 철골용접

모살용접(Fillet welding)은 두 부재를 서로 경사지게 모살을 덧붙이게 용접하는 것으로 한쪽의 모재 끝을 다른 모재면에 겹치거나 맞대어 그 접촉부분의 모서리를 용접하는 것으로 유효단면적은 유효목두께의 0.7배에 유효길이를 곱한 것으로 한다.

48 시어커넥터(Shear connector)

시어커넥터는 합성보, 스팬이 큰 보, 철골보+콘크리트 슬래브 등의 전단 연결재이고 가새는 트러스의 절점 또는 기둥의 절점을 각각 대각선 방향으로 연결하여 구조체의 변형을 방지하는 부재로 수평력에 저항한다.

49 벽돌쌓기

하루에 벽돌을 다 쌓지 못하고 다음날 물려 쌓아야 할 때 또는 연속되는 벽면의 일부를 트이게 하여 나중쌓기로 할 때는 그 부분을 통줄눈을 피하기 위하여 층단들여(층단떼어)쌓기로 한다.

50 보강블록조의 그라우트 및 모르타르의 세로 피복두께는 20mm 이상으로 한다.

6회

51 지붕 금속판잇기

조이너(joiner)는 이질재와의 접합부, 마감높이가 다를 경우 등에 쓰이는 철물이고 지붕의 금속판잇기에서 온도에 따른 신축·팽창에 대비하기 위해서는 거멀접기를 한다.

52 지하실 방수법의 특징

안방수법은 바깥방수법에 비해 시공과 보수가 용이하나 반드시 보호누름벽을 설치하여야 하므로 유효면적이 감소하나 바깥방수공사는 보호층을 두지 않아도 된다.

53 시트방수는 방수지 1겹을 붙여 방수효과를 기대하는 것으로 곡면이 많은 지붕에도 시공이 용이하며 균열의 염려가 적다.

54 유리공사

그레이징가스켓은 염화비닐 등으로 압축성형에 의해 제조된 유리끼움용 부자재(정형실링재)이고 셋팅블록은 새시 하단부의 유리 끼움용 부자재로 유리하중을 지지하는 고임재로 사용되는 것으로 유리폭의 1/4 지점에 각각 1개씩 설치하여 유리의 하단부가 하부 프레임에 직접 닿지 않도록 해야 한다.

55 타일공사

건물의 실내에 타일을 시공할 경우에는 벽타일을 먼저 시공한 후에 바닥타일을 시공한다.

56 도장공사

광명단은 철재면의 방청도료로 사용하고 징크로메이트 도료는 크롬산아연을 안료로 하고 알키드수지를 전색재로 한 것으로 알루미늄바탕 녹막이 초벌칠에 사용한다.

57 셀프레벨링제

셀프레벨링제 공사에서 표면의 물결방지를 위하여 창문 등은 밀폐하여 통풍과 기류를 차단한다.

58 수장공사

고막이는 외벽 밑부분의 지면에 닿는 부분에서 50cm 정도를 벽면보다 1~3cm 정도 나오게 하거나 들어가게 한 벽체로 흙이 튀어 더러워지기 쉬운 밑부분을 윗부분과 구분하여 더러워지는 것을 방지하고 의장적인 안정감을 주기 위해 설치한다.

59 합성수지

페놀수지는 가장 우수한 목재(내수합판) 접착제로 전기 절연성과 내수성이 좋아 전기절연재료로 적당하다.

60 시멘트벽돌 적산

① 벽면적 : 10 × 3 = 30m²
② 1.0B쌓기 m²당 벽돌소요량 = 149장
③ 30 × 149 × 1.05(할증률 5%) = 4,693.5장

61 건축설비의 기본이론

① 공기를 가열하면 건구온도는 높아지고 상대습도는 낮아지나 절대습도는 변하지 않는다.
② 잠열이란 온도는 변하지 않고 상태만 변하면서 출입하는 열로 증기난방에 이용된다.
④ 재료에 습기가 차거나 함수량이 커지면 열전도율이 상승하여 단열에 불리하다.
⑤ 건구온도가 일정할 경우 상대습도가 높을수록 노점온도는 높아진다.

62 급수량산정

건물면적에 의한 급수량 산정은 급수대상이 불분명한 경우 건물의 유효면적에 거주인원을 산출하여 계산하며 사무소 건물 등에 적용한다.

$Q_d = A \cdot\ k \cdot\ n \cdot\ q(l/d)$	A : 건물의 연면적(m²) k : 유효면적 비율(%) n : 유효면적당 거주인원(c/m²)

급수량 $Q_d = A \cdot\ k \cdot\ n \cdot\ q(l/d)$=3,000×0.6×0.2×200ℓ
=72,000ℓ=72m³/d

63

수격 작용(water hammering)이란 관로(管路)안의 물을 정지시키거나 흘려보내 물의 운동상태를 갑자기 급격히 변화시킴으로서 일어나는 압력파 현상으로 일종의 물에 의한 마찰음이다. 수격작용은 소음 · 진동을 유발하고 기구 파손의 우려가 있으며, 정수두란 물이 정지하고 있을 때의 수두에 따라서 미치는 압력을 말한다.

64 자기사이펀 작용

자기 사이펀 작용은 기구에 배수가 만류 또는 연속하여 흐를 때 트랩 및 배수관이 사이펀을 형성하여 트랩 내의 봉수가 배수관 쪽으로 흡입 배출되는 봉수파괴 현상으로 봉수가 파괴되는 것을 방지하기 위해서는 통기관을 설치한다.

65 개인하수처리시설의 관리기준

다음 각 목의 구분에 따른 기간마다 그 시설로부터 배출되는 방류수의 수질을 자가측정하거나 「환경분야 시험·검사 등에 관한 법률」 제16조에 따른 측정대행업자가 측정하게 하고, 그 결과를 기록하여 3년 동안 보관하여야 한다.

① 1일 처리용량이 200세제곱미터 이상인 오수처리시설과 1일 처리대상 인원이 2천 명 이상인 정화조 : 6개월마다 1회 이상
② 1일 처리용량이 50세제곱미터 이상 200세제곱미터 미만인 오수처리시설과 1일 처리대상 인원이 1천 명 이상 2천 명 미만인 정화조 : 연 1회 이상

66 플랜지이음

플랜지나 유니온 접합은 배관된 관의 교체나 수리를 편리하게 하기 위하여 사용한다.

① 플랜지(flange) : 보통 50mm 이상 관에 사용

② 유니온(union) : 보통 50mm 이하 관에 사용

67 스프링클러설비의 용어에서 교차배관이란 가지배관에 급수하는 배관이고 신축배관이란 가지배관과 스프링클러헤드를 연결하는 구부림이 용이하고 유연성을 가진 배관을 말한다.

68 이산화탄소 소화설비

이산화탄소 소화설비는 사람이 없는 도서관 서고, 통신기기실, 전자계산실 등에 적합한 것으로 마그네슘 창고에는 사용이 곤란하다.

69 가스계량기 최소 이격거리

① 절연조치를 아니한 전선과는 15㎝ 이상 떨어지도록 한다.

② 굴뚝(단열조치를 하지 않은 경우), 전기접속기, 전기점멸기와는 30㎝ 이상 떨어지도록 한다.

③ 전기개폐기, 전기계량기와는 60㎝ 이상 떨어지도록 한다.

④ 화기와 2m 이상의 우회거리를 유지하고 환기를 양호하게 한다.

70 개별식 급탕설비 가열장치

개별식 급탕설비의 가열장치는 순간형과 저탕형이 있다.

71 환기량

$$환기량(Q) = \frac{발열량}{비중량 \times 공기비열(실내온도-실외온도)}$$

Q–필요 환기량(㎥/h) t_2–실온 ℃

H–발열량(kW) t_1–외부온도 ℃

(1) 발열량=100×0.1×3,600=36,000kJ/h ※ 1kW=3,600kJ

(2) 환기량(Q) = $\frac{36,000}{1.2 \times 1.01(25-15)}$ = 2,970.297㎥/h

72 냉동사이클

(1) 압축식냉동기 : 압축기 – 응축기 – 팽창밸브 – 증발기 – 압축기 순

(2) 흡수식냉동기 : 흡수기 – 재생기 – 응축기 - 증발기 – 흡수기 순

73 건축물의 에너지 절약

① 건축물의 연면적에 대한 외피면적을 최대한 작게 하여야 한다.

③ 거실층고와 반자높이는 사용에 지장을 주지 않는 범위내에서 최대한 낮게 설치한다.

④ 송풍기나 펌프의 전동기는 가능하면 가변속도(회전수)제어 방식을 채택한다.

⑤ 건축물에 단열재를 시공할 때는 이음부는 최대한 밀착하고 2장을 엇갈리게 시공한다.

74 3방밸브(three-way valve)는 온수보일러에서 부주의로 밸브가 닫힌 채로 운전하는 경우 위험을 방지하기 위하여 온수출구 및 환수구에 설치하는 특수구조의 밸브로 주관로가 닫힌 경우 옆구멍이 열리면서 증기와 체적 팽창이 도출하게 되어 장치의 안전을 유지하게 하는 기기이다.

75 송풍기 동력

송풍기 동력은 회전수의 3승에 비례하므로

$$동력(kW) = (\frac{N_2}{N_1})^3 = 3.5 \times (\frac{1,000}{500})^3 = 28kW$$

76 분기회로

분기회로란 분전반 개폐기로부터 전등이나 전동기까지의 배선으로 전등 및 콘센트의 분기회로는 15A로 한다.

77 피뢰설비

피뢰설비 재료의 최소 단면적은 피복이 없는 동선을 기준으로 수뢰부, 인하도선, 접지극은 50㎟ 이상의 성능을 갖추어야 한다.

78 예비전원설비

자가발전설비 용량은 보통 수전설비 용량의 20%(10~30%) 정도로 한다.

79 제한스위치(limit switch)는 종점스위치가 고장났을 때 작동하여 전동기를 정지시킴과 동시에 전자 브레이크를 작동시켜 케이지를 급정지시키는 전기적 안전장치이다.

80 통신배관실

통신배관실은 외부의 청소 등에 의한 먼지, 물 등이 들어오지 않도록 50밀리미터 이상의 문턱을 설치하여야 한다. 다만 차수판 또는 차수막을 설치하는 때에는 그러하지 아니하다.

6회

2교시

제3과목 민법

01	02	03	04	05	06	07	08	09	10
④	④	⑤	①	③	③	③	②	④	⑤
11	12	13	14	15	16	17	18	19	20
②	⑤	①	③	②	④	④	②	③	③
21	22	23	24	25	26	27	28	29	30
③	④	⑤	①	④	④	⑤	④	④	④
31	32	33	34	35	36	37	38	39	40
④	②	②	②	④	②	②	⑤	③	④

01 신의칙(신의성실의 원칙)

① (×) 신의칙은 불법행위뿐만 아니라 계약법 등 민법 전반에 걸친 일반원칙이다(법 제2조).
② (×) 채무자의 소멸시효에 기한 항변권의 행사도 우리 민법의 대원칙인 신의성실의 원칙과 권리남용금지의 원칙의 지배를 받는 것이다(대판 2002.10.25. 2002다32332).
③ (×) 여기에서 말하는 사정이라 함은 계약의 기초가 되었던 객관적인 사정으로서, 일방당사자의 주관적 또는 개인적인 사정을 의미하는 것은 아니다(대판 2007.3.29. 2004다31302).
④ (○) 상계권 행사를 제한하는 위와 같은 근거에 비추어 볼 때 일반적인 권리 남용의 경우에 요구되는 주관적 요건을 필요로 하는 것은 아니다(대판 2003.4.11. 2002다59481).
⑤ (×) 부당이득반환청구권은 인정된다(대판 1992.7.28. 92다16911, 92다16928 참조).

02 태아의 지위

① 판례는 정지조건설을 취하므로(대판 1976.9.14. 76다1365) 태아인 상태에서는 권리능력이 인정되지 않는다.
② 태아가 사산된 경우에는 권리능력이 인정되지 않으므로 손해배상청구권을 대리인을 통해 행사할 수 없다.
③ 丁은 살아서 출생하면 甲의 재산을 상속한다.
⑤ 태아는 손해배상의 청구권에 관하여는 이미 출생한 것으로 본다(법 제762조). 이 규정에 의하여 태아는 재산적 손해는 물론이고 정신적 손해(위자료)에 관하여서도 그 자신의 고유한 손해배상청구권을 가지는 것이 된다.

03 형성권

상계권 → 형성권, 지상물매수청구권 → 형성권, 물권적 청구권 → 청구권, 최고·검색의 항변권 → 항변권
⑤ (○) 해제권은 형성권이다.

04 미성년자의 법정대리인

① (×) 영업허락의 취소 또는 제한은 선의의 제3자에게 대항할 수 없다(법 제8조 제2항 단서).

05 부재자의 재산관리인의 권한

① (×) 부재자가 선임한 경우에는 사적 자치의 원칙이 지배하므로 서로 그 지위가 다르다.
② (×) 부재자의 재산관리인은 처분행위를 하는 데 법원의 허가를 받아야 하는 제한이 있다.
③ (○) 보존행위에 해당하기 때문이다.
④ (×) 임의적이다(법 제26조 제1항).
⑤ (×) 추인하는 방법으로도 가능하다(대판 2000.12.26. 99다19278).

06 법인의 불법행위

① (○) (통설, 법 제61조, 제65조 참조)
② (○) (대판 2009.11.26. 2009다57033 참조)
③ (×) 법인의 대표자의 행위가 직무에 관한 행위에 해당하지 아니함을 피해자 자신이 알았거나 또는 중대한 과실로 인하여 알지 못한 경우에는 법인에게 손해배상책임을 물을 수 없다(대판 2004.3.26. 2003다34045).
④ (○) (대판 2016.4.12. 2013다31137 참조)
⑤ (○) (통설, 사용자책임에 관하여는 75다1193 참조)

07 동시사망의 추정

① (×) 동시에 사망한 것으로 추정한다(법 제30조).
② (×) 사망한 사실은 명백하므로 인정사망제도와는 무관하다.
③ (○) 동시사망한 자 사이에는 상속이 일어나지 않는다(대판 2001.3.9. 99다13157).
④ (×) 가족관계기록부는 참고자료에 불과하며, 권리능력은 사망 사실에 의해 좌우된다.
⑤ (×) 제한능력자도 상속능력은 인정된다.

08 법인의 대표기관

① (×) 각자대표가 원칙이다.
② (○) 대표권제한이 등기되지 않았다면 악의의 제3자에 대하여도 대항할 수 없다(대판 1992.2.14. 91다24564).
③, ④ (×) 특별대리인과 직무대행자가 서로 바뀌어 설명되었다.
⑤ (×) 선의의 제3자에 대하여만 책임을 진다(법 제60조의2 제2항).

09 권리의 객체

④ (×) 등기된 입목은 소유권과 저당권 및 근저당권의 목적이 될 수 있다(「입목에 관한 법률」 제3·4조, 대판 1976.4.27. 76다72).

⑤ (○) (대판 1967.7.11. 67다893)

10 부동산

① (×) 권한의 유무를 묻지 않는다(대판 1968.6.4. 68다613).

② (×) 구분건물이 되기 위해서는 증축 부분의 소유자의 구분소유의사가 객관적으로 표시된 구분행위가 있어야 한다(대판 1999.7.27. 98다32540, 「집합건물의 소유 및 관리에 관한 법률」 제1조).

③ (×) 소유권과 저당권의 객체가 될 수 있을 뿐이다(「입목에 관한 법률」 제3조 제2항).

④ (×) 일물일권주의의 원칙상 허용되지 않는다.

⑤ (○) (대판 1991.5.14. 91다2779)

11 불공정한 법률행위

① (○) (대판 1999.5.28. 98다58825)

② (×) 제104조의 불공정한 법률행위를 주장하는 자는 스스로 궁박·경솔·무경험으로 인하였음을 증명하여야 하고, 그 법률행위가 현저하게 공정을 잃었다 하여 곧 그것이 경솔하게 이루어졌다고 추정되거나 궁박한 사정이 인정되는 것이 아니다(대판 1969.7.24. 69다594).

③ (○) (대판 2013.9.26. 2010다42075)

④ (○) (대판 2002.10.22. 2002다38927)

⑤ (○) (대판 1994.6.24. 94다10905)

12 법률행위의 목적

① (×) 사후에라도 구체적으로 확정할 수 있는 방법과 기준이 정하여져 있으면 족하다(대판 1996.4.26. 94다34432).

② (×) 전부 무효가 원칙이다(법 제137조).

③ (×) 불법원인급여에 해당하므로 말소청구할 수 없다(법 제746조 본문).

④ (×) 사회질서에 반하는 경우에는 선의의 제3자라도 보호받지 못한다.

⑤ (○) 법률행위 목적의 가능성 여부는 사회통념에 따라 판단한다.

13 법률행위의 해석

① 법률행위의 해석은 당사자가 그 표시행위에 부여한 객관적인 의미를 명백하게 확정하는 것으로서, 사용된 문언에만 구애받는 것은 아니지만, 어디까지나 당사자의 내심의 의사가 어떤지에 관계없이 그 문언의 내용에 의하여 당사자가 그 표시행위에 부여한 객관적 의미를 합리적으로 해석하여야 하는 것이다(대판 2001.3.23. 2000다40858).

14 착오에 의한 의사표시

② (○) (대판 1979.3.27. 78다2493)

③ (×) 양자 모두 선의의 제3자에게 대항하지 못한다(법 제108조 제2항 및 제109조 제2항).

④ (○) 법률행위의 해석방법 중 자연적 해석방법에 의하면 표시는 乙토지로 하였으나 당사자 모두 甲토지를 계약의 목적물로 한다는 합의가 존재하므로 매매계약은 甲토지에 대하여 성립하고 따라서 제109조의 착오는 존재하지 않는다(대판 1993.10.26. 93다2629, 2636).

15 수권행위 및 기초적 내부관계

① (○) 법정대리에서는 수권행위 없이 대리권이 법률규정에 따라 발생한다.

② (×) 위임행위에 당연히 수권행위가 포함되는 것은 아니며, 구체적 내용에 따라 별도로 판단하여야 한다.

③ (○) 수권행위와 기초적 법률관계가 동시에 또는 하나의 행위로 이루어지는 경우가 오히려 일반적이다.

16 하자 있는 의사표시의 효력

- 제109조 제1항
  의사표시는 법률행위의 내용의 중요부분에 착오가 있는 때에는 취소할 수 있다. 그러나 그 착오가 표의자의 중대한 과실로 인한 때에는 취소하지 못한다.
- 제110조 제2항
  상대방 있는 의사표시에 관하여 제3자가 사기나 강박을 행한 경우에는 상대방이 그 사실을 알았거나 알 수 있었을 경우에 한하여 그 의사표시를 취소할 수 있다.

17 복대리

④ 임의대리인은 본인에 대하여 그 선임·감독에 관하여 책임을 진다(법 제121조 제1항). 그러나 대리인이 본인의 지명에 의하여 복대리인을 선임한 경우에는 그 부적임 또는 불성실함을 알고 본인에 대한 통지나 그 해임을 태만히 한 때에 한하여 책임을 진다.

18 표현대리

① (○) (대판 2009.2.26. 2007다31331)

② (×) 상대방은 선의인 경우에 한하여 철회권을 가지며, 본인은 협의의 무권대리뿐만 아니라 표현대리가 성립하는 경우에도 추인권을 갖는다(법 제132조, 통설).

③, ④ (○) (대판 2008.1.13. 2007다74713)

⑤ (○) (대판 1964.4.7. 63나638)

19 무효행위에 대한 추인의 소급효

㉠ 유동적 무효로서 소급하여 유효가 된다(대판 1999.6.17. 98다40459).

㉡ 무권대리의 추인이다. 따라서 소급효가 있다(대판 1995.12.22. 94다45098). 일단 추인한 후 이행되지 않아도 추인의 효력이 발생되는 것에는 영향이 없다.

㉢ 판례는 소급효를 부인한다(대판 2000.4.7. 99다52817). 즉, 일반적인 무효행위의 추인으로 소급효가 없다.

㉣ 무권리자의 처분행위의 추인에 대해 판례는 무권대리의 추인에 준하여 다루므로 소급효가 인정된다(대판 1981.1.13. 79다2151).

㉤ 당사자의 약정(추인)에 따라 무효인 행위를 행위 시에 유효하게 소급시킬 수 있다(대판1949.3.22. 4281민상361).

20 법률행위의 일부무효

③ (×) 그 부분만이라도 유효로 하려는 당사자의 가상적 의사가 인정되어야 한다.

④ (○) (대판 1991.12.27. 91므30)

⑤ (○) (「약관의 규제에 관한 법률」 제16조)

21 조건부법률행위

㉢ (×) 담보로 할 수 있다(법 제149조).

㉣ (×) 무효이다. 조건이 선량한 풍속이나 기타 사회질서에 위반한 것인 때에는 무효이다(법 제151조).

22 법률행위 취소의 효과

제한능력자가 한 법률행위를 취소할 경우, 현존하는 이익을 한도로 상환할 책임이 있다(법 제141조). 설문에서 받은 이익인 1억원 중 이미 소비한 이익은 현존하지 않지만, 필요한 비용(예 생활비)에 충당하였다면 다른 재산의 소비를 면한 것이므로 그 한도에서 이익은 현존하는 것으로 된다(이른바 지출의 절약). 그러므로 유흥비로 쓴 4,000만원을 제외한 나머지 6,000만원을 반환하여야 한다.

23 기간의 계산

① (○) 전자의 경우 1월 31일부터 기산하여 2월 30일이 만료일이나 2월은 30일이 없으므로 말일(28일 또는 29일)이 만료일이며(법 제160조 제3항), 후자의 경우 2월 1일부터 기산하여 2월 말일이 만료일이므로 결국 만료시점이 같다.

② (○) 일과 시간이 합쳐진 경우 일은 역법에 따라, 그리고 시간은 자연법에 따라 계산한다. 따라서 지문의 경우 10월 5일 10시부터 3일은 10월 8일 24시이며 5시간이 추가되므로 10월 9일 오전5시가 만료시점이다.

③ (○) (법 제160조 제2항)

④ (○) (법 제160조 제3항)

⑤ (×) 1997년 4월 20일 오전 10시에 출생한 자는 성년이 되는 시기는 초일불산입의 원칙의 예외에 해당하므로 19세가 되는 2016년 4월 20일 오전 0시가 된다(법 제158조).

24 소멸시효

① (×) 시효에 관한 규정은 공익과도 관련이 있기 때문에 강행규정이며, 따라서 당사자의 특약으로 소멸시효를 부정하는 것(배제하는 것)을 할 수 없다(법 제184조 제2항).

② (○) (법 제165조 제1항)

③ (○) (법 제162조 제2항)

④ (○) (법 제177조)

⑤ (○) (법 제179조)

25 자주점유와 타주점유

④ 점유물의 멸실·훼손에 대한 책임에 있어 선의·자주점유자는 이익이 현존하는 한도에서 배상책임을 지지만, 타주점유자는 선의·악의를 불문하고 손해의 전부를 배상하여야 한다(법 제202조).

26 물권변동

① (×) 수용의 개시일에 물권변동이 일어난다(「공익사업을 위한 토지 등의 취득 및 보상에 관한 법률」 제45조).

② (×) 신축한 때에 등기와 무관하게 취득한다(대판 2002.4.26. 2000다16350).

③ (×) 대금을 완납한 때 취득한다(「민사집행법」 제135조).

④ (○) 실체관계에 부합하는 등기로 유효하다(대판 1978.8.22. 76다343 등).

⑤ (×) 이행판결은 제187조의 판결에 해당하지 않는다(대판 1963.4.18. 62다223).

27 상린관계

① (○) (법 제238조)
② (○) (법 제239조)
③ (○) (법 제240조 제1항)
④ (○) (법 제240조 제3항)
⑤ (×) 측량비용은 토지의 면적에 비례하여 부담하나, 경계표나 담의 설치비용은 쌍방이 절반하여 부담한다(법 제237조 제2항).

28 공동소유(공유물의 처분)

① (○) (법 제264조)
② (○) 2인으로 된 조합관계에 있어 그 중 1인이 탈퇴하면 조합관계는 끝난다고 할 것이나 특별한 사정이 없는 한 조합은 해산되지 아니하고, 따라서 청산이 뒤따르지 아니하며 조합원의 합유에 속한 조합재산은 남은 조합원의 단독소유에 속하고, 탈퇴자와 남은 자 사이에는 탈퇴로 인한 계산을 하는 데 불과하다(대판 1997.10.14. 95다22511).
③ (○) (대판 1970.12.29. 69다22)
④ (×) 총유재산에 관한 소송은 법인 아닌 사단이 그 명의로 사원총회의 결의를 거쳐 하거나 또는 그 구성원 전원이 당사자가 되어 필수적 공동소송의 형태로 할 수 있을 뿐 그 사단의 구성원은 설령 그가 사단의 대표자라거나 사원총회의 결의를 거쳤다 하더라도 그 소송의 당사자가 될 수 없고, 이러한 법리는 총유재산의 보존행위로서 소를 제기하는 경우에도 마찬가지라 할 것이다(대판 2005.9.15. 2004다44971).
⑤ (○) (대판 2002.6.14. 2000다30622)

29 법정지상권의 취득

① (○) (대판 1991.4.26. 90다19985)
② (○) (법 제366조)
③ (○) (법 제187조)
④ (×) 법정지상권자는 물권으로서의 효력에 의하여 이를 취득할 당시의 대지소유자나 이로부터 소유권을 전득한 제3자에 대하여도 등기 없이 지상권을 주장할 수 있는 것이므로 대지소유자에 대하여 지상권설정등기청구권이 있다(대판 1989.5.9. 88다카15338).
⑤ (○) (대판 2003.9.5. 2003다26051)

30 전세금반환에 따른 법률관계

전세권이 성립한 후 전세목적물의 소유권이 이전된 경우, 전세권 관계로부터 생기는 상환청구, 소멸청구, 갱신청구, 전세금증감청구, 원상회복, 매수청구 등의 법률관계의 당사자인 전세권설정자 또는 소유자는 목적물의 소유권을 취득한 신 소유자로 새길 수밖에 없으므로, 전세권은 전세권자와 신 소유자 사이에서 계속 동일한 내용으로 존속하게 된다고 보아야 할 것이고, 따라서 목적물의 신 소유자는 구 소유자와 전세권자 사이에 성립한 전세권의 내용에 따른 권리의무의 직접적인 당사자가 되어 전세권이 소멸하는 때에 전세권자에 대하여 전세권설정자의 지위에서 전세금반환의무를 부담하게 된다(대판 2006.5.11. 2006다6072).

31 저당권의 효력

③ (○) 물상대위가 가능한 것은 멸실·훼손 또는 공용징수로 인하여 질권설정자가 받을 금전 기타 물건이므로 이에 해당하지 않는 매매계약에 기한 '매매'대금은 물상대위의 대상이 아니다. 물상대위의 대상이 되는 것으로는 보험금청구권, 손해배상청구권, 보상금청구권 등이다.
④ (×) 저당권의 효력은 저당부동산에 부합된 물건과 종물에 미친다. 그러나 법률에 특별한 규정 또는 설정행위에 다른 약정이 있으면 그러하지 아니하다(법 제358조).

32 유치권

② 채무자 소유의 건물 등 부동산에 강제경매개시결정의 기입등기가 경료되어 압류의 효력이 발생한 이후에 채무자가 위 부동산에 관한 공사대금 채권자에게 그 점유를 이전함으로써 그로 하여금 유치권을 취득하게 한 경우, 그와 같은 점유의 이전은 목적물의 교환가치를 감소시킬 우려가 있는 처분행위에 해당하여 민사집행법 제92조 제1항, 제83조 제4항에 따른 압류의 처분금지효에 저촉되므로 점유자로서는 위 유치권을 내세워 그 부동산에 관한 경매절차의 매수인에게 대항할 수 없다(대판 2005.8.19. 2005다22688 참조). 즉 유치권은 성립하지만 이를 경매절차의 매수인에게는 대항할 수 없다는 의미이다.

33 채무불이행

② (×) 채무자의 고의나 과실로 '본다'. 즉, 추정규정이 아니라 간주규정이다.
③ (○) (대판 2002.4.12, 2001다82545)
④ (○) 이행보조자는 채권자와 채권관계가 없기 때문이다. 다만 채권자에게 불법행위책임을 지거나, 채무자로부터 구상권의 청구를 당할 수 있다.
⑤ (○) (대판 1982.8.24. 82다카254)

34 지명채권양도의 대항요건

㉠ (×) '채권양도인'이 채권양도사실을 통지하여야 채권양수인이 채무자에게 대항할 수 있다(법 제450조 제1항).
㉡ (○) (대판 2010.2.11. 2009다90740)
㉢ (○) (법 제450조 제1항)
㉣ (○) (대판 1986.2.25. 85다카1529)
㉤ (×) 지명채권의 양도의 대항요건으로서 채무자의 승낙은 채권양도의 사실을 채무자가 승인하는 의사를 표명하는 채무자의 행위라고 할 수 있는데, 채무자는 채권양도를 승낙함에 있어 조건을 붙여서 할 수 있다(대판 2011.6.30. 2011다8614).

35 계약금계약

① (○) 계약금의 지급을 성립요건으로 한다(대판 2008.3.13. 2007다73611).
② (○) 손해배상액의 예정으로 해석되는 경우 별도의 손해배상청구가 허용되지 않는다. 다만, 특약이 있는 경우에만 위약벌로 인정된다.
③ (○) 계약금계약은 주계약에 부수한 '종된 계약'으로 주계약이 취소되면 계약금계약도 효력을 잃는다.
④ (×) 이행의 착수 전에만 계약금계약에 의한 해제가 인정되기 때문에 원상회복할 것이 없다.
⑤ (○) 이행의 착수는 반드시 계약내용에 적합한 이행의 제공의 정도에까지 이르지 않아도 된다(대판 2002.11.26. 2002다46492).

36 계약체결상의 과실책임

② 계약체결상의 과실책임은 계약의 목적이 원시적으로 불능인 경우에 성립한다. 토지에 대한 매매계약체결 전에 이미 그 토지 전부가 공용수용된 경우는 원시적 불능에 해당하므로 계약체결상의 과실책임이 인정될 수 있다.

37 임대차

① (×) 제626조는 편면적 강행규정에 해당하지 않는다(법 제652조).
② (○) 제646조는 편면적 강행규정이다(제652조). 그러나 임대차보증금 및 월차임을 파격적으로 저렴하게 하고 임대기간도 장기간으로 약정한 경우 등 그 특약이 임차인에게 불리하지 않은 것이라면 예외적으로 배제약정도 유효하다는 판례가 있다(대판 1992.9.9. 92다24998).
③ (×) 반대약정이 없는 경우에만 임차권등기청구권을 행사할 수 있다(법 제621조 제1항).
④ (×) 임차인의 지상물매수청구권은 계약갱신청구권을 행사한 후에 임대인이 갱신을 승낙하지 아니할 때 비로소 행사할 수 있다(법 제643조, 제283조).
⑤ (×) 타인의 물건도 임대차의 목적물이 될 수 있다(법 제619조).

38 부당이득

① (○) (법 제741조)
② (○) (대판 1990.12.21. 90다카24076)
③ (○) (대판 2008.1.18. 2005다34711)
④ (○) (법 제748조 제2항)
⑤ (×) 물권적 청구권에 의한 반환청구도 금지된다(대판 1979.11.13. 79다483).

39 위임계약

③ 위임계약은 무상인 경우에도 선량한 관리자의 의무를 진다.

40 공동불법행위

① (○) 부담부분의 비율에 따라 구상할 수 있다는 점에 주의하여야 한다(대판 2014.1.29. 2013다65901 등 참조).
② (○) 가해자 부모가 가정 내에서의 보호·감독책임을 소홀히 하였다면 불법행위책임을 진다고 보았다(대판 2007.4.26. 2005다24318).
③ (○) (대판 2007.6.14. 2005다32999)
④ (×) 구상권은 10년의 일반소멸시효기간이 적용된다(대판 1996.3.26. 96다3791).
⑤ (○) 부진정연대채무의 성질상 제한되지 않으며, 손해 전부에 대하여 책임을 진다(대판 2007.6.14. 2005다32999).

제7회 실전모의고사

1교시

제1과목 회계원리									
01	02	03	04	05	06	07	08	09	10
④	⑤	④	④	①	③	④	④	④	⑤
11	12	13	14	15	16	17	18	19	20
②	③	⑤	②	⑤	①	③	③	②	③
21	22	23	24	25	26	27	28	29	30
④	③	①	⑤	①	②	②	①	⑤	②
31	32	33	34	35	36	37	38	39	40
③	①	②	③	②	③	④	④	②	②

01 주식의 발행

액면금액이 1,000인 주식을 700에 발행하면, 순이익은 변하지 않으며 자산총액과 자본총액은 700만큼 증가한다. 이는 다음과 같이 회계처리 할 수 있다.

(차) 현 금	700
주식할인발행차금	300
(대) 자본금	1,000

02 임대료

1) 12/1

(차) 현 금	1,440,000
(대) 임대료	1,440,000

2) 12/31

(차) 임대료	1,200,000
(대) 선수임대료	1,200,000

3) 1개월분 임대료

$= \frac{1,200,000}{5\text{개월}} = ₩240,000$

03 재평가모형

• 20×1년

(차) 재평가손실(비용)	10,000
(대) 토 지	10,000

• 20×2년

(차) 토 지	25,000
(대) 재평가이익(수익)	10,000
재평가잉여금(자본)	15,000

04 영업이익

④ 영업활동과 관련하여 비용이 감소함에 따라 발생하는 퇴직급여충당부채환입, 판매보증충당부채환입 및 손실충당금환입 등은 판매비와 관리비의 부(−)의 금액으로 한다.

05 소매재고법

• 원가율

$= \frac{1,720,000+22,730,000}{2,360,000+30,240,000} = 75\%$

• 기말재고자산

= ₩1,760,000×75% = ₩1,320,000

06 FV−PL금융자산

• 취득시

(차) FV−PL금융자산	200,000
수수료비용	5,000
(대) 현금등	205,000

• 이자수취시

(차) 현금등	10,000
(대) 이자수익	10,000

• 평가시

(차) FV−PL금융자산	4,000
(대) FV−PL금융자산 평가이익	4,000

당기순이익 = (5,000)+10,000+4,000 = 9,000 증가

07 현재가치

20X1년 말 ₩10,000 상환 후 차입금의 장부금액
= 10,000×1.74 = ₩17,400
20X2년 이자비용 = 17,400×10% = ₩1,740

08 할부판매상품

④ 단기 또는 장기에 관계없이 할부조건으로 판매한 경우 인도시 재고자산에서 제외된다.

09 포괄손익계산서

④ 중단영업손익은 세금차감 전이 아니라 세금차감 후의 금액을 계속영업손익에 가감하여 당기순손익을 표시하게 된다.

10 수표발행

1) 발행가액 = 50주×6,200 − 40,000 = 270,000
2) 액면가액 = 50주×5,000 = 250,000

11 매출채권회전율

$$= \frac{\text{매출액}}{\text{평균매출채권}} = \frac{\text{매출액}}{\frac{80,000+65,000}{2}} = 2\text{회}$$

따라서, 매출액은 ₩145,000이다.
매출원가 = 매출액×(1 − 매출총이익률)
= 145,000×(1 − 35%) = ₩94,250

12 유형자산 취득원가

취득세 등 ₩1,800,000과 의무적으로 구입해야 하는 채권의 매입금액과 공정가치의 차액 ₩200,000은 차량 취득원가에 가산한다.

(차) 차량운반구	32,000,000
FV-OCI금융자산	800,000
(대) 현금	32,800,000

13 현금흐름표

	당기순이익	200,000
−	유형자산처분이익	20,000
+	감가상각비	50,000
−	매출채권 증가	30,000
+	매입채무 증가	20,000
+	손실충당금 증가	40,000
	영업활동현금흐름	260,000

14 진행기준

20X2년 당시 공사 진행률
= {(₩100,000+₩100,000)/₩400,000)} = 50%

15 이중체감법

20×1년 감가상각비 = 40,000×0.4×9/12 = ₩12,000
20×1년 말 장부금액 = 40,000 − 12,000 = ₩28,000
20×2년 감가상각비 = 28,000×0.4 = ₩11,200
20×2년 말 장부금액 = 28,000 − 11,200 = ₩16,800
20×2년 말 처분손익 = 30,000 − 16,800 = ₩13,200(이익)

16 전환사채와 신주인수권부사채

② 신주인수권부사채의 경우 자본은 증가하지만 부채는 감소되지 아니한다.
③ 별도로 인식한다.
④ 별도로 인식한다.
⑤ 포함한다.

17 영업이익

- 매출총이익 = 순매출액 − 매출원가
  = 4,300,000 − 3,800,000 = ₩500,000
- 판매비와 관리비 = 급여 + 임차료 + 보험료
  = 140,000 + 80,000 + 20,000 = ₩240,000
- 영업이익 = 매출총이익 − 판매비와 관리비
  = 500,000 − 240,000 = ₩260,000

18 원가성 없는 감모손실

원가성 없는 감모손실은 기타비용으로 처리되므로 평가손실만을 매출원가로 가산하여야 한다.
1) 장부상 매출원가
   = 3,200,000 − 2,000개×600 = 2,000,000
2) 감모손실 = (2,000개 − 1,800)×600 = 120,000
3) 평가손실 = 1,800개×(600 − 580) = 36,000
4) 당기 매출원가 = 2,000,000 + 36,000 = 2,036,000

19 현금 및 현금성자산

현금 및 현금성자산에는 통화 및 통화대용증권, 요구불예금, 현금성자산이 포함된다.

20 사채발행금액

= (90,000×10%×5.650) + (90,000×0.322)
= 50,850 + 28,980 = ₩79,830

21 재무제표의 요소

④ 관련된 지출이 없더라도 특정 항목이 자산의 정의를 충족할 경우 재무상태표의 인식대상이 되는 것을 배제하지 못하므로 증여받은 재화도 자산의 정의를 충족할 수 있다.

22 발생주의

임대료 수익 = 5,000 + 10,000 − 8,000 = ₩7,000

23 매출채권

- 매출원가 = 100,000 + 200,000 − 90,000 = ₩210,000
- 매출액 = 210,000 + 110,000 = ₩320,000
- 당기외상매출액 = 320,000 − 50,000 = ₩270,000
- 기말매출채권 = 50,000 + 270,000 − 290,000 = ₩30,000

24 유형자산 교환취득

- 상업적 실질이 있는 경우 = 비품A 공정가치 = ₩50,000
- 상업적 실질이 없는 경우
  = 비품A 장부금액 = 70,000 - 30,000 = ₩40,000

25 자 본

① 자기주식은 소각하여도 자본총액은 불변이다.

26 은행계정조정표

은행계정조정표

회사측 잔액	₩12,500	은행측 잔액	₩13,800
거래처입금	(+)500	㈜대한 입금	(+)1,000
입금오기	(+)900		
수표오기	(+)900		
	₩14,800		₩14,800

27 실지재고조사법에 의한 후입선출법

1) 기말재고수량
   = (2,500 + 3,000 + 2,700) − (2,200 + 1,500)
   = 8,200 − 3,700 = 4,500개
2) 기말재고액
   = 2,500개 × @70 + 2,000개 × @72
   = 175,000 + 144,000 = 319,000

28 재고자산

매출원가 = (₩1,500,000−₩300,000) × (1−30%) = ₩840,000
기말재고 = ₩100,000 + (₩1,000,000+₩50,000−₩200,000)
− ₩840,000 = ₩110,000

29 회계정보의 질적 특성

보강적 질적 특성 중 검증가능성에 대한 설명이다.

30 당기손익

㉠ 우발자산으로서 가능성이 높은 경우 주석공시만 하고 당기손익으로 계상하지 않는다.

㉡ 우발부채로서 가능성이 높고 금액을 신뢰성 있게 추정 가능한 경우 충당부채로 계상한다.
(차) 손해배상금비용 ₩800,000
(대) 손해배상금충당부채 ₩800,000

㉢ 우발부채로서 가능성이 높지 않고 금액을 신뢰성 있게 추정 가능한 경우 주석공시만 하고 당기손익으로 계상하지 않는다.

31 자동조정적인 오류

자본적 지출을 수익적 지출로 처리하는 경우 그 자산의 나머지 상각기간동안 오류가 지속된다.

32 주당순이익

- 주당순이익 = $\frac{\text{보통주당기순이익}}{\text{가중평균유통주식수}}$
- 보통주당기순이익 = 8,000,000
- 가중평균유통주식수

$$= \frac{(2{,}000주+600주)\times212+(2{,}000주+600주+1{,}000주)\times153}{365}$$

$$= \frac{551{,}200+550{,}800}{365} = 3{,}019주$$

- 주당순이익 = $\frac{8{,}000{,}000}{3{,}019}$ = 2,650

33 선입선출법 종합원가계산

당기에 실제로 발생한 전환원가를 X라 하면,
전환원가의 완성품환산량 단위당 원가
= X/(₩2,900−300×30%+400×70%) = ₩30
X = ₩92,700

34 표준원가계산

③ 표준원가계산에서는 제조간접비용도 포함한 모든 원가요소에 표준원가를 부여하여 원가계산에 사용할 수 있다.

7회

35 보조부문원가

보조1 배부원가를 X, 보조2 배부원가를 Y라고 하면,

X = 28,000+0.2Y

Y = 48,000+0.3X

X = 40,000

Y = 60,000

- 보조1에서 제조1로의 배부액 = 40,000×0.2 = 8,000
- 보조2에서 제조1로의 배부액 = 60,000×0.5 = 30,000
- 제조1 배부액 = 8,000+30,000 = 38,000

36 손익분기판매량

$= \frac{12,000,000}{1,500-700} = 15,000$대

이익을 보기 위해서는 판매량이 손익분기판매량 이상이어야 한다. 따라서 판매수량이 15,000대 이상이 될 확률은 85% (= 30%+35%+20%)이다.

37 제조원가

- NO.20×1 제조간접원가 $= \frac{300,000}{2,500\text{시간}} \times 70 = 8,400$
- NO.20×1 제조원가
  = 280,000+150,000+8,400 = 438,400

38 공손

기초재공품은 전기에 품질검사를 하였고, 기말재공품은 당기에 품질검사를 하였으므로 당기 품질검사수량은 45,000단위이고 이 중 합격수량은 36,000단위(35,000+6,000−5,000)이고 정상공손수량은 3,600단위 (36,000×10%)이다.

총공손수량 = 5,000+45,000−35,000−6,000 = 9,000단위

비정상공손수량 = 9,000−3,600 = 5,400단위

39 특별주문

현재 21,000단위를 생산판매하고 있는 상태에서 2,000단위의 특별주문을 수락하는 경우 최대생산량이 22,000단위이므로 일반판매를 1,000단위 감소시켜야 한다.

- 증분수익
  = (2,000단위×@₩900)−(1,000단위×@₩1,000)
  = ₩800,000 증가
- 증분비용
  = (2,000단위×@₩450)−(1,000단위×@₩400)
  = ₩500,000 증가
- 증분이익
  = ₩800,000−₩500,000 = ₩300,000 증가

40 결합원가계산

- 제품 A
  = (₩25 − 20)×2,000단위 − ₩9,500 = ₩500
- 제품 B
  = (₩30 − 25)×1,500단위 − ₩8,000 = (−)₩500
- 제품 C
  = (₩50 − 40)×1,000단위 − ₩11,000 = (−)₩1,000

제2과목 공동주택시설개론

41	42	43	44	45	46	47	48	49	50
⑤	②	①	③	③	①	①	④	④	②
51	52	53	54	55	56	57	58	59	60
④	②	①	⑤	③	③	②	④	⑤	⑤
61	62	63	64	65	66	67	68	69	70
③	④	②	③	③	④	②	④	②	①
71	72	73	74	75	76	77	78	79	80
⑤	③	④	①	⑤	②	⑤	①	⑤	①

41 건축물 하중

건축물은 하중의 방향에 따라 연직하중과 수평하중이 있으나 주로 연직하중을 받는다.

42 아일랜드 공법(Island method)

아일랜드 공법은 흙막이 널말뚝을 주변에 박은 다음에 중앙부의 흙을 파내고 중앙부 지하 구조물을 축조한 후 버팀대를 완성된 구조물에 지지하여 주변부의 흙을 파내어 나머지 구조물을 완성하는 공법으로 파야 할 면적이 넓고 깊이가 비교적 얕으며 지반이 좋은 곳에 적당하다.

43 건축물 기초

연약한 점토지반은 부동침하를 방지하기 위하여 마찰말뚝을 사용하고 지하실을 설치한다.

44 콘크리트 경화 후 균열

① 소성수축(플라스틱) 균열은 빠른 수분증발로 인한 균열로 기온이 높고 습도가 낮거나 풍속이 빠를수록 발생하기 쉽다.
② 수화열에 의한 온도균열은 부재단면이 클수록, 내외부 온도차가 클수록 증가한다.
④ 침하균열은 블리딩에 의해 콘크리트 상면이 침하하여 발생하는 균열로 슬럼프값이 크거나 철근 지름이 클수록 증가한다.
⑤ 건조수축균열은 콘크리트 경화 후 균열로 흡수율이 큰 골재 사용시 또는 물시멘트비가 클수록, 시멘트분말도가 클수록 증가한다.

45 고강도 콘크리트

고강도콘크리트는 기상변화가 심하거나 동결융해에 대한 대책이 필요한 경우를 제외하고는 공기연행제를 사용하지 않는 것을 원칙으로 한다.

46 철골구조 용접시 주의사항

용접부에서 수축에 대응하는 과도한 구속은 피하고 용접작업은 조립하는 날에 용접을 완료하여 도중에 중지하는 일이 없도록 해야 한다.

47 ALC(Autoclave lightweight concrete)블록조

ALC 블록의 하루 쌓기 높이는 1.8 m를 표준으로 하고 최대 2.4 m 이내로 하며 블록의 보수작업은 설치 후 1일 이상 경과한 다음에 시행한다.

48 중공벽(공간벽, 이중벽)쌓기는 설계도서에서 특별히 정한바가 없으면 바깥벽을 주벽체로 하여 50~100mm 정도의 공간을 두고 쌓는다.

49 시멘트액체 방수

방수층은 흙손 및 뿜칠기 등을 사용하여 최소 4mm 두께 이상을 표준으로 균일하게 바른다.

50 타일붙임

타일을 붙이고, 3시간이 경과한 후 줄눈파기를 하여 줄눈부분을 충분히 청소하며, 24시간이 경과 한 뒤 붙임 모르타르의 경화 정도를 보아, 작업 직전에 줄눈 바탕에 물을 뿌려 습윤케 하고 치장줄눈을 한다.

51 창호의 종류

개폐방식에 의한 창호는 여닫이창호, 미닫이창호, 미세기창호, 자재문, 접문, 회전문, 오르내리기창, 회전창, 붙박이창, 주마창, 이중창 등이 있고 구성에 의한 창호는 널문, 양판문, 플러시문, 비늘살문, 합판문, 창호지문, 도듬문, 유리문, 무테문, 차음문 등이 있다.

52 루핑붙임

일반 평면부의 루핑 붙임은 흘려 붙임으로 한다. 또한 루핑의 겹침은 길이 및 너비 방향 100mm 정도로 하고, 겹침부로부터 삐져나온 아스팔트는 솔 등으로 균등하게 바른다. 다만, 보행용 부분접착(A-PrS), 노출용 부분접착(A-MiS) 및 ALC 바탕 부분접착(A-AlS) 공법에 사용하는 모래 붙은 구멍 뚫린 루핑은 70mm 정도의 겹침을 두거나 통기가 방해받지 않도록 귀맞춤하여 붙인다. 또한 모래 붙은 구멍 뚫린 루핑은 오목 및 볼록 모서리의 덧붙임 스트레치 루핑과 100mm 정도 겹쳐 붙인다.

53 합성고분자계 시트방수

시트방수는 합성고무계, 합성수지계 등의 시트 1장을 접착제로 바탕에 붙여서 방수효과를 내는 방법으로 경사지붕, 쉘구조 등 곡면이 많은 지붕에도 시공이 용이하며 착색이 자유롭고 균열의 염려가 적다. 신축성이 좋아 바탕균열의 저항성이 크다.

54 건축물 방수재료

실링재 방수는 건축물의 부재의 맞닿는 접합부, 틈이 있는 곳, 균열부위 등에 부정형 실(seal)을 채워 넣어 방수하는 방법이다.

55 미장공사

소석회, 돌로마이트 플라스터, 회반죽 등은 공기중의 탄산가스에 의해 경화하는 기경성재료이고 석고플라스터, 경석고플라스터(킨즈시멘트), 시멘트모르타르 등은 물에 의해 경화하는 수경성재료이다.

56 유리의 종류 및 특징

자외선 투과유리는 자외선을 잘 투과하는 유리로 일광욕실, 병실, 요양소, 온실 등에 사용된다.

57 목재창호공사

목재의 건조 정도에 따른 함수율은 공사시방서에 정한 바가 없는 경우에는 함수율 18% 이하로 한다.

58 래커(lacker, lacquer)

도막이 엷으나 경도가 높고 내후성, 내수성, 내산성, 내마모성과 빛깔과 광택이 우수하여 목재면, 금속면의 외부용으로 사용하는 도료로 건조속도가 빨라 뿜칠(Spray)로 한다.

59 건축적산

건축적산은 공사에 소요되는 자재나 노무비 등의 공사량을 도면, 시방서 등의 설계도서에 의해 물량을 산출하는 기술활동이고 견적은 산출된 수량에 단가를 곱하여 공사비를 산출하는 기술활동이다.

60 미장재료 적산

① 모르타르 체적 : 20m×3m×0.02m(20mm)=1.2㎥

② 시멘트량 = 40kg/포×8포×1.2=384kg

③ 모래량 = 1.1×1.2=1.32㎥

61 습공기

대기중의 공기는 습공기 상태이고 습공기를 가열하면 비체적은 증가하고 냉각하면 비체적은 감소한다.

62 급수설비

상향식 급수법은 최하층에 수평주관을 설치하고 수직관을 연결하여 상층부로 올라가면서 급수하는 방식으로 점검, 보수에는 유리하나 상층으로 올라갈수록 수직관 관경을 크게 하지 않으면 수압이 떨어져 상층부에서 물이 잘 나오지 않는다.

63 유량 계산

$유량(Q) = AV = \frac{\pi d^2}{4} \times V$ Q(㎥/sec)=유량

V(m/sec)=유속,

d(m)=관경,

A=관의 단면적($\frac{\pi d^2}{4}$)

$유량(Q) = \frac{3.14 \times 0.05^2}{4} \times 2$=0.003925㎥/sec=14.13㎥/h

64 배수설비

배수트랩은 가능하면 위생기구와 가깝게 설치하여야 능률이 향상된다.

65

"분류식 하수관로"란 오수와 하수도로 유입되는 빗물·지하수가 각각 구분되어 흐르도록 하기 위한 하수관로를 말하고 "합류식 하수관로"란 건물에서 발생하는 오수와 하수도로 유입되는 빗물 및 지하수가 함께 흐르도록 하기 위한 하수관로 방식이다.

66 호기성 처리의 특징

호기성 처리는 처리효율이 높지만 호기성미생물의 산화작용에 필요한 공기(산소)를 공급해야 하므로 유지관리비가 많이 든다.

67 가스설비

가스계량기(미터기)는 실외에 설치하는 것을 원칙으로 한다.

68 대변기의 세정방식

세정밸브식(flush valve)은 밸브를 한번 누르면 일정량의 물이 나온 후에 자동적으로 정지되는 세정형식으로 크로스커넥션을 방지하기 위하여 진공방지기와 함께 사용해야 한다. 수압은 100kPa 이상으로 커야 하므로 소음이 심하여 학교, 사무소 등의 공공건물에 많이 사용된다.

69 연결송수관 설비

연결송수관(siamese connection)설비는 화재 시 옥내소화전의 법정 저수량을 모두 소비하고도 소화되지 않을 경우 소방차에 연결하여 펌프로 물을 건물 내로 공급하는 송수설비로 소화활동설비이다.

70

증기난방설비에서 트랩은 완전한 응축수를 보일러에 환수하기 위한 장치이고 이중서비스밸브는 방열기 트랩과 방열기밸브를 조합한 밸브로 한냉지에서 입상관내의 응축수가 동결하는 것을 방지하기 위하여 사용한다.

71 배관의 신축이음(expansion joint)

급탕배관은 관내 유체의 온도상승으로 관경과 길이의 신축이 커져서 제거하지 않을 경우, 이음쇠, 밸브류, 지지철물 등에 큰 응력이 생겨 파손이나 누수의 위험이 있으므로 이를 방지하기 위하여 신축이음을 설치하는 것으로 강관은 30m마다, 동관은 20m마다 수직배관은 10~20m마다 설치한다.

72 보일러 출력산정

① 상용출력=난방부하+급탕부하+배관손실 = 20 + 7 + 3 = 30kW/h

② 정격출력 = 상용출력 + 예열부하 = 32kW/h

73 증기난방 설비

건식환수 방식은 보일러의 수면보다 환수주관이 높은 위치에 설치되므로 반드시 트랩을 설치하여야 된다.

74 공기조화설비

팬코일유닛방식은 전수방식으로 개별제어, 개별운전이 용이하나 외기냉방이 곤란하므로 실내공기가 오염되기 쉽다.

75 터보식(원심식) 냉동기

① 케이싱 내에 설치된 후곡(회전)날개의 고속회전운동으로 원심력을 이용한다.
② 동절기 운전에 주의하여야 한다.
③ 진동이 적고 고장이 적다.
④ 큰용량에서 압축효율이 좋고 수명이 길다.
⑤ 냉매가 고압가스가 아니므로 취급이 쉽다.
⑥ 대규모 공조 및 냉동용 등 일반적으로 가장 많이 사용된다.
⑦ 흡수식냉동기에 비해 소음이나 진동이 크다.

76 에너지절약설계기준

공동주택의 효율적인 조명에너지 관리를 위하여 세대별로 일괄적 소등이 가능한 일괄소등스위치를 설치하여야 한다. 다만, 전용면적 60제곱미터 이하인 주택의 경우에는 그러하지 않을 수 있다.

77 광원계산

EAD = FNU (평균조도×면적×감광보상률 = 광원광속×개수×조명률)

또는 EA = FNUM (감광보상률 : 유지율(보수율)의 역수)

광원의 갯수(n)= $\frac{200 \times 200 \times 2.5}{2,000 \times 0.5}$ 또는 $\frac{200 \times 200}{2,000 \times 0.5 \times 0.4}$

= 100

78 분전반 설치

분전반은 전압강하를 감소시키기 위하여 가급적 부하의 중심(건물의 중심)에 설치한다. 보통 복도나 계단 근처의 벽에 설치한다.

79 엘리베이터의 제한스위치

파이널리미트스위치는 작동 후, 엘리베이터의 운행을 위한 복귀는 자동적으로 이루어지지 않아야 한다.

80 홈네트워크 설치기준

가스감지기는 사용하는 가스가 LNG인 경우에는 천장쪽에, LPG인 경우에는 바닥쪽에 설치한다.

2교시

제3과목 민법									
01	02	03	04	05	06	07	08	09	10
②	③	①	③	④	③	①	②	⑤	①
11	12	13	14	15	16	17	18	19	20
④	③	④	②	④	④	④	⑤	④	①
21	22	23	24	25	26	27	28	29	30
④	②	①	①	②	④	①	②	④	①
31	32	33	34	35	36	37	38	39	40
⑤	④	④	④	③	③	④	①	④	②

01 민법의 효력 범위

② (×) 속인주의의 원칙상 우리 민법이 적용될 수 있으나, 상대방 국가의 주권도 문제가 되므로 국제사법에 따라 구체적 상황에 따라 해결되어야 한다.
③ (○) 대한민국의 영토는 한반도와 그 부속도서이므로(헌법 제3조) 이론상 대한민국의 민법은 북한지역에도 효력이 있다.
⑤ (○) 구민법 당시 부동산을 매수한 자가 1965.12.31까지 등기를 받지 아니하면 민법부칙 10조에 의하여 그 소유권을 상실하나 매수인으로서의 등기청구권마저 상실하는 것은 아니다(대판 1971.3.23 70다3002).

02 권리능력

② (○) (법 제762조, 대판 1968.3.5. 67다2869 참조)
③ (×) 태아인 동안에는 법률이 정한 경우에만 권리능력이 인정되며, 무엇보다 태아인 동안에는 법정대리인이 존재하지 아니하므로 증여계약의 당사자가 될 수 없다. 다만, 유증은 받을 수 있다.
④ (○) 인정사망은 사망한 것으로 의제하는 것이 아니라 추정하는 것에 불과하다. 사망으로 의제하는 것은 민법상의 '실종선고'와 「부재선고등에관한특별조치법」에 의한 '부재선고' 뿐이다.
⑤ (○) 통설은 법인은 자연인과 달리 의사능력의 유무가 문제되지 않으므로 권리능력의 범위에서 행위능력을 갖는다고 보고 따라서 법인의 권리능력은 행위능력과 동일하다고 본다.

7회

03 권리의 종류

① 인격권은 물권은 아니지만 일종의 지배권의 성질을 지니므로 예방청구권이 인정된다. 판례도 「인격권은 그 성질상 일단 침해된 후의 구제수단(금전배상이나 명예회복처분 등)만으로는 그 피해의 완전한 회복이 어렵고 손해전보의 실효성을 기대하기 어려우므로, 인격권 침해에 대하여는 사전(예방적) 구제수단으로 침해행위정지·방지 등의 금지청구권도 인정된다」(대판 1996.4.12. 93다40614)라고 하여 인격권침해를 이유로 비방광고중지 청구를 인정하고 있다.

04 미성년자

③ 상대방이 증명하여야 한다(대판 1970.2.24. 69다1568).

05 법인 아닌 사단

④ 민법은 법인 아닌 사단의 재산소유를 공동소유의 한 형태인 사원의 「총유」라 규정한다(법 제275조 제1항).

06 사단법인의 기관

① (×) 특별대리인이 법인을 대표한다(법 제64조).
② (×) 이사의 직무집행을 정지하는 법원의 처분이 있는 경우에는 직무대행자가 법인을 대표한다(법 제60조의2, 제52조의2). 임시이사는 이사가 없거나, 결원이 있는 경우 선임한다(법 제63조).
③ (○) (법 제67조 제3호, 제4호)
④ (×) 범위를 정하여 위임할 수 있다(법 제62조).
⑤ (×) 감사를 둘 수 있다(법 제66조).

07 사원총회

① (×) 사원총회의 소집절차가 법률 또는 정관에 위반된 경우에는 그 총회의 결의는 무효이다(대판 1994. 11.1. 92다40402 참조).
② (○) 비법인 사단에도 유추적용된다. 즉 「종중총회의 소집절차는 "총회의 소집은 1주간 전에 통지를 발하고 기타 정관에 정한 방법에 의하여야 한다"고 규정한 민법 제71조의 규정에 위반되어, 특별한 사정이 없는 한 그 종중총회의 결의는 그 효력이 없다(대판 1995.11.7. 94다7669).

08 실종선고 취소의 효과

㉡ (×) 생활비로 사용한 것은 현존하는 것으로 평가된다(지출절약의 법리).
㉣ (×) 악의라면 그 받은 이익에 이자를 붙여서 반환하고 손해가 있으면 이를 배상하여야 한다.
㉤ (○) 자신의 노력으로 증가시킨 재산은 반환할 필요가 없다.

09 물 건

① (○) 한 채의 건물의 일부는 독립한 소유권의 대상이 될 수 있는 바 이를 건물의 구분소유라 한다(법 제215조).
②, ③ (○) (대판 2002.4.26. 2000다16350)
④ (○) (법 제102조)
⑤ (×) 제100조 제2항은 임의규정이라고 해석되므로 이와 다른 약정을 할 수 있다.

10 물 건

① (×) 그 구조와 형태가 원래의 설계 및 건축허가의 내용과 동일하다고 인정되는 건물 전체를 하나의 소유권의 객체로 보아 그 제3자가 그 건물 전체의 소유권을 원시취득한다고 보는 것이 옳고, 건축허가를 받은 구조와 형태대로 축조된 전체 건물 중에서 건축공사가 중단될 당시까지 기둥과 지붕 그리고 둘레 벽이 완성되어 있던 층만을 분리해 내어 이 부분만의 소유권을 종전 건축주가 원시취득한다고 볼 것이 아니다. 또한, 구분소유가 성립하는 시점은 원칙적으로 건물 전체가 완성되어 당해 건물에 관한 건축물대장에 구분건물로 등록된 시점이라고 할 것이므로, 건축공사가 중단될 당시까지 종전 건축주에 의하여 축조된 미완성 건물의 구조와 형태가 구분소유권의 객체가 될 수 있을 정도가 되었다고 하더라도 마찬가지이다(대판 2006.11.9. 2004다67691).
② (○) (대판 1993.4.23. 93다1527)
③ (○) (대판 1978.12.26. 78다2028)
④, ⑤ (○) (대판 2010.1.28. 2009다66990)

11 강행규정과 임의규정

㉠ 유효. 도달주의에 관한 규정(법 제111조 제1항)은 임의규정이다.
㉡ 유효. 법률행위의 일부분이 무효인 때에는 원칙적으로 그 전부가 무효이다(법 제137조 본문). 하지만 그 무효부분이 없었더라도 법률행위를 하였을 것이라고 인정될 때에는 나머지 부분은 유효하다(법 제137조 단서).
㉢ 유효. 종물은 주물의 처분에 따른다(법 제100조 제2항)는 규정은 임의규정이다.
㉣ 무효. 민법상 권리능력에 관한 규정(법 제3조)은 강행규정이므로 이에 위반한 특약은 무효가 된다.

12 법률행위

② (○) 법률행위는 의사표시 이외에 다른 법률사실을 요구하는 경우(예 요식행위)도 있다.
③ (×) 채권양도의 통지는 준법률행위 중 관념의 통지이다. 준법률행위는 의사표시에 효과의사가 따르지 않는 행위로서 표의자가 일정한 의사표시를 하면 법률효과가 법률의 규정에 의하여 발생하는 것을 말한다. 준법률행위는 표현행위(의사의 통지, 관념의 통지, 감정의 표시)와 사실행위(매장물의 발견, 가공, 선점, 물건의 인도)로 구분된다.
④ (○) 해제권의 행사의 기간을 정하지 아니한 때에는 상대방은 상당한 기간을 정하여 해제권행사 여부의 확답을 해제권자에게 최고할 수 있고, 기간 내에 해제의 통지를 받지 못한 때에는 해제권은 소멸하는 바(법 제552조) 의사의 통지는 자기의 의사를 타인에게 통지하는 행위로서 제552조의 최고는 의사의 통지에 해당한다.
⑤ (○) 이 외에도 배우자의 부정에 대한 용서(법 제841조) 등이 감정의 표시에 해당한다.

13 불법원인급여

① (○) 불법성비교론으로 대법원이 취하는 입장이다(대판 1997.10.24. 95다49530).
②, ⑤ (○) 불법원인에 기한 급여가 종국적인 경우 그 반환청구가 부정되는 바 ②는 이에 해당하지 않고(대판 1995.8.11. 94다54108), ⑤는 이에 해당한다(대판 1989.9.29. 89다카5994).
③ (○) (대판 1991.3.22. 91다520)
④ (×) 민법 제746조에 의하여 반환이 금지되는 불법원인급여에서의 불법원인은 민법 제103조 위반의 경우로 보는 것이 대법원의 입장이다. 따라서 모든 법률위반이 민법 제746조가 규정하는 불법원인에 해당하지는 않는다(대판 1983.11.22. 83다430).

14 사기 또는 강박에 의한 의사표시

② (×) 강박에 의한 법률행위가 하자 있는 의사표시로서 취소되는 것에 그치지 않고 나아가 무효로 되기 위하여는, 강박의 정도가 단순한 불법적 해악의 고지로 상대방으로 하여금 공포를 느끼도록 하는 정도가 아니고, 의사표시자로 하여금 의사결정을 스스로 할 수 있는 여지를 완전히 박탈한 상태에서 의사표시가 이루어져 단지 법률행위의 외형만이 만들어진 것에 불과한 정도이어야 한다(대판 2003.5.13. 2002다73708, 73715).
③ (○) 상대방 없는 의사표시에 대하여는 제110조 제2항은 적용되지 않는다.
④ (○) (대판 1996.7.30. 95다6861)
⑤ (○) (대판 1959.6.18. 4291민상101, 1999.2.23. 98다60828)

15 통정허위표시의 제3자

① (○) (대판 1998.2.27. 97다50985)
② (○) (대판 2004.1.15. 2002다31537)
③ (○) (대판 1996.4.26. 94다12074)
④ (×) 가장양수인은 통정허위표시의 당사자이므로 가장양도인이 가장양수인에게 통정허위표시의 무효를 주장할 수 있다. 다만, 저당권을 취득한 선의의 제3자의 권리를 침해할 수 없으므로 통상 가장양수인을 상대로 진정명의 회복을 위한 소유권이전등기를 청구하는 방법으로 권리를 회복할 수 있다.
⑤ (○) 엄폐물 효과라고 한다.

16 의사표시의 효력발생

④ 승낙의 기간을 정하지 아니한 계약의 청약은 청약자가 상당한 기간 내에 승낙의 통지를 받지 못한 때에는 그 효력을 잃는다(법 제529조).

17 대리행위의 하자

① (○) 대리인은 행위능력자임을 요하지 않는다(법 제117조).
② (○) 乙은 미성년자이므로 위임계약을 취소할 수 있다.
③ (○) 해지의 효과는 소급하지 않는다.
④ (×) 대리행위의 하자 여부는 대리인을 기준으로 판단한다(법 제116조 제1항).
⑤ (○) 취소하면 소급하여 무효가 되므로 부당이득반환의무가 발생한다.

18 협의의 무권대리

① (○) (법 제130조)
② (○) 무권대리행위의 상대방은 그의 선악을 불문하고 추인 여부의 확답을 최고할 수 있다(법 제131조).
③ (○) (법 제131조 단서)
④ (○) (법 제132조)
⑤ (×) 무권대리에 대한 추인은 다른 의사표시가 없는 때에는 계약시에 소급하여 그 효력이 생긴다. 그러나 제3자의 권리를 해하지 못한다(법 제133조).

19 법률행위의 무효와 취소

④ 민법 제565조 제1항에 의하여 받은 계약금의 배액을 상환하고 계약을 해제할 수 있다(대판 1997.6.27 97다9369).

20 유동적 무효에 관한 판례의 태도

① (×) 유동적 무효의 상태에 있는 거래계약의 당사자는 상대방이 그 거래계약의 효력이 완성되도록 협력할 의무를 이행하지 아니하였음을 들어 일방적으로 유동적 무효의 상태에 있는 거래계약 자체를 해제할 수 없다(대판 1999.6.17. 98다40459). 협력의무의 불이행은 주된 급부의무(소유권이전의무)의 채무불이행이 아니기 때문이다.

② (○) (대판 2006.3.24. 2005도10033)

③ (○) (대판 1999.7.9. 97누11607)

④ (○) (대판 1996.11.8. 96다35309)

⑤ (○) (대판 1995.4.28. 93다26397)

21 취소권의 존속기간

① (×) 행정처분에는 제146조의 규정이 당연히 적용되는 것이 아니다(대판 1969.10.23. 69다1446).

② (×) 취소권의 행사에 의하여 발생한 부당이득반환청구권은 취소권을 행사한 때부터 별도로 소멸시효가 진행한다(대판 1991.2.22. 90다13420).

③ (×) 3년과 10년의 두 기간 중 어느 것이라도 먼저 만료된 것이 있는 때에 취소권은 소멸한다.

④ (○) (대판 1998.11.27. 98다7421, 법 제144조 제1항)

⑤ (×) 제146조의 기간은 소멸시효기간이 아니라 제척기간이므로 제척기간이 도과하였는지 여부는 당사자의 주장에 관계없이 법원이 직권조사할 사항이다(대판 1996.9.20. 96다25371).

22 법률행위의 조건

① (×) 상대방은 그 조건이 성취한 것으로 주장할 수 있을 뿐이다(법 제150조 제1항)

② (○) 법정조건은 가장조건에 불과하여 민법 제147조 이하의 조건이 아니다. 다만 민법상 조건의 규정이 유추되는 경우가 많다.

③ (×) 무효로 한다(법 제151조 제3항).

④ (×) 법률행위 전체가 무효이다(법 제151조 제1항).

⑤ (×) 상대방의 동의가 있거나 상대방에게 특별히 불리할 것이 없는 경우에 해당하므로 허용된다(통설).

23

㉠ 미완성. 매수인이 인도받아 점유·사용하는 경우 시효가 진행하지 아니한다(대판 1999.3.18. 98다32175).

㉡ 완성. 점유를 침탈당한 이후에는 소멸시효가 진행하므로 2000년으로부터 10년이 경과한 2010년에는 소유권이전등기청구권은 시효로 소멸한다.

㉢ 미완성. 매수인이 인도받아 사용·수익하다가 이를 전매하고 인도한 경우에도 시효는 진행하지 않는다(대판 1999.3.18. 98다32175).

㉣ 미완성. 가압류가 계속되는 한 소멸시효는 중단되고, 제소기간도과로 가압류가 취소되면 그때부터 다시 시효기간이 진행된다. 따라서 2017.7.15. 이후에나 소멸시효가 완성된다(대판 2011.1.13. 2010다88019).

24 기한부 법률행위

① (×) 기한도래에 의한 효력은 예외 없이 소급효가 인정되지 않는다. 기한에 소급효를 인정하는 것은 당사자의 기한의사에 저촉되기 때문이다.

② (○) 시기는 그 도래가 확실하여 거래의 안전을 해할 염려가 없기 때문이다.

③ (○) (법 제153조 제2항)

④ (○) (법 제154조 및 제149조)

⑤ (○) (법 제388조)

25 물권취득

매매를 원인으로 소유권이전등기절차를 이행하라는 이행판결이 확정된 경우 승소한 당사자가 단독으로 등기를 신청 할 수 있을 뿐이고 그 등기가 된 때에 비로소 소유권이전의 효력이 생긴다(제186조).

26 등기의 효력

① (○) 이를 등기의 추정력이라 한다.

② (○) 이를 추정력의 번복이라고 한다.

③ (○) (대판 1982.5.11. 80다2881)

④ (×) 여전히 등기의 추정력이 인정된다(대판 1992. 8.18. 92다8736).

⑤ (○) (대판 1997.6.24. 97다2993)

27 소유권 취득원인

① (○) (법 제254조 본문)

② (×) 권리는 그 목적이 소멸하면 절대적으로 소멸한다(법 제260조). 다만, 담보물권의 경우 물상대위권(법 제342조) 또는 불법행위에 의한 경우 손해배상청구권(법 제750조)이 발생하는 경우가 있다.

③ (×) 원칙적으로 원재료의 소유자에게 속한다(법 제259조 제1항).

④ (×) 합성물의 소유권은 주된 동산의 소유자에게 속하고, 주종을 구별할 수 없을 때에는 공유한다(법 제257조).

⑤ (×) 무주물선점에 의한 소유권취득의 대상은 동산에 한한다. 무주의 부동산은 국유이다(법 제252조).

28 점유보호청구권

ⓒ (×) 방해예방과 손해배상의 담보청구는 선택적으로 행사할 수 있을 뿐 중첩적으로 행사할 수 없다(법 제206조 제1항).

ⓓ (×) 원칙적으로 침탈자의 특정승계인에 대하여는 반환청구할 수 없다. 다만, 악의의 특정승계인에 대하여만 반환청구가 가능하나, 승계인이 선의인 경우에는 전득자가 악의인 경우에도 반환청구할 수 없다(엄폐물법칙)는 것이 통설의 견해이다.

29 전세권

④ (×)

⑤ (○) 전세권이 존속하는 동안은 전세권을 존속시키기로 하면서 전세금반환채권만을 전세권과 분리하여 확정적으로 양도하는 것은 허용되지 않는 것이며, 다만 전세권 존속 중에는 장래에 그 전세권이 소멸하는 경우에 전세금반환채권이 발생하는 것을 조건으로 그 장래의 조건부 채권을 양도할 수 있을 뿐이라 할 것이다(대판 2002.8.23. 2001다69122).

30 구분지상권

① (×) 구분지상권은 타인의 토지의 지상 또는 지하에 건물 기타 공작물을 소유하기 위하여 타인의 토지를 사용하는 물권으로서 수목을 소유하기 위하여서는 구분지상권을 설정할 수 없다(법 제289조의2).

② (○) 지상권 규정이 준용되므로 지상권과 같이 지문과 같은 성질을 가진다.

③ (○) (법 제289조의2 제1항)

④ (○) (법 제289조의2 제2항)

⑤ (○) 용익물권의 설정은 목적물의 일부에 대해서도 할 수 있다.

31 유치권

① (○) (대판 1996.8.23. 95다8713)

③ (○) 점유의 상실로 유치권은 소멸하지만(법 제328조), 제192조를 유추적용하여 점유가 회복되면 유치권은 소멸하지 않았던 것으로 취급된다.

⑤ (×) 당사자 간에 유치권의 발생을 배제(포기)하는 특약이 있는 경우에 그 특약은 유효하다.

32 저당권

① (×) 저당권에 기한 물권적 청구권으로 반환청구권은 인정되지 아니한다(법 제370조, 제214조).

② (×) 전세권자가 배당요구를 할 경우에는 소멸한다(「민사집행법」 제91조 제4항).

③ (×) 전세권의 존속기간이 만료하면 전세권의 용익물권적 권능이 소멸하기 때문에 그 전세권에 대한 저당권자는 더 이상 전세권 자체에 대하여 저당권을 실행할 수 없게 되고, 전세금반환채권에 대하여 추심명령 또는 전부명령을 받거나, 제3자가 전세금반환채권에 대하여 실시한 강제집행절차에서 배당요구를 하는 등의 방법으로 자신의 권리를 행사할 수 있다(대판 2008.3.13. 2006다29372, 29389).

④ (○) (대판 1997.5.30. 97다1556)

⑤ (×) 저당권자는 토지의 경매대금에 한정하여 우선변제 받을 수 있다(법 제365조단서).

33 채무불이행

④ (×) 채권자 지체 중에는 이자있는 채권이라도 채무자는 이자를 지급할 의무가 없다(제402조).

① (○) 금전채무불이행의 손해배상에 관하여는 채권자는 손해의 증명을 요하지 아니한다.

② (○)채무자는 과실없음을 항변하지 못한다.

34 보증계약

③ (○) 종래에는 보증기간이나 보증의 최고한도액을 정하지 않은 보증계약도 가능하였다(대판 1976.8.24. 76다1178). 이를 근보증 또는 신용보증이라고 한다. 그러나 2015년 법률개정으로 최고액을 서면으로 특정하지 아니하면 보증계약은 효력이 없도록 하였다(법 제428조의3 제2항).

④ (×) 채권자의 정보제공의무를 위반한 경우 보증인에게 손해가 있으면 법원은 그 내용과 정도 등을 고려하여 보증채무를 감경하거나 면제할 수 있을 뿐이다(법 제436조의2 제4항).

35 금전채권(외화채권)

③ (×) 그 환금시기는 지급시, 즉 실제로 채무자가 '지급할 때'를 기준으로 한다(대판 1991.3.12. 90다2147).

⑤ (○) (대판 1992.5.26. 91다28528)

36 계약해제

③ (×) 선의의 제3자에게만 영향이 없다(대판 2005.6.9. 2005다6341).

37 도급계약

ⓔ (×) 건축주의 사정으로 건축공사가 중단되었던 미완성의 건물을 인도받아 나머지 공사를 마치고 완공한 경우 그 건물이 공사가 중단된 시점에서 이미 사회통념상 독립한 건물이라고 볼 수 있는 형태와 구조를 갖추고 있었다면 원래의 건축주가 그 건물의 소유권을 원시취득한다(대판 2002.4.26. 2000다16350). 즉 사회통념상 독립한 건물이라고 볼 수 있는 상태를 만든 자가 소유권을 취득한다.

38 하자담보책임

① (○) 매매 목적물의 법령상 제한은 물건의 하자로 본다(대판 2000.1.18. 98다18506).

② (×) 하자의 존재 여부 판단은 계약체결 당시를 기준으로 한다.

③ (×) 매도인은 이른바 불완전이행으로서 채무불이행으로 인한 손해배상책임을 부담하고, 이는 하자 있는 토지의 매매로 인한 민법 제580조 소정의 하자담보책임과 경합적으로 인정된다(대판 2004.7.22. 2002다51586). 그러나 甲은 악의이므로 손해배상을 청구할 수 없다.

④ (×) 계약목적을 달성할 수 없는 경우에는 해제할 수 있다(법 제580조, 제575조 제1항).

⑤ (×) 물건의 하자에 해당하므로 6개월 이내에 담보책임을 물을 수 있다(법 제582조, 제580조).

39 위임의 종료

① (○) (법 제681조)

② (○) (법 제684조)

③ (○) (법 제687조)

④ (×) 위임계약은 각 당사자가 언제든지 해지할 수 있다(법 제689조 제1항).

⑤ (○) (법 제682조)

40 공작물의 점유자 및 소유자의 책임

② (×) 점유자는 손해의 방지에 필요한 주의를 해태하지 아니한 때에는 책임을 지지 않는다(법 제758조 제1항 본문). 그러나 소유자에 대하여는 면책사유가 인정되지 않는다.

제8회 실전모의고사

1교시

제1과목 회계원리

01	02	03	04	05	06	07	08	09	10
④	⑤	①	④	②	①	③	⑤	③	①
11	12	13	14	15	16	17	18	19	20
①	①	③	④	⑤	②	②	②	①	③
21	22	23	24	25	26	27	28	29	30
⑤	④	⑤	③	⑤	②	④	⑤	④	①
31	32	33	34	35	36	37	38	39	40
⑤	②	③	④	③	②	①	③	①	⑤

01 재고자산

④ 계속기록법에 대한 설명이다.

02 회계정보의 질적 특성

표현충실성에 대한 설명이다.

03 회계상 거래

1) 회계상 거래 : ㉠, ㉢, ㉣
2) 회계상 거래가 아닌 것 : ㉡, ㉤

04 은행계정조정표

수정전 회사잔액	A	수정전 은행잔액	B
부도수표	(26,000)	미기록예금	27,000
매출채권 입금액	17,000	미인출수표	(32,000)
수수료비용	(8,000)		
수정후잔액	230,000	수정후잔액	230,000

- 수정전회사잔액(A)
  = 230,000 + 26,000 − 17,000 + 8,000
  = ₩247,000
- 수정전은행잔액(B)
  = 230,000 − 27,000 + 32,000 = ₩235,000
- 차액
  = 247,000 − 235,000 = ₩12,000

05 소매재고법

매가/원가비율 $= \frac{1,200+6,000}{1,000+5,000}$ 120%

기말재고 원가 $= \frac{2,400}{1.2}$ = 2,000

매출원가 = 1,000 + 5,000 − 2,000 = 4,000
매출총이익 = 4,800 − 4,000 = 800

06 유가증권의 평가

- **甲주식** : FV-OCI금융자산 - 평가이익 ₩100,000 :
  당기순이익 영향없음(자본항목)
- **乙주식** : FV-PL금융자산 - 평가손실 ₩50,000 :
  당기순이익 ₩50,000 감소
- **장부금액** : 甲, 乙 모두 공정가치로 평가됨
- **당기순이익** : 乙주식 평가손실만 반영됨

07 매출원가

1) 상품 A 평가액
   = MIN(1,000, 1,200) = 1,000 : 평가손실 없음
2) 상품 B 평가액
   = MIN(1,500, 1,400)
   = 1,400 : 평가손실 100×300개 = 30,000
3) 매출원가
   = 10,000,000 + 30,000 = 10,030,000

08 감가상각비

20×1~2년 감가상각비 = ₩120,000/10년 × 2년
= ₩24,000
20×3년 감가상각비 = (₩120,000−₩24,000)/4년
= ₩24,000
20×3년말 장부금액 = ₩120,000 − ₩24,000 − ₩24,000
= ₩72,000

09 주당순이익

가중평균 유통보통주식수
= (1,000주×3 + 900주×6 + 948주×3) ÷ 12 = 937주
주당순이익 = (₩1,000,000−109,850) ÷ 937주 = ₩950

10 미처분이익잉여금

당기 금전배당액의 1/10 이상 금액을 이익준비금으로 적립하여야 한다.

• 미처분이익잉여금
= 전기이월 미처분이익잉여금+당기순이익
= 18,300,000

• 이익잉여금처분액
= 주식할인발행차금상각액+이익준비금적립액+배당액
= 360,000+5,000,000×10%+5,000,000+1,000,000
= 6,860,000

• 차기이월 미처분이익잉여금
= 미처분이익잉여금−이익잉여금처분액
= 18,300,000−6,860,000 = 11,440,000

11 재무제표 비율분석

부채비율 = 부채 / 자본 = 200%이므로
부채 = 자본×200%
부채+자본 = 자본×300% = 자산 = 1,200,000
∴ 자본 = ₩400,000, 부채 = ₩800,000

12 매출원가

• 당기순매입액
= 1,830,000−210,000−40,000−90,000 =₩1,490,000
기말상품이 기초상품보다 ₩100,000 증가하면 매출원가는 당기순매입액보다 ₩100,000 감소하게 된다.

• 매출원가
= 1,490,000−100,000 = ₩1,390,000

13 개발비

• 식별가능 개발비는 무형자산으로, 나머지 개발비는 당기비용으로 처리한다.

(차)	개발비	6,000,000
	경상개발비	4,000,000
(대)	현 금	10,000,000

• 개발비의 상각비는 당기비용으로 처리한다.

(차)	무형자산상각비	600,000
(대)	개발비	600,000

• 개발비 장부금액
= 6,000,000−600,000 = 5,400,000

14 현금흐름표

1) 투자활동순현금흐름은 투자자산 거래에 대한 현금흐름을 말한다.
2) 따라서 투자활동순현금흐름은 처분한 기계장치 장부가+처분이익(50,000+10,000)으로 유입된 총 ₩60,000이다.

15 재고자산 포함 여부

5,000+1,000+2,000×50%+3,000 = ₩10,000
도착지 인도조건으로 판매한 재고자산은, 도착지에 인도되기 전까지는 회사의 재고자산에 속한다. 선적지 인도조건으로 구매한 재고자산은, 선적 당시부터 매입회사의 재고자산이다.

16 자기주식

• 장부금액
= (1,000×5,200)−(600×5,200)
= 5,200,000−3,120,000 = ₩2,080,000
자기주식은 원가법으로 처리하고 기말결산시 평가대상이 아니므로 공정가치는 고려하지 아니한다.

17 유형자산 교환

취득원가 = 제공한 자산의 공정가치+현금지급액
= ₩1,000+300 = ₩1,300

18 회계변경과 오류수정

② 회계정책의 변경은 원칙적으로 소급법으로 처리하되, 누적효과를 결정할 수 없는 경우에는 전진법을 적용한다.

19 사채 발행금액

= ₩100,000×10%×5.650+₩100,000×0.322
= ₩88,700

20 현금 및 현금성자산

1,250,000+150,000+300,000+450,000
+1,250,000+1,500,000 = ₩4,900,000
타인발행약속어음은 매출채권, 급료가불증은 단기대여금, 우표는 비용이다.

21 분개

⑤의 올바른 분개는 다음과 같다.
(차) 매출채권 20,000 (대) 매 출 20,000

22 이동평균법

	수량(개)	단가	재고 수량	재고 단가	재고 금액
기초재고	100	₩103	100	₩103	₩10,300
매출(4월 1일)	50		50	₩103	₩5,150
매입(7월 15일)	300	₩110	350	₩109	₩38,150
매출(9월 5일)	150		200	₩109	₩21,800

23 금융자산의 제거

지분상품 중 FV-OCI금융자산을 처분하는 경우 처분시의 공정가치(처분금액)로 평가하여 평가손익을 기타포괄손익(자본)으로 인식한다. 따라서, 처분손익은 인식되지 않고 기타포괄손익누계액은 자본 내에서 이전(이익잉여금)된다.

• 20×1년 11월 10일

(차) FV-OCI금융자산	100,000,000
(대) 현금등	100,000,000

• 20×1년 12월 31일

(차) FV-OCI금융자산 평가손실	20,000,000
(대) FV-OCI금융자산	20,000,000

• 20×2년 7월 28일

(차) FV-OCI금융자산	10,000,000
(대) FV-OCI금융자산 평가손실	10,000,000
(차) 현금등	50,000,000
(대) FV-OCI금융자산	50,000,000

24 사채발행차금

① 해당 사채는 유효이자율이 표시이자율보다 큰 할인발행 사채이다.

② 유효이자율이 표시이자율보다 높기 때문에, 인식해야 될 이자비용이 실제 이자지급액보다 더 크다.

④ 유효이자율인 5%로 상각해야 한다.

⑤ 매년 6월 30일 이자지급시, 전기 12월 31일자로 계상한 미지급이자금액을 차감한 금액만큼 이자비용을 인식한다.

25 기대신용손실

AC금융자산의 경우 기대신용손실을 손실충당금으로 측정하고 손상차손(환입)은 당기손익으로 인식한다.

26 처분손익

• 당기감가상각비

$$= \frac{6,500,000-200,000}{5\text{년}} \times \frac{3}{12} = 315,000$$

• 장부금액

= 6,500,000 − (3,450,000 + 315,000) = 2,735,000

• 처분손익 = 3,000,000 − 2,735,000 = 265,000(이익)

27 오류수정

• 올바른 수정분개

(차) 보험료(비용) (대) 선급보험료(자산)

수정분개가 누락되면 비용이 과소계상되고, 자산이 과대계상되므로 당기순이익이 과대계상된다.

28 감가상각

4월 1일에 취득했으므로 감가상각비 인식금액은 ₩75,000 (₩500,000×1/5×9/12)이며, 감가상각비의 상대계정과목은 자산차감계정인 감가상각누계액이다.

29 당기순손익

FV-OCI금융자산 평가손실은 기타포괄손익이고, 자기주식처분손실은 자본이므로 당기순손익에는 영향이 없고 감가상각비 과대계상액만이 영향이 있다.

• 수정 후 당기순손익 = 500,000 + 120,000 = 620,000

30 퇴직연금

확정기여형 퇴직연금의 기여금을 납부한 경우 당기 비용으로 처리한다.

31 주식발행비

주식발행비는 주식 발행가액에서 차감하므로 당기손익에 영향을 미치지 아니한다.

(차) 당좌예금	60,000,000
(대) 자본금	50,000,000
(대) 현 금	1,500,000
(대) 주식발행초과금	

32 발생주의에 의한 당기순이익

현금주의 당기순이익	90,000
선급비용 감소	(4,000)
매출채권 증가	21,000
선수수익 감소	3,000
매입채무 증가	(7,000)
감가상각비	(5,000)
발생주의 당기순이익	₩98,000

33 매출총이익

구분	판매가치	추가가공원가	순실현가치	배부율	배부액
A	750,000	50,000	700,000	70%	168,000
B	340,000	40,000	300,000	30%	72,000
합계			1,000,000	100%	240,000

• B제품 매출총이익

= 340,000 − 40,000 − 72,000 = ₩228,000

8회

34 표준원가계산

실제단위수량 ×실제가격	실제단위수량 ×표준가격	표준단위수량 ×표준가격
₩200,000	12,500kg ×₩15 = ₩187,500	2,700단위×5kg ×₩15 = ₩202,500

가격차이	수량차이
₩12,500(불리)	₩15,000(유리)

35 상호배부법

③ 상호배부법은 보조부문 상호간의 용역수수 관계를 모두 인식하는 방법이다.

36 변동원가계산에 의한 영업이익

전부원가계산에 의한 영업이익	368,000
기초제품에 포함된 고정제조간접원가	120,000
기말제품에 포함된 고정제조간접원가	(288,000)
변동원가계산에 의한 영업이익	200,000

※ 기말제품에 포함된 고정제조간접원가

$= \frac{960,000 \times 450\text{개}}{1,500\text{개}} = 288,000$

37 전부원가계산 변동원가계산

영업이익 차이=(₩1,000,000/10,000단위)×2,000단위 = ₩200,000

38 단계배부법

1) 동력부문에서 조립부문으로의 배부액
   = 200,000×40% = 80,000
2) 수선부문에서 조립부문으로의 배부액
   $= \frac{(300,000 + 200,000 \times 40\%) \times 40\%}{40\% + 40\%}$
   = 190,000
3) 조립부문배부액
   = 80,000+190,000 = 270,000

39 당기총제조원가

재공품

기초		당기제품제조원가	
	₩50,000		②₩110,000
당기총제조원가		기말	
	③ X = 130,000		₩70,000
	₩180,000		₩180,000

제품

기초		매출원가	
	₩30,000		₩120,000
생산		기말	
	①₩110,000		₩20,000
	₩140,000		₩140,000

40 제조간접원가(고저점법)

단위당 변동원가 $= \frac{587,200 - 520,000}{320 - 200}$ = ₩560

587,200 = 고정원가+560×320,

고정원가 = ₩408,000

- 310시간의 추정제조간접원가
  = 408,000+560×310 = ₩581,600

제2과목 공동주택시설개론

41	42	43	44	45	46	47	48	49	50
④	②	⑤	②	⑤	①	③	②	⑤	①
51	52	53	54	55	56	57	58	59	60
⑤	④	①	①	③	③	④	④	②	③
61	62	63	64	65	66	67	68	69	70
②	③	③	①	⑤	④	⑤	⑤	②	③
71	72	73	74	75	76	77	78	79	80
④	③	④	①	②	④	②	①	⑤	①

41 건축물의 구성요소

보, 슬래브 등 수평부재는 주로 인장력을 받는 부재이고 기둥, 벽 등 수직부재는 주로 압축력을 받는 부재이다. 기둥은 높이가 최소 단면치수의 3배 이상으로 주로 축방향의 압축하중을 지지하는 부재이다.

42 커튼월 구조

고층건물에서 커튼월을 구조체에 설치할 때는 비계작업을 하지 않는 것을 원칙으로 한다.

43 지반조사법

사질지반에 적합한 지반조사는 보링(Boling)과 표준관입 시험(Standard penetration test)이고 점토질지반에 적합한 지반조사는 보링(Boling)과 베인테스트(Vane test)다.

44 언더피닝(Under Pinning) 공법

언더피닝공법은 기존건축물에 근접하여 건축공사의 터파기 공사를 할 경우에 기존건물의 변형 및 침하를 방지하기 위하여 기존 건물의 지반과 기초를 보강하는 공법이다.

45 벽돌조 공사

① 줄눈은 설계도서에 특별히 정한 바가 없을 때는 가로, 세로 각각 10mm 두께를 표준으로 한다.
② 개구부는 크기가 아무리 작더라도 개구부 상부에 아치를 두는 것이 원칙이다.
③ 내력벽체에 사용하는 벽돌은 흡수율이 작고 강도가 큰 제품을 사용해야 한다.
④ 벽돌벽을 쌓을 때 하루 쌓기 높이는 1.2m을 표준으로 하고 최대 1.5m 이내로 한다.

46 벽돌벽이 블록벽과 서로 직각으로 만날때에는 연결철물을 만들어 블록 3단마다 보강하여 쌓는다.

47 철근의 피복두께

기둥의 피복두께는 대근이나 나선철근의 외면과 콘크리트 표면과의 최단거리이다.

48 한중콘크리트는 재료를 가열할 경우, 물 또는 골재를 가열하는 것으로 하며, 시멘트는 어떠한 경우라도 직접 가열할 수 없다. 골재의 가열은 온도가 균등하게 되고 또 건조되지 않는 방법을 적용하여야 한다. 또한 급열양생, 단열양생, 피복양생 중 한 가지 이상을 선택해서 양생해야 한다.

49 철근의 이음길이 결정

철근콘크리트구조에서 이음길이와 정착길이를 결정하는 요인은 철근과 콘크리트와의 부착응력도에 따라 결정된다.

50 맞댄용접(Butt welding)

맞댄용접은 접합하는 두 개의 부재 사이에 홈(groove : 앞벌림)을 만들고 그 사이에 용착금속을 채워 용접하는 방식이고 모살용접(Fillet welding)은 두 부재를 서로 경사지게 모살을 덧붙이게 용접하는 것으로 한쪽의 모재 끝을 다른 모재면에 겹치거나 맞대어 그접촉부분의 모서리를 용접하는 것이다.

51 용접시 주의사항

아크발생은 필히 용접부 내에서 일어나도록 해야 하고 일시에 다량의 열이 한 곳에 집중되지 않도록 해야 한다.

52 스트레이트 아스팔트(straight asphalt)

스트레이트 아스팔트는 석유의 원유를 증류시켜 생긴 반액체 상태로 신축력이나 접착력, 방수성이 우수하나 연화점이 낮고 내후성, 온도에 의한 변화가 커서 지하실방수나 방수지 침투용으로 사용하고 주로 옥상에 사용하는 역청재(천연아스팔트)는 고체, 액체, 반액체 중 비교적 연화점이 높고 온도에 대한 변화가 적으며 응집력이 큰 반고체상태인 블로운 아스팔트(Blown Asphalt)를 사용한다.

53 레버토리힌지(lavatory hinge)는 공중화장실이나 공중전화 등의 여닫이문에 사용하는 철물로 사용을 하지 않을 때 10~15cm 정도 열리게 되어 있는 지지철물이고 피봇힌지(pivot hinge)는 중량 여닫이문에 사용하는 철물이다.

54 미장공사 주의사항

미장공사에서 균열을 방지하기 위하여 시멘트모르타르는 초벌바름 후 2주 이상 충분히 건조시킨 후 재벌바름을 한다.

55 밀착타일공법

밀착(동시줄눈붙임)공법의 1회 붙임면적은 1.5㎡ 이하로 하고 붙임시간은 20분 이내로 한다.

56 가연성 도료의 보관 및 취급

도료가 묻은 헝겊 등 자연발화의 우려가 있는 것을 도료보관창고 안에 두어서는 안 되며, 반드시 소각시켜야 한다.

57 도료의 종류

① 처음 1회째의 방청도장은 가공장에서 조립 전에 도장함을 원칙으로 하고, 화학처리를 하지 않은 것은 녹제거 직후에 도장한다. 다만, 부득이하게 조립 후에 도장할 때에는 조립하면 밀착되는 면은 1회, 장래 녹막이도장이 곤란하게 되는 면은 1~2회씩 조립 전에 도장한다.
② 롤러도장은 붓도장 같이 일정한 도막 두께를 유지하기가 매우 어려우므로 표면이 거칠거나 불규칙한 부분에는 주의를 요한다.
③ 징크로메이트(Zincromate)는 크롬산아연을 안료로 하고 알키드수지를 전색재료로 한 도료로 알루미늄 녹막이 초벌칠에 사용하고 철재녹막이용으로는 광명단을 사용한다.
⑤ 기온이 5℃미만이거나 상대습도가 85%를 초과할 때에는 작업을 중지한다.

58 지붕재료 조건

지붕재료는 내구적, 내화적, 불연적, 내풍적, 내수적이고 열전도율이 작아야 한다.

59 치장벽돌 적산

① 표준형 벽돌 1.0B쌓기 벽돌량 : 149매/m²

② 3,000장 ÷ 149매 = 20.13m²

60 구조체의 수량산출

정미수량(설계수량)은 설계도 및 시방서의 설계치수를 근거로 하여 산출한 수량으로 할증률이 포함되지 않으며 노임단가의 적용시에 사용된다.

61 혼합물(공기)의 온도

혼합공기 $t_3 = \dfrac{Q_1 \times t_1 + Q_2 \times t_2}{Q_1 + Q_2}$

$= \dfrac{(60 \times 200) + (10 \times 300)}{200 + 300} = 30℃$

62 급수방식

수도직결방식(Direct supply system)은 수도본관에서 수도관을 이끌어 건축물 내의 소요 개소에 직접 급수하는 방식이다.

63 급수설비

공동현상에 대한 설명이며 서어징(surging)현상은 급수압력이 갑자기 높아져 급수속의 기포가 급수속으로 순간적으로 녹아드는 현상으로 서어징현상이 발생되면 토출양정에서 유량 및 압력이 주기적으로 변동되면서 진동과 소음을 수반한다.

64 결합통기관(yoke vent)

결합통기관은 고층건물에서 통기효과를 높이기 위하여 5개 층마다 통기수직관과 배수수직관을 연결한 통기관으로 배수수직관 내의 압력변화를 방지 또는 완화하기 위해 설치한다.

65 배수설비

흡인(흡출)작용에 의한 봉수파괴현상은 수직관에 접근하여 있는 기구의 트랩일 경우 수직관 상부에서 다량의 물이 배수될 때 순간적으로 진공이 발생하여 트랩내의 봉수가 흡인되어 배출되는 현상이다.

66 오수정화 설비

오수정화조는 미생물 작용으로 유기물을 분해하여 정화하는 방법이다.

67 밸브

체크밸브(역지밸브)는 유체의 흐름을 한 방향으로만 흐르게 하는 역류 방지형 밸브로 수평배관에만 사용하는 리프트형과 수평, 수직배관 모두 사용이 가능한 스윙형이 있다.

68 정압기(Govenor)

가버너(Govenor)는 고압의 가스를 사용하기 적합한 압력으로 감압하여 일정한 압력으로 조정하는 장치이다.

69 옥내소화전 가압송수장치

펌프의 토출 측에는 압력계를 체크밸브 이전에 펌프 토출 측 플랜지에서 가까운 곳에 설치하고, 흡입 측에는 연성계 또는 진공계를 설치할 것. 다만, 수원의 수위가 펌프의 위치보다 높거나 수직회전축펌프의 경우에는 연성계 또는 진공계를 설치하지 않을 수 있다.

70

차동식 분포형감지기는 천장고가 15m 미만인 실내에 설치하는 열감지기이고 천장고가 15m 이상인 실 또는 복도, 계단 등에는 연기감지기를 설치한다.

71 중앙식 급탕법의 특징 비교표

구 분	직접가열식	간접가열식
보일러	급탕용, 난방용 보일러 별도 설치	난방용으로 급탕까지 가능
보일러 내 스케일	많이 발생	거의 발생하지 않음
보일러 내 압력	고압	저압
가열장소	온수보일러	저탕조
저탕조 내 가열코일	불필요	필요
규 모	소규모 건물 또는 주택	대규모 급탕설비

72 순환수량

급탕부하(kW)= $\dfrac{G \times C \times \Delta t}{3,600}$,

순환수량(G)= $\dfrac{H(\text{손실열량})}{C(\text{비열}) \cdot \Delta t(\text{온도차})}$ (kg/h)

$G = \dfrac{3,600Q}{C \cdot \Delta t} = \dfrac{3,600 \times 35}{4.2 \times (60-50)}$ =3,000kg/h=50ℓ(kg)/min

73 설계외기온

120 × 0.05(5%) × 24시간 = 144시간

위험률 또는 초과확률(Technical Advisory Committee)은 설계외기온보다 낮다는 의미이다.

74 열관류율

열관류율(㎉/㎡h℃)이란 공기층, 벽체, 공기층으로의 열전달을 나타내는 것으로 벽체를 사이에 두고 공기 온도차가 1℃일 경우 1㎡의 벽면을 통해 1시간 동안 흘러가는 열량이다.
② 열저항　　③ 열전도율　　④ 열용량　　⑤ 비열

75 진공환수식 난방설비

리프트 이음(Lift fitting)은 진공 환수식 증기난방장치에 있어서 환수주관 아래에 방열기를 설치할 때 환수관보다 높은 위치에 진공펌프를 설치하여 환수관의 응축수를 끌어올려 환수하는 배관법이다.

76 공기조화방식

이코노마이저시스템은 중간기 또는 동계에 발생하는 냉방부하를 실내기준온도 보다 낮은 도입 외기에 의하여 제거 또는 감소시키는 시스템으로 에너지절약설계기준에 의한 이코노마이저시스템을 고려한다면 전공기방식을 채택하여야 한다.

77 흡수식 냉동기의 특징

흡수식냉동기는 흡수기, 발생기, 응축기, 증발기로 구성되며 실제 냉동이 일어나는 곳은 증발기이다. 압축기는 압축식 냉동기의 구성요소이다.

78 옥내배선

간선은 배전반에서 분전반까지의 배선을 말하며, 분기회로는 분전반의 옥내분전반으로부터 분기하여 전등, 콘센트, 전동기 등 전기기기에 이르는 저압 옥내선로이다.

79 전기설비

과부하 보호기가 설치되어 있는 2대 이상의 전동기는 1개의 분기회로 설치가 가능하고 분기회로 자동차단시 정격전류가 15A 이하일 때는 전동기 2대 이상의 접속이 가능하다.

80 홈네트워크 설비

홈게이트웨이는 전유부분에 설치되어 세대내에서 사용되는 홈네트워크 기기들을 유무선네트워크로 연결하고 세대망과 단지망 혹은 통신사의 기간망을 상호 접속하는 장치이고 세대단말기는 세대 및 공용부의 다양한 설비의 기능 및 성능을 제어하고 확인할 수 있는 기기로 사용자인터페이스를 제공하는 장치이다.

2교시

제3과목 민법

01	02	03	04	05	06	07	08	09	10
⑤	③	⑤	②	①	①	②	②	④	②
11	12	13	14	15	16	17	18	19	20
②	④	④	②	⑤	①	①	③	③	⑤
21	22	23	24	25	26	27	28	29	30
③	③	③	②	⑤	③	①	③	⑤	⑤
31	32	33	34	35	36	37	38	39	40
⑤	⑤	②	④	②	⑤	②	①	⑤	③

01 사실인 관습

법령과 같은 효력을 갖는 관습법은 당사자의 주장·입증을 기다림이 없이 법원이 직권으로 이를 확정하여야 하고 사실인 관습은 그 존재를 당사자가 주장·입증하여야 하나, 관습은 그 존부 자체도 명확하지 않을 뿐만 아니라 그 관습이 사회의 법적 확신이나 법적 인식에 의하여 법적 규범으로까지 승인되었는지의 여부(즉, 관습법인지 사실인 관습인지)를 가리기는 더욱 어려운 일이므로, 법원이 이를 알 수 없는 경우 결국은 당사자가 이를 주장·입증할 필요가 있다(대판 1983.6.14. 80다3231). 즉 원칙상 관습법은 당사자의 주장·입증이 필요없으나 사실인 관습은 당사자의 주장·입증을 요한다고 본다. 한편 사실인 관습은 일반생활에 있어서의 일종의 경험칙에 속하고 경험칙은 일종의 법칙이므로 당사자의 주장이나 입증에 구애됨이 없이 법관 스스로 직권에 의하여 이를 판단할 수 있다는 판례가 있다(대판 1976.7.13. 76다983).

02 태아의 권리능력

① (○) 사람은 출생과 동시의 권리·의무의 주체가 된다.
② (○) 태아의 대리인은 인정되지 않는다.
③ (×) 불법행위에 있어서 태아는 이미 출생한 것으로 본다(법 제762조).
④ (○) 사산으로 인하여 출생하지 못한 경우에는 개별적 보호주의가 적용되지 않는다.
⑤ (○) 유증인 경우에도 태아는 이미 출생한 것으로 본다.

03 실효의 법리

⑤ 실권 또는 실효의 법리는 신의성실의 원칙에 바탕을 둔 파생적인 원리로서 이는 본래 권리행사의 기회가 있음에도 불구하고 권리자가 장기간에 걸쳐 그 권리를 행사하지 않았기 때문에 의무자인 상대방은 이미 그의 권리를 행사하지 아니할 것으로 믿을 만한 정당한 사유가 있게 되는 경우에 해당한다는 점을 의무자인 상대방이 증명하여야 한다(대판 1994.6.28. 93다26212).

04 피성년후견인의 행위능력

① (○) (법 제9조)
② (×) 대가가 과도하지 아니한 경우에 취소할 수 없다(법 제10조 제4항).
③ (○) (법 제13조 제1항)
④ (○) (법 제14조의2 제2항)
⑤ (○) (법 제14조의3)

05 주소의 법률상 효과

주소의 법률상 효과로는 ②, ③, ④, ⑤ 외에 부가기간, 귀화 및 국적회복의 요건, 재판관할의 표준 등이 있다.
① 부동산등기부는 권리자의 주소를 기초로 하는 것이 아니라 토지의 소재지를 기준으로 한다.

06 법인의 정족수

① (법 제42조, 제78조)

07 실종선고

① (○) (법 제27조)
② (×) 실종선고 "기간이 만료한 때"에 사망한 것으로 "본다"(법 제28조).
③ (○) (법 제29조 제1항)
④ (○) 제29조 제1항의 2가지 사실 이외에 실종기간의 기산점 이후의 어떤 시기에 생존하고 있었던 사실이 증명된 경우에도 실종선고의 취소사유가 된다고 보는 것이 통설이다.
⑤ (○) 실종선고를 받았다고 하더라도 권리능력 자체가 소멸하는 것은 아니기 때문이다.

08 법인 재산

② (×) 재단법인을 설립함에 있어서 출연재산은 그 법인이 성립된 때로부터 법인에 귀속된다는 민법 제48조의 규정은 출연자와 법인과의 관계를 상대적으로 결정하는 기준에 불과하여 출연재산이 부동산인 경우에도 출연자와 법인 사이에는 법인의 성립 외에 등기를 필요로 하는 것은 아니지만, 제3자에 대한 관계에 있어서, 출연행위는 법률행위이므로 출연재산의 법인에의 귀속에는 부동산의 권리에 관한 것일 경우 등기를 필요로 한다(대판 1979.12.11. 78다481).
③ (○) 재단법인의 기본재산에 관한 사항은 정관의 기재사항으로서 기본재산의 변경은 정관의 변경을 초래하기 때문에 주무부장관의 허가를 받아야 하고 따라서 기존의 기본재산을 처분하는 행위는 물론 새로이 기본재산으로 편입하는 행위도 주무부장관의 허가가 있어야만 유효하다(대판 1982.9.28. 82다카499).

09 청 산

① (○) (법 제77조)
② (○) (법 제82조)
③ (○) (법 제81조)
④ (×) 채권신고기간 내에는 변제할 수 없다(법 제90조).
⑤ (○) (대판 1980.4.8. 79다2036)

10 종물의 효과

② (×) 법정지상권의 이전등기가 있어야 한다(대판 1965.7.27. 65다864). 경매에 의한 경우에는 등기 없이 법정지상권도 함께 이전되는 점에 주의하여야 한다.
③ (○) (대판 1996.4.26. 95다52864)
⑤ (○) 주물의 소유자나 이용자의 사용에 공여되고 있더라도 주물 그 자체의 효용과 직접 관계가 없는 물건은 종물이 아니다(대결 2000.11.2. 2000마3530).

11 사회질서에 반하는 행위

- ㉠, ㉡, ㉤ 사회질서에 반하는 행위에 해당한다(대판 1973.5.22. 72다2249 ; 1968.8.19. 69므18 ; 대판 2000.2.11. 99다56833).
- ㉢, ㉣의 경우에는 사회질서에 반한다고 볼 수 없다(대판 1982.6.22. 82다카90, 대판 2001.4.10. 2000다49343).

12 법령위반행위(효력규정)

①, ②, ③ 단속규정 위반행위이다.
④ 무효. 일정한 행위에 대한 허가나 면허를 받은 자가 법규에 위반하여 그 명의를 타인에게 대여하는 계약은 일반적으로 무효라고 해석되고 있다. 따라서 광업권이나 어업권을 대여하는 계약은 무효이다.
⑤ 유효. 광업권의 대여계약은 무효일지라도, 광물매매계약은 사적 거래행위로서 유효하다. 단순한 단속규정에 위반한 행위는 그 사법상 행위의 효력에는 영향을 미치지 아니한다.

13 효력규정

① (X) 법원은 직권으로 판단할 수 있다(대판 1989.9.29. 88다카17181).
② (X) 신의칙에 반하지 않는다(대판 2011.3.10. 2007다17482, 2003.4.22. 2003다2390).
③ (X) 국유재산에 관한 사무에 종사하는 직원이 타인의 명의로 국유재산을 취득하는 행위는 강행법규인 같은 법 규정들의 적용을 잠탈하기 위한 탈법행위로서 무효라고 할 것이고, 나아가 같은 법이 거래안전의 보호 등을 위하여 그 무효를 주장할 수 있는 상대방을 제한하는 규정을 따로 두고 있지 아니한 이상 그 무효는 원칙적으로 누구에 대하여서나 주장할 수 있다(대판 1994.10.21. 94도2048).
④ (O) (대판 1994.6.24. 94다10900)
⑤ (X) 강행규정 위반인 동시에 사회상규에 반하는 급부에 해당할 경우에는 불법원인급여에 해당하여 반환을 청구할 수 없다(법 제746조).

14 통정허위표시

① (O) (대판 2004.5.28. 2003다70041)
② (X) 채무자의 법률행위가 통정허위표시인 경우에도 채권자취소권의 대상이 되고 한편 채권자취소권의 대상으로 된 채무자의 법률행위라도 통정허위표시의 요건을 갖춘 경우에는 무효라고 할 것이다(대판 1998.2.27. 97다50985).
⑤ (O) 단순히 그러한 사정을 안 것만으로는 부족하고, 상대방과 통모에 이르러야 한다.

15 사기에 의한 의사표시

① (O) (대판 2004.10.27. 2004도4974)
② (O) (대판 2004.4.27. 2003다31619) 다만 재심사유에 준하는 경우에는 예외적으로 허용되는 경우도 있으므로 주의할 것
③ (O) (대판 1996.6.14. 94다41003)
④ (O) (대판 1993.8.13. 92다52665)
⑤ (X) 중대한 과실이 있는 경우로 판단하였다(대판 1995.12.12. 94다22453).

16 의사표시 효력발생 여부

① (X) 공시송달을 하기 위해서는 표의자에게 과실이 없어야 한다(법 제113조). 따라서 지문의 공시송달은 부적법하다. 다만 상대방이 그 사실을 알게 된 때에 도달한 것으로 주장할 수는 있다.
③ (O) 최고의 의사표시가 기재된 내용증명 우편물이 발송되고 반송되지 아니하였다면 특별한 사정이 없는 한 이는 그 무렵에 송달되었다고 볼 것이다(대판 1997.2.25. 96다38322).
④ (O) (대판 1992.7.24. 92다749)

17 무권대리에 관한 법률관계

① (O) 무권대리행위와 대리권의 남용행위는 구별된다.
② (X) 무권대리인이 본인의 부동산을 상속한 경우 무권대리인이 본인의 지위에서 추인거절권을 행사하는 것은 금반언의 원칙이나 신의성실의 원칙에 반하여 허용될 수 없다(대판 1994.9.27. 94다20617).
③ (X) 일상가사대리권을 기본대리권으로 하여 일상가사대리권을 넘은 표현대리가 성립할 수 있다(대판 1981.6.23. 80다609).
④ (X) 일부에 대하여 추인을 하거나 변경을 가하여 추인하여도 상대방의 동의가 없는 한 원칙적으로 무효이다(대판 1982.1.16. 81다카549).
⑤ (X) 어떤 행위에 대한 기본적 대리권이 있는 이상 그와 전혀 별개의 행위를 한 경우에도 제126조에 해당한다(대판 1963.8.31. 63다326).

18 대리행위

③ (X) 자기계약과 쌍방대리에 해당하는 행위는 무권대리행위로 본인의 추인이 있으면 소급하여 유효가 될 수 있는 유동적 무효에 해당한다.

19 유동적 무효

③ 「국토이용관리법」(현 「국토의 계획 및 이용에 관한 법률」)상 토지거래허가를 받지 않아 유동적 무효의 상태에 있는 계약을 체결한 당사자는 쌍방이 그 계약이 효력이 있는 것으로 완성될 수 있도록 서로 협력할 의무가 있다(대판 1998.3.27. 97다36996). 따라서 매도인은 매수인의 협력의무이행청구를 거절할 수 없다.

20 무효와 취소

① (X) 법정대리인(후견인)이 취소하는 경우에는 그러한 제한이 없다(법 제144조 제2항).
② (X) 소급효가 인정되지 않는다(법 제139조).
③ (X) 전부무효가 원칙이다(법 제137조).
④ (X) 제한능력자는 악의의 경우에도 현존이익만 반환한다(법 제141조).
⑤ (O) (법 제16조 제1항)

21 조건성취 전의 효력

① (X) 담보제공이 가능하다(법 제149조).
② (X) 기대권은 물권과 동일할 수 없고, 다만 가등기를 할 수 있다.
③ (O) 조건부 권리도 침해하면 불법행위가 된다.
④ (X) 선의취득을 배제할 수 없다.
⑤ (X) 조건부 법률행위는 그 조건성취 전에는 효력이 불확정하다.

22 취소권자와 취소권 행사의 상대방

취소권자는 강박에 의해 의사표시를 한 자와 그 승계인이므로 甲과 丁이다. 한편, 취소의 상대방은 취소할 수 있는 행위의 직접 상대방이므로 丙이 된다(법 제140조, 제142조).

23 기한의 이익

기한의 이익을 가지는 자는 ㉡ (임대료수익), ㉢ (임치이익), ㉤(변제기한의 이익)이다. 그러나 ㉠ 사용대차는 무상이므로 대주는 기한이익을 가지지 않으며, ㉣ 이자가 없는 경우 대주에게는 특별한 이익이 존재하지 않는다.

24 소멸시효

① (×) 단축·경감할 수 있으나, 배제·연장·가중할 수 없다(법 제184조 제2항).
② (○) (대판 2013.11.14. 2013다18622).
③ (×) 연장되지 않는다(대판 2006.8.24. 2004다26287).
④ (×) 채무 전부에 대하여 시효완성의 이익을 포기한 것으로 본다(대판 2001.6.12. 2001다3580).
⑤ (×) 새로 진행하는 것이 아니라, 일정한 유예기간이 경과하면 시효가 완성되는 점에서 시효중단과 다르다(법 제179조 내지 제182조).

25 부동산등기

가등기에는 처분금지의 효과가 인정되지 않는다.

26 소멸시효

③ (×) 甲의 재산에 가압류를 한 경우 피보전채권의 소멸시효는 중단된다(법 제168조 제2호 참조). 그러나 甲의 물상보증인의 재산에 대하여 압류 또는 가압류 한 경우에는 甲에게 그 사실이 통지된 때, 즉 압류통지가 채무자에게 도달한 때에 시효가 중단된다(대판 1990.1.12. 89다카4946).
⑤ (○) 주채무자에 대한 확정판결과 달리 기간이 연장되지 않는다(대판 2006.8.24. 2004다26287).

27 점유자와 회복자의 관계

㉠ (○) (대판 1966.7.19. 66다994) 그러나 법령의 부지(不知)로 상속인이 될 수 없는 사람을 상속인이라고 생각하여 선의의 점유자에게 점유개시시 과실이 있어서 진정한 소유자에 대하여 불법행위를 구성하는 경우에는 그 불법행위로 인한 손해배상책임이 인정될 수 있다.
㉡ (○) 점유자가 과실을 취득한 경우에는 통상의 필요비는 청구할 수 없고, 특별한 필요비만 청구할 수 있다(법 제203조, 대판 1996.7.12. 95다41161).
㉢ (○) (법 제202조 전단) 자주·선의점유자만 현존이익 반환책임이 있다.
㉣ (○) 건물을 사용함으로써 얻는 이득은 그 건물의 과실에 준하는 것이므로, 선의의 점유자는 비록 법률상 원인 없이 타인의 건물을 점유·사용하고 이로 말미암아 그에게 손해를 입혔다고 하더라도 그 점유·사용으로 인한 이득을 반환할 의무는 없다(대판 1996.1.26. 95다44290)

28 동산의 선의취득

① (×) 「민법」은 동산에 한하여 선의취득을 인정하고 있다(법 제249조).
② (×) 과실이 없을 것을 요한다(법 제249조).
④ (×) 점유개정에 의한 이중양도담보의 경우에는 먼저 현실의 점유를 취득한 자가 양도담보권을 취득한다. 동산의 선의취득에 필요한 점유의 취득은 현실적 인도가 있어야 하고 점유개정에 의한 점유취득만으로서는 그 요건을 충족할 수 없다(대판 1978.1.17. 77다1872).
⑤ (×) 선의이며 무과실일 것을 요구한다(법 제251조).

29 합 유

① (×) 법인 아닌 사단의 재산관계는 총유이다.
② (×) 공유와 합유의 경우에는 지분이 인정되나 총유의 경우에는 인정되지 않는다.
③ (×) 합유물의 보존행위는 조합원 각자가 할 수 있다.
④ (×) 청산 이외에 합유물의 분할은 허용되지 않는다.
⑤ (○) (법 제724조 제2항)

30 지역권

계속되고 표현된 것에 한하여 가능하다.

31 선택채권

㉢ (×) 채무자가 선택권을 가진다(법 제380조).
㉤ (×) 채권자가 아니라 채무자에게 이전한다(법 제384조 제2항).

32 전세권

① (○) 전세권설정등기를 갖추면 인도는 필요하지 않다.
② (○) 전세권자가 스스로 관리·수선하며, 전세권설정자는 단지 소극적 인용의무만을 진다.
③ (○) 구 소유자의 전세권자에 대한 전세금반환의무는 소멸한다(대판 2000.6.9. 99다15122).
④ (○) 법정갱신된 경우 법률규정에 의한 물권변동으로 등기가 없어도 제3자에게 주장할 수 있다.
⑤ (×) 전세권을 목적으로 한 저당권이 설정된 경우, 전세권의 존속기간이 만료되면 전세권의 용익물권적 권능이 소멸하기 때문에 더 이상 전세권 자체에 대하여 저당권을 실행할

수 없게 되고, 저당권자는 저당권의 목적물인 전세권에 갈음하여 존속하는 것으로 볼 수 있는 전세금반환채권에 대하여 압류 및 추심명령 또는 전부명령을 받거나 제3자가 전세금반환채권에 대하여 실시한 강제집행절차에서 배당요구를 하는 등의 방법으로 물상대위권을 행사하여 전세금의 지급을 구하여야 한다(대판 2014.10.27. 2013다91672).

33 저당권의 효력(물상대위)

① (○) 이러한 범위 내에서 부종성이 완화된다(대판 1993.5.25. 93다6362).
② (×) 담보권자 자신이 스스로 압류할 것을 요하지 아니하고 후순위 담보권자나 일반채권자가 압류하여도 특정성은 보전된다(대판 1998.9.22. 98다12812).
③ (○) (법 제364조)
④ (○) 건물의 증축비용을 투자한 대가로 건물에 대한 지분이전등기를 경료받았으나 저당권의 실행으로 그 권리를 상실한 자는 건물에 관한 제3취득자로서 필요비 또는 유익비를 지출한 것이 아니므로 저당물의 경매대가에서 우선상환을 받을 수 없다(대판 2004. 10.15. 2004다36604).
⑤ (○) 일괄경매된 경우 그 건물의 경매대가에 대해서는 우선변제를 받을 권리가 없다(법 제365조 단서).

34 연대채무

① (○) (법 제412조)
② (○) (법 제413조)
③ (○) (법 제414조)
④ (×) 어느 연대채무자에 대한 이행청구는 다른 연대채무자에게도 효력이 있으나(제416조) 불가분채무의 경우에는 동 규정이 준용되지 않는다(법 제411조 참조).
⑤ (○) (법 제415조)

35 손해배상

㉠ (○) (법 제398조 제2항)
㉡ (×) 손해배상액의 예정은 이행의 청구나 계약의 해제에 영향을 미치지 아니한다(법 제398조 제3항).
㉢ (×) 위약금의 약정은 손해배상액의 예정으로 추정한다(법 제398조 제4항).
㉣ (○) (대판 1972.3.31. 72다108)
㉤ (○) (대판 1991.1.11. 90다8053)

36 이행불능과 위험부담

⑤ 채무이행에 있어서 이행보조자의 과실은 채무자의 과실로 보므로 채무자는 자신의 책임 없는 사유를 증명하여 채무불이행책임을 면할 수 없다(법 제391조).

37 매도인의 담보책임

㉠ (×) 물건의 하자로 본다.
㉡ (×) 매매의 목적이 된 권리의 일부가 타인에게 속함으로 인하여 매도인이 그 권리를 취득하여 매수인에게 이전할 수 없는 때에는 매수인이 선의인 경우, 감액청구권과 계약해제권은 택일적으로 행사할 수 있고 손해배상은 함께 청구할 수 있다(법 제572조 제3항).
㉢ (○) 특정물의 인도가 채권의 목적인 때에는 채무자는 이행기의 현상대로 그 물건을 인도하여야 한다(법 제462조).
㉣ (×) 물건의 하자에 관한 손해는 매수인이 선의·무과실인 경우에 한하여 인정되며, 경매의 경우에는 담보책임이 제한된다.
㉤ (○) 제581조, 제580조에 기한 매도인의 하자담보책임은 법이 특별히 인정한 무과실책임으로서 여기에 제396조의 과실상계 규정이 준용될 수는 없다 하더라도, 담보책임이 민법의 지도이념인 공평의 원칙에 입각한 것인 이상 하자 발생 및 그 확대에 가공한 매수인의 잘못을 참작하여 손해배상의 범위를 정함이 상당하다(대판 1995.6.30. 94다23920).

38 임차인의 부속물매수청구권

① (×) 일시사용을 위한 임대차에서는 부속물매수청구권이 인정되지 않는다(법 제653조, 제646조).

39 위임계약

① (×) 대법원 판례에 의하면 응급구호를 요하는 자의 치료가 국가의 사무관리나 국가가 응급구호에 필요한 치료의 무를 부담한다고 할 수 없으므로 국가와 보건의료기관 사이에 치료위임계약이 체결된 것으로 볼 수 없다(대판 1994. 2.22. 93다4472).
② (×) 무상위임의 경우에도 수임인은 선관주의의무가 있다(법 제681조).
③ (×) 대법원 판례에 의하면 콘도미니엄 시설이용계약은 민법상 위임계약에 해당하지 않는다고 한다(대판 2005.1.13. 2003다63043).
④ (×) 부득이한 사유 없이 상대방의 불리한 시기에 해지했다면 그 손해를 배상하여야 한다. 즉, 손해를 배상하면 불리한 시기에도 해지할 수 있다(법 제689조 제2항).

40 불법행위

③ 과실상계를 먼저 한 후 손익상계를 하여야 한다.

8회

제9회 실전모의고사

1교시

제1과목 회계원리									
01	02	03	04	05	06	07	08	09	10
⑤	①	③	①	③	④	②	③	②	③
11	12	13	14	15	16	17	18	19	20
③	⑤	⑤	①	②	④	④	②	④	②
21	22	23	24	25	26	27	28	29	30
⑤	④	②	①	①	③	①	①	④	④
31	32	33	34	35	36	37	38	39	40
②	④	①	②	③	⑤	③	⑤	④	③

01 재무정보의 질적 특성

비교가능성에도 불구하고, 회계기준서의 변경 등과 같은 사유가 있을 때는 기존에 적용하고 있던 회계정책을 변경해야만 한다.

02 비유동자산

투자자산은 비유동자산으로 분류된다.

03 보험료

- 8/1

(차) 선급보험료 840,000
(대) 당좌예금 840,000

- 12/31

(차) 보험료 350,000
(대) 선급보험료 350,000

04 주식투자로 인한 수익

- 주식 취득시

(차) 관계기업투자주식 3,000,000
(대) 현 금 3,000,000

- 이익 보고시

(차) 관계기업투자주식 150,000
(대) 지분법평가이익 150,000

- 배당시

(차) 현 금 30,000
(대) 관계기업투자주식 30,000

1) 장부금액 = 3,000,000 + 150,000 − 30,000
= ₩3,120,000

2) 수익 : ₩150,000

05 기말자산

③ 기말자산 + 총비용 = 기말부채 + 기초자본 + 총수익

06 생산량비례법

$$= (\text{취득원가} - \text{잔존가치}) \times \frac{\text{당기생산량}}{\text{총예정생산량}}$$

$$= (700{,}000 - 100{,}000) \times \frac{336}{700} = ₩288{,}000$$

07 재무비율분석

- 유동비율 : 유동자산/유동부채 = ₩150,000/₩60,000 = 250%
- 부채비율 : 부채/자본 = ₩160,000/₩240,000 = 66.7%
- 아래와 같이 T계정을 그리면 유동자산을 찾아낼 수 있다.

재무상태표

자산		부채	
유동자산	X = ₩150,000	유동부채	₩60,000
비유동자산	₩250,000	비유동부채	₩100,000
		자본	₩240,000
	₩400,000		₩400,000

08 재무상태표상 충당부채

= 확정급여채무의 현재가치 − 사외적립자산의 공정가치
= 2,450 − 2,200 = ₩250

재무상태표

	퇴직급여충당부채	2,450
	퇴직보험예치금	(2,200)
		250

09 당기순손익

수정전 당기순이익	2,000,000
이자수익 선수분	(80,000)
임대료 미수분	320,000
보험료 미경과분	90,000
통신비 미지급분	(30,000)
수정후 당기순이익	2,300,000

10 유형자산

유형자산 취득시 정상적으로 작동되는지 여부를 시험하는 과정에서 발생하는 원가는 유형자산의 취득원가에 포함된다.

11 연수합계법

• 20×2년도 감가상각비
= (₩50,000–₩5,000)×5/15×6/12 + (₩50,000–₩5,000) ×4/15×6/12
= ₩7,500+₩6,000 = ₩13,500

12 정률법

• 20X1년 감가상각비
= 5,000,000×40% = ₩2,000,000
• 20X2년 감가상각비
= 3,000,000×40% = ₩1,200,000
• 처분시 감가상각누계액
= 2,000,000+1,200,000 = ₩3,200,000
• 처분손익
= 1,500,000–(5,000,000–3,200,000)
= (300,000), 처분손실

13 무상증자

(차) 주식발행초과금(자본) (대) 자본금(자본)
따라서 무상증자의 경우 자본총액에 영향 없이 자본금만 증가하게 된다.

14 손상차손

• 회수가능액
= Max(순공정가치, 사용가치)
= Max(3,800,000, 3,000,000) = ₩3,800,000
• 손상차손
= 장부금액–회수가능액 = (7,000,000–1,800,000) –3,800,000 = ₩1,400,000

15 취득원가

경제적 실질이 없는 교환으로 취득한 유형자산의 취득원가는 제공한 자산의 장부금액으로 한다.
• 새로운 차량의 취득원가
= 1,700,000+200,000 = ₩1,900,000

16 소매재고법

• 원가율

$$= \frac{75,000+643,400-2,100}{140,000+1,204,000-4,000+75,000-37,500}$$

$$= \frac{716,300}{1,377,500} = 52\%$$

• 기말재고매가
= 140,000+(1,204,000–4,000)–(1,198,000–6,500) +75,000–37,500 = ₩186,000
기말재고원가 = 186,000×52% = ₩96,720

17 무형자산 회계처리

④ 내용연수의 변경은 회계추정의 변경에 해당한다.

18 실지재고조사법

② 실지재고조사법에서는 도난 등에 의한 재고자산 감모손실을 알 방법이 없다.

19 금융자산의 분류

FV–PL금융자산의 취득과 직접 관련된 거래원가는 당기비용으로 처리하므로 취득원가는 ₩5,000,000이다.

20 매출총손익

판매비와관리비 = 접대비 ₩720,000
매출총손익 = 영업손익+판매비와 관리비
= 260,000+720,000= ₩980,000

21 회계추정의 변경

⑤ 회계추정의 변경은 원칙적으로 전진법을 적용하여 처리한다.

22 계속기업

재무보고를 위한 개념체계에서 제시하고 있는 기본 가정은 계속기업이다.

9회

23 재고자산평가

- 재고자산평가손실
  = 실제수량×(₩1,000－₩900) = ₩180,000
  ∴ 실제수량 = 1,800단위
- 정상감모손실
  = (2,000단위－1,800단위)×₩1,000×30% = ₩60,000

24 수정분개

시간 후 입금 등 은행에서 가산 또는 차감할 조정사항은 회사측 수정분개의 대상에 해당하지 아니한다.

25 선입선출법

매출액 = 120개×₩700=₩84,000
매출원가 = 80개×₩580+40개×₩590
= ₩46,400+₩23,600 = ₩70,000
매출총이익 = ₩84,000－₩70,000 = ₩14,000

26 사채

할인발행시 장부금액이 매년 증가하므로 이자비용도 매년 증가하게 되고 결과적으로 사채할인발행차금 상각액도 매년 증가하게 된다.

27 감가상각누계액

$$= \frac{1,100,000-100,000}{5년} \times 4년 = ₩800,000$$

(차) 현 금	230,000
(차) 감가상각누계액	800,000
(차) 유형자산처분손실	70,000
(대) 기계장치	

28 사채발행가액

사채이자 현재가치= (90,000×10%)×5.650=₩50,850

29 자본변동표

④ 포괄손익계산서를 거치는 것이 아니라 포괄손익계산서를 거치지 않고 재무상태표의 자본에 직접 가감되는 항목에 대한 정보를 제공한다.

30 영업활동 현금흐름

당기순이익	100,000
사채처분이익	(—)15,000
토지처분이익	(—)2,000
매출채권 감소	5,000
선수금 증가	2,000
영업활동에서 창출된 현금	90,000

31 수익의 인식

변동대가는 보고기간 말마다 수정하여 추정한다.

32 유형자산처분손익

- 처분시까지 감가상각누계액
  $= (3,000,000-200,000)\times\frac{6}{10} = ₩1,680,000$
- 처분손익
  = 1,290,000－(3,000,000－1,680,000)
  = ₩30,000(손실)

33 제조원가

기초원가는 직접재료원가와 직접노무원가의 합계이고, 가공원가는 직접재료원가를 제외한 제조원가를 의미하므로 기초원가와 가공원가의 합계에는 직접노무원가가 2중으로 계상되어 제조원가를 초과하게 된다.

34 결합원가

구분	생산량	단가	총판매 가치	추가 가공원가	순실현 가치	배부율
甲	200kg	₩30	6,000	–	6,000	40%
乙	350kg	₩20	7,000	250	6,750	45%
丙	80kg	₩40	3,200	950	2,250	15%
합계					15,000	100%

결합원가×45% = 3,600
결합원가 = ₩8,000

35 제조간접원가 배부차이

예정배부액은 ₩60,000, 실제발생액은 ₩70,000으로 ₩10,000 과소배부한 상태이므로 ₩10,000을 매출원가에 가산하며 배부차이는 이월되지 않는다.

36 고정원가

1) 공헌이익률 $= \frac{20-14}{20} = 30\%$

2) 목표매출액 $= \frac{\text{고정원가}+\text{목표매출액}\times 10\%}{\text{공헌이익율}}$

고정원가를 X라 하면,

$825{,}000 = \frac{X+82{,}500}{30\%}$ × = ₩165,000

37 원가배분

구 분	보조부문		제조부문	
	동력부	수선부	절단부	조립부
배분 전 원가	50,000	40,000	40,000	30,000
		×12/20	×4/20	×4/20
동력부 (12:4:4)	(50,000)	30,000	10,000	10,000
			×500/800	×300/800
수선부 (500:300)	–	(70,000)	43,750	26,250
배분 후 원가			93,750	66,250

38 CVP분석

공헌이익 = ₩2,000,000×30% = ₩600,000
영업이익 증가 = ₩600,000×15% = ₩90,000

39 제조간접원가

1) 변동제조간접원가 예산 500,000×0.8 = ₩400,000
2) 고정제조간접원가 예산
₩160,000(고정제조간접원가 예산은 관련 범위 내에서 조업도 수준에 관계없이 일정)
3) 시간당 제조간접원가
(₩400,000+160,000)÷(10,000시간×0.8)= ₩70

40 종합원가계산

1) 완성품 중 당기에 검사를 통과한 수량
= 11,000−1,500 = 9,500개
2) 기말재공품 중 당기에 검사를 통과한 수량= 1,000개
3) 당기에 검사를 통과한 수량 합계= 10,500개
4) 정상공손= 검사통과 양품 수량×공손율
= 10,500×10% = 1,050개

제2과목 공동주택시설개론

41	42	43	44	45	46	47	48	49	50
②	⑤	②	④	①	①	③	②	④	⑤
51	52	53	54	55	56	57	58	59	60
①	③	④	③	⑤	②	⑤	③	①	④
61	62	63	64	65	66	67	68	69	70
⑤	①	①	①	④	⑤	⑤	②	②	③
71	72	73	74	75	76	77	78	79	80
③	②	④	④	③	①	④	③	⑤	②

41 하중

사하중(고정하중)은 구조체와 이에 부착된 비내력 부분 및 각종 설비 등의 중량에 의하여 구조물의 존치기간 중 지속적으로 작용하는 하중(비내력, 고정설비 포함)이고 활하중(적재하중)은 구조물을 점유·사용에 의하여 발생할 것으로 예상되는 최대의 하중(건축물에 장기적으로 적재되는 사람, 가구 등의 중량)이다.

42 서로 다른형태의 기초나 말뚝을 사용하면 부동침하가 발생할 수 있으므로 동일형태의 기초를 사용하여야 한다.

43 지반 개량공법

바이브로 플로테이션(Vibro Floatation) 공법은 다짐공법으로 전동기를 소정의 깊이까지 삽입하고 진동시켜 지반을 다짐하는 공법으로 모래(사질) 지반에 사용한다.

44 벽돌쌓기 시공 주의사항

벽돌벽 1일 쌓기높이는 1.2m를 표준으로 하고 최대 1.5m 이내로 한다.

45 보강블록조 쌓기 일반

보강블록조는 시공상 통줄눈으로 쌓는다.

46 거푸집 부속재

긴장재(form tie)는 콘크리트를 부어 넣을 때 거푸집이 벌어지는 것을 방지하기 위해 사용한다.

47 매스콘크리트(Mass concrete)

매스콘크리트(Mass concrete)는 부재 혹은 구조물의 치수가 커서 시멘트의 수화열에 의한 온도 상승 및 강하를 고려하여 설계 · 시공해야 하는 콘크리트로 수화열에 의해 내부와 표면에 온도차가 생겨 열변형력을 유발하기 때문에 균열이 생길 염려가 있으므로 수화열이 적은 시멘트를 사용하고 혼화재로서 플라이애시(fly ash) 등의 포졸라나(pozzolana)를 사용한다. 또한 타설온도는 온도균열을 제어하기 위한 관점에서 가능한 한 낮게 하여야 하며 시멘트를 제외한 재료를 냉각하거나 타설한 콘크리트를 냉각하여야 한다.

48 철근콘크리트 철근

독립기초의 배근은 가로, 세로로 주근을 배치하고 대각선으로 보강근을 배치하며 기초가 클 경우에는 상부에도 보조 배근한다. 또한 기초는 지반응력이 작용하므로 휨인장력을 받는 기초판 하단에 주근을 배근한다.

49 Root(루트)

루트는 맞댄용접부의 단면에 있어서 용착금속의 바닥과 모재와의 교점 또는 그루우브의 밑부분으로 맞댄 용접의 트임새 끝의 최소간격이다.

50 철골구조

고장력 볼트는 인장강도 9톤 이상의 강도가 큰 볼트를 조여 접합재 사이의 마찰력에 의해 응력을 전달하는 마찰접합이고 리벳은 전단접합이다.

51 자기질타일은 자토를 주원료로 소성온도가 높고 흡수율이 작아 외벽이나 바닥 등에 사용한다.

52 미장철물

와이어매시(wire mesh)는 연강철선을 전기용접하여 정방형 또는 장방형으로 만든 철물로 주로 콘크리트 바닥에 균열을 방지하기 위하여 사용하고 와이어라스(wire lath)나 메탈라스(metal lath)는 미장 면적이 넓을때 바탕용으로 사용한다.

53 창호공사

풍소란은 오르내리기창이나 미세기 창호에서 마중대와 여밈대가 접하는 부분에 방풍을 목적으로 사용한다.

54 로이유리(low-e glass)

로이유리는 실내측 유리의 외부면에 열적외선을 방사하는 금속(은소재) 도막으로 특수 코팅하여 방사율과 열관류율을 낮추고 가시광선 투과율을 높인 유리로 일반적으로 복층유리로 제조하여 사용하는 에너지절약형 유리이다.

55 도막방수의 특징

도막방수는 방수를 하여야 할 바탕면에 합성수지나 합성수지 용액의 도료제의 방수재료를 여러번 칠하여 방수막을 형성하는 방수법으로 곡면이 많은 지붕에도 시공이 용이하며 균열이 생길 우려가 적고 냉간 시공이 가능하며 아스팔트 방수에 비하여 보수가 용이하다.

56 시트방수공사에서 시트의 접합부는 원칙적으로 물매 위쪽의 시트가 물매 아래쪽 시트의 위에 오도록 겹친다.

57 도장공사

유성페인트에서 안료는 광물질 또는 유기질의 백색이나 유색의 고체분말로 물이나 용체에 녹지 않는 착색제이고 정벌칠의 광택과 내구력을 증가시키는데 효과가 좋은 것은 건성유이다.

58 클리어래커의 특징

① 목재면의 무늬를 아름답게 나탈낼 수 있어 목재의 투명 도장용으로 사용한다.
② 우아한 광택이 있으나 내수성이 적어 내부에 사용한다.
③ 도막이 단단하고 내구성이 좋으며 건조가 빨라 뿜칠한다.

59 도배공사

정배지 이음은 공사시방에서 정한 바가 없을 때는 맞대거나 또는 3mm 내외 겹치기로 하고 온통 풀칠하여 붙인 후, 표면에서 솔 또는 헝겊으로 눌러 밀착시킨다.

60 직접공사비의 구성항목

직접공사비는 재료비, 노무비, 외주비, 경비이고 여기에 간접공사비를 합하여 공사원가가 된다.

61 건축설비 기초이론

① 결로를 방지하기 위해서는 벽체의 표면온도를 실내공기의 노점온도보다 높게 한다.
② 순수한 물의 비열은 약 4.2kJ/kg이고 공기의 정압비열은 1.01kJ/kg·k이다.
③ 잠열이란 온도는 변하지 않고 상태만 변하면서 출입하는 열로 증기난방에 이용된다.
④ 승화란 물체가 액체상태를 거치지 않고 기체에서 고체 또는 고체에서 기체가 되는 현상이다.

62 펌프의 회전수 특성

펌프의 토출량(양수량)은 회전수에 비례하여 변화하고 양정은 회전수의 자승에 비례하여 변화하며 축동력은 회전수의 3승에 비례하여 변화하므로 회전수를 10% 증가시키면 양수량은 10% 증가하고 양정은 21% 증가하며 축동력은 33% 증가한다.

63 급수방식

② 고가수조방식은 비교적 급수압이 일정하고 취급이 용이하나 급수가 오염되기 쉽다.
③ 부스터펌프 방식은 최상층의 급수압을 임의로 조절할 수 있으나 고장시 수리가 어렵다.
④ 압력탱크방식은 급수압 변동이 커서 국부적으로 고압을 필요로 하는 경우 적합한 급수방식이다.
⑤ 펌프직송방식 중 변속방식은 사용량만큼 부하에 따라 펌프의 회전수를 변화시켜 양수하는 방식으로 비교적 압력이 일정하다.

64 배수 부하단위(F.U : Fixture Unit)

부하단위란 세면기 배수량 30ℓ/min(7.5gallon/min)를 기준으로 F.U 1로 하여 배수부하단위를 산정한 것이다.

기구	부호	배수부하 단위(F.U)	기구	부호	배수부하 단위(F.U)
세면기	Lav	1	세탁싱크	ST	2
주택용 욕조		2	세탁기		3
청소싱크 (DN80)	SS	3	소변기(4L/회)	U	4(일반용) 5(공중용)
대변기(大)	WC	8(공중용) 6(일반용)	소변기 (4L/회 이상)	U	5(일반용) 6(공중용)

65 BOD 제거율

① 유입수 BOD 평균 농도

$$= \frac{(300\times200)+(100\times400)}{300+100} = 250\text{ppm}$$

② BOD 제거율(%)

$$= \frac{\text{유입수BOD}-\text{유출수BOD}}{\text{유입수BOD}}\times(100\%)$$

$$= \frac{250-25}{250}\times100 = 90\%$$

66 스프링클러설비

신축배관이란 가지배관과 스프링클러헤드를 연결하는 구부림이 용이하고 유연성을 가진 배관을 말한다.

67 고층건축물의 옥내소화전 설비 화재안전기준

옥내소화전설비의 수원은 그 저수량이 옥내소화전의 설치개수가 가장 많은 층의 설치개수(2개 이상 설치된 경우에는 2개)에 5.2㎥(호스릴옥내소화전설비를 포함한다)를 곱한 양 이상이 되도록 하여야 한다. 다만, 층수가 50층 이상인 건축물의 경우에는 7.8㎥를 곱한 양 이상이 되도록 하여야 한다. 또한 50층 이상인 건축물의 옥내소화전 주배관 중 수직배관은 2개 이상(주배관 성능을 갖는 동일호칭배관)으로 설치하여야 하며, 하나의 수직배관의 파손 등 작동 불능 시에도 다른 수직배관으로부터 소화용수가 공급되도록 구성하여야 한다.

68 급탕설비

서머스텟(thermostat)은 저탕형탕비기에서 급탕온도를 자동으로 조절하기 위하여 사용하고 헤드는 유량을 고르게 분배하기 위하여 사용한다.

69 보일러 급수펌프 용량

$$\frac{1{,}000kW}{0.6267kW}\times1.5 \text{ 또는 } \frac{860{,}000kcal/h}{539kcal/h}\times1.5$$

= 2,393.32kg/h = 39.89kg/min

∴ 39.89kg(ℓ)/min보다 커야 하므로 40kg(ℓ)/min를 선택한다.

70 증기난방방식의 특징

증기난방은 증기가 냉각될 때 방출하는 잠열을 이용하는 난방방식으로 온수난방보다 열용량이 작다.

9회

71 도시가스 배관

가스용폴리에틸렌관은 노출배관용으로 사용하지 않는다.(단, 지상배관과 연결을 위하여 금속관을 사용하여 보호조치를 한 경우로서 지면에서 30cm 이하로 노출하여 시공하는 경우는 제외한다)

① 노출배관 : 주로 강관 나사이음이나 용접이음
② 지하매립 : 폴리에틸렌 피복강관(PLP), 폴리에틸렌관(PE)

72 스트레이너(strainer)

스트레이너는 각종배관 중에 설치하여 먼지, 토사, 쇠부스러기, 불순물 등을 제거하기 위한 부속품이다.

73 전공기방식(All air system) 특징

① 공조실과 덕트 면적을 많이 차지한다.
② 송풍능력이 커야 하므로 동력비가 많이 든다.
③ 실내공기의 오염이 적고 배열회수가 용이하다.
⑤ 실내배관으로 인한 누수의 염려가 없다.

74 설비시스템 소음 방지대책

소음이 공기전달음인 경우에는 실내 내벽에는 흡음재, 실외 외벽에는 차음재를 설치하여야 한다.

75 압축식 냉동기의 냉동싸이클은 압축기, 응축기, 팽창밸브, 증발기순이며 실제냉동이 이루어지는 곳은 증발기이다.

76 옴의 법칙은 도체 내의 두 점간을 흐르는 전류는 전압에 비례하고 전기저항에 반비례한다는 법칙이다.

77 배선공사

가요전선관(flexible condume) 공사는 주름관안에 전선을 넣어 하는 배선공사로 전동기 배선, 엘리베이터 배선, 기차, 전차 내의 배선 등 굴곡이 많은 곳에 사용한다.

78 감광보상률은 조명 기구를 사용함에 따라 작업면의 조도가 떨어지는데 이를 예상하여 여유를 두는 것으로 보통 직접조명은 1.3~2.0, 간접조명은 1.5~2.0 정도로 둔다. 감광 보상률의 역수를 유지율 또는 보수율이라 한다.

79 에스컬레이터(Escalator)

에스컬레이터(Escalator)는 승객을 연속하여 대규모로 수직 방향으로 이동시키는 것으로 백화점이나 지하철 등 대규모 시설에 많이 이용되고 있다.

80 홈네트워크 설비

홈네트워크사용기기는 홈네트워크 망에 접속하여 사용하는 장비로 원격제어기기, 원격검침시스템, 감지기, 전자출입시스템, 차량출입시스템, 무인택배시스템, 영상정보처리기기, 전자경비시스템 등이 있고 홈네트워크망은 홈네트워크 장비 및 홈네트워크 설비를 연결하는 것으로 단지망과 세대망이 있다.

2교시

제3과목 민법

01	02	03	04	05	06	07	08	09	10
⑤	③	③	④	④	③	③	④	④	①
11	12	13	14	15	16	17	18	19	20
④	①	③	④	①	⑤	⑤	③	④	④
21	22	23	24	25	26	27	28	29	30
⑤	④	⑤	①	②	③	⑤	③	②	①
31	32	33	34	35	36	37	38	39	40
④	①	④	⑤	④	②	④	②	②	①

01 관습법과 사실인 관습

① (X) 관습법은 바로 법원으로서 법령과 같은 효력을 갖는 관습으로서 법령에 저촉되지 않는 한 법칙으로서의 효력이 있는 것이며, 이에 반하여 사실인 관습은 법령으로서의 효력이 없는 단순한 관행으로서 법률행위의 당사자의 의사를 보충함에 그치는 것이다(대판1983.6.14. 80다3231).
② (X) 양성평등을 기초로 하는 헌법질서에도 어긋나므로 종중 구성원의 자격을 성년 남자만으로 제한하는 종래의 관습법은 이제 더 이상 법적 효력을 가질 수 없게 되었다(대판 2005.7.21. 2002다1178).
③ (X) 명인방법이나 동산의 양도담보등은 관습법에 해당하고 관습법은 당사자의 주장·입증을 기다리지 않고 법원이 직권으로 확정해야 한다(대판 1983.6.14. 80다3231).
④ (X) 관습의 우선적용을 규정한 민법규정이 존재한다(법 제229조 제3항, 제234조 등).
⑤ (O) (대판 2005.7.21. 2002다1178)

02 권리의 경합과 충돌

㉠ (×) 채권 상호 간에는 평등하게 다루어진다.
㉡ (×) 채권과 물권 간에는 그 성립시기를 불문하고 물권이 우선한다. 채권이 대항력을 가지는 경우는 예외적인 경우에 불과하다.
㉣ (×) 소유권과 제한물권 간에는 제한물권이 우선한다.
㉥ (×) 파산의 경우에는 채권자는 각 채권액에 안분비례하여 공평하게 변제를 받을 수 있지만 통상의 경우 채무자가 채권자에게 안분비례하여 공평하게 변제하여야 하는 의무가 있는 것은 아니다.

03 신의성실의 원칙

① (○) (대판 1995.12.22. 94다42129)
② (○) (대판 1996.11.12. 96다34061)
③ (×) 강행법규의 성질을 가지는 것으로 법원은 직권으로 판단할 수 있다(대판 1995.12.22. 94다42129).
④ (○) (대판 1991.12.10. 91다3802)
⑤ (○) 채권자가 보증계약을 체결할 때 주채무자의 채무 관련 신용정보를 보유하고 있거나 알고 있는 경우에는 보증인에게 그 정보를 알려야 한다(법 제436조의2).

04 제한능력자의 법률행위

① (×) 미성년자의 법률행위이나 이는 부모, 즉 친권자로부터 처분을 허락받은 재산의 처분행위로서 취소할 수 없다.
② (×) 불법행위능력은 행위능력과는 달리 객관적·획일적인 표준에 따라 결정되는 것이 아니라 구체적인 인식능력을 기초로 결정된다. 즉, 미성년자가 그 행위의 책임을 변식할 지능을 책임능력이라 한다(법 제753조). 판례는 대체로 12세까지는 책임능력을 부인하고, 15세 이상의 미성년자에게는 책임능력을 인정하나, 13~14세인 자에 대하여는 경우에 따라 구체적으로 판단하고 있다.
③ (×) 2세인 유아는 의사능력이 있다고 볼 수 없고, 의사무능력자의 법률행위는 무효이다.
⑤ (×) 포괄적 처분허락은 제한능력자제도의 취지를 몰각시키는 것으로서 허용되지 않는다.

05 철회권과 거절권

① (×) 철회권과 거절권 모두 거래상대방이 단독으로 행사할 수 있다(법 제16조 제1항).
② (×) 추인 후에는 거절권과 철회권 모두 행사할 수 없다.
③ (×) 법정대리인 또는 제한능력자에게도 할 수 있다(법 제16조 제3항).
⑤ (×) 거절은 의사의 통지로서 준법률행위이다.

06 법인 아닌 사단

② (○) 총유재산에 관한 소송은 비법인사단이 그 명의로 사원총회의 결의를 거쳐 하거나 또는 그 구성원 전원이 당사자가 되어 필수적 공동소송의 형태로 할 수 있을 뿐이며, 비법인사단이 사원총회의 결의 없이 제기한 소송은 소제기에 관한 특별수권을 결하여 부적법하다(대판 2007.7.26. 2006다64573).
③ (×) 공유나 합유와 달리 총유의 경우에는 보존행위라도 그 구성원이 단독으로 할 수 없으므로 총회의 결의가 필요하다(대판 2010.2.11. 2009다83650).
⑤ (○) 교인들은 교회 재산을 총유의 형태로 소유하면서 사용·수익할 것인데, 일부 교인들이 교회를 탈퇴하여 그 교회 교인으로서의 지위를 상실하게 되면 탈퇴가 개별적인 것이든 집단적인 것이든 이와 더불어 종전 교회의 총유 재산의 관리처분에 관한 의결에 참가할 수 있는 지위나 그 재산에 대한 사용·수익권을 상실하고, 종전 교회는 잔존 교인들을 구성원으로 하여 실체의 동일성을 유지하면서 존속하며 종전 교회의 재산은 그 교회에 소속된 잔존 교인들의 총유로 귀속됨이 원칙이다(대판 2006.4.20. 2004다37775).

07 실종선고와 취소

① (×) 상속재산의 반환을 청구할 수는 없다. 그러나 실종선고 취소가 되기 전에도 권리능력은 여전히 있으므로 새로운 법률행위를 하는 데에는 아무런 제한이 없다.
② (×) 실종선고를 직접원인으로 하여 이익을 취득한 자(상속인, 유증을 받은 자, 생명보험금수익자 등)는 언제나 반환해야 하며, 다만 선의인 경우에 현존이익만 반환하면 될 뿐이다.
④ (×) 丁이 악의인 한 어느 학설에 의해서도 丁은 보호받지 못한다. 丁은 甲에게 반환하고 乙에게 매도인의 담보책임을 물어 계약을 해제할 수 있다. 타인권리매매에 따른 담보책임에서 악의의 매수인은 계약해제는 할 수 있으나 손해배상청구는 하지 못한다(법 제570조).
⑤ (×) 재혼을 취소하기 위해서는 먼저 실종선고를 취소할 것이 요구된다.

08 설립등기사항

총회의 소집시기는 제49조의 등기사항이 아니다.

09 재단법인의 정관

① (○) (법 제45조 제1항)
② (○) (법 제45조 제2항)
③ (○) (법 제44조)
④ (×) 재단법인의 목적을 달성할 수 없는 경우에는 설립자나 이사는 주무관청의 허가를 얻어 설립의 취지를 참작하여 그 목적 기타 정관의 규정을 변경할 수 있다(법 제46조).
⑤ (○) (법 제42조 제2항)

10 단독행위

채무인수는 계약에 의한다(법 제453조, 제454조 참조).

11 물 건

② (○) 전기는 관리할 수 있는 자연력으로서 물건에 해당하며(법 제98조) 부동산 이외의 물건이므로 동산에 해당한다(법 제99조 제2항).

④ (×) 주유기는 주유소 건물의 종물이고 유류저장탱크는 토지에 부합되었으므로 민법 제358조에 의하여 토지 또는 건물에 설정된 저당권의 효력이 그 종물 또는 부합물인 주유기 및 유류저장탱크에도 당연히 미친다고 할 것이다(대판 1995.6.29. 94다6345). 따라서 토지 및 건물에 대한 경매가 이루어지는 경우 주유기 및 유류저장탱크는 경매의 목적물이 된다.

12 부동산의 이중매매

이중매매를 한 것만으로 당연히 사해행위에 해당하는 것은 아니다. 또한 판례의 입장에 따르면 '특정채권을 보전하기 위한 채권자취소권'은 허용되지 않는다.

13 불공정한 법률행위

③ 대리인에 의하여 법률행위가 이루어진 경우 그 법률행위가 민법 제104조의 불공정한 법률행위에 해당하는지 여부를 판단함에 있어서 경솔과 무경험은 대리인을 기준으로 하여 판단하고 궁박은 본인의 입장에서 판단하여야 한다(대판 2002.10.22. 2002다38927).

④ (대판 2002.9.4. 2000다54406, 54413)

14 사기에 의한 의사표시

①, ② (○) 민법 제110조 제2항에서 정한 제3자에 해당되지 아니한다고 볼 수 있는 자란 그 의사표시에 관한 상대방의 대리인 등 상대방과 동일시할 수 있는 자만을 의미하고, 단순히 상대방의 피용자이거나 상대방이 사용자책임을 져야 할 관계에 있는 피용자에 지나지 않는 자는 상대방과 동일시할 수는 없어 이 규정에서 말하는 제3자에 해당한다(대판 1998.1.23. 96다41496).

③ (○) 기망행위가 위법한 경우 불법행위가 성립할 수 있다.

④ (×) 당사자는 어느 것이나 선택적으로 주장할 수 있다(대판 1973.10.23. 73다268).

⑤ (○) 매매계약이 취소로 효력을 상실하였으므로 매매계약에 근거한 담보책임은 인정되지 않는다

15 의사표시와 의사무능력

① (○) 선의의 제3자에 대하여 무효를 주장할 수 없으므로 상대적 무효에 해당한다.

② (×) 丙이 선의이면 과실이 있었는지 여부는 묻지 않는다(법 제108조 제2항).

③ (×) 乙이 선의이고 과실이 없는 경우에만 증여계약이 유효하다.

④ (×) 丙이 선의인 경우에만 말소를 청구할 수 없다.

⑤ (×) 의사무능력상태에서 체결한 계약은 절대적 무효이다.

16 의사표시의 효력발생일반

우리 민법상 도달주의가 원칙이므로(법 제111조 제1항), 표의자인 甲이 부담하는 것으로 보아야 한다. 예외적으로 발신주의가 적용되는 경우에는 乙이 부담하는 경우도 있을 수 있음에 주의한다.

17 협의의 무권대리

상대방이 최고하였으나 그 기간 내에 본인이 확답을 발하지 않으면 추인을 거절한 것으로 본다(법 제131조).

18 대리의 삼면관계 종합

③ 의사표시의 효력이 사기로 인하여 영향을 받을 경우에 그 사실의 유무는 대리인을 표준으로 하여 결정하고(법 제116조 제1항) 그 법률효과는 본인에게 귀속하므로(법 제114조), 대리인이 기망행위에 의해 의사표시를 하였다면 그 취소권은 본인에게 귀속하므로 甲은 계약을 취소할 수 있다.

19 법률행위의 무효

① (×) 일부무효의 법리에 따라 원칙 무효, 예외적으로 당사자의 가상적 의사가 인정되는 경우에 한하여 유효로 될 수 있다.

② (×) 법률행위의 성립은 법률행위의 효력을 주장하는 자가, 법률행위의 무효는 그 효력을 부정하는 자가 그 사유를 증명하여야 한다.

③ (×) 타인권리의 매매의 경우 매도인이 그 권리를 취득하여 매수인에게 이전할 수 있으므로 무효로 볼 수 없다. 민법 제569조도 이를 바탕으로 하여 매도인의 담보책임으로 규정하고 있다(법 제569조 참조).

④ (○) 추인을 해도 여전히 불공정한 법률행위의 내용을 유지하므로 의미가 없다. 다만 무효행위의 전환에 관한 규정은 적용할 수 있다(대판 2011.4.28. 2010다106702).

⑤ (×) 불공정한 법률행위뿐만 아니라 그 계약에 관한 부제소합의도 역시 무효이다(대판 2011.4.28. 2010다106702).

20 민법상 소급효

① 소급효 인정. 계약해제의 효과에 관해 소급효를 인정하는 직접효과설이 판례·다수설의 입장이다(대판 1977.5.24. 75다1394).

② (법 제133조)

③, ⑤ (법 제141조) 소급효 인정

④ 무효행위의 추인은 추인을 한 때에 새로운 법률행위를 한 것으로 간주되므로 소급효가 인정되지 않는다(법 제139조).

소급효 있는 것	㉠ 착오에 의한 의사표시의 취소 ㉡ 사기에 의한 의사표시의 취소 ㉢ 강박에 의한 의사표시의 취소 ㉣ 제한능력자(미성년자, 피성년후견인, 피한정후견인)의 법률행위에 대한 취소 ㉤ 무권대리행위의 추인 ㉥ 계약의 해제(직접효과설) ㉦ 취득시효의 효력 ㉧ 소멸시효의 완성의 효력 ㉨ 실종선고의 취소 ㉩ 이혼의 취소
소급효 없는 것	㉠ 조건의 성취 ㉡ 기한의 도래 ㉢ 미성년자의 영업허락의 취소(철회) ㉣ 법인설립허가의 취소 ㉤ 공유물의 분할 ㉥ 계약의 해지 ㉦ 이혼 ㉧ 혼인의 취소 ㉨ 입양의 취소 ㉩ 파양

21 법정추인

우리 민법상 법정추인사유는 ㉠ 전부나 일부의 이행, ㉡ 이행의 청구, ㉢ 경개, ㉣ 담보의 제공, ㉤ 취소할 수 있는 행위로 취득한 권리의 전부나 일부의 양도, ㉥ 강제집행이다(법 제145조).

⑤ (×) 보증인은 취소권자가 아니므로 보증인이 이행제공하더라도 법정추인이 되지 아니한다. ㉠에 해당하려면 취소권자(법률행위의 당사자)가 이행제공하여야 한다.

22 법률행위의 취소

③, ⑤ (○) 제한능력자는 단독으로 취소할 수 있으나, 추인할 수 없다.

④ (×) 포괄승계인과 특정승계인 모두 취소권의 승계가 가능하다. 단, 특정승계인의 경우 취소할 수 있는 법률행위에 의하여 취득한 권리와 함께 취소권을 승계한 경우에만 취소권을 행사할 수 있다.

23 법률행위의 부관(조건)

① (×) 당사자의 합의로 소급하게 할 수 있다(법 제147조 제3항).

② (×) 법률행위 전체가 무효가 된다(법 제151조 제1항).

③ (×) 조건 없는 법률행위가 된다(법 제151조 제3항).

④ (×) 처분, 상속, 보존 또는 담보로 할 수 있다(법 제149조).

⑤ (○) (법 제150조 제2항)

24 제척기간과 소멸시효의 비교

① (○) (법 제184조 제2항)

② (×) 시효의 이익은 미리 포기하지 못한다(법 제184조 제1항).

③ (×) 제척기간은 직권조사사항이다.

④ (×) 소멸시효는 그 기산일에 소급하여 효력이 생긴다(법 제167조).

⑤ (×) 제척기간이란 일정한 권리에 관하여 법률이 예정하는 존속기간으로서 그 존속기간이 만료되면 권리가 당연히 소멸하게 된다. 따라서 중단제도가 없다.

25 물권의 변동

② 이 경우 丙은 실질관계에 부합하는 등기를 갖춘 것이므로 소유권을 취득한다. 부동산등기예규에서도 이러한 등기를 인정하고 있다.

26 시효이익의 포기

① (○) 대판 1998.2.27. 97다카53366) 통상의 경우 당사자 간의 감정상 적절한 대금을 지급하는 관례가 자주 있기 때문이다.

② (○) (대판 1991.1.29. 89다카1114)

③ (×) 소멸시효 완성 이후에 있은 과세처분에 기하여 세액을 납부하였다 하더라도 이를 들어 바로 소멸시효의 이익을 포기한 것으로 볼 수 없다(대판 1988.1.19. 87다카70). 과세의무를 해태할 경우 각종 제재가 따르므로 과세처분에 따른 납부는 진정한 시효이익의 포기 의사로 보기 어렵기 때문이다.

④ (○) (대판 1991.1.29. 89다카1114)

⑤ (○) (대판 2001.6.12. 2001다3580)

27 과실수취권자

① (×) 유치권자에게는 원칙적으로 사용·수익권이 인정되지 않는다. 다만 과실을 수취하여 이로부터 우선변제를 받을 권리는 인정된다(법 제323조 제1항).

② (×) 저당권의 효력은 저당부동산에 대한 압류가 있은 후에 저당권설정자가 그 부동산으로부터 수취한 과실 또는 수취할 수 있는 과실에 미친다. 그러나 저당권자가 그 부동산에 대한 소유권, 지상권 또는 전세권을 취득한 제삼자에 대하여는 압류한 사실을 통지한 후가 아니면 이로써 대항하지 못한다(법 제359조).

③ (×) 천연과실은 그 원물로부터 분리하는 때에 이를 '수취할 권리가 있는 자'에게 속한다(법 제102조 제1항).

④ (×) 특별한 사정이 없는 한 매매계약이 있은 후에도 인도하지 아니한 목적물로부터 생긴 과실은 매도인에게 속하나, 매매목적물의 인도 전이라도 매수인이 매매대금을 완납한 때에는 그 이후의 과실수취권은 매수인에게 귀속된다(대판 1993.11.9. 93다28928).

⑤ (○) (법 제201조)

28 부동산의 점유취득시효

① (○) (법 제247조)

② (○) 자주점유는 추정된다(법 제197조).

③ (×) 소멸하지 아니한다. 다만 소멸시효의 대상이 될 수 있다(대판 1995.2.24. 94다18195).

④ (○) (대판 1997.4.11. 96다45917)

⑤ (○) 자주점유자가 아니기 때문이다(대판 1987.11.10. 85다카1644).

29 지상권

① (○) 토지가 멸실된 경우에는 지상권이 소멸하지만, 지상물이 멸실되더라도 부종성이 인정되지 아니하므로 지상권은 소멸하지 않는다(대판 1996.3.22. 95다49318).

② (×) 약정 지상권에 지료에 관한 합의가 없다면 이는 무상의 지상권으로 보아야 한다(대판 1999.9.3. 99다24874).

③ (○) 토지의 사용·수익에 관한 권리는 지상권자에게 귀속하므로 지상권설정자에게 임료상당의 손해가 발생한 것으로 볼 수 없다. 따라서 이 경우 제3자에게 부당이득을 청구할 수 있는 자는 지상권자이다.

④ (○) (대판 1993.6.29. 93다10781)

⑤ (○) (대판 1996.3.26. 95다45545)

30 통행지역권

지역권은 요역지에 부종된 권리로서 요역지 소유권에 부종하여 이전되고 요역지에 대한 소유권 외의 권리의 목적이 된다. 이를 지역권의 부종성이라고 한다. 물론 다른 약정이 있으면 그러하지 아니한다(법 제292조). 지역권은 요역지와 분리하여 양도하거나 다른 권리의 목적으로 하지 못한다(동조 제2항).

31 전세권(전세권을 목적으로 하는 저당권의 실행)

전세권의 존속기간이 만료되면 전세권의 용익물권적 권능이 소멸하기 때문에 더 이상 전세권 자체에 대하여 저당권을 실행할 수 없게 되고, 이러한 경우에는 제370조, 제342조, 민사집행법 제273조에 의하여 저당권의 목적물인 전세권에 갈음하여 존속하는 것으로 볼 수 있는 ㉠ 전세금반환채권에 대하여 압류 및 추심명령 또는 전부명령을 받거나, ㉡ 제3자가 전세금반환채권에 대하여 실시한 강제집행절차에서 배당요구(「민사집행법」 제88조 제1항)를 하는 등의 방법으로 자신의 권리를 행사할 수 있고 적법한 기간 내에 적법한 방법으로 물상대위권을 행사한 저당권자는 전세권자에 대한 일반채권자보다 우선변제를 받을 수 있다(대판 2008.3.13. 2006다29372).

32 저당권

① (×) (법 제361조)

② (○) 동일한 채권의 담보로 수 개의 부동산에 저당권을 설정한 경우에 그 부동산의 경매대가를 동시에 배당하는 때에는 각 부동산의 경매대가에 비례하여 그 채권의 분담을 정한다(법 제368조 제1항).

③ (○) (대판 2007.1.11.2006다50055)

④ (○) (법 제369조)

⑤ (○) (법 제364조)

33 채권자지체

① (○) 채권자지체는 채권자의 협력 또는 수령이 필요한 경우에 한하여 성립하기 때문이다.

② (○) (법 제460조 제2문 단서)

③ (○) (법 제403조)

④ (×) 채무자지체를 채권자의 채무불이행으로 보는 견해에 의하면 채무자는 채권자에게 손해배상을 청구할 수 있다. 다만 채권자의 고의·과실이 필요하다.

⑤ (○) 법정책임설에 의하면 채권자의 고의·과실을 요구하지 않으며, 채권자의 손해배상의무도 인정하지 않는다.

34 근저당권

① (○) 근저당권의 피담보채권은 증감, 변동하기 때문이다. 근저당권은 그 존속기간 중에는 원칙적으로 소멸의 부종성이 인정되지 않는다.
② (○) (「부동산등기법」 제75조 제2항)
③ (○) 근저당권의 존속기간에 관한 약정이 있는 경우 그것은 필수적 등기사항이 아니다.
④ (○) 근저당에 의하여 담보되는 채권액의 범위는 결산기에 이르러 확정되는 채권 중 근저당설정계약에 정하여진 채권최고액을 한도로 하는 것이다(대판 1971.4.6. 71다26).
⑤ (×) 근저당권은 채권의 최고액만을 정해 놓고 설정된 것이므로 근저당권을 실행하여 피담보채권을 우선변제 받기 위해서는 불확정한 채권이 확정되어야 한다. 대개 결산기가 도래하거나 근저당권설정계약이 해지되는 경우에 피담보채권이 확정된다.

35 상 계

① (○) 다만, 자동채권이 시효로 소멸한 경우에는 예외적으로 상계가 허용된다는 점에 주의해야 한다(법 제495조).
④ (×) 상계에 의한 양 채권의 차액 계산 또는 상계 충당은 '상계적상의 시점'을 기준으로 한다(대판 2005.7.8. 2005다8125).

36 제3자를 위한 계약

① (×) 제3자의 권리는 그 제3자가 채무자(=낙약자)에 대하여 계약의 이익을 받을 의사를 표시한 때에 생긴다(법 제539조 제2항).
② (○) 요약자와 제3자 사이의 관계, 즉 대가관계의 흠결이나 하자는 계약의 성립이나 효력에 영향을 미치지 않으므로, 乙은 丙의 지급요구를 거절할 수 없다.
③ (×) 제3자는 계약의 당사자가 아니다. 그러므로 해제권이나 취소권은 취득하지 아니한다.
④ (×) 요약자는 계약의 당사자이므로 계약에서 생기는 취소권, 해제권을 갖는다.
⑤ (×) 제3자를 위한 계약의 경우 요약자(=채권자)는 낙약자의 채무불이행을 이유로 제3자의 동의 없이 계약을 해제할 수 있다(대판 1970.2.24. 69다1410).

37 매도인의 담보책임과 계약의 해제

매수인이 악의인 경우 계약해제는 가능하지만 손해배상을 청구할 수는 없다(법 제572조 제3항).

38 위 임

① (×) 지휘·감독상의 과실에 대하여만 책임을 진다(법 제682조 제2항).
② (○) (법 제689조)
③ (×) 보수청구권은 특약이 있는 경우에만 가능하다(법 제686조).
④ (×) 부득이한 사유가 있으면 손해배상책임이 없다(법 제689조).
⑤ (×) 급박한 사정이 있는 때에만 사무처리의무가 인정된다(법 제692조).

39 불법원인 급여

② (×) 불법원인 급여에 해당하므로 甲은 乙에게 반환청구를 할 수 없다(법 제746조 참조).
③ (○) (법 제743조 단서)
④ (○) (법 제745조)
⑤ (○) (법 제748조 제2항)

40 임대차의 효력

① (×) 비용상환청구권을 포기하는 것은 허용된다(대판 1981.11.24. 80다320).
② (○) (법 제618조)
③ (○) (법 제623조) 따라서 지상권, 전세권설정자가 목적물에 대해 부담하는 의무와 다르고 실익은 유익비와 필요비의 상환청구권의 전부 또는 일부의 인정여부에 있다. 임차인에게는 원칙적으로 유익비와 필요비의 상환청구권이 모두 인정되고(법 제626조), 그 설정자가 적극적인 의무를 부담하지 않는 지상권자(법 제626조 제2항 유추적용)와 전세권자에게는 유익비상환청구권만이 인정된다.
④ (○) (법 제621조 제1항) 임차권이 채권임에도 등기를 한 경우에는 대항력이 인정된다. 부동산임차권의 물권화현상(그러나 임차권이 물권이 된다는 의미는 아니다)의 한 내용에 해당한다. 임차권의 물권화의 내용으로는 대항력의 강화, 처분가능성의 보장, 존속기간의 보장, 방해배제청구권의 인정이 있다.
⑤ (○) 임대차는 당사자의 일방이 상대방에게 목적물을 사용·수익케 할 것을 약정하면 되는 것으로서 나아가 임대인이 그 목적물에 대한 소유권이나 기타 그것을 처분할 권한을 반드시 가져야 하는 것은 아니다(대판 1991.3.27. 88다카30702). 임대행위는 관리행위로 이해된다.

제10회 실전모의고사

1교시

제1과목 회계원리									
01	02	03	04	05	06	07	08	09	10
②	④	⑤	④	③	⑤	②	⑤	②	①
11	12	13	14	15	16	17	18	19	20
③	②	④	⑤	③	③	①	②	③	④
21	22	23	24	25	26	27	28	29	30
②	③	⑤	③	⑤	④	②	③	④	①
31	32	33	34	35	36	37	38	39	40
⑤	③	①	③	①	①	③	②	②	②

01 회계의 기초개념

자본 = 자산(₩5,000 + 10,000 + 21,000)−부채(₩12,000 + 5,000 + 12,000) = ₩7,000

02 토지 취득원가

= 30,000,000 + 700,000 + 1,500,000 + (1,500,000 − 200,000) = ₩33,500,000

03 손익 결산분개

당기발생액 = 현금지급액 + 전기선급액 - 당기선급액 - 전기미지급액 + 당기미지급액

= ₩3,000,000 + ₩300,000 - ₩250,000 - ₩280,000 + ₩400,000 = ₩3,170,000

04 기말 매출채권

- 매출원가 = 260,000 + 1,200,000 − 170,000 = ₩1,290,000
- 매출액 = 1,290,000 + 920,000 = ₩2,210,000
- 당기 외상매출액 = 2,210,000 − 370,000 = ₩1,840,000
- 기말매출채권 = 80,000 + 1,840,000 − 1,530,000
  = ₩390,000

05 감가상각비

- 20X1～20X2년 감가상각비

$$= \frac{₩20,000,000}{5년} \times 2년 = ₩8,000,000$$

- 20X3년 감가상각비

$$= \frac{₩20,000,000 - ₩8,000,000 - ₩2,000,000}{4년}$$

= ₩2,500,000

06 수익의 인식기준

방송사의 광고수익은 대중에게 전달하는 시점에 인식한다.

07 총포괄손익

자기주식처분이익은 자본항목으로서 포괄손익계산서상 총포괄손익에 포함되지 아니한다. 이에 반하여 FV−OCI금융자산 평가손익은 자본항목이지만 기타포괄손익으로서 당기순이익에는 포함되지 아니하지만 총포괄손익에는 포함된다.

08 자산총액

- 기말자본 − 당기순이익 − 유상증자액 = 기초자본
  7,100,000 − (8,000,000 − 6,200,000) − 2,000,000
  = 3,300,000,
  ∴ 기초자본 = 3,300,000
- 기초자산 = 기초부채 + 기초자본
  = 3,600,000 + 3,300,000 = 6,900,000

09 매출채권

1) 손실충당금설정액
   = ₩82,000 − ₩70,000 = ₩12,000

(차) 손상차손 12,000　　　(대) 손실충당금 12,000

2) 매출채권의 상각후원가
   = ₩ 500,000 − ₩82,000 = ₩418,000

10 이자비용

유효이자율법에 의한 매년 이자비용은 기초장부금액에 유효이자율을 곱하여 계산한다.

1) 20X1년 **이자비용**
453,570×0.14≒63,500

2) 20X2년 **이자비용**
(453,570+13,500)×0.14≒65,390

11 유형자산

③ 정기적인 종합검사시 발생원가가 자산의 인식기준을 충족하는 경우에 한하여 이를 자본적 지출로 처리한다.

12 충당부채

자원의 유출가능성이 높고 금액의 신뢰성 있는 추정이 가능한 경우 충당부채로 인식한다.

13 사채할인발행차금의 상각방법

사채할인발행차금은 사채발행연도부터 최종상환연도까지의 기간에 유효이자율법으로 상각한다.

14 도난 또는 분실

1) **추정매출원가**=매출액×(1−매출총이익률)
=3,000,000×(1−0.3)=2,100,000

2) **추정기말재고액**
=550,000+2,250,000−2,100,000=700,000

3) **도난추정액**
=700,000−600,000=100,000

15 연수합계법

- 연수합계법 감가상각비 : (취득가액 - 잔존가치) × 잔존연수/내용연수합계
- 20×3년도 감가상각비 = (X−₩500) × 3/15 = ₩15,000

∴ X = ₩75,500

16 당좌예금

장부상 당좌예금잔액	6,500,000
은행의 받을어음추심(가산)	1,000,000
은행수수료(차감)	(10,000)
정확한 당좌예금잔액	7,490,000

17 선급비용

당기순이익은 보험료의 과소계상으로 과대계상될 것이며, 자산은 선급보험료가 보험료로 대체되지 않았으므로 과대계상된다.

18 재무비율

당기 중 자본거래가 없었으므로 유통주식수는 당기 중 변함없이 8,000주이다.

- **주당순이익**$=\dfrac{₩100{,}000}{10{,}000주-2{,}000주}=12.5원$

19 공사이익

- **전기공사수익**
=도급금액×전기공사진행률
=₩9,000,000이므로,
- **전기공사진행률**
$=\dfrac{₩9{,}000{,}000}{₩30{,}000{,}000}=30\%$
- **당기공사이익**
=총공사이익×(당기공사진행률−전기공사진행률)
=(₩30,000,000−₩20,000,000)×(50%−30%)
=₩2,000,000

20 재고자산 포함 여부

- **기말재고**
=1,100,000+150,000+180,000+270,000+210,000
=₩1,910,000

21 재고자산의 취득원가

재고자산의 취득원가는 제품의 구입가격 뿐만 아니라, 제품을 구입자의 영업장소까지 옮겨와서 이를 판매가능한 상태로 만들기까지 필요한 모든 부대비용을 포함한다.
② 판매자의 판매비이다.
③, ④ 재고자산 취득원가에 포함한다.
⑤ 매입의 차감항목이다.

22 약속어음

1) **어음의 만기금액**

$1{,}000{,}000+1{,}000{,}000\times10\%\times\dfrac{6}{12}=1{,}050{,}000$

2) **할인료**

$1{,}050{,}000\times12\%\times\dfrac{4}{12}=42{,}000$

3) **현금수취액**
1,050,000−42,000=1,008,000

10회

23 재고자산평가오류

재고자산평가오류는 자동조정적인 오류로서 1기 말의 평가오류는 2기에 자동으로 조정되어 2기 이후의 이익잉여금에는 영향이 없으므로 3기 초 이익잉여금에 미치는 효과는 2기 말의 평가오류 뿐이다. 따라서, 재고자산의 ₩200,000 과소평가로 인한 이익잉여금 ₩200,000 과소평가의 효과가 있다.

24 시산표

보통주자본금 (2)−(4)	1,000,000
우선주자본금 (1)−(3)	3,200,000
주식발행초과금	875,000
자기주식	△686,000
	4,389,000

25 주 식

1) 취득시

(차) 자기주식	55,000
(대) 현금	55,000

2) 결산시

분개없음(자기주식은 자산이 아니라 자본의 차감항목임)

3) 매각시

(차) 현금	56,000
(대) 자기주식	55,000
자기주식처분이익	1,000

자기주식처분이익은 자본잉여금이므로 손익에 영향은 없다.

26 무형자산

④ 무형자산의 상각방법은 소비형태를 반영하는 합리적인 방법이면 정액법, 정률법, 이중체감법, 연수합계법, 생산량비례법 모두 인정된다.

27 유가증권의 평가

FV-PL금융자산의 공정가치 상승분만 당기순이익에 반영된다.

28 도급공사

• 20X1년 당기 계약수익
=도급금액×진행률=5,000,000×진행률
=₩3,000,000
∴ 진행률=60%

29 감사의견

감사의견에는 적정의견, 한정의견, 부적정의견, 의견거절의 4종류가 있다.

30 기말자산

1) 당기순이익
=(3,000,000+420,000)−(2,100,000+360,000)
=960,000

2) 기초자본
=8,000,000−6,700,000=1,300,000

3) 기말자본
=1,300,000+960,000=2,260,000

4) 기말자산
=2,260,000+6,200,000=8,460,000

31 재무제표의 작성과 표시

현금흐름 정보를 제외하고는 발생기준 회계를 사용한다.

32 손상차손

20X1년 말에 회수가능가액 ₩3,500,000으로 손상차손이 인식되었으므로 20X2년에는 ₩3,500,000을 기준으로 감가상각을 하게 된다.

$$20X2년도\ 감가상각비 = \frac{3,500,000원 - 1,000,000원}{5년}$$
$$= ₩500,000$$

33 가중평균자본비용

= (40%×8%)+(50%×7%)+(10%×9%)
= 3.2%+3.5%+0.9% = 7.6%

34 원가계산

재공품

기초		X	당기제품제조원가	₩8,000
당기총제조원가			기말	₩2,000
기본원가	직접재료원가	a		
기본원가/가공원가	직접노무원가	b		
가공원가	제조간접원가	c		
		₩10,000		₩10,000

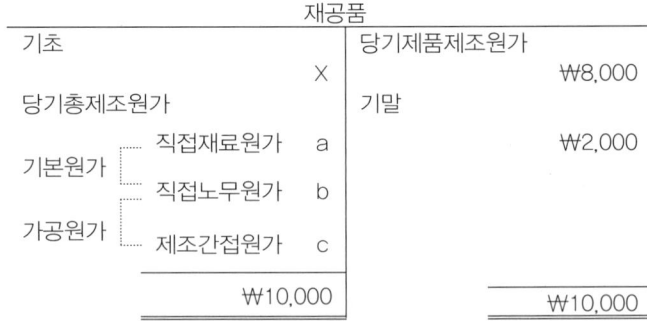

가공원가 = b + c = 2c + c = ₩6,000, c = ₩2,000, b = ₩4,000
기본원가 = a + b = a + ₩4,000 = ₩5,000, a = ₩1,000
당기총제조원가 = ₩1,000 + ₩4,000 + ₩2,000 = ₩7,000
기초재공품원가 = 당기제품제조원가 + 기말재공품원가 − 당기총제조원가
= ₩8,000 + ₩2,000 − ₩7,000 = ₩3,000

35 종합원가계산

① 공손품은 매각처분 할 수 없는 불량품이 아니라, 생산과정 중 일부 파손 또는 품질미달 등의 사유로 인한 불합격품으로서 폐기처분이나 매각처분 이외에는 용도가 없는 불량품을 말한다.

36 손익분기점

20X1년 영업이익 ₩1,000,000은 손익분기점 판매량을 넘는 수량(4,000−3,500)에서 발생한 것이므로,

20X1년 단위당 공헌이익=1,000,000/(4,000−3,500)
=₩2,000

고정원가=2,000×3,500=₩7,000,000

20×2년 단위당 공헌이익은 판매가격 인하액 ₩600만큼 감소하게 되므로,

20×2년 손익분기점=7,000,000/(2,000−600)
=5,000개

37 의사결정

• 자가제조시 제조원가
=(50+25+15)원×생산량+₩400,000

• 외부생산시 제조원가
=₩120×생산량+(₩400,000−₩60,000)

의사결정생산량을 A라 하면,
(50+25+15)원×A+₩400,000
=₩120×A+(₩400,000−₩60,000)
A=2,000단위(2,000단위 미만은 외주생산이 유리, 초과는 자가제조가 유리)

38 활동기준원가계산

② 활동기준원가계산 방법은, 각 제조활동별로 배부기준을 세분화하여 활동이 자원을 소비한다는 개념의 원가계산 방법이므로, 원가배분기준(동인)을 파악하는 것이 중요하며, 따라서 원가 동인을 파악하는 데 많은 비용과 시간이 소요된다.

39 단계배부법

A → D=200,000×40%=₩80,000
A → B=200,000×20%=₩40,000
B → D=(240,000+40,000)×(30%/80%)=₩105,000
D 배부액=80,000+105,000=₩185,000

40 직접노무원가의 임률차이

1) 능률차이
표준임률×(실제직접노동시간−표준직접노동시간)
=5,000×(실제직접노동시간−10,000시간)
=5,300,000(불리)

2) 실제직접노동시간
$\frac{5,300,000}{5,000}$+10,000시간=11,060시간

3) 직접노무원가 임률차이
=(4,800−5,000)×11,060시간
=2,212,000(유리)

제2과목 공동주택시설개론

41	42	43	44	45	46	47	48	49	50
①	②	③	③	④	③	④	④	⑤	②
51	52	53	54	55	56	57	58	59	60
⑤	⑤	②	③	②	⑤	④	①	①	①
61	62	63	64	65	66	67	68	69	70
④	③	③	③	④	②	②	④	①	⑤
71	72	73	74	75	76	77	78	79	80
④	②	⑤	⑤	⑤	①	①	④	②	①

41 기초구조

풍하중은 각각의 설계풍압에 유효수압면적을 곱하여 구한다. 풍하중은 10분간 평균풍속의 재현기간 500년에 대한 값을 기본으로 산정한다.

42

① 짚어보기는 쇠막대를 땅속에 박으면서 저항, 침하 정도 울림 등으로 판단하여 지반을 조사하는 방법으로 상부지층이 무르고 굳은 층이 비교적 얕게 있을 때 이용된다.

③ 보링은 굴착기계 및 기구를 사용하여 지반에 깊은 구멍을 뚫어보는 것으로 굳은 지층이 깊이 있는 지반에 사용한다. 지질이나 지층의 상태, 지하수위의 측정, 토질시험 등 시료채취 등의 목적에 이용하는 것으로 주상도를 작성할 수 있다.

④ 베인 테스트는 점토지반 조사방법으로 보링 구멍을 이용하여 +자 날개형의 베인테스터를 지반에 때려 박고 회전시켜서 그 회전력에 의하여 점착력을 판별하는 시험법이다.

⑤ 표준관입시험은 사질지반 조사방법으로 무게 63.5㎏의 추를 76㎝의 높이에서 떨구어 30㎝ 관입하는데 필요한 타격횟수 N값을 구하여 관입량을 측정한다.

10회

43 웰포인트(well point)공법

웰포인트공법은 기초파기하는 주위에 암수관 끝에 여과기를 단 철관을 1~3m의 간격으로 박고 이것을 지상의 집수관에 연결하여 펌프로 지중의 물을 배수하여 굴착하는 공법으로 사질지반에 적합하다. 수압 및 토압, 흙막이 벽의 압력이 감소되고 지반이 압밀되어 흙의 전단저항이 증가하나 인접지반이 침하될 수 있다.

44 벽돌조 공사

벽돌의 품질은 흡수율이 작고 소성이 잘되어 압축강도가 큰 것이 양질의 제품이다.

45 A.E콘크리트의 성질

① 공기량이 많을수록 슬럼프는 증가하고 강도는 저하한다.
② 단위수량을 감소시킬 수 있어 내구성이 향상된다.
③ 경화에 따른 발열량이 줄어들어 건조수축균열이 감소한다.
④ 알칼리 골재반응이 적어지나 철근과의 부착강도는 다소 작아진다.
⑤ 동결융해에 대한 피해가 감소한다.
⑥ 재료분리, 블리딩현상, 알칼리골재반응이 감소한다.
⑦ 수밀콘크리트, 제치장콘크리트에 효과적이다.

46 줄눈의 종류

지연줄눈(delay joint)은 콘크리트의 침하나 수축의 편차가 크게 예상되는 경우 일정기간동안 방치하였다가 콘크리트를 추가적으로 타설하는 부위를 말한다.

47 콘크리트 이어치기(붓기)

콘크리트 이어붓기 위치는 구조물 강도에 영향이 가장 적은 전단력이 최소인 위치 또는 시공상 무리가 없는 곳에서 이어치되 이음길이를 짧게 두어야 하며 이음부위는 보, 슬래브 등 수평재는 중앙부에 수직으로 두고 기둥, 벽 등 수직재는 바닥에서 수평으로 둔다. 그러나 캔틸레버 구조나 내민보는 이어붓지 않는다.

48 성형판 붙임공법

성형판 붙임공법은 건식공법으로 작업능률이 우수하나, 재료 파손의 우려가 있다.

49 철골구조 보의 종류

래티스보는 상·하플랜지에 ㄱ형강을 쓰고 웨브재를 40~60도 정도 각도로 조립한 보로 지붕 트러스의 작은 보 또는 부 지붕틀 등 경미한 철골조에 주로 사용한다.

50

목재창호공사에서 창문의 크기에 따라 각 부재의 소요길이로 자르는 일을 마름질이라 하고 자른 부재의 면에 대패질하고 홈파기 등 다듬는 것을 바심질이라 한다.

51 타일시공

타일을 붙이는 모르타르에 시멘트가루를 뿌리면 시멘트의 수축이 크기 때문에 타일이 떨어지기 쉽고 백화현상이 발생하기 쉬우므로 뿌리지 않아야 한다.

52 방수공사

도막방수는 합성수지나 합성수지 용액을 여러 번 발라 소요두께의 방수층을 형성하는 공법으로 굴곡진 부분이나 경사진 부분의 시공도 용이하고 균열이 생길 염려도 적으며 냉간시공을 하는 장점이 있다.

53 방습재료

신축성시트계 방습재료는 비닐필름 방습지, 폴리에틸렌 방습층, 교착성이 있는 플라스틱 아스팔트 방습층, 방습층 테이프 등이 있고 박판시트계 방습자재는 종이적층 방습자재, 적층된 플라스틱 및 종이 방습자재, 펠트 및 아스팔트 필름 방습층, 플라스틱 금속박 방습자재, 금속박과 종이로 된 방습자재, 금속박과 비닐직물로 된 방습재료, 금속과 크라프트지로 된 방습자재, 보강된 플라스틱 필름형태의 방습자재 등이 있다.

54 멤브레인 방수공사

멤브레인 방수는 현장타설 콘크리트 바탕 구조물의 벽, 바닥, 수조, 피트 등에 방수제를 침투시켜 불투수성피막을 형성하는 방수법으로 아스팔트 방수, 도막방수, 시트방수, 아스팔트 방수 등이 이에 속하며 침투성방수는 멤브레인방수에 속하지 않는다.

55 유리공사

세팅블록은 유리하중을 지지하는 고임재인 유리끼움용 부자재로 유리폭의 1/4 지점에 각각 1개씩 설치하여 유리의 하단부가 하부 프레임에 닿지 않도록 하여야 한다.

56 유리블록(glass block)

유리블록(glass block)은 투명유리를 시멘트 블록형으로 만든 것으로 벽체의 채광겸용 구조용 블록으로 사용하며 지하실 천장의 채광용으로 사용하는 유리는 포도(프리즘)유리이다.

57 코펜하겐리브의 특징

코펜하겐리브(copenhagen rib)는 목재(나무)루버라고도 하며 코펜하겐 방송국에서 음향효과를 내기 위하여 벽에 오림목을 특수한 단면으로 쇠시리(moulding)한 것으로서 음향효과는 물론 의장적으로도 많이 이용한다. 주로 벽에 사용하는 것으로 바닥에는 사용하지 않는다.

58 유성페인트

유성페인트(조합페인트 oil paint)는 건성유, 안료, 건조제, 희석제 등을 혼합하여 반죽한 도료로 내후성, 내마모성, 내수성이 양호하여 목재, 금속면에 사용한다.

59 하절기에 건조제를 너무 많이 넣으면 급격한 건조로 균열이 발생하므로 동절기보다 건조제를 적게 넣어야 한다.

60 공사비 구성

직접공사비는 재료비, 노무비, 외주비, 경비로 구성되며 본사 임직원의 급여 등은 일반관리비에 포함된다.

61 마찰손실수두(friction loss)

마찰손실수두는 관의 길이, 관내면 마찰계수, 유체 비중량, 유속의 제곱에 비례하고 관지름, 중력가속도에 반비례한다.

62 저수조설치기준(수도법 시행규칙 제9조의2의 별표3의2)

5㎥를 초과하는 저수조는 청소·위생점검 및 보수 등 유지관리를 위하여 1개의 저수조를 둘 이상의 부분으로 구획하거나 저수조를 2개 이상 설치하여야 한다.

63 펌프의 회전수 특성

펌공동현상을 방지하기 위하여 실제 얻어지는 유효흡입양정(NPSH)은 펌프의 필요 흡입양정보다 커야 한다.

64 유효흡입 양정

NPSH(유효흡입 양정) = 대기압에 해당하는 수두 − 유체의 온도에 따른 포화증기압에 해당하는 수두 − 흡입관내 마찰손실수두 ± 흡입양정(압입 +, 흡상 −)

NPSH = 10.33m(1.033kg/㎠) − 0.1m(0.002MPa) − 0.5m + 3m = 12.73m

65 배수관 및 통기관의 관경

배수수평지관의 관경은 이것과 접속하는 기구배수관의 관경보다 작게 하지 않는다.

66 대변기에 연결하는 모든 건물 배수수평주관의 최소 관 지름은 DN 80으로 한다.

기구	최소구경 DN(mm)	기구	최소구경 DN(mm)
대변기	80(보통 100)	욕조, 샤워	40 ~ 50
소변기(벽걸이)	40	비데	40
세면기	30	바닥 배수	40 ~ 75

67 BOD 제거율

㉠ BOD 제거율(%) = $\dfrac{유입수\ BOD - 유출수\ BOD}{유입수\ BOD}$

㉡ 0.9 = $\dfrac{300-x}{300}$, 300 − x = 0.9 × 300,

∴ 유출수 BOD x = 30ppm

㉢ 유출수 BOD량 = 200㎥ × $\dfrac{30}{1{,}000{,}000}$ = 0.006㎥/day

= 6ℓ(kg)/day

68 건축설비 배관자재

강관은 강관은 스케줄번호로 관의 두께를 표시하며 스케줄번호(SCH)가 클수록 관의 두께는 두껍다. 동관은 두께에 따라 K, L, M타입이 있으며 동일관경에서 K타입이 가장 두껍고 M타입이 가장 얇다.

69 LPG(액화석유가스)

LPG는 공기보다 비중이 크므로 감지기는 바닥에서 30cm 이내에 설치한다.

70 공동주택의 비상방송설비 화재안전기준

비상방송설비의 확성기는 각 세대마다 설치하고 아파트등의 경우 실내에 설치하는 확성기 음성입력은 2와트 이상일 것

71 간접가열식 중앙급탕법

간접가열식은 저탕조 내에 가열코일(열교환기)을 설치하고 이 코일에 증기 또는 고온수를 통해서 저탕조의 물을 간접적으로 가열하는 방식으로 난방용 보일러에 증기를 사용할 경우 별도의 급탕용 보일러가 불필요하고 보일러 내면에 스케일이 거의 끼지 않으며 고층 공급시에도 고압용 보일러가 불필요하여 대규모 급탕시설에 적합한 급탕방식이다.

72 단관식 급탕법(one pipe system, 1관식)

① 급탕관만 있고 환탕관은 없다.
② 처음에는 찬물이 나온다.
③ 보일러에서 탕전까지 15m 이내가 되게 한다.
④ 시설비가 싸다.
⑤ 주택이나 소규모 건물에 적합하다.

73 복사난방의 특징

장 점	단 점
① 실내의 온도 분포가 균등하여 쾌감도가 높다. ② 방을 개방상태로 하여도 난방의 효과가 우수하다. ③ 방열기가 없어 방의 바닥면적 이용도가 높아진다. ④ 실내 공기의 대류가 적기 때문에 바닥면의 먼지가 상승하지 않는다. ⑤ 방의 상·하 온도차가 적어 방 높이에 의한 실온의 변화가 적다. ⑥ 고온 복사 난방시 천장이 높은 방의 난방도 가능하다. ⑦ 저온 복사난방시 비교적 실온이 낮아도 난방 효과가 있다. ⑧ 실내 평균 온도가 낮기 때문에 같은 방열량에 대하여 손실 열량이 적다.	① 대류난방보다 설정온도 도달시간이 길다. ② 외기온도 급변에 따른 방열량 조절이 어렵다. ③ 열손실을 막기 위해 단열층이 필요하다. 시공이 어려워 설비비가 많이 든다. ④ 배관이 구조체에 매립되므로 누설시 유지 보수가 어렵다. ⑤ 예열시간이 길고 간헐 난방에는 효과가 적다.

74 하트포드접속법(Hartford connection)

증기난방설비에서 하트포드 접속법(hartford connection)은 보일러 수면이 안전 수위 이하로 내려가지 않게 하기 위해 안전수면보다 높은 위치에 환수관을 접속하는 보일러 안전장치의 일종으로 보일러의 과압방지와는 무관하다.

75 전수방식(팬코일유닛방식)은 개별제어, 개별운전이 용이하나 외기냉방이 곤란하므로 실내공기가 오염되기 쉽다.

76 냉동설비

냉동기의 성적계수(COP)는 냉동효과(증발기가 한 일량)를 압축일(압축기가 한 일량)로 나눈 값으로 값이 클수록 냉방능력이 우수하다. 히트펌프의 성적계수는 냉동기 성적계수에 1을 더한 값으로 냉방시보다 난방시가 높다.

77 플로어덕트 공사

플로어 덕트 공사는 콘크리트 바닥에 덕트를 설치하고 전선을 매입하는 공사로 덕트에 강전류와 약전류 전선을 각각 배선하고 콘센트를 설치한다. 은행, 회사, 대규모 사무실, 백화점 등의 바닥공사에 사용한다.

78 전기배선공사

라이팅덕트(lighting duct) 공사는 전선관과 전선이 일체로 되어 있는 형으로 덕트본체에 실링(sealing)이나 콘센트를 구성하여 광원을 이동시킬 필요가 있을 때 사용하는 공사이고 가요전선관(Flexible conduit) 공사는 주름관안에 전선을 넣어하는 공사로 굴곡이 많은 전동기 배선, 엘리베이터 배선, 기차, 전차 내의 배선 등에 적합한 공사이다.

79 피난용승강기 설치기준

피난용승강기의 승강장의 바닥면적은 승강기 1대당 6㎡ 이상으로 하여야 한다.

80 홈네트워크설치 기준

원격검침시스템은 주택내부 및 외부에서 전력, 가스, 난방, 온수, 수도 등의 사용량 정보를 원격으로 검침하는 시스템이다.

2교시

제3과목 민법

01	02	03	04	05	06	07	08	09	10
④	②	⑤	③	②	①	①	②	⑤	②
11	**12**	**13**	**14**	**15**	**16**	**17**	**18**	**19**	**20**
⑤	④	④	⑤	②	①	⑤	④	⑤	②
21	**22**	**23**	**24**	**25**	**26**	**27**	**28**	**29**	**30**
④	①	④	③	④	③	⑤	⑤	②	①
31	**32**	**33**	**34**	**35**	**36**	**37**	**38**	**39**	**40**
②	②	②	②	③	①	⑤	⑤	②	②

01 신의성실의 원칙과 권리남용

④ (×) 판례는 동일한 사안에 대하여 신의성실의 원칙에 반하여 권리남용에 해당한다고 했을 뿐만 아니라 이 경우 주관적 요건조차 필요하지 않다고 보았다(대판 2007.1.25. 2005다67223).

⑤ (○) 다만, 자칫 잘못하면 사적 자치의 원칙이나 법적 안정성에 대한 중대한 위협이 될 수 있으므로 신중을 기하여 극히 예외적으로 인정하여야 한다(대판 2004. 1.27. 2003다45410).

02 성년후견인과 한정후견인제도

㉠ (×) 성년후견개시심판(금치산선고)을 받아야 피성년후견인이 된다(대판 1992.10.13. 92다6433 참조).
㉡ (○) 행위능력은 사적 자치의 근거가 되기 때문이다.
㉢ (○) 하지만 해석상 의사무능력자의 행위는 당연무효라고 본다.
㉣ (×) 19세로 성년이 되므로 친권자는 존재하지 않는다.
㉤ (○) 대리인은 행위능력자임을 요하지 않는다(법 제117조).
㉥ (×) 미성년자나 피한정후견인이 속임수(사술)를 써서 법정대리인의 동의 있는 것으로 믿게 한 경우에는 취소권이 인정되지 않는다(법 제17조 제2항). 그러나 피성년후견인은 법정대리인의 동의를 얻어도 단독으로 행위할 수 없으므로 동 규정은 적용되지 않는다.

03 권리변동의 모습

①, ②, ③, ④ 내용의 변경에 해당한다.
⑤ 권리의 변경 중 작용의 변경에 해당한다.

04 제한능력자제도와 무권대리행위

① 양자 모두 의사의 통지이다.
② 전자는 달라지나 후자는 그러한 구분이 없다.
④ 전자는 1개월 이상이나 후자는 상당한 기간이면 족하다.
⑤ 제15조는 원칙적으로 추인한 것으로 보나 특별한 절차를 거쳐야 할 경우에는 취소한 것으로 본다. 제131조는 거절한 것으로 본다.

05 동시사망

② (×) 제30조는 "동시에 사망한 것으로 추정한다"라고 규정하여 간주규정이 아니라 추정규정이다.

06 부재자의 재산관리인의 권한

① 법원의 허가가 필요하며, 허가가 없는 경우 재심사유가 된다(대판 1968.4.30. 67다2117 참조). ㉠ 보존행위와 ㉡ 대리의 목적인 물건이나 권리의 성질을 변하지 아니하는 범위에서 그 이용 또는 개량하는 행위를 넘어서는 행위를 하기 위해서는 법원의 허가가 필요하다(법 제25조, 제118조).

07 법인의 불법행위

① (○) (대판 1987.12.8. 86다카1170)
② (×) 상대방에게 중대한 과실이 있는 경우에는 성립하지 않는다.
③ (×) 제35조만 적용된다.
④ (×) 대표기관 개인의 책임도 병존한다.
⑤ (×) 유추적용된다.

08 법인 아닌 사단(권리능력 없는 사단)

① (○) 법인 아닌 사단이 단체성이 더 강하다.
② (×) 법인격을 전제로 한 등기에 관한 것은 유추적용될 수 없다(대판 2003.11.14. 2001다32687).
③ (○) (「민사소송법」 제52조)
④ (○) (법 제275조)
⑤ (○) (대판 2007.1.26. 2002다73333)

09 주물과 종물

① (×) 임의규정이므로 특약으로 달리 정할 수 있다(대판 2012.1.26. 2009다76546).
② (×) 종물로 볼 수 없다(대판 1985.3.26. 84다카269).
③ (×) 부합한 물건은 독립성이 없으므로 종물이 될 수 없다(대판 1993.12.10. 93다42399 ; 정화조는 건물의 구성부분으로 종물이 아니다).
④ (×) 권리관계에도 유추적용된다(대판 1993.4.13. 92다24950).
⑤ (○) 부동산도 종물로 판단한 적이 있다(대판 1991. 5.14. 91다2779).

10 법률요건과 법률사실

㉠, ㉣은 법률행위에 해당하나, ㉡, ㉢은 사건에 해당한다.

11 불공정한 법률행위

⑤ 정신적·심리적 원인에 의한 것이어도 무방하다(대판 1996.6.14. 94다46374).

12 법률행위의 불능

④ 법률상 불능에 해당하는 것도 사회통념상 불능으로 본다.

13 의사표시

① (○) (대판 1997.11.28. 97다26098)
② (○) (법 제108조)
③ (○) (대판 2004.5.28. 2003다70041)
④ (×) 과실 여부는 묻지 않는다(대판 2004.5.28. 2003다70041).
⑤ (○) (대판 2014.4.10. 2013다59753)

14 착오에 의한 의사표시

① (○) (법 제109조 제1항)
② (○) (대판 1955.7.7. 4288민상66)
③ (○) 회사의 설립과 달리 착오에 의한 취소를 제한하는 특별한 규정이 없다.
④ (○) (대판 1989.12.26. 88다카31507)
⑤ (×) 취소와 해제의 이중효가 인정되므로 취소할 수 있다(대판 1991.8.27. 91다11308).

15 대리권의 남용

① (○) 대리권의 남용은 대리권의 범위 내에서 배임행위가 있는 경우에 적용되므로 대리권범위를 초과한 표현대리와는 구별된다.
② (×) 법정대리에서도 법정대리인이 그 자신의 사리(私利)를 도모하기 위한 배임행위가 있을 수 있다.
③ (○) (대판 1999.1.15. 98다39602)
④ (○) (법 제107조 제1항 단서) 유추적용설에 기한 판례(대판 1999.3.9. 97다7721), 신의칙설에 기한 판례(대판 1987.10.13. 86다카1522)
⑤ (○) (대판 1987.11.10. 87다카1557)

16 의사표시의 효력발생

① 등기우편 등과 달리 일반우편의 경우 도달이 추정되지 않는다(대판 1993.11.26. 93누17478).

17 복대리

⑤ 대리인에게 대리권이 소멸하면 복대리인의 대리권도 소멸한다.

18 표현대리와 과실상계

① (○) 대리할 권한이 있다고 믿을 만한 정당한 이유가 있다고 볼 것이다(대판 1989. 3.28. 87다카2152).
③ (○) 표현대리의 법리가 적용될 권한을 넘은 행위는 그 대리인이 가지고 있는 진실한 대리권과 동종임을 필요로 하지 않는다(대판 1963.8.31. 63다326).
④ (×) 표현대리행위가 성립하는 경우에 본인은 표현대리행위에 기하여 전적인 책임을 져야 하는 것이고 상대방에게 과실이 있다고 하더라도 과실상계의 법리를 유추적용하여 본인의 책임을 감경할 수 없는 것이다(대판 1994.12.22. 94다24985).

19 무효행위의 추인

①, ②, ③ 제103조 사회질서 위반행위로 추인 불가능.
④ 조건이 선량한 풍속 기타 사회질서에 위반한 경우로 증여계약 자체가 무효(대판 1966.6.21. 66다530)로 추인 불가능.
⑤ 추인 가능. 무권한자의 처분행위로 본인이 추인할 수 있다. 판례는 이 경우 추인에 대하여 소급효도 인정한다.

20 유동적 무효

㉠ (×) 의사표시를 취소할 수 있다(대판 1997.11.14. 97다36118).
㉡ (○) (대판 1993.7.27. 91다33766)
㉢ (×) 그 토지거래계약은 확정적 유효로 된다(대판 1999.6.17. 98다40459).
㉣ (×) 강행법규의 취지를 잠탈하는 것으로 무효이다(대판 1997.11.11. 97다33218).

21 취소와 해제

① (○) (법 제140조, 제543조 제1항)
② (○) 취소는 제한능력, 착오·사기·강박 등 의사표시의 하자를 이유로 하는 것이고, 해제는 유효하게 하자 없이 성립한 계약의 효력을 사후에 소멸시키는 점에서 취소와 구별된다.
③ (○) 양자 모두 형성권이고, 취소의 경우는 명문의 규정에 의해(법 제141조) 해제의 경우는 판례(대판 2000.4.11. 99다51685)에 의해 그 소급효가 인정된다.
④ (×) 취소는 법률행위 일반에 인정되나, 해제는 계약에 특유한 제도이다.
⑤ (○) (법 제548조)

22 소멸시효의 기산점

① (×) "권리를 행사할 수 없는 때"라 함은 그 권리행사에 법률상의 장애사유, 예를 들면 기간의 미도래나 조건불성취 등이 있는 경우를 말하는 것이므로 사실상 그 권리의 존재나 권리행사 가능성을 알지 못하였거나 알지 못함에 있어서의 과실유무등은 시효진행에 영향을 미치지 아니한다(대판 1984.12.26. 84누572).
② (○) (대판 1997.8.29. 97다12990)
③ (○) 동시이행의 항변권은 권리행사의 법률상 장해가 아니므로 시효의 진행을 방해하지 않는다(대판 1991.3.22. 90다9797).
④ (○) (법 제178조 제2항)
⑤ (○) (법 제766조 제1항)

23 기간의 계산

주, 월, 연(年)의 처음으로부터 기간을 계산하지 아니하는 때에는 최후의 주, 월, 또는 연에서 그 기산일에 해당하는 날의 전일로 기간이 만료한다(법 제160조 제2항).

24 3년의 단기소멸시효

㉠ 일반채권의 소멸시효는 10년이다(법 제162조 제1항).
㉡ 1년이다(법 제164조 제3호).
㉢ 3년이다(법 제163조 제6호).
㉣ 10년이다(대판 2003.4.8. 2002다64957).
㉤ 3년이다(법 제163조 제3호).

25 등기청구권

① (○) (대판 1976.11.6. 76다148, 대판 1982.7.27. 80다2968)
② (○) (대판 1995.12.5. 95다24241)
③ (○) (법 제404조 제1항)
④ (×) 부동산의 매수인이 그 부동산을 인도받은 이상 이를 사용·수익하다가 그 부동산에 대한 보다 적극적인 권리행사의 일환으로 다른 사람에게 그 부동산을 처분하고 그 점유를 승계하여 준 경우에도 그 이전등기청구권의 행사여부에 관하여 그가 그 부동산을 스스로 계속 사용·수익만 하고 있는 경우와 특별히 다를 바 없으므로 위 두 어느 경우에나 이전등기청구권의 소멸시효는 마찬가지로 진행되지 않는다고 보아야 할 것이다(대판 1999.3.18. 98다32175).
⑤ (○) (대판 1992.12.11. 92다9968, 대판 1991.3.12. 90다카27570 참조)

26 관습법이 우선적용되는 특례(상린관계)

① (○) (법 제302조)
② (○) (법 제224조, 제223조)
③ (×) 민법상 관습법 우선규정이 없다.
④ (○) (법 제237조)
⑤ (○) (법 제229조)

27 점 유

⑤ 적법하게 보유하는 것으로 "추정"된다(법 제200조).

28 공동소유

⑤ 물권법정주의에 위반한 절대적 무효에 해당하므로 선의의 전득자에 대해서도 효력이 없다(대판 2001.5.29. 2000다10246).

29 지상권

② "2년" 이상의 지료를 지급하지 아니한 때 소멸청구할 수 있다(법 제287조).

30 동산질권

① 질권을 설정할 때에는 목적물을 인도하여야 하며 질권의 설정자가 질물을 점유하게 하지 못한다(법 제330조, 제332조).

31 전세권

① (○) 전전세권은 원전세권을 전제로 하는 것으로서 원전세권은 소멸하지 아니한다.
② (×) 전세권은 물권으로 물건을 직접 지배할 수 있는 권리이므로 전세목적물의 유지·수선의무는 전세권자가 진다(법 제309조). 따라서 유익비는 청구할 수 있으나(법 제310조 제1항), 필요비는 청구할 수 없다.
③ (○) 전세권은 물권이므로 처분가능하다(법 제306조). 단, 지상권(법 제282조, 제289조)과 달리 양도금지특약은 유효하다(법 제306조).
④ (○) 제186조에 의하여 등기해야 한다.
⑤ (○) (법 제306조)

32 저당권의 일괄경매청구권

① (○) (대결 2004.3.29. 2003마1753)
② (×) 건물의 매매대금에 대하여는 우선변제권이 인정되지 않는다(법 제365조 단서).
③ (○) (대판 2010.5.13. 2010다3681, 1972.5.23. 72다485)
④ (○) 피담보채권액이 이미 확정되었기 때문이다.
⑤ (○) 지상권이 저당권보다 우선하기 때문이다.

33 이행지체의 성립

① (○)
② (×) 채무이행의 불확정한 기한이 있는 경우에 채무자는 기한이 도래함을 안 때로부터 지체책임이 있다(법 제387조 제1항).
③ (○) (법 제387조 제2항)
④ (○) (법 제388조)
⑤ (○) (법 제391조)

34 변 제

① (×) 정당한 이익이 없는 경우에는 채권자의 승낙이 필요하다(법 제480조).
② (○) (법 제470조)
③ (×) 채무자를 기준으로 한다.
④ (×) 채권의 준점유자로도 볼 수 있다(대판 2004.4.23. 2004다5389).
⑤ (×) 그 물건의 소유자는 반환을 청구할 수 있다.

35 계약금의 효력

② (○) (대판 1955.3.10. 4287민상388)
③ (×) 당사자 일방이 이행에 착수한 경우에는 이행에 착수한 자의 상대방뿐만 아니라 이행에 착수한 자 자신도 해제할 수 없다(대판 2000.2.11. 99다62074).
④ (○) (대판 1996.6.14. 95다11429)

36 청약과 승낙

① (×) 청약은 불특정인에게 할 수 있지만 승낙은 청약한 자에게 하여야 한다.

37 임대차의 등기와 대항력

① (×) 반대의 약정이 없는 한 A는 대지의 임차권에 대해서도 등기청구권을 갖는다(법 제621조).
② (×) 임대인이 이에 협력하지 않는 한 임차권의 등기는 불가능하다(법 제621조).
③ (×) 건물'소유'를 목적으로 한 토지임대차계약이 아니므로 대항력이 인정되지 않는다(대판 1994.12.22. 94다5458).
④ (×) 건물의 소유권보존등기가 필요하다.
⑤ (○) (대판 1996.2.27. 95다29345 참조)

38 도급계약

⑤ (×) 1년 내에 하여야 한다.

39 불법행위(사용자와 도급인의 책임)

㉡ (×) 타인을 사용하여 어느 사무에 종사하게 한 자는 피용자가 그 사무집행에 관하여 제3자에게 가한 손해를 배상할 책임이 있다. 그러나 사용자가 피용자의 선임 및 그 사무감독에 상당한 주의를 한 때 또는 상당한 주의를 하여도 손해가 있을 경우에는 그러하지 아니하다(법 제756조).
㉢ (×) 도급인은 수급인이 그 일에 관하여 제3자에게 가한 손해를 배상할 책임이 없다. 그러나 도급 또는 지시에 관하여 도급인에게 중대한 과실이 있는 때에는 그러하지 아니하다(법 제757조).

40 불법원인급여

② (×) 단지 강행법규에 위반한 것은 포함하지 않는다(대판 1969.11.11. 69다925).

한방에 합격은 경록이다

제1회 시험부터 수많은 합격자를 배출한 전문성 - 경록

시험장에서
눈을 의심할 만큼,
진가를 합격으로 확인하세요

정가 35,000원

1회 시험부터 수많은 합격자를 배출한 독보적 교재

경록 주택관리사
적중실전모의고사 1차

17년연속98%
독보적
정답률

차원이 다른 압도적 1위
대한민국 1등 교재
optimization test
시험최적화 대한민국 1등 교재
(100인의 부동산학 대학교수진, 2021)
최초로 부동산학을 정립한 부동산학의 모태(원조)로서 부동산전문교육 1위 인증(한국부동산학회)
대한민국 부동산교육 공헌대상(한국부동산학회)
4차산업혁명대상(대한민국 국회)
고객만족대상(교육부)
고객감동 1위(중앙일보)
고객만족 1위(조선일보)
고객감동경영 1위(한국경제)
한국소비자만족도 1위(동아일보) 등 석권

부동산전문교육 68년 전통과 노하우

K 경록

발 행 2025년 1월 10일
인 쇄 2024년 10월 21일
연 대 최초 부동산학 연구논문에서부터 현재까지
(1957년 원전 ~ 현재)

편 저 경록 주택관리사 교재편찬위원회, 신한부동산연구소 편
발행자 이 성 태 / 李 星 兌
발행처 경록 / 景鹿

주 소 서울시 강남구 영동대로 114길 7
(삼성동 91-24) 경록메인홀
문 의 02)3453-3993 / 02)3453-3546
홈페이지 www.kyungrok.com
팩 스 02)556-7008
등 록 제16-496호
I S B N 979-11-93559-75-8 14590

대표전화 1544-3589

개정법령 및 정오사항 등은 경록 홈페이지에서 서비스됩니다.